IT 세상에는
왜 주역周易인가

通

통어
500

尹在根 著

語

나들목

통어 500

지은이 윤재근
펴낸이 양동현
펴낸곳 나들목
　　　출판등록 제6-483호
　　　136-034, 서울 성북구 동소문로 13가길 27번지
　　　전화 02-927-2345　팩스 02-927-3199

초판 1쇄 인쇄 2013년 3월 25일
초판 1쇄 발행 2013년 4월 　5일

ISBN 978-89-90517-75-3　03140

＊ 잘못 만들어진 책은 구입한 곳에서 바꾸어 드립니다.
＊ 지은이와의 약속에 의해 인지는 붙이지 않습니다.

www.iacademybook.com

머리말

　IT 세상은 저마다 미래(未來)를 일구어 가라고 요구한다. IT 세상은 과거를 근거로 하는 권위(權威)의 세상을 접었다. IT 세상은 무엇을 해 왔느냐가 아니라, 앞으로 무엇을 새롭게 할 것인가를 근거로 사람을 저울질한다. 무엇이든 새롭게 생각하고 새로운 일을 할 수 있는 사람을 환영한다. 새롭게 생각해야 사물(事物)에서 변화(變化)의 실마리를 찾아내고, 지래(知來)하여 미래를 만들어 낼 수 있다. 새롭게 생각하기를 갈고 닦을 수 있는 길이 바로 『주역(周易)』에 있다. 그러나 지금 우리는 『주역(周易)』을 읽어도 통화(通話)가 제대로 되지 않는다. 지난 20세기에 『주역(周易)』과 통화(通話)할 수 있는 통어(通語)를 잃어버리고 잊어버렸기 때문이다. 그래서 『주역(周易)』이 IT 세상의 으뜸가는 교서(敎書)임에도 외면당하고 있다.

　물론 『주역(周易)』의 중요함을 안다고 하더라도 『주역(周易)』과 내통(內通)하기가 거의 불가능한 지경이다. 왜냐하면 지금의 우리는 우리 본래의 사유방도(思惟方道)를 버리고 유럽의 사고방식(思考方式)만을 좇고 있기 때문이다. 이것[是]과 저것[彼]을 둘로 나누는 유럽의 사고[Thinking]로는 『주역(周易)』과 통화(通話)할 수 없다. 피시(彼是)를 하나로 어울리게 하는 우리 본래의 생각하기[思惟]라야 『주역(周易)』과 통화(通話)할 수 있다. 그러니 『주역(周易)』과 친밀하게 통화(通話)하려면 우리의 본래사유(本來思惟)로 되돌아와야 한다. 그러자면 잊어버린 우리의 통어(通語)를 찾아가 다시 사귀어야 한다.

　20세기 전반(前半) 일제 강점기 탓이 컸지만, 우리는 선대(先代)의 학문

(學問)을 잇지 않은 엄청난 잘못을 범하고 말았다. 설령 일제(日帝)가 우리를 선대(先代)와 잇지 못하게 해코지했다고 하더라도, 제정신을 차렸더라면 우리의 학문(學問)이 지금처럼 선대(先代)와 통학(通學)하지 못하는 현실에 처하지는 않았을 터이다. 선대(先代)와의 통학(通學)을 끊었기에 통어(通語)를 잃은 것이다. 통어(通語)를 잃었기에 통리(通理)가 안 되고, 통리(通理)가 안 되니 통의(通意)가 안 되고, 통의(通意)가 안 되니 통념(通念)이 안 되고, 통념(通念)이 안 되니 통변(通變)이 안 되어, 우리는 남의 생각을 흉내 내면서도 그런 줄 모르고 착시 현상을 면하지 못해 아류(亞流)가 얼마나 부끄러운 짓인지도 모른 척하는 중이다.

　우리가 정신을 차리고 우리 본래의 생각하기로 『주역(周易)』을 만난다면 『주역(周易)』은 우리에게 '변화지도(變化之道)' 즉 미래를 만들어 가는 길(道)을 남달리 찾아내게 하고, IT 세상을 넓혀 갈 수 있는 힘을 샘솟게 해 줄 것이다. 그러므로 『주역(周易)』을 가까이하려면 무엇보다 먼저 잊어버린 통어(通語)로 되돌아가 사귀는 일이 시급하다. 우리 선대(先代)에서 통리(通理)-통의(通意)-통념(通念)-통견(通見)을 주고받게 했던 통어(通語)와 사귀어야 우리 본래사유(本來思惟)로 복귀(復歸)할 수 있기 때문이다. 다행히도 『주역(周易)』과 내통하게 하는 통어(通語)들이 『주역(周易)』의 「십익(十翼)」에 모여 있다. 그중에서도 「십익(十翼) 계사전(繫辭傳) 상하(上下)」에 모여 있는 통어(通語)들과 사귐게 된다면 『주역(周易)』과 매우 쉽게 통화(通話) 할 수 있다. 이런 까닭으로 「계사전(繫辭傳) 상하(上下)」를 모두 독해(讀解)하고 풀이한 책을 내기에 앞서 통어 500개를 간추려 『통어 500』이라는 제목으로 펴내게 되었다.

　『통어 500』을 펴내면서, 읽기가 불편할 수도 있겠다는 생각이 든다. 심하다 싶게 국한문(國漢文) 병용(倂用)을 고집했기 때문이다. 한글은 우리

글이고 한문(漢文)은 중국 글이라는 주장을 외면하고 싶다. 정해진 원음(原音)을 갖지 않고 한국은 한국식으로 발음하고, 중국은 중국식으로 발음하고, 일본은 일본식으로 발음하면 되는 글자가 뜻글 '한자(漢字)'이다. 이 뜻글은 비록 중국에서 만들어졌어도 이미 한문자(韓文字)-한문자(漢文字)-일문자(日文字) 등으로 한중일(韓中日) 문화권(文化圈)에서 함께 더불어 쓰인다. 그런 공용문자(共用文字)를 외면하면 우리만 외톨이가 되고 만다. 이뿐만 아니라 한글만으로는 결코 우리의 선대(先代)가 이어 준 융화(融和)의 사유(思惟)를 본받아 이어 갈 수가 없다. 우리 선대(先代)가 이어 준 사유(思惟)의 술어(術語)는 거의 한글로 기록되어 있지 않기 때문이다. 더구나 우리의 선대(先代)가 누렸던 융화(融和)의 사유(思惟)가 IT 세상이 요구하는 사유방도(思惟方道)로 통할 수 있는데도 불구하고 IT 세상에서 그 사유(思惟)를 누리기 어렵게 하는 한글 전용 고집은 참으로 어처구니없는 꼴이다. 한글은 세계에서 가장 뛰어난 '우리글'이지 '한글이 곧 우리말'은 아니라고 생각한다. 여러 글자를 거느리는 말일수록 강력한 말로 거듭나는 법이다. 그러니 한글만으로 쉽게 읽기만을 고집하지 말고, 좀 어렵고 귀찮더라도 국한문(國漢文)이 혼용(混用)된 문장(文章)에 익숙해져 한자(漢字)와 익숙해지기를 바라는 마음이 앞선다. 씹기 쉬운 것만 씹으면 잇몸이 썩고 만다는 옛말이 새삼스럽다.

　『통어 500』을 편집한 도서출판 나들목 신영선 부장님, 원고를 꼼꼼히 살펴 준 전은주 님, 표지를 디자인한 임송희 님께 고맙고, 표지화를 마련해 준 외손자 임(任)군이 고맙다. 그리고 어려운 출판 현실에도 불구하고 『통어 500』을 선뜻 출간해 준 도서출판 나들목 양동현 사장님께 말할 수 없이 고마울 뿐이다.

2013년 이른 봄
尹在根 識

목차(目次)

머리말 / 3

서론(緖論) 1 : 주역(周易)과 IT 세상 / 17

서론(緖論) 2 : 주역(周易)과 통어(通語) / 23

통어(通語) 500

1. 역(易)의 음양(陰陽) —— 28
2. 음양(陰陽)과 사상(四象) —— 29
3. 사상(四象)과 팔괘(八卦) —— 30
4. 효(爻)와 괘(卦) —— 31
5. 팔괘(八卦)와 64괘(卦) —— 32
6. 대성괘(大成卦)의 내외괘(內外卦) - 33
7. 대성괘(大成卦)의 효순(爻順) —— 34
8. 중(中)과 정(正) —— 35
9. 정응(正應)과 불응(不應) —— 36
10. 대성괘(大成卦)의 비(比) —— 36
11. 팔괘(八卦)의 지사(指事) —— 37
12. 팔괘(八卦) 건(乾)의 지사(指事) —— 38
13. 팔괘(八卦) 태(兌)의 지사(指事) —— 38
14. 팔괘(八卦) 이(離)의 지사(指事) —— 39
15. 팔괘(八卦) 진(震)의 지사(指事) —— 39
16. 팔괘(八卦) 손(巽)의 지사(指事) —— 40
17. 팔괘(八卦) 감(坎)의 지사(指事) —— 40
18. 팔괘(八卦) 간(艮)의 지사(指事) —— 41
19. 팔괘(八卦) 곤(坤)의 지사(指事) —— 41
20. 변효(變爻)와 지괘(之卦) —— 42
21. 중효(中爻)와 호괘(互卦) —— 43
22. 괘사(卦辭)와 효사(爻辭) —— 44
23. 관상(觀象)과 완사(玩辭) —— 45
24. 관변(觀變)과 완점(玩占) —— 47
25. 괘효사(卦爻辭)의 추요(樞要) —— 49
26. 건곤(乾坤)의 원(元) —— 50
27. 건곤(乾坤)의 형(亨) —— 51
28. 건곤(乾坤)의 이(利) —— 53
29. 건곤(乾坤)의 정(貞) —— 54
30. 천존(天尊)과 지비(地卑) —— 56
31. 건곤(乾坤)의 정(定) —— 57
32. 동정(動靜)의 상(常) —— 58
33. 강유(剛柔)의 단(斷) —— 58
34. 길흉(吉凶)의 생(生) —— 59

35. 변화(變化)의 현(見) ——— 60
36. 대시(大始)와 성물(成物) ——— 61
37. 이지(易知)와 간능(簡能) ——— 62
38. 건곤(乾坤)의 이간(易簡) ——— 63
39. 관상(觀象)의 상(象) ——— 64
40. 계사(繫辭)의 사(辭) ——— 64
41. 길흉(吉凶)의 명(明) ——— 65
42. 변화(變化)의 생(生) ——— 66
43. 실득(失得)의 상(象) : 길흉자(吉凶者) ——— 66
44. 우려(憂慮)의 상(象) : 회린자(悔吝者) ——— 68
45. 진퇴(進退)의 상(象) : 변화자(變化者) ——— 68
46. 주야(晝夜)의 상(象) : 강유자(剛柔者) ——— 69
47. 육효(六爻)의 상(象) : 삼극(三極)의 도(道) ——— 70
48. 역(易)의 서(序) : 군자(君子)의 거안(居安) ——— 71
49. 단자(彖者) : 언호상자(言乎象者) ——— 72
50. 효자(爻者) : 언호변자(言乎變者) ——— 73
51. 회린자(悔吝者) : 언호기소자(言乎其小疵) ——— 74
52. 무구자(無咎者) : 선보과(善補過) ——— 75
53. 열귀천자(列貴賤者) : 존호위(存乎位) ——— 76

54. 제소대자(齊小大者) : 존호괘(存乎卦) ——— 77
55. 변길흉자(辯吉凶者) : 존호사(存乎辭) ——— 78
56. 우회린자(憂悔吝者) : 존호개(存乎介) ——— 79
57. 진무구자(震無咎者) : 존호회(存乎悔) ——— 80
58. 험(險)과 이(易) ——— 81
59. 사(辭)와 기소지(其所之) ——— 82
60. 역(易)의 미(彌)와 윤(綸) ——— 83
61. 역(易)과 천문(天文) ——— 85
62. 역(易)과 지리(地理) ——— 86
63. 유(幽)와 명(明)의 고(故) ——— 86
64. 정기(精氣)의 위물(爲物) ——— 88
65. 유혼(游魂)의 위변(爲變) ——— 89
66. 귀신(鬼神)의 정상(情狀) ——— 90
67. 귀신(鬼神)의 불위(不違) ——— 92
68. 귀신(鬼神)의 불과(不過) ——— 93
69. 귀신(鬼神)의 불류(不流) ——— 94
70. 성인(聖人)의 불우(不憂) ——— 95
71. 성인(聖人)의 능애(能愛) ——— 97
72. 성인(聖人)의 불과(不過)-불유(不遺) ——— 99
73. 원시(原始)와 반종(反終) ——— 101
74. 성인(聖人)의 통이지(通而知) ——— 102
75. 일음일양(一陰一陽)의 도(道) ——— 104

76. 역지도(易之道)와 선(善) ······ 105
77. 역지도(易之道)와 성(性) ······ 106
78. 인자(仁者)의 견인(見仁) ······ 108
79. 지자(知者)의 견지(見知) ······ 109
80. 백성(百姓)의 부지(不知) ······ 111
81. 군자지도(君子之道)의 현(顯) ······ 113
82. 군자지도(君子之道)의 장(藏) ······ 114
83. 군자(君子)의 고만물(鼓萬物) ······ 116
84. 성덕(盛德)의 대업(大業) ······ 116
85. 일신(日新)의 성덕(盛德) ······ 118
86. 생생(生生)의 역(易) ······ 119
87. 건(乾)의 성상(成象) ······ 120
88. 곤(坤)의 효법(效法) ······ 121
89. 극수지래(極數知來)의 점(占) ······ 123
90. 통변(通變)의 사(事) ······ 126
91. 음양불측(陰陽不測)의 신(神) ······ 127
92. 역(易)의 광(廣)-대(大) ······ 129
93. 역(易)과 원(遠) ······ 130
94. 역(易)과 이(邇) ······ 132
95. 천지(天地)의 비(備) ······ 134
96. 건(乾)의 정(靜) ······ 135
97. 건(乾)의 동(動) ······ 136
98. 곤(坤)의 정(靜) ······ 138
99. 삼천(參天)과 양지(兩地) ······ 139
100. 광(廣)의 생(生) ······ 140
101. 천지(天地)와 광대(廣大) ······ 140
102. 변통(變痛)과 사시(四時) ······ 142
103. 음양(陰陽)과 일월(日月) ······ 143
104. 간이(簡易)와 덕(德) ······ 144
105. 성인(聖人)의 이역(以易) ······ 145
106. 지(知)의 숭(崇) ······ 147
107. 예(禮)의 비(卑) ······ 148
108. 숭(崇)의 효천(效天) ······ 149
109. 비(卑)의 법지(法地) ······ 150
110. 성(性)의 성(成) ······ 150
111. 존(存)의 존(存) ······ 151
112. 도의(道義)의 문(門) ······ 152
113. 성인(聖人)의 견색(見賾) ······ 153
114. 성인(聖人)의 의색(擬賾) ······ 155
115. 물의(物宜)의 상(象) ······ 157
116. 괘효(卦爻)의 상(象) ······ 159
117. 성인(聖人)의 견동(見動) ······ 160
118. 회통(會通)의 관(觀) ······ 162
119. 전례(典禮)의 행(行) ······ 163
120. 괘효(卦爻)의 사(辭) ······ 165
121. 길흉(吉凶)의 단(斷) ······ 167
122. 효(爻)의 단(斷) ······ 168
123. 지색(至賾)의 언(言) ······ 170
124. 지동(至動)의 언(言) ······ 172
125. 성인(聖人)의 의지(擬之) ······ 174
126. 성인(聖人)의 의지(議之) ······ 175
127. 변화(變化)의 성(成) ······ 177
128. 중부(中孚)의 부(孚) ······ 179
129. 언행(言行)의 추기(樞機) ······ 180

130. 백모(白茅)의 용(用) ——— 181
131. 신(愼)의 지(至) ——— 183
132. 물(物)의 용(用) ——— 185
133. 노겸(勞謙)의 길(吉) ——— 186
134. 노겸(勞謙)의 지(至) ——— 188
135. 군자(君子)의 하인(下人) ——— 190
136. 노겸(勞謙)의 덕(德) ——— 191
137. 노겸(勞謙)의 겸(謙) ——— 192
138. 항룡(亢龍)의 회(悔) ——— 194
139. 항룡(亢龍)의 동(動) ——— 195
140. 신의(神意)의 상(象)-사(辭) ——— 196
141. 불출(不出)의 무구(无咎) ——— 198
142. 난(亂)과 언어(言語) ——— 199
143. 군자(君子)와 언어(言語) ——— 201
144. 지도(知盜)의 도(盜) ——— 202
145. 부차승(負且乘)의 치구(致寇) ——— 204
146. 부차승(負且乘)의 부(負) ——— 206
147. 부차승(負且乘)의 승(乘) ——— 207
148. 탈지(奪之)의 도(盜) ——— 209
149. 벌지(伐之)의 도(盜) ——— 210
150. 회도(誨盜)와 회음(誨淫) ——— 211
151. 천(天)-지(地)의 수(數) ——— 212
152. 천수(天數)-지수(地數)의 오(五) ——— 214
153. 천수(天數)-지수(地數)의 합(合) ——— 214
154. 천수(天數)-지수(地數)의 오위(五位) ——— 216
155. 오십오(五十五)의 성변화(成變化)-행귀신(行鬼神) ——— 218
156. 대연지수(大衍之數)와 오십(五十) ——— 219
157. 대연지수(大衍之數)와 상양(象兩) ——— 220
158. 대연지수(大衍之數)와 상삼(象三) ——— 222
159. 대연지수(大衍之數)와 상사시(象四時) ——— 223
160. 귀기(歸奇)의 상윤(象閏) ——— 224
161. 건괘(乾卦)의 책수(策數) ——— 228
162. 곤괘(坤卦)의 책수(策數) ——— 229
163. 상윤(象閏)과 음력(陰曆) ——— 230
164. 총효(總爻)의 책수(策數) ——— 231
165. 사영(四營)의 성역(成易) ——— 233
166. 십팔변(十八變)의 성괘(成卦) ——— 233
167. 팔괘(八卦)의 소성(小成) ——— 234
168. 육십사괘(六十四卦)와 능사(能事) ——— 235
169. 현도(顯道)와 신덕(神德) ——— 237
170. 괘효(卦爻)의 수작(酬酢) ——— 238
171. 괘효(卦爻)의 수작(酬酢)-우신(祐神) ——— 240
172. 역지도(易之道)의 지자(知者) ——— 241
173. 성인(聖人)의 도사(道四) ——— 242
174. 언자(言者)의 상기사(尙其辭) ——— 243
175. 동자(動者)의 상기변(尙其變) ——— 244

176. 제기자(制器者)의 상기상(尙其象)―――― 246
177. 복서자(卜筮者)의 상기점(尙其占) 249
178. 군자(君子)의 유위(有爲)―――― 251
179. 군자(君子)의 언(言)―――― 253
180. 수명(受命)의 언(言)―――― 254
181. 지정(至精)의 언(言)―――― 255
182. 참오(參伍)의 변(變)―――― 257
183. 수(數)의 착종(錯綜)―――― 259
184. 천지지문(天地之文)의 성(成)―――― 261
185. 극기수(極其數)의 정(定)―――― 262
186. 극기수(極其數)의 지변(至變)―――― 264
187. 역(易)의 무사(无思)―――― 265
188. 역(易)의 무위(无爲)―――― 267
189. 역(易)의 부동(不動)―――― 268
190. 역(易)의 감통(感通)―――― 268
191. 역(易)의 지신(至神)―――― 269
192. 성인(聖人)의 이역(以易)―――― 270
193. 성인(聖人)의 연기(硏幾)―――― 272
194. 역(易)의 유심(唯深)―――― 273
195. 역(易)의 유기(唯幾)―――― 275
196. 역(易)의 유신(唯神)―――― 276
197. 성인(聖人)의 도사(道四)―――― 278
198. 역(易)의 개물(開物)―――― 280
199. 역(易)의 성무(成務)―――― 281
200. 역(易)의 모도(冒道)―――― 282
201. 성인(聖人)의 통지(通志)―――― 284
202. 성인(聖人)의 정업(定業)―――― 285
203. 성인(聖人)의 단의(斷疑)―――― 286
204. 서(筮)의 덕(德)―――― 288
205. 괘(卦)의 덕(德)―――― 290
206. 육효(六爻)의 의(義)―――― 291
207. 성인(聖人)의 세심(洗心)―――― 293
208. 성인(聖人)의 퇴장(退藏)―――― 294
209. 성인(聖人)의 동환(同患)―――― 296
210. 성인(聖人)의 지래(知來)―――― 297
211. 성인(聖人)의 장왕(藏往)―――― 298
212. 성인(聖人)의 총명(聰明)―――― 300
213. 성인(聖人)의 예지(睿知)―――― 301
214. 성인(聖人)의 신무(神武)―――― 302
215. 성인(聖人)의 명찰(明察)―――― 303
216. 신물(神物)의 흥작(興作)―――― 305
217. 민용(民用)의 신물(神物)―――― 306
218. 성인(聖人)의 재계(齋戒)―――― 307
219. 성인(聖人)의 신명(神明)―――― 308
220. 곤(坤)-건(乾)의 합(闔)-벽(闢)―――― 310
221. 합(闔)-벽(闢)의 변(變)―――― 311
222. 불궁(不窮)의 통(通)―――― 312
223. 변통(變通)의 상(象)―――― 314
224. 상형(象形)의 기(器)―――― 315
225. 제(制)-용(用)의 법(法)―――― 316
226. 민함용(民咸用)의 신(神)―――― 318
227. 태극(太極)과 양의(兩儀)―――― 320
228. 양의(兩儀)와 사상(四象)―――― 321

| 229. 사상(四象)과 팔괘(八卦) —— 322
| 230. 팔괘(八卦)와 길흉(吉凶) —— 324
| 231. 길흉(吉凶)과 대업(大業) —— 325
| 232. 천지(天地)와 법상(法象) —— 327
| 233. 변통(變通)과 사시(四時) —— 328
| 234. 현상(縣象)과 일월(日月) —— 329
| 235. 숭고(崇高)와 부귀(富貴) —— 329
| 236. 성인(聖人)과 비물(備物) —— 330
| 237. 정길흉(定吉凶)과 성미미(成亹亹) 332
| 238. 신물(神物)과 성인(聖人) —— 334
| 239. 변화(變化)와 성인(聖人) —— 338
| 240. 천수상(天垂象)과 성인(聖人) —— 340
| 241. 사상(四象)과 성인(聖人)의 시(示) 341
| 242. 계사언(繫辭焉)과 성인(聖人)의 고(告) —— 342
| 243. 길흉(吉凶)의 정(定)-단(斷) —— 343
| 244. 천우(天佑)와 길(吉) —— 344
| 245. 우자(祐者)와 조(助) —— 345
| 246. 순(順)의 조(助)와 신(信)의 조(助) 346
| 247. 성인(聖人)의 의(意) —— 347
| 248. 입상(立象)과 진의(盡意) —— 349
| 249. 설괘(設卦)와 진정위(盡情僞) —— 352
| 250. 계사언(繫辭焉)과 진기언(盡其言) 353
| 251. 통변(通變)과 진리(盡利) —— 354
| 252. 계사언(繫辭焉)과 진신(盡神) —— 356
| 253. 건곤(乾坤)의 역지온(易之蘊) —— 357
| 254. 건곤(乾坤)과 역립(易立) —— 357

| 255. 건곤(乾坤)의 훼(毀) —— 358
| 256. 역(易)의 도(道)와 기(器) —— 359
| 257. 변(變)의 재화(裁化) —— 361
| 258. 통(通)의 행추(行推) —— 362
| 259. 이상(以象)의 견색(見賾) —— 363
| 260. 성인(聖人)의 의색(擬賾) —— 364
| 261. 성인(聖人)의 물의(物宜) —— 366
| 262. 설괘(設卦)의 상(象) —— 367
| 263. 성인(聖人)의 견동(見動) —— 368
| 264. 성인(聖人)의 전례(典禮) —— 369
| 265. 길흉(吉凶)의 단(斷) —— 371
| 266. 계사(繫辭)의 효(爻) —— 372
| 267. 극색(極賾)의 괘(卦) —— 373
| 268. 효사(爻辭)의 고(鼓) —— 375
| 269. 재화(裁化)의 존호변(存乎變) —— 377
| 270. 행추(行推)의 존호통(存乎通) —— 377
| 271. 기인(其人)의 명신(明神) —— 378
| 272. 성묵(成黙)의 덕행(德行) —— 380
| 273. 팔괘(八卦)의 상(象) —— 381
| 274. 대성괘(大成卦)의 효(爻) —— 383
| 275. 강유(剛柔)의 변(變) —— 384
| 276. 삼재(三才)의 도(道) —— 385
| 277. 계사언(繫辭焉)의 명(命) —— 387
| 278. 길흉회린(吉凶悔吝)의 동(動) —— 387
| 279. 강유(剛柔)의 입본(立本) —— 389
| 280. 변통(變通)의 취시(趣時) —— 391
| 281. 길흉(吉凶)의 정승(貞勝) —— 392

282. 천지지도(天地之道)의 정관(貞觀) 394
283. 일월(日月)의 정명(貞明) 395
284. 천하지동(天下之動)의 정일(貞一) 396
285. 건(乾)의 확(確) 397
286. 곤(坤卦)의 퇴(隤) 399
287. 효(爻)의 효(效) 400
288. 효상(爻象)의 상(像) 403
289. 효상(爻象)과 내(內) 404
290. 길흉(吉凶)과 외(外) 406
291. 공업(功業)과 변(變) 408
292. 성인지정(聖人之情)과 사(辭) 409
293. 천지지대덕(天地之大德)과 생(生) 410
294. 성인지대보(聖人之大寶)와 위(位) 413
295. 수위(守位)의 인(仁) 414
296. 취인(聚人)의 재(財) 415
297. 이재(理財)의 의(義) 417
298. 정사(正辭)의 의(義) 417
299. 위민(爲民)의 의(義) 418
300. 포희씨(包犧氏)와 왕(王) 419
301. 앙천(仰天)과 관상(觀象) 421
302. 부지(俯地)와 관법(觀法) 423
303. 근취(近取)와 원취(遠取) 424
304. 팔괘(八卦)의 시작(始作) 426
305. 팔괘(八卦)와 덕(德) 427

306. 팔괘(八卦)와 유(類) 428
307. 통변(通變)과 화신(化神) 430
308. 역(易)의 궁즉변(窮則變) 432
309. 천우(天祐)의 길(吉) 434
310. 역자(易者)의 상(象) 436
311. 상자(象者)의 상(像) 438
312. 단자(彖者)의 재(材) 439
313. 효자(爻者)의 효(效) 441
314. 길흉(吉凶)과 회린(悔吝) 442
315. 양괘(陽卦)와 음괘(陰卦) 444
316. 괘(卦)의 기(奇)와 우(耦) 445
317. 효상(爻象)의 상(象) 446
318. 효사(爻辭)의 사(辭) 447
319. 동(同)과 수(殊) 448
320. 왕래(往來)의 세성(歲成) 450
321. 굴신(屈伸)의 이생(利生) 451
322. 척확(尺蠖)의 굴신(屈信) 452
323. 용사(龍蛇)의 칩(蟄) 454
324. 정의입신(精義入神)의 치용(致用) 455
325. 이용안신(利用安身)의 숭덕(崇德) 456
326. 완사(玩辭)와 숭덕(崇德) 458
327. 궁신(窮神)과 지화(知化) (1) 459
328. 동(同)과 수도(殊途) 460
329. 굴(屈)과 신(信) 461
330. 정의(情義)와 입신(入神) 463

331. 안신(安身)과 숭덕(崇德) ············ 465	**353.** 강유(剛柔)의 유체(有體) ············ 490
332. 궁신(窮神)과 지화(知化) (2) ······ 466	**354.** 천지(天地)의 찬(撰) ·················· 491
333. 효사(爻辭)와 완사(玩辭) ············ 467	**355.** 신명(神明)의 덕(德) ·················· 491
334. 곤우석(困于石)의 곤(困) ············ 468	**356.** 역(易)의 창왕(彰往)-찰래(察來) 492
335. 소징(小懲)과 대계(大誡) ············ 469	**357.** 역(易)의 미현(微顯)-천유(闡幽) 493
336. 부적선(不積善)과 불성명(不成名)- ············ 471	**358.** 역(易)의 변물(辨物) ·················· 494
337. 부적악(不積惡)과 불멸신(不滅身)- ············ 472	**359.** 역(易)의 정언(正言) ·················· 495
338. 소인(小人)과 소악(小惡) ············ 473	**360.** 역(易)의 단사(斷辭) ·················· 496
339. 악적(惡積)과 대죄(大罪) ············ 474	**361.** 역(易)의 칭명(稱名) ·················· 497
340. 위자(危者)와 안기위자(安其位者)- ············ 475	**362.** 역(易)의 취류(取類) ·················· 497
341. 망자(亡者)와 보기존자(保其存者)- ············ 476	**363.** 역(易)의 지원(旨遠) ·················· 498
342. 난자(亂者)와 유기치자(有其治者)- ············ 478	**364.** 역(易)의 사문(辭文) ·················· 499
343. 지기(知幾)와 기신(其神) ············ 479	**365.** 역(易)의 언곡중(言曲中) ············ 500
344. 기자(幾者)와 동지미(動之微) ······ 480	**366.** 역(易)의 사사은(事肆隱) ············ 501
345. 지미(知微)와 지창(知彰) ············ 481	**367.** 역(易)의 제민행(濟民行) ············ 502
346. 천지(天地)의 인온(絪縕) ············ 483	**368.** 역(易)의 명(明) ·························· 503
347. 안기신(安其身)과 동민(動民) ······ 484	**369.** 역(易)의 흥(興) ·························· 504
348. 이기심(易其心)과 어민(語民) ······ 485	**370.** 작역자(作易者)와 우환(憂患) ······ 505
349. 정기교(定其交)와 구민(求民) ······ 486	**371.** 덕(德)의 기(基) ·························· 506
350. 건(乾)의 양물(陽物) ·················· 487	**372.** 덕(德)의 병(柄) ·························· 508
351. 곤(坤)의 음물(陰物) ·················· 488	**373.** 덕(德)의 본(本) ·························· 509
352. 음양(陰陽)의 합덕(合德) ············ 489	**374.** 덕(德)의 고(固) ·························· 511
	375. 덕(德)의 수(修) ·························· 513
	376. 덕(德)의 유(裕) ·························· 514
	377. 덕(德)의 변(辨) ·························· 516
	378. 덕(德)의 지(地) ·························· 517
	379. 덕(德)의 제(制) ·························· 519

380. 이괘(履卦)의 지화(至和) ─── 520
381. 겸괘(謙卦)의 광존(光尊) ─── 521
382. 복괘(復卦)의 변소어물(辨小於物) ─── 522
383. 항괘(恒卦)의 불염잡(不厭雜) ─── 524
384. 손괘(損卦)의 선난이후이(先難而後易) ─── 525
385. 익괘(益卦)의 불설장유(不設長裕) 526
386. 곤괘(困卦)의 통궁(通窮) ─── 527
387. 정괘(井卦)의 거(居)-천(遷) ─── 529
388. 손괘이(巽卦而) 칭이은(稱而隱) ─── 530
389. 이이(以履)의 화행(和行) ─── 531
390. 이겸(以謙)의 제례(制禮) ─── 533
391. 이복(以復)의 자지(自知) ─── 534
392. 이항(以恒)의 일덕(一德) ─── 535
393. 이손(以損)의 원해(遠害) ─── 536
394. 이익(以益)의 흥리(興利) ─── 538
395. 이곤(以困)의 과원(寡怨) ─── 539
396. 이정(以井)의 변의(辨義) ─── 541
397. 이손(以巽)의 행권(行權) ─── 542
398. 구괘(九卦)의 덕(德) ─── 544
399. 역(易)의 서(書) ─── 545
400. 역(易)의 서(書) ─── 545
401. 매효(每爻)의 변동(變動) ─── 546
402. 매효(每爻)의 주류(周流) ─── 547
403. 매효(每爻)의 무상(无常) ─── 548
404. 매효(每爻)의 상역(相易) ─── 549
405. 매효(每爻)와 전요(典要) ─── 551
406. 매효(每爻)의 유변소적(唯變所適) ─── 552
407. 대성괘(大成卦)의 도(度) ─── 553
408. 대성괘(大成卦)의 지구(知懼) ─── 554
409. 대성괘(大成卦)의 명(明) ─── 555
410. 대성괘(大成卦)와 여임부모(如臨父母) ─── 556
411. 솔사(率辭)와 규방(揆方) ─── 557
412. 전상(典常)의 유(有) ─── 558
413. 역(易)의 불허행(不虛行) ─── 559
414. 원시(原始)와 요종(要終) ─── 561
415. 육효(六爻)의 상잡(相雜) ─── 562
416. 시물지초(時物之初)의 난지(難知) 562
417. 시물지상(時物之上)의 이지(易知) 563
418. 초효(初爻)의 완사(玩辭) ─── 564
419. 상효(上爻)의 완사(玩辭) ─── 565
420. 대성괘(大成卦)의 잡물(雜物) ─── 565
421. 대성괘(大成卦)의 찬덕(撰德) ─── 566
422. 대성괘(大成卦)의 변시비(辨是非) ─── 567
423. 이여사(二與四)의 동공(同功)-이위(異位) ─── 568
424. 이여사(二與四)의 기선부동(其善不同) ─── 569
425. 유지위도(柔之爲道)와 원자(遠者) ─── 570

426. 유지위도(柔之爲道)와 유중(柔中)- ─── 571
427. 삼여오(三與五)의 동공(同功)-이위(異位) ─── 572
428. 삼다흉(三多凶)과 오다공(五多功)- ─── 572
429. 귀천(貴賤)의 등(等) ─── 574
430. 역서(易書)의 실비(悉備) ─── 574
431. 역서(易書)와 천도(天道) ─── 575
432. 역서(易書)와 지도(地道) ─── 576
433. 역서(易書)와 인도(人道) ─── 577
434. 역서(易書)와 삼재(三才) ─── 578
435. 육효(六爻)의 삼재지도(三才之道) ─── 579
436. 효(爻)의 변동(變動) ─── 580
437. 상잡(相雜)의 문(文) ─── 580
438. 문(文)의 부당(不當) ─── 582
439. 역지사(易之辭)의 위(危) ─── 583
440. 위자(危者)의 평(平) ─── 584
441. 이자(易者)의 경(傾) ─── 584
442. 역지도(易之道)의 대(大) ─── 585
443. 건괘(乾卦)의 건(健) ─── 586
444. 건괘(乾卦)의 덕행(德行) ─── 587
445. 곤괘(坤卦)의 순(順) ─── 588
446. 지건(至健)-지순(至順)의 연(硏) 589
447. 정길흉(定吉凶)의 열(說)-연(硏) 590
448. 성미미(成亹亹)의 열(說)-연(硏) 592
449. 길사(吉事)의 상(祥) ─── 593
450. 상사(象事)와 지기(知器) ─── 594
451. 점사(占事)와 지래(知來) ─── 595
452. 천지(天地)의 설위(設位) ─── 597
453. 성인(聖人)의 성능(成能) ─── 597
454. 신모(神謀)와 귀모(鬼謀) ─── 598
455. 백성(百姓)의 여능(與能) ─── 599
456. 팔괘(八卦)의 고(告) ─── 601
457. 효단(爻彖)의 언(言) ─── 602
458. 강유(剛柔)의 잡거(雜居) ─── 604
459. 길흉(吉凶)의 견(見) ─── 605
460. 변동(變動)의 언(言) ─── 606
461. 길흉(吉凶)의 천(遷) ─── 607
462. 애오(愛惡)의 상공(相攻) ─── 608
463. 원근(遠近)의 상취(相取) ─── 610
464. 정위(情僞)의 상감(相感) ─── 611
465. 역(易)의 정(情) ─── 612
466. 역지정(易之情) ─── 613
467. 장반자(將叛者)의 사(辭) ─── 614
468. 중심의자(中心疑者)의 사(辭) ─── 615
469. 길인(吉人)의 사(辭) ─── 616
470. 조인(躁人)의 사(辭) ─── 617
471. 무선지인(誣善之人)의 사(辭) ─── 618
472. 실기수자(失其守者)의 사(辭) ─── 619
473. 위무위(爲無爲)의 천(天) ─── 620
474. 언무위(言無爲)의 덕(德) ─── 621
475. 동부동(同不同)의 대(大) ─── 622

476. 불이행(不異行)의 관(寬) ―― 623
477. 유만부동(有萬不同)의 부(富) ―― 624
478. 집덕(執德)의 기(紀) ―― 625
479. 성덕(成德)의 입(立) ―― 626
480. 순어도(循於道)의 비(備) ―― 627
481. 불이물좌지(不以物挫志)의 정(定)- ―― 628
482. 태초(太初)의 무(無) ―― 629
483. 득일(得一)의 덕(德) ―― 630
484. 위일(爲一)의 도(道) ―― 631
485. 성인(聖人)의 유(遊) ―― 632
486. 성인(聖人)의 천륙(天鬻) ―― 633
487. 무위(無爲)의 평(平)-지(至) ―― 635
488. 휴허(休虛)-실(實)의 윤(倫) ―― 636
489. 허정(虛靜)-동(動)의 득(得) ―― 637
490. 임사자(任事者)의 책(責) ―― 637
491. 지(智)와 명(明) ―― 638
492. 강(强)과 역(力) ―― 639
493. 생시(生蓍)의 시(蓍) ―― 640
494. 천지(天地)의 수(數) ―― 641
495. 괘(卦)의 입(立) ―― 642
496. 효(爻)의 생(生) ―― 643
497. 성명(性命)의 순(順) ―― 644
498. 천지인(天地人)의 도(道) ―― 644
499. 팔괘(八卦)의 상착(相錯) ―― 645
500. 역(易)의 역수(逆數) ―― 647

색인(索引) / 648

〈일러두기〉

- 인용되는 책의 이름은 『 』, 편의 이름은 「 」로 표기하였습니다.
- 국한문(國漢文) 병용(倂用) 시 한자의 음이 그대로 나는 것은 ( )로, 뜻을 나타내는 것은 [ ]로 표기하였습니다.
- 원문에는 없으나 해석상의 이해를 돕는 문구는 회색 글자로 표기하였습니다.
- 원문이 길어서 중간의 문구를 생략할 때는 (……) 부호를 사용하였습니다. 원문 해석 부분에는 (중략)이라고 표기하였습니다.
- 본문에서 설명이 더 필요한 경우에는 저자가 ㊉를 붙였습니다.

서론(緒論) 1 : 주역(周易)과 IT 세상

　IT 세상에서는 왜 『주역(周易)』인가? 『주역(周易)』이 변화(變化)의 실마리를 찾아내 미래를 만들어 넓혀 확보하게 하는 '신사(神思)'를 샘솟게 하기 때문이다. 신사(神思)하라! 이는 곧 변화(變化)하게 하는 짓[神]을 찾아내도록 생각하라[思] 함이다. 『주역(周易)』에는 신사(神思)를 솟구쳐 샘솟게 하는 짓[象]과 말씀[辭]이 알쏭달쏭 걸려 있다. 그 말씀들은 시비(是非)-분별(分別)의 논란(論難)으로는 풀 수 없는 암호 같고 수수께끼 같다. 『주역(周易)』의 말씀들은 '1+1=2'라고 답해 주지 않고, '1+1=∞(무한대)'로 짓하고[象] 말할[辭] 뿐이다. 그러므로 『주역(周易)』의 짓[象]과 말씀[辭]을 깨닫고 통화(通話)하자면 '1+1=∞(무한대)의 사유(思惟)'로 회로(回路)가 마련되어야 하는 것이다. 그러나 지난 20세기 우리는 '1+1=∞(무한대)의 사유(思惟)'를 팽개치고 '1+1=2의 사고(思考 : Thinking)'를 흉내내기에 급급했던 탓으로 『주역(周易)』과 내통(內通)하는 융화(融和)의 심술(心術)을 잃어버리고 말았다.

　『주역(周易)』의 상(象)-사(辭)는 사람 따라 짓하고 말하므로 『주역(周易)』의 상(象)-사(辭)를 무한대(∞)의 짓[象]과 말씀[辭]이라 할 수 있다. 『주역(周易)』과 친밀하면 온갖 사물(事物)을 마주할 때마다 거기서 변화(變化)할 꼬투리를 스스로 찾아내 남달리 살피고[觀], 남달리 새기고[玩], 남달리 헤아리고[擬], 남달리 따져[議], 남달리 가늠하고[斷] 생각하기[思惟]를 갈고

17

닦을 수 있게 된다. '남다른 관(觀)-완(玩)-의(擬)-의(議)-단(斷)'으로 사유(思惟)하여 새것 찾기를 끊임없이 하라고 가르쳐 주는[敎] 책[書]이 『주역(周易)』이다. 그러므로 IT 세상이 요구하는 사유(思惟)로 이끌어 주는 가장 으뜸가는 길잡이가 곧 『주역(周易)』인 것이다. 요즈음은 새것을 찾아내는 생각하기(思惟)를 '창의력(創意力)'이니 '창조력(創造力)'이라고 한다. 창의력은 'originality / initiativeness'를 옮긴 조어(造語)이고, 창조력은 'creative power'를 옮겨 지은 말[造語]이다. 이런 지은 말들은 구미(歐美)의 사고(思考 : Thinking)를 바탕으로 삼는다. (물론 사고(思考) 역시 'Thinking'의 역어(譯語)이고, 이에 대비되는 우리 본래의 말은 '사촌(思忖)'이며 창의-창조와 대비되는 우리 선대(先代)의 말은 '신사(神思)-괴지(怪志)'인 셈이다. 이제는 사촌(思忖)-신사(神思)-괴지(怪志)라고 하면 잘 못 알아듣고 사고(思考)-창의(創意)-창조(創造)라고 해야 알아들으니 우리네 통어(通語)를 잊은 셈이라 부끄럽다.)

구미(歐美)의 사고(思考)로는 IT 세상의 요구를 결코 따라갈 수 없고 『주역(周易)』과도 통화(通話)할 수 없다. 구미의 사고[Thinking]는 저것[彼]과 이것[是]을 둘로 생각하여 분별(分別)하라는 '1+1=2의 사고(思考:Thinking)'가 바탕을 이루기 때문이다. 그러나 우리 본래의 사유(思惟)란 피시(彼是)를 하나로 생각하여 융화(融和)하라는 '1+1=∞(무한대)의 사유(思惟)'가 바탕을 이룬다. 융화란 피시(彼是)가 하나[一]가 되는[融] 어울림[和]이다. 피시(彼是)의 둘이 서로 생기고[相生]-서로 이루고[相成]-서로 드러나고[象形]-서로 기대고[相傾]-서로 어울리고[相和]-서로 따르는[相隨] 융화(融和)의 생각하기[思惟]가 본래부터 우리가 일구어 온 사유(思惟)의 도(道)이다.

우리가 일구고 가꾸어 온 사유(思惟)의 도(道)는 일즉다(一卽多)-다즉일(多卽一) 즉 여럿[多]이 하나[一]가 되고 하나[一]가 여럿이[多] 되는[融] 어울림[和]의 도(道)이다. 융화(融和)의 '융(融)'이란 일즉다(一卽多)-다즉일(多卽一)을 한 자(字)로 표한 셈이다. 그리고 융화(融和)의 '도(道)'란 '융화(融和)의 이치[理]-융화(融和)의 가르침[敎]-융화(融和)의 이끎[導]-융화(融和)의 방편[方]' 등을 하나로 묶어 둔 말씀이다. 이러한 융화(融和)의 생각하기는 '음양화이만물득(陰陽和而萬物得)'이라는 변화(變化)의 도(道)를 바탕 삼아 넓혀지고 깊어진다. 이처럼 『주역(周易)』은 융화(融和)의 사유(思惟)로 변화(變化)의 도(道)를 스스로 살펴[觀] 새기고[玩] 헤아리고[擬] 따져서[議] 가늠하게[斷] 하는 사유(思惟)의 길[道]을 넓고 깊게 하여 신사(神思)를 솟구쳐 샘솟게 하는 것이다. 요즈음 말하는 이른바 '멀티 사고(multi 思考)'라는 것이 곧 우리 선대(先代)가 일구어 온 융화(融和)의 사유(思惟)이다. 물론 요즈음은 '융합(融合)의 사고(思考)'라고 하는데 융화(融和)-융합(融合)은 같은 뜻의 술어(術語)이다. 예부터 한중일(韓中日) 문화권(文化圈)은 논란(論難)하여 시비(是非)하는 피대시(彼對是)의 사유(思惟)가 아니라 피역시(彼亦是)의 사유(思惟)를 일구어 왔다. 이는 『주역(周易)』 때문이다.

『주역(周易)』은 만물(萬物)을 멈춰진 것으로 생각하지 않아 변화(變化)해 가는 짓(象)으로 드러남[形]을 마주하게 하고, 만물(萬物)이 변화(變化)하는 상(象)-형(形)을 찾아내라 한다. 『주역(周易)』의 이와 같은 교령(敎令)을 '견색(見賾)'이라고 한다. 『주역(周易)』은 끊임없이 견색(見賾)하라고 한다. 견색(見賾)하라고 함은 숨어 있는 변화(變化)의 짓[象]과 모습[形]을 찾아내라는 말이다. 견색(見賾)은 정보(情報)를 캐내라는 말이기도 하다. 정보(情報)란 'information'을 옮긴 조어(造語)이다. '색(賾)'은 곧 'information'과 같은 말이다. 지래(知來)하기 위하여 변화(變化)의 실마리를 짚어 그 핵(核)을 찾아냄을 '색(賾)'이라 한다. 요즈음은 변화(變化)의 실마리를 'trend'라고들 한다. 너도 나도 다 안다면 그것은 이미 '색(賾)'이 아니다. 남달리 생각하는 두뇌가 아니고서는 찾아내지 못하는 것이 '색(賾)'이다. 그래서 변화의 씨 찾기[探核]를 '색(賾)'이라 하는 것이다.

『주역(周易)』은 그 '색(賾)'을 알아내기[知] 위해 끊임없이 우리로 하여금 신명(神明)하게 한다. 변화하게 하는 짓[神]을 밝혀라[明], 신명(神明)은 곧 신사(神思)이다. 바야흐로 IT 세상은 우리 모두에게 견색(見賾)하고 신명(神明)-신사(神思)하여 미래를 열어 가도록 점점 더 세차게 강요하고 있다. IT 세상의 이러한 강요를 수용(受容)하자면 쉼없이 견색(見賾)하라는 『주역(周易)』의 가르침[敎令]보다 더 안성맞춤인 것은 없다. IT 세상이 우리 모두에게 강요하는 견색(見賾)-신명(神明)-신사(神思)를 갈고닦자면 『주역(周易)』보다 더 좋은 수련장은 없다. 요샛말로 하자면 '역발상(逆發想)하여 혁신(革新)'하려면 『주역(周易)』보다 더 좋은 길잡이[指南]가 없는 셈이다. 『주역(周易)』은 IT 세상이 강요하는 생각하기[思惟]의 지남(指南)이다.

언제 어디서나 일상(日常)의 역발상(逆發想)으로 혁신(革新)하라는 화두(話頭)가 쏟아지고 있다. 이는 IT 세상이 그렇게 하도록 모두에게 강요하기 때문이다. 무엇을 일상(日常)에서 역발상(逆發想)하라는 것인가? 맨 먼저 지금껏 해 온 피대시(彼對是)의 사고(思考) 즉 저것이냐 이것이냐[彼對是] 분별(分別)하는 사고(思考)를 치우고[革] 이것과 저것이 어울리는[彼亦是] 사유(思惟)의 새것[新]으로 바꾸라는 것이다. 또한 혁신(革新)하라는 말은 'innovate = to make new'를 옮긴 조어(造語)이다. 아마도 '혁신(革新)'이라는 말은 『주역(周易)』이 밝히고 있는 '혁고정신(革故鼎新)'에서 따온 말인 것 같다. 헌것[故]을 치우고[革] 새것[新]을 취한다[鼎]. IT 세상은 끊임없이 '정혁정(井革鼎)의 세상'을 이어 가고자 소용돌이치고 있다. 『주역(周易)』「설괘전(說卦傳)」에 다음과 같은 말이 있다. '우물[井]의 이치는 개혁하지 않을 수 없다. 그래서 혁괘(革卦)로 정괘(井卦)를 받는다. 사물을 개혁하는 것은 솥[鼎]다 더 좋은 것이 없다. 그래서 정괘(鼎卦)로 혁괘(革卦)를 받는다. 개혁하는 기구를 주관하는 것은 장자(長子)보다 더 좋은 것이 없다.'

우물[井]은 헌 물을 흘려보내고 새 물을 끊임없이 솟구쳐 내어 새 물로 바꾼다.『주역(周易)』은 이처럼 새것을 끊임없이 찾아내는 상(象)-형(形)을 정괘(井卦 : ䷯)로 견색(見賾)하라 한다. 가죽[革]은 헌 살갗을 날리고 새 살갗을 돋아 나의 새 살갗으로 바꾼다.『주역(周易)』은 이처럼 새것을 끊임없이 찾아내는 상(象)-형(形)을 혁괘(革卦 : ䷰)로 견색(見賾)하라 한다. 솥[鼎]은 담긴 것이 무엇이든 확 바꾸어 버린다.『주역(周易)』은 이처럼 새것을 끊임없이 찾아내는 상(象)-형(形)을 정괘(鼎卦 : ䷱)로 견색(見賾)하라 한다. 참으로 IT 세상은 모두에게 서슴없이 혁물자(革物者) 즉 사물[物]을 새것으로 하는[革] 것[者]을 나름껏 다하여 주관하는 장자(長子) 즉 한 집안의 맏아들[長子]같이 세상의 상수(上手)가 되라고 하는 것이다.🌑

그러므로 요즈음 역발상(逆發想)하여 혁신(革新)하라는 화두(話頭)는 모름지기 누구든 저 나름대로 혁물자(革物者)가 되라 함이며, 나아가 변화(變化)의 기구(器具)를 주도하는 주기자(主器者)가 되어 IT 세상의 상수(上手)가 되라 함이다. 혁물자(革物者)-주기자(主器者)의 생각하기[思惟]가 융화(融和) 즉 융합(融合)으로 솟구치게 하여 변화(變化)의 실마리를 찾아내고, 변화(變化)의 길(道)을 터 넓혀 갈 수 있게 하고자 함이다.『주역(周易)』은 오로지 <u>스스로 사물을 살펴보라</u>[自觀物] 하고-<u>스스로 살핀 것을 가지고 스스로 새겨보라</u>[自玩物] 하고-<u>스스로 새겨본 것을 가지고 스스로 헤아려 보라</u>[自擬物] 하고-<u>스스로 헤아린 것을 가지고 스스로 따져 보라</u>[自議物] 하고-<u>스스로 따져 본 것을 가지고 스스로 가늠하라</u>[自斷物] 한다.

이와 같이『주역(周易)』이 일깨워 깨우쳐 주는 자관물(自觀物)-자완물(自玩物)-자의물(自擬物)-자의물(自議物)-자단물(自斷物)의 사유(思惟)야말로 역발상(逆發想)하여 혁신(革新)하는 생각하기[思惟]이다. IT 세상이 강요하는 혁신(革新)의 사유(思惟)를 피역시(彼亦是)의 융화(融和)로 갈고닦게 하는 길잡이[指南]로『주역(周易)』보다 더 나은 것은 없다.

🔵 註 정도불가불혁(井道不可不革) 고(故) 수지이혁(受之以革) 혁물자막약정(革物者莫若

鼎) 고(故) 수지이정(受之以鼎) 주기자막약장자(主器者莫若長子) '우물의[井] 도는[道] 개혁하지 않을 수 없다[不可不革]. 그래서[故] 혁괘(革卦)로[以革] 정괘(井卦)를 받는다[受之]. 사물을[物] 개혁하는[革] 것은[者] 솥[鼎]보다 더 좋은 것은 없다[莫若]. 그래서[故] 정괘(鼎卦)로[以鼎] 혁괘(革卦)를 받는다[受之]. 개혁하는 기구를[器] 주관하는[主] 것은[者] 맏아들[長子]보다 더 좋은 것이 없다[莫若].' 『주역(周易)』「설괘전(說卦傳)」 3단락(段落) 첫머리에 나오는 말이다.

서론(緒論) 2 : 주역(周易)과 통어(通語)

『주역(周易)』을 가까이하면 지래(知來)하는 마음 가기[志]를 즐겨 누릴 수 있다. '지래(知來)의 지(志)'란 누구나 저마다 나름대로 변화(變化)의 시류(時流)를 자신의 기류(嗜流)로 다듬어 낼 수 있음을 말한다. 그러면 남달리 미래(未來)를 내다볼 수 있는 것이다. 요새 자주 쓰는 '트렌드(trend)'란 시류(時流)가 될 수도 있고, 기류(嗜流)가 될 수도 있다. 남들과 함께 휩쓸려 따라가면 시류(時流)의 꽁무니에 매달려 앞일[來事]을 가늠해 볼 수 없다. 그러나 시류(時流)를 바꾸어 가는 사람은 시류(時流)의 방향타(方向舵)를 찾아내 흐름을 나름대로 잡아 시류(時流)를 끊임없이 새롭게 이끌어 간다. 여기서 누구나 좋아하는 기류(嗜流)를 찾아 잡아내 내사(來事)를 성취한다. 이러한 성취(成就)는 다가올[來] 일[事]을 스스로 알아차리는[知] 뜻[志]을 잘 다듬어 가는 사람의 몫이다. 지래(知來)의 지(志)를 잘 다듬어 주는 천하의 길잡이가 곧 『주역(周易)』이다. 『주역(周易)』을 낡은 것이라고 여긴다면 『주역(周易)』의 한 면(面)이라도 탐독(耽讀)해 새겨보고 나서 낡은 것인지 자문(自問)해 볼 일이다.

『주역(周易)』은 지래(知來)하게 하는 온갖 비책(秘策)을 간직한 금고(金庫)와 같다. 금고(金庫)를 열려면 비밀번호가 필요하듯이 『주역(周易)』과 통화(通話)하려면 스스로 '코드 표'를 만들어 두고 읽어 낼 수 있어야 한다. 그 '코드 표'를 잘 읽게 도와주는 가장 좋은 도움닫기의 날개가 『주역(周易)』

에 붙어 있는 「십익(十翼)」이고, 그중에서도 가장 힘 있는 날개[翼]가 「계사전(繫辭傳)」이라고 생각된다. 그런데 그 「계사전(繫辭傳)」을 읽어 내기가 쉽지 않다. 우리 선대(先代)에서는 상식(常識)으로 통용(通用)되었던 술어(術語)들이었지만 지난 20세기를 지나면서 우리가 저버리고 말았기 때문이다. 멀리한 술어(術語)들을 새삼 되찾아 익혀서 「계사전(繫辭傳)」을 정독(精讀)하고 탐독(耽讀)해 두어야 한다. 왜냐하면 『주역(周易)』과 통화(通話)하게 하는 통어(通語)들이 「계사전(繫辭傳)」 속에 고스란히 들어 있기 때문이다. 「계사전(繫辭傳)」을 탐독(耽讀)하기 전에 그 속에 있는 통어(通語)들을 미리 천착(穿鑿)해 둔다면 「계사전(繫辭傳)」을 누구나 독파(讀破)할 수 있다. 그 통어(通語)들과 낯을 익힌 다음 「계사전(繫辭傳)」을 탐독(耽讀)하고 나면 『주역(周易)』과 통화(通話)할 수 있는 '코드 표'를 스스로 마련하여 『주역(周易)』과 내통(內通)하여 미래를 알아차릴 수 있는 사유(思惟)의 힘을 달구어 다듬어 낼 수 있다. 『주역(周易)』과 저마다 스스로 통화(通話)하여 지래(知來)의 기틀을 나름대로 다듬어 내려면 통어(通語)들을 습득해야 하는 것이다.

　『주역(周易)』은 점서(占書)이다. 그러나 『주역(周易)』이 점쟁이의 책이라는 말은 아니다. 점(占)이란 복문(卜問)하라는 것이니, 점친다[占]는 것은 지래(知來)하려고 함을 뜻한다. 점치기[占]란 미래를[來] 알아봄[知]이다. 복문(卜問) 즉 점(占)이란 다가올 일을 스스로 자신이 사물(事物)을 살피고 새기고 헤아려 가늠해 보라 함이다. 『주역(周易)』은 누구이든 스스로 미래(未來)를 복문(卜問)하게 하는 책[書]이라는 말이다. 그래서 『주역(周易)』을 '점서(占書)'라고 일컫는 것이다.

　공자(孔子)께서 『주역(周易)』을 세 번이나 책끈을 갈아매었다고 한다. 『논어(論語)』 「술이(述而)」에 '몇 년 더 살아 쉰 살이 되어 역(易)을 익혀 깨우치면 큰 허물 없이 인생을 마칠 수 있을 것이다'라고 밝힌 자왈(子曰)이 있다. 이는 『주역(周易)』을 늘 멀리하지 않았음을 뜻해 준다. 공자께서 성인(聖人)의 말씀[言]을 두려워하라[畏]고 한 것 역시 『주역(周易)』을 떠올리게 한다. 군자(君子)는 『주역(周易)』을 가까이하며 살고 소인은 『주역(周易)』을 멀리하며 산다. 그래서 소인(小人)은 성인(聖人)의 말씀[言]을 업신여긴다[狎]는 것이다. IT 세상에서는 성인(聖人)의 말씀[言]을 외(畏)하면 미래(未來)에 밝고, 압(狎)하면 미래에 어둡다는 말을 귀담아 새기면서 살아야 한다.

세상에는 지나간 것에 매달려 아등바등하는 사람도 있고, 지난 것을 잊지 않되 얽매이지 않고 앞일을 살펴 새로운 길을 찾아나서는 사람도 있다. 『주역(周易)』은 언제나 새로운 길을 찾아나서는 사람에게만 신명(神明)한다. 그러나 『주역(周易)』이 그 신명(神明)을 쉽게 드러내는 것은 아니다. 변화의 짓을[神] 밝히되[明] 그 밝힘[明]을 오로지 스스로 견색(見賾)하게 한다. 꼭꼭 숨은 것[賾]을 살펴 내라[見]고 하는 것이다. 『주역(周易)』은 스스로 견색(見賾)해야 신이지래(神以知來)할 수 있을 뿐이다. 변화의 짓을 [神] 이용하여[以] 올 것을[來] 알아차리기[知]란 오로지 스스로 견색(見賾)하느냐 그렇지 않느냐에 달려 있다.

미래(未來)란 아직껏 겪어 보지 못한 일[事]이므로 찾아갈 표지(標識)를 잘 살펴 새기며 찾아가야 한다. 『주역(周易)』은 온갖 사물에서 그 표지(標識)를 스스로 찾아내 살펴 가라 한다. 그래서 오로지 스스로 견색(見賾)할 수 있어야 한다. 정성껏 살피고 정성껏 새겨 보고 정성껏 헤아리는 마음가기[志]라야 견색(見賾)할 수 있을 뿐이다. 그러므로 견색(見賾)하자면 먼저 성지(誠之)하라고 한다. 마음 가기가 무엇보다 정성스러워야[誠之] 견색(見賾)할 수 있다는 것이다. 성지(誠之)란 오로지 무사(無私)해야 함을 뜻한다. 사사로움이[私] 없어야[無] 견색(見賾)할 수 있고, 견색(見賾)할 수 있어야 신명(神明)을 누릴 수 있기 때문이다. 신명(神明)이란 변화(變化)하게 하는 짓[神]을 밝힘[明]이다. 신명(神明)이란 요샛말로 한다면 창의력(創意力)을 발휘한다는 말이다.

그러므로 정성스럽기[誠之]를 가다듬지 못한다면 『주역(周易)』을 아무리 가까이해도 마주하는 벽 같아 견색(見賾)하는 길을 터 주지 않는다. 성지(誠之)해야 말씀들을 새겨 견색(見賾)할 수 있는 길목으로 접어들 수 있게 하는 것이다. 그 길목을 찾아들자면 견색(見賾)하도록 돕는 통어(通語)들이 절실하게 된다. 그래서 『주역(周易)』을 가까이하려면 무엇보다 먼저 「계사전(繫辭傳)」에 있는 통어(通語)들부터 철저하게 익혀 두어야 하는 것이다. 「계사전(繫辭傳)」의 통어(通語)들은 지래(知來)하라 할 뿐이지 식자(識者)가 되라고 하지 않는다. 이렇기 때문에 IT 세상일수록 「계사전(繫辭傳)」의 통어(通語)들이 길잡이가 된다.

지식시대(知識時代)에서는 암기력(暗記力)이 활발(活潑)해야 뛰어날 수 있지만 IT 세상에서는 신사(神思)의 괴지(怪志)가 용출(湧出)해야 빼어날 수 있다. 변화(變化)를 이끌어 내는 신사(神思)는 신명(神明)의 섬광(閃光)과 같다. 『주역(周易)』은 변화(變化)를 읽어 내게 하는 신명(神明)의 섬광을 마음으로 하여금 촉발하게 하기 때문에 『주역(周易)』을 마주할 때마다 늘 새로운 통화(通話)로 이어진다. 새삼 새로운 통화(通話)일수록 알아차리지 못하기 쉽다. 그런 끊김을 면하자면 역(易)을 풀어 주는 통어(通語)들을 익혀 두어야 한다. 역(易)이란 그침 없이 새로 되어 감[變化]이라서 통어(通語)들과 친숙해야 낯섦을 재빨리 극복해 갈 수 있는 것이다. 그러면 누구나 저마다 관역(觀易)하고 완역(玩易)하고 의역(擬易)하여 견색(見賾)함으로써 신명(神明)을 누리고 지래(知來)할 수 있다. 그렇게 이끌어 주는 통어(通語)들을 잘 사귀고 있어야 『주역(周易)』과 내통(內通)할 수 있다. 그러한 통어(通語)들을 「계사전(繫辭傳)」에서 추려 내 만나서 낯을 익혀 둔다면 『주역(周易)』이라는 금고(金庫)를 남달리 열고 들어가 지래(知來)하는 사유(思惟)를 스스로 갈고닦아 넓히고 펴 갈 수 있게 된다.

1. 역(易)의 음양(陰陽)

역(易)은 음양(陰陽)으로 시작한다. 그 음양(陰陽)을 낳는 것을 태극(太極) 또는 무극(無極)이라 하고, 한 글자로 '도(道)'라 한다. 『노자(老子)』 42장(章)에 나오는 '도생일(道生一)'이라는 말을 떠올리면 될 것이다. '태극이[道] 하나를[一] 낳는다[生].' 도생일(道生一)의 '일(一)'은 음양(陰陽)을 하나로 묶어서 밝힌 것으로 여기면 된다. 물론 도생일(道生一)은 여러 가지로 새겨 풀이되는 말씀이다. 음양(陰陽)은 음기(陰氣)와 양기(陽氣)를 줄인 말이다. 음기(陰氣:--)와 양기(陽氣:一)가 역(易)이라는 변화(變化)의 힘[氣]이다.

음(陰)과 양(陽)은 둘[二]이면서 따로 갈라서는 둘[二]이 아니다. 음(陰)은 늘 음(陰)이고, 양(陽)은 늘 양(陽)이 아니라는 말이다. 음(陰)이 양(陽)을 낳기도 하고 양(陽)이 음(陰)을 낳기도 함이니, 음양(陰陽)은 하나[一]인 셈이다. 부부(夫婦)는 남녀(男女)로 본다면 둘[二]이지만, 자녀를 낳는 부모(父母)로 본다면 하나[一]가 된다. 남녀(男女)를 음양(陰陽)으로 보면 사내[男]는 양(陽)이고 여자[女]는 음(陰)이지만, 모자(母子)를 음양(陰陽)으로 보면 여(女)이지만 어머니[母]가 양(陽)이고, 사내[男]이지만 아들[子]은 음(陰)이다. 하늘[天]은 늘 양(陽)이고 땅[地]은 늘 음(陰)인 것은 아니다. 따뜻하고 밝은 하늘[晴天]은 양(陽)이지만, 흐리고 어두운 하늘[曇天]은 음(陰)이다. 따뜻하고 밝은 땅[陽地]은 양(陽)이지만, 흐리고 어두운 땅[陰地]은 음(陰)이다. 청천(晴天)이 양(陽)이고 담천(曇天)이 음(陰)이듯이 양지(陽地)는 양(陽)이고 음지(陰地)는 음(陰)이다. 이처럼 음(陰)과 양(陽)은 절대(絶對)로서 나누어 갈라져 있는 관계가 아니라 상호(相互)로서 서로 함께하는 관계이다. 그러므로 음양(陰陽)은 교류(交流)하며 변화(變化)하게 하는 기운(氣運)이다. 그래서 역(易)의 음양(陰陽)은 온갖 사물(事物)에 미치는 역(易)을 살피고[觀] 새겨[玩] 점(占)쳐 지변(知變)하여 지래(知來)하게 하는 통어(通語)가 된다.

2. 음양(陰陽)과 사상(四象)

음(陰) 저 하나만으로는 짓하지 못하고, 양(陽) 또한 저 하나만으로는 짓하지 못한다. 음(陰)과 양(陽)은 둘[二]이 짝하여 하나[一]가 되면서 변화의 짓[象]이 시작한다. 양(陽:—)은 양(陽:—)과 짝하여 노양(老陽:⚌)을 낳고, 음(陰)과 짝하여 소음(少陰:⚎)을 낳는다. 음(陰)은 음(陰)과 짝하여 노음(老陰:⚏)을 낳고, 양(陽)과 짝하여 소양(少陽:⚍)을 낳는다. 이를 사상(四象)이라 한다. 『노자(老子)』 42장(章)에 나오는 '일생이(一生二)'라는 말을 떠올리면 될 것이다. '하나가[一] 둘을[二] 낳는다[生].' 물론 일생이(一生二) 역시 여러 가지로 새겨 풀이되는 말씀이다. 양(陽)이라는 하나[一]가 노양(老陽)-소음(少陰)이라는 둘[二]을 낳고, 음(陰)이라는 하나[一]가 노음(老陰)-소양(少陽)이라는 둘[二]을 낳는다. 사상(四象)부터는 음(陰)-양(陽)의 자리를 살펴야 한다. 아랫자리의 것이 오는 것[來者]이고, 윗자리의 것이 가는 것[往者]이기 때문이다. 내자(來者)는 새것이고 왕자(往者)는 헌것이다. 새것이 오고 헌것이 가는 것을 일러 변화(變化)라 하고, 변화는 새것[來者]이 이끈다.

변화(變化)하는 짓을 일러 '상(象)'이라 한다. 그러므로 사상(四象)이란 네 가지의 변화하는 짓[象]을 말함이다. 노양(老陽:⚌)-소음(少陰:⚎)에서는 양(陽:—)이 변화를 이끄는 상(象)이고, 노음(老陰:⚏)-소양(少陽:⚍)에서는 음(陰:--)이 변화를 이끄는 짓[象]이다. 그러므로 노음(老陰)-노양(老陽)의 '노(老)'와 소음(少陰)-소양(少陽)의 '소(少)'는 변화(變化)의 짓[象]을 깊이깊이 새겨보게 한다. 노소(老少)는 종시(終始)를 떠올린다. 노음(老陰)-노양(老陽)의 '노(老)'는 변화의 끝[終]을 떠올리게 하고, 소음(少陰)-소양(少陽)의 '소(少)'는 변화의 처음[始]을 떠올리게 한다. 그래서 노음(老陰)-노양(老陽)의 '노(老)'는 새로운 변화를 생각하게 하고, 소음(少陰)-소양(少陽)의 '소(少)'는 새로운 변화를 생각하게 한다. 그래서 음양(陰陽)과 사상(四象)은 온갖 사물(事物)에 미치는 역(易)을 살피고[觀] 새겨[玩] 점(占)쳐 지변(知變)하여 지래(知來)하게 하는 통어(通語)가 된다.

3. 사상(四象)과 팔괘(八卦)

노양(老陽:⚌)은 양(陽)으로 말미암아 건(乾:☰)을 낳고, 음(陰)으로 말미암아 태(兌:☱)를 낳는다. 소음(少陰:⚎)은 양(陽)으로 말미암아 이(離:☲)를 낳고, 음(陰)으로 말미암아 진(震:☳)을 낳는다. 소양(少陽:⚍)은 양(陽)으로 말미암아 손(巽:☴)을 낳고, 음(陰)으로 말미암아 감(坎:☵)을 낳는다. 노음(老陰:⚏)은 양(陽)으로 말미암아 간(艮:☶)을 낳고, 음(陰)으로 말미암아 곤(坤:☷)을 낳는다. 사상(四象)이 낳은 건(乾:☰)-태(兌:☱)-이(離:☲)-진(震:☳)-손(巽:☴)-감(坎:☵)-간(艮:☶)-곤(坤:☷)을 '팔괘(八卦)'라 한다. 이처럼 사상(四象)은 팔괘(八卦)를 낳는다.

팔괘(八卦)는 『노자(老子)』 42장(章)에 나오는 '이생삼(二生三)'을 늘 상기(想起)시킨다. '둘이[二] 셋을[三] 낳는다[生].' 물론 '이생삼(二生三)'은 여러 가지로 새겨 풀이되는 말씀이다. 하지만 '이생삼(二生三)'은 사상(四象)과 팔괘(八卦)를 풀이하고 있음은 분명하다. 사상(四象)에서는 음양(陰陽)이 둘[二]로써 변화(變化)를 짓하지만[象], 팔괘(八卦)에서는 음양(陰陽)이 셋[三]으로써 변화를 상(象)함을 주목한다면 '이생삼(二生三)'의 말씀을 새겨 헤아릴 수 있다. '이생삼(二生三)', 이는 사상(四象)이 팔괘(八卦)를 낳음[生]이라는 말이다. 사상(四象)은 음양(陰陽)이 둘[二]로 되고, 팔괘(八卦)는 음양(陰陽)이 셋[三]으로 된다. 팔괘(八卦)에서 '삼(三)'은 양(陽)이 짝[二]이면 음(陰)은 홀[一]임을 뜻하고, 음(陰)이 짝[二]이면 양(陽)이 홀[一]됨을 뜻한다.

사상(四象)의 '상(象)'은 구체적으로 드러나지 않지만 팔괘(八卦)는 구체적인 현상(現象)을 나타낸다. 그래서 팔괘(八卦)의 건(乾 : ☰)을 하늘 건(乾)이라 하고, 팔괘(八卦)의 태(兌 : ☱)를 못 태(兌)라 하며, 팔괘의 이(離 : ☲)를 불 이(離)라 하고, 팔괘의 진(震 : ☳)을 우레 진(震)이라 하며, 팔괘의 손(巽 : ☴)을 바람 손(巽)이라 하고, 팔괘의 감(坎 : ☵)을 물 감(坎)이라 하며, 팔괘의 간(艮 : ☶)을 산 간(艮)이라 하고, 팔괘의 곤(坤 : ☷)을 땅 곤(坤)이라 한다. 나아가 이 팔괘(八卦)로써 자연현상과 인간사(人間事)를 매우 다양하게 나타내기도 한다. 그래서 사상(四象)과 팔괘(八卦)는 온갖 사물(事物)에 미치는 역(易)을 살피고[觀] 새겨[玩] 점(占)쳐 지변(知變)하여 지래(知來)하게 하는 통어(通語)가 된다.

4. 효(爻)와 괘(卦)

음양(陰陽)을 나타내는 최소 단위를 이름하여 '효(爻)'라 한다. 음(陰)과 양(陽)은 한 개의 효(爻)로 나타내고, 사상(四象)의 노양(老陽)-소음(少陰)과 노음(老陰)-소양(少陽)은 각각 두 개의 효(爻)로 나타낸다. 팔괘(八卦)의 건(乾)-태(兌)-이(離)-진(震)-손(巽)-감(坎)-간(艮)-곤(坤)은 각각 세 개의 효(爻)로 나타낸다. 팔괘(八卦)에서 건(乾)은 양효(陽爻) 셋으로 이루어지고 곤(坤)은 음효(陰爻) 셋으로 이루어지지만, 태(兌)-이(離)-진(震)의 괘(卦)에서는 양효(陽爻)가 짝수이고 음효(陰爻)가 홀수이며, 손(巽)-감(坎)-간(艮)에서는 음효(陰爻)가 짝수이며 양효(陽爻)가 홀수이다.

음(陰)이라는 효(爻)의 기호는 '⚋'이다. 양(陽)이라는 효(爻)의 기호는 '⚊'이다. 마치 2진 기수법(記數法)에서 0 또는 1을 각각 하나의 '비트(bit)'라고 하듯이 음양(陰陽)의 기호법(記號法)을 일러 '효(爻)'라고 하는 것이다. 물론 효(爻)가 비트(bit)와 같다는 말은 아니다. 비트에서 '0'은 늘 '0'이고, '1'은 늘 '1'로 따로따로 나누어진다. 그러나 음양(陰陽)은 위에서 보았듯이 둘[二]로 나누어 따로 있지 않고, 서로 교류(交流)하여 양(陽)이 음(陰)을 낳기도 하고 음(陰)이 양(陽)을 낳기도 한다. 그래서 효(爻)와 괘(卦)는 온갖 사물(事物)에 미치는 역(易)을 살피고[觀] 새겨[玩] 점(占)쳐 지변(知變)하여 지래(知來)하게 하는 통어(通語)가 된다.

5. 팔괘(八卦)와 64괘(卦)

  삼효(三爻)로 이루어진 팔괘(八卦)를 소성괘(小成卦)라 하고, 육효(六爻)로 이루어지는 64괘(卦)를 대성괘(大成卦)라 한다. 대성괘 64괘는 소성괘 팔괘를 거듭해서 만들어진 것이다. 팔괘(八卦)만으로는 복잡하고 미묘한 자연현상과 인간사를 다 나타낼 수 없기 때문에 팔괘를 자승(自乘)하여 64괘를 만든 것이다. 그렇다고 해서 64괘로 자연현상과 인간사를 모조리 나타낼 수 있다는 뜻은 아니다. 64괘의 자승(自乘)으로써 4,096괘(卦)를 만들어 자연현상과 인간사의 변화(變化)를 나타낼 수 있는 것이다. 물론 삼라만상(森羅萬象)의 변화를 64괘로 다 나타낼 수 있는 것은 아니다. 64괘(卦)에서 64×64의 4,096괘가 필요할 것이고, 4,096×4,096의 16,777,216괘(卦) 등으로 확장될 수 있다. 말하자면 3효의 괘(卦)-6효(爻)의 괘(卦)-12효(爻)의 괘(卦)-24효(爻)의 괘(卦) 등으로 확장하여 자연현상과 인간사의 변화를 나타낼 수 있는 것이다. 오늘날 디지털 기술[Digital Technology]이 킬로바이트(KB)-메가바이트(MB)-기가바이트(GB)-테라바이트(TB) 등으로 비트(bit)를 확장하여 프로그램 작성[programming]을 확장(擴張)해 가는 발상(發想)은 이미 수천 년 전 역(易)을 만들었던 성인(聖人)의 작법(作法)을 닮아 있는 셈이다. 그래서 팔괘(八卦)와 64괘(卦)는 온갖 사물(事物)에 미치는 역(易)을 살피고[觀] 새겨[玩] 점(占)쳐 지변(知變)하여 지래(知來)하게 하는 통어(通語)가 된다.

6. 대성괘(大成卦)의 내외괘(內外卦)

대성괘(大成卦)는 소성괘(小成卦) 두 개의 상하(上下)로 구성된다. 아래의 소성괘를 하괘(下卦) 또는 내괘(內卦)라 하고, 위의 소성괘를 상괘(上卦) 또는 외괘(外卦)라 한다. 대성괘를 이루는 6효(爻)의 순서(順序)는 아래에서 위로 잡는다.

맨 밑의 효(爻)를 초효(初爻)라 하고 맨 위의 효(爻)를 상효(上爻)라 한다. 그래서 대성괘의 육효(六爻)를 초효(初爻)→ 이효(二爻)→ 삼효(三爻)→ 사효(四爻)→ 오효(五爻)→ 상효(上爻)라고 구별하여 부른다.

대성괘 육효(六爻)의 순서에 음효(陰爻)와 양효(陽爻)를 표시하여 구별할 때는 음양(陰陽)으로 호칭하기도 하고, 수(數)로써 호칭하기도 한다. 양효(陽爻)를 수(數)로 표시할 때는 '구(九)'이고, 음효(陰爻)를 수(數)로 표시할 때는 '육(六)'이다. 초효(初爻)가 양효(陽爻)이면 초구(初九)또는 초양(初陽)이라 하고, 초효(初爻)가 음효(陰爻)이면 초륙(初六) 또는 초음(初陰)이라 한다. 상효(上爻)가 양효(陽爻)이면 상구(上九) 또는 상양(上陽)이라 하고, 상효(上爻)가 음효(陰爻)이면 상륙(上六) 또는 상음(上陰)이라 한다.

그래서 대성괘(大成卦)의 내외괘(內外卦)는 온갖 사물(事物)에 미치는 역(易)을 살피고[觀] 새겨[玩] 점(占)쳐 지변(知變)하여 지래(知來)하게 하는 통어(通語)가 된다.

註 대성괘 건괘(乾卦)와 곤괘(坤卦) 그리고 미제괘(未濟卦)에서 육효(六爻)의 순서에

따른 표시는 아래와 같이 한다.

건괘(乾卦 : ☰)
초구(初九)→ 이구(二九)→ 삼구(三九)→ 사구(四九)→ 오구(五九)→ 상구(上九)
초양(初陽)→ 이양(二陽)→ 삼양(三陽)→ 사양(四陽)→ 오양(五陽)→ 상양(上陽)

곤괘(坤卦 : ☷)
초륙(初六)→ 이륙(二六)→ 삼륙(三六)→ 사륙(四六)→ 오륙(五六)→ 상륙(上六)
초음(初陰)→ 이음(二陰)→ 삼음(三陰)→ 사음(四陰)→ 오음(五陰)→ 상음(上陰)

미제괘(未濟卦 : ䷿)
초륙(初六)→ 구이(九二)→ 육삼(六三)→ 구사(九四)→ 육오(六五)→ 상구(上九)
초음(初陰)→ 이양(二陽)→ 삼음(三陰)→ 사양(四陽)→ 오음(五陰)→ 상양(上陽)

7. 대성괘(大成卦)의 효순(爻順)

 대성괘 효(爻)의 순서(順序)는 아래[下]에서부터 위[上]로 순서를 잡는다. 맨 아래의 효(爻)를 초효(初爻)라 하고, 맨 위의 효(爻)를 상효(上爻)라 한다. 하(下)에서 순차(順次)대로 초효(初爻)→ 이효(二爻)→ 삼효(三爻)→ 사효(四爻)→ 오효(五爻)→ 상효(上爻)로 순서(順序)를 잡는다.

 효(爻)의 음양(陰陽)을 표시할 때는 초효(初爻)가 양효(陽爻)이면 초양(初陽)이라 하고, 음효(陰爻)이면 초음(初陰)이라 하고, 상효(上爻) 역시 양효(陽爻)이면 상양(上陽)이라 하고, 음효(陰爻)이면 상음(上陰)이라 한다. 이효(二爻)가 양효(陽爻)이면 이양(二陽)이라 하고, 음효(陰爻)이면 이음(二陰)이라 한다. 삼효(三爻)-사효(四爻)-오효(五爻) 역시 매양 같이 한다.

 음효(陰爻)와 양효(陽爻)를 수(數)로써 밝힐 때는 음효(陰爻)면 '육(六)'으로 하고, 양효(陽爻)면 '구(九)'로 한다. 초효(初爻)가 음효(陰爻)이면 초륙(初六), 양효(陽爻)이면 초구(初九)라고 하고, 상효(上爻)가 음효(陰爻)이면 상륙(上六)이라 하고, 양효(陽爻)이면 상구(上九)라 한다. 이효(二爻)가 음효(陰爻)이면 이륙(二六)이라 하고, 양효(陽爻)이면 이구(二九)라 한다. 삼효(三爻)-사효(四爻)-오효(五爻) 역시 매양 같이 한다.

초효(初爻)-이효(二爻)-삼효(三爻)까지를 내괘(內卦) 또는 하괘(下卦)라 하고, 사효(四爻)-오효(五爻)-상효(上爻)를 외괘(外卦) 또는 상괘(上卦)라 한다.

그래서 대성괘(大成卦)의 효순(爻順)은 온갖 사물(事物)에 미치는 역(易)을 살피고[觀] 새겨[玩] 점(占)쳐 지변(知變)하여 지래(知來)하게 하는 통어(通語)가 된다.

8. 중(中)과 정(正)

대성괘(大成卦)에서 둘째 효(爻)를 내괘(內卦)의 '중(中)'이라 하고, 다섯째 효(爻)를 외괘(外卦)의 '중(中)'이라 한다.

대성괘에서 양효(陽爻)가 양효(陽爻)의 위치인 초효(初爻)-삼효(三爻)-오효(五爻)의 자리에 있고, 음효(陰爻)가 음효(陰爻)의 위치인 이효(二爻)-사효(四爻)-상효(上爻)의 자리에 있으면 '정(正)'이라 한다. 특히 내외괘(內外卦)의 중효(中爻)가 정위(正位)에 있을 때 이를 '중정(中正)'이라 하여 '길(吉)하다' 하고, 그렇지 못할 때는 대개 '흉(凶)하다'라고 한다. '중(中)'과 '정(正)'이 가장 이상적인 괘(卦)는 '수화기제괘(水火旣濟卦 : ䷾)'이다. 그래서 중(中)과 정(正)은 온갖 사물(事物)에 미치는 역(易)을 살피고[觀] 새겨[玩] 점(占)쳐 지변(知變)하여 지래(知來)하게 하는 통어(通語)가 된다.

9. 정응(正應)과 불응(不應)

　대성괘(大成卦)를 이루는 여섯 효(爻)의 상호관계(相互關係)를 밝히는 용어(用語)가 '응(應)'과 '비(比)'이다. 하괘(下卦)의 초효(初爻)와 상괘(上卦)의 초효(初爻), 하괘(下卦)의 이효(二爻)와 상괘(上卦)의 이효(二爻), 하괘(下卦)의 상효(上爻)와 상괘(上卦)의 상효(上爻)는 상응(相應)한다고 하는데, 서로[相] 응하는[應] 두 효(爻)가 각각 음(陰)과 양(陽)이면 '정응(正應)'이라고 하지만, 둘 다 음(陰)이거나 양(陽)이면 '불응(不應)'이라고 한다. 그래서 정응(正應)과 불응(不應)은 온갖 사물(事物)에 미치는 역(易)을 살피고[觀] 새겨[玩] 점(占)쳐 지변(知變)하여 지래(知來)하게 하는 통어(通語)가 된다.

10. 대성괘(大成卦)의 비(比)

　대성괘(大成卦)에서 서로 이웃하는 두 효(爻)가 서로 음(陰)-양(陽) 관계일 때 이것을 '비(比)'라 하여 '길(吉)한 것'으로 본다. 초효(初爻)와 이효(二爻), 이효(二爻)와 삼효(三爻), 삼효(三爻)와 사효(四爻), 사효(四爻)와 오효(五爻), 오효(五爻)와 육효(六爻)가 서로 음(陰)-양(陽)으로 이웃할 때 '비(比)'라고 한다. '비(比)'가 가장 이상적인 괘(卦)는 '수화기제괘(水火旣濟卦 : ䷾)'이다. 그래서 대성괘(大成卦)의 비(比)는 온갖 사물(事物)에 미치는 역(易)을 살피고[觀] 새겨[玩] 점(占)쳐 지변(知變)하여 지래(知來)하게 하는 통어(通語)가 된다.

11. 팔괘(八卦)의 지사(指事)

사상(四象)이 팔괘(八卦)로 발전하고, 팔괘(八卦)가 거듭하여 64괘(卦)가 이루어진 것이므로, 대성괘(大成卦)에서 괘효(卦爻)의 상(象)을 살펴 뜻해 주는 바를 헤아리자면 팔괘(八卦)가 가리켜 보이는 것[指事]들을 살펴 두어야 한다.

팔괘(八卦)의 지사(指事)를 '형태(形態)-성질(性質)-인간(人間)-신체(身體)-동물(動物)-사물(事物)-계절(季節)-시각(時刻)-방위(方位)' 등으로 살펴 둔다면 대성괘(大成卦) 64괘(卦)에서 괘효(卦爻)의 짓[象]을 통해서 괘사(卦辭)-효사(爻辭)로써 온갖 일[每事]의 변화(變化)를 저마다 새기고 헤아려 가늠할 수 있다. 그리고 팔괘(八卦)의 지사(指事)라는 것은 괘효사(卦爻辭)를 절로 즐겨 새김질하여[玩] 나름대로 저마다 지래(知來)하게 하는 도움닫기일 뿐이다. 매사(每事)는 사람의 짓으로 말미암아 길흉(吉凶)으로 드러난다. 그래서 매사(每事)를 무사(無私)로 살펴 이끌 수 있다면 길흉(吉凶)의 헷갈림이란 없다. 그러나 사람은 제 것[私]-제 몫[慾] 때문에 길흉(吉凶)의 판단(判斷)을 헷갈리고 만다. 이러한 헷갈림을 극복하는 데 팔괘(八卦)의 지사(指事)가 도움닫기가 되어 준다. 따라서 역(易)의 64괘(卦)는 무사(無私)-무욕(無慾)해야 하는 길[道]을 미리 살펴 헤아려 보게 한다. 매사(每事)를 무사(無私)-무욕(無慾)으로 이끌자면 팔괘(八卦)의 지사(指事)들이 그 도(道)를 찾아 밟아 가게 하는 표지(標識)가 되어 준다. 그래서 팔괘(八卦)의 지사(指事)는 온갖 사물(事物)에 미치는 역(易)을 살피고[觀] 새겨[玩] 점(占)쳐 지변(知變)하여 지래(知來)하게 하는 통어(通語)가 된다.

12. 팔괘(八卦) 건(乾)의 지사(指事)

건(乾) : ☰

- 형태 : 하늘[天]
- 성질 : 강건(剛健)
- 인간 : 사내[男] · 아버지[父]
- 신체 : 목
- 동물 : 말[馬]
- 사물 : 큰 내[大川] · 큰 들[大平原]
- 계절 : 늦가을[晩秋] · 초겨울[孟冬]
- 시각 : 21~23시(時)
- 방위 : 서북쪽[西北]

13. 팔괘(八卦) 태(兌)의 지사(指事)

태(兌) : ☱

- 형태 : 연못[澤]
- 성질 : 기쁨[喜] · 따뜻함[溫和]
- 인간 : 소녀(少女) · 친구[朋友]
- 신체 : 입[口]
- 동물 : 양(羊)
- 사물 : 골짜기[谷] · 들머리[入口]
- 계절 : 가을[秋]
- 시각 : 21시(時)
- 방위 : 서쪽[西]

14. 팔괘(八卦) 이(離)의 지사(指事)

이(離) : ☲
- 형태 : 불[火]
- 성질 : 뜨거움[熱] · 밝음[光] · 아름다움[美]
- 인간 : 가운데 딸
- 신체 : 눈[目]
- 동물 : 꿩[雉]
- 사물 : 문서(文書) · 편지[書簡]
- 계절 : 여름[夏]
- 시각 : 12시(時)
- 방위 : 남쪽[南]

15. 팔괘(八卦) 진(震)의 지사(指事)

진(震) : ☳
- 형태 : 우레[雷震]
- 성질 : 결단(決斷) · 분발(奮發)
- 인간 : 맏아들[長男]
- 신체 : 발[足]
- 동물 : 용(龍)
- 사물 : 나무[木] · 수레[車]
- 계절 : 봄[春]
- 시각 : 5시(時)
- 방위 : 동쪽[東]

16. 팔괘(八卦) 손(巽)의 지사(指事)

손(巽) : ☴

- 형태 : 바람[風]
- 성질 : 우유부단(優柔不斷)
- 인간 : 맏딸[長女]・장사꾼[商人]
- 신체 : 넓적다리
- 동물 : 닭[鷄]
- 사물 : 풀[草]・나무[木]
- 계절 : 늦봄[晩春]・초여름[孟夏]
- 시각 : 7~9시(時)
- 방위 : 동남쪽[東南]

17. 팔괘(八卦) 감(坎)의 지사(指事)

감(坎) : ☵

- 형태 : 물[水]
- 성질 : 머무름[定着]・슬기[智慧]
- 인간 : 젊은 사내[青年]
- 신체 : 귀[耳]
- 동물 : 돼지[豚]
- 사물 : 술[酒]・약[藥]
- 계절 : 겨울[冬]
- 시각 : 24시(時)
- 방위 : 북쪽[北]

18. 팔괘(八卦) 간(艮)의 지사(指事)

간(艮) : ☶

- 형태 : 뫼[山]
- 성질 : 멎음[止] · 고요[靜]
- 인간 : 작은아들 · 소년(少年)
- 신체 : 손[手]
- 동물 : 개[犬]
- 사물 : 집[家] · 성(城)
- 계절 : 초봄[孟春]
- 시각 : 1~2시(時)
- 방위 : 동북쪽[東北]

19. 팔괘(八卦) 곤(坤)의 지사(指事)

곤(坤) : ☷

- 형태 : 땅[土]
- 성질 : 온순(溫順) · 고요함[靜默]
- 인간 : 어머니[母] · 여자[女]
- 신체 : 배[腹]
- 동물 : 소[牛]
- 사물 : 마루 · 음식(飮食)
- 계절 : 늦여름[晩夏] · 초가을[孟秋]
- 시각 : 13~16시(時)
- 방위 : 서남쪽[西南]

20. 변효(變爻)와 지괘(之卦)

　본서법(本筮法)으로 얻어진 대성괘(大成卦)란 정(定)해진 대성괘(大成卦)가 아니라 변(變)할 수 있는 괘(卦)임을 잊지 말아야 한다. 역(易)이란 변화(變化)의 이음[繼續]임을 상기(想起)한다면 본서법(本筮法)으로 얻어진 대성괘(大成卦) 역시 정(定)해진 괘(卦)로 될 수 없는 것이다. 변화(變化)란 끊임없는 통(通)함이다. 그래서 통(通)하면 오래간다[久]는 것이다. 통(通)의 구(久)란 확정(確定)될 수 없음을 뜻하여 동적(動的)이니 운명(運命)이니 하는 것이다. 사상(四象) 중에서 노양(老陽)은 양(陽)이 궁(窮)한 상(象)이므로 장차 음효(陰爻)로 변화(變化)할 운명(運命)이고, 노음(老陰)은 음(陰)이 궁(窮)한 상(象)이므로 장차 양효(陽爻)로 변화(變化)할 운명(運命)이다. 이러한 노양(老陽)과 노음(老陰)을 변효(變爻)라 하고, 변효(變爻)로 이루어진 괘(卦)를 지괘(之卦)라 한다.

　변효(變爻)란 효(爻)가 바뀐다[變] 함이요, 지괘(之卦)란 효(爻)가 바뀌므로 괘(卦)도 바뀔 터이니 바뀔 괘(卦)로 찾아가라는 것이 바로 지괘(之卦)의 '지(之)'이다. 그러므로 지괘(之卦)의 '지(之)'를 '갈 지(之)'로 새겨도 되고, '이 지(之)-그 지(之)'로 새겨 이 괘(卦)에서 저 괘(卦)로 가라[之]는 뜻으로 지괘(之卦)의 '지(之)'를 새기면 될 것이다.

　예를 들어 본서법(本筮法)으로 풍수환괘(風水渙卦 : ䷺)를 얻었는데 초효(初爻)의 음효(--)는 노음(老陰)으로 얻어진 것이고, 상효(上爻)의 양효(—)는 노양(老陽)으로 얻어진 것이라면, 수택절괘(水澤節卦 : ䷻)로 찾아가 절괘(節卦)의 상(象)마저도 살펴 절괘(節卦)의 효상(爻象)과 효사(爻辭)를 살펴[觀] 새기고[玩] 헤아려[擬] 따져[議] 가늠[斷]해 보아야 한다.

　이렇기 때문에 본서법(本筮法)으로 얻어진 노양(老陽)의 양효(—)와 노음(老陰)의 음효(--)를 변효(變爻)라 하고, 변효(變爻)의 효위(爻位)에 따라 바꿔는 괘(卦)를 지괘(之卦)라고 한다. 나아가 하나의 대성괘(大成卦)로써 지래(知來)하고자 할 때 셋의 대성괘(大成卦)를 살펴보게 된다. 하나의 대성괘(大成卦)에는 두 개의 호괘(互卦)가 포함되어 있기 때문이다. 그러므로 변효(變爻)와 지괘(之卦)라 함은 하나의 대성괘(大成卦)일지라도 네 개의 대성괘(大成卦)로 여기고 찾아 관완(觀玩)-의의(擬議)하여 단(斷)해 보라 함이다. 그래서 변효(變爻)와 지괘(之卦)는 온갖 사물(事物)에 미치는 역(易)을 살피고[觀] 새겨[玩] 점(占)쳐 지변(知變)하여 지래(知來)하게 하는 통어(通語)가 된다.

21. 중효(中爻)와 호괘(互卦)

육십사괘(六十四卦)의 대성괘(大成卦)가 하괘(下卦) 즉 내괘(內卦)와 상괘(上卦) 즉 외괘(外卦)로 이루어지는 것은 팔괘(八卦) 즉 소성괘(小成卦)를 거듭해 생겨나기 때문이다. 소성괘를 이루는 세 효(爻) 중에서 가운데 것을 '중효(中爻)'라고 한다. 그래서 대성괘를 이루는 여섯 효(爻) 중에서 둘째 효(爻)와 다섯째 효(爻)가 대성괘의 중효(中爻)가 된다. 환괘(渙卦 : ䷺)와 절괘(節卦 : ䷻)를 보면 각각 호괘(互卦)를 간직하고 있음을 환기(喚起)해 본서법(本筮法)으로 얻어 낸 대성괘가 변효(變爻)를 갖고 있다면, 대성괘(大成卦) 네 개의 효상(爻象)과 괘효사(卦爻辭)를 살펴보게 되는 경우가 생긴다. 예를 들면 네 개의 경우란 '환괘(渙卦)와 호괘(互卦)-절괘(節卦)와 호괘(互卦)'를 두루 살펴보아야 한다는 말이다. 물론 모든 대성괘는 호괘(互卦)를 지니고 있다.

그러므로 호괘(互卦)란 본서법(本筮法)을 거친 노음(老陰)의 효(爻)와 노양(老陽)의 효(爻) 때문에 생기는 것만은 아니다. 대성괘의 둘째 효(爻)-셋째 효(爻)-넷째 효(爻)가 내호괘(內互卦)를 이루고, 대성괘의 셋째 효(爻)-넷째 효(爻)-다섯째 효(爻)가 외호괘(外互卦)를 이룬다. 그래서 대성괘는 모두 내

호괘(內互卦)와 외호괘(外互卦)를 간직하고 있고, 이를 줄여 그냥 '호괘(互卦)'
라고 하는 것이다. 대성괘의 괘효상(卦爻象)을 살피면서 더불어 호괘(互卦)
의 것마저 살펴봄이 극수(極數)에 해당되고, 그렇게 하여 지래(知來)할 수
있게 된다. 괘(卦)와 효(爻) 사이의 운수[數]를 더없이 살피면[極] 앞일을[來]
안다[知]. 극수(極數)의 수(數)는 운수(運輸)-변수(變數)이고 온갖 변화의 경우
를 '수(數)'라고 밝힌 셈이다. 그래서 중효(中爻)와 호괘(互卦)는 온갖 사물
(事物)에 미치는 역(易)을 살피고[觀] 새겨[玩] 점(占)쳐 지변(知變)하여 지래
(知來)하게 하는 통어(通語)가 된다.

註 환괘(渙卦 : ䷺) → 호괘[山雷頤卦 : ䷚]
절괘(節卦 : ䷻) → 호괘[山雷頤卦 : ䷚]

22. 괘사(卦辭)와 효사(爻辭)

　대성괘(大成卦) 육십사괘(六十四卦)에는 괘사(卦辭)와 효사(爻辭)가 있다.
이 괘사와 효사는 역(易)을 맨 처음 만든 성인(聖人)의 말씀[辭]이다. 이 '사
(辭)'는 서로 만나서[相接] 속마음을 통하게 하는[通情] 말[言語]이다. 그래서
'무사불상접(無辭不相接)'이라고 하는 것이다. 속마음을 여는 말이[辭] 없다
면[無] 서로[相] 마음을 주고받지 못한다[不接].
　괘효(卦爻)의 말씀[辭]은 훈시(訓示)도 교시(敎示)도 아니다. 역(易)은 무엇
하나 일방적으로 가르쳐 말해 주지 않는다. 마음을 열고 괘효(卦爻)와 통
화(通話)하게 하는 말씀[辭]이 곧 괘사(卦辭)이고 효사(爻辭)이다. 그래서 괘
효사(卦爻辭)를 시(詩)로 여기고 만나야 하는 것이다. 시(詩)가 가르쳐 주지
않고 스스로 생각하여 살펴 헤아려 보라 하듯이 괘효사(卦爻辭)도 역시 스
스로 살피고 헤아려 생각해 보라 한다. 남한테서 해답을 구하고자 한다

면 괘효사(卦爻辭)는 먹통이 되어 버린다. 역(易)에서는 이것은 이것이고 저것은 저것이라고 답해 주지 않는다. 이를 역무사(易無思)-역무위(易無爲)라 한다. '역에는[易] 생각해 주는 것이[思] 없고[無] 역에는[易] 해 주는 것도[爲] 없다[無]'는 것이다. 그래서 역(易)에는 오로지 '짓[象]'만 있다고 한다. 괘효(卦爻)가 드러내 주는 상(象)을 저마다 나름대로 정성껏 헤아리고 새겨 풀어 보아야 괘효사(卦爻辭)와 통정(通情)하고 통화(通話)할 수 있다는 것이다.

'상(象)'은 어디까지나 낌새[徵]이고 조짐[兆]이지 어떤 하나를 찍어서 나타내는 것[標識]은 아니다. 상(象)이란 징조(徵兆)이지 표지(標識)가 아니다. 그래서 상(象)을 짓이라고 하는 것이다. 역(易)에서 괘효사(卦爻辭)는 오로지 '짓[象]'만 한다. 다만 괘효사의 짓[象]을 남의 것으로 여기고 살피지 말고, 내 것으로 여기고 숨김없이 새기고 헤아려 살펴보라 함이 관상(觀象)하여 완사(玩辭)하라 함이다. 그래서 괘사(卦辭)와 효사(爻辭)는 온갖 사물(事物)에 미치는 역(易)을 살피고[觀] 새겨[玩] 점(占)쳐 지변(知變)하여 지래(知來)하게 하는 통어(通語)가 된다.

23. 관상(觀象)과 완사(玩辭)

관상(觀象)은 '관괘효지상(觀卦爻之象)'을 줄임이다. 물론 관상(觀象)의 '상(象)'을 '신지상(神之象)'의 줄임으로 보아도 될 것이다. 괘효(卦爻)란 천지가 변화해 짓[神]을 나타내 주게 성인(聖人)이 창작한 부호(符號)이기 때문이다. 괘효(卦爻)의[之] 짓을[象], 또는 신(神)의[之] 짓을[象] 살핀다[觀]를 줄여 '짓을[象] 살핀다[觀]'라고 한 것이다. 괘(卦)와 효(爻)의 상(象)은 역(易)을 가장 간명하게 밝히고 있다. 역(易)은 쉼 없는 변화(變化) 바로 그것이므로

45

역(易)에 멈춤이란 없다. 온갖 것[萬物]은 역(易)을 떠날 수 없으므로 가만히 변(變)하지 않고 있는 것은 하나도 없다. 그런 변화(變化)를 짓하는 신(神)의 짓을 드러냄을 '상(象)'이라 한다. '상(象)'이란 '끊임없고 쉼 없는 변화(變化)가 진행되고 있는 짓[神]의 낌새'를 말한다. 그 짓[神]의 낌새를 살피고 살피라 함이 관상(觀象)이다.

완사(玩辭)는 '완관상지사(玩觀象之辭)'를 줄임이다. 관상(觀象)의[之] 말을[辭] 즐긴다[玩]. 이를 줄여 '말을[辭] 즐긴다[玩]'라고 한 것이다. 관상(觀象)의 말[辭]은 역(易)을 가장 간명하게 밝히고 있다. 만물(萬物)은 역(易)을 떠날 수 없으므로 가만히 변(變)하지 않고 있는 것은 하나도 없음을 말함이 완사(玩辭)의 '사(辭)'이다. 완사(玩辭)의 '사(辭)'란 끊임없고 쉼 없는 변화(變化)가 진행되고 있음을 말해 주는 말씀이다. 그 말[辭]을 즐겨 가까이하라고 함이 '완사(玩辭)'이다.

관상(觀象)은 짓[象]을 샅샅이 살펴봄[觀]이다. 왜 시상(視相)하라고 하지 않고 관상(觀象)하라고 하는가? 드러나 보이는 것만 보면 되는 것이 시(視)이다. 드러나 눈에 보이고 귀에 들리고 감촉되는 것을 상(相)이라 한다. 가지 끝에 달린 꽃만 보는 눈길은 시상(視相)이다. 그러나 꽃을 보고 그 나무의 잎-줄기-가지-둥걸-뿌리를 거쳐 그 나무가 뿌리를 내린 흙을 생각하고, 나무가 서 있는 허공(虛空)에서 내리쬐는 햇볕을 생각하는 경우라면 꽃만 바라보는 것이 아니라 관상(觀象)하는 것이다. 그냥 꽃만 바라보는 것[視]이 아니라 꽃이 하는 짓[象]을 살펴 헤아리고 살펴봄[觀]이다. 눈에 보이지 않는 것마저도 보라 함이 관(觀)이다. '관(雚)'이란 왕골 속에 있는 황새이다. 왕골은 키가 큰 풀이다. 그 속에 황새[鸛]가 있는 것을 찾아내 보라 함이 '관(觀)'이다. 어떤 짓[象]을 살펴 헤아려 새기자면 왕골 속에 있는 황새를 찾아내 살펴보듯이 하라 함이 관상(觀象)이다. 앞서 밝힌 효(爻) 자리[位]의 중(中)-정(正)-응(應)-비(比) 등을 살펴서 괘효(卦爻)

의 상(象)을 헤아려 새김이 관상(觀象)이라는 것이다.

완사(玩辭)는 말씀을[辭] 절로 즐겨 새김질함[玩]이다. 괘효사(卦爻辭)의 '사(辭)'를 논의(論意)하지 말고 즐겨[樂] 가까이하라[習] 함이 완사(玩辭)의 '완(玩)'이다. 괘효사(卦爻辭)의 '사(辭)'는 어린애가 가지고 노는 장난감 같은 것이다. 즐겁게 가까이해야 하는 말씀[辭]이지 삼가 경계하라는 말씀이 아니다. 어린애는 장난감과 수작하거나 흥정하지 않아 무엇 하나 감추거나 숨기지 않고 즐겁게 함께 놀면서 친하다. 무엇을 바라고 괘효사(卦爻辭)를 만나지 말라는 것이다. 무슨 속셈을 갖고 말을 듣는다면 즐거이 속을 트고 그 말을 듣지 못한다. 숨김이나 감춤 없이 말을 들으면, 들리는 말이 듣는 이로 하여금 여러 가지로 생각하게 해 절로 자신의 생각하는 바를 즐겨 누리게 된다. 그러면 생각하는 바가 깊어지고 넓어지고 밝아진다. 이러한 보람을 누리게 함이 완사(玩辭)의 '완(玩)'이다. 그러므로 괘효(卦爻)의 말씀[辭]을 어린애가 가지고 노는 장난감 같다고 여기면 된다. 그래서 관상(觀象)과 완사(玩辭)는 온갖 사물(事物)에 미치는 역(易)을 살피고[觀] 새겨[玩] 점(占)쳐 지변(知變)하여 지래(知來)하게 하는 통어(通語)가 된다.

24. 관변(觀變)과 완점(玩占)

관변(觀變)은 관상(觀象)의 상(象)을 '변(變)'이라고 풀이한 것이다. 관변(觀變)의 '변(變)'은 괘효(卦爻)의 상(象)을 무엇이라고 단정(斷定)할 수도 없고 정의(定義)할 수도 없음을 밝힌 것이다. 예를 들자면 울음을 두고 슬픔이나 기쁨이라고 단정할 수 없음이다. 울음만 보지 말고 왜 우는가를 살펴봐야 그 울음이라는 짓[象]의 실마리를 살필 수 있는 것이다.

관변(觀變)의 '변(變)'은 변화(變化)를 말한다. 변화(變化)의 '변(變)'은 갈 것[往者]과 올 것[來者]이 함께함이고, '화(化)'는 왕자(往者)는 물러가고[退] 내자(來者)가 이름[至]이다. 물러가는 왕자(往者)는 헌것이고 내자(來者)는 새것이다. 헌것에 매달리지 말고 새것을 찾아내라 함이 관변(觀變)이다.

요새는 트렌드(trend)를 추적하라고 하면 알아듣겠다고 끄덕인다. 하지만 먼저 관변(觀變)할 수 있어야 기류(嗜流 : trend)를 좇을 수 있다. 지식 시대는 왕자(往者)를 주로 삼았지만 정보 시대는 내자(來者)를 주로 삼음을 누구나 부인하지 않는다. 지식(知識)을 구하려면 먼저 관례(觀例)하지만, 정보(情報)를 구하고 싶다면 먼저 관변(觀變)해야 한다. 참으로 'IT'는 관변(觀變) 여하(如何)에 달려 있다. 왕래(往來)하는 것[變]에 숨겨진 새것[化]을 살펴 찾아내라 함이 관변(觀變)인 셈이다. 헌것이 숨겨 감추고 있는 새것을 살펴 찾아내라 함이 관변(觀變)이다.

완점(玩占)은 완사(玩辭)의 사(辭)를 점(占)이라고 풀이한 것이다. 완점(玩占)의 '점(占)'은 괘효(卦爻)의 사(辭)가 무엇을 단정(斷定)해서 정의(定義)해 주지 않음을 밝힌 것이다. 예를 들면 곤괘(坤卦)의 초효(初爻)에 '이상(履霜)'이라는 말씀[辭]이 있다. '서리[霜]를 밟는다[履]'라고 해서 그 서리[霜]가 초겨울 아침 서리를 뜻하는 것은 아니다. 이상(履霜)이 살펴[觀] 가까이하게[玩] 하는 짓[象]의 실마리를 시처인(時處人)의 상황(狀況)을 통해 오만 뜻을 불러일으킨다. 어떤 일[事]이든 때[時]-곳[處]-사람[人]이 엮이고 얽혀 일어나는 앞일을 정성껏 가까이하게 함이 완점(玩占)의 완(玩)이다.

완점(玩占)의 '점(占)'은 복점(卜占)의 줄임이요 복문(卜問)과 같다. 점치기[占]를 즐겨 가까이하라[玩]. 여기서 완점(玩占)은 극수(極數)-호정(好貞)으로 통한다. 괘(卦)와 효(爻) 사이의 운수를[數] 더없이[極] 살펴[觀] 앞일을 정갈히 점쳐 보기[貞]를 기꺼이 함[好]이 완점(玩占)이다. 역(易)에서 '정(貞)'이란 그냥 '곧고 바른 마음의 정(貞)'이 아니라 앞을 점쳐 '정성껏 물어보는 마음

가짐[貞]'이다. 일을 마주할[臨事] 때 늘 그 일을 제멋대로 하지 말고 그 일의 앞을 정성껏 기꺼이 점쳐 보라. 이런 임사(臨事)의 마음가짐[志]을 극수(極數)-호정(好貞)의 완점(玩占)이라 한다. 예를 들면 앞서 살핀 '이상(履霜)'을 조짐해 주는[象] 말씀[辭]으로 아껴 듣고 곰곰이 이리저리 기꺼이 살펴 그 숨은 짓[象]을 찾아내야지 글자대로 뜻풀이하지 않음이 완점(玩占)이다. 『노자(老子)』 5장(章)에서 왜 '천지불인(天地不仁) 이만물위추구(以萬物爲芻狗)'라고 하는가? 천지는[天地] 사랑하지 않고[不仁] 온갖 것을[萬物] 가지고[以] 풀강아지로[芻狗] 친다[爲]. 천지에게는 사람이나 지렁이나 푸성귀나 다 똑같지 사람이라 해서 귀한 것이 아님을 말한다. 하물며 어찌 천지가 나만 편애할 것인가? 복(福) 빌지 마라. 하는 일을 정성껏 다하라. 이러함이 완점(玩占)이다. 그러면 누구나 극수(極數)하여 지래(知來)할 수 있다. 그래서 관변(觀變)과 완점(玩占)은 온갖 사물(事物)에 미치는 역(易)을 살피고[觀] 새겨[玩] 점(占)쳐 지변(知變)하여 지래(知來)하게 하는 통어(通語)가 된다.

25. 괘효사(卦爻辭)의 추요(樞要)

육십사괘(六十四卦)의 모든 괘효사(卦爻辭)는 역(易)을 관상(觀象)하고 완사(玩辭)하여 관변(觀變)하고 완점(玩占)하게 해 준다. 그 모든 괘효사(卦爻辭)를 관류(貫流)하고 관통(貫通)하면서 가장 긴요하고 종요로운[樞要] 말씀[辭]은 건괘(乾卦)의 괘사(卦辭)인 '원형리정(元亨利貞)' 이 네 글자 말씀[辭]이다. 물론 이 네 글자 사(辭)를 둘로 묶어서 '원형(元亨)-이정(利貞)' 두 마디 말씀으로 새겨 헤아려 아껴 가까이해도[玩] 된다. 괘효사(卦爻辭)를 만나서 통정(通情)하고 통화(通話)하자면 '원형리정(元亨利貞)' 이 네 글자를 꼭꼭 새겨 두지 않으면 안 된다.『주역(周易)』의 모든 괘효사(卦爻辭)는 '원형리정(元亨利貞)'이 네 글자를 떠나거나 벗어날 수 없다. 그래서 괘효사(卦爻辭)의 추요(樞要)인 원형리정(元亨利貞)은 온갖 사물(事物)에 미치는 역(易)을 살피고[觀] 새겨[玩] 점(占)쳐 지변(知變)하여 지래(知來)하게 하는 통어(通語)가 된다.

26. 건곤(乾坤)의 원(元)

元(원)은 氣(기)이다. '원(元)' 즉 '기(氣)'는 천지지대덕(天地之大德)을 한 글자로 묶은 말씀이다.

하늘땅[天地]의[之] 큰[大] 덕(德)을 한 글자로 '원(元)' 또는 '기(氣)'라고 하며, 묶어서 '원기(元氣)'라 한다. 큰 덕[大德]이란 무엇인가? 온갖 것[萬物]을 낳고 낳음[生生]을 말한다. 천지(天地)가 만물을 낳는 힘을 일러 '원(元)'이니 '기(氣)'니 '원기(元氣)'라고 말한다. 그 원(元)을 풀이하여 처음[始]이니 뿌리[本]니 착함[善]이니 아름다움[美]이니 큼[大]이니 으뜸[首]이니 오램[長]이니 하나[一]니 등으로 하늘땅[天地]의 대덕(大德)을 받들어 높임을 밝힘이다. 그러므로 천지지대덕(天地之大德)을 '원기(元氣)'라 하고, 한 글자로 '원(元)'이라 함을 잊어서는 안 된다. 그 대덕(大德)을 한 자(字)로 '원(元)' 또는 '기(氣)'라고 말하는 것이다. 그래서 원시(元始)-원본(元本)-원미(元美)-원대(元大)-원수(元首)-원장(元長)-원일(元一)-원기(元氣) 등으로 하늘땅의 큰 덕[天地之大德]을 밝히는 말씀들이다. 쉽게 말하여 온갖 것이 태어나 목숨을 누리게 하는 자연[天地]의 기운을 '원(元)'이라 한다.

원(元)은 처음[始]이다. 원(元)은 뿌리[本]이다. 원(元)은 착하다[善]. 원(元)은 아름답다[美]. 원(元)은 크다[大]. 원(元)은 으뜸[首]이다. 원(元)은 오래다

[長]. 원(元)은 하나[一]이다. 이런 말씀들은 모두 만물을 낳고 낳는 하늘땅의 큰 덕[大德]을 '원(元)' 한 글자로 풀이함이고, 천기(天氣)-지기(地氣)를 한 글자로 '원(元)'이라 하는 것이다. 온갖 것은 모조리 하늘땅의 기운이라는 큰 덕[大德]임을 잊지 말라 함을 '원(元)'이라고 새겨도 된다.

원(元)을 쉽게 풀이하여 '춘작(春作)'이라고 한다. 봄에는[春] 싹이 튼다[作]. 무엇이 무엇을 싹트게 한다는 것인가? 하늘땅이 싹 틔우기를 시작한다는 말이다. 봄이면 만물이 하늘땅의 기운을 받아 저마다 싹을 낸다. 이는 생생(生生)의 시작이다. 이를 두고 어질고[仁] 굳세다[剛]고 한다. 그래서 춘작(春作)으로 풀이되는 원(元)은 인(仁)으로 통하고 강(剛)으로 통한다. 이러한 인강(仁剛)의 원(元)⊕은 자연[天地]을 좇는 원(元)이고 순역(順易)의 원(元)이라 한다. 그래서 건곤(乾坤)의 원(元)은 온갖 사물(事物)에 미치는 역(易)을 살피고[觀] 새겨[玩] 점(占)쳐 지변(知變)하여 지래(知來)하게 하는 통어(通語)가 된다.

註 그러나 자연의 원(元)을 떠나 나[私]만을 앞세우는 '원(元)'을 일러 '인화물(人化物)의 원(元)'이라 한다. 인간[人]이 변해서 물건이[物] 되어 버린다[化]. 요샛말로 하면 인간의 물질화(物質化)가 곧 인화물(人化物)이다. '인화물(人化物)의 원(元)'이라면 곧장 불선(不善)-불미(不美)-부장(不長) 등으로 돌변하여 궁(窮)해지고 만다. 궁(窮)해지면 '흉(凶)'해진다. 인화물(人化物)의 원(元)을 일러 불경(不敬)-불구(不懼)라 하는 것이다. 뻔뻔하고[不敬] 당돌하다[不懼]. 그래서 '절인(絶仁)하라'는 말씀이 생겼다. 인간만의 인을[仁] 끊어라[絶]. 이는 배역(背易)하지 말라는 말씀이다.

27. 건곤(乾坤)의 형(亨)

亨(형)은 通(통)이다. 원기(元氣)를 통하게 함이 형통(亨通)이다.
천지지대덕(天地之大德)이 통하게 함을 한 글자로 묶은 말씀이 '형(亨)'이다. 하늘땅[天地]의[之] 큰 덕[大德]이 통하는 기(氣)를 한 글자로 '형(亨)'이라 한다. 여기서 큰 덕[大德]이란 무엇인가? 온갖 것[萬物]의 목숨이 저마다 통하게 함을 말한다. 천지가 만물을 자라게 하는 힘을 일러 '형(亨)'이라 한다. 그 형(亨)을 풀이하여 '가지회(嘉之會)'라 한다. 온갖 아름다움[嘉]이[之] 통한다[會]. 형(亨)은 회통(會通)이다. 어찌 하늘땅의 큰 덕이라는 기운이 이것은 자라게 하고 저것은 못 자라게 하겠는가? 천지가 온갖 것을 하나같이 자라게 함이 형(亨)이다. 그래서 원형(元亨)은 따로따로 떨어지지 않고 하나로 이어진다.

형(亨)은 원(元)이 통함을 말한다. 원기(元氣)가 이어져 열려 감을 일러 '형(亨)'이라 한다. 아름다움[嘉]의 회통(會通)이란 원(元)의 이어받음이다. 처음[始]과 뿌리[本]를 이어받고, 착함[善]과 아름다움[美]을 이어받고, 크고[大] 으뜸[首]을 이어받고, 오래됨[長]과 하나[一]를 이어받음을 일러 '목숨[命脈]'이라고 하는 것이다. 모든 목숨이 통하게 함을 일러 '형(亨)'이라고 한다. 온갖 것이 천기(天氣)-지기(地氣)를 누림이 곧 형(亨)이라는 말이다.

형(亨)을 쉽게 풀이하여 '하장(夏長)'이라 한다. 여름에는[夏] 자라게 한다[長]. 무엇이 무엇을 자라게 한다는 것인가? 하늘땅이 목숨을 자라게 한다는 말이다. 여름이면 만물이 하늘땅의 기운을 받아 저마다 자라게 된다. 이는 원(元)을 이어 열어 가는 자람이다. 이러한 자람을 두고서도 어질다[仁] 하고 굳세다[剛] 한다. 그래서 하장(夏長)을 들어 풀이되는 형(亨)도 인(仁)으로 통하고 강(剛)으로 통한다. 이러한 인강(仁剛)의 형(亨)은 자연[天地]을 좇는 형(亨)이고, 순역(順易)의 형(形)이라고 한다. 그래서 건곤(乾坤)의 형(亨)은 온갖 사물(事物)에 미치는 역(易)을 살피고[觀] 새겨[玩] 점(占)쳐 지변(知變)하여 지래(知來)하게 하는 통어(通語)가 된다.

註 그러나 자연의 형(亨)을 떠나 나[私]만 앞세우는 '형(亨)'을 일러 '인화물(人化物)의 형(亨)'이라 한다. 인간이[人] 변해서 물건이[物] 되어 버린다[化]. '인화물(人化物)의 형(亨)'은 곧장 불통(不通)-가지산(嘉之散) 등으로 돌변하여 궁(窮)해지고 만다. 궁

(窮)해지면 '흉(凶)'해진다. 인화물(人化物)의 형(亨)을 일러 궁색(窮塞)-간난(艱難)이라고 하는 것이다. 오도 가도 못하고[窮塞] 막막하다[不懼]. 그래서 '절인(絶仁)하라'는 말씀이 생겼다. 인간만의 인을[仁] 끊어라[絶]. 이 역시 배역(背易)하지 말라는 말씀이다.

28. 건곤(乾坤)의 이(利)

利는 和이다. 원형(元亨)을 의롭게 함이 이화(利和)이다. 천지지대덕(天地之大德)이 어우러짐을 한 글자로 묶은 말씀이 '이(利)'이다. 하늘땅[天地]의[之] 큰 덕[大德]이 어울리는 기(氣)를 한 글자로 '이(利)'라 한다. 여기서 큰 덕[大德]이란 무엇인가? 온갖 것[萬物]으로 하여금 삶의 덕을 완수하게 함을 말한다. 천지가 만물로 하여금 결실(結實)하게 하는 힘을 일러 '이(利)'라고 한다. 그 이(利)를 풀이하여 '수생지덕(遂生之德)'이라 한다. 삶[生]의[之] 덕(德)을 완수한다[遂]. 만물로 하여금 삶의 덕을 완수하게 함이 이화(利和) 즉 열매요 새끼요 자식이라는 말이다. 어찌 하늘땅의 큰 덕이라는 기운이 이것은 열매를 맺게 하고 저것은 열매를 못 맺게 하겠는가? 천지가 온갖 것을 하나같이 생지덕(生之德)을 다하게 함이 이(利)이다. 삶[生]의[之] 덕(德)이란 여기서는 원형(元亨)이 완수(完遂)되었음을 말한다. 그래서 원형리(元亨利)는 따로따로 떨어지지 않고 하나로 이어진다.

이(利)는 원형(元亨)이 어울림을 말한다. 원형(元亨)이 완수되어 결실을 거둠을 이(利)라 한다. 그러니 생지덕(生之德)이란 원형(元亨)의 이어받음이다. 처음[始]과 뿌리[本]를 이어받아 완수하고, 착함[善]과 아름다움[美]을 이어받아 완수하고, 크고[大] 으뜸[首]을 이어받아 완수하고, 오래됨[長]과 하나[一]를 이어받아 완수함을 일러 '열매[結實]'라고 하는 것이다. 모든 목숨이 누리는 결실(結實)을 일러 '이(利)'라 한다. 온갖 것이 천기(天氣)-지기

(地氣)를 받아 완수함이 곧 '이(利)'라는 말이다.

이(利)를 쉽게 풀이하여 '추렴(秋斂)'이라 한다. 가을에는[秋] 거두게 한다[斂]. 무엇이 무엇을 거두게 한다는 것인가? 하늘땅이 열매를 거두게 한다는 말이다. 가을이면 만물이 하늘땅의 기운을 받아 저마다 열매를 거둔다. 이는 원형(元亨)을 이어 열어서 완수한 거두어들임이다. 이러한 거둠을 두고서 어울린다[和]-좋다[吉]-마땅하다[宜]고 한다. 이러한 이(利)를 두고 의롭다[義] 하고 부드럽다[柔]고 한다. 그래서 추렴(秋斂)을 들어 풀이되는 이(利)는 의(義)로 통하고 유(柔)로 통한다. 이러한 의유(義柔)의 이(利)는 자연[天地]을 좇는 이(利)이고, 순역(順易)의 이(利)라 한다. 그래서 건곤(乾坤)의 이(利)는 온갖 사물(事物)에 미치는 역(易)을 살피고[觀] 새겨[玩] 점(占)쳐 지변(知變)하여 지래(知來)하게 하는 통어(通語)가 된다.

註 그러나 자연의 이(利)를 떠나 나[我]만을 앞세우는 '이(利)'를 일러 '인화물(人化物)의 이(利)'라고 한다. 인간[人]이 변해서 물건[物]이 되어 버린다[化]. 그러면 '이(利)'는 곧장 불화(不和)-불길(不吉)-불의(不宜)로 돌변하여 궁(窮)해지고 만다. 궁(窮)해지면 '흉(凶)'해진다. 이런 인화물(人化物)의 이(利)를 일러 탐(貪)하고 구(求)하고 취(取)하고 꾀부린다[巧]고 하는 것이다. 그래서 '기리(棄利)'라는 말씀이 생겼다. 나만의 이익[利]을 버려라[棄]. 이 또한 배역(背易)하지 말라 함이다.

29. 건곤(乾坤)의 정(貞)

貞은 正이다. 원형리(元亨利)를 이어 바르게[正] 함이 정정(貞正)이다. 천지지대덕(天地之大德)이 바름[正]을 한 글자로 묶은 말씀이 '정(貞)'이다. 하늘땅[天地]의[之] 큰 덕[大德]이 바른[正] 기(氣)를 한 글자로 '정(貞)'이라 한다. 여기서 큰 덕[大德]이란 무엇인가? 온갖 것[萬物]으로 하여금 삶의 덕을 바르게 함[貞]을 말한다. 천지가 만물로 하여금 바르게 함[正]을 일러 '정

(貞)'이라 한다. 그 정(貞)을 풀이하여 '문사지정(問事之正)'이라 한다. 일[事]이[之] 바른가를[正] 묻는다[問]. 만물로 하여금 삶의 덕이 바른지[正] 묻게 함[問]이 '정(貞)'이라는 말이다. 어찌 하늘땅의 큰 덕이라는 기운이 이것은 정(正)하게 하고 저것은 부정(不正)하게 하겠는가. 천지가 온갖 것을 하나같이 정(正)하게 함이 정(貞)이다. 일[事]이[之] 바른지[正] 물음[問]이란 여기선 원형리(元亨利)를 따름[從]이 바른지[正] 스스로 지성껏 물어봄[問]을 말한다. 그래서 원형리정(元亨利貞)은 따로따로 떨어지지 않고 하나로 이어진다. 이 원형리정(元亨利貞)이야말로 역(易)의 생생(生生)을 고스란히 풀이하고 있는 추요(樞要)의 말씀이다.

그래서 정(貞)은 정직(正直)-정정(定靜)-의당(宜當)-신성(信誠) 등으로 풀이되는 것이다. 이렇기 때문에 정(貞)을 두고 '복문(卜問)하라는 것'으로 밝힌다. 점쳐[卜] 묻다[問]. 이는 일[事]의 앞을 물어봄[問]이 정(貞)임을 말해준다. 감추거나 숨김이 없음이 정직(正直)이고, 사사로운 욕심이 없어 고요함이 정정(定靜)이고, 떳떳하고 당당함이 의당(宜當)이며, 무엇 하나 부끄러움 없이 하늘땅을 마주함이 신성(信誠)이다. 이런 정직(正直)-정정(定靜)-의당(宜當)-신성(信誠) 등을 한 자(字)로 묶은 말씀이 곧 '정(貞)'인 셈이다. 이러한 정(貞)이라야 명징(明徵)할 수 있는 것이다. 징조를[徵] 밝힘[明]이 곧 복문(卜問)이며, 이 복문(卜問)이라야 곧 지래(知來)로 이어진다. 미래[來]를 알고자[知] 복문(卜問)함이 정(貞)이라는 말이다.

정(貞)을 쉽게 풀이하여 '동장(冬藏)'이라 한다. 겨울에는[冬] 간직하게 한다[藏]. 무엇이 무엇을 간직하게 한다는 것인가? 하늘땅이 원형리(元亨利)를 간직하게 한다는 말이다. 겨울이면 만물이 하늘땅의 기운을 받아 저마다 열매를 간직해 둔다. 이는 새로운 원형리(元亨利)를 위하여 고스란히 정직(正直)-정정(定靜)-의당(宜當)-신성(信誠)하게 간직해 둠이다. 이렇게 간직해 둠으로써 점쳐[卜] 물으니[問] 그 정(貞)을 두고 의롭다[義] 하고 부드럽다[柔] 한다. 그래서 추렴(秋斂)을 들어 풀이되는 이(利)는 의(義)로 통하고 유(柔)로 통한다. 이러한 의유(義柔)의 정(貞)은 자연[天地]을 좇는 정(貞)이고 순역(順易)의 정(貞)이라 한다. 그래서 건곤(乾坤)의 정(貞)은 온갖 사물(事物)에 미치는 역(易)을 살피고[觀] 새겨[玩] 점(占)쳐 지변(知變)하여 지래(知來)하게 하는 통어(通語)가 된다.

註 그러나 자연을 좇는 정(貞)을 떠나 나[私]만을 앞세우는 '욕(欲)'을 일러 '인화물(人化物)의 '물(物)'이라고 한다. 인간[人]이 변해서 물건[物]이 되어 버린다[化]. 그러면 '정(貞)'은 사라지고 '욕(欲)'이 부상하여 곧장 부정(不正)-난정(亂定)-부당(不當)-불신(不信)-불성(不誠)으로 돌변하여 궁(窮)해지고 만다. 궁(窮)해지면 '흉(凶)'해진다. 이런 인화물(人化物)의 욕(欲)을 일러 사악(邪惡)하다고 하는 것이다. 그래서 '기의(棄義)'라는 말씀이 생겼다. 나만이 옳다 함을[義] 버려라[棄]. 이 또한 배역(背易)하지 말라 함이다. 절인기의(絶仁棄義). 인위(人爲)의 인을[仁] 끊고[絶] 인위(人爲)의 의를[義] 버려라[棄]. 이 말씀은 『노자(老子)』 19장(章)에 나온다.

30. 천존(天尊)과 지비(地卑)

天尊地卑, 여기서 온갖 생각의 실마리가 비롯된다. 온갖 것[萬物]-온갖 일[萬事]에는 본말(本末)-종시(終始)-선후(先後)가 있다는 것이다. 이러한 생각이 천존지비(天尊地卑)로부터 비롯된다. 높을 존(尊), 낮을 비(卑)는 사람이 차별(差別)로 여기는 귀천(貴賤)이 아니다. 존귀(尊貴)-비천(卑賤)이라 하여 차별하여 둘[二]로 갈라 따지는 것은 사람의 짓이지 하늘땅[天地]의 짓은 아니다. 하늘땅은 만물(萬物)-만사(萬事)를 차별(差別)하지 않는다. 그러므로 천존지비(天尊地卑)의 존비(尊卑) 즉 높음[尊]과 낮음[卑]을 헤아리는 마음 가기[志]는 생각을 새롭게 이끌어 미래를 알아차리게 하는 첫발을 내딛게 한다. 미래를 알아차리게 함을 '지래(知來)'라고 한다. 온갖 사물(事物)마다 존비(尊卑)의 값이 숨어 있고, 그 값을 살펴내 새겨 가야 지래(知來)

의 첫발을 내디딜 수 있다. 온갖 사물(事物)에 숨어 있는 존비(尊卑), 그것은 지래(知來)의 실마리가 된다. 존비(尊卑)란 가치(價置)를 따져 차별(差別)함이 아니고 변화(變化)하게 하는 본말(本末)-종시(終始)-선후(先後)를 밝혀 주는 길잡이이다. 그래서 천존(天尊)-지비(地卑)는 온갖 사물(事物)에 미치는 역(易)을 살피고[觀] 새겨[玩] 점(占)쳐 지변(知變)하여 지래(知來)하게 하는 통어(通語)가 된다.

31. 건곤(乾坤)의 정(定)

　乾坤定矣는 '건정(乾定)'과 '곤정(坤定)'을 합쳐 둔 통어(通語)가 된다. 건정(乾定)의 '건(乾)'이란 천존(天尊)으로 정리(定理)됨을 뜻하고, 곤정(坤定)의 '곤(坤)'이란 지비(地卑)로 정리됨을 뜻한다. 하늘[天]은 높다[尊] 함을 '건(乾)'이라 하고, 땅[地]은 낮다[卑] 함을 '곤(坤)'이라 하는 근거가 곧 천존지비(天尊地卑)로써 이루어지는 것이다. 온갖 것-온갖 일은 모두 건곤(乾坤)의 역리(易理)를 본받는[法] 사물(事物)일 뿐이다. 그러니 나라고 하는 것도 존비(尊卑)의 것이다. 나는 존(尊)하기도 하고 비(卑)하기도 하는 것이다. 그러니 나는 존귀(尊貴)하고 너는 비천(卑賤)하다고 생각하면 안 된다. 천지(天地)가 미리 만물(萬物)을 차별(差別)해서 정(定)해 준 서열(序列)-계급(階級)이란 없다. 모든 것은 존비(尊卑)로 정리(定理)되지 존귀(尊貴)한 것 따로 비천(卑賤)한 것 따로 분별(分別)하는 것은 사람의 짓이지 자연[天地]의 짓은 아니다. 그래서 건곤정(乾坤定)의 정(定)은 존비(尊卑)가 둘[二]로 나누어지는 차별이 아니라 하나[一]로 어울리게 하여 온갖 사물(事物)에 미치는 역(易)을 살피고[觀] 새겨[玩] 점(占)쳐 지변(知變)하여 지래(知來)하게 하는 통어(通語)가 된다.

32. 동정(動靜)의 상(常)

動靜有常의 '동정(動靜)'은 하늘땅[天地]의 기운(氣運)을 말해 준다. 동
동 정 유 상
(動)과 정(靜)을 나누어 둘[二]로 생각하지 않고 동(動)은 정(靜)이 될 것이니
이를 '동중정(動中靜)'이라 하고, 정(靜)은 동(動)이 될 것이니 이를 '정중동
(靜中動)'이라 한다. 그러니 동(動)과 정(靜)은 둘[二]이 아니라 하나[一]라는
통어(通語)가 된다.

동(動)은 동중정(動中靜)하고, 정(靜)은 정중동(靜中動)하기를 멈추지 않는
다[不息]. 늘 불식(不息)하므로 '한결같은 상(常)'이라고 풀이한다. 그래서 유
상(有常)의 상(常)은 줄곧 동(動)은 정(靜)으로, 정(靜)은 동(動)으로 변화(變化)
해 감을 뜻하여 온갖 사물(事物)에 미치는 역(易)을 살피고[觀] 새겨[玩] 점
(占)쳐 지변(知變)하여 지래(知來)하게 하는 통어(通語)가 된다.

33. 강유(剛柔)의 단(斷)

剛柔斷矣의 '강유(剛柔)'는 천지(天地)가 보여 주는 변화(變化)의 짓[象]
강 유 단 의
을 말해 준다. 하늘[天]이 보여 주는 건(乾)이 짓는 동중정(動中靜)의 변화
는 굳세고[剛], 땅[地]이 보여 주는 곤(坤)이라는 정중동(靜中動)의 변화는 부
드럽다[柔]. 이렇게 건곤(乾坤)이라는 기운(氣運)이 늘 그침 없이 변화함을
단정[斷]하여 풀이함을 '강유(剛柔)'라 한다. 그러므로 동정(動靜)도 천지(天
地)-건곤(乾坤)의 기운 즉 음양(陰陽)을 말함이고, 강유(剛柔)도 천지-건곤의
기운 즉 음양을 말함이니, 강(剛)은 양(陽)의 동(動)을 풀이하는 셈이고, 유
(柔)는 음(陰)의 정(靜)을 풀이하는 셈이다. 음양(陰陽)-동정(動靜)-강유(剛柔)
는 삼라만상(森羅萬象)은 모두 다 변화(變化)함을 밝힘이 곧 강유단(剛柔斷)의

'단(斷)'이다. 그래서 강유(剛柔)의 단(斷)은 온갖 변화(變化)의 짓[象]을 판단하게 하여 온갖 사물(事物)에 미치는 역(易)을 살피고[觀] 새겨[玩] 점(占)쳐 지변(知變)하여 지래(知來)하게 하는 통어(通語)가 된다.

34. 길흉(吉凶)의 생(生)

길흉(吉凶)이 생김[生]은 방이류취(方以類聚)하고 물이군분(物以羣分)하기 때문이다. 언제 어디서나 방향[方]을 이용하여[以] 끼리끼리[類] 모여들고[聚] 사물을[物] 이용하여[以] 무리가[群] 나뉘어[分] 좋음과[吉] 나쁨이[凶] 생기는 것[生]이다. 방향[方]-사물[物]에 따라 무리[群類]가 모이고[聚] 나뉜다[分]. 무리[群]는 중자(衆者)이고 잡종(雜種)이며, 인간은 '나-너-우리'로 무리를 짓고 서로 나뉘어 인간사(人間事)의 변화(變化)가 천지지도(天地之道) 즉 역지도(易之道)를 따르기도 하고 어기기도 하는 것이다. 인간사(人間事)가 순역(順易)하기도 하고 배역(背易)하기도 한다는 말이다. 그 때문에 인간사(人間事)에는 길흉(吉凶)이 생기고 만다. 방향[方]과 사물[物]이 한결같다면 옳다[是]거니 그르다[非]거니 길하다[吉]거니 흉하다[凶]거니 따져 좋고[好] 싫고[惡]를 가려 선악(善惡)으로 갈라지지 않을 것이다. 그러나 인간은 한사코 제 것[私]을 떠나지 못하기 때문에 만사(萬事)의 끝[終]이 길흉(吉凶)으로 드러나고 만다. 그래서 길흉생(吉凶生)을 인간사(人間事)로써 새긴다면 어떤 일[事]의 끝맺음을 뜻하게 된다. 사람의 일[事]이 빚어내는 끝[終] 즉 미래(未來)는 길흉(吉凶)으로 마무리되어 드러남을 일러 '길흉생(吉凶生)'이라고 일컫는다. 모든 일[萬事]에는 처음[始]이 있고 끝[終]이 있다. 일의 처음에서 보면 그 일의 끝이란 그 일의 미래(未來)가 된다. 사람의 일[事]에서는 그 끝마감이 좋게 드러나기도 하고 나쁘게 드러나기도 한다. 그래서 사람은 일마다 시작하면서 그 일의 미래(未來)가 잘 마무리되기를 바란다. 그러나 일마다[每事]에서는 길흉(吉凶)이 생겨 성패(成敗)로 나뉘어 매사(每事)의 미래(未來)에 길흉(吉凶)이 생기는[生] 것으로 드러난다. 그래서 길흉(吉凶)의 생(生)은 온갖 사물(事物)에 미치는 역(易)을 살피고[觀] 새겨[玩] 점(占)쳐 지변(知變)하여 지래(知來)하게 하는 통어(通語)가 된다.

35. 변화(變化)의 현(見)

하늘땅[天地]이 하는 모든 일[萬事]에는 처음[始]이 있고 끝[終]이 있다. 일[事]의 처음[始]에서 보면 그 일의 끝[終]이란 그 일의 미래(未來)가 되고, 그 미래(未來)는 변화(變化)로써 이루어진다. 시종(始終)이 없는 사물(事物)이란 없기 때문에 변화(變化)하지 않는 것[事物]이란 없다. 사람의 일[事] 역시 다름 아니다.

왜 모든 일에서 변화(變化)가 드러나는 것[見]인가? 재천성상(在天成象)하고 재지성형(在地成形)하기 때문이다. 하늘[天]에서는[在] 하늘[天]이 짓을[象] 이루고[成] 땅[地]에서는[在] 땅[地]이 몸을[形] 이루어[成] 변화가[變化] 드러난다[見]. 성상은[成象] 하늘이[天] 이룬다[成]고 함은, '짓[象]'은 양기(陽氣)의 몫이라는 말이고, 성형(成形)은 땅[地]이 이룬다[成]고 함은 '몸[形]'은 음기(陰氣)의 몫이라는 말이다. 짓[象]은 동(動)하고 몸[形]은 정(靜)하다. 그래서 상[象]-형[形]은 곧 천지(天地)의 동정(動靜)이다. 특히 '짓 상(象)'을 잘 알아차려야 괘효(卦爻)의 말씀[辭]을 나름대로 헤아리고 새길 수 있게 된다. 역(易)은 상(象)으로 드러내지 진술(陳述)하지 않는다. 드러나는[見] 몸[形]-짓[象]을 살펴[觀] 실마리 따라 풀어가듯이 역(易)의 말씀[辭]을 스스로 새겨 가야 한다. 그래서 몸[形]-짓[象]을 두고 '변화현(變化見)'이라고 하는 것이다. 형[形]-상[象]은 변화(變化)가 나타나는 것[見]임을 늘 명심해야 한다. 변화(變化)는 '변이화(變而化)'를 줄인 말이다. 변한다[變]. 그래서[而] 화한다[化]. 이를 줄여 '변화(變化)'라고 한다. 곧 변(變)하여 화(化)한다고 말하는 것이다. 하루를 예로 들어 변화(變化)를 풀이하자면, 저녁[夕]과 새벽[曉]은 변(變)이고, 밤과 낮은 화(化)이다. 저녁[夕]에는 낮[晝]은 가는 것[往者]이고, 밤[夜]은 오는 것[來者]이다. 이처럼 저녁에는 왕자(往者)와 내자(來者)가 함께 있다. 새벽[曉]에는 밤[夜]은 가는 것[往者]이고, 낮[晝]은 오는 것[來者]이다. 이처럼 새벽에는 왕자(往者)와 내자(來者)가 함께 있다. 석효(夕曉)에서처럼 왕자(往者)와 내자(來者)가 함께하면서 갈[往] 것[者]은 가고 올[來] 것[者]이 옴을 '변(變)'이라 한다. 새벽에 밤은 갔고 올 것인 낮[晝]만 있음이고, 저녁에 낮은 갔고 올 것인 밤[夜]만 있음이다. 갈 것[往者]은 가고 올 것[來者]이 와 있음을 '화(化)'라 한다. 그래서 변화(變化)는 '새로[變] 된다[化]'고 새길 수 있는 것이다. 변화(變化)는 천기(天氣) 즉 양기(陽氣)가 성상(成象)하고 지기(地氣) 즉 음기(陰氣)가 성형(成形)하여 이루어진다. 그래서 변화(變化)의 현(見)은 변화(變化)가 드러나게[見] 하여 온갖 사물(事物)에 미치는 역(易)을 살피고[觀] 새겨[玩] 점(占)쳐 지변(知變)하여 지래(知來)하게 하는 통어(通語)가 된다.

36. 대시(大始)와 성물(成物)

변화(變化)가 드러나게 하는 성상(成象)을 역(繹)하여 '대시(大始)'라 하고, 변화(變化)가 드러나게 하는 성형(成形)을 풀이하여[繹] '성물(成物)'이라 한다. 앞서 살핀 성상(成象)은 크나큰[大] 시작[始]으로 역(繹)되고, '성형(成形)'은 온갖 것을[物] 이룸[成]으로 풀이되고 있다. 그러므로 '대시(大始)'는 천

(天)-건(乾)-양기(陽氣)가 하는 일이고, '성물(成物)'은 지(地)-곤(坤)-음기(陰氣)가 하는 일이다. 그래서 '건지대시(乾知大始)'라 하고, '곤작성물(坤作成物)'이라 하는 것이다. 건은[乾] 크나큰[大] 시작을[始] 차지하고[知], 곤은[坤] 이뤄진[成] 것[物]을 길러 낸다[作]. 그래서 건지대시(乾知大始)의 '대시(大始)'와 곤작성물(坤作成物)의 '성물(成物)' 역시 변화(變化)가 드러나게[見] 하여 온갖 사물(事物)에 미치는 역(易)을 살피고[觀] 새겨[玩] 점(占)쳐 지변(知變)하여 지래(知來)하게 하는 통어(通語)가 된다.

註 건지대시(乾知大始)의 '지(知)'는 여기선 안다[識]는 뜻이 아니라 차지한다[主]는 뜻이고, 곤작성물(坤作成物)의 '작(作)'은 여기선 짓는다[制]는 뜻이 아니라 길러 낸다[生]는 뜻이다.

37. 이지(易知)와 간능(簡能)

왜 건괘(乾卦)와 곤괘(坤卦)를 늘 살펴야 하는가? 건괘(乾卦)로써 성상(成象)-대시(大始)를 쉽게 알 수 있어[易知] 하늘땅이 드러내는 변화(變化)를 쉽게 견색(見賾)할 수 있기 때문이며, 곤괘(坤卦)로써 성형(成形)-성물(成物)을 쉽게 알 수 있어[簡能] 하늘땅이 드러내는 변화(變化)를 간명히 견색(見賾)할 수 있는 까닭이다. 이를 '건이이지(乾以易知)'라 하고, '곤이간능(坤以簡能)'이라 한다. 그래서 건이이지(乾以易知)의 '이지(易知)'와 곤이간능(坤以簡能)의 '간능(簡能)' 역시 변화(變化)가 드러나게[見] 하여 온갖 사물(事物)에 미치는 역(易)을 살피고[觀] 새겨[玩] 점(占)쳐 지변(知變)하여 지래(知來)하게 하는 통어(通語)가 된다.

38. 건곤(乾坤)의 이간(易簡)

변화(變化)의 흐름을 견색(見賾)하고 싶다면 속셈을 깔고 복잡하게 흥정하지 마라. 그러면 이간(易簡)의 마음 가기[志]가 앞선다. 그 이간(易簡)의 지(志)라야 꼭꼭 숨어 있는 변화지도(變化之道)를 찾아낸다. 새로 될 것[變化]의[之] 이치[道]를 외면하면 창의력(創意力)은 용출(湧出)하지 못한다. 자연[天地-乾坤]의 짓[神]을 본받는[法] 이간(易簡)의 마음 가기[志]를 벗어나면 창의력(創意力)은 말라 버린다. 이간(易簡)의 '이(易)'는 이즉이지(易則易知)의 이(易)이고, 이간(易簡)의 '간(簡)'은 간즉이종(簡則易從)의 간(簡)이다. 이러한 이간(易簡)이란 천지(天地)-건곤(乾坤)처럼 마음 가기[志]를 쉬이 하고[易] 간명히 하라[簡] 함이다. 여기서 이간(易簡)함이란 무위(無爲)-무사(無思)-무아(無我) 즉 사욕(私欲)을 없앰이다. 창의력(創意力)이란 사욕(私欲)을 버린 이간지(易簡志)에서 용출(湧出)한다. 그러면 천(天)-건(乾)처럼 성상(成象)-대시(大始)를 알아차리기[知] 쉽고[易], 지(地)-곤(坤)처럼 성형(成形)-성물(成物)을 알아차리기[知] 간명하다[簡]는 말이다.

변화(變化)의 흐름을 알아차리고 싶다면 속셈을 깔고 복잡하게 흥정하지 마라. 그러면 쉽고[易]-간명한[簡] 마음 가기[志]가 앞장선다. 그러면 순식간에 창의력(創意力)이 용솟음쳐 변화지도(變化之道)를 알아차려 누구나 지변자(知變者)가 될 수 있다. 변화[變]를 알아차리는[知] 사람[者]이 되고 싶다면 무엇보다 먼저 이간지(易簡志)가 앞서야 한다. 그러므로 이즉이지(易則易知)-간즉이종(簡則易從)이 밝혀 주는 이간지(易簡志)라야 변화(變化)의 흐름을 잡아챈다. 하늘[乾]같이 쉽게 하면[易] 곧[則] 쉽게[易] 알고[知], 땅[坤]같이 간명히 하면[簡] 곧[則] 쉽게[易] 따른다[從]. 그래서 이즉이지(易則易知)-간즉간종(簡則簡從)의 이간(易簡)은 온갖 사물(事物)에 미치는 역(易)을 살피고[觀] 새겨[玩] 점(占)쳐 지변(知變)하여 지래(知來)하게 하는 통어(通語)가 된다.

39. 관상(觀象)의 상(象)

觀象은 '관괘효지상(觀卦爻之象)'을 줄임이다. 물론 관상(觀象)의 '상(象)'을 '신지상(神之象)'의 줄임으로 보아도 될 것이다. 괘효(卦爻)란 천지가 변화하게 짓[神]을 나타내도록 성인(聖人)이 창작한 부호(符號)이기 때문이다. 괘효(卦爻)의[之] 짓을[象], 또는 신(神)의[之] 짓을[象] 살핀다[觀]. 이를 '짓을[象] 살핀다[觀]'라고 줄인 것이다. 괘(卦)와 효(爻)의 상(象)은 역(易)을 가장 간명하게 밝히고 있다. 역(易)은 쉼 없는 변화(變化), 바로 그것이므로 역(易)에는 멈춤이란 없다. 온갖 것[萬物]은 역(易)을 떠날 수 없으므로 가만히 변(變)하지 않고 있는 것은 하나도 없다. 그런 변화(變化)를 짓하고 있는 신(神)의 짓을 드러냄을 '상(象)'이라 한다. '상(象)'이란 '끊임없고 쉼 없는 변화(變化)가 진행하고 있는 짓[神]의 낌새'를 말한다. 그 짓[神]의 낌새를 살피고 살피라 함이 관상(觀象)이다. 그래서 관상(觀象)의 상(象)은 온갖 사물(事物)에 미치는 역(易)을 살피고[觀] 새겨[玩] 점(占)쳐 지변(知變)하여 지래(知來)하게 하는 통어(通語)가 된다.

40. 계사(繫辭)의 사(辭)

繫辭는 '계관상지사어괘효(繫觀象之辭於卦爻)'를 줄임이다. 괘효(卦爻)에[於] 관상(觀象)의[之] 말을[辭] 매다[繫]. 이를 줄여 '말을[辭] 매다[繫]'라고 줄인 것이다. 관상(觀象)의 말[辭]은 역(易)을 가장 간명하게 밝히고 있는 말씀이다. 만물(萬物)은 역(易)을 떠날 수 없으므로 가만히 변(變)하지 않고 있는 것은 하나도 없음을 성인(聖人)이 말함[言]이 계사(繫辭)의 '사(辭)'이다. 계사(繫辭)의 '사(辭)'란 끊임없고 쉼 없이 변화(變化)가 이루어지고 있음을 말하는[言] 말씀[辭]이다. 괘효(卦爻)에 맨[繫] 사(辭)는 성인(聖人)의 말씀[辭]이다. 공자(孔子)가 성인지언(聖人之言)을 두려워하라[畏]고 밝힌 그 말씀[言]이 곧 관상계사(觀象繫辭)의 바로 그 사(辭)일 터이다. 왜 성인(聖人)의 말씀을 외(畏)해야 하는가? 성인(聖人)의 말씀[言]은 늘 법어지언(法語之言)이기 때문이다. 성인(聖人)의 계사(繫辭)야말로 법어지언(法語之言)이다. 논란(論難)의 직언(直言)이 법어지언(法語之言)이기 때문이다. 자연이 하는 일[事]에는 논란(論難)거리가 없다. 그래서 자연사(自然事)는 늘 통(通)할 뿐이지 궁(窮)함이란 없다. 그러나 인간이 하는 일[事]에는 논란(論難)거리로 바람 잘 날이 없어 열리기[通]보다 막히기[窮] 일쑤이다. 그래서 계사(繫辭)의 사(辭)는 온갖 사물(事物)에 미치는 역(易)을 살피고[觀] 새겨[玩] 점(占)쳐 지변(知變)하여 지래(知來)하게 하는 통어(通語)가 된다.

41. 길흉(吉凶)의 명(明)

繫辭의 '사(辭)'는 무엇을 논란(論難)하여 직언(直言)하는 것인가? 그 사(辭)의 직언(直言)은 명길흉(明吉凶)하는 것이다. 성인(聖人)이 괘효(卦爻)에 묶어 둔 말씀[辭]은 길흉(吉凶)을 밝혀 주는[明] 사(辭)이다. 길흉(吉凶)이란 다가올[來] 일[事物]이 끝나서[終] 드러남[形]이다. 하늘땅[天地]이 하는 일[事物]이 있고 사람[人]이 하는 일[事物]이 있다. 물론 '물(物)'은 자연의 짓이고, '사(事)'는 사람이 하는 짓이라고 여기고 만사(萬事)를 마주해도 될 것이다. 다가올[來] 사물(事物)을 사람을 위해서 성인(聖人)이 밝혀 둔 계사(繫辭)이므로 그 말씀[辭]이 길흉(吉凶)을 밝혀 준다[明]는 것이다. 그래서 길흉(吉凶)의 명(明)은 온갖 사물(事物)에 미치는 역(易)을 살피고[觀] 새겨[玩] 점(占)쳐 지변(知變)하여 지래(知來)하게 하는 통어(通語)가 된다.

42. 변화(變化)의 생(生)

온갖 것에서 왜 변화(變化)가 일어나는가[生]? 음양(陰陽)이 상추(相推)하고 강유(剛柔)가 상추(相推)하며 인의(仁義)가 상추(相推)하여 생변화(生變化)한다. 음양(陰陽)의 상추(相推)는 일음일양(一陰一陽)으로 역(繹)되고, 강유(剛柔)의 상추(相推)는 일강일유(一剛一柔)로 풀이되고[繹], 인의(仁義)의 상추(相推)는 일인일의(一仁一義)로 풀이된다. 음양(陰陽)-강유(剛柔)-인의(仁義)는 만사(萬事)에서 변화를 일으키는 힘[氣]이다.

「설괘전(說卦傳)」에 '입천지도왈음여양(立天之道曰陰與陽) 입지지도왈유여강(立地之道曰柔與剛) 입인지도왈의여인(立人之道曰義與仁)'을 환기(喚起)하면 된다. 하늘[天]의[之] 이치를[道] 세워[立] 음(陰)과[與] 양이라[陽] 하고[曰], 땅[地]의[之] 이치를[道] 세워[立] 유(柔)와[與] 강이라[剛] 하며[曰], 사람[人]의[之] 이치를[道] 세워[立] 의(義)와[與] 인이라[仁] 한다[曰]. 음(陰)이 양(陽)이 되고 양(陽)이 음(陰)이 되어 변화(變化)가 일어나듯이 강(剛)이 유(柔)가 되고 유(柔)가 강(剛)이 되어 변화가 일어나고, 의(義)가 인(仁)이 되고 인(仁)이 의(義)가 되어 변화가 일어난다. 이를 음양(陰陽)의 상추(相推)-강유(剛柔)의 상추(相推)-인의(仁義)의 상추(相推)라 하는 것이다. 상추(相推)의 '추(推)'는 추이(推移)의 줄임말로 여기고 새기면 된다. 그래서 변화(變化)의 생(生)은 온갖 사물(事物)에 미치는 역(易)을 살피고[觀] 새겨[玩] 점(占)쳐 지변(知變)하여 지래(知來)하게 하는 통어(通語)가 된다.

43. 실득(失得)의 상(象) : 길흉자(吉凶者)

失得之象이라. 실득(失得)의 상(象)이란 대성괘(大成卦)에서 효(爻)의 자
실득지상

리[位]를 따라서 살펴볼[觀] 수 있다. 이 때문에 길흉(吉凶)이라는 것을 '실득지상(失得之象)'이라고 하는 것이다. 그러나 실득지상(失得之象)의 상(象)이 뜻하는 바를 터득하려면 무엇을 잃거나[失] 취함[得]에 따라 길(吉)할 수도 있고 흉(凶)할 수도 있는지 알아차려야 한다. 효상(爻象)이 길한[吉] 것[者]도 실득(失得)의[之] 짓[象]이고[也], 흉(凶)한 것[者]도 실득(失得)의[之] 짓[象]이다[也]. 그렇다면 무엇을 잃고[失] 얻음[得]인가? 대성괘(大成卦)에서 효(爻)의 자리가 제자리를 얻는[得] 상(象)인지 잃는[失] 상(象)인지를 살펴보아야[觀] 효상(爻象)의 길흉(吉凶)이 드러난다.

그래서 대성괘(大成卦)에서는 효(爻)의 자리[位]를 먼저 살펴야 하는 것이다. 대성괘(大成卦)에는 일삼오(一三五)-이사륙(二四六)의 육위(六位)가 있다. 그 일삼오(一三五)는 양효(陽爻)의 자리[位]이고, 그 이사륙(二四六)은 음효(陰爻)의 위(位)이다. 대성괘(大成卦)에서 양효(陽爻)가 일삼오(一三五) 즉 홀수[奇數]의 위(位)에 있으면 길상(吉象)이고, 음효(陰爻)가 이사륙(二四六) 즉 짝수[偶數]의 자리[位]에 있으면 길상(吉象)이다. 음효(陰爻)가 일삼오(一三五)의 자리에 있으면 흉상(凶象)이고, 양효(陽爻)가 이사륙(二四六)의 자리에 있으면 흉상(凶象)이다. 괘(卦)에서 양효(陽爻)-음효(陰爻)가 제자리를 잡고 있음이 길상(吉象)이고, 그렇지 못함이 흉상(凶象)이다. 물론 이러한 효(爻)의 정위(正位)를 본받는[法] 마음 가기[志]이면 정(貞)한 지(志)로 길(吉)하여 선(善)하고, 그렇지 못하다면 부정(不貞)한 지(志)로 흉(凶)하여 불선(不善)하다. 그러므로 대성괘(大成卦)를 관상(觀象)하여 관변(觀變)하여 길흉(吉凶)을 판단하려면 그 효위(爻位)가 매우 긴요함을 알 수 있다. 그래서 실득(失得)의 상(象)은 온갖 사물(事物)에 미치는 역(易)을 살피고[觀] 새겨[玩] 점(占)쳐 지변(知變)하여 지래(知來)하게 하는 통어(通語)가 된다.

44. 우려(憂慮)의 상(象) : 회린자(悔吝者)

憂慮之象의 '상(象)'이 '회린자(悔吝者)'임을 터득하려면 무엇을 우려
(憂慮)하느냐에 따라 회린(悔吝)할 수 있고 없는지 먼저 알아차려야 한다.
그러면 강유상추(剛柔相推) 즉 선(善)의 실득(失得)을 우려(憂慮)하는 짓[象]이
면 회린(悔吝)하는 것[者]임을 알아차릴 수 있는 것이다. 선(善)하다면 뉘
우쳐[悔] 부끄러워할[吝] 것[者] 없을 터이고, 불선(不善)하다면 회린(悔吝)할
터이다. 여기서 강유상추(剛柔相推) 즉 선(善)하기를 취한다[取]면 뉘우치고
[悔] 부끄러워할[吝] 리 없을 터이고, 강유상추(剛柔相推)하기를 잃는다[失]면
즉 불선(不善)하다면 회린(悔吝)하게 될 것이다. 그렇기 때문에 우려지상(憂
慮之象)이란 강유상추(剛柔相推) 즉 선(善)하기를 잃을까[失] 우려하는[憂慮之]
짓[象]이 곧 회린하는[悔吝] 것[者]임을 새겨 알아차릴 수 있다. 그러므로
'뉘우침[悔]'도 '우려(憂慮)의 짓[象]'이고, '부끄러워함[吝]'도 '우려(憂慮)의
짓[象]'임을 간파(看破)하게 된다. 그래서 회린(悔吝)의 상(象)은 온갖 사물(事
物)에 미치는 역(易)을 살피고[觀] 새겨[玩] 점(占)쳐 지변(知變)하여 지래(知
來)하게 하는 통어(通語)가 된다.

45. 진퇴(進退)의 상(象) : 변화자(變化者)

變化者는 '변이화자(變而化者)'의 줄임말이다. 변해[變]서[而] 화하는[化]
것[者]이라고 새기면 변(變)이 뜻하는 바를 주목하게 된다. 변화(變化)란 왕
래(往來)함이다. 그 왕래(往來)를 터득하자면 밤낮의 하루보다 더 좋은 사
례(事例)가 없을 터이다. 하루보다 더 변(變)과 화(化)를 살펴보게 하는[觀]
짓[象]은 없다. 낮이 오면[進] 밤이 가고[退] 밤이 오면[進] 낮이 간다[退]. 이

밤낮의 하루로써 변화(變化)의 살핌[觀]이 얼마나 이지(易知)하고 간능(簡能)한가! 이는 아무런 사욕(私慾) 없이 하루의 진퇴(進退)를 살피는[觀] 까닭이다. 변화(變化)의 '변(變)'이란 저녁과 새벽인 셈이고, 변화(變化)의 '화(化)'란 밤과 낮인 셈이다. 왕래(往來)가 함께함이 '변(變)'이고, 갈[往] 것은 가고[退] 올[來] 것이 드러남[進]이 '화(化)'이다. 저녁은 낮이 왕자(往者)이고 밤이 내자(來者)이다. 새벽은 밤이 갈 것[往者]이고 낮이 올 것[來者]이다. 이처럼 변화(變化)란 가고 옴[往來]의 상추(相推)이다. 그런 옮김(相推)의 짓[象]이 변화(變化)라는 것[者]이다. 이것이 곧 일음일양(一陰一陽)의 역(易)이라는 이치[道] 즉 역지도(易之道)이다. 여기서 왜 역(易)의[之] 이치[道]를 일러 생생(生生)이라 하는지 알아차릴 수 있다. 쉼 없고 그침 없는 왕래(往來)의 변화(變化)를 일러 '생생(生生)'이라 한다. 온갖 것[萬物]-온갖 일[萬事]에 미치는 역(易)이란 왕래(往來)의 진퇴(進退)가 생생(生生)하는 변화(變化)이다. 그래서 진퇴(進退)의 상(象)은 온갖 사물(事物)에 미치는 역(易)을 살피고[觀] 새겨[玩] 점(占)쳐 지변(知變)하여 지래(知來)하게 하는 통어(通語)가 된다.

46. 주야(晝夜)의 상(象) : 강유자(剛柔者)

낮[晝]의 짓[象]으로써 온갖 사물(事物)에 미치는 강(剛)의 상(象)을 살펴[觀] 새길[玩] 수 있고, 밤[夜]의 짓[象]으로써 온갖 사물(事物)에 미치는 유(柔)의 상(象)을 살펴[觀] 새길[玩] 수 있다. 이를 줄여서 '주야지상(晝夜之象)은 강유자(剛柔者)'라 하는 것이다.

강유자(剛柔者)의 '강(剛)'은 하늘[天]의 이치[道]를 뜻해 양(陽)-인(仁)-동(動)을 뜻함이고 밝음[明]을 뜻함이다. 그래서 강(剛)은 낮[晝]의 짓[象]으로써 살펴[觀] 새길[玩] 수 있다. 강건(剛健)하라. 이는 위에서 아래로 뻗치는 천기(天氣) 즉 신(神)의 짓[象]을 본받으라[法] 함이다. 강유자(剛柔者)의 '유(柔)'는 땅[地]의 이치[道]를 뜻해 음(陰)-의(義)-정(靜)을 뜻함이고 어둠[暗]을 뜻함이다. 그래서 유(柔)는 밤[夜]의 짓[象]으로써 살펴[觀] 새길[玩] 수 있다. 유순(柔順)하라. 이는 아래에서 위로 뻗치는 지기(地氣) 즉 귀(鬼)의 짓[象]을 본받으라[法] 함이다. 그러므로 강유자(剛柔者)는 '솔신거귀(率神居鬼)'를 늘 상기(想起)해야 한다. 위에서 아래로 뻗어 나가는 기운을[神] 좇아 따르고[率], 아래에서 위로 뻗어 나가는 기운을[鬼] 좇아 따름[居]이 또한 강유자(剛柔者)이다. 그래서 주야(晝夜)의 상(象)은 온갖 사물(事物)에 미치는 역(易)을 살피고[觀] 새겨[玩] 점(占)쳐 지변(知變)하여 지래(知來)하게 하는 통어(通語)가 된다.

47. 육효(六爻)의 상(象) : 삼극(三極)의 도(道)

六爻之動에서 '육효(六爻)'는 대성괘(大成卦)를 이루는[成] 여섯 개의 효(爻)를 말한다. 육효지동(六爻之動)의 '동(動)'은 '진퇴지상(進退之象)'을 달리 밝힌 것이다. 그러므로 여기서 '동(動)'은 변동(變動)을 뜻한다. 육효지동(六爻之動)의 '동(動)'을 '누천(屢遷)'이라 부른다. '누천(屢遷)'이란, 초효(初爻)는 그 '동(動)'의 시(始)이고, 상효(上爻)는 그 '동(動)'의 종(終)이라는 뜻을 담고 있다. 육효(六爻)는 아래[下]로부터 위[上]로 누차(屢次)로 옮겨 감[遷]을 일러 '육효지동(六爻之動)'이라 한다. 육효지동(六爻之動)의 '통(通)'은 대성괘(大成卦)의 육효(六爻)가 제자리를 잡고 멈춰 있음이 아니라 아래에서 위로 옮겨 가고 있음을 뜻한다.

삼극지도(三極之道)에서 삼극(三極)이란 천지인(天地人)을 말하므로, 육효지동(六爻之動)은 천지인(天地人)의 이치[道]를 나타낸다. 육효지동(六爻之動)

은 천(天)-지(地)-인(人)을 따로따로 따르는 것이 아님을 주목하게 한다.
온갖 것[萬物]으로 말미암은 온갖 일[萬事]이란 다 삼극(三極)의 도(道)를 벗
어날 수 없음이니, 효(爻)의 동(動)은 물지변동(物之變動)-사지변동(事之變動)
을 뜻해 준다. 통해서[通] 변하는[變] 일[事]을 살펴[觀] 새겨서[玩] 점치게
[占] 하는 것이 효(爻)의 동(動)이다. 효(爻)가 일[事]의 변동(變動)을 짓[象]하
기 때문에 '효자언호변자(爻者言乎變者)'라고 하는 것이다. 효라는[爻] 것은
[者] 변하는[變] 것[者]을[乎] 말한다[言]. 그 '언호변자(言乎變者)'가 '삼극지도
(三極之道)'를 좇아 따른다. 그래서 삼극(三極)의 도(道)를 드러내는 육효(六
爻)의 동(動)은 온갖 사물(事物)에 미치는 역(易)을 살피고[觀] 새겨[玩] 점(占)
쳐 지변(知變)하여 지래(知來)하게 하는 통어(通語)가 된다.

48. 역(易)의 서(序) : 군자(君子)의 거안(居安)

 易之序의 '서(序)'는 역(易)의 이치[道]를 풀이함이다. 천지운행(天地運
  역 지 서
行)의 질서(秩序)를 좇는 생생(生生)을 일컫는 말이다. 그 '서(序)'란 앞서 살
핀 '변화자진퇴지상(變化者進退之象)'에서 '진퇴지상(進退之象)'을 환기(喚起)하
면 된다. '변해서[變] 새로 되는[化] 것이란[者] 나아감과[進] 물러감[退]의
[之] 짓[象]'임을 상기(想起)한다면 역리(易理)인 '서(序)'를 알아차릴 것이다.
이러한 진퇴(進退)의 상(象)은 천지(天地)가 보여 주는 사시(四時)에서 간명
(簡明)하게 드러난다. 역지서(易之序)의 '서(序)'란 왕래(往來)-진퇴(進退)-변화
(變化)의 순환(循環)임을 잊지 말아야 역명(易命)을 좇아 숨겨진 변화(變化)를
살펴[觀] 새김질하여[玩] 지래(知來)할 수 있다. 왜 군자(君子)의 삶은 편안한
가? 군자(君子)는 역리(易理)인 진퇴지상(進退之象)의 질서(秩序)를 살펴[觀] 새
김질하여[玩] 만사(萬事)에 응변(應變)할 줄 알기 때문이다. 물론 군자(君子)

71

의 응변(應變)은 반드시 의지여차(義之與此)하므로 소인(小人)의 그것과 다르다. 오로지 의(義)와 함께[與] 일[事]의 변통(變通)을 따르기[此] 때문에 군자(君子)의 응변(應辯)은 늘 인의상추(仁義相推)의 삶을 누린다. 그러나 소인(小人)은 사지여차(私之與此)하므로 역리(易理)를 어기는 응변(應變)이기 때문에 행험(行險)으로 드러나고 만다. 역(易)의 가르침[命]을 두고 순리(順理)라 함은 군자(君子)가 좇는[從] 역지서(易之序)를 두고 한 말씀이다. 그래서 역(易)의 서(序)는 온갖 사물(事物)에 미치는 역(易)을 살피고[觀] 새겨[玩] 점(占)쳐 지변(知變)하여 지래(知來)하게 하는 통어(通語)가 된다.

49. 단자(彖者) : 언호상자(言乎象者)

彖者는 괘효상(卦爻象)의 '상(象)'을 풀이해 준다. 효상(爻象)의 '상(象)'은 변화(變化)의 조짐[兆]을 드러내는 것[者]이고 그 조짐을 판단하게 함을 '단(彖)'이라 한다. 그래서 단자(彖者)를 단사(彖辭)라 하고, 단사(彖辭)를 괘효사(卦爻辭)라고도 한다. 괘효사(卦爻辭)란 괘(卦)와 효(爻)의 '상(象)'을 본받게[法] 하는 말씀이다. 단자(彖者)의 '단(彖)'은 '가늠할 단(斷)'과 같다. 그러므로 단자(彖者)-단사(彖辭)-괘효사(卦爻辭)는 일[事]이 변해서[變] 새로 됨[化]을 살펴보고 판단(判斷)하게 하는 말씀[辭]이다.

언호상자(言乎象者)의 '언(言)'은 사물(事物)에 미치는 변화를 짓하는[象] 것[者]을 저마다 나름대로 스스로 살펴 즐겨 판단하게 함을 말한다. 언(言)은 논란(論難)하지 않는 말하기를 뜻하고, 어(語)는 논란(論難)하여 변별(辨別)하는 말해 보기를 뜻한다. 그러므로 무엇을 언지(言之)한다 함은 사물을 스스로 새겨 헤아려 가는 침묵(沈黙)으로 통한다. 그래서 언(言)을 직언(直言)의 말하기[言之]라고 하는 것이다. 상자(象者)는 '괘효지상자(卦爻之象

者)'를 줄인 말이다. 물론 상자(象者)의 상(象)은 괘효(卦爻)의 짓[象]을 뜻하고, 그 짓[象]이란 온갖 것[萬物]-온갖 일[萬事]에 미치는 변화(變化)의 조짐[兆]을 살펴 새김을 뜻한다. 그래서 상자(象者)의 상(象)은 온갖 사물(事物)에 미치는 변화(變化)의 조짐[兆]을 미리 쉽게[易] 알아서[知] 간명히[簡] 할 수 있게 함[能]이다. 그러한 조짐[兆]-낌새[徵]의 짓[象]을 판단하게 함이 단(彖)이다. 그러므로 단자(彖者)의 단(彖)이란 저마다 스스로 살펴[觀] 절로 즐겨 새김질[玩]하여 스스로 판단하게 한다. 그래서 괘효(卦爻)의 상(象)을 살펴 새김질하여 말하게 하는[言] 단자(彖者)는 온갖 사물(事物)에 미치는 역(易)을 살피고[觀] 새겨[玩] 점(占)쳐 지변(知變)하여 지래(知來)하게 하는 통어(通語)가 된다.

50. 효자(爻者) : 언호변자(言乎變者)

爻者는 음효(陰爻 :--)와 양효(陽爻 :—)를 말한다. 효자(爻者)는 음양(陰陽)의 기호(記號)라고 여겨도 된다. 64괘를 일러 '대성괘(大成卦)'라 하고, 64괘(卦)를 이루는 8괘(卦)를 '소성괘(小成卦)'라 한다. 소성괘(小成卦)를 자승(自乘)하여 64개(個)의 대성괘(大成卦)를 이루고 있다. 8×8=64인 셈이다. 효자(爻者) 셋[三個]이 하나의 소성괘(小成卦)가 된다. 대성괘(大成卦)는 소성괘(小成卦) 둘로 이루어지므로 효자(爻者) 여섯[六個]으로 이루어진다. 대성괘(大成卦)마다 괘사(卦辭)가 있고 여섯 개[六個]의 효(爻)마다 사(辭)가 있다. 이 괘효사(卦爻辭)를 묶어 '계사(繫辭)'라 한다. 그래서 하나의 대성괘(大成卦)에는 한 괘사(卦辭)와 여섯 개의 효사(爻辭)가 있다. 효상(爻象)과 효사(爻辭)를 묶어 효자(爻者)로 여기면 된다. 효자(爻者)는 '궁(窮)'을 말하지 않고 '변(變)'을 말한다.

효자(爻者)를 일러 변자(變者)를 말하는 것[言]이라 한다. 궁(窮)은 변화(變化)를 그친 것이고 변(變)은 새로 되는[化] 일[事]이다. 변화(變化)가 다하여 그친[窮] 일[事]을 왕사(往事) 또는 왕자(往者)라 하고, 변화(變化)할 사(事)를 내사(來事) 또는 내자(來者)라 한다. 변자(變者)는 내사(來事)를 뜻하고, 그 변자(變者)를 직언(直言)하게 하는 것(言)이 효자(爻者)-효상(爻象)이다. 그러므로 변자(變者)를 효자(爻者)가 말한다[言] 함은 그 변자(變者)를 두고 시비(是非)의 논란(論難)을 하지 말라 함이다. 언(言)을 직언(直言)의 말하기[言之]라고 함은 시비(是非)의 논란(論難)을 하지 않음을 뜻한다. 이러한 효자(爻者)는 내사(來事)의 길흉(吉凶)을 저마다 스스로 판단하게 한다[彖]. 그래서 효자(爻者)는 변자(變者)로서 단사(彖辭)인 것이고, 저마다 살펴 새김질하여 지래(知來)하게 하는 효상(爻象)인 것이다. 그래서 효자(爻者)는 온갖 사물(事物)에 미치는 역(易)을 살피고[觀] 새겨[玩] 점(占)쳐 지변(知變)하여 지래(知來)하게 하는 통어(通語)가 된다.

51. 회린자(悔吝者) : 언호기소자(言乎其小疵)

悔吝者의 '회(悔)'란 일[事]을 끝낸 뒤에야 마음가짐[意]에 잘못[過]이
회 린 자
있었음을 알아차리고[知] 한스러워함[恨]이다. 그래서 '회(悔)'는 '지과(知過)하여 개과지심(改過之心)하는 의(意)'이다. 허물을[過] 알아차리고[知] 허물을 범한[過之] 마음을[心] 고침[改]이 곧 뉘우침[悔]이다. 그러므로 '회(悔)'는 '개과(改過)'를 뜻한다. 선사자(善事者)는 일을 마주할 때마다 일이 끝났을 때 뉘우치지[悔] 않고자 하기 때문에 회(悔)는 곧 흠[疵]을 짧게 하는[小] 것이다. 흠을 짧게 함[小疵]이란 허물을 빨리 고쳐 버림을 말한다.

대성괘(大成卦)에서 관상(觀象)하고 관변(觀變)함이란 소자(小疵) 즉 허물

을 재빨리 고침으로 이어진다. 그래서 하괘(下卦)의 효상(爻象)을 일러 '회(悔)의 상(象)'이라 일컫고, 상괘(上卦)를 일러 '인(吝)의 상(象)'이라 일컫는다. 대성괘(大成卦)를 관상(觀象)하여 관변(觀變)할 때면 늘 하괘(下卦)의 초효(初爻)-이효(二爻)-삼효(三爻)로부터 관상(觀象)-관변(觀變)을 시작하여 상괘(上卦)의 사효(四爻)-오효(五爻)-상효(上爻)로 관상(觀象)-관변(觀變)을 하게 된다. 그러므로 먼저 뉘우치는[悔] 마음 가기[志]가 앞서야[先] 하고, 부끄러워하는[吝] 지(志)가 뒤따라야[後] 소자(小疵)로 이어짐을 알 수 있다.

회린자(悔吝者)의 '린(吝)'이란 일[事]을 끝낸 뒤에야 마음가짐[意]에 잘못[過]이 있었음을 알아차리고[知] 부끄러워함[恥]이다. 그래서 '인(吝)' 역시 '지과(知過)'하여 개과지심(改過之心)하는 의(意)'이다. 허물을[過] 알아차리고[知] 허물을 범한[過之] 마음[心] 고침[改]이 곧 부끄러워함[吝]이다. 그러므로 '인(吝)' 역시 '개과(改過)'를 뜻한다. 선사자(善事者)는 일을 마주할 때마다 일이 끝나고서 부끄럽지[吝] 않고자 하기 때문에 '린(吝)'은 곧 흠[疵]을 짧게 하는 것[小]이다. 그래서 회린자(悔吝者)는 온갖 사물(事物)에 미치는 역(易)을 살피고[觀] 새겨[玩] 점(占)쳐 지변(知變)하여 지래(知來)하게 하는 통어(通語)가 된다.

52. 무구자(无咎者) : 선보과(善補過)

<u>无咎者</u>, 그것은 밝고[明] 맑아[清] 빈방[虛室] 같은 마음 가기[志]라고
무 구 자
여기면 된다. 깨끗한 거울 속에 든 풍경처럼 하는 일[事]을 그냥 그대로 마주하고 정성껏 할 수 있는 마음 가기[志]라면 그 심지(心之)가 곧 무구자(无咎者)일 수 있다. 그러나 무구자(无咎者)가 곧 무과자(無過者)라는 것은 아니다. 성인(聖人)이 아니고선 허물[過] 없는[無] 사람이란 없다. 현자(賢者)께

도 과(過)가 있을 수 있는데 하물며 허물[過] 없는 인간이 어디 있겠는가? 다만 범한 허물을 뉘우쳐[悔] 부끄러워[吝] 그 과오(過誤)를 고쳐[改] 선(善)하게 바뀌는 사람이 있을 뿐이다. 이를 '개과천선(改過遷善)'이라 한다. 허물을[過] 고쳐[改] 선으로[善] 옮겨 간다[遷]. 천선(遷善)하는 사람의 마음 가기[志]를 두고 '무구자(無咎者)'라 하는 것이다. 그래서 무구자(無咎者)를 '선보과(善補過)'라 한다. 잘못을[過] 잘[善] 보수한다[補]고 함은 선(善)으로 옮겨 감[遷]을 뜻한다. 이는 곧 스스로 짓고 부린 사욕(私欲)을 회린(悔吝)함이다.

무구자(無咎者)는 대성괘(大成卦)의 효상(爻象)을 살펴[觀] 길흉(吉凶)의 실득(失得)을 절로 새김질하여[玩] 잘[善] 관변(觀變)하고, 따라서 범했거나 범하는 허물[咎]을 잘[善] 보수(補修)하여 천선(遷善) 즉 선(善)으로 옮겨 감[遷]이다. 그러므로 무구자(無咎者)는 선보과(善補過)이고 선보과(善補過)는 곧 천선자(遷善者)이다. 지은 허물[過]을 고쳐라[改]. 그러면 잘못을[過] 잘[善] 고친[補] 무구자(無咎者)의 마음 가기[志]를 누린다. 그래서 무구자(無咎者)의 선보과(善補過)는 온갖 사물(事物)에 미치는 역(易)을 살피고[觀] 새겨[玩] 점(占)쳐 지변(知變)하여 지래(知來)하게 하는 통어(通語)가 된다.

53. 열귀천자(列貴賤者) : 존호위(存乎位)

列貴賤者의 '열(列)'은 존호위(存乎位)의 위(位)로써 풀이될[繹] 수 있다. 열귀천자(列貴賤者)는 '육효지열귀천자(六爻之列貴賤者)'에서 보충될 수 있는 내용이므로 '육효지(六爻之)'를 생략해 버린 말투의 구문이고, 존호위(存乎位)는 '존호육효지위(存乎六爻之位)'에서 보충될 수 있는 내용이므로 '육효지(六爻之)'를 생략해 버린 말투의 구문이다. 대성괘(大成卦)의 육효(六爻)가 귀천(貴賤)을 나열하는[列] 것은[者] 육효(六爻)의 자리[位]에 있는 것이다. 이는 온갖 것[萬物]-온갖 일[萬事]에 귀천(貴賤)이 결정(決定)되어 있지 않음을 밝혀 준다. 왜냐하면 대성괘(大成卦)에서 육효(六爻)의 자리[位]란 정해진[定] 자리[位]가 아니라 누천(屢遷)의 위(位)이기 때문이다.

대성괘(大成卦)에서 효위(爻位)는 아래로부터 위로 바뀌기[遷]를 여러 번 할[屢] 자리[位]이지 결정된 위(位)가 아니다. 말하자면 초효(初爻)는 새로 등장하는 자리에 있고 상효(上爻)는 사라져 갈 자리에 있다. 양효(陽爻)가 일삼오(一三五) 자리에 있다면 귀(貴)함을 나열하고[列], 음효(陰爻)가 이사륙(二四六) 자리에 있다면 귀(貴)함을 열(列)하며, 음효가 일삼오(一三五) 자리에 있다면 천(賤)한 자리이고, 양효(陽爻)가 이사륙(二四六)의 자리에 있다면 천(賤)한 자리이다. 그러므로 옮겨 간 자리에 따라 그 효(爻)가 천(賤)하기도 하고 귀(貴)하기도 함을 열귀천자(列貴賤者)의 '열(列)'이 뜻한다. 존호위(存乎位)의 '존(存)'은 '있을 재(在)-살필 찰(察)'로 여기고 새기게 된다. 그래서 열귀천자(列貴賤者)의 존호위(存乎位)는 온갖 사물(事物)에 미치는 역(易)을 살피고[觀] 새겨[玩] 점(占)쳐 지변(知變)하여 지래(知來)하게 하는 통어(通語)가 된다.

54. 제소대자(齊小大者) : 존호괘(存乎卦)

齊小大者에서 '제(齊)'는 여기선 '언변(言辨)과 정(定)' 등과 같고 '소대(小大)'는 '음상(陰象)과 양상(陽象)'을 나타낸 것이다. 음상(陰象)이란 '음기지상(陰氣之象)' 즉 음기의[陰氣] 짓[象]을 줄인 말이고, 그 음상(陰象)을 '소(小)'라 하며, 양상(陽象)이란 '양기지상(陽氣之象)' 즉 양기의[陽氣] 짓[象]을 '대(大)'라 하여 음양지기(陰陽之氣)의 짓[象]을 일컬어 '소대(小大)'라고 한 것이 '제소대자(齊小大者)의 소대(小大)'이다. 그러므로 '제소대자(齊小大者)'를 '제음양지상자(齊陰陽之象者)'라고 여기고, '대성괘(大成卦)에는[乎] 음양의[陰陽之] 짓[象]을 제(齊)하는 것[者]이 있다[存]'라고 옮겨[譯] 새겨도[玩] 된다. 음상(陰象)을 '소(小)'라고 할 때 그 '소(小)'는 '작을 소(小)'가 아니라 '유약(柔弱) 소(小)'이고, 양상(陽象)을 '대(大)'라고 할 때 그 '대(大)'는 '클 대(大)'가 아니라 '강강(强剛) 대(大)'임을 환기(喚起)하면서 '제소대자존호괘(齊小大者存乎卦)'라는 말씀을 새기고[玩] 헤아려[擬] 가늠하게[斷] 된다. 여기서 '제(齊)'는 '분변[辨]을 말하여[言] 정한다[定]'는 뜻을 지닌다. 그래서 제소대자(齊小大者)의 존호괘(存乎卦)는 온갖 사물(事物)에 미치는 역(易)을 살피고[觀] 새겨[玩] 점(占)쳐 지변(知變)하여 지래(知來)하게 하는 통어(通語)가 된다.

55. 변길흉자(辯吉凶者) : 존호사(存乎辭)

辯吉凶者의 '변(辯)'은 밝혀 줄 '명(明)'과 같고, '길흉(吉凶)'은 일[事]의 종시(終始)가 드러남[顯著]이다. 무엇이 길(吉)이고 무엇이 흉(凶)이라고 밝힐[辨] 뿐이지 길흉(吉凶)을 괘효(卦爻)가 결정해 주는 것은 아니기 때문에 괘효사(卦爻辭)를 절로 즐겨 새김질해야 함[玩]을 밝혀 '변(辯)'이라 말한 것이다. 물론 여기서의 '변(辯)'은 논란(論難)의 논변(論辯)이 아니라 직언(直言)의 명변(明辯)이다. 괘효사(卦爻辭)는 성인(聖人)의 말씀[言]이다. 성인(聖人)의 언(言)을 법어지언(法語之言)이라 한다. 본받게[法] 말해 주는[語之] 말씀[言]을 스스로 풀이하여[繹] 밝힘[明]이 명변(明辯)이다. 그래서 변길흉자(辯吉凶者)의 변(辯)은 자명(自明)의 명(明)과 같다. 스스로[自] 밝혀[明] 가늠함[辯]이 변길흉자(辯吉凶者)의 변(辯)이다.

존호사(存乎辭)의 '사(辭)'는 괘(卦)와 효(爻)에 묶어 둔 성인지언(聖人之言)

을 말한다. 성인(聖人)은 늘 지래(知來)하게 말하지 왕사(往事)를 두고 시비(是非)를 가림하게[辯] 말하지 않는다. 왜 공자(孔子)께서 성인지언(聖人之言)을 두려워하라[畏]고 밝혀 두었겠는가? 성인(聖人)의 말씀[言]은 늘 지래(知來)의 법어지언(法語之言)이기 때문이다. 그래서 변길흉자(辯吉凶者)의 존호사(存乎辭)는 온갖 사물(事物)에 미치는 역(易)을 살피고[觀] 새겨[玩] 점(占)쳐 지변(知變)하여 지래(知來)하게 하는 통어(通語)가 된다.

56. 우회린자(憂悔吝者) : 존호개(存乎介)

憂悔吝者의 '우(憂)'는 회린(悔吝)하지 않았는지 우려(憂慮)하라 함이다. 이는 해 온 일을 되돌아보기를 피하거나[忌] 싫어하지[厭] 말라 함이다. 왜 대성괘(大成卦)의 하괘(下卦)를 일컬어 '정(貞)'이라 하는지 환기(喚起)한다면 우회린자(憂悔吝者)의 우(憂)를 더 잘 감파(勘破)할 수 있다. 정(貞)이란 정성껏 복문(卜問)함이다. 점쳐[卜] 묻기[問]를 정성껏 함이 복문(卜問)의 정(貞)이다. 이는 하괘(下卦)의 효사(爻辭)를 두려워하고[畏] 정성껏 계의(稽疑)하라 함이다. 의심나면 묻기를 마다하거나 미루지 않고 정성껏 심문(審問)함이 계의(稽疑)이다. 효사(爻辭)를 정성껏 새김하여[玩] 관변(觀變)해서 점쳐 보기를 친밀히 했는지[玩] 걱정할[憂]수록 후회(後悔)하지 않아도 된다. 일이 끝나서 후회(後悔)할세라 두려워함[畏]이 우회린자(憂悔吝者)의 '우(憂)'이다.

존호개(存乎介)의 '개(介)'는 여기선 '사이 제(際)'와 같다. 그 사이[介]란 명변(明辯)의 실마리[端]를 말한다. 회린(悔吝)을 걱정함[憂]이란 길흉(吉凶)의 경계(境界)를 살펴보고자 하기 때문이다. 흉(凶)해서 회린(悔吝)하지 않으려면 일[事]의 경계[介]를 살펴라[存]. 마음대로 해서 되는 일이란 하나

79

도 없다. 어떤 일이든 길흉(吉凶)으로 이어지는 그 경계[介]가 있는[存] 까닭이다. 한 일[事]의 처음과 끝이 맞아떨어져야 그 일이 온전하다[全]. 그래서 매사성전(每事誠全)이면 후회(後悔)할 것이 없다고 한다. 일[事]마다[每] 진실로[誠] 온전하다[全]면 걱정할 것[憂] 없음이다. 이는 매사(每事)의 경계[介]를 잘 살펴 정성껏 일한 보람이다. 이러한 성전(誠全)을 살펴[觀] 새겨가기[玩]가 존호개(存乎介)이고, 그 경계[介]에 있음을 살핌[存]이란 정성스러운 복문(卜問) 즉 정(貞)으로 말미암는 것이다. 그래서 우회린자(憂悔吝者)의 존호개(存乎介)는 온갖 사물(事物)에 미치는 역(易)을 살피고[觀] 새겨[玩] 점(占)쳐 지변(知變)하여 지래(知來)하게 하는 통어(通語)가 된다.

57. 진무구자(震無咎者) : 존호회(存乎悔)

震無咎者(진무구자)는 『서경(書經)』「홍범(洪範)」 칠(七)에 나오는 '왈정왈회(曰貞曰悔)'를 환기(喚起)하게 한다.

왈정왈회(曰貞曰悔)의 '정(貞)'은 대성괘(大成卦)의 내괘(內卦) 즉 하괘(下卦)를 말하고, '회(悔)'는 외괘(外卦) 즉 상괘(上卦)를 말한다. 이를 안다면 특히 외괘(外卦)의 효상(爻象)을 더없이 살피고[觀], 그 효사(爻辭)를 더없이 새김질하라[玩] 함이 진무구자(震無咎者)임을 간파(看破)할 수 있다. 그래서 존호회(存乎悔)라고 밝힌 것이다. 일[事]을 정성껏 하지 않는다면 그것이 곧 허물[咎]이다. 구(咎)란 사람과 일[事] 사이에서 빚어지지 천지(天地)가 허물[咎]을 마련해 주는 것은 아니다. 눈치껏 건성건성 일한다면 그것이 인간의 허물[咎]이고 온 정성으로 일한다면 허물[咎]이 생겨날 리 없다. 그래서 증자(曾子)가 '십목소시(十目所視) 십수소지(十手所指)'라 했다. 열[十] 눈이[目] 보는[視] 것[所]이고, 열[十] 손이[手] 가리키는[指] 것[所]이 감출 수 없는 허물[咎]이다. 여기서 존호회(存乎悔)의 '회(悔)'는 부정(不貞)으로 빚어지는 것이다. 부정(不貞)이 온갖 것[萬物]-온갖 일[萬事]을 정성껏 관상(觀象)-관변(觀變)하지 못함을 말한다. 존호회(存乎悔)의 '회(悔)'는 지래(知來)를 막는 부정(不貞)함을 뉘우치는 것[悔]이다. 그래서 진무구자(震無咎者)의 존호회(存乎悔)는 온갖 사물(事物)에 미치는 역(易)을 살피고[觀] 새겨[玩] 점(占)쳐 지변(知變)하여 지래(知來)하게 하는 통어(通語)가 된다.

58. 험(險)과 이(易)

辭有險易라. '괘효에 매어 있는 말[辭]에는 흉험(凶險)함과[險] 평이(平易)
　사 유 험 이
함이[易] 있다[有].'

이는 괘효사(卦爻辭)를 풀이하여 완사(玩辭)하는 방편을 밝혀 주고 있다. 완사(玩辭) 즉 대성괘(大成卦)에 성인(聖人)이 매어 둔[繫] 괘사(卦辭)와 효사(爻辭)를 새길[玩] 때에는 괘상(卦象)에 따라 괘사(卦辭)에는 험지사(險之辭)와 이지사(易之辭)가 섞여 있고, 효위(爻位)에 따른 효상(爻象)에 따라 효사(爻辭)에도 흉(凶)함을 새기게 하는 말씀[險之辭]과 길(吉)함을 새기게 하는 말씀[易之辭]이 섞여 있음을 밝혀 '사유험이(辭有險易)'라고 말한 것이다. 성인(聖人)이 괘효(卦爻)에 매어 둔[繫] 말씀[辭]에는 인간이 역지도(易之道)를 좇는[順] 순역(順易)의 말씀[辭]과 인간이 역의[易之] 도(道)를 어기는[背] 배역(背易)의 말씀[辭]이 섞여 있음을 '사유험이(辭有險易)'로써 알아차릴 수 있다. 그러므로 사유험이(辭有險易)의 '험이(險易)'는 계사(繫辭)의 작용(作用)을 말해 준다. 이 '험이(險易)'는 인사(人事)의 마땅함[宜]에 맞추어짐[適]을 나타내는 말씀이다. 이러한 험이(險易)란 인간이 역지도(易之道)를 순(順)하면 인간사(人間事)의 시종(始終)이 길(吉)하고, 역의[易之] 이치-가르침[道]을 역(逆)하면 인간사(人間事)의 처음[始]과 끝[終]이 흉(凶)함을 깨우치게 하는 괘효사(卦爻辭)를 밝혀 '사유험이(辭有險易)'라 한 것이다. 그러므로 사유험이(辭有險易)의 '험(險)'은 흉지얼(凶之孼)을 새겨[玩] 헤아리게[擬] 하는 말씀[辭]을 뜻하고, '이(易)'는 길지상(吉之祥)을 완의(玩擬)하게 하는 사(辭)를 뜻한다. 그래서 사유험이(辭有險易)의 험(驗)과 이(易)는 온갖 사물(事物)에 미치는 역(易)을 살피고[觀] 새겨[玩] 점(占)쳐 지변(知變)하여 지래(知來)하게 하는 통어(通語)가 된다.

59. 사(辭)와 기소지(其所之)

괘사(卦辭)는 대성괘(大成卦)에서 상하괘(上下卦)의 짓[象]을 관상(觀象)-완사(玩辭)하여 관변(觀變)-완점(玩占)하게 하고, 효사(爻辭)는 아래서 위로 누천(屢遷)하면서도 유기시물(唯其時物)의 변자(變者)를 정언(正言)하고 서로 중(中)-정(正)-응(應)-비(比)로써 짓[象]을 살펴[觀] 새기게[玩] 하고, 그 상(象)에서 관변(觀變)하게 하여 지래(知來)를 새김질[玩]하게 한다. 그러므로 육효(六爻)가 서로 관계를 갖는 중(中)-정(正)-응(應)-비(比)의 관계를 따라 효사(爻辭)의 상(象)을 살피면서 관심(觀心)해 가야 효사(爻辭)의 지기소지(指其所之)를 따라 일[事]을 지극하게 성지(誠之)할 수 있다. 지기소지(指其所之)의 '기(其)'는 '사지(辭之)'를 나타내는 대명사 노릇을 한다. 말씀[辭]이[之] 갈[之] 바[所]를 가리킨다[指] 함이란 앞에서 살핀 사유험이(辭有險易)의 '험이(險易)'를 상기(想起)한다면, 효사(爻辭)마다 인간의 마음 가기[志]가 겪어 가야 할 험(險)과 이(易)를 가리키는[指] 성인(聖人)의 법어지언(法語之言)이 괘효사(卦爻辭)임을 알 수 있다. 법어(法語)란 본받게[法] 해 주는 말씀(語)이고, 이 말씀[法語]을 두고 논란(論難)하지 말라 함이 법어지언(法語之言)의 언(言)

이다. 그래서 사(辭)의 기소지(其所之)는 온갖 사물(事物)에 미치는 역(易)을 살피고[觀] 새겨[玩] 점(占)쳐 지변(知變)하여 지래(知來)하게 하는 통어(通語)가 된다.

60. 역(易)의 미(彌)와 윤(綸)

能彌綸天地之道라. '역(易)은 자연[天地]의[之] 도를[道] 미봉하게
능 미 륜 천 지 지 도
하고[彌] 경륜하게 할[綸] 수 있다[能].'

이는 작역(作易)한 성인(聖人)의 깊은 뜻을 지성(至誠)으로 살펴[觀] 새기고[玩] 헤아리게[擬] 한다. 성인(聖人)이 작역(作易)한 까닭이 '능미륜천지지도(能彌綸天地之道)'에서 드러나 있는 까닭이다. '능미륜천지지도(能彌綸天地之道)'가 '역지도능미륜천지지도(易之道能彌綸天地之道)'를 뜻하는 말씀이 아니라 '역지도능사인미륜천지지도(易之道能使人彌綸天地之道)'를 뜻하는 말씀임을 간파(看破)해야 '성인(聖人)이 역(易)을 지은[作] 까닭'을 새겨 헤아릴 수 있다. '역지도(易之道)가 천지지도(天地之道)를 미봉하고[彌] 경륜할[綸] 수 있다[能]'라고 옮긴다[譯]면 천지지도(天地之道)가 불완전(不完全)하다는 말이 되고 만다. 자연의[天地之] 도(道)는 그 본연(本然)이 참될 뿐이기 때문에 오로지 '성자(誠者)'이며 '성전(誠全)'일 뿐이다. 그러므로 '능미륜천지지도(能彌綸天地之道)'가 '역지도능사인미륜천지지도(易之道能使人彌綸天地之道)'를 밝힌 말씀임을 알아차려야 성인(聖人)이 역(易)을 지은[作] 참뜻을 '능미륜천지지도(能彌綸天地之道)'에서 찾아내 새겨 헤아릴 수 있게 된다.

천(天) 즉 천지(天地)란 만물(萬物)의 근원(根源)이다. 인간 역시 천(天)의 자기실현에 의해서 존재(存在)한다. 인간 존재의 성립을 본질적으로 가능하게 하는 근거가 곧 천(天)이라는 말이다. 인간이 천(天)을 계승함을 일

러 '선(善)'이라 한다. 인간이 지선(至善)할 수 있게 하고자 성인(聖人)이 작역(作易)했음을 '능미륜천지지도(能彌綸天地之道)'가 밝혀 주고 있다. 따라서 불성(不誠)-불선(不善)-부덕(不德)-불성(不性)으로부터 인간을 성(誠)-선(善)-덕(德)-성(性)으로 복귀(復歸)하게 함을 일러 '능미륜천지지도(能彌綸天地之道)'라고 밝힌 것이다. 여기서 역(易)을 '역(易)이 천지지도(天地之道)를 미(彌)하고 윤(綸)한다'가 아니라 '역(易)이 천지지도(天地之道)를 사람으로 하여금 미(彌)하게 하고 윤(綸)하게 한다'라고 옮겨[譯] 새겨야[玩] 함을 알 수 있게 된다.

'미륜천지지도(彌綸天地之道)'에서 미륜(彌綸)의 '미(彌)'는 미봉보합(彌縫補合)의 뜻이고, '윤(綸)'은 경륜견인(經綸牽引)의 뜻이다. '미봉(彌縫)'은 임기응변(臨機應變)으로 개선(改善)하여 마무리 지음이고, 보합(補合)은 북돋아 도와줌이다. 경륜(經綸)은 잘 다듬어 다스림이고 색인(索引)은 끌어서 찾아냄이다. 여기서 역(易)이 천지지도(天地之道)를 사람으로 하여금 '미(彌)하게 함'이란 '불성(不誠)-불선(不善)-부덕(不德)-불성(不性)'을 '성(誠)-선(善)-덕(德)-성(性)'으로 개선(改善)하여[彌縫] 도와줌[補合]을 밝힘이고, 역(易)이 천지지도(天地之道)를 사람으로 하여금 '윤(綸)하게 함'이란 사람에게 본래(本來)부터 있는 '성(誠)-선(善)-덕(德)-성(性)'을 잘 다듬어 다스려[經綸] 찾아 끌어냄[索引]을 밝힘이다. 그래서 역(易)은 사람으로 하여금 선(善)을 계승하게 하고 성(性)을 이루게 하여, 인간의 본연(本然)인 '천(天)' 즉 '자연(自然)'을 누리도록 지변(知變)하게 하고 지래(知來)하게 하는 것이다. 그래서 역(易)의 미(彌)와 윤(綸)은 온갖 사물(事物)에 미치는 역(易)을 살피고[觀] 새겨[玩] 점(占)쳐 지변(知變)하여 지래(知來)하게 하는 통어(通語)가 된다.

61. 역(易)과 천문(天文)

仰以觀於天文이라. '성인(聖人)은 우러러[仰] 하늘[天]의 짓[象]을 이용하여[以] 하늘의[天] 문장[文]을[於] 살폈다[觀].'

이는 성인(聖人)의 작역(作易)이 어떻게 이루어졌는지 그 연원(淵源)이 짚인다. 천상(天象)을 이용하여[以] 천문(天文)을 살핀다[觀]고 함은 양기지상(陽氣之象) 즉 양상(陽象)을 살핀다[觀]는 뜻으로 새기면 된다. 하늘[天]을 우러러[仰] 살핀[觀] 천문(天文)이란 하늘[天]에 있는 현상(懸象), 하늘에 걸려 있는[懸] 짓[象]들을 살핀 하늘의 문장(文章)을 뜻한다. 천(天)의 현상(懸象) 즉 천상(天象)이란 하늘[天]에 걸린[懸] 일월(日月)-성신(星辰)들이 운행(運行)하는 짓[象]을 말한다. 천문(天文) 즉 하늘[天]의 문장(文章)이라는 천상(天象)의 문장(文章)은 하늘이 보여 주는 빛깔[彩]을 뜻해 '문(文)'은 청여적(靑與赤) 즉 푸른색[靑]과 붉은색[赤]을 말하고, '장(章)'은 백여적(白與赤) 즉 흰색[白]과 붉은색[赤]을 말한다. 그러니 '관어천문(觀於天文)'이란 하늘에서[於天] 일월(日月)-성신(星辰)의 움직임[運行]을 살피고[觀] 동시에 일월성신(日月星辰)이 내는 빛깔[靑白赤]을 관(觀)함을 뜻하는 것이다. 천문(天文)을 살폈다[觀]는 것은 '천명(天命)'을 인간이 사유(思惟)하기 시작했음을 뜻한다. 인간이 누리는 문화(文化) 역시 천명(天命)을 떠나서 생각할 수 없다. 그러므로 관어천문(觀於天文)은 작역(作易)의 시작(始作)인 것이다. 이어서 이역(以易) 즉 역(易)을 이용하여[以] 인간의 사유(思惟)가 끝없이 새롭게 되어 문화(文化)가 자라 온 셈이다. 그래서 역(易)과 천문(天文)은 온갖 사물(事物)에 미치는 역(易)을 살피고[觀] 새겨[玩] 점(占)쳐 지변(知變)하여 지래(知來)하게 하는 통어(通語)가 된다.

62. 역(易)과 지리(地理)

俯以察於地理라. '성인(聖人)은 굽혀서[俯] 지세(地勢)를 이용하여[以] 땅[地]의 상태[理]를[於] 살폈다[察].'
_{부 이 찰 어 지 리}

이는 성인(聖人)의 작역(作易)이 어떻게 이루어졌는지 그 연원(淵源)이 짚인다. 지세(地勢)를 이용하여[以] 지리(地理)를 살핀다[觀]고 함은 음기지상(陰氣之象) 즉 음상(陰象)을 살핀다[察]는 뜻으로 새기면 된다. 땅[地]을 굽혀[俯] 살핀[察] 지리(地理)란 땅[地]에 드러난 형세(形勢)들을 살핀 땅의 상태(狀態)를 뜻한다. 지리(地理)의 '이(理)'란 여기서는 '지세지태(地勢之態)'를 말한다. 고저(高低)의 지세(地勢)-광협(廣狹)의 지세(地勢) 등 지형(地形)의 상태(狀態)를 '지리(地理)'라 한다. 지리(地理) 즉 땅[地]의 문리(文理)란 지세(地勢)가 보여 주는 모습을 말한다. 그러니 '찰어지리(察於地理)'란 땅에서[於地] 고저(高低)-광협(廣狹)의 지세(地勢)를 살핌[察]을 뜻하는 것이다. 지리(地理)를 살폈다[觀]는 것 또한 '천명(天命)' 즉 자연[天地]의 시킴-가르침[命]을 인간이 사유(思惟)하기 시작했음을 뜻한다. 그러므로 찰어지리(察於地理)도 작역(作易)의 시작(始作)인 것이다. 이어서 이역(以易) 즉 역(易)을 이용하여[以] 인간의 사유(思惟)가 끝없이 새롭게 되어 문화(文化)가 자라 온 셈이다. 그래서 역(易)과 지리(地理)는 온갖 사물(事物)에 미치는 역(易)을 살피고[觀] 새겨[玩] 점(占)쳐 지변(知變)하여 지래(知來)하게 하는 통어(通語)가 된다.

63. 유(幽)와 명(明)의 고(故)

知幽明之故는 천문(天文)을 살펴[觀] '명의[明之] 일[故]'을 알게 되었
_{지 유 명 지 고}
고[知], 지리(地理)를 살펴[察] '유의[幽之] 일[故]'을 알게 되었음[知]을 밝혀

주고 있다. 이는 곧 천문(天文)에서 견색(見賾) 즉 찾아낸[見] 것[賾]이 '명지고(明之故)'이고, 지리(地理)에서 찾아낸 것이 '유지고(幽之故)'임을 묶어서 '유명지고(幽明之故)'라고 밝힌 것이다. 유명지고(幽明之故)의 '고(故)'는 여기선 '일 사(事)'와 같다. 유명의[幽明之] 일[故]을 견색(見賾)하자면 '원시반종(原始反終)의 관상(觀象)'을 지성(至誠)으로 해야 하는 것이다. 따라서 통변지위사(通變之謂事)[1]-사유종시(事有終始)[2]를 환기(喚起)한다면 '유명지고(幽明之故)'란 곧 '유명지통변(幽明之通變)'임을 알 수 있게 된다. 통변(通變)이란 상생(相生)-상계(相繼)를 뜻한다. '유(幽)'는 통(通)하여 '명(明)'으로 이어지고[變], '명(明)'은 통하여 '유(幽)'로 이어짐을 '유명지고(幽明之故)의 고(故)'가 뜻하고 있는 것이다. 그러므로 '유명(幽明)'은 둘[二]로 나눈 '유여명(幽與明)'이 아니라 '유역명(幽亦明)-명역유(明亦幽)'의 통변(通變)-상계(商界)-상생(相生)을 일[故]로 삼는다. 유(幽)는 음(陰)-회(晦)-야(夜)이고 명(明)은 양(陽)-광(光)-주(晝)라고 이분(二分)한다면, 그것은 유명지고(幽明之故)의 '고(故)'가 아니다. 밤[夜]은 밤이고 낮[晝]은 낮이라는 생각은 역지도(易之道)에 어긋나는 생각이다. 주야(晝夜)는 서로 통변(通變)하여 상계(相繼) 즉 서로[相] 이어[繼] 상생(相生)한다는 생각이 곧 역의[易] 이치-가르침[道]을 따르는 생각이다. 이처럼 천문(天文)-지리(地理)를 관찰(觀察)하여 유명(幽明)이 변통(變通)-상계(相繼)-상생(相生)하는 일[故]을 찾아내 온갖 일이 모두 다 변통(變通)-상계(相繼)-상생(相生)함을 '지유명지고(知幽明之故)'라고 밝힌 것이다. 여기서 성인(聖人)의 작역(作易)은 천문(天文)-지리(地理)의 관찰(觀察)로 비롯되었음을 알 수 있다. 그래서 유(幽)와 명(明)의 고(故)는 온갖 사물(事物)에 미치는 역(易)을 살피고[觀] 새겨[玩] 점(占)쳐 지변(知變)하여 지래(知來)하게 하는 통어(通語)가 된다.

註 1. **통변지위사(通變之謂事)** '통하여[通] 변함[變]을[之] 일이라[辭] 한다[謂].'「계사전(繫辭傳) 상(上)」 5단락(段落)에 나오는 말이다.

註 2. 물유본말(物有本末) 사유종시(事有終始) 지소선후(知所先後) 근도의(近道矣) '온갖 것에는[物] 근본과[本] 말단이[末] 있고[有], 온갖 일에는[事] 처음과[始] 끝이[終] 있다[有]. 먼저와[先] 뒤의[後] 것을[所] 안다면[知] 곧[則] 도에[道] 가까운 것[近]이다[矣].' 『대학(大學)』에 나오는 말이다.

64. 정기(精氣)의 위물(爲物)

精氣爲物은 만물(萬物)이 조성된 근원을 말한다. 정기(精氣)는 곧 원기(元氣)를 뜻한다. 원기(元氣)란 기지시(氣之始) 즉 기(氣)의 시초(始初)를 말한다. 물론 정기(精氣) 역시 성인(聖人)이 천문(天文)-지리(地理)를 관찰(觀察)하여 견색(見賾)한 것이다. 성인(聖人)이 천문(天文)을 살펴[觀] 천기(天氣)의 시초(始初)를 찾아내고, 지리(地理)를 살펴[察] 지기(地氣)의 시초를 찾아내 작역(作易)할 수 있었음을 '정기위물(精氣爲物)'이 밝혀 준다. 정기위물(精氣爲物)을 '천지지정기위물(天地之精氣爲物)'로 새겨 헤아려도 되고, '음양지정기위물(陰陽之精氣爲物)'로 새겨 헤아려도 되며, '유명지정기위물(幽明之精氣爲物)'로 새겨 헤아려도 되고, 나아가 '귀신지정기위물(鬼神之精氣爲物)'로 새겨 헤아려도 된다. 지기천기(地氣天氣)-음양(陰陽)-유명(幽明)-귀신(鬼神)은 천지지정기(天地之精氣)를 뜻하는 한 가지 말씀이기 때문이다. 여기서 정기(精氣)란 천지원기(天之元氣)-지지원기(地之元氣)인 까닭이다. 천지원기(天之元氣)를 줄여 천기(天氣) 즉 '양(陽)'이라 하고, 지지원기(地之元氣)를 줄여 지기(地氣) 즉 '음(陰)'이라 한다. 그러므로 음양(陰陽)이라는 정기(精氣) 즉 원기(元氣)가 우주(宇宙) 삼라만상(森羅萬象)을 조성(造成)하여 변통(變通)하게 함을 일러 정기위물(精氣爲物)이라고 밝힌 것이다. 이와 같은 천지(天地) 즉 자연(自然)의 조성(造成)을 따라 인간도 예악문물(禮樂文物)을 이룰 수 있다는 것이다. 여기서 정기위물(精氣爲物)이 인간이 종천(從天)-종지(從地)하는 천명사상(天命思想)의 발원(發源)을 새겨 헤아려 가늠할 수 있게 한다. 그래서 정기(精氣)의 위물(爲物)은 온갖 사물(事物)에 미치는 역(易)을 살피고[觀] 새겨[玩] 점(占)쳐 지변(知變)하여 지래(知來)하게 하는 통어(通語)가 된다.

65. 유혼(游魂)의 위변(爲變)

游魂爲變의 '유혼(游魂)'은 '정신유산(精神游散) 즉 흩어진 넋'을 뜻해 유혼(游魂)의 '혼(魂)'은 혼백(魂魄)이라는 말을 상기(想起)하면 새길 수 있다. 혼백(魂魄)에서 '혼(魂)'은 정신(精神)이고, '백(魄)'은 육신(肉身)이다. 유혼(游魂)이란 정신(精神)이 흩어짐[游]이고 죽음[死]을 뜻한다. 유혼(游魂)에서 '흩어질 유(游)'는 '모일 취(聚)'가 변(變)함이다. 음양(陰陽)의 정기(精氣)가 모이면[聚] 온갖 것[物]의 생(生)이 되고, 그 모임[聚]이 다하면[極] 그 정기(精氣)가 흩어져[游] 온갖 것[物]의 '사(死)'가 된다. 여기서 사생지설(死生之說)이란 정기(精氣)의 취산(聚散)으로 통하고 있음을 알 수 있다. 유혼(游魂)은 정기(精氣)의 유산(游散) 즉 죽음[死]이고, 삶[生]이란 정기(精氣)의 취합(聚合)임을 알 수 있다. 그러므로 정기(精氣)의 취(聚)는 생(生)이고 유(有)인 셈이고, 정기(精氣)의 유(游) 즉 유혼(游魂)은 사(死)이고 무(無)인 셈이다. 그래서 정기(精氣)가 모여 있음[有]을 삶[生]이라 하고, 정기(精氣)가 흩어져 없음[無]을 죽음[死]이라 한다. 그러니 유혼(游魂)이란 생(生)이 사(死)로 변화함[變]이다. 정기(精氣)가 목숨의 삶을 말한다면 유혼(游魂)은 목숨의 죽음을 말한다. 그래서 유혼(游魂)을 산화(散化)라고도 부른다. 모였던 정기(精氣)가 산산이 흩어진 기운[氣]으로 떠돎이 유혼(游魂)이다. 온갖 것[物]의 목숨이 죽으면 육신(肉身)은 백(魄)이 되고, 정기(精氣)는 흩어져 유혼(游魂)이 된다. 정기(精氣)가 모였다[聚] 흩어지고[散] 흩어졌다[散] 모이고[聚] 그렇게 함

89

이 생사(生死)의 변(變)이고, 이 또한 '정기지도(精氣之道)의 반자(反者)'인 셈이다. 되돌아오는[反] 것[者]이 정기(精氣)의 이치[道]인 변동[動]이다. 정기지동(精氣之動)의 '동(動)'은 변동(變動) 즉 변(變)이 화(化)로 옮김[動]이니, 정기지동(精氣之動)이란 정기지변(精氣之變)과 같다. 따라서 유혼위변(游魂爲變)은 정기지변(精氣之變)을 밝힘이고, 나아가 유혼(游魂)의 위변(爲變)이란 다시 새로운 정기취합(精氣聚合)의 미래(未來)를 뜻하는 것이다. 그래서 유혼(游魂)의 위변(爲變)은 온갖 사물(事物)에 미치는 역(易)을 살피고[觀] 새겨[玩] 점(占)쳐 지변(知變)하여 지래(知來)하게 하는 통어(通語)가 된다.

66. 귀신(鬼神)의 정상(情狀)

知鬼神之情狀은 성인(聖人)이 천문(天文)과 지리(地理)를 관찰(觀察)하여 '유명지고(幽明之故)'를 알게 되어 '원시반종(原始反終)'을 깨달아 '사생지설(死生之說)'을 알게 되었으며, 따라서 사생(死生) 즉 죽음[死]과 삶[生]이란 '정기위물(精氣爲物)-유혼위변(游魂爲變)'임을 알게 됨으로써 귀신지정상(鬼神之情狀) 즉 귀신(鬼神)의 참모습[情狀]을 알게 되었음을 밝혀 주고 있다. 귀신지정상(鬼神之情狀) 즉 귀신(鬼神)의 참모습[情狀]은 곧 도(道)와 덕(德)을 주역(紬繹)하고 있는 것이다. 귀신(鬼神)의 정상(情狀)은 만물(萬物)에 두루 행하기[行] 때문에 행어만물자(行於萬物者)로서 도(道)이고, 그 도(道)를 온갖 것[萬物]에 두루 통하기[通] 때문에 '덕(德)'인 것이다. 그러므로 귀신지정상(鬼神之情狀)을 '음양지도덕(陰陽之道德)'이라고 풀이할[紬繹] 수 있는 셈이다.

지귀신지정상(知鬼神之情狀)에서 귀신(鬼神)은 음양지정기(陰陽之精氣)를 말한다. 귀신(鬼神)의 '귀(鬼)'는 지지정기(地之精氣) 즉 지기(地氣)로서 음기(陰

氣) 즉 '음(陰)'을 나타낸다. 유명(幽明)의 '유(幽)'와 소대(小大)의 '소(小)' 또한 '귀(鬼)-음(陰)'을 밝힘이다. 귀신(鬼神)의 '신(神)'은 천지정기(天之精氣) 즉 천기(天氣)로서 양기(陽氣)인 '양(陽)'을 나타낸다. 유명(幽明)의 '명(明)'과 소대(小大)의 '대(大)' 또한 '신(神)-양(陽)'을 밝힘이다. 그러므로 귀신지정상(鬼神之情狀)의 앎[知]이란 곧 음양지정상(陰陽之情狀)의 앎[知]이고, 따라서 지역(知易)인 것이다. 여기서 귀신(鬼神)의 참모습[情狀]이 곧 '정기(精氣)'라고 헤아려 가늠할 수 있게 되는 것이다. 양(陽)의 정기(精氣)를 '신(神)'이라 하며 신(神)을 좇음을 '솔신(率神)'이라 하고, 음(陰)의 정기(精氣)를 '귀(鬼)'라 하며 귀(鬼)를 좇음을 '거귀(居鬼)'라 함을 상기(想起)하면, 음양(陰陽)-귀신(鬼神)이 천문(天文)-지리(地理)의 관찰(觀察)로 비롯된 '견색(見賾)의 색(賾)임'을 간파(看破)할 수 있다. 이러한 귀신(鬼神)의 참모습[情狀]이란 그것이 모이면[聚] 온갖 것[萬物]을 이루고[生成], 그것이 흩어지면[游] 온갖 것이 없어지는[消滅] 변화(變化) 그것을 뜻한다. 이러한 귀신(鬼神)의 정상(情狀)은 『노자(老子)』 40장(章)에 나오는 '천하만물생어유(天下萬物生於有) 유생어무(有生於無)'를 환기(喚起)시킨다. 음양(陰陽)의 정기(精氣)가 모임[聚]이 성물(成物)이며 '유(有)'이고, 그 정기(精氣)가 흩어짐[游]이 유혼(游魂)이며 '무(無)'인 셈이다. 그러므로 정기(精氣)가 취(聚)하면 '위물(爲物)'이고 '유(有)'이며, 정기(精氣)가 유(游)하면 '위변(爲變)'이고 '무(無)'임이 곧 '귀신지정상(鬼神之情狀)'임을 알 수 있다고 밝히는 것이다. 그래서 귀신(鬼神)의 정상(情狀)은 온갖 사물(事物)에 미치는 역(易)을 살피고[觀] 새겨[玩] 점(占)쳐 지변(知變)하여 지래(知來)하게 하는 통어(通語)가 된다.

註 천하만물생어유(天下萬物生於有) 유생어무(有生於無) ' 온 세상[天下] 온갖 것[萬物]은 유(有)에서[於] 생기고[生] 유는[有] 무(無)에서[於] 생긴다[生].'

67. 귀신(鬼神)의 불위(不違)

　　與天地相似의 '상사(相似)'와 역여천지준(易與天地準)의 '준(準)'은 같은 뜻이다. 상사(相似)-준(準)-동(同) 등은 한 말씀으로 '서로[相] 같다[似]'는 뜻으로 새김해 헤아린다면, '역여천지준(易與天地準)-귀신지정상여천지지정상상사(鬼神之情狀與天地之情狀相似)' 등이 우리가 일구어 온 생각하기[思之]의 본래(本來)와 그 원천(源泉)을 상기(想起)시켜 주기 때문에 '역여천지준(易與天地準)-귀신여천지상사(鬼神與天地相似)' 등은 늘 명심(銘心)해야 하는 말씀이다. 왜 역(易)은 무사(無思)-무위(無爲)라고 일컫는가? '자연[天地]과 [與] 역(易)은 서로[相] 같기[似]' 때문이다. 그래서 '아여천지상사(我與天地相似)'가 곧 '성기(成己)'이다. 왜 '나를[己] 이룸[成]'을 '인(仁) 즉 어짊'이라 하는가? '성기(成己)'란 '내가[我] 자연[天地]과[與] 서로[相] 같아짐[似]'이다. 이러한 '성기(成己)'를 일러 '어짊[仁]'이라 한다. '물여천지상사(物與天地相似)'가 곧 '성물(成物)'이다. 왜 '온갖 것을[物] 이룸[成]'을 '지(知) 즉 앎'이라 하는가? '성물(成物)'이란 '온갖 것이[物] 자연[天地]과[與] 서로[相] 같음[似]'이다. 이러한 '성물(成物)'을 내[我]가 알아야 하기 때문에 '성물(成物)을 앎[知]'이라 한다. 만물(萬物)이 천지(天地)와[與] 같기[準] 때문에 『중용(中庸)』에 '치곡(致曲) 곡능유성(曲能有誠)'이라는 말씀이 나온다. 따라서 사천(事天)-순천(順天)-종천(從天)-응천(應天) 등의 말씀들은 '귀신여천지상사(鬼神與天地相似)-역여천지준(易與天地準)'이라는 사지(思之)의 원천(源泉)이 천문(天文)-지리(地理)의 관찰(觀察)로써 비롯되었음을 새겨[玩] 헤아린다[擬]면, '역(易)이 자연[天地]을 어기지 않고[不違] 귀신(鬼神)이 천지(天地)를 불위(不違)한다'는 말씀의 깊은 뜻을 저마다 스스로 가늠할[斷] 수 있는 것이다. 여기서 무위(無爲)란 천지(天地)를 불위(不違)하는 짓이며, 무사(無思)란 천지(天地)를 불위(不違)하는 생각이며, 인(仁) 또한 천지(天地)를 불위(不違)하는 짓이라 역행

(力行)하라는 것이고, 의(義) 역시 천지(天地)를 불위(不違)하는 짓이라 용(勇)이라 하는 것을 깨달을 수 있다. 그러므로 '여천지상사고불위(與天地相似故不違)'는 본래(本來) 사지(思之)의 연원(淵源)을 살펴[觀] 새기고[玩] 헤아려[擬] 가늠하게[斷] 하는 말씀이다. 그래서 천지(天地)와 귀신(鬼神)은 온갖 사물(事物)에 미치는 역(易)을 살피고[觀] 새겨[玩] 점(占)쳐 지변(知變)하여 지래(知來)하게 하는 통어(通語)가 된다.

> 注 치곡(致曲) 곡능유성(曲能有誠) '사소한 것을[曲] 극진히 하라[致]. 사소한 것에도 [曲] 능히[能] 정성이[誠] 있다[有].' '곡(曲)'은 여기서 '미세(微細)한 것' 즉 하찮게 여기는 것을 뜻하고, '성(誠)'은 '성자(誠者)'의 줄임이고, 성자(誠者)는 천지도(天之道) 즉 천지지도(天地之道)를 뜻해 '성(誠)'이란 자연의[天地之] 도(道)를 뜻한다.

68. 귀신(鬼神)의 불과(不過)

周乎萬物이라. '귀신(鬼神)의 정상(情狀)은 온갖 것[萬物]에[乎] 두루 한다[周].'
주호만물

이는 귀신지정상(鬼神之情狀)의 '도(道)'를 말해 준다. 주호만물(周乎萬物)은 곧 행어만물(行於萬物)이기 때문이다. 온갖 것[萬物]에[乎] 두루 함[周]이란 곧 온갖 것[萬物]에[於] 행(行)함이다. 만물에[於萬物] 두루두루[周] 행(行)함이 도(道)이다. 그러니 주호만물(周乎萬物)은 귀신지도(鬼神之道) 즉 음양지도(陰陽之道)를 밝힘이다. 음양지도(陰陽之道)는 곧 역지도(易之道)이니 주호만물(周乎萬物)은 천지(天地)와 같은[準] 역지도(易之道)를 풀이해 준다. 나아가 귀신지정상(鬼神之情狀)이 천지지정상(天地之情狀)과 같아 온갖 것에[於萬物] 두루 하기[周] 때문에 귀신지정상(鬼神之情狀)이 온 세상[天下]을 다스리고[道] 구제함[濟]을 성인(聖人)이 천문(天文)-지리(地理)를 관찰(觀察)하여 알았다[知]. 여기서 성인(聖人)이 작역(作易)한 까닭이 분명해지는 것이다. 성인(聖人)은 천문(天文)-지리(地理)를 관찰(觀察)하여 왜 작역(作易)했는가? 귀신(鬼神)의 정상(情狀)이 천지(天地)의 정상(情狀)과 같기[準] 때문에 천지지도(天地之道)와 마찬가지로 귀신지도(鬼神之道) 즉 역지도(易之道) 역시 만물에[於萬物] 두루 하여[周] 온 세상[天下]을 다스려[道] 구제할[濟] 수 있음을 성인(聖人)이 알고[知] 작역(作易)한 것임을 알 수 있다. 여기서 '역여천지준고(易與天地準故) 능미륜천지지도(能彌綸天地之道)'를 다시금 새기고[玩] 헤아려[擬] 가늠해[斷] 보게 되는 것이다. '자연[天地]과[與] 역(易)은 같기[準] 때문에[故] 역(易)은 자연[天地]의[之] 도(道)를 미봉하게 하고[彌] 경륜하게 할[綸] 수 있다[能]'는 말씀이 '도제천하(道濟天下)'로써 분명하게 풀이된다. 역지도(易之道)가 천지지도(天地之道)를 미봉(彌縫)하고 경륜(經綸)하게 하여 사람들로 하여금 천지지정상(天地之情狀)과 같게[準] 함이 곧 '도제천하(道濟天下)'인 것이다. 따라서 귀신지정상(鬼神之情狀)이 천지지정상(天地之情狀)과 서로[相] 같아[似] 만물에[於萬物] 두루 하면서[周而] 온 세상[天下]을 도제(道濟)함에 그르치지 않는다[不過]고 함은 곧 천하백성(天下百姓)으로 하여금 천지지도(天地之道)를 미봉(彌縫)하게 하고 경륜(經綸)하게 하는 데 한 점의 과오(過誤)도 없음을 일러 간명하게 줄여 '불과(不過)'라고 밝힌 것이다. 그래서 귀신(鬼神)의 불과(不過)는 온갖 사물(事物)에 미치는 역(易)을 살피고[觀] 새겨[玩] 점(占)쳐 지변(知變)하여 지래(知來)하게 하는 통어(通語)가 된다.

69. 귀신(鬼神)의 불류(不流)

旁行而不流라. '귀신지정상(鬼神之情狀)은 두루[旁] 행해[行]도[而] 어지럽히지 않는다[不流].'
　이는 귀신지정상(鬼神之情狀)의 '불과(不過)'를 거듭 풀이하여 밝히고 있다. 여기서 방행(旁行)은 '주호만물이제도천하(周乎萬物而濟度天下)'를 달리 말함이고, 불류(不流)는 '불과(不過)'를 달리 말함이다. 방행이불류(旁行而不流)에서 방행(旁行)은 주행(周行)으로 온 데로 두루[旁] 행함[行]이며, 불류(不流)는 무엇을 한들 흐트러지지 않아 어지럼힘[流]이 없음이다. 물론 그 까닭은 귀신(鬼神)의 정상(情狀)이 천지(天地)의 정상(情狀)과 같기[準] 때문이다. 여기서 왜 성인(聖人)이 자연[天地]을 본받아[法] 좇는지[順] 그 까닭을 알 수 있고, 성인(聖人)의 종천(從天)-종지(從地)가 곧 역지도(易之道)를 좇아[從] 따름[順]임을 또한 알 수 있다. 그러므로 성인(聖人)이 천문(天文)-지리(地理)를 관찰(觀察)하여 귀신지정상(鬼神之情狀)을 안다[知]는 것은 천지(天地)의 도(道)와 덕(德)을 역지도(易之道)로 본받음[法]이 곧 성인(聖人)의 이역(以易)이고, '역(易)을 이용하는[以] 까닭'도 '방행이불류(旁行而不流)'라는 말씀으로 헤아려 가늠할 수 있다. 그래서 귀신(鬼神)의 불류(不流)는 온갖 사물(事物)에 미치는 역(易)을 살피고[觀] 새겨[玩] 점(占)쳐 지변(知變)하여 지래(知來)하게 하는 통어(通語)가 된다.

70. 성인(聖人)의 불우(不憂)

樂天知命이라. '성인(聖人)은 자연의 도를[天] 즐기고[樂] 자연의 시킴과 가르침을[命] 안다[知].'
_{낙 천 지 명}

이는 자연[天地]을 본받는[法] 성인(聖人)의 수기(修己)를 밝히고 있다. 성인(聖人)의 낙천(樂天)이란 종천(從天)[1]-종지(從地)를 즐김이고 인(仁)-의(義)를 즐김이고 예(禮)-악(樂)을 즐김이며, 따라서 '역여천지준(易與天地準)' 즉 '자연[天地]과[與] 역(易)의 같음[準]'을 본받아[法] 즐김이다. 그러므로 낙천(樂天)은 무사(無思)-무욕(無欲)-무아(無我)-무사(無私)-무기(無己) 등을 즐김

[樂]이고, 이는 곧 성지자(誠之者)의 즐김[樂]이다. 천지지도(天地之道)를 좇아 극진히 함이 '성지자(誠之者)' 즉 '정성됨[誠之者]'이다. 이러한 성지자(誠之者)를 즐김이 곧 낙천(樂天)이다. 이렇듯 무사(無思)-무욕(無欲)-무아(無我)-무사(無私)-무기(無己) 등을 남김없이 즐김이 낙천(樂天)이니 걱정할 것이란 없다[不憂].

성인(聖人)의 지명(知命)이란 '지천명(知天命)'의 줄임이다. 지천명(知天命)은 '지천지지명(知天地之命)'의 줄임이다. 지명(知命)은 『중용(中庸)』 첫머리에 나오는 '천명지위성(天命之謂性) 솔성지위도(率性之謂道) 수도지위교(修道之謂教)'[2]라는 말씀을 상기(想起)시킨다. 여기서 본성(本性)을 알고[知] 솔성(率性)의 도(道)-수도(修道)의 교(教)를 앎[知]이 곧 지명(知命)의 '지(知)'임을 알 수 있다. 천지(天地)가 인간에게 시킴[命]이 솔성(率性)-수도(修道)이며, 또한 천지(天地)가 가르침[命] 또한 솔성(率性)-수도(修道)이다. 이러한 천지(天地)의 명(命)을 알았기[知] 때문에 성인(聖人)은 종천(從天)-종지(從地)하여 역(易)을 만들고[作], 예악(禮樂)을 작(作)할 수 있었다. 성인(聖人)의 '지명(知命)'은 『노자(老子)』 8장(章)에 분명하게 다음과 같이 나와 있다. '거선지(居善地) 심선연(心善淵) 여선인(與善仁) 언선신(言善信) 정선치(政善治) 사선능(事善能) 동선시(動善時) 부유부쟁(夫唯不爭) 고(故) 무우(无尤)'.[3] 여기서 성인지지명(聖人之知命)을 간파(看破)하여 성인(聖人)의 지명(知命)이란 '오로지 지선(知善)'임을 알 수 있다. 지선(知善)의 '선(善)'은 종천(從天)-종지(從地)를 한 글자로 밝힌 말씀이라고 여기면 된다. 자연[天地]을 따름[從]을 일러 무사(無思)-무욕(無欲)-무아(無我)라 하고, 이를 한 글자로 '선(善)'이라 하는 것이다. 따라서 성인지지명(聖人之知命)은 곧 성인지지선(聖人之知善)이라고 새기고 헤아려 가늠할 수 있는 것이다. 오로지 성인(聖人)을 본받는[法] 군자(君子)의 대명(待命)이란 성인(聖人)의 지명(知命)을 본받아[法] 천명(天命)을 받잡음[待]이다. 성인(聖人)은 지명(知命)하기 때문에 불우(不憂)한다. 불우(不憂)-무우(无

憂)-무우(无尤) 등은 다 같은 말씀이다. 그래서 성인(聖人)의 불우(不憂)는 온 갖 사물(事物)에 미치는 역(易)을 살피고[觀] 새겨[玩] 점(占)쳐 지변(知變)하여 지래(知來)하게 하는 통어(通語)가 된다.

註 1. 악자돈화솔신이종천(樂者敦和率神而從天) 예자별의거귀이종지(禮者別宜居鬼而從地) 악이라는[樂] 것은[者] 어울림을[和] 지극히 하여[敦] 하늘이[天] 변화하게 하는 짓을[神] 우러러 좇아서[率而] 하늘을[天] 따름이고[從], 예라는[禮] 것은[者] 마땅함을[宜] 분별하여[別] 땅이[地] 변화하게 하는 짓[鬼]을 굽어 좇아서[居而] 땅을[地] 따름이다[從]. 솔신(率神)의 '솔(率)'은 앙순(仰順) 즉 '우러러[仰] 좇음[順]'을 뜻하고 '신(神)'은 '양기(陽氣)'를 뜻한다. 거귀(居鬼)의 '거(居)'는 부순(俯順) 즉 '굽어[俯] 좇음[順]'을 뜻하고 '귀(鬼)'는 '음기(陰氣)'를 뜻한다.

註 2. 천명지위성(天命之謂性) 솔성지위도(率性之謂道) 수도지위교(修道之謂敎) 천명(天命)을[之] 천성이라[性] 하고[謂], 천성을[性] 좇음[率]을[之] 도라[道] 하며[謂], 도를[道] 닦음[修]을[之] 교라[敎] 한다[謂].

註 3. 거선지(居善地) 심선연(心善淵) 여선인(與善仁) 언선신(言善信) 정선치(政善治) 사선능(事善能) 동선시(動善時) 부유부쟁(夫唯不爭) 고(故) 무우(无尤) 성인(聖人)이 머물면[居] 선한[善] 땅이 되고[地], 성인(聖人)이 마음 가면[心] 선한[善] 못이 되고[淵], 성인(聖人)이 주면[與] 선한[善] 어짊이 되고[仁], 성인(聖人)이 말하면[言] 선한[善] 믿음이 되고[信], 성인(聖人)이 정사(政事)를 하면[政] 선한[善] 다스림이 되고[治], 성인(聖人)이 일하면[事] 선한[善] 능력이 되고[能], 성인(聖人)이 움직이면[動] 선한[善] 때가 된다[時]. 무릇[夫] 성인(聖人)은 오로지[唯] 다투지 않는다[不爭]. 그래서[故] 성인(聖人)께는 허물이[尤] 없다[无].'

71. 성인(聖人)의 능애(能愛)

安土敦乎仁故能愛라. '성인(聖人)은 만물이 깃든 터를[土] 편안히 하
안 토 돈 호 인 고 능 애
여[安] 어짊[仁]을[乎] 도탑게 하기[敦] 때문에[故] 온 세상[天下]의 온갖 것[萬物]을 아껴 사랑할[愛] 수 있다[能].'

이는 자연[天地]을 본받는[法] 성인(聖人)의 치세(治世)를 밝히고 있다. 성인(聖人)의 치세(治世)는 『노자(老子)』 57장(章)에 다음과 같이 잘 나타나 있

다. '이정치국(以正治國) (……) 아무위이민자화(我無爲而民自化) 아호정이민자정(我好靜而民自正) 아무사이민자부(我無事而民自富) 아무욕이민자박(我無欲而民自樸)'. 안토(安土)-돈호인(敦乎仁)-능애(能愛)란 이정치국(以正治國) 즉 '바름을[正] 이용하여[以] 나라를[國] 다스림[治]'으로써 이루어지는 것이다. '안토(安土)'는 안거(安居)의 땅(土) 즉 거선지(居善地)의 선지(善地)이다. 종천(從天)-종지(從地)하여 온 사람을 사랑하고[仁] 온갖 것을 아끼며[愛] 살아가는 세상을 안토(安土)-안거(安居)-거선지(居善地)라 한다. 이러한 안토(安土)는 '인(仁)이 돈독하여 능애(能愛)해야' 이루어진다. '돈호인(敦乎仁)'이 없는 '능애(能愛)'는 이루어질 수 없고 '능애(能愛)'가 없는 '안토(安土)'는 이루어질 수 없다. 어짊[仁]이란 사람을 사랑함이고, 애물(愛物)은 만물(萬物)을 아낌[愛]이다. 인인(仁人)하여 애물(愛物)해야 인애(仁愛)의 안토(安土)가 이루어지는 것이다. 돈호인(敦乎仁)을 저버린 능애(能愛)만의 안토(安土)는 이루어질 수 없다. 능애만물(能愛萬物)은 돈호인(敦乎仁) 다음에라야 이루어진다. 그러므로 성인(聖人)의 능애(能愛)는 오로지 돈호인(敦乎仁) 다음이다. 돈호인(敦乎仁)하고 능애(能愛)하여 '민자화(民自化)-민자정(民自正)-민자부(民自富)-민자박(民自樸)'의 '안토(安土)'를 이루어 냄이 곧 성인(聖人)의 치세(治世)인 이정치국(以正治國)의 안토(安土)-돈호인(敦乎仁)-능애(能愛)이다. 그래서 성인(聖人)의 능애(能愛)는 온갖 사물(事物)에 미치는 역(易)을 살피고[觀] 새겨[玩] 점(占)쳐 지변(知變)하여 지래(知來)하게 하는 통어(通語)가 된다.

註 이정치국(以正治國) (……) 아무위이민자화(我無爲而民自化) 아호정이민자정(我好靜而民自正) 아무사이민자부(我無事而民自富) 아무욕이민자박(我無欲而民自樸)
'바름을[正] 이용하여[以] 나라를[國] 다스린다[治]. (중략) 내가[我] 무위하니[無爲而] 백성이[民] 절로[自] 새로워지고[化], 내가[我] 고요를[靜] 좋아하니[好而] 백성이[民] 절로[自] 정직해지고[正], 내가[我] 일내지[事] 않으니[無而] 백성이[民] 절로[自] 부유해지고[富], 내가[我] 욕심내지[慾] 않으니[無而] 백성이[民] 절로[自] 검박해졌다[樸].'

72. 성인(聖人)의 불과(不過)-불유(不遺)

範圍天地之化而不過라. '성인(聖人)이 하늘땅[天地]의[之] 변화를[化] 본받아[範] 두루 갖추어[圍]서[而] 성인(聖人)은 온갖 일[萬事]을 그르치지 않는다[不過].'

이는 자연[天地]을 본받는[法] 성인(聖人)의 화신(化神)을 밝히고 있다. '범위천지지화(範圍天地之化)'는 '성인여천지지정상상사(聖人與天地之情狀相似)' 즉 '자연의[天地之] 정상(情狀)과[與] 성인은[聖人] 서로[相] 같음[似]'을 뜻한다. 성인(聖人)이 자연이 되어 버림[化]은 천지(天地)를 본받아 본떠[範] 그렇게 된다. 이는 곧 천지(天地)가 변화(變化)하게 하는 귀신(鬼神)을 범법(範法)해서 성인(聖人)이 자연과 같아지기도 해 이를 '명신(明神)'이라 한다. 화신(化神)-명신(明神)이란 성인(聖人)이 자연(自然) 즉 천지(天地)가 되어 버림이다. 천지지화(天地之化)의 '화(化)'는 '귀신지정상(鬼神之情狀)'을 환기(喚起)하면 그 뜻을 새길 수 있다. 귀신(鬼神)의 참모습[情狀]이란 변이화(變而化)의 '화(化)'로 드러나기 때문이다. 변해서[變而] 새로 됨[化]이 곧 귀신(鬼神)의 짓[象]이며, 성인(聖人)은 그 짓[象]을 본받아 본떠서[範] 두루 갖추기[圍] 때문에 성인(聖人)의 성변화(成變化)는 자연[天地]의 성변화(成變化)와 같고[準], 성인(聖人)의 행귀신(行鬼神)은 자연의 행귀신(行鬼神)과 준(準)하며, 성인(聖人)의 화신(化神)은 천지(天地)와 준(準)하여 만물(萬物)에 두루 하며[周] 온 세상[天下]을 다스리고[道] 구제해도[濟] 그르치지 않고[不過], 성인(聖人)의 명신(明神)도 천지(天地)와 같아[準] 온 세상[天下]의 온갖 일[萬事]의 처음을[始] 지극하게 살펴[原] 마침을[終] 돌이켜 살펴도[反] 위배되지 않는다[不違]. 이와 같이 성인(聖人)은 천지(天地)와 같기[準] 때문에 하늘땅[天地]의[之] 변화를[化] 본받아[範] 두루 갖추고[圍] 온갖 일[萬事]을 그르치지 않음이[不過] 성인(聖人)의 불과(不過)이다.

곡성만물이불유(曲成萬物而不遺)는 성인(聖人)의 '지(知)'를 밝히고 있다. 성인(聖人)은 만물(萬物)을 자세하게 마주하지 가볍게 대하지 않는다. 온갖 것[萬物]에 위곡(委曲)하다고 함은 '온갖 것[萬物]을 승변(乘變) 즉 변화(變化)에 따라[乘] 응(應)함'을 뜻한다. 그러므로 성인(聖人)의 성물(成物)은 치곡(致曲)의 지(知) 바로 그것이다. 아무리 사소한 것[曲]일지라도 정성을 다하여[致] 알아냄[知]이 성인(聖人)의 앎[知]이다. 『중용(中庸)』에 '성기인야(成己仁也) 성물지야(成物知也)'라는 말씀이 나온다. '성기(成己)의 인(仁) 즉 나[己]를 이룸[成]이란 어짊[仁]이라'라고 할 때 그 성기(成己)는 성인(聖人)의 것을 뜻함이고, '성물(成物)의 지(知) 즉 온갖 것[萬物]을 이룸[成]이란 앎[知]이라'라고 할 때 그 성물(成物)도 성인(聖人)의 것을 뜻함을 '곡성만물(曲成萬物)'이라는 말씀이 환기(喚起)시켜 준다. 성인(聖人)의 '인(仁)'은 천지(天地)의 인(仁)인지라 '상인(上仁)'이라 하고, 성인(聖人)의 지(知)도 천지(天地)의 지(知)인지라 '대지(大知)'라 한다. 『논어(論語)』「자한(子罕)」에 나오는 '자절사(子絶四) 무의(毋意) 무필(毋必) 무고(毋固) 무아(毋我)'라는 말씀은 성인(聖人)의 '곡성만물(曲成萬物)'을 상기(想起)시켜 준다. 내 뜻대로 하지 않아야[毋意] 곡물(曲物)할 수 있고, 내 필요대로 하지 않아야[毋必] 곡물(曲物)할 수 있으며, 내 고집대로 하지 않아야[毋固] 곡물(曲物)할 수 있고, 내 욕심대로 하지 않아야[毋我] 사물(事物)을 변화에 따라 응할[曲] 수 있어서 '온갖 것-온갖 일[萬物]을 이루는 것[成]'이다. 곡성만물(曲成萬物) 즉 온갖 것[萬物]-온갖 일[萬事]을 변화(變化)에 따라[應] 이루어 냄[成]이란 '무사(無私)-무욕(無欲)-무위(無爲) 즉 상선(常善)의 성물(成物)임'을 뜻하는 것이다. 이러한 성인(聖人)의 곡성만물(曲成萬物) 때문에 성인(聖人)은 어느 것 하나라도 버리지 않음[不遺]이 성인(聖人)의 불유(不遺)이다. 그래서 성인(聖人)의 불과(不過)-불유(不遺)는 온갖 사물(事物)에 미치는 역(易)을 살피고[觀] 새겨[玩] 점(占)쳐 지변(知變)하여 지래(知來)하게 하는 통어(通語)가 된다.

73. 원시(原始)와 반종(反終)

原始反終故知死生之說이라. '처음을[始] 지극하게 살펴[原] 마침
　원 시 반 종 고 지 사 생 지 설
을[終] 돌이켜 살피기[反] 때문에[故] 성인(聖人)은 죽음과[死] 삶[生]을[之] 설명할 줄[說] 안다[知].'

　원시반종(原始反終)은 대성괘(大成卦) 매효(每爻)의 '누천(屢遷)'을 관상(觀象)-완사(玩辭)-관변(觀變)-완점(玩占)해 가는 상도(常道)이다. 원시반종(原始反終)은 대성괘(大成卦) 매효(每爻)의 누천(屢遷)이 은닉(隱匿)한 이치[理]를 생각하게 하고, 그 가르침[敎]을 생각하게 하며 그 이끌어 줌[導]을 생각하게 하고, 그 방도(方道)를 생각하게 하며 그 말씀[言]을 생각하게 하기 때문이다. 원시반종(原始反終)의 원시(原始)는 대성괘(大成卦)의 초효(初爻)를 상기(想起)하면 그 참뜻을 누구나 살펴 헤아릴 수 있을 것이다. 대성괘(大成卦)에서 초효(初爻)는 '찰래(察來)' 즉 올 것[來]을 맨 처음 살펴[察] 가늠하게[斷] 하는 효(爻)임을 상기(想起)한다면 '원시(原始)'를 누구나 새길 수 있을 것이다. 초효(初爻)부터 상효(上爻)까지 여섯 효(爻)는 모두 다 찰래(察來)를 가늠하게 하며 창왕(彰往)해 가는 효(爻)임을 늘 헤아리면서 효상(爻象)과 효사(爻辭)를 격물(格物)하여 치지(致知)하라 함이 원시반종(原始反終)이라는 치지(致知)의 상도(常道)이다. 원시반종(原始反終), 이는 곧 '창왕이찰래(彰往而察來)의 상도(常道)'임을 명심(銘心)해야 한다. 이역(以易) 즉 역(易)을 활용(活用)함에 있어서 '원시반종(原始反終)함'을 잊어서는 안 된다. 원시반종(原始反終)은 성인(聖人)의 가르침[敎]이고 인도(引導)이며, 성인(聖人)의 방도(方道)이고 성인의 말씀[言]이다. '원시반종(原始反終)'은 「계사전(繫辭傳) 하(下)」에서 살피게 될 '창왕이찰래(彰往而察來)'를 늘 상기(想起)하면서 매효(每爻)의 누천(屢遷)을 살필수록 그 깊은 뜻을 헤아려 새길 수 있다. 역(易)은 지난 것을[往] 드러내[彰]서[而] 올 것을[來] 살피게 한다[察]. 원시반종(原始反終)의

원시(原始)는 찰래(察來)를 살펴 창왕(彰往)을 살펴보라는 말씀이다. 이는 곧 격물(格物)하고 치지(致知)하여 지변(知變)-지래(知來)하라는 바로 그 말씀이다. 그래서 '효상동호내(爻象動乎內)'라고 하는 것이다. 효의[爻] 짓은[象] 안[內]을[乎] 움직인다[動]. 그 '안[內]'이란 천하지동(天下之動)의 동(動)과 아울러 심중(心中)을 말한다. 효상(爻象)-효사(爻辭)는 마음으로 하여금 원시반종(原始反終)하게 하는 것이다. 그래서 원시(原始)와 반종(反終)은 온갖 사물(事物)에 미치는 역(易)을 살피고[觀] 새겨[玩] 점(占)쳐 지변(知變)하여 지래(知來)하게 하는 통어(通語)가 된다.

註 원시반종(原始反終)은 원시요종(原始要終)과 같은 말씀[辭]이다. 원시반종(原始反終)-원시요종(原始要終)이란 격물(格物)하여 치지(致知)하는 요체(要諦)이다. 무엇을 살펴 생각하고 헤아려 터득해 깨치자면 원찰시초(原察始初) 즉 그 무엇의 시초(始初)를 지극하게 살펴야 하고, 그 살핌을 돌이켜 반종(反終) 즉 그 끝[終]을 고찰(考察)하여 추리(推理)하지 않고서는 사물(事物)을 격물(格物)할 수 없다. 남김없이 탐구해야[格物] 치지(致知) 즉 지극한 앎[知]에 이를[致] 수 있음을 '원시요종(原始要終)'이 밝혀 주고 있다. 원시반종(原始反終)에서 원시(原始)의 '원(原)'은 여기선 '살필 찰(察)-궁구할 궁(窮)' 등과 같고, '시(始)'는 '처음 초(初)'와 같아 여기서 '원시(原始)'는 '원찰시초(原察始初)'를 줄여 밝힌 것이고, 반종(反終)의 '반(反)'은 '생각할 사(思)-곰곰이 생각할 고(考)-헤아릴 탁(度)-돌아볼 고(顧)' 등과 같고, '종(終)'은 '끝 말(末)'과 같아 '반종(反終)'은 '반고종말(反顧終末)'을 줄여 밝힌 것이다.

74. 성인(聖人)의 통이지(通而知)

通乎晝夜之道而知 神无方而易无體라. '성인(聖人)은 주야의[晝夜之] 도(道)를[乎] 통달해서[通而] 성인(聖人)이 주야지도(晝夜之道)를 알기[知] 때문에[故] 귀신에는[神] 방소(方所)가[方] 없고[无而], 역에는[易] 형체(形體)가[體] 없음을[无] 성인(聖人)은 안다.'

이는 자연[天地]의 도(道)를 통달(通達)하여 천명(天命) 즉 자연[天地]의 시킴[令]-가르침[敎]을 꿰뚫어[通] 알게[知] 되었음을 밝히고 있다. 주야지도(晝夜之道)의 '주야(晝夜)'는 음양(陰陽)-귀신(鬼神)-생사(生死)-강유(剛柔)-유명(幽明) 등을 몰아서 밝히는 말씀이다. 주야(晝夜)로 천지(天地)의 운행(運行)을 살펴[觀] 음양지도(陰陽之道)를 꿰뚫어[通] 알고[知], 귀신지도(鬼神之道)를 꿰뚫어[通] 알고[知], 생사지도(生死之道)를 꿰뚫어[通] 알고[知], 강유지도(剛柔之道)를 꿰뚫어[通] 알고[知], 유명지도(幽明之道)를 꿰뚫어[通] 알아[知] 성인(聖人)이 화신(化神) 즉 천지(天地)와 같아짐[準]을 밝힌 말씀이 곧 '통호주야지도(通乎晝夜之道)'이다. 그러므로 여기서 주야지도(晝夜之道)를 역지도(易之道) 즉 변화지도(變化之道)라고 새기고 헤아려 가늠하게 되면 성인(聖人)의 '통이지(通而知)'란 '원시반종(原始反終)의 지성(至誠)'으로 풀이된다. 낮[晝]이 밤[夜]이 되고 밤이 낮이 되는 천지(天地)의 변화(變化)를 통해[通] 처음[始]이 끝[終]이 되고 시(始)가 종(終)이 되는 변화(變化)의 도(道)를 꿰뚫어[通] 성인(聖人)은 처음을[始] 지극히 살피고[原] 마침으로[終] 돌아감을 살펴[反] 생생(生生)의 역(易)을 통지(通知)하였음을 '신무방(神无方)-역무체(易无體)'라고 밝히고 있다. 신무방(神无方)-역무체(易无體)는 서로 다른 말씀이 아니라 같은 말씀이다. 다만 강조하려고 거듭해 같은 뜻을 달리 말씀하고 있는 것이다. 신무방(神无方)의 '신(神)'은 귀신지도(鬼神之道)를 일컫고, 역무체(易无體)의 '역(易)'은 음양지도(陰陽之道)를 일컬음이니 같은 뜻의 말씀이고, 따라서 무방(无方)-무체(无體) 또한 한 뜻을 달리 밝힌 것이다. 무방(无方) 즉 방소(方所)가 없음[无]이란 무주(無住) 즉 머묾[住]이 없음[無]이고, 무체(无體) 즉 형체(形體)가 없음[無]이란 무상(無常) 즉 정해짐[常]이 없음[無]이니 생생(生生)의 역(易)이 무사(无思)-무위(无爲)함을 밝힘이다. 그래서 성인(聖人)의 통이지(通而知)는 온갖 사물(事物)에 미치는 역(易)을 살피고[觀] 새겨[玩] 점(占)쳐 지변(知變)하여 지래(知來)하게 하는 통어(通語)가 된다.

103

75. 일음일양(一陰一陽)의 도(道)

一陰一陽謂之道라. '한 번 음이면 양이 되고[一陰], 한 번 양이면 음이 되는[一陽] 그것을[之] 역(易)의 도라[道] 한다[謂].'

이는 역지도(易之道) 즉 역의[易之] 도(道)를 뜻한다. 『중용(中庸)』에 나오는 '기위물불이(其爲物不貳) 즉기생물불측(則其生物不測)'이라는 말씀을 환기(喚起)한다면 '일음일양(一陰一陽)'을 새기고[玩] 헤아려 볼[擬] 수 있다. 왜냐하면 기위물불이(其爲物不貳)의 '불이(不貳)'를 완의(玩擬)하여 천착(穿鑿)하면 일음일양(一陰一陽)의 '일(一)'이 뜻하는 바를 저마다 나름대로 가늠해 볼[斷] 수 있기 때문이다. 불이(不貳)의 '이(貳)'는 여기선 '이분(二分)'의 줄임으로 '둘로 나누어지지 않음'이다. 여기서 일음일양(一陰一陽)의 '일(一)'이 '음양(陰陽)의 불이(不貳)'를 뜻함을 알아차릴 수 있는 것이다. 그래서 일음일양(一陰一陽)을 '한 번[一] 음(陰)이면 한 번[一] 양(陽)이고, 한 번[一] 양(陽)이면 한 번[一] 음(陰)'이라고 풀이하여 판단할 수 있게 된다. 일음일양(一陰一陽) 음양(陰陽)에서 음(陰)이 변(變)하여 양(陽)으로 화(化)하기도 하고, 양(陽)이 변(變)하여 음(陰)으로 화(化)하기도 함을 '한 번 일(一)'로 밝힌 말씀이 곧 일음일양(一陰一陽)인 것이다. 변화(變化)의 '변(變)'에는 '왕자(往者)와 내자(來者)'가 함께한다. 음(陰)이 갈 것[往者]이면 양(陽)이 오는 것[來者]으로 화(化)가 되고, 양(陽)이 갈 것[往者]이면 음(陰)이 오는 것[來者]으로 화(化)가 됨을 일러 '생생(生生)'이라고 하는 것 역시 '일음일양(一陰一陽)'을 밝힌 것이다. 그래서 일음일양(一陰一陽)의 도(道)는 온갖 사물(事物)에 미치는 역(易)을 살피고[觀] 새겨[玩] 점(占)쳐 지변(知變)하여 지래(知來)하게 하는 통어(通語)가 된다.

註 천지지도일언이진야(天地之道一言而盡也) 기위물불이(其爲物不貳) 즉기생물불측(則其生物不測) '자연의[天地之] 도는[道] 한마디로[一言而] 극진한 것[盡]이다[也]. 그것이[其] 만물을[物] 이룸은[爲] 나누어지지 않아[不貳] 곧[則] 그것이[其] 만물을[物] 낳음도[生] 헤아려지지 않는다[不測].'

76. 역지도(易之道)와 선(善)

繼之者善也라. '일음일양(一陰一陽)의 역지도(易之道)인 그것을[之] 이어받는[繼] 것이[者] 선(善)이다[也].'

계지자선야(繼之者善也)에서 계지자(繼之者)의 '지(之)'는 일음일양(一陰一陽)이다. 일음일양(一陰一陽)이란 곧 역지도(易之道)이다. 역지도(易之道)는 곧 귀신지도(鬼神之道)-유명지도(幽明之道)이다. 이는 모두 천지지도(天地之道)를 달리 말한 것들이다. 그러므로 역지도(易之道)를 계승(繼承)함은 곧 선(善)이라 한다. 이는 곧 천지지도(天地之道)-귀신지도(鬼神之道)-유명지도(幽明之道)가 선(善)인 것이다. 순천(順天)-사천(事天)-사천(師天)-사명(俟命)-대명(待命) 등의 말씀도 오로지 종선(從善) 즉 선(善)을 따르라[從] 함이다. 그래서『논어(論語)』「계씨(季氏)」에 '군자외천명(君子畏天命)'ᐟ¹ 이라는 말씀이 나온다. 여기서『예기(禮記)』「악기(樂記)」18단락(段落)에 나오는 '솔신이종천(率神而從天)-거귀이종지(居鬼而從地)'ᐟ² 도 '계지자선(繼之者善)'으로부터 비롯된 뜻임을 알 수 있다. 나아가『노자(老子)』38장(章)에 나오는 '상덕(上德)-상인(上仁)-상의(上義)-상례(上禮)'ᐟ³ 등도 계지자선(繼之者善)의 '선(善)'을 뜻하고 있음을 여기서 알 수 있다. 그러므로 '계지자선(繼之者善)'은 순천(順天)과 역천(逆天)을 가늠하게 하며 순역(順易)과 배역(背易)을 또한 판단하게 한다. 일음일양(一陰一陽)의 역지도(易之道) 즉 천지(天地)가 변화(變化)하게 하는 기운(氣運)인 귀신지도(鬼神之道)를 계승(繼承)하면 선(善)이고, 그 도(道)를 단절(斷絶)한다면 불선(不善) 바로 그것임을 여기서 알 수 있다. 그래서 역지도(易之道)와 선(善)은 온갖 사물(事物)에 미치는 역(易)을 살피고[觀] 새겨[玩] 점(占)쳐 지변(知變)하여 지래(知來)하게 하는 통어(通語)가 된다.

> 註 1. 군자유삼외(君子有三畏) 외천명(畏天命) 외대인(畏大人) 외성인지언(畏聖人之言) 소인부지천명이불외야(小人不知天命而不畏也) 압대인(狎大人) 모성인지언(侮聖人之言) 군자한테는[君子] 세 가지[三] 두려움이[畏] 있다[有]. 천명을[天命] 두려

워하고[畏], 대인을[大人] 두려워하며[畏], 성인의[聖人之] 말씀을[言] 두려워한다[畏]. 소인은[小人] 천명을[天命] 알지 못해서[不知而] 두려워하지 않는 것[不畏] 이고[也], 대인을[大人] 얕보고[狎], 성인의[聖人之] 말씀을[言] 업신여긴다[侮]. 여기서 대인(大人)은 성인(聖人)을 뜻한다.

註 2. 악자돈화솔신이종천(樂者敦和率神而從天) 예자별의거귀이종지(禮者別宜居鬼而從地) 고(故) 성인작악이응천(聖人作樂以應天) 제례이배지(制禮以配地) 악이라는[樂] 것은[者] 어울림을[和] 도탑게 하여[敦] 하늘이 변화하게 하는 기운을[神] 우러러 따라서[率而] 하늘을[天] 따르고[從] 예라는[禮] 것은[者] 귀천(貴賤)의 마땅함을[宜] 분별하여[別] 땅이 변화하게 하는 기운을[鬼] 굽어 따라서[居而] 땅을[地] 따른다[從]. 그래서[故] 성인이[聖人] 악을[樂] 지어서[作以] 하늘과[天] 호응했고[應] 예를[禮] 지어서[制以] 땅과[地] 짝했다[配].

註 3. 상덕무위이무불위(上德無爲而無不爲) (……) 상인위지이무불위(上仁爲之而無不爲) 상의위지이유불위(上義爲之而有不爲) 상례위지이막지응(上禮爲之而莫之應) 즉양비이잉지(則攘臂而仍之) '높은[上] 덕은[德] 제 욕심대로 함이[爲] 없어도[無而] 무욕(無欲)하기에 하지 못함이[不爲] 없다[無]. (중략) 높은[上] 어짊은[仁] 어짊을[之] 행해도[爲而] 하지 못함이[不爲] 없고[無], 높은[上] 올바름은[義] 올바름을[之] 행해도[爲而] 하지 못함이[不爲] 있으며[有], 높은[上] 예는[禮] 예를[之] 행해도[爲而] 예에[之] 호응함이[應] 없으면[莫] 곧장[則] 팔을[臂] 휘둘러서라도[攘而] 예로[之] 끌어들인다[仍].' 상덕(上德)-상인(上仁)-상의(上義)-상례(上禮) 등의 '상(上)'은 '천지지(天地之)'를 뜻해 상덕(上德)은 천지지덕(天地之德)을 뜻하고, 상인(上仁)은 천지지인(天地之仁)을 뜻하며, 하덕(下德)은 인지덕(人之德)을 뜻하고, 하인(下仁)은 인지인(人之仁)을 뜻하며, 하례(下禮)는 인지례(人之禮)를 뜻한다. 물론 덕(德)-인(人)-의(義)-예(禮) 등을 상(上)-하(下)로 나눔은 유가(儒家)의 것들을 비판하기 위한 도가(道家)의 용어(用語)들이다.

77. 역지도(易之道)와 성(性)

誠之者性也라. '일음일양(一陰一陽)을 계승(繼承)하는 선(善)인 그것을[之] 이룬[成] 것이[者] 본성[性]이다[也].'

성지자성야(誠之者性也)에서 성지자(誠之者)의 '지(之)'는 '계지자(繼之者)'이다. 그러므로 '성지자(成之者)'는 '성천지지선자(成天地之善者)'이다. 왜냐하면 '계지자(繼之者)'의 '지(之)'가 '천지지도(天地之道)-역지도(易之道)-음양지도(陰陽之道)-귀신지도(鬼神之道) 등을 계승(繼承)하는 선(善)'이기 때문이다. 물론 '성지자(誠之者)'를 '성상선자(成上善者)'로 새기고 헤아려 가늠해도 된다. 왜냐하면 성지자(誠之者) 즉 성선자(成善者)의 '선(善)'이란 자연지선(自然之善) 즉 무사(無思)-무위(無爲)의 선(善)이기 때문이다. 이러한 선(善)을 좇아야[循] 온갖 것[物]은 그 성능(性能)을 이룰[成] 수 있는 것이다. 성선(成善) 즉 일음일양(一陰一陽)의 생생(生生)을 성취(成就)함을 일러 '성(性)'이라 한다. 성지자성야(成之者性也)의 '성(性)'은 『서경(書經)』「대우모(大禹謨)」에 나오는 '지평천성(地平天成)'의 천성(天成)'을 상기(想起)한다면 자연의 뜻인 선(善)을 이룸[成]이 물물(物物)마다 성취(成就)한 본성(本性) 즉 천성(天性)임을 간파(看破)할 수 있고, 『중용(中庸)』 첫머리에 '천명지위성(天命之謂性)'이라는 말씀이 곧 '성지자성(成之者性)'을 밝히고 있음을 또한 알아차릴 수 있다. 천명(天命), 그것을[之] 성이라[性] 함[謂]이 곧 순자연지선(循自然之善) 즉 자연의[自然之] 선(善)을 따라[循] 이루어짐[成]이 '성(性)'인 것이다. 그래서 역지도(易之道)와 성(性)은 온갖 사물(事物)에 미치는 역(易)을 살피고[觀] 새겨[玩] 점(占)쳐 지변(知變)하여 지래(知來)하게 하는 통어(通語)가 된다.

註 지평천성(地平天成) 육부삼사윤치(六府三事允治) 만세영뢰(萬歲永賴) 시내공(時乃功) '땅이[地] 다스려지고[平] 하늘의 뜻이[天] 이루어져[成] 육부(六府)-삼사(三事)가 진실로[允] 다스려져[治] 만세토록[萬歲] 영원히[永] 의지하게 되었으니[賴] 이는[時] 그대의[乃] 공적이다[功].' 지평(地平)의 '평(平)'은 '다스릴 치(治)'와 같고 천성(天成)의 '천(天)'은 '천의(天意)'를 뜻한다. 육부(六府)는 백성이 살아가는 데 없어서는 안 되는 수(水)-화(火)-금(金)-목(木)-토(土)-곡(穀)을 말하고, 삼사(三事)는 치국(治國)의 기본이 되는 세 가지 일로써 정덕(正德)-이용(利用)-후생(厚生) 세 가지 일을 말하며, 육부(六府)-삼사(三事)를 묶어 구공(九功)이라 한다. 시내공(時乃功)의 '시(時)'는 '이 시(是)'와 같고 주어 노릇을 하며, '내(乃)'는 '그대의 내(乃)'로 소유격 노릇을 한다.

78. 인자(仁者)의 견인(見仁)

仁者見之謂之仁이라. '어진[仁] 사람은[者] 그것을[之] 보매[見] 그것을[之] 어젊이라[仁] 말한다[謂].'

여기서 인자(仁者)는 역지도(易之道)를 '인(仁) 즉 어젊[仁]'으로 살핌을 말한 것이다. 따라서 인자(仁者)에게는 온갖 것[萬物]-온갖 일[萬事]이 곧 '인(仁)' 바로 그것이다. 인자(仁者)는 만사(萬事)-만물(萬物) 즉 삼라만상(森羅萬象)을 천지지도(天地之道)-역지도(易之道)의 선(善)-성(性)을 완성(完成)해 가는 것[物]으로 여김이다. 이렇기 때문에 '인자견지위지인(仁者見之謂之仁)'은 『중용(中庸)』 4편(篇) 6장(章)에 나오는 '성자비자성기이이야(誠者非自成己而已也) 소이성물야(所以成物也) 성기인야(成己仁也) 성물지야(成物知也)'를 상기(想起)시킨다. 여기서 인자(仁者)와 지자(知者)는 둘[二]이 아니라 하나[一]가 되어야 '성자지인(誠者之人) 즉 성인(聖人)'임을 명심(銘心)하게 하는 것이다. 성인(聖人)을 인자(仁者)라고 칭(稱)할 때는 '일음일양(一陰一陽)'의 역지도(易之道)'를 양(陽)의 쪽에서 밝힌 것이고, 그 역지도(易之道)를 음(陰)의 쪽에서 밝히면 지자(知者)라 함을 늘 명심해야 한다. 왜냐하면 만물(萬物)은 역지도(易之道)의 것[物]이기 때문에 성기(成己)-성물(成物)하게 하기 때문이다. 일음일양(一陰一陽)의 역지도(易之道)는 성기(成己)하게 하여 인자(仁者)가 되게 하고, 따라서 만물(萬物) 역시 성기(成己)하게 하여 인자(仁者)가 되게 한다. 성기(成己)란 '완성수기지덕(完成修己之德)'이다. 수기(修己)의 덕(德)을 완성(完成)함이 곧 '나를[己] 이룸[成]'이다. 수기지덕(修己之德)이라 함은 내[我]가 나[己]를 선자(善者)로 완성(完成)함이다. 선자(善者)로 완성(完成)함이란 내[我]가 나[己]의 본성[性]을 이룸[成]이다. 이처럼 성기(成己)란 성선(成善)이고 성성(成性)이다. 수기(修己)의 덕(德)을 이룸[成]이란 선(善)을 이룸[成]이며 동시에 천성(天性)을 이룸[成]이다. 이러한 성기(成己)-성선(成善)-성성(成

性)을 인자(仁者)는 '인(仁)'이라고 말하고[言], '인(仁)'이라고 설(說)한다. 그러므로 일음일양(一陰一陽)의 생생(生生)인 만물(萬物)은 인자(仁者)로 하여금 성기(成己)하게 하여 성선(成善)-성성(成性)하게 하여 역무사(易无思)-역무위(易无爲)를 본받게[法] 하는 것이다. 여기서 인자(仁者)가 말하고[謂] 설하는[謂] '인(仁) 즉 어짊[仁]'이란 선(善)-성(性)의 덕(德)으로 나[己]를 완성(完成)하는 것임을 알 수 있다. 이를 '인자견지위지인(仁者見之謂之仁)'이라고 밝힌 것이다. 그래서 인자(仁者)의 인(仁)은 온갖 사물(事物)에 미치는 역(易)을 살피고[觀] 새겨[玩] 점(占)쳐 지변(知變)하여 지래(知來)하게 하는 통어(通語)가 된다.

註 성자비자성기이이야(誠者非自成己而已也) 소이성물야(所以成物也) 성기인야(成己仁也) 성물지야(成物知也) '천지도(天之道)인 성자는[誠者] 스스로[自] 자기를[己] 완성하게 하는 것[成]뿐만이[已而] 아닌 것[非]이다[也]. 자기를 완성하여[以] 제 본성을 다하는 것을[物] 성취하게 하는[成] 것[所]이다[也].' 성기(成己)는 완성수기지덕(完成修己之德) 즉 수기의[修己之] 덕을[德] 완성함[成]을 뜻한다.

79. 지자(知者)의 견지(見知)

知者見之謂之知라. '슬기로운[知] 사람은[者] 그것을[之] 보매[見] 그
지 자 견 지 위 지 지
것을[之] 앎이라[知] 한다[謂].'

이는 지자(知者)가 역지도(易之道)를 잇는[繼] 선(善)의 살핌[見]과 역지도(易之道)를 이루는[成] 성(性)의 살핌[見]을 지(知) 즉 앎[知]이라고 함을 밝힌 것이다. 따라서 지자(知者)에게는 온갖 것[萬物]-온갖 일[萬事]이 곧 '지(知)' 바로 그것이다. 지자견지위지지(知者見之謂之知)에서 지자(知者)의 '지(知)'를 새겨[玩] 헤아리자면[擬] 역시 『중용(中庸)』 4편(篇) 6장(章)에 나오는 '성자비자성기이이야(誠者非自成己而已也) 소이성물야(所以成物也) 성기인야(成己仁

也) 성물지야(成物知也)'를 상기(想起)하게 된다. 성물지야(成物知也)의 '물(物)'을 새겨[玩] 헤아릴[擬] 수 있어야 따라서 성물지야(成物知也)의 '지(知)'를 완의(玩擬)할 수 있기 때문이다. 성물지야(成物知也)의 '물(物)'을 천착(穿鑿)하자면 먼저『논어(論語)』「위정(爲政)」에 나오는 '군자불기(君子不器)'라는 자왈(子曰)을 상기(想起)할 필요가 있다. 군자(君子)는 일기일예(一技一藝)를 전문으로 하는 직능공(職能工) 노릇을 하지 않음[不器]을 떠올린다면 성물지야(成物知也)의 '물(物)'이 일반적인 기물(器物)이 아님을 알아차릴 수 있다. 따라서 지자견지위지지(知者見之謂之知)의 '지(知)'가 어떤 기물(器物) 즉 물건(物件)에 관한 지식(知識)이 아님을 간파(看破)할 수 있다. 성물지야(成物知也)의 '물(物)'이란 천지지도(天地之道)-역지도(易之道)를 계승(繼承)하는 선(善)과 성취(成就)하는 성(性)을 남김없이 다하는[盡] 것[物]을 뜻한다. 치인(治人)-인인(仁人)-애물(愛物)과 예악문물(禮樂文物) 등이 선(善)-성(性)을 남김없이 다하는[盡] 것[物]들이다. 여기서도 인자(仁者)와 지자(知者)는 둘[二]이 아니라 하나[一]가 되어야 '성인(聖人)의 지(知)'가 되는 것이다. 거듭 밝히지만 성인(聖人)을 인자(仁者)라고 칭(稱)할 때는 '일음일양(一陰一陽)의 역지도(易之道)'를 양(陽)의 쪽에서 칭(稱)함이고, 그 역지도(易之道)를 음(陰)의 쪽에서 밝히면 지자(知者)라 칭(稱)함을 늘 명심해야 한다. 왜냐하면 만물(萬物)은 역지도(易之道)의 것[物]이기 때문에 만물(萬物)로 하여금 성기(成己)-성물(成物)하게 하기 때문이다. 일음일양(一陰一陽)의 역지도(易之道)는 성물(成物)함을 알게 해 지자(知者)가 되게 한다. 그 지자(知者)는 성물지야(成物知也)의 '성물(成物)'이란 '성취진기성지물(成就盡其性之物)'임을 안다[知]. 제[其] 천성을[性] 극진히 다한[盡之] 것을[物] 성취함[成]이 곧 '사물을[物] 이룸[成]'이라는 것을 앎[知]이 '지자(知者)의 지(之)'이다. 진기성지물(盡其性之物)이라 함은 자연[天地]이 내린[稟] 천성(天性)을 그대로 다하여[盡] 선(善)을 계승(繼承)함이고 성(性)을 성취(成就)함이다. 선(善)을 이음[繼]이란 천지(天地)가 변화하게 함을 그대로 순종(順從)하는 것이다. 이처럼 성물(成物) 또한 성선(成善)이고 성성(成性)이다. 제[其] 천성(天性)을 성취함[成]이란 선(善)을 성취함[成]이며 동시에 천성(天性)을 성취함[成]이다. 이러한 성물(成物)-성선(成善)-성성(成性)을 지자(知者)는 '지(知)'라고 말하고[言] '지(知)'라고 설(說)한다. 그러므로 일음일양(一陰一陽)의 생생(生生)인 만물(萬物)은 지자(知者)로 하여금 성선(成善)-성성(成性)하게 해서 역무사(易无思)-역무위(易无爲)를 본받게[法] 하는 것이다. 여기서 지자(知者)가 말하고[言] 설(說)하는 '지(知) 즉 앎[知]'이란 선(善)-성(性)의 덕(德)을 앎[知]이다. 이를 '지자견지위지지(知者見之謂之知)'라고 밝힌 것이다. 그래서 지자(知者)의 견지(見知)는 온갖 사물(事物)에 미치는 역(易)을 살피고[觀] 새겨[玩] 점(占)쳐 지변(知變)하여 지래(知來)하게 하는 통어(通語)가 된다.

> 註 성물(成物)은 '물진기성(物盡其性)' 즉 어느 것이든[物] 제[其] 본성을[性] 다함[盡]을 뜻한다. 성물(成物)의 '물(物)'은 자연물(自然物)만이 아니라 인간사(人間事)도 포함된 것이므로 예악문물(禮樂文物)-치인지사(治人之事)-인인애물지사(仁人愛物之事) 등을 포괄(包括)하는 사물(事物)이고, 성물(成物)의 '물(物)'은 예악(禮樂)이라는 문물(文物)을 이룩함[成]이라고 새겨 두어도 된다. 지자견지(知者見之)의 '지자(知者)'란 『예기(禮記)』 「악기(樂記)」 14단락(段落)에 나오는 '지예악지정자(知禮樂之情者)'를 상기(想起)하면 된다. 예악(禮樂)의[之] 참뜻을[情] 아는[知] 사람[者]이 곧 역(易)의 이치-가르침[道]을 좇음을 아는 사람[知者]이다.

80. 백성(百姓)의 부지(不知)

百姓日用而不知는 『논어(論語)』 「계씨(季氏)」에 나오는 '소인부지천명이불외야(小人不知天命而不畏也)'를 상기(想起)한다면 왜 '군자지도선(君子之道鮮)'이라고 밝힌 것인지 간파(看破)할 수 있다. 온 사람들[百姓]이 날마다[日] 사용하는[用] 것을 만물(萬物) 즉 온갖 것[萬物]이라 한다. 그러나 온 사람들은 만물(萬物)을 사용하면서도 그 만물(萬物)의 소이연(所以然) 즉 만물이 생겨난 까닭[所以然]을 알지 못하고 알려고 하지도 않는다. 말하자면 범인들은 일음일양(一陰一陽)-생생(生生)의 역지도(易之道)를 알지 못하고 알려고 하지도 않는다. 이를 '백성부지(百姓不知)'라고 밝힌 것이다. 이 '부지(不知)'를 '부지천명(不知天命)'이라고 새겨도 되고, '부지역지도(不知易之道)'라고 새겨도 될 것이다. 왜냐하면 천명(天命)으로 말미암은 것이 곧 역지도(易之道) 즉 변화지도(變化之道)이기 때문이다. 천명(天命)이란 '천지지도지명(天地之道之命)' 즉 자연의[天地之] 도가[道之] 시킴-가르침[命]이다. 이러한 천명(天命)을 모르는[不知] 사람을 일러 소인(小人)이라 한다. 그러므로 백성일용이부지(百姓日用而不知)의 '백성(百姓)'은 소인(小人)의 무리를 말하는 것이다. 왜 소인(小人)은 하늘[天]을 두려워하지 않는가[不畏]? 부지천명(不知天命) 때문이고 부지역지도(不知易之道) 때문이다. 이러한 까닭으로 온 세상에는 군자의[君子之] 도(道)가 적어 드문 것[鮮]이다. 군자(君子)의 도(道)는 천명(天命)을 두려워함[畏]으로부터 비롯된다. 천명(天命)의 역지도(易之道)를 두려워하지 않는 세상이니 군자(君子)의 도(道)가 선(鮮)할 수밖에 없음을 '백성일용이부지(百姓日用而不知)'라고 밝힌 것이다. 그래서 백성(百姓)의 부지(不知)는 온갖 사물(事物)에 미치는 역(易)을 살피고[觀] 새겨[玩] 점(占)쳐 지변(知變)하여 지래(知來)하게 하는 통어(通語)가 된다.

註 군자유삼외(君子有三畏) 외천명(畏天命) 외대인(畏大人) 외성인지언(畏聖人之言) 소인부지천명이불외야(小人不知天命而不畏也) 압대인(狎大人) 모성인지언(侮聖人之言) '군자에게는[君子] 세 가지[三] 두려움이[畏] 있다[有]. 천명을[天命] 두려워하고[畏], 대인을[大人] 두려워하고[畏], 성인의[聖人之] 말씀을[言] 두려워한다[畏]. 소인은[小人] 천명을[天命] 몰라서[不知而] 천명(天命)을 두려워하지 않는 것[不畏]이고[也], 대인을[大人] 얕보고[狎], 성인의[聖人之] 말씀을[言] 업신여긴다[侮].' 군자(君子)는 삼외(三畏)를 간직하기 때문에 무사(無思)-무욕(無欲)해야 함을 알고 지킴을 유삼외(有三畏)라 하고, 소인(小人)이 천명(天命)을 모르기 때문에 탐욕(貪欲)함이 '무삼외(無三畏)'이다.

81. 군자지도(君子之道)의 현(顯)

　　顯諸仁의 '현(顯)'은 안[內]에서 밖[外]으로 저절로 드러남이다. '현(顯)'
　　현 저 인
은 드러내고자 드러남이 아니라 저절로 드러남이니 '현(顯)'은 마음에서
절로 우러남[發]이다. 물론 현저인(顯諸仁)의 '인(仁)'은 '성기인야(成己仁也)의
인(仁)' 바로 그 '어짊[仁]'이다. '인(仁)'은 조화(造化) 즉 새로움[化]을 이루
어 내는[造] 공(功)이기 때문에 '성기(成己)의 어짊[仁]'이란 곧 '수기지덕(修
己之德)' 바로 그것이다. 덕(德)이란 자연에[於天地] 두루 통하는[通] 것[者]이
니 다름 아닌 일음일양(一陰一陽)-생생(生生)인 역지도(易之道) 바로 그것을
계승(繼承)하고 성취(成就)함을 완성(完成)하는 것이 곧 성기(成己)의 인(仁)이
다. 역지도(易之道)의 이음[繼承]을 '선(善)'이라 하고, 역지도(易之道)의 이룸
[成就]을 '성(性)'이라 한다. 따라서 '인(仁) 즉 어짊[仁]' 또한 일음일양(一陰
一陽)-생생(生生)의 역지도(易之道)를 이음[繼]이니 선(善)이고, 역지도(易之道)
를 이룸[成]이니 성(性)인 것이다. 이렇기 때문에 '인(仁)'이란 '천명(天命)의
받듦[事]' 바로 그것이 된다. 그러므로 현저인(顯諸仁)에서 '인(仁)'을 '외천
명(畏天命)-사천(事天)-종천(從天)-응천(應天)'으로 새겨 헤아리고 따져 가늠
한다면 '어짊[仁]으로[於] 군자(君子)의 도(道)를 드러낸다[顯]고 함이란 역
무사(易无思)-역무위(易无爲)로[於] 군자(君子)의 도(道)를 드러냄[顯]을 뜻하
는 것이다. 백성(百姓) 즉 일반 사람들은 무위(無爲)-무사(無思)하기보다 더
싫어하는 것은 없다. 여기서 '현저인(顯諸仁)'이라는 말씀이 군자지도선(君
子之道)이 세상에서 드문[鮮] 까닭을 밝혀 줌을 알 수 있다. 따라서 무사(無
私)-무욕(無欲)하지 않다면 '인자(仁者)의 어짊[仁]'이란 '드러날[顯] 수 없음
[不能]'을 새겨 헤아리게 하는 말씀이 곧 '현저인(顯諸仁)'이다. 그래서 군자
지도(君子之道)의 현(顯)은 온갖 사물(事物)에 미치는 역(易)을 살피고[觀] 새
겨[玩] 점(占)쳐 지변(知變)하여 지래(知來)하게 하는 통어(通語)가 된다.

註 역무사(易无思)의 '무사(无思)' 즉 '무사(無思)'는 '무사기(無思己)-무사공(無思功)-무사명(無思名)'을 줄인 말씀이고, 역무위(易无爲)의 '무위(无爲)' 즉 '무위(無爲)'는 '무위기(無爲己)-무위공(無爲功)-무위명(無爲名)'을 줄인 말씀이라는 것을 늘 명심하고 있어야 군자지도(君子之道)가 인덕(仁德)으로-선덕(善德)으로-성덕(性德)으로 드러남[顯]을 저마다 새기고 헤아려 가늠할 수 있다. '무사기(無思己)'란 내 몫을[己] 생각함이[思] 없음[無]이고, '무사공(無思功)'이란 내 공적을[功] 생각함이[思] 없음[無]이고, '무사명(無思名)'이란 내 명성을[名] 생각함이[思] 없음[無]이다. 무위기(無爲己)란 내 몫을[己] 위함이[爲] 없음[無]이고, '무위공(無爲功)'이란 내 공적을[功] 위함이[爲] 없음[無]이고, '무위명(無爲名)'이란 내 명성을[名] 위함이[爲] 없음[無]이다.

82. 군자지도(君子之道)의 장(藏)

藏諸用이라. '군자의[君子之] 도(道)는 성물(成物)의 것[物]을 씀[用]으로 그 도를[諸] 간직한다[藏].'

장저용(藏諸用)의 '장(藏)'은 밖[外]에서 안[內]으로 저절로 간직함이다. '장(藏)'은 간직하려고 간직함이 아니라 저절로 간직하여[藏] 품음[懷]이다. 여기서 장저용(藏諸用)은 '장저용지(藏諸用知)'의 줄임이다. 물론 장저용지(藏諸用知)에서 용지(用知)의 '지(知)'는 '성물지야(成物知也)의 지(知)' 바로 그 '앎[知]'이다. '성물지야(成物知也)의 물(物)'을 새겨[玩] 헤아릴[擬] 수 있어야 따라서 '성물지야(成物知也)의 지(知)'를 완의(玩擬)할 수 있다. '성물지야(成物知也)의 물(物)'을 천착(穿鑿)하려면, 먼저 『논어(論語)』「위정(爲政)」에 나오는 '군자불기(君子不器)'라는 말씀이 상기(想起)된다. 군자(君子)는 일기일예(一技一藝)를 전문으로 하는 직능공(職能工) 노릇을 하지 않음이 '불기(不器)'이다. 이러한 '불기(不器)'를 떠올린다면 군자(君子)의 용지(用知)가 기물(器物) 등을 활용하는 지식(知識)이 아니라 '성물(成物)의 지(知)'를 활용하는 것임을 알아차릴 수 있다. '성물(成物)'은 '물진기성(物盡其性)'을 뜻한다. 어떤 것[物]이 제[其] 천성[性]을 다함[盡]이 곧 성물(成物)이므로, 성물(成物)이란 치인

(治人)-인인(仁人)-애물(愛物) 등을 뜻하게 된다. 그러므로 장저용(藏諸用)의 '용(用)'이란 치인지지(治人之知)-인인지지(仁人之知)-애물지지(愛物之知), 나아가 예악지지(禮樂之知) 등을 활용(活用)함이다. 여기서 장저용(藏諸用)의 용(用) 또한 자연에[於天地] 두루 통하는[通] 덕(德)의 활용(活用)임을 알 수 있다. 왜냐하면 군자(君子)의 용지(用知) 또한 다름 아닌 일음일양(一陰一陽)-생생(生生)인 역지도(易之道) 바로 그것의 계승(繼承)이고 성취(成就)이기 때문이다. 역지도(易之道)의 이음[繼承]을 선(善)이라 하고 역지도(易之道)의 이룸[成就]을 성(性)이라 한다. 따라서 '장저용(藏諸用)의 용(用)'으로 일음일양(一陰一陽)-생생(生生)의 역지도(易之道)를 이음[繼]이니 선(善)이고, 역지도(易之道)를 이룸[成]이니 성(性)인 것이다. 이렇기 때문에 장저용(藏諸用)의 '용(用)'이란 '천명(天命)' 바로 그것을 씀[用]이다. 그러므로 장저용(藏諸用)에서 '용(用)'을 또한 '외천명(畏天命)-사천(事天)-종천(從天)-응천(應天)의 용지(用知)'로 새겨 헤아리고 따져 가늠한다면 '지(知)를 씀[用]으로[於] 군자(君子)의 도(道)를 간직한다[藏]'고 함이『논어(論語)』「이인(里仁)」에 나오는 '군자회덕(君子懷德)'이라는 말씀을 상기(想起)시킨다. 군자(君子)는 군자(君子)의 도(道)를 과시하지 않음이 곧 회덕(懷德)이다. 행덕(行德)하되 그것을 드러나게 하지 않음이 곧 장저용(藏諸用)임을 알 수 있게 된다. 그러나 일반 사람들은 한 번이라도 행덕(行德)하면 과시(誇示)하고자 자벌(自伐)-자긍(自矜)하기를 마다하지 않는다. 여기서 '장저용(藏諸用)'이라는 말씀이 군자지도가 [君子之道] 세상에 드문[鮮] 까닭을 밝혀 주고 있음도 알 수 있다. 이러한 장저용(藏諸用) 역시 지자(知者)가 몸소 삼가 실천하는 경천(敬天)이다. 따라서 '지자(知者)의 용(用)' 또한 무사(無私)-무욕(無欲)하지 않다면 '간직될[藏] 수 없음[不能]'을 새겨 헤아리게 하는 말씀이 곧 '장저용(藏諸用)'이다. 그래서 군자지도(君子之道)의 장(藏)은 온갖 사물(事物)에 미치는 역(易)을 살피고[觀] 새겨[玩] 점(占)쳐 지변(知變)하여 지래(知來)하게 하는 통어(通語)가 된다.

83. 군자(君子)의 고만물(鼓萬物)

鼓萬物은 군자(君子)가 '현저인(顯諸仁)-장저용(藏諸用)으로[以]' 만물(萬物) 즉 온갖 것을 고동(鼓動)치게 함을 말한다. 고만물(鼓萬物)의 '고(鼓)'가 뜻하는 바를 살피려면 '고지무지이진신(鼓之舞之以盡神)'이라는 말씀을 상기(想起)하게 된다. 그러면 진신(盡神)하고자 고만물(鼓萬物)함을 깨칠 수 있기 때문이다. 진신(盡神)의 '신(神)'은 변화지도(變化之道)를 알게 한다. 변화(變化)의 도(道)를 알게 하는 신(神)을 다하기[盡] 위하여 고만물(鼓萬物) 즉 만물(萬物)을 고동침[鼓動]이란 곧 만물(萬物)을 변화(變化)시킴이다. 이렇기 때문에 고만물(鼓萬物)은 곧 만물(萬物)을 변화(變化)하게 함이다. 군자(君子)는 현저인(顯諸仁)의 '인(仁)'으로 고만물(鼓萬物)하고, 장저용(藏諸用)의 '용(用)'으로 고만물(鼓萬物)하여 군자지도(君子之道)를 절로 드러내기도[顯] 하고 간직하기도[藏] 한다. 그러므로 군자(君子)가 고만물(鼓萬物) 즉 만물(萬物)을 변화(變化)하게 함은 천지지도(天地之道)-역지도(易之道)를 좇아 그렇게 하기 때문에 군자(君子)는 만물(萬物)을 선(善)하게 변화(變化)시키고 제 천성(天性)을 다하게 한다[盡]. 이는 군자(君子)가 천지지도(天地之道)-역지도(易之道)를 본받는[法] 성인(聖人)을 본받아[效] 고만물(鼓萬物)하기 때문이다. 그러므로 군자(君子)는 여성인동(與聖人同) 즉 성인(聖人)과[與] 동일(同一)하게 되어 걱정하지 않음[不憂]을 '고만물이불여성인동우(鼓萬物而不與聖人同憂)'라고 밝힌 것이다.

84. 성덕(盛德)의 대업(大業)

盛德大業至矣哉라. '덕을[德] 성대하게 함은[盛] 크나큰[大] 일이고
성 덕 대 업 지 의 재

[業] 지극함[至]이로다[矣哉].'

　이는 앞서 살핀 현저인(顯諸仁)으로 군자지도(君子之道)를 드러내고[顯] 장저용(藏諸用)으로 군자지도(君子之道)를 간직함[藏]을 끊임없이 군자(君子)가 성행(盛行)을 묶어서 주역(紬繹)한 말씀이다. 군자(君子)의 인인(仁人)-용지(用知)보다 더한 성덕(盛德) 곧 대덕지성행(大德之盛行) 즉 대덕을[大德之] 왕성히[盛] 행함[行]이란 없다. 성덕(盛德)은 곧 대업(大業)이다. 대업(大業)이란 '성대덕지업(盛大德之業)'을 뜻한다. 대덕(大德)을 충만(充滿)하게 하고, 대덕(大德)을 많고[多] 크게[大] 하여 무성(茂盛)하게 함을 성덕(盛德)-대업(大業)이라 한다. 『예기(禮記)』「월령(月令)」에 나오는 '모일립춘(某日立春) 성덕재목(盛德在木)'을 상기(想起)한다면 성덕(盛德)-대덕(大德)의 '덕(德)'이 천지지덕(天地之德) 즉 천덕(天德)과 지덕(地德)을 뜻함을 알 수 있다. 군자(君子)가 천지(天地)를 본받는[法] 성인(聖人)을 본받아[效] 천지지덕(天地之德)을 왕성(旺盛)하게 행함이 군자(君子)의 성덕(盛德)이고 대업(大業)이다. 이러한 군자(君子)의 성덕(盛德)-대업(大業)으로 인인(仁人)-용지(用知)가 온 세상에 부유(富有) 즉 풍부하게[富] 있을[有] 수 있게 되므로 지극하다[至]고 한 것이다. 그러나 인간세(人間世)에서 군자지도(君子之道)가 드물[鮮]기 때문에 군자지도(君子之道)로써 드러나고[顯] 간직되는[藏] 인인(仁人)-용지(用知)의 대덕(大德)이 충만(充滿)하지 못하고 무성(茂盛)하지 못하고 다대(多大)하지 못할 뿐이다. 이를 밝힌 말씀이 '성덕대업지의재(盛德大業至矣哉)'이다.

　부유지위대업(富有之謂大業)이라. '성덕(盛德)이 풍부하게[富] 있음[有]을[之] 대업이라[大業] 한다[謂].' 여기서 부유(富有)는 '부유성덕(富有盛德)'의 줄임이다. 부유성덕(富有盛德)은 곧 자연[天地]이 온갖 목숨을 생육(生育)함을 밝힌 것이다. 입춘(立春)이 오면 성덕(盛德)이 온갖 초목에 있다[在]고 함을 상기(想起)한다면 '부유(富有)의 대업(大業)'을 새겨 헤아리고 가늠할 수 있다. 생육(生育)보다 더한 대업(大業)은 없는 것이다. 이러한 자연[天地]의 대업(大

業)을 저마다 터득하여 깨우치자면 『장자(莊子)』「덕충부(德充符)」에 나오는
'천륙야자천사야(天鬻也者天食也) 기수사어천(旣受食於天) 우오용인(又惡用人)'
이라는 내용과 『장자(莊子)』「추수(秋水)」에 나오는 '겸회만물(兼懷萬物) 기숙
승익(其孰承翼) 시위무방(是謂无方) 만물일제(萬物一齊)'라는 내용을 상기(想起)
한다면 저마다 나름대로 새겨[玩] 헤아리고[擬] 따져[議] 가늠해[斷] 볼 수
있다. 물론 부유성덕(富有盛德)의 '덕(德)'은 뒷일[後事]이나 논공(論功)을 바
라고 덕(德) 짓기[作]를 하려는 하덕(下德)이 아니라 무사(無私)-무욕(無欲)의
상덕(上德) 즉 천지지덕(天地之德)이다. 이러한 상덕(上德)의 무성(茂盛)함이
풍부하게 있게 하는 것이 곧 부유지위대업(富有之謂大業)의 '대업(大業)'이
다. 그래서 성덕(盛德)과 대업(大業)은 온갖 사물(事物)에 미치는 역(易)을 살
피고[觀] 새겨[玩] 점(占)쳐 지변(知變)하여 지래(知來)하게 하는 통어(通語)가
된다.

> 註 모일립춘(某日立春) 성덕재목(盛德在木) '어느[某] 날이[日] 입춘인데[立春] 온갖 생
> 물(生物)이 낳고 자라게 하는 덕을[德] 왕성하게 함이[盛] 온갖 초목에[木] 있다[在].'

85. 일신(日新)의 성덕(盛德)

日新之謂盛德이라. '날마다[日] 새로움[新]을[之] 성덕이라[盛德] 한다
[謂].'
일 신 지 위 성 덕

여기서 '일신(日新)'은 '부유(富有)한 대업(大業)'을 풀이한 말씀이다. 일신
(日新)은 일일행덕(日日行德)을 뜻한다. 왜 날마다[日] 덕(德)을 행한다[行]면
날마다[日] 새롭다[新]고 하는가? 자연의[天地之] 덕(德) 상덕(上德)은 '통어천
지자(通於天地者)'이기 때문이다. 자연[天地]에서[於] 두루 통하는[通] 것[者]이
상덕(上德)이다. 그러므로 상덕(上德)은 곧 변화지도(變化之道) 바로 그것이

다. 변하여[變] 새로 되는[化之] 이치[理]가 덕(德)이고, 변화(變化)의 가르침[敎]도 덕(德)이고, 변화(變化)의 방편[方]도 덕(德)이며, 변화(變化)의 이끎[導]도 덕(德)이고, 변화(變化)의 말씀[言]도 덕(德)이기 때문에 덕(德)은 자연에서[於天地] 통하는[通] 것[者]이라고 한다. 일신(日新)-대업(大業)-성덕(盛德)-신통(神通)은 다 같은 행덕(行德)의 말씀이다. 날마다[日] 만사(萬事)를 변화(變化)하게 함이 곧 행덕(行德)이다. 날마다[日] 덕(德)을 행한다면 그 행덕(行德)이 곧 성덕(盛德)이다. 이를 밝힌 말씀이 '일신지위성덕(日新之謂盛德)'이다. 그래서 일신(日新)의 성덕(盛德)은 온갖 사물(事物)에 미치는 역(易)을 살피고[觀] 새겨[玩] 점(占)쳐 지변(知變)하여 지래(知來)하게 하는 통어(通語)가 된다.

86. 생생(生生)의 역(易)

生生之謂易의 '생생(生生)'은 일신성덕(日新盛德)을 간명(簡明)히 풀이
_{생 생 지 위 역}
한 것이다. 일신성덕(日新盛德)도 쉼 없는 변화(變化)를 뜻하고, '생생(生生)'도 쉼 없는 변화(變化)를 뜻한다. 여기서 생생(生生)이란 변화(變化)를 낳고[生] 낳음[生]이라는 말씀이고, 이는 곧 변화불식(變化不息) 즉 '변화(變化)가 쉼이 없음[不息]'을 뜻한다. 이러한 생생(生生)이란 천지지도(天地之道)-천지지덕(天地之德)인 역(易) 그것이다. 그래서 역(易)을 일러 생생(生生)이라 하는 것이다. 역(易)이란 '변화(變化)의 생생(生生)'이라고 각인(刻引)해 두면 된다. 생생(生生) 그것은 일음일양(一陰一陽)이고 쉼 없는[不息] 변화(變化) 바로 그것이다. 역(易)이라는 생생(生生)의 변화(變化)는 『노자(老子)』40장(章)에 나오는 '천하만물생어유(天下萬物生於有) 유생어무(有生於無)'를 상기(想起)시킨다. 역(易) 즉 생생(生生)의 변화(變化)를 '만물생어유(萬物生於有)-유생어무

(有生於無)'라고 각인(刻印)해 둘 일이다. 『노자(老子)』에서 '무(無)'란 무극(無極)으로 풀이되고, 그 무극(無極)은 도법자연(道法自然)의 '자연(自然)'을 말한다. 역지도(易之道) 역시 자연을[自然] 본받음[法]이다. 만물(萬物)은 음양(陰陽)이라는 유(有)에서 생기고, 그 유(有)라는 음양(陰陽)은 '무(無)의 자연(自然)'에서 생긴다는 것이 변화(變化)를 새겨 헤아리고 따져 가늠하는 사유(思惟)의 시원(始源)이다. 이러한 시원(始原)이 유럽의 사고(思考)에는 없다. 20세기의 우리는 유럽의 앵무지인(鸚鵡之人) 즉 앵무새[鸚鵡] 인간(人)이 되어 유럽의 사고(思考)를 맹신(盲信)-맹종(盲從)해 생생(生生)의 변화(變化)를 잇는[繼] 선(善)을 잊었고, 그 변화(變化)를 이루는[成] 성(性)을 잊어버려 천명사상(天命思想)을 폐물(廢物)로 여기고 있는 중이다. 그래서 생생(生生)의 역(易)은 온갖 사물(事物)에 미치는 역(易)을 살피고[觀] 새겨[玩] 점(占)쳐 지변(知變)하여 지래(知來)하게 하는 통어(通語)가 된다.

🈷 만물생어유(萬物生於有) 유생어무(有生於無) '천하(天下)의 온갖 것은[萬物] 유(有)에서[於] 생기고[生] 그 유는[有] 무(無)에서[於] 생긴다[生].' 이 말씀보다 더 좋은 변화(變化)의 생생(生生)을 풀이해 둔 말씀을 찾기 어렵다.

87. 건(乾)의 성상(成象)

成象之謂乾이라. '변화(變化)하게 하는 짓을[象] 이룸[成]을[之] 건이라
  성 상 지 위 건
[乾] 한다[謂].'

성상지위건(成象之謂乾)의 '성상(成象)'은 건(乾) 즉 천기(天氣)인 양기(陽氣) 쪽에서 생생지위역(生生之謂易)의 '생생(生生)'을 주역(紬繹)해 주는 말씀이다. 성상(成象)의 '상(象)'은 '변화지상(變化之象)'의 줄임이다. 변해서[變] 새로 되는[化之] 짓[象]을 이루어 냄[成]을 '건(乾)'이라 한다. 건(乾)의 성상(成

象)을 천도지행[天道]을 줄인 천행(天行) 즉 자연[天]의 짓[行]으로 새겨도 된다. 그 짓[象]으로 온갖 것[萬物]-온갖 일[萬事]이 생사(生死)를 누린다. 성상(成象)의 '성(成)과 상(象)'은 『노자(老子)』 2장(章)에 나오는 '유무상생(有無相生)-난이상성(難易相成)-장단상형(長短相形)-고하상경(高下相傾)-음성상화(音聲相和)-전후상수(前後相隨)'라는 말씀으로 풀이될[紬繹] 수 있다. 여기서 '유무(有無)-난이(難易)-장단(長短)-고하(高下)-음성(音聲)-전후(前後)' 등은 성상(成象)의 '상(象)'을 새겨[玩] 헤아려서[擬] 가늠하게[斷] 하고, '상생(相生)-상성(相成)-상형(相形)-상경(相傾)-상화(相和)-상수(相隨)' 등은 성상(成象)의 '성(成)'을 새겨[玩] 헤아려서[擬] 가늠하게[斷] 한다. 이와 같은 『노자(老子)』 2장(章)의 말씀을 '육상(六相)'이라고 줄여 새겨 둔다면 성상지위건(成象之謂乾)에서 성상(成象)의 '성(成)'을 저마다 완의(玩擬)하여 풀이해 볼 수 있다. 그래서 건(乾)의 성상(成象)은 온갖 사물(事物)에 미치는 역(易)을 살피고[觀] 새겨[玩] 점(占)쳐 지변(知變)하여 지래(知來)하게 하는 통어(通語)가 된다.

🈲 유무상생(有無相生) 난이상성(難易相成) 장단상형(長短相形) 고하상경(高下相傾) 음성상화(音聲相和) 전후상수(前後相隨) '있고[有] 없음이[無] 서로[相] 생기고[生], 어렵고[難] 쉬움이[易] 서로[相] 이루고[成], 길고[長] 짧음이[短] 서로[相] 드러나고[形], 높고[高] 낮음이[下] 서로[相] 기대고[傾], 모음과[音] 자음이[聲] 서로[相] 어울리고[和], 앞[前] 뒤가[後] 서로[相] 따른다[隨].'

88. 곤(坤)의 효법(效法)

效法之謂坤이라. '건(乾) 성상(成象)을 본받음[效法]을[之] 곤이라[坤] 한다[謂].'

여기서 '효법(效法)'은 곤(坤) 즉 지기(地氣)인 음기(陰氣) 쪽에서 생생지위역(生生之謂易)의 '생생(生生)'을 주역(紬繹)해 주는 말씀이다. 효법(效法)은 여기서 성상지건(成象之乾) 즉 성상하는[成象之] 건(乾)을 본받게[效法] 함이다.

이는 곧 지도(地道)가 천도(天道)를 효법(效法)함이다. 곤(坤)의 효법(效法)을 지도지행(地道之行)을 줄인 지행(地行) 즉 자연[天地]의 짓[行]으로 새겨도 된다. 그 본받기[效法]로 온갖 것[萬物]이 생사(生死)를 누린다. 이러한 곤(坤)의 '효법(效法)'은『주역(周易)』「십익(十翼) 문언전(文言傳)」에 나오는 '곤도기순호(坤道其順乎) 승천이시행(承天而時行)'을 상기(想起)한다면 새겨[玩] 헤아려서[擬] 가늠할[斷] 수 있다. 곤(坤)의 효법(效法)이란 승천(承天) 즉 하늘을[天] 이어받아[承] 시행(時行) 즉 때 맞춰[時] 이행함[行]이다. '승천이시행(承天而時行)'이라는 말씀은 곤괘(坤卦)의 단사(彖辭)에 나오는 '선미후득(先迷後得) 주리(主利)'를 들어 풀이한 것이다. '먼저면[先] 잃고[迷] 뒤면[後] 얻는다[得]'라는 말씀을 천착(穿鑿)한다면 '후득(後得)'이라는 말씀으로 효법(效法)-승천(承天)을 완의(玩擬)하여 가늠할[斷] 수 있는 것이다. 말하자면 천(天)이 광대(廣大)하듯 지(地)도 광후(廣厚)하고, 하늘[天]이 복만물(覆萬物)하듯 땅[地]도 재만물(載萬物)하는 것이다. 하늘[天]이 넓고[廣] 커서[大] 온갖 것[萬物]을 덮어 주듯[覆] 땅[地]도 넓고[廣] 두터워[厚] 온갖 것[萬物]을 실어 주어[載] 만물(萬物)이 생사(生死)를 누릴 수 있는 것이다. 물론 곤(坤)의 효법(效法)을 풀이함[紬繹]도『노자(老子)』2장(章)에 나오는 '유무상생(有無相生)-난이상성(難易相成)-장단상형(長短相形)-고하상경(高下相傾)-음성상화(音聲相和)-전후상수(前後相隨)'를 상기(想起)시킨다. 곤(坤)의 효법(效法) 역시 위의 육상(六相)으로 풀이될 수 있는 것이다. 도법자연(道法自然)인 까닭이다. 도법자연(道法自然)의 '도(道)'는 천도(天道)와 지도(地道)를 말한다. 곤(坤)이 승천(承天)하여 효법(效法)함을 밝혀 '효법지위곤(效法之謂坤)'이라고 밝힌 것이다. 그래서 곤(坤)의 효법(效法)은 온갖 사물(事物)에 미치는 역(易)을 살피고[觀] 새겨[玩] 점(占)쳐 지변(知變)하여 지래(知來)하게 하는 통어(通語)가 된다.

89. 극수지래(極數知來)의 점(占)

極數知來之謂占이라. '역(易) 즉 변화(變化)의 수를[數] 남김없이 다 살피고 새기고 헤아려[極] 다가옴을[來] 앎[知]을[之] 점치기[占]라 한다[謂].'

이 말씀은 이역(以易) 즉 역(易)을 이용하여[以] 내자(來者) 즉 미래(未來)를 알게[知] 하는 방편(方便)을 밝히고 있다. '점(占)'은 내자(來者) 즉 다가올[來] 것[者]을 역지(逆知)하게 하는 방편(方便)이다. '역(易)'에서 '역(逆)'은 '미지(未至)를 맞이하여[迎] 받아들임[受]'을 뜻한다. 미지(未至)는 아직 이르지 못함이니 미래(未來)와 같은 말이다. 극수지래(極數知來)의 지래(知來)는 역지(逆知)와 같은 말이다. 극수(極數)한다면 미래[來]를 안다[知] 함이 '점(占)'이다. 여기서 '점(占)'은 '수책이지화복(數筴而知禍福)'을 뜻한다. 수책(數筴)은 서죽(筮竹) 즉 점대를[筴] 셈하여[數] 대성괘(大成卦) 하나를 얻어 냄을 뜻한다. 대성괘(大成卦) 하나를 얻어 내는 수책(數筴)을 '본서법(本筮法)'이라고 한다. 수책(數筴)하여 대성괘(大成卦) 하나를 얻어 냄이란 이역(以易) 즉 역(易)의 이용[以]으로 이어진다. 역(易)을 이용하여[以] 매사(每事)의 미래(未來)인 화복(禍福)을 알아봄[知]이 곧 '점(占)'이다. 여기서 극수지래(極數知來)의 '지래(知來)'가 '지사지미래(知事之未來)'의 줄임말임을 알 수 있다. 일의[事之] 미래를[未來] 알고자[知] '극수(極數)함'이 곧 '점(占)'이다. 극수(極數)의 점(占)은 요행(徼倖) 즉 요행(僥倖)을 훔쳐 구함[徼]이 아니다. 극수(極數)의 점(占)은 매사(每事)에서 온갖 조짐[兆]을 냉엄하게 시찰(視察)하여 변화(變化)를 짚어 냄[問]이다. 요샛말로 하자면 'trend'를 앞서 가려 함이 점(占)이다. 이렇기 때문에 '점(占)'을 '시조문(視兆問)'이라 한다. 징조를[兆 : trend] 시찰하여[視] 짚어 냄[問]이란 변화(變化)의 '화(化) 즉 새로 됨[化]을 미리 알아내기[知]' 위함이다. 그러므로 극수지래(極數知來)는 괴지(怪志)의 기전(機轉)[1]인 것이다. 그러자면 매사(每事)가 간직한 본말(本末)-종시(終始)-선후(先後)의 조짐을 냉엄하게 극수(極數)해야 괴지(怪志)의 심기(心機)가 전륜(轉輪)하여 지래(知來)할 수 있는 것이다.

극수지래(極數知來)에서 극수(極數)의 '극(極)'은 '구극(究極)-극진(極盡)'의 줄임말로 살핌[觀]을 남김없이 다하고[盡], 새김[玩]을 남김없이 다하고[盡], 헤아림[擬]을 남김없이 다하고[盡], 따져 봄[議]을 남김없이 다하여[盡], 가늠함[斷]을 남김없이 다함[盡]을 뜻한다. 이러한 뜻을 내는 '극(極)'은 구극(究極)-극진(極盡)'을 줄인 말이다.

극수지래(極數知來)에서 극수(極數)의 '수(數)'는 '변화지수(順變化之數)'를 줄인 말이다. 변화지수(變化之數)의 '수(數)'는 여러 갈래로 변화(變化)가 생김[生]을 말해 준다. 변화지수(變化之數)란 일음일양(一陰一陽)-생생(生生)을 달리 말함이다. 그러므로 '극수(極數)'란 '일음일양(一陰一陽)-생생(生生)-역(易)을 구극(究極)하라' 함이다. 이렇기 때문에 '극수지래(極數知來)'의 '극수(極數)'가 『주역(周易)』「십익(十翼) 설괘전(說卦傳)」 3단락(段落) 끝에 나오는 '수왕자순(數往者順) 지래자역(知來者逆) 시고(是故) 역역수야(易逆數也)'를 상기(想起)시킨다. 그러면 극수(極數)의 '수(數)' 즉 '변화지수(變化之數)'를 '수왕(數往)의 순수(順數)'와 '지래(知來)의 역수(逆數)'로 갈래지어 풀이할 수 있게 된다. 여기서 역수(逆數)에 앞서서 먼저 순수(順數)를 구극(究極)한 다음 역수(逆數)를 구극(究極)해야 한다. 순수(順數)를 구극(究極)함은 갈 것[往者]을 진관(盡觀)-진완(盡玩)-진의(盡擬)함이고, 역수(逆數)를 구극(究極)함은 올 것[來者]의 살핌[觀]을 남김없이 다하고[盡], 올 것[來者]의 새김[玩]을 남김없이 다하고[盡], 올 것[來者]의 헤아림[擬]을 남김없이 다하고[盡], 올 것[來者]의 따져 봄[議]을 남김없이 다하여[盡] 가늠함[斷]을 다함[盡]이다. 이처럼 순수(順數)는 변화지수(變化之數)를 따름[順]이고 역수(逆數)는 변화지수(變化之數)를 맞이함[逆]이다. 역수(逆數)의 '역(逆)'은 어길 역(逆)=거(拒)'가 아니라 '맞이할 역(逆)=영(迎)'이다. 역수(逆數)의 '역(逆)'은 '미지이영지(未至而迎之)'

를 뜻한다. 이렇기 때문에 『주역(周易)』에서의 '역지(逆知)'는 『중용(中庸)』
에서의 '전지(前知)'와 같은 말로 '지래(知來)'를 뜻하게 된다. 그러므로 '극
수(極數)한다'면 '지래(知來) 즉 미래를[來] 안다[知]'라고 밝힌 말씀이 극수
지래(極數知來)이다. 이러한 '극수지래(極數知來)'를 가장 명백하게 주역(紬繹)
즉 풀이한[紬繹] 말씀이 『논어(論語)』「위정(爲政)」에 나오는 '온고이지신가
이위사의(溫故而知新可以爲師矣)'^{註2}이다. 그래서 극수지래(極數知來)의 점(占)은
온갖 사물(事物)에 미치는 역(易)을 살피고[觀] 새겨[玩] 점(占)쳐 지변(知變)
하여 지래(知來)하게 하는 통어(通語)가 된다.

註 1. 괴지(怪志)의 기전(機轉) 괴지(怪志)는 습지(習志)의 반대말이다. 괴지(怪志)는 신
사(神思)와 같다. 괴지(怪志)-신사(神思)란 본래의 말을 잊었고 'imagination'을
옮긴[譯] 일식조어(日式造語)인 '상상력(想像力)'이나 'creativity / idea' 등을 역
(譯)한 '창조(創造)-창의(創意)-창의력(創意力)' 등의 일식조어(日式造語)를 얻어
쓰고 있는 중이라 부끄럽다. 괴지(怪志)-신사(神思)는 'imagination / creativity /
idea'보다 더 새롭게 기전(機轉)하라는 본래(本來)의 용어(用語)들이다. 다만
'imagination / creativity / idea' 등은 '욕(欲: desire)'으로 변화(變化)를 추구하라
하지만, 괴지(怪志)-신사(神思)는 무욕(無欲)으로 변화(變化)를 추구하라고 한 것
이 다를 뿐이다. 기전(機轉)이란 '심기지발전(心機之轉輪)'의 줄임말로, 심기(心機
: mind-engine)를 괴지(怪志)로써 전륜(轉輪: start)하라고 함이다. 괴지(怪志)의 '엔
진[心機]'을 시동(始動)하려면 극수(極數)할 수 있어야 한다.

註 2. 온고이지신가이위사의(溫故而知新可以爲師矣) '본시(本始)부터 내려오는 것을
[故] 샅샅이 살펴 생각해서[溫而] 새로 올 것을[新] 앎[知]으로써[以] 미래를 알아
차리고 선도(先導)하는 스승이[師] 되는 것[爲]이다[矣].' 온고(溫故)의 '온(溫)'은
'찾아내 생각할 심(尋)'과 같고, '고(故)'는 '옛 고(古)'와 같아 고자(古者) 즉 옛
[古] 것[者]을 뜻한다. 고자(古者)는 본래자(本來者)를 뜻한다. 본시부터[本] 내려
오는[來] 것[者]이 고자(古者)이고 줄여서 '고(故)'라 한 것이다. 지신(知新)의 '신
(新)'은 신자(新者)의 줄임으로, '새로운[新] 것[者]'을 뜻하고, 신자(新者)는 내자
(來者)와 같은 말이고, 이를 줄여 '신(新)'이라 하는 것이다. '사(師)'는 여기선 '지
래자(知來者)' 즉 앞으로 다가옴을[來] 아는[知] 사람[者]이 스승[師]이 되고, 생생
(生生) 즉 변화(變化)를 알아서 앞서 이끄는[先] 사람[人]을 선생(先生)이라 하여
'선생(先生)-지래자(知來者)-사(師)'로 이어지는 한 말씀이다.

90. 통변(通變)의 사(事)

通變之謂事라. '변화를[變] 추진하여 열어 감[通]을[之] 일이라[事] 한다[謂].'
_{통 변 지 위 사}

이는 '극수지래(極數知來)'를 풀이하고 있다. 변화를 추진해서 그 변화(變化)를 실행(實行)함이 일[事]이다. 통변(通變)의 '변(變)'은 '정기지취극즉산(精氣之聚極則散)'을 한 글자로 밝힌 것이다. 음양(陰陽)의[之] 모임이[聚] 다하면[極] 곧[則] 그 음양(陰陽)은 흩어진다[散]. 음양(精氣)의 모임이[聚] 다함[極]을 갈 것[往者]이라 하고, 음양(陰陽)의 흩어짐[散]을 올 것[來者]이라 한다. 그래서 변(變)에는 정기(精氣)의 취(聚)-산(散)이 '신(新)-구(舊)'로 함께 하는 것이다. 헌것[舊]인 왕자(往者)를 보내고 새것[新]인 내자(來者)를 오게 함이 통변(通變)의 '통(通)'이고 이를 '열림[開]'이라 하는 것이다. 열림 즉 개통(開通)이 없다면 새로 되는 것[化]이란 불가능하다. 이러한 '통변(通變)'이란 음양(陰陽)-강유(剛柔)-인의(仁義)를 벗어나지 말아야 이루어지는 열림임을 깨우친다면, 통변(通變)이란 자연[天地]이 변화하게 하는 짓[神]을 따라 한다[順]는 말씀으로 새길 수 있다. 덕(德)도 통변(通變)의 일[事]이고, 선(善)도 통변(通變)의 사(事)이며, 따라서 성(性)도 통변(通變)의 사(事)이다. 덕(德)-선(善)-성(性)은 모두 하늘땅[天地]을 본받는[法] '역(易)'의 일[事]이다. 그래서 일[事]마다 부덕(不德)-불선(不善)-비성(非性)이란 없어 통변(通變)한다. 부덕(不德)-불선(不善)-비성(非性) 등을 불통(不通) 즉 궁색(窮塞)함이라 한다. 이러한 통변(通變)은 변화의[變化之] 도(道) 즉 역지도(易之道)를 순종(順從)함이다. 자연[天地]이 하는 일은 늘 변화하여[變] 통할[通] 뿐이지 결코 막히거나[窮] 멈추지[滯] 않는다. 통변(通變)함은 자연의 짓[象]이고 궁색(宮塞)함은 인간의 꾀[謀]로 말미암아 비롯되는 짓이다. 그래서 성인(聖人)은 불모(不謀)한다고 하는 것이다. 통변(通變)을 변통(變通)이라 해도 같은 말이다.

통(通)은 변(變)으로 말미암아 비롯되고, 변(變)은 통(通)으로 말미암아 비롯되는 까닭이다. 열리면[通] 바뀌고[變] 바뀌면[變] 새로 됨[化]이 '열릴 통(通)' 그것이기 때문이다. 그래서 변화해[變] 통하게 함[通]이 일[事]이라고 새겨도 되고, 통해서[通] 변화함[變]이 사(事)라고 새겨도 된다. 그래서 통변(通變)의 사(事)는 온갖 사물(事物)에 미치는 역(易)을 살피고[觀] 새겨[玩] 점(占)쳐 지변(知變)하여 지래(知來)하게 하는 통어(通語)가 된다.

91. 음양불측(陰陽不測)의 신(神)

陰陽不測之謂神이라. '음양을[陰陽] 잴 수 없음[不測]을[之] 신이라[神] 한다[謂].'
음 양 불 측 지 위 신

이 또한 '극수지래(極數知來)'를 주역(紬繹) 즉 풀이하고 있다. 음양불측(陰陽不測)의 '음양(陰陽)'은 '일음일양(一陰一陽)'의 줄임이고, '불측(不測)'이란 극미(極微)-극묘(極妙)함을 뜻한다. 음양불측(陰陽不測)을 저마다 살펴[觀] 새기고[玩] 헤아려[擬] 가늠하려[斷]면 『노자(老子)』 56장(章)에 나오는 '지자불언(知者不言) 언자부지(言者不知) 색기혈(塞其穴) 폐기문(閉其門) 좌기예(挫其銳) 해기분(解其粉) 화기광(和其光) 동기진(同其塵) 시위현동(是謂玄同)'[1] 이라는 말씀을 떠올리게 된다. '기혈(其穴)-기문(其門)'은 '내[我] 감각기관(感覺器官)'을 비유(比喩)한 말이고, '기예(其銳)-기분(其紛)-기광(其光)-기진(其塵)'은 '나의 의식(意識)'을 견주어[比] 일깨워 주는[喩] 말이다. '색(塞)-폐(閉)-좌(挫)-해(解)-화(和)-동(同)'은 사기(舍己) 즉 '내 것[己]을 버리라[舍]'라고 함이다. 사기(舍己)-무기(無己)하라 함은 자연[天地]이 짓는 변화(變化)와 하나가 되라 함이다. 이를 '현동(玄同)'이라 하고 『주역(周易)』에서는 '화신(化神)'이라고 밝힌다. 음양(陰陽)이 짓는 변화(變化)는 부피나 길이를 셈하여 잴 수 없고 무게를 달아 볼 수 없음을 밝혀 '불측(不測)'이라 한 것이다. 이렇게 불측(不測)한 일음일양(一陰一陽)의 역지도(易之道)가 현현(顯見) 즉 홀연히 늘 드러남[顯見]이 만물(萬物)이고, 만물(萬物)은 모두 '신(神)의 현현(顯見) 즉 드러남'이라고 하는 것이다. 역지도(易之道)는 곧 자연[天地]이 하게 하는 변화(變化)의 짓[神]이기 때문에 음양(陰陽)이 짓는 변화(變化)는 곧 '신(神)' 그것이다. 그러므로 음양불측(陰陽不測)은 곧 변화지도(變化之道)를 뜻하고 '신지소위(神之所爲)'를 말함이다. '신(神)이[之] 하는[爲] 바[所]'를 일러 신기(神奇)-신묘(神妙)-신통(神通)하다 하며, 이를 한 글자로 '신(神)'이라 한다. 음양불측(陰陽不測)인 '신(神)'을 아는[知] 사람[者]은 천지(天地)가 하게 하는 변화(變化)의 짓[神]은 말할 수 없는 것임을 알기 때문에 '신(神)'을 말하지 않고 천수상(天垂象) 즉 자연[天]이 드리워 주는[垂] 짓[象]을 살필[觀] 뿐이다. 다만 침묵(沈黙)하여 천지지도(天地之道)-역지도(易之道)를 본받아[法] 화신(化神)하고자 할 뿐이다. 음양불측(陰陽不測)-일음일양(一陰一陽)-생생(生生)-변화(變化) 등은 다 역지도(易之道)를 풀이하는 말씀이고, 이를 한 글자로 '신(神)'이라 함을 명심(銘心)해 두어야 한다. 생지본(生之本) 즉 생생의[生之] 뿌리[本]가 곧 신(神)임을 알고[知], 그 신(神)을 말하지 않고 우러러 살펴 새기고 헤아려 가늠해 볼 뿐이다. 자연을 본받는 역지도(易之道)가 온갖 것[萬物]이 변(變)하여 새로 됨[化]을 그치지 않게 함을 알아[知] 관완(觀玩)-의단(擬斷)하여 매사(每事)의 종시(終始)가 드러남도 알지만[知] 인간이 바라는[欲] 대로 생생(生生)하지 않기 때문에 그런 줄 알면서도 그 '깊고 묘한 뜻[深妙之意]'을 말하지 않음이 바로 '화신(化神)'이고 '현동(玄同)'이다. 그러므로 음양불측지위신(陰陽不測之謂神)의 '신(神)'은 만물(萬物)을 변화(變化)하게 하는 기운(氣運)의 짓인 천지지기(天地之氣) 즉 자연의[天地之] 힘[氣]으로 여기고 만물(萬物)이 누리는 변화(變化)를 살펴[觀] 새기고[玩] 헤아려[疑] 가늠하게[斷] 한다. 그래서 음양불측(陰陽不測)의 신(神)은 온갖 사물(事物)에 미치는 역(易)을 살피고[觀] 새겨[玩] 점(占)쳐 지변(知變)하여 지래(知來)하게 하는 통어(通語)가 된다.

註 1. 지자불언(知者不言) 언자부지(言者不知) 색기혈(塞其穴) 폐기문(閉其門) 좌기예(挫其銳) 해기분(解其粉) 화기광(和其光) 동기진(同其塵) 시위현동(是謂玄同) '천지지도(天地之道)를 아는[知] 사람은[者] 그 도(道)를 말하지 않고[不言], 그 도(道)를 모르는[不知] 사람이[者] 그 도(道)를 말한다[言]. 그[其] 구멍을[穴] 막고[塞] 그[其] 문을[門] 닫고[閉] 그[其] 날카로움을[銳] 무디게 하고[挫] 그[其] 헷갈림을[紛] 풀고[解] 그[其] 빛남을[光] 누그리고[和] 그[其] 하찮음도[塵] 같이한다[同]. 이를[是] 자연[天地]과 현묘하게[玄] 같음이라[同] 한다[謂].' 현동(玄同)-화신(化神)은 같은 말씀이다.

註 2. 음양불측(陰陽不測)의 신(神)은 'God'를 뜻함이 아니다. 『주역(周易)』에서의 신(神)은 조화지용(造化之用) 즉 변화(變化)하게 하는 짓이고, 그 변화(變化)를 드러냄이 상(象)임을 명심(銘心)해야 한다.

92. 역(易)의 광(廣)-대(大)

夫易廣은 지도(地道)를 본받음[法]을 뜻하고, 부역대(夫易大)는 천도(天道)를 본받음[法]을 뜻한다. 천(天)은 크고[大] 지(地)는 넓다[廣]. 천지(天地)는 광대(廣大)하다. 자연[天地]이 광대(廣大)하다 함은 만유(萬有)를 포일(抱一)하고 있음을 말한다. 역(易)은 이러한 자연의[天地之] 도(道)를 효법(效法)하여 삼라만상(森羅萬象) 즉 만유(萬有)가 누리는 변화(變化)의 짓[象]을 끊임없이 짓기 때문에 역(易) 또한 광(廣)-대(大)하다. 이러한 역(易)을 천지도(天之道)로서 '음양(陰陽)'이라 하고, 지지도(地之道)로서 '강유(剛柔)'라 하며, 인지도(人之道)로서 '인의(仁義)'라 하는 것이다. 그 역(易)의 변화지도(變化之道)를 주역(紬繹)하여 일음일양(一陰一陽)-생생(生生)-행귀신(行鬼神)-신(神)이라 하는 것이다. 그러므로 역(易)의 도(道)는 넓은 것[廣]이고[矣] 큰 것[大]이다[矣]. 그러니 광대(廣大)는 음양(陰陽)이 짓는 변화(變化)를 풀이한 것이다. 그래서 역(易)과 광(廣)-대(大)는 온갖 사물(事物)에 미치는 역(易)을 살피고[觀] 새겨[玩] 점(占)쳐 지변(知變)하여 지래(知來)하게 하는 통어(通語)가 된다.

93. 역(易)과 원(遠)

以言乎遠則不御라. '성인(聖人)이 건괘를[乾卦] 써[以] 먼 것[遠]을[乎] 말하면[言] 바로[則] 그 건(乾)은 다함이 없다[不禦].'

이는 성인(聖人)이 건괘(乾卦)를 이용하여[以] 건(乾)의 성질(性質)을 밝히고 있는 말씀이다. 이언호원(以言乎遠)의 '원(遠)'이란 원자(遠者) 즉 먼[遠] 것[者]을 말한다. 멀고[遠] 큰[大] 것[者]은 하늘[天]을 비유(比喩)한다. 여기서 '건(乾)'이란 천도(天道)-천기(天氣)-양기(陽氣)-신(神) 등을 묶음하고 있는 것이다. 그러므로 이언호원(以言乎遠)의 '원(遠)'은 '천도(天道)-천기(天氣)-양기(陽氣)-신(神)' 등을 묶음하고 있는 '천(天)'을 비유(比喩)한다. '천(天)'은 '건(乾)의 체(體)'이고 그 성질(性質)은 '건(健)'이다. 건괘(乾卦)를 써[以] 먼 것을[遠乎] 말함[言]은 곧 '이건괘(以乾卦)' 즉 건괘(乾卦)를 써[以] 말함[言]이니 이언호원(以言乎遠)을 '이언호원이건괘(以言乎遠以乾卦)'로 여기고 새겨[玩] 헤아릴[擬] 수 있다. 그러므로 언호원(言乎遠)의 '언(言)'은 건괘(乾卦)의 괘사(卦辭) '건(乾) 원형리정(元亨利貞)'[1]과 건괘(乾卦)의 단사(彖辭) 첫머리 '대재건원(大哉乾元) 만물자시(萬物資始) 내통천(乃統天)'[2]을 상기(想起)시킨다. 건괘(乾卦)의 괘사(卦辭)와 단사(彖辭)를 새겨[玩] 헤아리게[擬] 되면 성인(聖人)이 건괘(乾卦)를 이용하여[以] 천지도(天之道) 즉 하늘의[天之] 도(道)를 '원형리정(元亨利貞)'이라고 말하고[言], 하늘[天]의 원기(元氣) 즉 천기(天氣)인 양기(陽氣)를 '만물자시(萬物資始)'라고 주역(紬繹)하면서 하늘[天]의 성질(性質)을 '통천(統天)'이라고 풀이함[紬繹]을 완의(玩擬)할 수 있게 되어, '불어(不御)'가 하늘[天]의 성질(性質)인 '통천(統天)'을 밝힘을 간파(看破)할 수 있게 된다. 그리고 '언호원(言乎遠)' 즉 '먼 것[邇]을[乎] 말함[言]'이 건괘(乾卦)의 괘사(卦辭)인 '원형리정(元亨利貞)'을 환기(喚起)시키고, '통천(統天)'이 곧 '원형리정(元亨利貞)의 포용(抱容)'임을 간파(看破)하게 한다. '불어(不禦) 즉 다함이 없음(不禦)'이란 『노자(老子)』 25장(章)에 나오는 '대왈서(大曰逝) 서왈원(逝曰遠) 원왈반(遠曰反)'❸³이라는 말씀을 상기(想起)한다면 언호원(言乎遠)의 '원(遠)이 다함이 없음[不禦]'을 살펴[觀] 새기고[玩] 헤아려[擬] 가늠해 볼[斷] 수 있다. '원왈반(遠曰反)'이란 원자(圓者) 즉 둥근[圓] 것[者]을 말한다. 멀고[遠] 큰[大] 원자(圓者)란 천(天) 바로 그것이다. 천(天)은 원대(遠大)하여 무변(無邊)하다. 원대(遠大) 즉 멀고[遠] 큰 것[大]은 하늘[天]을 말한다. 이 천(天)은 되돌아오지 않음[不反]이란 없기 때문에 불어(不禦) 즉 다함이 없다[不禦]. 그래서 역(易)을 어김[背]이란 불반자(不反者)일 뿐이다. 되돌아오지 않는[不反] 것[者]이란 다하여[禦] 유한(有限)하다. 다함이 없음[不禦]이란 곧 반자(反者) 즉 되돌아오는[反] 것[者]이다. 이렇기 때문에 『노자(老子)』 40장(章)에서는 '반자도지동(反者道之動)'이라는 말씀이 나온다. 되돌아오는[反] 것이[者] 도의[道之] 움직임[動]이라 함은 끊임없는 일음일양(一陰一陽)의 변화(變化)가 '원형리정(元亨利貞)'이라는 사덕(四德)이고, 이 사덕(四德)이 우주(宇宙) 삼라만상(森羅萬象)을 포괄(包括)하기 때문에 '통천(統天)'이라고 밝힌 것이다. 여기서 '불어(不禦)'라는 말씀이 '원형리정(元亨利貞)'이라는 사덕(四德)이 통천(統天) 즉 천지도(天之道)를 포괄함[統]을 밝혀, '건명(乾命)' 즉 건(乾)의 시킴-가르침[命]인 원형리정(元亨利貞)이 다함이 없음을 풀이하고 있는 말씀이 '이언호원즉불어(以言乎遠則不禦)'인 것이다. 그래서 역(易)과 원(遠)은 온갖 사물(事物)에 미치는 역(易)을 살피고[觀] 새겨[玩] 점(占)쳐 지변(知變)하여 지래(知來)하게 하는 통어(通語)가 된다.

註 1. 건(乾) 원형리정(元亨利貞) '건은[乾] 크고[元] 통하며[亨] 이롭고[利] 곧고 바름이다

[貞].' '원(元)-형(亨)-리(利)-정(貞)'을 천도(天道)-천기(天氣)의 '사덕(四德)'이라 한다.

註 2. 대재건원(大哉乾元) 만물자시(萬物資始) 내통천(乃統天) '건의[乾] 원기는[元] 크도다[大哉]! 만물은[萬物] 건(乾)의 원기(元氣)에 의해서[資] 비롯되고[始] 또한 [乃] 천도(天道)를[天] 포괄한다[統].'

註 3. 대왈서(大曰逝) 서왈원(逝曰遠) 원왈반(遠曰反) '큼은[大] 여기서 저기로 감을[逝] 말하고[曰], 여기서 저기로 감은[逝] 멀고 먼 것을[遠] 말하고[曰], 멀고 먼 것은 [遠] 되돌아옴을[反] 말한다[曰].' 천원(天圓) 즉 하늘이 둥글음[天圓]을 밝히고 있다. 천원(天圓)에서 천수삼(天數三)이 비롯된다. 천수(天數)란 원둘레를 뜻함이다. 원지름이 1이고 원둘레가 3임을 '파이[π 3.14]'보다 먼저 알았던 셈이다.

94. 역(易)과 이(邇)

以言乎邇則靜而正이라. '성인(聖人)이 곤괘를[坤卦] 써[以] 가까운 것
 이 언 호 이 즉 정 이 정
[邇]을[乎] 말하면[言] 바로[則] 그 곤(坤)은 고요하면서[靜而] 선하다[正].'

이는 성인(聖人)이 곤괘(坤卦)를 이용하여[以] 곤(坤)의 성질(性質)을 밝히고 있는 말씀이다. 이언호이(以言乎邇)의 '이(邇)'란 근자(近者) 즉 가까운[邇] 것[者]을 말한다. 가까운[邇] 것[者]은 땅[地]을 비유(比喩)한다. 여기서 '곤(坤)'이란 지도(地道)-지기(地氣)-음기(陰氣)-귀(鬼) 등을 묶음하고 있는 것이다. 그러므로 이언호이(以言乎邇)의 '이(邇)'는 '지도(地道)-지기(地氣)-음기(陰氣)-귀(鬼)' 등을 묶음하고 있는 '지(地)'를 비유(比喩)한다. '지(地)'는 '곤(坤)의 체(體)'이고 그 성질(性質)은 '순(順)'이다. 곤괘(坤卦)를 써[以] 가까운 것을[邇乎] 말함[言]은 곧 '이곤괘(以坤卦)' 즉 곤괘(坤卦)를 써[以] 말함[言]이니 이언호이(以言乎邇)를 '이언호이이곤괘(以言乎邇以坤卦)'로 여기고 새겨[玩] 헤아릴[擬] 수 있다. 그러므로 '언호이(言乎邇)의 언(言)'은 곤괘(坤卦)의 괘사(卦辭) 첫머리 '곤(坤) 원형리빈마지정(元亨利牝馬之貞)'[註1]과 곤괘(坤卦)의 단사(彖辭) 첫머리 '지재곤원(至哉坤元) 만물자생(萬物資生) 내순승천(乃順承天)'[註2]을

상기(想起)시킨다. 곤괘(坤卦)의 괘사(卦辭)와 단사(彖辭)를 새겨[玩] 헤아리게[擬] 되면 성인(聖人)이 곤(坤)을 이용하여[以] 땅[地]을 '원형리빈마지정(元亨利牝馬之貞)'이라고 말하고[言], 땅[地]의 원기(元氣) 즉 지기(地氣)를 '만물자생(萬物資生)'이라고 주역(紬繹)하면서 땅[地]의 성질(性質)을 '순승천(順承天)'이라고 풀이함[紬繹]을 완의(玩擬)할 수 있어 '정이정(靜而正)'이 땅[地]의 성질(性質)인 '순승천(順承天)'을 밝히고 있음을 간파(看破)하게 된다. 그리고 '언호이(言乎邇)' 즉 '가까움[邇]을[乎] 말함[言]'이 곤괘(坤卦)의 괘사(卦辭)인 '원형리빈마지정(元亨利牝馬之貞)'을 환기(喚起)시키고, '정이정(靜而正)'이 곧 '원형리빈마지정(元亨利牝馬之貞)의 순종(順從)'임을 간파(看破)하게 한다. 정이정(靜而正)의 '정(靜)'은 『노자(老子)』16장(章)에 나오는 '귀근왈정(歸根曰靜) 정왈복명(靜曰復命)'을 상기(想起)시킨다. 그러면 정이정(靜而正)의 '정(靜)'이란 '귀곤(歸坤)하여 복곤지명(復坤之命)함'을 새기고[玩] 헤아려[擬] 가늠해[斷] 곤(坤)으로 돌아가[歸] 곤명(坤命)을 순종(順從)함이고, 곤명(坤命)의 순종(順從)을 풀이하여 '정(正)'이라고 밝히고 있음을 또한 간파(看破)하게 한다. 곤명(坤命) 즉 곤(坤)의 시킴-가르침[命]을 순종(順從)하므로 '곧고 바름[正]'이고, 곤명(坤命)의 좇음[順從]은 곧 곤명(坤命)의 계승(繼承)이기 때문에 정이정(靜而正)의 '정(正)'은 '선(善)'이다. 그러므로 귀곤(歸坤)하여 곤명(坤命)의 좇음[復]을 '이언호이(以言乎邇) 즉정이정(則靜而正)'이라고 밝힌 것이다. 그래서 역(易)과 이(邇)는 온갖 사물(事物)에 미치는 역(易)을 살피고[觀] 새겨[玩] 점(占)쳐 지변(知變)하여 지래(知來)하게 하는 통어(通語)가 된다.

註 1. 곤(坤) 원형리빈마지정(元亨利牝馬之貞) '곤은[坤] 크고[元] 통하며[亨] 이롭고[利] 암말의[牝馬之] 곧고 바름이다[貞].' 원(元)-형(亨)-리(利)-빈마지정(牝馬之貞)'을 지도(地道)-지기(地氣)의 사덕(四德)이라 한다.

註 2. 지재곤원(至哉坤元) 만물자생(萬物資生) 내순승천(乃順承天) '곤의[坤] 원기는[元] 지극하도다[至哉]! 만물은[萬物] 곤(坤)의 원기(元氣)에 의해서[資] 생기고[生] 또한[乃] 천도(天道)를[天] 따르고[順] 계승한다[承].'

95. 천지(天地)의 비(備)

　　以易天天地之間則備矣라. '성인(聖人)이 건괘(乾卦)-곤괘(坤卦)를 써[以] 하늘땅[天地]의[之] 사이를[間] 말한다면[言] 바로[則] 천지(天地)가 그 사이[間]에 온갖 것[萬物]을 갖춘 것[備]이다[矣].'

　　이는 성인(聖人)이 곤괘(坤卦)와 건괘(乾卦)를 이용하여 건(乾)의 자시(資始)와 곤(坤)의 자생(資生)을 밝히고 있는 말씀이다. 이언호천지지간(以言乎天地之間)의 '천지지간(天地之間)'은 『중용(中庸)』에 나오는 '치중화(致中和) 천지위언(天地位焉) 만물육언(萬物育焉)'[주1]을 상기(想起)시킨다. 천지지간(天地之間)은 천지위언(天地位焉)과 같다. 하늘땅[天地]이 자리 잡음[位]이 곧 하늘땅의[天地之] 사이[間]이기 때문이다. 그 사이[間]에서 온갖 것[萬物]이 태어나 자람[育]이 곧 일음일양(一陰一陽)-생생(生生)의 변화(變化)인 것이다. 말하자면 천지지비만물(天地之備萬物)의 '비(備)'를 '만물육(萬物育)'이라고 밝혀 풀이한 것이다. 그러므로 성인(聖人)이 건괘(乾卦)와 곤괘(坤卦)를 이용하여[以] '비(備)를 말함[言]'은 만물(萬物)의 화육(化育)을 밝힌 것이고, 나아가 성인(聖人)이 이러한 천지(天地)를 본받아[法] 작역(作易) 즉 역(易)을 만든[作] 것이다. 이같이 천지(天地)의 '비(備)'를 본받아[法] 성인(聖人)이 작역(作易)하였듯이 작악(作樂)-제례(制禮)하였음을 『예기(禮記)』「악기(樂記)」18단락(段落)에서 '성인작악이응천(聖人作樂以應天) 제례이배지(制禮以配地) 예악명비(禮樂明備) 천지관의(天地官矣)'[주2]라고 밝힌다. 물론 천지(天地)가 만물(萬物)을 갖춤[備]을 본받아[法] 인간도 예악(禮樂)을 명비(明備)한다는 주장은 유가(儒家)의 것일 뿐 도가(道家)의 것은 아니다. 이처럼 천지(天地)가 만물(萬物)을 갖춤[備]이란 천기(天氣)의 사덕(四德)인 '원형리정(元亨利貞)'과 지기(地氣)의 사덕(四德)인 '원형리빈마지정(元亨利牝馬之貞)'이 온 세상 온갖 것에 충만(充滿)함을 밝힌 성인(聖人)의 말씀[言] 건괘(乾卦)와 곤괘(坤卦)의 괘효사(卦爻辭)임을 묶어서 밝힌 말씀이 '이언호천지지간즉비의(以言乎天地之間則備矣)'인 것이다. 그래서 천지(天地)의 비(備)는 온갖 사물(事物)에 미치는 역(易)을 살피고[觀] 새겨[玩] 점(占)쳐 지변(知變)하여 지래(知來)하게 하는 통어(通語)가 된다.

註 1. 중야자천하지대본야(中也者天下之大本也) 화야자천하지달도야(和也者天下之達道也) 치중화(致中和) 천지위언(天地位焉) 만물육언(萬物育焉) '중(中)이라는[也] 것은[者] 온 세상의[天下之] 대본(大本)이고[也], 화(和)라는[也] 것은[者] 온 세상의[天下之] 달도(達道)이다[也]. 중과[中] 화를[和] 더없이 다하여[致] 천지가[天地] 그것으로 자리 잡는 것[位]이고[焉], 온갖 것이[萬物] 그것으로 자라는 것[育]이다[焉].' 천지위언(天地位焉)-만물육언(萬物育焉)에서 '언(焉)'은 '어시(於是) 언(焉)'으로 '어중화(於中和)'를 축약(縮約)한 자(字)이다.

註 2. 악자돈화솔신이종천(樂者敦和率神而從天) 예자별의거귀이종지(禮者別宜居鬼而從地) 고(故) 성인작악이응천(聖人作樂以應天) 제례이배지(制禮以配地) 예악명비(禮樂明備) 천지관의(天地官矣) '악이라는[樂] 것은[者] 어울림을[和] 도탑게 하여[敦] 하늘이 변화하게 하는 짓을[神] 우러러 좇으면서[率而] 하늘을[天] 따르고[從], 예라는[禮] 것은[者] 마땅함을[宜] 분별하여[別] 땅이 변화하게 하는 짓을[鬼] 엎드려 좇으면서[居而] 땅을[地] 따른다[從]. 그러므로[故] 성인은[聖人] 악을[樂] 지음을[作] 써[以] 하늘에[天] 응답하고[應], 예를[禮] 지음을[制] 써[以] 땅에[地] 배합하여[配] 예악이[禮樂] 밝게[明] 갖춰지고[備] 천지가[天地] 할 바를 다하는 것[官]이다[矣].' 별의(別宜)의 '의(宜)'는 귀천(貴賤)-존비(尊卑)의 마땅함을 뜻한다. 솔신(率神)의 '솔(率)'은 우러러 좇음을 뜻하고, 거귀(居鬼)의 '거(居)'는 엎드려 좇음을 뜻한다.

96. 건(乾)의 정(靜)

夫乾其靜也專이라. '무릇[夫] 건(乾) 그것의[其] 정(靜)이란[也] 오로지 전일하다[專].'
　　　　　　부 건 기 정 야 전

여기서 부건(夫乾)의 '건(乾)'은 건괘(乾卦 : ☰)를 말하고, '정(靜)'은 건괘(乾卦)의 짓[象]이 본질(本質)로써 강건(剛健)함을 뜻하며, 건지상(乾之象) 즉 건의[乾之] 짓[象]이 오로지 무잡(無雜) 즉 섞임이[雜] 없음[無]을 '전(專)'이라고 밝힌 건괘(乾卦)로써[以] 건(乾)의 본질(本質)이 순전(純全)하여 전일(專一)

함을 밝힌 것이다. 건괘(乾卦)에는 양효(陽爻)만 있음을 상기(想起)한다면 그 본체(本體) 즉 정(靜)이 다른 것과 섞임 없이[無雜] 순일(純一)하여 전일(專一)함을 새겨[玩] 헤아릴[擬] 수 있는 것이다. 그러면 건(乾)의 '정(靜)'이란 '드러날 양기(陽氣)의 체(體)'를 뜻한다. 위에서 아래로 내려오는 기운[氣]인 양기(陽氣)의 '고요[靜]'가 드러나지 않음을 일러 양기(陽氣)의 '정(靜)'이라 한다. 이러한 양기(陽氣)의 정(靜)이 갖는 성질을 '전(專)'이라고 풀이한 것이다. 건(乾)에는 정동(靜動)이 있다. 여기서 '전(專)'은 '하나 일(一)'과 같고 '전일(專一)'의 줄임말로 여기면 된다. 물론 건(乾)의 정(靜)이란 건(乾)의 체(體)이므로, 그 정(靜)은 용(用) 즉 씀[用]으로 드러나는 것이다. 건(乾)의 정동(靜動)은 서로 반자(反者)이므로 따로 다른 둘[二]이 아니고 오로지 한결같은 반자(反者)이다. 이러한 건(乾)의 정동(靜動) 중에서 먼저 건지상(乾之象)의 본질(本質)인 '정(靜)'이 순일(純一)하여 무잡(無雜)함을 '부건기정야전(夫乾其靜也專)'이라고 밝힌 것이다. 그래서 건(乾)의 정(靜)은 온갖 사물(事物)에 미치는 역(易)을 살피고[觀] 새겨[玩] 점(占)쳐 지변(知變)하여 지래(知來)하게 하는 통어(通語)가 된다.

97. 건(乾)의 동(動)

夫乾其動也直이라. '건(乾)인 그것의[其] 동(動)이란[也] 바르고 곧음이다[直].'
_{부 건 기 동 야 직}

기동야직(其動也直)의 '기(其)'는 건괘(乾卦 : ☰)를 나타내 '기동(其動)'은 건괘(乾卦)의 짓[象]의 작용(作用)으로 강건(剛健)함을 뜻하며, 건지상(乾之象) 즉 건의[乾之] 짓[象] 또한 오로지 무잡(無雜) 즉 섞임이[雜] 없음[無]을 '직(直)'이라고 밝힌 건괘(乾卦)로써[以] 건(乾)의 작용(作用) 또한 순전(純全)하여 정직

(正直)함을 밝힌 것이다. 건괘(乾卦)에는 양효(陽爻)만 있음을 상기(想起)한다면 그 작용(作用) 즉 동(動)이 다른 것과 섞임 없이[無雜] 순일(純一)하여 정직(正直)함을 새겨[玩] 헤아릴[擬] 수 있는 것이다. 그러면 건(乾)의 '동(動)'이란 '드러난 양기(陽氣)의 용(用)'을 뜻함을 알 수 있게 된다. 위에서 아래로 내려오는 기운[氣]인 양기(陽氣)의 '작용(作用)'이 드러남을 일러 양기(陽氣)의 '동(動)'이라 한다. 건(乾)-곤(坤)에는 정동(靜動)이 있다. 여기서 '직(直)'은 '바를 정(正)'과 같고 '정직(正直)'의 줄임말로 여기면 되고 이 또한 순전(純全)함이다. 물론 건(乾)의 동(動)이란 건(乾)의 용(用)이므로 건(乾)의 체(體)인 '정(靜)'이 드러남이다. 건(乾)의 정동(靜動)은 서로 반자(反者)이므로 따로 다른 둘[二]이 아니고 오로지 한결같은 반자(反者)로서 하나[一]임을 명심(銘心)해야 한다. 이러한 건(乾)의 정동(靜動) 중에서 건지상(乾之象)의 작용(作用)인 '동(動)'이 순전(純全)하여 정직(正直)함을 '기동야직(其動也直)'이라고 밝힌 것이다. 그래서 건(乾)의 동(動)은 온갖 사물(事物)에 미치는 역(易)을 살피고[觀] 새겨[玩] 점(占)쳐 지변(知變)하여 지래(知來)하게 하는 통어(通語)가 된다.

註 건원(乾元) 즉 건(乾)의 원기(元氣)가 지은 일[事]을 '대생(大生)'이라 한다. 이는 건(乾)의 정동(靜動)이 짓는 일[事]을 말한다. 건(乾)의 정동(靜動)이란 건원(乾元) 즉 건지원기(乾之元氣)의 체용(體用)을 뜻한다. 건(乾)의 정(靜)은 건원(乾元)의 체(體)이고, 건(乾)의 동(動)은 건원(乾元)의 용(用)이다. 건(乾)의 정(靜)으로 말미암아 비롯되는 건(乾)의 동(動) 즉 양기(陽氣)의 작용(作用)이 곧 '대생(大生)'이다. 대생(大生)의 '대(大)'는 대업(大業)을 뜻한다. 건(乾)의 정동(靜動)이 짓는 대업(大業)을 건괘단사(乾卦彖辭)가 '만물자시(萬物資始) 내통천(乃統天)'이라고 풀이하고 있다. 만물자시(萬物資始)의 '자(資)'는 여기서 '자건원(自乾元)'을 뜻한다. 건원(乾元)으로부터[自] 만물(萬物)이 비롯함[始]이 곧 건(乾)의 대생(大生)임을 '시이대생언(是以大生焉)'이라고 밝힌 것이다.

98. 곤(坤)의 정(靜)

夫坤其靜也翕(부곤기정야흡)이라. '무릇[夫] 곤(坤) 그것의[其] 정(靜)이란[也] 거둬들인다[翕].'

여기서 부곤(夫坤)의 '곤(坤)'은 곤괘(坤卦 : ䷁)를 말하고, '정(靜)'은 곤괘(坤卦)의 짓[象]이 본질(本質)로써 유순(柔順)함을 뜻하며, 곤지상(坤之象) 즉 곤의[坤之] 짓[象]이 오로지 유순(柔順)하여 거둬들임을 '흡(翕)'이라고 밝혀 곤괘(坤卦)로써[以] 곤(坤)의 본질(本質)이 유순(柔順)하여 거둬들임[翕]을 말한 것이다. 곤괘(坤卦)에는 음효(陰爻)만 있음을 상기(想起)한다면 곤(坤)의 본체(本體)인 정(靜)이 더없이 유순(柔順)함을 새겨[玩] 헤아릴[擬] 수 있는 것이다. 그러면 곤(坤)의 '정(靜)'이란 '드러날 음기(陰氣)의 체(體)'를 뜻한다. 아래에서 위로 솟는 기운[氣]인 음기(陰氣)의 '고요[靜]'가 드러나지 않음을 일러 음기(陰氣)의 '정(靜)'이라 한다. 이러한 음기(陰氣)의 정(靜)이 갖는 성질을 '흡(翕)'이라고 풀이한 것이다. 물론 곤(坤)에도 정동(靜動)이 있다. 여기서 '흡(翕)'은 '거둬들여 간직함[收斂]'과 같다. 물론 곤(坤)의 정(靜)이란 곤(坤)의 체(體)이므로 그 정(靜)은 용(用) 즉 씀[用]으로 드러나는 것이다. 곤(坤)의 정동(靜動)은 서로 반자(反者)이므로 따로 다른 둘[二]이 아니고 오로지 한결같은 반자(反者)이다. 이러한 곤(坤)의 정동(靜動) 중에서 먼저 곤지상(坤之象)의 본질(本質)인 '정(靜)'이 유순(柔順)하여 흡렴(翕斂)함을 '부곤기정야흡(夫坤其靜也翕)'이라고 밝힌 것이다. 그래서 곤(坤)의 정(靜)은 온갖 사물(事物)에 미치는 역(易)을 살피고[觀] 새겨[玩] 점(占)쳐 지변(知變)하여 지래(知來)하게 하는 통어(通語)가 된다.

99. 삼천(參天)과 양지(兩地)

參天兩地而倚數라. '천수를[天] 삼으로 하고[三] 지수를[地] 이로 해서[二而] 수를[數] 세운다[倚].'

삼천양지(參天兩地)에서 '삼천(參天)'은 '일이위삼(一而圍三)'에서 비롯된 천수(天數)이고, '양지(兩地)'는 '일이위사(一而圍四)'에서 비롯된 지수(地數)이다. '일이위삼(一而圍三)'은 천원지방(天圓地方)의 '천원(天圓)'에서 비롯되고, '일이위사(一而圍四)'는 천원지방(天圓地方)의 '지방(地方)'에서 비롯된다. 천원(天圓)의 '원(圓)'은 둘레가 '3'이고 지름이 '1'이라 그 '1'로 그 '3'을 나누면 '3'이 되어 이를 '삼천(參天)'이라 하고, 여기서 양효(陽爻)의 수(數)가 정해져 양효(陽爻) 한 개의 수(數)가 '삼(三)' 즉 '3'이 된다. 지방(地方)의 '방(方)'은 사방(四方)을 뜻해 둘레가 '4'이고 그 '4'가 합해져 양우(兩偶)를 이루니 그 '4'를 두 짝[偶]으로 나누면 '2'가 되어 이를 '양지(兩地)'라 하고, 여기서 음효(陰爻)의 수(數)가 정해져 음효(陰爻) 한 개의 수(數)가 '이(二)' 즉 '2'가 된다. 이러한 삼천(參天)과 양지(兩地)로 팔괘(八卦)의 건(乾)-태(兌)-이(離)-진(震)-손(巽)-감(坎)-간(艮)-곤(坤)의 수(數)가 정해져 건(乾 : ☰)의 수(數)는 '구(九)'가 되고, 진(震 : ☳)-감(坎 : ☵)-간(艮 : ☶)의 양괘지수(陽卦之數)는 '칠(七)'이 되며, 태(兌 : ☱)-이(離 : ☲)-손(巽 : ☴)의 음괘지수(陰卦之數)는 '팔(八)'이 되고, 곤(坤 : ☷)의 수(數)는 '육(六)'이 된다. 이리하여 '육(六)-칠(七)-팔(八)-구(九)'로 팔괘(八卦)의 수(數)를 나타낸다. 그리고 음괘(陰卦)의 수(數)인 '육(六)-팔(八)' 중에서 작은 수(數) '육(六)'을 택하여 음효(陰爻)를 나타내는 수(數)로 하게 되고, 양괘(陽卦)의 수(數)인 '칠(七)-구(九)' 중에서 큰 수(數) '구(九)'를 택하여 양효(陽爻)를 나타내는 수(數)로 하게 된다. 그래서 삼천(參天)과 양지(兩地)는 온갖 사물(事物)에 미치는 역(易)을 살피고[觀] 새겨[玩] 점(占)쳐 지변(知變)하여 지래(知來)하게 하는 통어(通語)가 된다.

100. 광(廣)의 생(生)

是以廣生焉이라. '이[是] 때문에[以] 곤(坤)의 정동(靜動)으로 큰 일이[廣] 생기는 것[生]이다[焉].'

이는 곤(坤)의 정동(靜動)이 짓는 일[事]을 밝히고 있다. 곤(坤)의 정동(靜動)이란 곤원(坤元) 즉 지기(地氣)의 체용(體用)을 말한다. 곤(坤)의 정(靜)은 지기(地氣)의 체(體)이고, 곤(坤)의 동(動)은 지기(地氣)의 용(用)이다. 곤(坤)의 정(靜)으로 말미암아 비롯되는 곤(坤)의 동(動) 즉 음기(陰氣)의 작용(作用)이 곧 '광생(廣生)'이다. 광생(廣生)의 '광(廣)'은 '광업(廣業)'을 뜻한다. 곤(坤)의 정동(靜動)이 짓는 광업(廣業)을 '곤괘단사(坤卦彖辭)'가 '만물자생(萬物資生) 내순승천(乃順承天)'이라고 풀이하고 있다. 만물자생(萬物資生)의 '자(資)'는 여기서 '자곤원(自坤元)'을 뜻한다. 곤원(坤元)으로부터[自] 만물(萬物)이 생김[生]이 곧 곤(坤)의 '광생(廣生)'임을 '시이광생언(是以廣生焉)'이라고 밝힌 것이다. 그래서 광(廣)의 생(生)은 온갖 사물(事物)에 미치는 역(易)을 살피고[觀] 새겨[玩] 점(占)쳐 지변(知變)하여 지래(知來)하게 하는 통어(通語)가 된다.

> **註** 지재곤원(至哉坤元) 만물자생(萬物資生) 내순승천(乃順承天) '곤의[坤] 원기는[元] 지극하도다[至哉]! 만물은[萬物] 곤(坤)의 원기(元氣)에 의해서[資] 생기고[生], 또한[乃] 천도(天道)를[天] 따르고[順] 계승한다[承].'

101. 천지(天地)와 광대(廣大)

廣大配天地라. '넓음과[廣] 크나큼은[大] 하늘과[天] 땅과[地] 짝한다[配].'

광대배천지(廣大配天地)에서 광대(廣大)의 '광(廣)'은 곤지정동(坤之靜動)을 환기(喚起)시키고 '대(大)'는 건지정동(乾之靜動)을 떠올리게 한다. 그러면 역(易)이란 건(乾)과 곤(坤)의 짝짓기[配]임을 새기고 헤아려 가늠할 수 있고, 광대배천지(廣大配天地)의 '배(配)'는 『노자(老子)』 28장(章)에 나오는 '지기웅(知其雄) 수기자(守其雌)'를 떠올리게 하는 것이다. 천지지도(天地之道) 즉 자연[天地]의 이치[道]와 가르침[道]이 '하늘[天]과 땅[地]의 짝짓기[配]'라고 풀이되고[紬繹] 있음을 간파(看破)할 수 있다. 건(乾)의 정동(靜動)이 '한결같이[專] 곧음[直]'을 '크나큼[大]'이라 하고, 곤(坤)의 정동(靜動)이 '거둬들이고[翕] 열림[闢]'을 '넓음[廣]'이라고 밝히고 있는 것이다. 하늘[天]이 짝하는[配] '대(大)'는 건(乾)의 정동(靜動)이 전직(專直)함을 뜻함이고, 땅[地]이 짝하는[配] '광(廣)'은 곤(坤)의 정동(靜動)이 흡벽(翕闢)함을 뜻한다. 이처럼 천지(天地)가 광대(廣大)하여 자시(資始)로서 천(天)과 자생(資生)으로서 지(地)가 만유(萬有)를 생생(生生)하는 것이다. 그러므로 광대배천지(廣大配天地)는 건곤(乾坤)의 짝함[配]은 음양(陰陽)의 짝함[配]이고, 강유(剛柔)의 짝함[配]이며, 인의(仁義)의 짝함[配]이고, 귀신(鬼神)의 짝함[配]을 함께 뜻하는 것이다. 말하자면 광대(廣大)의 '광(廣)'은 곤(坤) 즉 음(陰)의 정동(靜動)을 주역(紬繹)함이고, '대(大)'는 건(乾) 즉 양(陽)의 정동(靜動)을 풀이[紬繹]함이니 광대배천지(廣大配天地)의 '광(廣)'은 곤(坤)-음(陰)이 천(天)-양(陽)과 짝하고[配], '대(大)'는 건(乾)-양(陽)이 지(地)-음(陰)과 짝함[配]을 말하고 있는 것이다. 이를 하늘[天]은 크고[大] 땅[地]은 넓다[廣]고 짝지음[配]이다. 광대배천지(廣大配天地)로써 역(易)의 이치-가르침[道]이 '음양(陰陽)-강유(剛柔)-인의(仁義)-귀신(鬼神)의 짝짓기[配]'임을 감파(勘破)할 수 있게 밝힌 말씀이 '광대배천지(廣大配天地)'이다. 그래서 천지(天地)의 광대(廣大)는 온갖 사물(事物)에 미치는 역(易)을 살피고[觀] 새겨[玩] 점(占)쳐 지변(知變)하여 지래(知來)하게 하는 통어(通語)가 된다.

141

102. 변통(變通)과 사시(四時)

變通配四時라. '변통배사시(變通配四時)'에서 변통(變通)은 '변화이개통(變化而開通)'이고, 사시(四時)는 '춘하추동(春夏秋冬)'이다. 물론 변통(變通)은 '음양지변통(陰陽之變通)' 즉 음양의[陰陽之] 변통(變通)을 뜻하므로 '역배사시(易配四時)'라 여겨도 되고, 일음일양배사시(一陰一陽配四時)라고 새겨도 된다.

여기서 변통(變通)이란 천명(天命) 즉 자연[天地]의 가르침[命]을 따라[順] 본받음[法]이다. 역(易)을 이음[繼]을 선(善)이라 하고, 역(易)을 이룸[成]을 성(性)이라 함도 변통(變通)을 따름[順]이다. 덕(德)-선(善)-성(性)은 모두 자연(自然)이 하는 일[事]이라 자연의 일[事] 치고 변통(變通)하지 않는 것이란 없다. 자연의 일은 늘 변화하여[變] 통하지[通] 결코 막히거나[塞] 멈추지[滯] 않는다. 이러한 변통(變通)은 『노자(老子)』 5장(章)에 나오는 '천지간기유탁약호(天地間其猶橐籥乎)'^註를 상기시킨다. 변통(變通)을 통변(通變)이라 해도 같은 말이다. 열리면[通] 변하고[變], 변(變)하면 새로 되고[化], 화(化)하면 열린다[通]. 그래서 변화해[變] 통함[通]이 일[事]이라고 새겨도 되고, 통해서[通] 변화함[變]이 일[事]이라고 새겨도 된다. 왜 변통(變通)은 사시(四時)와 짝한다[配]고 하는 것인가? 춘하추동(春夏秋冬)이 '변(變)'을 주역(紬繹)해 주고 동시에 '통(通)'을 풀이해 주기[紬繹] 때문이다. 춘하추동(春夏秋冬)은 서로 왕래(往來)하여 변(變)과 통(通)을 풀이해 주듯이 음양(陰陽)의 변통(變通) 즉 일음일양(一陰一陽)-생생(生生)이 사시(四時)와 짝함을 밝힌 말씀이 '변통배사시(變通配四時)'이다. 그래서 변통(變通)과 사시(四時)는 온갖 사물(事物)에 미치는 역(易)을 살피고[觀] 새겨[玩] 점(占)쳐 지변(知變)하여 지래(知來)하게 하는 통어(通語)가 된다.

註 천지간기유탁약호(天地間其猶橐籥乎) '하늘땅[天地] 사이[間] 그것이[其] 풀무(橐籥) 같구나[猶乎]!'

103. 음양(陰陽)과 일월(日月)

陰陽之義配日月이라. '음(陰)과 양(陽)의[之] 이치는[義] 해와[日] 달과
음양지의배일월
[月] 짝한다[配].'

　　음양지의(陰陽之義)의 의(義)는 이(理)이다. 바르고[正] 곧고[直] 고르고[平] 마땅함[宜]이 의리(義理)의 바탕이다. 양(陽)의 바르고[正] 고르고[平] 마땅한[宜] 이치[義]는 해[日]와 짝하고[配], 음(陰)의 바르고[正] 고르고[平] 마땅한[宜] 이치[義]는 달[月]과 짝한다[配]. 만물을 이루어[化] 낳는[生] 두 기운[二氣]은 오로지 평정(平正)하여 의당(宜當)할 뿐이다. 햇빛[日光]과 달빛[月光]의 비춤을 살핀다면 왜 음양(陰陽)이 일월(日月)과 짝한다[配]고 밝히는지 헤아릴 수 있고, 나아가 음(陰)을 유(柔)라 하고 양(陽)을 강(剛)이라고 하는 그 까닭을 알아차릴 수도 있다. 밝고 맑되 부시는 햇빛은 강강(剛强)의 양기(陽氣)를 살펴[觀] 새기고[玩] 헤아려[擬] 가늠하게[斷] 하고, 밝고 맑되 부드러운 달빛은 유약(柔弱)의 음기(陰氣)를 관완(觀玩)하여 의단(擬斷)하게 한다. 천지(天地)-일월(日月)-건곤(乾坤)-주야(晝夜)-한난(寒暖)-자웅(雌雄) 등이 음양(陰陽)의 이치[義]와 짝함[配]이다. 음양(陰陽)의 이치[義]에 견주기[比]란 없다. 온갖 생각을 다하면서 시비(是非)-분별(分別)의 논란(論難)을 일삼는 인간의 심산(心算)도 그 본래는 음양지의(陰陽之義)를 떠나지 않는 심성(心性)이다. 음양(陰陽)은 서로의 짝[配]이지 서로의 맞수[對]가 아님을 밝힌 말씀이 '음양지의배일월(陰陽之義配日月)'이다. 그래서 음양(陰陽)과 일월(日月)은 온갖 사물(事物)에 미치는 역(易)을 살피고[觀] 새겨[玩] 점(占)쳐 지변(知變)하여 지래(知來)하게 하는 통어(通語)가 된다.

104. 간이(簡易)와 덕(德)

簡易之善配至德이라. '쉬움과[易] 간명함[簡]의[之] 선은[善] 지극한[至] 덕과[德] 짝한다[配].'

간이지선배지덕(簡易之善配至德)에서 간이지선(簡易之善)의 '선(善)'은 「계사전(繫辭傳) 상(上)」 1장(章)에 나오는 '건이이지(乾以易知) 곤이간능(坤以簡能) 이즉이지(易則易知) 간즉이종(簡則易從)'과 「계사전(繫辭傳) 상(上)」 5장(章)에 나오는 '일음일양지위도(一陰一陽之謂道) 계지자선(繼之者善)'을 상기(想起)한다면 '간이지선(簡易之善)'이 '간지선(簡之善)'과 '이지선(易之善)'을 합(合)하고 있음을 살펴[觀] 새기고[玩] 헤아려[擬] 가늠할[斷] 수 있다. 따라서 간지선(簡之善)은 곤이간능(坤以簡能)하여 간즉이종(簡則易從)함을 계승(繼承)하여 곤원(坤元) 즉 지기(地氣)의 유순(柔順)함의 본받기[法]를 뜻함을 간파(看破)할 수 있게 된다. 그리고 이지선(易之善)은 건이이지(乾以易知)하여 이즉이지(易則易知)함을 계승(繼承)하여 건원(乾元) 즉 천기(天氣)의 강건(剛健)함의 본받기[法]를 뜻하고 있음을 간파(看破)할 수 있게 된다. 여기서 간이지선(簡易之善)이 건괘(乾卦)와 곤괘(坤卦)의 괘효사(卦爻辭)를 이용하여[以] 쉽고[易] 간명하게[簡] 지래(知來) 즉 앞일[來事]을 알게[知] 됨을 뜻함을 또한 간파(看破)할 수 있다. 선(善)이란 일음일양(一陰一陽)의 계승(繼承)이기 때문에 선(善)은 곧 변화(變化)의 계승(繼承)이다. 변화(變化)의 계승(繼承)은 곧 통(通)이기 때문에 선(善)은 곧 덕(德)이라고 하는 것이다. 통어천지자(通於天地者) 즉 자연에[於天地] 두루 통하는[通] 것이[者] 덕(德)이요 곧 선(善)이다. 그러므로 일음일양(一陰一陽)의 이치-가르침[道]을 계승(繼承)함이 선(善)이라는 것[者]을 사무치게 깨달아야 이간지선(易簡之善)과 지덕(至德)이 짝[配]이 됨을 알아차릴 수 있는 것이다. 지덕(至德)은 늘 간이(簡易)하다. 이간(易簡)은 '평이간단(平易簡單)'의 줄임말로 새겨도 되고, 화이간명(和易簡明)의 줄임말로 새겨도 된다. 고루고루 쉽고 어울려 어려울 것이 하나도 없음이 평이(平易)-간명(簡明)이고, 이를 줄여 '간이(簡易)' 또는 '이간(易簡)'이라고 한다. 이렇기 때문에 역무사(易无思)-무위(无爲)라고 하는 것이다. 막힘이고 얽혀 복잡해서 알기 어려운 것은 오로지 사람의 욕(欲) 때문이다. 자연[天地]의 짓[象]에는 '인욕(人欲)'과 같은 '사(私)'가 없기 때문에 오로지 이지(易知)하게 하고 간능(簡能)하게 하기 때문에 이를 밝힌 말씀이 '간이지선배지덕(簡易之善配至德)'이다. 그래서 간이(簡易)와 덕(德)은 온갖 사물(事物)에 미치는 역(易)을 살피고[觀] 새겨[玩] 점(占)쳐 지변(知變)하여 지래(知來)하게 하는 통어(通語)가 된다.

> 일음일양지위도(一陰一陽之謂道) 계지자선(繼之者善) '한 번 음이면 양이 되고[一陰], 한 번 양이면 음이 되는[一陽] 그것을[之] 역(易)의 이치라[道] 하고[謂], 그것을[之] 이어가는[繼] 것이[者] 선(善)이다[也].'

105. 성인(聖人)의 이역(以易)

夫易聖人所以崇德而廣業也는 성인(聖人)이 이역(以易) 즉 역(易)
_{부 역 성 인 소 이 숭 덕 이 광 업 야}
을 이용하여[以] '숭덕(崇德)' 즉 덕(德)을 숭상(崇尙)함을 밝히고, 동시에 '광업(廣業)' 즉 덕(德)을 숭상(崇尙)하는 일[業]을 넓힘[廣]을 밝히고 있다.

성인(聖人)이 역(易)을 써[以] 숭덕(崇德)함이란 천지지도(天地之道)를 본받는[法] 역지도(易之道)를 따라[順] 덕(德)을 왕성(旺盛)하게 함이고, 따라서 상선(上善)을 넓힘[廣]이다. 이는 곧 사물(事物)을 정성껏[誠之] 마주하여[臨] 자연[天地]과 통(通)함을 뜻한다. 이를 신통(神通)-신묘(神妙)-신기(神奇)-명신(明神)이라 하고, 한 글자로 '신(神)'이라 한다. 이러한 '신(神)'은 자연[天地]이 변화하게 하는 짓을 뜻함이니 숭덕(崇德)-광업(廣業)[1]이 왜 이역(以易)

인지 알아차릴 수 있다. 따라서 성인(聖人)을 왜 '화신(化神)'이라고 존숭(尊崇)하는지도 알 수 있다. 성인(聖人)은 오로지 이역(以易)하므로 화신(化神)이라고 칭(稱)한다. 그러므로 성인(聖人)의 숭덕(崇德)-광업(廣業)이란 무사(無思)-무위(無爲)로 온갖 일[萬事]을 마주함[臨]이다. 이러한 성인(聖人)의 숭덕(崇德)-광업(廣業)은 '성인(聖人)의 이역(以易)'을 뜻하는 것이다. 화신(化神) 즉 자연[天地]의 짓[神]으로 됨[化] 또한 '이역(以易)'으로 이루어진다. 노림수[謀]의 사욕(私欲)이 없다면 누구나 성인(聖人)을 본받아 '이역(以易)으로 숭덕(崇德)하고 광업(廣業)하여 화신(化神)할 수 있음'이 역사상(易思想)이다. 『노자(老子)』 28장(章)의 '복귀어영아(復歸於嬰兒)'[註2]와 『장자(莊子)』「달생(達生)」에 나오는 '능이(能移)' 역시 이역(以易)의 숭덕(崇德)-광업(廣業)하라는 말씀이다. 그리고 『중용(中庸)』에 나오는 '성기인야(成己仁也) 성물지야(成物知也) 성지덕야(性之德也)'[註3]라는 말씀 또한 이역(以易)하라 함임을 '부역성인소이숭덕이광업야(夫易聖人所以崇德而廣業也)'라는 말씀이 일깨워 준다. 그래서 성인(聖人)의 이역(以易)은 온갖 사물(事物)에 미치는 역(易)을 살피고[觀] 새겨[玩] 점(占)쳐 지변(知變)하여 지래(知來)하게 하는 통어(通語)가 된다.

註 1. 숭덕(崇德)-광업(廣業) 일음일양(一陰一陽)의 생생(生生)을 본받아[法] 일신성덕(日新盛德)하라 함이다. 넓고 큰 일[業]이라면 천하의 백성[民]과 만물(萬物)을 깨워 편안히 해 주는 일[業]보다 더한 숭덕(崇德)-광업(廣業)은 없다. 이러한 숭덕(崇德)-광업(廣業)은 이역(以易) 즉 '역(易)을 이용하라[以]' 함이다.

註 2. 복귀어영아(復歸於嬰兒) '갓난애[嬰兒]로[於] 다시[復] 돌아간다[歸].' 능이(能移) 자연(自然)의 변화(變化)를 따라 사물(事物)과 함께 옮겨 감을 뜻한다.

註 3. 성기인야(成己仁也) 성물지야(成物知也) 성지덕야(性之德也) '자기를[己] 완성함이[成] 인(仁)이고[也], 예악문물(禮樂文物) 등을 이룸이[成] 지(知)이다[也]. 그 인(仁)과 지(知)가 본성[性]의[之] 덕(德)이다[也].' 성물지(成物知)의 '물(物)'은 문물(文物)의 줄임말로 예악(禮樂)을 뜻하는 물(物)이지 물질[materiality]을 뜻하는 것은 아니다. 그러므로 성물지(成物知)의 '지(知)'는 요새 말하는 지식(知識 : knowledge)이 아니고 온갖 사물(事物)과 공명(共鳴)하여 지기(知己) 즉 자신[己]을 살펴 한다[知]는 뜻이다. 예악(禮樂)이란 문물(文物)을 수용(受容)하여 자기(自己)를 깨우치게 하는 '지(知)'이지 'knowledge'를 번역한 '지식(知識)의 지(知)'가 아니다.

106. 지(知)의 숭(崇)

知崇이라. '천(天)을 앎은[知] 받듦이다[崇].'
   지 숭

이는 성인(聖人)이 이역(以易) 즉 역(易)을 써서[以] 이룩한 성인(聖人)의 '지(知)'를 밝히고 있다. 여기서 '숭덕(崇德)'은 성인(聖人)이 지천(知天)하여 숭덕(崇德)하여 숭천(崇天)함이다. 하늘[天]을 안다[知]면 천(天)을 받들 줄[崇] 안다[知]. 지천(知天)한다면 지건(知乾)한다. 건(乾)을 안다[知]면 지건원(知乾元)한다. 건원(乾元) 즉 건의[乾之] 원기(元氣)를 안다[知]면 지건지정동(知乾之靜動)한다. 건의[乾之] 정동(靜動)을 안다[知]면 지건지강건(知乾之剛健)한다. 건의[乾之] 강건(剛健)을 안다[知]면 솔신(率神)한다. 하늘이 변화하게 하는 짓[神]을 우러러 좇음[率]이 곧 '숭천(崇天)함'이다. 따라서 지천(知天)하면 곧 숭천(崇天)한다. 예악(禮樂)의 '악(樂)'이 곧 지천(知天)하여 숭천(崇天)함이다. 그러므로 지숭례비(知崇禮卑)의 '지숭(知崇)'은 『예기(禮記)』「악기(樂記)」 18단락(段落)에 나오는 '악자돈화솔신이종천(樂者敦和率神而從天)'을 상기(想起) 시킨다. 지악(知樂)은 곧 지천(知天)하여 숭천(崇天)함이다. 어떻게 숭천(崇天)하는가? 돈화(敦和)하고 솔신(率神)하여 종천(從天)함이 곧 숭천(崇天) 즉 하늘[天]을 받듦[崇]이다. 지천(知天)-숭천(崇天)은 종천(從天)함이다. 종천(從天)-사천(事天)-응천(應天)은 모두 지천(知天)으로부터 비롯되는 숭천(崇天)함이다. 그래서 지숭(知崇)은 온갖 사물(事物)에 미치는 역(易)을 살피고[觀] 새겨[玩] 점(占)쳐 지변(知變)하여 지래(知來)하게 하는 통어(通語)가 된다.

> 註 악자돈화솔신이종천(樂者敦和率神而從天) '악이라는[樂] 것은[者] 어울림을[和] 도탑게 하여[敦] 하늘이 변화하게 하는 짓을[神] 우러러 좇아서[率而] 하늘을[天] 따름이다[從].' 솔신(率神)의 '솔(率)'은 여기선 '우러러 좇음'을 뜻하고, '신(神)'은 천(天)이 변화하게 하는 짓인 '양기(陽氣)'를 뜻한다.

107. 예(禮)의 비(卑)

禮卑라. '땅[地]을 본받는 예는[禮] 낮춤이다[卑].'
예비

이는 성인(聖人)이 이역(以易) 즉 역(易)을 써서[以] 이룩한 성인(聖人)의 '예(禮)'를 밝히고 있다. '예비(禮卑)'는 성인(聖人)이 지례(知禮)하여 자비(自卑)함이다. 지례(知禮)함은 지지(知地)함이다. 땅[地]을 안다[知]면 자기[自]를 낮출 줄[卑] 앎이[知] 곧 지례(知禮)함이다. 지례(知禮)함은 곧 법지(法地)함이다. 법지(法地) 즉 땅[地]을 본받는다[法]면 지곤(知坤)한다. 곤(坤)을 안다[知]면 지곤원(知坤元)한다. 곤원(坤元) 즉 곤의[坤之] 원기(元氣)를 안다[知]면 지곤지정동(知坤之靜動)한다. 곤의[坤之] 정동(靜動)을 안다[知]면 지곤지유순(知坤之柔順)한다. 곤의[坤之] 유순(柔順)을 안다[知]면 거귀(居鬼)한다. 땅[地]이 변화하게 하는 짓[鬼]을 엎드려 좇음[居]이 곧 '예비(禮卑)함'이다. 따라서 법지(法地)하면 곧 예비(禮卑)한다. 예악(禮樂)의 '예(禮)'가 곧 법지(法地)하여 예비(禮卑)함이다. 그러므로 지숭례비(知崇禮卑)의 '예비(禮卑)'는 『예기(禮記)』「악기(樂記)」 18단락(段落)에 나오는 '예자별의거귀이종지(樂者別宜居鬼而從地)'를 상기(想起)시킨다. 지례(知禮)는 곧 법지(法地)하여 배지(配地)함이다. 어떻게 배지(配地)하는가? 별의(別宜) 즉 마땅함[宜]을 분별(分別)하고 거귀(居鬼)하여 종지(從地)함이 곧 배지(配地) 즉 땅[地]과 짝함[配]이고 법지(法地)함이다. 종지(從地)-사지(事地)-배지(配地)는 모두 법지(法地)로부터 비롯되는 예비(禮卑)함이다. 그래서 예(禮)의 비(卑)는 온갖 사물(事物)에 미치는 역(易)을 살피고[觀] 새겨[玩] 점(占)쳐 지변(知變)하여 지래(知來)하게 하는 통어(通語)가 된다.

註 예자별의거귀이종지(樂者別宜居鬼而從地) '예라는[禮] 것은[者] 마땅함을[宜] 분별하여[別] 땅이 변화하게 하는 짓을[鬼] 엎드려 좇아서[居而] 땅을[地] 따름이다[從].' 별의(別宜)의 '의(宜)'는 '마땅함'을 뜻하고, 여기서 '마땅함'이란 '존비(尊卑)-귀천(貴賤)' 등을 말하며, 거귀(居鬼)의 '거(居)'는 여기서는 '엎드려 좇음'을 뜻하고, '귀(鬼)'는 땅[地]이 변화하게 하는 짓인 '음기(陰氣)'를 뜻한다.

108. 숭(崇)의 효천(效天)

崇效天이라. '받듦은[崇] 하늘을[天] 본받음이다[效].'
　숭효천(崇效天)의 '숭(崇)'은 성인(聖人)의 숭덕(崇德)이란 성인(聖人)이 '효천지도(效天之道)'임을 밝혀 주고 있다. 여기서 '숭(崇)'이란 곧 효천(效天) 즉 '하늘을[天] 본받는 것[效]임'을 알 수 있다. 그러니 성인(聖人)의 지숭덕(知崇德)은 숭천(崇天)-효천(效天)-법천(法天)-상천(象天)-종천(從天)-응천(應天)-순천(順天)-사천(事天)-사천(師天) 등의 말씀들을 포괄(包括)하고 있음을 알 수 있게 된다. '숭(崇)의 효천(效天)'은 곧 '이역(以易) 즉 역(易)을 써서[以]' 이루어진다는 것도 살펴[觀] 새기고[玩] 헤아려[擬] 가늠할[斷] 수 있게 된다. 그리고 효천(效天)의 '천(天)'은 '천지도(天之道)-건원(乾元)-건지정동(乾之靜動)-건지강건(乾之剛健)' 등을 상기(想起)시키는 말씀이다. 물론 나아가 숭효천(崇效天)의 '효천(效天)'을 '시인(施仁)' 즉 어짊[仁]을 베풂[施]을 뜻한다고 새기고[玩] 헤아려[擬] 가늠해도[斷] 된다. '인(仁)'은 효천(效天) 바로 그것인 까닭이다. 그래서 '악자종천(樂者從天) 인근어악(仁近於樂)' 즉 악이라는[樂] 것은[者] 하늘을[天] 좇고[從] 어짊은[仁] 악(樂)에[於] 가깝다[近]고 하는 것이다. 숭덕(崇德)-지숭(知崇)의 '숭(崇)'이 곧 효천(效天) 즉 하늘[天]을 본받는 것[效]임을 밝힌 말씀이 '숭효천(崇效天)'이다. 그래서 숭(崇)의 효천(效天)은 온갖 사물(事物)에 미치는 역(易)을 살피고[觀] 새겨[玩] 점(占)쳐 지변(知變)하여 지래(知來)하게 하는 통어(通語)가 된다.

109. 비(卑)의 법지(法地)

卑法地라. '낮춤은[卑] 땅을[地] 본받음이다[法].'
　비법지(卑法地)는 성인(聖人)의 '비(卑)'란 성인(聖人)의 '법지(法地)'임을 밝히고 있다. 여기서 성인(聖人)의 '비(卑)'가 곧 법지(法地) 즉 '땅을[地] 본받는 것[法]'을 밝힘으로 성인(聖人)의 '예(禮)' 또한 법지(法地)임을 알 수 있게 된다. 그러니 성인(聖人)의 '예비(禮卑)'는 법지(法地)-종지(從地)-배지(配地) 등의 말씀들을 포괄(包括)하고 있음을 또한 알 수 있게 된다. '비(卑)'의 법지(法地)' 또한 '이역(以易) 즉 역(易)을 써서[以]' 이루어진다는 것도 살펴[觀] 새기고[玩] 헤아려[擬] 가늠할[斷] 수 있게 된다. 그리고 법지(法地)의 '지(地)'는 '지지도(地之道)-곤원(坤元)-곤지정동(坤之靜動)-곤지유순(乾之柔順)' 등을 상기(想起)시키는 말씀이다. 물론 나아가 비법지(卑法地)의 '법지(法地)'를 '차의(此義)' 즉 옳음[義]을 좇음[此]을 뜻한다고 새기고[玩] 헤아려[擬] 가늠해도[斷] 된다. '의(義)'는 법지(法地) 바로 그것인 까닭이다. 그래서 '예자종천(禮者從天) 의근어례(義近於禮)' 즉 예라는[禮] 것은[者] 땅을[地] 좇고[從] 옳음은[義] 예(禮)에[於] 가깝다[近]고 하는 것이다. 예비(禮卑)의 '비(卑)'가 곧 법지(法地) 즉 땅[地]을 본받는 것[法]임을 밝힌 말씀이 '비법지(卑法地)'이다. 그래서 비(卑)의 법지(法地)는 온갖 사물(事物)에 미치는 역(易)을 살피고[觀] 새겨[玩] 점(占)쳐 지변(知變)하여 지래(知來)하게 하는 통어(通語)가 된다.

110. 성(性)의 성(成)

成性은 '만물성기성(萬物成其性)'의 줄임이다. 온갖 것은[萬物] 저마다[其] 본성을[性] 얻어[成] 저마다 생사(生死)를 누린다. '성성(成性)'은 자연[天

地]이 온갖 것[萬物]으로 하여금 태어나게[生] 하여 제[其] 본성을[性] 잃지 않고[不失] 살게 함이다. '성성(成性)'은 '품성(稟性)'과 같은 말씀이다. 그러므로 『중용(中庸)』이 밝힌 '천명지위성(天命之謂性)'을 떠올리면 '성천명(成天命)'으로 여기고 '성성(成性)'을 살펴[觀] 새기고[玩] 헤아려[擬] 가늠할[斷] 수 있다. '자연의[天] 시킴을[命] 이룸[成]'이라고 '성성(成性)'을 새길 수 있고, 나아가 '성성(成性)'은 '건(乾)의 자시(資始)-곤(坤)의 자생(資生)'을 뜻하게 된다. 그리고 '성성(成性)'은 자연[天地]이 내린[稟] 명(命) 즉 시킴[命]이며, '성성(成性)'이란 우리 본래(本來)의 생사관(生死觀)을 밝혀 주는 말씀이다. 그래서 성(性)의 성(成)은 온갖 사물(事物)에 미치는 역(易)을 살피고[觀] 새겨[玩] 점(占)쳐 지변(知變)하여 지래(知來)하게 하는 통어(通語)가 된다.

111. 존(存)의 존(存)

*存存*은 '만물존기존(萬物存其存)'으로 여기고, '온갖 것은[萬物] 제[己] 존재를[存在] 보존한다[保存]'라고 새기면 된다.

'성성(成性)'을 줄곧 보존(保存)함이 '존존(存存)'이다. 존존(存存)에서 앞의 '존(存)'은 '보살필 보(保)'와 같아 '보존(保存)'의 줄임말로 동사(動詞) 노릇하고, 뒤의 '존(存)'은 '있을 재(在)'와 같아 '존재(存在)'의 줄임말로 명사(名詞) 노릇을 한다고 여기면 된다. 천지(天地)라는 만물(萬物)의 부모(父母)가 이루어 준 '목숨[性]의 이룸[成]'을 마지막까지 잘 간직함[保存]'이 '존존(存存)'이다. 그러므로 '존존(存存)'은 '생사(生死)의 완수(完遂)'를 뜻한다. 그리고 '존존(存存)' 또한 자연[天地]이 내린[稟] 명(命) 즉 시킴[命]이며, '존존(存存)'도 우리 본래(本來)의 생사관(生死觀)을 밝혀 주는 말씀이다. 그래서 존(存)의 존(存)은 온갖 사물(事物)에 미치는 역(易)을 살피고[觀] 새겨[玩] 점(占)쳐 지변(知變)하여 지래(知來)하게 하는 통어(通語)가 된다.

112. 도의(道義)의 문(門)

　道義之門은 '도덕의리지문(道德義理之門)'의 줄임말이이고, '문(門)'은 여기서는 '들 입(入)'과 같이 '입문(入門)'의 줄임말로 여기고 새기면 된다. 도덕의리지문(道德義理之門)이란 온갖 것[萬物]이 들어가[入] 도덕(道德)이라는 의리(義理)를 이룸[成]을 뜻한다. 도의(道義) 즉 도덕의리(道德義理)에서 '의리(義理)'란 도덕(道德)을 풀이한 말씀이다. 도덕(道德)은 곧 올바른[義] 이치[理]라는 말씀이 곧 도의(道義)이다. 그리고 도덕(道德)은 '도(道)'를 통하게 함[德]을 뜻한다. 덕(德)이란 무엇인가? '통어천지자(通於天地者)'가 덕(德)이다. 천지에[於天地] 무엇을 통(通)하게 한다[德]는 것인가? 도(道)를 통(通)하게 함이다. 도(道)란 무엇인가? 행어만물자(行於萬物者)가 도(道)이다. 만물에[於萬物] 무엇을 행(行)한다는 것인가? 성성(成性)의 '성(性)'을 행(行)하는 것이 도(道)이다. 이러한 도(道)를 통하게 함이 덕(德)이니 '도의(道義)'란 '도(道)를 통하게 함[德]이 올바른[義] 이치[理]'라는 말씀이다. 이는 자연[天地]을 떠나서 어느 것 하나도 존재(存在)할 수 없음을 말한다. 존존(存存) 즉 존재(存在)의 보존(保存)이란 성성(成性)으로부터 비롯되기 때문에 자연[天地]에 있는 것[物]이면 모두 '도의(道義)로 들어가야[門]' 생사(生死)를 누릴 수 있음이 곧 성성(成性)-존존(存存)이다. 그래서 도덕(道德)은 만유(萬有)가 들어가[門] 안주(安住)하게 하는 것이다. 이러한 도의(道義)를 살펴[觀] 새기고[玩] 헤아려[擬] 터득하자면 『논어(論語)』「양화(陽貨)」에 나오는 '성상근야(性相近也) 습상원야(習相遠也)'를 환기(喚起)하면 도움이 된다. 천성은[性] 서로[相] 가까운 것[近]이니 자연[天地]의 입장에서 본다면 사람의 목숨[性]

이나 하루살이의 목숨[性]이나 다를 바 없다. 그러나 습성이[習] 서로[相]
먼 것[遠]이라 목숨을 누리는 버릇[習]으로 보면 사람과 하루살이는 천만
리나 다르다. 내 목숨[性]은 천명(天命)이므로 내 것이라고 할 수 없음을
'성성(成性)-존존(存存)'이 일깨워 주는 것이다. 그러므로 자연[天地]의 만물
(萬物) 치고 '성성존존(成性存存)의 문(門)'을 들지 않는 것이란 없음을 밝힌
말씀이 곧 도의지문(道義之門)이다. 그래서 도의(道義)의 문(門)은 온갖 사물
(事物)에 미치는 역(易)을 살피고[觀] 새겨[玩] 점(占)쳐 지변(知變)하여 지래
(知來)하게 하는 통어(通語)가 된다.

113. 성인(聖人)의 견색(見賾)

聖人見天下之賾이라. '역(易)으로[以] 세상[天下]의[之] 그윽이 깊게
숨겨진 것들을[賾] 찾아냄이[見] 성인께는[聖人] 있다[有].'

이는 성인(聖人)이 도의(道義)를 이용하여[以] 지변자(知變者)가 되어 지래
자(知來者)가 되는 까닭을 밝혀 주고 있다. 견색(見賾)할 수 없다면 변화(變
化)를 전지(前知)하지 못하고, 변화(變化)를 앞서서[前] 알지[知] 못하면 미래
[來]를 전지(前知)할 수 없는 것이다. 천하지색(天下之賾)의 '색(賾)'은 '유심난
견(幽深難見)'을 뜻하고, 동시에 온 세상 사물(事物)이 복잡(複雜)하고 혼란(混
亂)하기 때문에 변화(變化)의 낌새[徵]를 찾기 어려움을 뜻한다. 난견(難見)
의 색(賾)을 찾아내는[見] 방법이 곧 성인(聖人)이 설괘(設卦)한 64괘(卦) 바
로 그것이다. 이도의(以道義)란 이역(以易)으로 이어지는 것이다. 온 세상[天
下]에 그윽이[幽] 깊게[深] 숨어 있어서[隱] 찾아내기[見] 어려운[難] '색(賾)'
은 도의(道義)를 써[以] 찾아냄[見]이고 이는 역(易)을 써[以] 찾아냄[見]과 다
를 것이 없다. 도의(道義) 즉 도(道)를 통하게 하는[德] 올바른[義] 이치[理]를

본받는[法] 역(易)이기 때문에 역무사(易无思)-무위(無爲)하다. 무사(無思)-무위(無爲)하면 그것이 곧 도의(道義)이다. 왜 '색(賾)'은 '난견(難見)의 것'인가? '색(賾)'은 오로지 무사(無思)-무위(無爲)해야만 드러나는 변화지기(變化之機) 즉 변화(變化)의 낌새[徵]이기 때문이다. 말하자면 무사(無私)-무욕(無欲)하지 못한 인간에게는 생생(生生)의 낌새[徵]는 찾아내기[見] 어려운 것[難]일 뿐이다. 왜 성인(聖人)께 '견색(見賾)함이 있는 것[有]'인가? 성인(聖人)은 도의(道義)를 써[以] 무사(無思)-무위(無爲)하기 때문에 온 세상에 숨은 변화지도(變化之道) 즉 변화의[變化之] 이치-가르침-방편[道] 등을 찾아내[見] 생각하고[思] 살펴 견주고[考] 알아내기[知] 때문이다. 견색(見賾)의 '견(見)'은 '볼 시(視)-생각할 사(思)-살필 고(考)' 등을 묶은 자(字)이다. 그러므로 성인(聖人)의 견(見)은 『대학(大學)』에 나오는 '심부재언(心不在焉) 시이불견(視而不見)'[*1]을 상기(想起)시킨다. 역(易)을 이용하는[以] 마음[心]은 무사(無思)-무위(無爲)의 마음[心] 그것이다. 그 마음[心]을 '정심(正心)'이라 한다. 정심(正心)이란 법천심(法天心)을 말한다. '법천심(法天心)'이란 무사(無思)-무위(無爲)를 본받기[法]함을 말한다. 성인(聖人)은 정심(正心)의 화신(化神)이기 때문에 견색(見賾)할 수 있음이다. 정심(正心)이 없다[不在=無]면 무사(無思)-무위(無爲)의 심안(心眼)이 없기 때문에 변화(變化)의 꼬투리[賾]가 보여도 보지 못해 견색(見賾)하지 못하는 것이다. 『장자(莊子)』「소요유(逍遙遊)」에 나오는 '지인무기(至人無己) 신인무공(神人無功) 성인무명(聖人無名)'[*2]이라는 말씀과 『맹자(孟子)』「진심장구(盡心章句) 하(下)」에 나오는 '성인지어천도야명야(聖人之於天道也命也)'[*3]라는 말씀이 성인(聖人)의 견색(見賾)을 살펴[觀] 새기고[玩] 헤아려[擬] 가늠하게[斷] 한다. 이러한 성인(聖人)이 역(易)을 이용하여[以] 오로지 견색(見賾)함을 밝힌 말씀이 '성인유이견천하지색(聖人有以見天下之賾)'이다. 그래서 성인(聖人)의 견색(見賾)은 온갖 사물(事物)에 미치는 역(易)을 살피고[觀] 새겨[玩] 점(占)쳐 지변(知變)하여 지래(知來)하게 하는 통어(通語)가 된다.

註 1. 심부재언(心不在焉) 시이불견(視而不見) '자신에게[焉] 마음이[心] 없다면[不在] 육안(肉眼)으로 보아도[視而] 육안(肉眼)에는 보이지 않는다[不見].'

註 2. 지인무기(至人無己) 신인무공(神人無功) 성인무명(聖人無名) '지인께는[至人] 자기가[己] 없고[無] 신인께는[神人] 공적이[功] 없고[無] 성인께는[聖人] 명성이[名] 없다[無].' 진인(眞人)-신인(神人)은 성인(聖人)을 달리 칭한 것뿐이다. 성인(聖人)은 역무사(易无思)-역무위(易无爲)를 오로지 본받기[法] 때문이다. 기공명(己功名)을 생각함이 없음을 '무사(無思)'라 하고, 기공명(己功名)을 꾀함이 없음을 '무위(無爲)'라 한다.

註 3. 성인지어천도야명야(聖人之於天道也命也) '성인(聖人)이[之] 천도를[天道] 행함[於]이[也] 천명[命]이다[也].'

114. 성인(聖人)의 의색(擬賾)

聖人擬賾於天下之形容이라. '성인(聖人)께는 도의(道義)를 이용하여 세상이[其] 드러내는[形] 모습[容]에서 세상에 깊이 숨겨진 것을[賾] 헤아리고 견주어 적용함이 있다[擬].'

이는 성인(聖人)이 이도의(以道義) 즉 도의(道義)를 이용하여[以] '견색(見賾)하는 방법(方法)'을 밝혀 주고 있다. 성인(聖人)은 세상에 숨겨져 찾기 어려운 것[賾] 즉 변화의 꼬투리[賾]가 드러나는[形] 모습[容]에서 찾아내고[見], 그렇게 찾아낸 바로 그것[賾]을 살펴[觀] 새겨서[玩] 헤아리고[度] 견주고[比] 적용함[適]이 곧 성인(聖人)의 '의(擬)'임을 '의저기형용(擬諸其形容)'이 밝히고 있다. 여기서 성인(聖人)의 견색(見賾)-의색(擬賾)은 오로지 무사(無思)-무위(無爲)로 행(行)해지기 때문에 '천하지형용(天下之形容)'을 살피는[見] 성인(聖人)의 헤아림[擬]이 지변(知變)-지래(知來)로 이어지는 연유(緣由)가 드러난다. 천지지형용(天地之形容)이라 않고 천하지형용(天下之形容)이라

155

함을 주목해야 한다. 자연이[天地之] 드러내는[形] 모습[容]이 아니라 인간 세가[人間世之] 드러내는[形] 모습[容]을 위주로 성인(聖人)이 살펴[見] 헤아리는[擬] 점을 주목해야 한다. 천하지형용(天下之形容)의 '형용(形容) 즉 드러나는[形] 모습[容]'이란 '멈춘[止] 모습[容]의 드러남[形]'이 아니라 '움직이는[動] 모습[容]의 드러남[形]'이기 때문에 천하지형용(天下之形容)-천하지동(天下之動)-천하지상(天下之象) 등은 같은 말씀이다. 형용(形容)이란 형상(形象) 즉 드러난[形] 짓[象]이고, 짓[象]이란 쉼 없는 동용(動容) 즉 변동하는[動] 모습[容] 바로 그것이다. 이러한 성인(聖人)의 '천하지형용(天下之形容)의 의색(擬頤)'은 『장자(莊子)』「덕충부(德充符)」에 나오는 '성인불모(聖人不謀) 오용지(惡用知)'[주1] 라는 말씀을 상기(想起)시키고, 『노자(老子)』 49장(章)에 '성인무상심(聖人無常心) 이백성심위심(以百姓心爲心)'[주2] 이라는 말씀과 『논어(論語)』「자공(子貢)」에 나오는 '자절사(子絶四) 무의(毋意) 무필(毋必) 무고(毋固) 무아(毋我)'[주3] 라는 말씀도 상기(想起)시킨다. 성인(聖人)께 이념(理念)이라는 것은 없다. 세상[天下]에 숨겨져 몹시 은밀하게 드러내는[形] 모습[容] 그대로 마주하면서 역(易)을 이용하여[以] 성인(聖人)이 견색(見頤)하고 의색(擬頤)함을 밝힌 말씀이 '의저기형용(擬諸其形容)'[주4] 인 것이다. 그래서 성인(聖人)의 의색(擬頤)은 온갖 사물(事物)에 미치는 역(易)을 살피고[觀] 새겨[玩] 점(占)쳐 지변(知變)하여 지래(知來)하게 하는 통어(通語)가 된다.

주1. 성인불모(聖人不謀) 오용지(惡用知) '성인은[聖人] 꾀하지 않는다[不謀]. 어찌[惡] 작은 지식을[知] 쓰겠는가[用]?' 오용지(惡用知)의 '지(知)'는 논쟁을 일삼는 인지(人知)를 뜻한다.

주2. 성인무상심(聖人無常心) 이백성심위심(以百姓心爲心) '성인께는[聖人] 제 주장이[常心] 없고[無] 백성의[百姓] 마음[心]으로[以] 제 마음을[心] 삼는다[爲].'

주3. 자절사(子絶四) 무의(毋意) 무필(毋必) 무고(毋固) 무아(毋我) '공자는[子] 넷을[四] 끊었다[絶]. 자의가[意] 없고[毋], 기필함이[必] 없고[毋], 고집함이[固] 없고[毋], 내 몫이[我] 없다[毋].'

주4. 의저기형용(擬諸其形容) 세상이[其] 드러내는[形] 모습[容]에서 세상에 깊이 숨

겨진 것들[諸]을 헤아리고 견주고 적용하는[擬] 사람만이 정보화시대(情報化時代)에서 지래자(知來者)-지변자(知變者)가 되어 미래(未來)를 열어갈 수 있다. 그러자면 오로지 무사(無思)-무위(無爲)로 견색(見賾)하고 의색(擬賾)해야 함을 사무치는 자(者)만이 창의력(創意力)을 발휘할 수 있기 때문에 성인(聖人)은 창작(創作)의 종사(宗師)이다.

115. 물의(物宜)의 상(象)

象其物宜라. '성인(聖人)께서는 도의(道義)를 이용하여 온 세상에 드러나는 모습의[其] 사물이[物] 마땅함을[宜] 본뜸이[象] 있다[有].'

이는 성인(聖人)이 어떻게 설괘(設卦)한 것인지를 밝히고 있다. 나아가 64괘(卦)를 베풀어[設] 괘효(卦爻)에 매어 둔[繫] 성인(聖人)의 말씀[辭] 또한 어떻게 마련되었는지 새기고[玩] 헤아려[擬] 가늠하게[斷] 한다. 물론 상기물의(象其物宜)의 '물(物)'은 '천하지형용(天下之形容)' 바로 그것이다. 64괘(卦)에는 괘사(卦辭)와 6효(爻)마다 효사(爻辭)가 있다. 64괘(卦)의 괘효사(卦爻辭)는 성인(聖人)이 마음대로 지어낸 말씀이 아니라 세상이 드러내는 사물(事物)의 마땅함[宜]을 본떠[象] 즉 형상(形象)하여 마련된 말씀[辭]임을 여기서 알 수 있다. 상기물의(象其物宜)의 '의(宜) 즉 마땅함[宜]'이란 『대학(大學)』에 나오는 '물유본말(物有本末) 사유종시(事有終始) 지소선후(知所先後) 즉근도의(則近道矣)'를 상기(想起)시킨다. 사물(事物)의 본말(本末)을 살펴[觀] 새기고[玩] 헤아려[擬] 가늠해[斷] 본(本)을 본(本)으로 본받아[法] 형상하고[象], 말(末)을 말(末)로 본받아[法] 형상함[象]이 본말(本末)의 마땅함[宜]이고, 사물(事物)의 종시(終始)를 살펴[觀] 새기고[玩] 헤아려[擬] 가늠해[斷] 종(終)을 종(終)으로 본받아[法] 형상하고[象] 시(始)를 시(始)로 본받아[法] 형상함[象]이 종시(終始)의 마땅함[宜]이다. 그리고 사물(事物)의 본말(本末)에서 본(本)을 선(先) 즉 먼저[先] 살펴[觀] 새기고[玩] 헤아려[擬] 가늠하여[斷] 말(末)을 후(後) 즉 뒤로[後] 살펴[觀] 새기고[玩] 헤아려[擬] 가늠함[斷]을 본받아[法] 형상함[象]이 선후(先後)의 마땅함[宜]이다. 그러므로 상기물의(象其物宜)의 '상(象)'은 오로지 사물(事物)의 본말(本末)-종시(終始)-선후(先後)가 마땅함[宜]을 찾아내[見] 본받아[法] 형상함[象]이 곧 상기물의(象其物宜)의 '상(象)'이다. 물물(物物)에서 찾아낸[見] 그 마땅함[宜]이 곧 견색(見賾)-의색(擬賾)의 '색(賾)'이다. 여기서 상기물의(象其物宜)의 '상(象)'은 온 세상 물물(物物)의 본말(本末)-종시(終始)-선후(先後)의 마땅함[宜]을 본받아[法] 형상한[象] 것[物]임을 알 수 있고, 그러한 상(象)으로 성인(聖人)이 설괘(設卦) 즉 '괘(卦)를 베풀었음[設]'을 알 수 있다. 여기서 사물(事物)의 마땅함[宜]을 지성(至誠)으로 찾아내[見] 즉 무사(無思)-무위(無爲)로 찾아내[見] 성인(聖人)이 괘효상(卦爻象)을 베풀고[設] 괘효사(卦爻辭)를 매었음[繫]으로 그 괘효상(卦爻象)과 괘효사(卦爻辭)를 지성(至誠)으로 관상(觀象)-완사(玩辭)-관변(觀變)-완점(玩占)해야 함을 알게 된다. 그러므로 상기물의(象其物宜)는 매사(每事)의 본말(本末)-종시(終始)-선후(先後)가 마땅한지[宜] 살펴[觀] 새기고[玩] 헤아려[擬] 가늠해[斷] '격물(格物)하게 하는 것임'을 알 수 있다. 따라서 성인(聖人)이 베푼[設] 64괘(卦)가 '격물(格物)하게 하는 신물(神物)'임을 또한 알 수 있게 된다. 이렇기 때문에 괘상(卦象)-괘효사(卦爻辭)를 이용해[以] 사물(事物)의 마땅함[宜]을 알아차리고 지변(知變)하여 지래(知來)할 수 있는 것이다. 괘효상(卦爻象)과 괘효사(卦爻辭)에서 사물(事物)의 마땅함[宜]을 지성(至誠)으로 견색(見賾)-의색(擬賾)해야 함을 밝힌 말씀이 '상기물의(象其物宜)'이다. 그래서 물의(物宜)의 상(象)은 온갖 사물(事物)에 미치는 역(易)을 살피고[觀] 새겨[玩] 점(占)쳐 지변(知變)하여 지래(知來)하게 하는 통어(通語)가 된다.

116. 괘효(卦爻)의 상(象)

謂之象이라. '그것을[之] 형상이라[象] 한다[謂].'
_{위 지 상}
　여기서 '상(象)'은 사물(事物)의 본말(本末)-종시(終始)-선후(先後)의 마땅함[宜]을 본받아[法] 형상한[象] 것[物]이다. 그렇게 본받아[法] 형상한[象] 것으로 성인(聖人)이 설괘(設卦) 즉 괘(卦)를 베풀었기[設] 때문에 괘(卦)를 '상(象)'이라고 일컫는 것이다. 사물(事物)의 형상(形象)에 깊이 숨은 것[賾]은 멈춰 있는 것[物]이 아니라 궁즉변(窮則變)의 것[物]이다. 다하면[窮] 곧[則] 변하는[變] 실마리가 색(賾)이다. 그렇기 때문에 견색(見賾)의 '색(賾)'은 '마땅한 것[宜者]'이 된다. '궁(窮)'한 것은 결코 '의(宜)'일 수 없다. 그래서 상기물의(象其物宜)의 '상(象)'은 곧 '변화(變化)의 짓[象]'이라고 여겨도 된다. 따라서 물의(物宜)의 짓[象]을 변화(變化)의 형상(形象)이라고 새겨도 되는 것이다. 그러므로 상기물의(象其物宜)에서 '의(宜)'란 변화(變化)를 뜻한다고 새겨 헤아려 가늠해도 된다. 상기물의(象其物宜)란 바로 성인(聖人)이 내사(來事)의 조짐[象]을 살펴[見] 찾아냄[賾]을 풀이해 주는 셈이다. 내물(來物)이란 일음일양(一陰一陽)의 생생(生生)을 이음[繼]이다. 결정된 것이면 변화(變化)가 끝나 궁(窮)한 것이니 이미 살펴낼[見] 것[賾]이 아니다. 성인(聖人)은 세상의 온갖 것-온갖 일[物]에서 변화(變化)의 징조(徵兆)를 살펴내[見] 헤아려 낸[擬] 것[賾]을 형상(形象)한 물건이 곧 괘효(卦爻)임을 여기서 알 수 있다. 그래서 견색(見賾)-의색(擬賾)의 '색(賾)'을 '신물(神物)'이라고 하는 것이다. 생생(生生) 즉 변화(變化)를 잇고[繼] 있는 것[物]을 '신물(神物)'이라고 한다. 신물(神物)은 미래(未來)의 것[物]을 살피게 하고 새기게 하고 헤아리게 하고 가늠하게 한다. 신(神)이란 음양불측(陰陽不測)이니 신기(神奇)-신통(神通) 신명(神明)하여 지변(知變)하게 하고 지래(知來)하게 한다. 상기물의(象其物宜)의 '상(象)'은 괘효사(卦爻辭)를 진맥(診脈) 즉 요샛말로 체험(體驗)하게

하는 형상(形象)의 괘(卦)임을 밝힌 말씀이 '위지상(謂之象)'이다. 그래서 괘효(卦爻)의 상(象)은 온갖 사물(事物)에 미치는 역(易)을 살피고[觀] 새겨[玩] 점(占)쳐 지변(知變)하여 지래(知來)하게 하는 통어(通語)가 된다.

117. 성인(聖人)의 견동(見動)

聖人見天下之動이라. '성인께는[聖人] 온 세상 사물의 짓[象]을 이용하여[以] 세상[天下]의[之] 변동을[動] 찾아냄이[見] 있다[有].'

이는 성인(聖人)이 '상기물의(象其物宜)의 상(象) 즉 기상(其象)'을 이용하여[以] 지변자(知變者)가 되어 지래자(知來者)가 되는 까닭을 밝혀 주고 있다. 견천하지색(見天下之賾)할 수 없다면 견천하지동(見天下之動)할 수 없다. 견천하지동(見天下之動)-견천하지형용(見天下之形容)-견천하지상(見天下之象) 등은 모두 견천하지변동(見天下之變動)을 뜻한다. 천하(天下)는 이 땅[地]의 만물(萬物)과 더불어 인간(人間)이 삶을 누리는 세상(世上)을 말한다. 그러므로 '견천하지동(見天下之動)'이란 인간세(人間世)에서 드러나는[形] 변동(變動)을 살펴 찾아낸다는 말씀이다. 견천하지색(見天下之賾)을 줄여 견색(見賾)이라 하고, 견천하지동(見天下之動)을 줄여 견동(見動)이라 한다. 견동(見動)해야 지변(知變)하여 내자(來者) 즉 미래[來]를 전지(前知)해 지래자(知來者)가 될 수 있는 것이다. 천하지색(天下之賾)의 '색(賾)'은 '유심난견(幽深難見)'을 뜻하니 '은자(隱者) 즉 숨은[隱] 것[者]'이라면, '동(動)'은 '색(賾)이 드러난[形] 모습[容]의 짓[象]' 즉 변동(變動)의 형용(形容)인 짓[象]이다. '상(象)'이란 짓이고 형상(形象)이며, 형용(形容)이고 낌새[象兆]이며, 본받기[效法]를 포괄(包括)하는 자(字)임을 늘 명심(銘心)해야 한다. 난견(難見)의 색(賾)을 찾아내는[見] 방법이 곧 성인(聖人)이 설괘(設卦)한 64괘(卦) 바로 그것이고, 괘효상(卦爻

象)을 살피고[觀] 괘효사(卦爻辭)를 새겨[玩] 관변(觀變)하여 완점(玩占)하게 함이 곧 '견천하지동(見天下之動)'임을 여기서 알아차릴 수 있다. 견동(見動)하게 하는 '상기물의(象其物宜)'가 곧 이역(以易) 즉 역(易)을 이용하게 하는 것임을 또한 알 수 있게 된다. 물론 온 세상 사물(事物)의 형용(形容)에서 견동(見動) 즉 변동(變動)을 찾아냄[見]이란 역(易)을 써[以] 찾아냄[見]이다. 변동(變動)을 찾게[見] 하는 사물(事物)의 형용(形容) 역시 도의(道義) 즉 도(道)를 통하게 하는[德] 올바른[義] 이치[理]를 따르게 마련이므로, 사물(事物)의 형용(形容)에서 변동(變動)을 찾아냄[見]은 오로지 무사(無思)-무위(無爲)해야 한다. 그렇지 못하면 사물(事物)의 형용(形容)에서 변화지기(變化之機) 즉 변화(變化)의 낌새[徵]를 찾아낼 수 없는 것이다. 말하자면 무사(無私)-무욕(無欲)하지 못하는 인간에게는 생생(生生)의 낌새[徵]를 찾아내기[見]란 불가능한 것이다. 왜 성인(聖人)께는 '견동(見動)함이 있는 것[有]'인가? 성인(聖人)은 무사(無思)-무위(無爲)로 생생(生生)의 징(徵)을 찾기 때문이다. 그리하여 성인(聖人)은 온 세상 사물(事物)의 형용(形容) 즉 변동(變動)의 짓[象]에서 그 낌새[徵]를 찾아내[見] 생각하고[思] 살펴 견주어[考] 적용해 지변자(知變者)가 되고 지래자(知來者)가 되는 것이다. 견동(見動)의 '견(見)' 또한 견색(見賾)의 '견(見)'과 같이 '볼 시(視)-생각할 사(思)-살필 고(考)' 등을 묶은 자(字)이다. 그러므로 성인(聖人)의 견(見)은 『대학(大學)』에 나오는 '심부재언(心不在焉) 시이불견(視而不見)'⊕¹을 상기(想起)시킨다. 성인(聖人)의 견색(見賾)-견동(見動)은 역(易)을 이용하는[以] 마음[心]이고 그 마음은 무사(無思)-무위(無爲) 바로 그것이다. 그러므로 견동(見動) 역시 법천심(法天心)의 정심(正心)을 떠날 수 없다. 법천심(法天心)이란 무사(無思)-무위(無爲)를 본받기[法]함을 말한다. 성인(聖人)은 정심(正心)의 화신(化神)이기 때문에 견동(見動)할 수 있음이다. 정심(正心)이 없다[不在=無]면 무사(無思)-무위(無爲)의 심안(心眼)이 없기 때문에 변화(變化)의 꼬투리[賾]가 보여도 보지 못해 견동(見動)하지 못하는 것이다. 『장자(莊子)』「소요유(逍遙遊)」에서 성인(聖人)을 '지인무기(至人無己) 신인무공(神人無功) 성인무명(聖人無名)'[註2]이라고 밝힌 까닭을 여기서도 새삼 새기고 헤아려 가늠되고, 『맹자(孟子)』「진심장구(盡心章句) 하(下)」에서도 '성인지어천도야명야(聖人之於天道也命也)'[註3]라고 밝힌 까닭이 가늠된다. 성인(聖人)이 온 세상 사물(事物)의 형상(形象)을 이용하여[以] 오로지 견동(見動)함을 밝힌 말씀이 '성인유이견천하지색(聖人有以見天下之賾)'이다. 그래서 성인(聖人)의 견동(見動)은 온갖 사물(事物)에 미치는 역(易)을 살피고[觀] 새겨[玩] 점(占)쳐 지변(知變)하여 지래(知來)하게 하는 통어(通語)가 된다.

註 1. 심부재언(心不在焉) 시이불견(視而不見) '자신에게[焉] 마음이[心] 없다면[不在] 육안(肉眼)으로 보아도[視而] 육안(肉眼)에는 보이지 않는다[不見].'

註 2. 지인무기(至人無己) 신인무공(神人無功) 성인무명(聖人無名) '지인께는[至人] 자기가[己] 없고[無] 신인께는[神人] 공적이[功] 없고[無] 성인께는[聖人] 명성이[名] 없다[無].' 진인(眞人)-신인(神人)은 성인(聖人)을 달리 칭한 것뿐이다. 성인(聖人)은 역무사(易无思)-역무위(易无爲)를 오로지 본받기[法] 때문이다. 기공명(己功名)을 생각함이 없음을 '무사(無思)'라 하고, 기공명(己功名)을 꾀함이 없음을 '무위(無爲)'라 한다.

註 3. 성인지어천도야명야(聖人之於天道也命也) '성인(聖人)이[之] 천도를[天道] 행함[於]이[也] 천명[命]이다[也].'

118. 회통(會通)의 관(觀)

觀其會通이라. '성인께는[聖人] 천하지동(天下之動)을 이용하여 세상의 변동이[其] 모이고[會] 통행함을[通] 살펴 냄이 있다[觀].'

관기회통(觀其會通)은 『장자(莊子)』「천도(天道)」에 나오는 '통어천지자덕야(通於天地者德也)'와 '행어만물자도야(行於萬物者道也)'를 상기(想起)시킨다. '행어만물자(行於萬物者)-통어천지자(通於天地者)'로써 앞서 살핀 도의지문

(道義之門)을 풀이할 수 있기 때문이다. 견색(見賾)-의색(擬賾)-견동(見動)함은 성성존존(成性存存)이라는 도덕(道德)의 바른[義] 이치[理]를 벗어나지 않기 때문에 성인(聖人)은 천하지동(天下之動) 즉 온 세상[天下之] 변동[動]의 회통(會通)을 관찰할[觀] 수 있는 것이다. 그러므로 관기회통(觀其會通)의 '회(會)'는 성인(聖人)이 천하지형용(天下之形容)에서 변동(變動)을 살필[見] 때 도의(道義)를 빠짐없이 취합(聚合)함을 뜻하고, 관기회통(觀其會通)의 '통(通)'은 도의(道義)가 막히지 않고 통행(通行)함을 뜻한다. 이는 곧 도의(道義) 즉 도(道)를 통하게 하는[德] 올바른[義] 이치[理]로써만 온 세상 변동(變動)이 회통(會通)할 뿐이고, 도의(道義)를 어기고서는 회통(會通)할 수 없는 것이다. 변동(變動)의 회통(會通)은 오로지 도의(道義)로써만 가능할 뿐이다. 이는 오로지 지성(至誠)만이 즉 무사(無思)-무위(無爲)의 견동(見動)만이 세상의 변동(變動)이 회통(會通)할 수 있음이다. 천하지동(天下之動) 즉 세상[天下]의 변동[動]이란 도의(道義)로써만 회통(會通)되는 것임을 밝힌 말씀이 '관기회통(觀其會通)'이다. 그래서 회통(會通)의 관(觀)은 온갖 사물(事物)에 미치는 역(易)을 살피고[觀] 새겨[玩] 점(占)쳐 지변(知變)하여 지래(知來)하게 하는 통어(通語)가 된다.

註 통어천지자덕야(通於天地者德也) 행어만물자도야(行於萬物者道) '자연[天地]에[於] 통하는[通] 것이[者] 덕(德)이고[也], 온갖 것[萬物]에[於] 미치는[行] 것이[者] 도(道)이다[也].'

119. 전례(典禮)의 행(行)

以行其典禮라. '성인께는[聖人] 천하지동(天下之動)을 이용하여 그 회통(會通)의[其] 이치를 모아[會] 통용함을[通] 살펴 냄이 있다[觀].'
이 행 기 전 례

이는 성인(聖人)의 행(行)을 살펴[觀] 새기고[玩] 헤아려[擬] 가늠하게[斷]
한다. 이행기전례(以行其典禮)에서 '이(以)'가 '이천하지동지회통(以天下之動之
會通)'의 줄임이라는 것을 상기(想起)한다면 성인(聖人)이 시행(施行)하는 전
례(典禮)는 성인(聖人)의 뜻에 따른 전법(典法)과 예의(禮儀)가 아니고 천하지
동(天下之動)의 회통(會通)을 준수(遵守)하는 전법(典法) 즉 상법(常法)이고, 예
의(禮儀) 또한 그 회통(會通)을 준수(遵守)하는 상례(常禮)임을 '이행기전례(以
行其典禮)'가 밝혀 주고 있음을 알아차릴 수 있고, 성인지행(聖人之行)이 범
인지행(凡人之行)과 서로 다른 까닭도 알아차릴 수 있다. 성인(聖人)은 오로
지 철저하게 세상의[天下之] 변동(變動)이 회통(會通)하는 전법(典法)과 예의
(禮儀)를 관찰(觀察)하여 시행(施行)함에 지성(至誠)을 다한다. 이러한 성인(聖
人)을 군자(君子)는 본받고[效] 소인(小人)은 업신여기기[狎] 때문에 범인(凡
人)이 시행(施行)하는 전례(典禮)는 자기중심(自己中心)으로 드러난다. 전례(典
禮)란 '전법예의(典法禮儀)'를 줄임이다. 전법(典法)은 변함없이 통하는 법(法)
즉 상법(常法)이고, 예의(禮儀) 또한 변함없이 통하는 조목(條目)이다. '온 세
상 변동[天下之動]'에 따라서 회통(會通)하는 전법(典法)이라야 상법(常法)이
고, 천하지동(天下之動)에 따라 회통(會通)하는 예의(禮儀)라야 상례(常禮)가
될 수 있는 '전례(典禮)를 행(行)함'이 곧 '성인(聖人)의 행(行)'이다. 성인(聖
人)의 이러한 '행(行)'은 『노자(老子)』49장에 나오는 '성인무상심(聖人無常心)
이백성심위심(以百姓心爲心)',▣¹ 이라는 말씀을 상기(想起)시키고, 『논어(論語)』
「자공(子貢)」에 나오는 '무의(毋意) 무필(毋必) 무고(毋固) 무아(毋我)'▣² 라는
'자절사(子絶四)'를 또한 상기(想起)시키고, 『맹자(孟子)』「만장장구하(萬章章句
下)」에 나오는 '종조리자성지사야(終條理者聖之事也)'▣³ 라는 말씀을 상기(想
起)시킨다. 종조리(終條理)는 악(樂)의 지화(至和)를 이루어 냄을 뜻한다. 악
(樂)의 어울림[和]보다 더 걸맞은 회통(會通)의 전례(典禮)는 없을 터이다. 왜
성인(聖人)이 시행(施行)하는 전례(典禮)라면 언제 어디서나 도의(道義) 즉 도

(道)를 통하게 하는[德] 올바른[義] 이치[理]를 따라가는 것인가? 이는 '성인 (聖人)이 행(行)하는 전례(典禮)'가 세상의 변동에 따라 회통(會通)하기 때문이다. '성인(聖人)의 행(行)'은 치우침도 없고 모자람도 없어서 하늘이 하는 대로 땅이 하는 대로 오로지 도의(道義)를 모아[會] 도의(道義)가 통하게[通] 행(行)할 뿐임을 밝힌 말씀이 '이행기전례(以行其典禮)'이다. 그래서 전례(典禮)의 행(行)은 온갖 사물(事物)에 미치는 역(易)을 살피고[觀] 새겨[玩] 점(占)쳐 지변(知變)하여 지래(知來)하게 하는 통어(通語)가 된다.

註 1. 성인무상심(聖人無常心) 이백성심위심(以百姓心爲心) '성인께는[聖人] 제 주장이[常心] 없고[無], 백성의[百姓] 마음[心]으로[以] 제 마음을[心] 삼는다[爲].'

註 2. 자절사(子絶四) 무의(毋意) 무필(毋必) 무고(毋固) 무아(毋我) '공자는[子] 넷을[四] 끊었다[絶]. 자의가[意] 없고[毋], 기필함이[必] 없고[毋], 고집함이[固] 없고[毋], 내 몫이[我] 없다[毋].'

註 3. 종조리자성지사야(終條理者聖之事也) '조리를[條理] 마감하는[終] 것은[者] 성인(聖人)의[之] 일[事]이다[也].' 팔음(八音)이 쇠[鍾] 소리로 시작함이 시조리(始條理)이고, 돌[磬] 소리로 끝남이 종조리(終條理)이다. 팔음(八音)이 서로 맥락(脈絡)을 관통(貫通)하여 어울림을 이룸을 일러 악(樂)의 조리(條理)라 한다. 종(鍾) 소리로 팔음(八音)의 연주(演奏)가 시작됨이 시조리(始條理)이고, 경(磬) 소리로 그 연주가 거두어 끝남이 종조리(終條理)이다. 이러한 악(樂)의 종조리(終條理)를 들어 성인[聖]의[之] 일[事]을 풀이함은 참으로 절묘한 비유(譬喩)이다.

120. 괘효(卦爻)의 사(辭)

繫辭焉이라. '성인(聖人)께서 괘효(卦爻)에 말씀을[辭] 매어 둔 것[繫]이다[焉].'

이는 성인(聖人)이 64괘(卦)의 괘효(卦爻)마다에 말씀을[辭] 매어 두었음[繫]을 뜻한다. 계사언(繫辭焉)의 '사(辭)'는 성인(聖人)께서 도의(道義)로[以] 세상의 그윽이 깊게 숨겨진 것들[賾]을 찾아낸[見天下之賾] 말씀[辭]이고, 성인(聖人)께서 도의(道義)로 세상의 형용(形容)에서 세상에 깊이 숨겨진 것들[賾]을 헤아리고 견주어 적용한[擬諸於天下之形容] 말씀[辭]이고, 성인(聖人)께서 도의(道義)로 온 세상에 드러난 사물(事物)이 마땅함을[宜] 본뜬[象其物宜] 말씀[辭]이고, 성인께서[聖] 온 세상 사물의 짓[象]을 이용하여 온 세상의 변동(變動)을 찾아낸[見天下之動] 말씀[辭]이고, 성인(聖人)께서 천하지동(天下之動)을 이용하여 그 이치를 모아 통용함을 살펴낸[觀其會通] 말씀[辭]이고, 성인(聖人)께서 천하지동(天下之動)을 이용하여 그 회통(會通)의 전법과 예의 요목을 행한[行其典禮] 말씀[辭]이다. 성인(聖人)의 이러한 말씀[辭]은 오로지 성인지언(聖人之言)임을 늘 명심(銘心)하고 완사(玩辭)해야 하는 것이다. 왜냐하면 계사언(繫辭焉)의 '사(辭)'는 '숭덕(崇德)-광업(廣業)'의 말씀[辭] 즉 천명(天命)의 말씀[辭]이기 때문이다. 천명(天命)의 말씀[辭]이란 오로지 무사(無私)-무요(蕪要)의 사(辭)이다. 계사언(繫辭焉)의 '사(辭)'는 결코 한 개인(個人)의 화복(禍福)을 말해 주는 주문(呪文)의 사(辭)가 아닌 것이다. 그러므로 계사언(繫辭焉)의 '사(辭)'는 '원형리정(元亨利貞)의 말씀[辭]'이고 줄여 '정사(貞辭)'라고 해도 된다. '정(貞)'은 '원형리(元亨利)'를 하나로 품고 있는 까닭이다. 그래서 정사(貞辭)의 '정(貞)'을 '복문(卜問)'이라고 하는 것이다. 길흉(吉凶)을 점쳐[卜] 물어보는[問] 심지(心志)가 곧 '정(貞)'이다. 이러한 '정(貞)의 마음 가기[志]'는 '지성(至誠)의 지(志)' 바로 그것이다. 지성(至誠)의 마음 가기[志]를 일러 '무자기(无自欺)'라 한다. 스스로[自] 속이지[欺] 말라[无]. 무자기(无自欺)-망기(忘己)-사기(舍己) 등은 '정지(貞志)'를 일컬음이다. 그러므로 정사(貞辭)란 스스로[自] 속이지[欺] 말고[无] 새겨야 하는[玩] 말씀[辭]이고, 탐욕(貪欲)의 나[己]를 잊고[忘] 버리고[舍] 새겨야 하는[玩] 말씀[辭]이다. 그러므로 '정지(貞志)'는 무사(無私)-무욕(無欲)-무아(無我)의 마음 가기[志]이기 때문에 계사언(繫辭焉)의 '사(辭)'를 새겨[玩] 성인(聖人)을 본받게[法] 되어 저마다 나름대로 지변자(知變者)가 될 수 있고, 따라서 지래자(知來者)가 될 수 있는 것이다. 그러므로 계사언(繫辭焉)의 '사(辭)'는 온 세상 만사(萬事)의 형용(形容)과 변동(變動)을 마주하여 세상에 숨겨진 '색(賾)'을 살펴[見] 헤아려[擬] 지변(知變)하고 지래(知來)하게 하는 성인(聖人)의 말씀[辭]을 밝힌 것이 '계사언(繫辭焉)'이다. 그래서 괘효(卦爻)의 사(辭)는 온갖 사물(事物)에 미치는 역(易)을 살피고[觀] 새겨[玩] 점(占)쳐 지변(知變)하여 지래(知來)하게 하는 통어(通語)가 된다.

121. 길흉(吉凶)의 단(斷)

以斷其吉凶이라. '계사언(繫辭焉)으로[以] 그[其] 길흉을[吉凶] 가늠한다[斷].'
_{이 단 기 길 흉}

이는 성인(聖人)이 괘효(卦爻)에 매어 둔[繫] 말씀[辭]으로[以] 온 세상 변동의[其] 길흉이[吉凶] 가늠됨[斷]을 밝히고 있다. 이러한 이단기길흉(以斷其吉凶)의 '단(斷)'은 지성(至誠)으로 사물(事物)을 마주하기를 요구한다. 지성(至誠)은 사성(思誠)하게 하고, 사성(思誠)은 관심(觀心)하게 한다. 제 마음[心]을 살피기[觀]란 오로지 제 자신만 할 수 있고, 따라서 지성(至誠) 또한 마음 가기[志]를 자명(自明)하게 한다. 자명(自明)은 자신[自]을 명백(明白)하게 함이니 무자기(毋自欺) 바로 그 마음이다. 괘효사(卦爻辭)를 이용하여[以] 사물(事物)의 길흉(吉凶)을 가늠하라[斷] 함은 자명(自明)하여 지성(至誠)으로 완사(玩辭)하여 관변(觀變)해서 완점(玩占)하라 함이다. 완점(玩占)의 '점(占)'은 사물(事物)의 길흉(吉凶)이 그 사물(事物)의 미래(未來)로 드러남을 스스로 새김질하라[玩] 함이다. 이는 곧 성인(聖人)의 말씀[辭]을 지성(至誠)으로 새김질하라[玩] 함이다. 완(玩)은 남에게 부탁할 수도 없고 남이 해 줄 수도 없는 심지(心志)를 말한다. 물론 그 심지(心志) 즉 마음 가기[心志]가 무사(無

私)-무욕(無欲)-무아(無我)하여 지성(至誠)해야 자신의 가늠함[斷]이 명백(明白)해진다. 마음 가기[志]의 실행[行]이 지극한[至] 정성(誠)으로 사물(事物)의 길흉(吉凶)을 가늠함[斷]이 이단기길흉(以斷其吉凶) 의 '단(斷)'이다. 그래서 '효상동호내(爻象動乎內)'라고 하는 것이다. '효(爻)의 짓[象]이 안에서[乎內] 움직인다[動]'라고 함은 곧 '이단기길흉(以斷其吉凶)의 단(斷)'을 풀이해 주는 것이다. 어떻게 움직여[動] 가늠함[斷]이 명백(明白)한 것인가? 사물(事物)의 짓[象]을 살핌[觀]이 지성(至誠)으로 명백(明白)하고, 그 짓[象]을 새김[玩]이 지성(至誠)으로 명백(明白)하고, 그 짓[象]을 헤아림[擬]도 지성(至誠)으로 명백(明白)해야 가늠하는[斷] 마음의 움직임[動]도 명백(明白)하여 사물(事物)에서 길흉(吉凶)의 짓[象]을 있는 그대로 마주할 수 있는 것이다. 사물(事物)의 짓[象]을 있는 그대로 마주하는 마음 가기[心志]라야 괘효사(卦爻辭)와 자문자답(自問自答)으로 통화(通話)하여 길흉(吉凶)으로 드러날 사물(事物)의 미래(未來)를 스스로 가늠할[斷] 수 있음을 밝힌 말씀이 '이단기길흉(以斷其吉凶)'이다. 그래서 길흉(吉凶)의 단(斷)은 온갖 사물(事物)에 미치는 역(易)을 살피고[觀] 새겨[玩] 점(占)쳐 지변(知變)하여 지래(知來)하게 하는 통어(通語)가 된다.

122. 효(爻)의 단(斷)

是故 謂之爻라. '계사언(繫辭焉)으로 그 길흉(吉凶)을 가늠하기[是] 때문에[故] 그것을[之] 효라[爻] 한다[謂].'

이는 효(爻)란 계사(繫辭)로[以] 온 세상[天下] 변동(變動)의 길흉(吉凶)을 가늠함[斷]을 밝힌 것이다. 그래서 효(爻)를 '단(斷)-단(彖)' 즉 '가늠함[彖]'이라 하고, '효사(爻辭)'를 '단사(彖辭)' 즉 '가늠하는[彖] 말씀[辭]'이라고 하는 것이다. 효(爻)는 교(交)-효(效)-변(變) 등으로 그 가늠[彖]의 뜻이 넓혀진다. 효사(爻辭)만으로 길흉(吉凶)을 가늠하는[彖] 것은 아니다. 먼저 관상(觀象) 즉 효상(爻象)을 살펴서[觀] 완사(玩辭) 즉 효사(爻辭)를 새겨[玩] 길흉(吉凶)을 가늠하게[彖] 된다. 효상(爻象)은 육효(六爻)가 서로[相] 사귀어[交] 짓하기[象] 때문에 효(爻) 사이의 상교(相交)를 살피게 한다.⊕ 효(爻)의 상교(相交)를 '중(中)-정(正)-응(應)-비(比)'라고 한다. 그러므로 육효(六爻)의 사귐[交]인 '중(中)-정(正)-응(應)-비(比)'를 살펴[觀] 효사(爻辭)를 새겨[玩] 길흉(吉凶)을 가늠하는[彖] 것이다. 여섯[六]의 효(爻)가 서로 사귀고[交]-본받고[效]-변통하여[通] 길흉(吉凶)을 단(彖)하게 함을 잊어서는 안 된다. 그래서 '효상동호내(爻象動乎內)'라고 하는 것이다. 효의 짓은[爻象] 안[內]에서[乎] 움직인다[動]고 함을 주목해야 효사(爻辭)를 정지(貞志)로 완사(玩辭)할 수 있게 된다. 그러므로 '효상동호내(爻象動乎內)'의 '안[內]'이란 효상(爻象)을 살피는[觀] 심지(心志)와 더불어 육효(六爻)의 상교(相交)를 함께 뜻하고 있음이다. 따라서 효(爻)가 단(彖)하게 하는 길흉(吉凶)을 전지(前知)하여 지변(知變)하자면 먼저 '효상동호내(爻象動乎內)의 동호내(動乎內)'가 무자기(无自欺)의 성의(誠意)로 간명(簡明)해야 함을 늘 명심(銘心)해야 한다. 그런 까닭에 효사(爻辭) 즉 단사(彖辭)를 마주할 때는 사성(思誠)의 침묵(沈黙)으로 마음속[心中]이 간명(簡明)해야 하는 것이다. 간명(簡明)하다 함은 무사(無私)-무욕(無欲)하다 함이다. 스스로를[自] 속이지[欺] 않아[无] 정성스러운[誠] 마음가짐[意]으로 간명(簡明)하다면 그 간명(簡明)한 정지(貞志)가 곧 성인(聖人)의 화신(化神)-능이(能移)를 본받는[法] '심정(心靜) 즉 마음[心]의 고요[靜]'이다. 그 정지(貞志)의 심정(心靜)이 무자기(毋自欺)-망기(忘己)-사기(舍己)와 같음이다. 그 정지(貞志)로 관상(觀象) 즉 효상(爻象)을 살펴[觀] 완사(玩辭) 즉 효사(爻辭)를 지성(至誠)으로 새겨[玩] 가늠하라[彖]는 말씀이 '위지효(謂之爻)'이다. 그래서 효(爻)의 단(斷)은 온갖 사물(事物)에 미치는 역(易)을 살피고[觀] 새겨[玩] 점

169

(占)쳐 지변(知變)하여 지래(知來)하게 하는 통어(通語)가 된다.

註 육효(六爻)의 상교(相交) 효상(爻象)은 육효(六爻)의 자리[位]를 살펴[觀] 서로의 관계를 가늠해야[象] 한다. 대성괘(大成卦)에서 여섯 효(爻)의 자리[位]를 따라 '중(中)-정(正)-중정(中正)-정응(正應)-불응(不應)-비(比)' 등을 살펴 효상(爻象)을 살피고[觀] 헤아려[擬] 가늠하게[象] 된다. 하괘(下卦)의 이효(二爻)와 상괘(上卦)의 오효(五爻)의 자리[位]를 '중(中)'이라 한다. 일(一)-삼(三)-오(五)의 자리[位]는 양효(陽爻)의 자리[位]이고, 이(二)-사(四)-육(六)의 자리[位]는 음효(陰爻)의 자리[位]이다. 음효(陰爻)가 음위(陰位)에 있고 양효(陽爻)가 양위(陽位)에 있으면 길(吉)하다. 첫째[一]의 자리[位]를 '초(初)'라 하고, 여섯째[六] 자리[位]를 '상(上)'이라 한다. 음(陰)-양(陽)의 효(爻)가 제자리[位]에 있으면 '정(正)'이라 하고, 특히 중효(中爻)인 이효(二爻)가 음효(陰爻)이고 오효(五爻)가 양효(陽爻)이면 '중정(中正)'이라 하고, 이를 길(吉)하다고 한다. 초효(初爻)와 사효(四爻)-이효(二爻)와 오효(五爻)-삼효(三爻)와 상효(上爻)가 서로 음(陰)-양(陽)의 효(爻)이면 '정응(正應)'이라 하여 길(吉)하고, 그렇지 않으면 '불응(不應)'이라 하여 흉(凶)하다. 초효(初爻)와 이효(二爻)-이효(二爻)와 삼효(三爻)-삼효(三爻)와 사효(四爻)-사효(四爻)와 오효(五爻)-오효(五爻)와 상효(上爻)가 음(陰)-양(陽)의 효(爻)로 이웃하고 있으면 '비(比)'라 하고, 음(陰)-양(陽)의 비(比)이면 길(吉)하고, 불비(不比)이면 흉(凶)하다.

123. 지색(至賾)의 언(言)

言天下之至賾이라. '괘효사(卦爻辭)는 온 세상의[天下之] 지색을[至賾] 말한다[言].'

이는 『주역(周易)』 64괘(卦)의 괘효상(卦爻象)과 괘효사(卦爻辭)를 밝힌 말씀이다. 물론 이는 곧 성인지언(聖人之言) 즉 성인의[聖人之] 말씀[言]을 말한다. 이 말씀은 『논어(論語)』「계씨(季氏)」에 나오는 '외성인지언(畏聖人之言)'을 환기(喚起)시킨다. 왜 성인의 말씀을 두려워해야 하는가? 그 해답이 곧 언천하지지색(言天下之至賾)이다. 자연[天地]이 만물(萬物)로 하여금 쉼 없이 변화(變化)하게 하듯이 인간의 세상[天下]에서도 만사(萬事)가 쉼 없이 변동(變動)하게 하는 기미(機微)를 드러낸다. 이러한 낌새[機微]를 일러 '색(賾)'이라 한다. 그 '색(賾)'을 더욱 강조하여 '지색(至賾)'이라 한 것이다. '색(賾)'은 '유심난견(幽深難見)'을 한 자(字)로 묶은 자(字)이다. 그윽하고[幽] 깊어[深] 찾아내기가[見] 어려운[難] 것을 일러 '색(賾)'이라 한다. 이러한 '색(賾)'을 살펴[觀] 새기게[玩] 하는 짓[象]이 괘효(卦爻)의 '상(象)'이고, 말씀[辭]이 괘효(卦爻)의 '사(辭)'이다. 내사(來事)의 길흉(吉凶)을 가늠하게[斷] 하는 말씀[辭]을 지색지언(至賾之言)이라고 함을 늘 명심(銘心)하고 있는 심지(心志)가 곧 괴지(怪志)-신사(神思)로 드러난다. 특히 괘효(卦爻)의 사(辭)는 지극한 색[至賾]의 말하기[言]이다. 이렇기 때문에 괘효사(卦爻辭)를 '사야자각지기소지(辭也者各指其所之)'라고 하는 것이다. 왜 말씀[辭]이라는[也] 것은[者] 저마다[各] 그 말씀이[其] 나아갈[之] 바를[所] 가리킨다[指]고 하는 것인가? 괘효(卦爻)에 매인[繫] 말씀[辭]은 심지(心志) 즉 마음 가기[心志]에 따라 험(險)하기도 하고 이(易)하기도 하기 때문이다. 괘효사(卦爻辭)를 임(臨)하는 심지(心志)가 무사(無私)-무욕(無欲)하여 명백(明白)하다면 괘효사(卦爻辭)는 매우 이(易) 즉 쉽게[易] 새겨지는[玩] 말씀[辭]이고, 괘효사(卦爻辭)를 마주하는[臨] 마음 가기[心志]가 사리(私利)로 탐욕(貪欲)스럽다면 괘효사(卦爻辭)는 매우 험(險) 즉 어려워[險] 새길[玩] 수 없는 말씀[辭]이다. 효사(爻辭)가 '갈[之] 바[所]를 가리킴[指]'이란 곧 그윽이[幽] 깊어[深] 찾아내기[見] 어려운[難] 색(賾)을 가리켜 줌[指]이다. 효사(爻辭)는 그 지색(至賾)을 함부로 가리키지[指] 않는다. 그런 까닭에 마음 가기[心志]가 무자기(无自欺)-사무사(思無邪)의 지성(至誠)이어야 하는 것이다. 진실로[思] 사악함[邪]이 없는[無] 지(志)라면 그 마음 가기[志]가 곧 지성(至誠)이요 성인(聖人)의 화신(化神)-능이(能移)를 본받는[法] 심지(心志)이다. 성인(聖人)의 말씀[言]을 본받아야[法] 하는 까닭을 밝힌 말씀[辭]이 '언천하지지색(言天下之至賾)'이다. 그래서 지색(至賾)의 언(言)은 온갖 사물(事物)에 미치는 역(易)을 살피고[觀] 새겨[玩] 점(占)쳐 지변(知變)하여 지래(知來)하게 하는 통어(通語)가 된다.

> 註 군자유삼외(君子有三畏) 외천명(畏天命) 외대인(畏大人) 외성인지언(畏聖人之言) 소인부지천명이불외야(小人不知天命而不畏也) 압대인(狎大人) 모성인지언(侮聖人之言) '군자에게는[君子] 세 가지[三] 두려움이[畏] 있다[有]. 자연의 시킴과 가르침을[天命] 두려워하고[畏], 대인을[大人] 두려워하며[畏], 성인의[聖人之] 말씀을[言] 두려워한다[畏]. 소인은[小人] 천명을[天命] 몰라서[不知而] 천명을 두려워하지 않는 것[不畏]이고[也], 대인을[大人] 업신여기고[狎], 성인의[聖人之] 말씀을[言] 업신여긴다[侮].' 대인(大人)-지인(至人)-신인(神人)은 모두 성인(聖人)을 뜻하는 말씀이다.

124. 지동(至動)의 언(言)

言天下之至動이라. '괘효사(卦爻辭)가 온 세상의[天下之] 지극한[至] 움직임을[動] 말한다[言].'

이는 『주역(周易)』 64괘(卦)의 괘효상(卦爻象)이 짓하고[象] 괘효사(卦爻辭)가 말하는[言] 뜻을 밝힌 말씀이다. 이는 성인(聖人)이 이역(以易) 즉 역(易)을 이용하여[以] 말하는[言] 까닭을 헤아리게 하는 말씀도 된다. 그러므로 언천하지지동(言天下之至動) 또한 『논어(論語)』 「계씨(季氏)」에 나오는 '외성인지언(畏聖人之言)'을 환기(喚起)시킨다. 왜 성인의 말씀을 두려워해야 하는가? 그 해답이 또한 언천하지지동(言天下之至動)이다. 자연[天地]이 만물(萬物)로 하여금 쉼 없이 변화(變化)하게 하듯이 인간의 세상[天下]에서도 만사(萬事)가 쉼 없이 변동(變動)하게 하는 기미(幾微)가 드러난다. 이를 '천하지동(天下之動)'이라 하고 그 '동(動)의 기(機)' 즉 변화(變化)의 기미(機微)의 드러남[形]을 일러 '동(動)'이라 한다. 그 '동(動)'을 더욱 강조하여 '지동(至動)'이라 한 것이다. '동(動)'은 '천하변동(天下變動)'을 한 자(字)로 묶은 자(字)라고 새겨도 된다. 천하만사(天下萬事)는 온 세상의[天下之]의 변동(變動)인 셈이다. 이러한 '동(動)'을 살펴[觀] 새기게[玩] 하는 짓[象] 또한 괘효(卦

爻)의 상(象)이고, 말씀[辭] 역시 괘효(卦爻)의 사(辭)이다. 내사(來事)의 길흉(吉凶)을 가늠하게[斷] 하는 말씀[辭]을 또한 지동지언(至動之言)이라고 함을 늘 명심(銘心)하고 있는 심지(心志)라야 또한 괴지(怪志)-신사(神思)로 드러난다. 특히 괘효(卦爻)의 사(辭)는 지극한 변동(至動)의 말하기[言]이다. 이렇기 때문에 괘효사(卦爻辭)를 '사야자각지기소지(辭也者各指其所之)'라고 하는 것이다. 왜 말씀[辭]이라는[也] 것은[者] 저마다[各] 그 말씀이[其] 나아갈[之] 바를[所] 가리킨다[指]고 하는가? 괘효(卦爻)에 매인[繫] 말씀[辭]은 심지(心志) 즉 마음 가기[心志]에 따라 험(險)하기도 하고 이(易)하기도 하기 때문이다. 괘효사(卦爻辭)를 임(臨)하는 심지(心志)가 무사(無私)-무욕(無欲)하여 명백(明白)하다면 괘효사(卦爻辭)는 매우 이(易) 즉 쉽게[易] 변동(變動)을 새기게[玩] 하는 말씀[辭]이고, 괘효사(卦爻辭)를 마주하는[臨] 마음 가기[心志]가 사리(私利)로 탐욕(貪欲)스럽다면 괘효사(卦爻辭)는 매우 험(險) 즉 어려워[險] 새길[玩] 수 없는 말씀[辭]이다. 효사(爻辭)가 '갈[之] 바[所]를 가리킴[指]'이란 곧 색(賾)의 기미(幾微)가 드러나[形] 움직임[動]을 또한 가리켜 줌[指]이다. 효사(爻辭)는 그 지동(至動)을 함부로 가리키지[指] 않는다. 그런 까닭에 마음 가기[心志]가 무자기(无自欺)-사무사(思無邪)의 지성(至誠)이어야 하는 것이다. 진실로[思] 사악함[邪]이 없는[無] 지(志)라면 그 마음 가기[志]가 곧 지성(至誠)이요 성인(聖人)의 화신(化神)-능이(能移)를 본받는[法] 심지(心志)이다. 성인(聖人)의 말씀[言]을 본받아야[法] 하는 까닭을 밝힌 말씀[辭]이 또한 '언천하지지동(言天下之至動)'이다. 그래서 지동(至動)의 언(言)은 온갖 사물(事物)에 미치는 역(易)을 살피고[觀] 새겨[玩] 점(占)쳐 지변(知變)하여 지래(知來)하게 하는 통어(通語)가 된다.

125. 성인(聖人)의 의지(擬之)

擬之而後言이라. '성인(聖人)은 온 세상의 지색(至賾)과 지동(至動)을[之] 살피고 새겨 헤아린[擬] 뒤에야[而後] 말한다[言].'

이는 성인(聖人)이 괘효(卦爻)에 맨[繫] 괘효사(卦爻辭)를 다시 밝히고 있다. 64괘(卦)의 괘효(卦爻)에 성인(聖人)이 맨[繫] 말씀[辭]은 천수상(天垂象) 즉 자연[天]이 드리워 주는[垂] 짓[象]을 본받아[法] 그 상(象)을 살피고[觀] 새겨[玩] 헤아린[擬] 뒤에[而後] 밝힌 말씀[辭]이 괘효사(卦爻辭)임을 '의지이후언(擬之而後言)'이 밝히고 있다. 그러므로 의지이후언(擬之而後言)에서 '의지(擬之)의 지(之)'는 온 세상의[天下之] 지색(至賾)-지동(至動)을 줄여 밝힌 것이다. 그리고 여기서 '의지(擬之)의 의(擬)'는 육효(六爻)의 중(中)-정(正)-응(應)-비(比)의 상교(相交)를 지성(至誠)으로 살펴[觀] 새긴[玩] 다음[而後]의 헤아림[擬]이다. 성인(聖人)의 말씀[辭]을 본받는 헤아림[擬]은 『논어(論語)』에 밝혀진 '군자지도(君子之道)'로써 분명하게 주역(紬繹)되어 있다. 무려 78회나 군자(君子)의 도(道)를 칭송하고 그중에서 17번이나 군자(君子)와 소인(小人)을 견주어 천명(天命)을 알지 못해[不知] 천명(天命)을 두려워하지 않고[不畏] 성인(聖人)을 업신여기는[侮] 소인(小人)을 서슴없이 질타(叱咤)하고 있다. 예를 들자면 군자회덕(君子懷德)-군자화이부동(君子和而不同)-군자주이불비(君子周而不比) 등이 곧 성인(聖人)의 의지(擬之)를 본받은[法] 군자(君子)의 도(道)를 밝힌 것이다. 성인(聖人)의 헤아림[擬]이란 무엇보다 덕(德)을 품고[懷] 어울리되[和而] 패거리 짓지 않고[不同] 두루 아우르되[周而] 견주지 않는[不比] 무사(無思)-무위(無爲)의 헤아림[擬]이다. 무사(無思)-무위(無爲)의 의탁(擬度)이라야 명백(明白)하여 지변(知變)하고 지래(知來)할 수 있다. 그러므로 의지이후언(擬之而後言)의 '말하기[言]'는 지변(知變)하여 지래(知來)하게 하려는 말씀[辭]이다. 여기서 지색(至賾)-지동(至動)을 헤아린[擬] 뒤에[而後] 말한다[言]는 것은 지변(知變)-지래(知來)의 말하기[言]임을 알 수 있게 된다. 이러한 헤아림[擬] 뒤의[而後] 말하기[言]는 『논어(論語)』「계씨(季氏)」에 나오는 '군자유구사(君子有九思)'를 상기(想起)시킨다. 헤아림[擬]이란 '사명(思明)-사총(思聰)-사온(思溫)-사공(思恭)-사충(思忠)-사경(思敬)-사문(思問)-사난(思難)-사의(思義)'를 거쳐서 명백(明白)해지는 무사(無私)-무욕(無欲)-무아(無我)의 사색(思索) 즉 '성인(聖人)의 의(議)'로 이어져야 하는 것이다. 이렇듯 명백(明白)한 따져 보기[議]를 거치지 않고서는 지성(至誠)의 사색(思索)이 이루어지지 못한다. 그러면 관상(觀象)-완사(玩辭)할 수 없고, 따라서 지변(知變)하여 지래(知來)할 수 없는 것임을 밝힌 말씀이 '의지이후언(擬之而後言)'이다. 그래서 성인(聖人)의 의지(擬之)는 온갖 사물(事物)에 미치는 역(易)을 살피고[觀] 새겨[玩] 점(占)쳐 지변(知變)하여 지래(知來)하게 하는 통어(通語)가 된다.

註 군자유구사(君子有九思) 시사명(視思明) 청사총(聽思聰) 색사온(色思溫) 모사공(貌思恭) 언사충(言思忠) 사사경(事思敬) 의사문(疑思問) 분사난(忿思難) 견득사의(見得思義) '군자에게는[君子] 아홉 가지[九] 생각함이[思] 있다[有]. 볼 때는[視] 밝은지[明] 생각하고[思], 들을 때는[聽] 밝은지[聰] 생각하고[思], 얼굴에는[色] 온화한지[溫] 생각하고[思], 몸가짐에는[貌] 공손한지[恭] 생각하고[思], 말하기에는[言] 거짓이 없는지[忠] 생각하고[思], 일에는[事] 공경한지[敬] 생각하고[思], 의문 날 때는[疑] 올바로 묻는지[問] 생각하고[思], 성날 때는[忿] 어려움을[難] 생각하고[思], 이득을[利] 볼 때는[見] 의로운지[義] 생각한다[思].'

126. 성인(聖人)의 의지(議之)

議之而後動이라. '성인(聖人)은 온 세상의 지색(至賾)과 지동(至動)을[之] 살피고 새겨 헤아려 따져 본[議] 뒤에야[而後] 행한다[動].'

이는 의지이후언(擬之而後言)의 '언(言)'을 성인(聖人)이 행동(行動)함을 밝히고 있다. 64괘(卦)의 괘효(卦爻)에 성인(聖人)이 맨[繫] 말씀[辭]이 곧 의지이후언(擬之而後言)의 '언(言)'이다. 물론 그 말씀[言]은 천수상(天垂象) 즉 자연[天]이 드리워 주는[垂] 짓[象]을 본받은[法] 괘효사(卦爻辭)이다. 그래서 관상(觀象)하고 완사(玩辭)하여 온 세상의 지색(至賾)-지동(至動)의 짓[象]을 살핌[觀]으로 말미암아 비롯된 '헤아림[擬]'이 괘효사(卦爻辭)이다. 이어서 괘효사(卦爻辭)를 새김[玩]으로 말미암아 비롯된 헤아림[擬]을 따져봄[議]이 의지이후동(議之而後動)의 '의지(議之)'이다. 물론 의지(議之)의 '지(之)' 역시 온 세상의[天下之] 지색(至賾)-지동(至動)을 줄여 밝힌 것이다. 그러므로 의지(擬之)의 '의(議)' 즉 따져 보기[議]'라는 것은 '헤아린[擬] 천하지색(天下之賾)-지동(至動)'을 사색(思索)하여 논(論)하여 평(評)하고-평(評)한 것을 택(擇)하여 정(定)하고-정(定)한 의견(意見)을 마련할 수 있게 되어 관변(觀變)-완점(玩占)을 행(行)함이 '의지이후동(議之而後動)의 동(動)'이다. 이 또한 성인(聖人)의 의지(議之)를 본받은[法] 군자(君子)의 도(道)를 밝힌 것이다. 성인(聖人)의 따져 보기[擬]도 덕(德)을 품고[懷] 어울리되[和而] 패거리 짓지 않고[不同] 두루 아우르되[周而] 견주지 않는[不比] 무사(無思)-무위(無爲)의 따져 봄[擬]이다. 무사(無思)-무위(無爲)의 모의(謀議)라야 명백(明白)하여 지변(知變)하고 지래(知來)할 수 있다. 그러므로 의지이후동(議之而後動)의 '움직임[動]'은 관변(觀變)-완점(玩占)하여 지변(知變)하고 지래(知來)하게 하는 행동(行動)이다. 여기서 천하지색(天下之賾)-지동(至動)을 따져 본[議] 뒤에[而後] 행한다[動]는 것은 지변(知變)-지래(知來)의 시행(施行)임을 알 수 있게 된다. 이러한 따져 보기[議] 뒤의[而後] 행하기[動]도 역시『논어(論語)』「계씨(季氏)」에 나오는 '군자유구사(君子有九思)'를 상기(想起)시킨다. 따져 보기[議]도 '사명(思明)-사총(思聰)-사온(思溫)-사공(思恭)-사충(思忠)-사경(思敬)-사문(思問)-사난(思難)-사의(思義)'를 거쳐서 명백(明白)해지는 무사(無私)-무욕(無欲)-무아(無我)의 사색(思索) 즉 '성인(聖人)의 의(議)'로 이어져야 하는 것이다. 이렇듯 명백(明白)한 따져 보기[議]를 거치지 않고서는 지성(至誠)의 사색(思索)이 이루어지지 못한다. 그러면 관변(觀變)-완점(玩占)할 수 없고 따라서 지변(知變)하여 지래(知來)할 수 없음을 밝힌 말씀이 '의지이후동(議之而後動)'이다. 그래서 성인(聖人)의 의지(議之)는 온갖 사물(事物)에 미치는 역(易)을 살피고[觀] 새겨[玩] 점(占)쳐 지변(知變)하여 지래(知來)하게 하는 통어(通語)가 된다.

127. 변화(變化)의 성(成)

擬議以成其變化라. '성인(聖人)은 온 세상의 지색(至賾)-지동(至動)을 헤아리고[擬] 따져 봄[議]으로[以] 온 세상의[其] 변화를[變化] 성취했다[成].'

이는 성인(聖人)의 사색(思索)을 본받아[法] 관상(觀象)하고 완사(玩辭)하여 관변(觀變)하고 완점(玩占)하는 방편(方便)을 밝히고 있다. 의의이성기변화(擬議以成其變化)에서 의의이(擬議以)의 '의의(擬議)'란 물론 성인지의의(聖人之擬議) 즉 성인의[聖人之] 헤아림[擬]과 따져 봄[議]을 뜻해 성인(聖人)의 사색(思索)을 뜻한다. 괘효(卦爻)의 짓[象]을 살피고[觀] 괘효(卦爻)에 매인[繫] 말씀[辭]을 새김[玩]은 관변(觀變)하여 완점(玩占)하고자 함이다. 이러한 관상(觀象)-완사(玩辭)가 곧 성인(聖人)의 사색(思索)인 '의의(擬議)'를 본받는[法] 사색(思索)이고, 따라서 관변(觀變)-완점(玩占) 또한 성인(聖人)의 의의(擬議)를 본받는[法] 사색(思索)이다. 관변(觀變)이란 '온 세상[天下]의 지색(至賾)과 지동(至動)'을 살펴[觀] 변화(變化)를 가늠해[斷] 지변(知變)함이고, 완점(玩占)이란 그 변화(變化)를 단(斷)하여 사물(事物)의 길흉(吉凶)을 새김하여[玩] 지래(知來)함이다. 관상(觀象)-완사(玩辭)하여 관변(觀變)-완점(玩占)하기가 성인(聖人)의 의의(擬議)를 본받아야[法] 한다는 것은 오로지 무사(無思)-무위

177

(無爲)의 사색(思索)이어야 지변(知變)-지래(知來)할 수 있기 때문이다. 성인(聖人)의 사색(思索)인 '의의(擬議)'를 '간이(簡易)하여 명백(明白)하다'라고 함은 성인(聖人)의 의의(擬議)가 오로지 '무사(無思)-무위(無爲)-무사(無私)-무욕(無欲)-무아(無我)^{註1}의 사색(思索)'이기 때문이다. 이러한 성인(聖人)의 '의의(擬議)'는 『대학(大學)』에 나오는 '치지재격물(致知在格物)'^{註2}이라고 잘 풀이[紬繹]돼 있다. 성인(聖人)의 의의(擬議) 즉 헤아림[擬]과 따져 봄[議]이란 무사(無思)-무위(無爲)로 격물(格物) 즉 사물을[物] 더없이 살펴 찾아내[格] 그 사물[物]을 알아냄[知]에 도달함[致]이다. 사물[物]의 무엇을 더없이 살펴 찾아내고[格], 그 물(物)의 무엇을 알아냄[知]인가? 사물[物]의 변화(變化)를 더없이 살펴 찾아내[格] 그 물(物)의 변화(變化)를 알아냄[知]에 도달하기[致] 위하여 무사(無思)-무위(無爲)로 의의(擬議)하는 것이다. 이러한 치지(致知)가 곧 '성변화(成變化)'이다. 성변화(成變化)는 사물(事物)의 변화(變化)를 깨우쳐 좇아 따름이다. 사물(事物)의 변화(變化)를 깨우쳐 좇아 따르고자 의의(擬議)함을 밝힌 말씀이 '의의이성변화(擬議以成變化)'이다. 그래서 변화(變化)의 성(成)은 온갖 사물(事物)에 미치는 역(易)을 살피고[觀] 새겨[玩] 점(占) 쳐 지변(知變)하여 지래(知來)하게 하는 통어(通語)가 된다.

註 1. '무사(無思)-무위(無爲)-무사(無私)-무욕(無欲)-무아(無我)'의 말씀들을 새기고[玩] 헤아려[擬] 익히자면[熟] 『장자(莊子)』「소요유(逍遙遊)」에 나오는 '지인무기(至人無己) 신인무공(神人無功) 성인무명(聖人無名)'을 환기(喚起)해야 한다. '지인(至人)께는[至人] 제 것이[己] 없고[無] 신인께는[神人] 논공이[功] 없으며[無] 성인께는[聖人] 이름이[名] 없다[無].' 지인(至人)-신인(神人)-성인(聖人)은 명칭이 다를 뿐 뜻은 다 같다. 성인(聖人)을 지인(至人)-신인(神人)-진인(眞人)이라고 일컬을 뿐이다. 기공명(己功名)을 한 자(字)로 '사(私)' 또는 '욕(欲)', 또는 '아(我)'라고 한다. 그러므로 무사(無私)-무욕(無欲)-무아(無我)는 모두 무기공명(無己功名)을 뜻한다. 기공명(己功名)을 생각함[思]이 없음[無]을 '무사(無思)'라 하고, 기공명(己功名)을 위함[爲]이 없음[無]을 '무위(無爲)'라 한다. 물론 사욕아(私欲我)를 생각함[思]이 없음[無]을 '무사(無思)'라 하고, 사욕아(私欲我)를 위함[爲]이 없음[無]을 '무위(無爲)'라 한다. 그러므로 성인(聖人)의 사색(思索)이란 무사(無思)-무위(無爲)하다고 함은 성인(聖人)의 사색(思索)에는 기공명(己功名)도 없고[無], 사욕

(私慾)도 없음[無]을 뜻하고, 이를 두고 성인(聖人)의 사색(思索)은 간이(簡易)하여 명백(明白)하다고 한다.

註 2. 욕수기신자선정기심(欲脩其身者先正其心) 욕정기심자선성기의(欲正其心者先誠其意) 욕성기의자선치기지(欲誠其意者先致其知) 치지재격물(致知在格物) '그[其] 몸을[身] 닦으려는[欲脩] 이는[者] 먼저[先] 그[其] 마음을[心] 바르게 하였고[正], 그[其] 마음을[心] 바르게 하려는[欲正] 이는[者] 먼저[先] 그[其] 뜻을[意] 정성되게 했고[誠], 그[其] 뜻을[意] 정성되게 하려는[欲誠] 이는[者] 먼저[先] 그[其] 앎에[知] 이르게 했다[致]. 앎에[知] 이르게 됨은[致] 사물을[物] 더없이 살펴 찾아냄에[格] 있다[在].'

128. 중부(中孚)의 부(孚)

中孚라. '참됨에[孚] 적중하다[中]'.
  중 부

중부(中孚)의 '부(孚)'는 곧 '신(信)'이다. 믿음[信]은 곧 거짓이 없음[忠]이니 '부(孚)'는 곧 '충신(忠信)'이다. '부(孚)'의 자(字)는 '발톱 조(爪)'와 '새끼 자(子)'를 모은 회의(會意)의 자(字)이다. 어미 새가 알을 품고 발톱으로 굴려 새끼가 태어난다는 뜻을 담은 '난화(卵化)'가 '부(孚)'라는 자(字)의 회의(會意)이다. 그래서 '부(孚)'라는 자(字)는 지성(至誠) 즉 지극한[至] 정성[誠]을 쏟는 믿음[信]을 담고 있다. 그러므로 '중부(中孚)'란 '치화(致和)-화답(和答)'으로 통한다. 어미 새가 포란(抱卵)하여 새끼를 얻듯이 일마다[每事] 지극히[至] 정성되게 하라[誠之] 함이 '중부(中孚)'이다. 어미 새가 포란(抱卵)하는 앞일[來事]은 분명하다. 새끼[子]가 태어남[生]보다 더한 대덕(大德)은 없으니 포란(抱卵)의 앞일[來事]은 대길(大吉)로 드러난다. 그래서 중부(中孚)의 '부(孚)'는 치화(致和)-성신(誠信)으로 통하고『중용(中庸)』에 나오는 '지성여신(至誠如神)'을 떠올려 준다. 매사(每事)에 '부(孚)하라'. 그러면 전지(前知)할 수 있다. 앞서서[前] 알면[知] 지변(知變)한다. 변화를[變] 알면[知] 지래(知

來)한다. 미래를[來] 알면[知] 변화(變化)를 성취한다[成]. 그래서 중부(中孚)의 부(孚)는 온갖 사물(事物)에 미치는 역(易)을 살피고[觀] 새겨[玩] 점(占)쳐 지변(知變)하여 지래(知來)하게 하는 통어(通語)가 된다.

註 지성여신(至誠如神) '지극한[至] 정성은[誠] 쉼 없는 변화의 짓과[神] 같다[如].'

129. 언행(言行)의 추기(樞機)

言行君子之樞機 樞機之發榮辱之主也라. '말과[言] 행실은[行] 군자(君子)의[之] 지도리이고[樞] 노아(弩牙)이며[機], 추기(樞機)의[之] 발동은[發] 영욕(榮辱)의[之] 주축[主]이다[也].'

이는 군자(君子)의 도(道)는 군자(君子)의 언행(言行)에 달려 있음을 밝히고 있다. 추기(樞機)의 '추(樞)'는 문(門)의 지도리를 뜻하고, '기(機)'는 여기선 큰 활인 노(弩)의 노리쇠[牙]를 뜻한다. 지도리[樞]가 없다면 문(門)이 열리고 닫힐 수 없어 문(門)이 제구실을 못하고, 쇠뇌[機]가 없다면 큰 돌덩이를 쏘아 날리는 노(弩)가 쓸모없게 된다. 군자(君子)의 언행(言行)이 곧 군자(君子)가 되는 추기(樞機)가 된다는 것이다. 그 추기(樞機)의 발동(發動) 즉 군자(君子)가 제 언행(言行)을 실행(實行)함이 '선(善)하다'면 진정한 군자(君子)이므로 영화(榮華)로 드러날 것이고, 그 실행(實行)함이 '불선(不善)하다'면 거짓 군자[僞君子]이므로 치욕(恥辱)으로 드러날 것임을 밝힌 말씀이 '추기지발영욕지주(樞機之發榮辱之主)'이다. 그래서 '언행군자지추기(言行君子之樞機) 추기지발영욕지주(樞機之發榮辱之主)'는 『중용(中庸)』에 나오는 '언고행(言顧行) 행고언(行顧言) 군자호부조조이(君子胡不慥慥爾)'[1]를 환기(喚起)시킨다. 언(言)과 행(行)의 출발(出發)이 '선(善)'이면 영화(榮華)로 돌아오는 주축(主軸)이 될 것이고, 그 출발이 '불선(不善)'이면 굴욕(屈辱)으로 돌아오는 주축이 될 터이기 때문에 『중용(中庸)』에 나오는 '생호금지세(生乎今之世) 반고지도(反古之道) 여차자(如此者) 재급기신자야(災及其身者也)'㈜2라는 말씀을 명심(銘心)하게 한다. 거이(居易)하며 대명(待命)하는 군자(君子)의 언(言)과 행(行)은 오로지 '선(善)' 그것일 뿐이다. 그래서 아무리 세상이 변해도 성인(聖人)을 본받아[法] 무사(無私)-무욕(無欲)으로 삶을 일궈 가는 군자(君子)는 낡은 인품(人品)일 수 없다. 그런 군자(君子)는 인간으로서 최상(最上)의 품질(稟質)이다. 그러므로 군자(君子)에게 언(言)과 행(行)의 추기(樞機)는 선(善)의 발동(發動)일 뿐이다. 성인(聖人)을 두려워하게[畏] 하고 본받게[效] 하는 언(言)-행(行)이라면 괘효사(卦爻辭)를 능가할 것이 없음을 환기(喚起)시켜 군자(君子)의 언(言)과 행(行)은 '계역(繼易)의 선(善)' 바로 그것임을 단언(斷言)하는 말씀이 '언행군자지추기(言行君子之樞機) 추기지발영욕지주(樞機之發榮辱之主)'이다. 그래서 언행(言行)의 추기(樞機)는 온갖 사물(事物)에 미치는 역(易)을 살피고[觀] 새겨[玩] 점(占)쳐 지변(知變)하여 지래(知來)하게 하는 통어(通語)가 된다.

㊟ 1. 언고행(言顧行) 행고언(行顧言) 군자호부조조이(君子胡不慥慥爾) '말은[言] 행실을[行] 돌아보고[顧], 행실은[行] 말을[言] 돌아본다[顧]. 군자가[君子] 어찌[胡] 독실하지 않을 것[不慥慥]인가[爾]?' 조(慥)는 '독실할 독(篤)'과 같다.

㊟ 2. 생호금지세(生乎今之世) 반고지도(反古之道) 여차자(如此者) 재급기신자야(災及其身者也) '지금 세상[今之世]에[乎] 태어나[生] 옛[古] 도를[道] 어긴다면[反] 그[此] 같이한[如] 사람[者] 그[其] 자신에게[身] 재앙이[災] 미칠[及] 것[者]이다[也].' 고지도(古之道)는 성인지도(聖人之道) 즉 무사(無思)-무위(無爲)의 도(道)를 말한다.

130. 백모(白茅)의 용(用)

藉 用白茅 无垢라. '깔개라[藉]. 흰[白] 띠풀을[茅] 쓴다[用]. 허물이[咎] 없다[无].'

이는 64괘(卦) 중에서 28번째 대과괘(大過卦) 초륙(初六)의 효사(爻辭)이다. 대과괘(大過卦)에서 초륙(初六)이란 맨 아래 첫째 자리[位]를 말한다. 첫째-셋째-다섯째 즉 홀수의 위(位)는 양효(陽爻)의 자리이고, 둘째-넷째-여섯째 즉 짝수의 위(位)는 음효(陰爻)의 자리이다. 그런데 대과괘(大過卦) 초륙(初六)은 음효(陰爻)이면서 양효(陽爻)의 자리에 있으니 초륙(初六)의 자리[位]만 보아서는 초륙(初六)은 흉상(凶象) 즉 흉(凶)함을 짓한다[象]. 그러나 대과괘(大過卦)에서 초륙(初六)의 상교(相交)가 어떤지를 살펴보아야 한다. 초효(初爻)의 상교(相交) 즉 다른 효(爻)와 서로[相] 사귐[交]은 '비(比)와 응(應)'이다. 그러므로 대과괘(大過卦)의 괘효상(卦爻象)을 살펴[觀] 초륙(初六)의 효사(爻辭)를 관(觀)해야 한다. 대과괘(大過卦)는 아래[下]가 손(巽 : ☴), 위는[上] 태(兌 : ☱)로 돼 있다. 손(巽)은 바람[風]이 그 상(象)이고, 태(兌)는 못[澤]이 그 상(象)이다. 못[澤] 위에서 불어야 할 바람[風]이 못[澤] 아래에 있고, 아래에 있어야 할 못[澤]이 위에 있으니 큰 잘못[大過]의 괘상(卦象)이다. 그러나 대과괘(大過卦 : ䷛)에서 초륙(初六)은 구삼(九三)과 '응(應)하여' 길(吉)하고, 이구(二九)와 '비(比)하여' 또한 길(吉)하다. 대과괘(大過卦) 초륙(初六)의 상교(相交)인 '비(比)와 응(應)'은 길(吉)하다. 초륙(初六)의 이러한 효상(爻象)은 큰[大] 허물[過]들이 많은 세상에서도 회린(悔吝)하여 허물[過]을 고쳐 가는[改] 상(象)으로 살펴진다[觀]. 효사(爻辭)인 '자(藉) 용백모(用白茅) 무구(无咎)'를 초륙(初六)의 효상(爻象)을 지성(至誠)으로 살펴[觀] 본받아[法] 지성(至誠)으로 새기고[玩] 헤아리고[擬] 따져[議] 가늠하게[斷] 된 사람의 언(言)과 행(行)에는 '무구(无咎) 즉 허물[咎]이 없을 것[无]'이다. 왜냐하면 그 사람은 '용백모(用白茅)의 삶'을 누리기 때문이다. 용백모(用白茅)의 '백모(白茅)'에서 '백(白)'은 청명(淸明) 즉 맑고[淸] 밝아[明] 결정(潔淨) 즉 깨끗함[潔淨]의 상(象)이고, '모(茅)'는 유연(柔軟) 즉 부드럽고[柔] 나긋나긋한[軟] 상(象)이다. 깨끗하고[潔] 깨끗하며[淨] 부드럽고[柔] 나긋나긋하게[軟] 짓하는

[象] 백모(白茅)의 자리[藉]를 씀[用]이 무구(无咎)하다는 효사(爻辭)가 대과괘(大過卦) 초륙(初六)의 효상(爻象)을 본받고[法] 있다는 까닭을 살펴[觀] 새기고[玩] 헤아려[擬] 가늠할[斷] 수 있게 된다. 이러한 관완(觀玩)-의단(擬斷)이 효사(爻辭)를 스스로 완사(玩辭) 즉 효(爻)의 말씀[辭]을 새김질[玩] 함이다. 스스로 효상(爻象)을 지성(至誠)으로 관상(觀象)하여 스스로 효사(爻辭)를 지성(至誠)으로 완사(玩辭)하지 않으면 어느 누구도 어떤 괘효(卦爻)와도 상교(相交)할 수 없는 것이다. 대성괘(大成卦) 초륙(初六)의 효사(爻辭) '자(藉) 용백모(用白茅) 무구(无咎)'를 '언제 어디서든 보화지자(寶華之藉) 즉 호화로운[寶華之] 깔개[藉]를 깔려고 하지 마라'는 말씀으로 새겨들을 줄 알게 되는 것이다. 백모지자(白茅之藉) 즉 검소하고 겸허한[白茅之] 깔개[藉]를 깔아라. 그러면 무구(无咎)하여 길(吉)하다. 결정하고[潔淨] 유연한[柔軟] 흰[白] 띠풀[茅]의 깔개[藉]로 제자리[位]를 덮으면 누구나 허물[咎]이 없어[无] 동천지(動天地)하여 성변화(成變化)할 수 있음을 살피고[觀] 새겨[玩] 헤아리고[擬] 가늠하게[斷] 하는 말씀이 '자(藉) 용백모(用白茅) 무구(无咎)'이다. 그래서 백모(白茅)의 용(用)은 온갖 사물(事物)에 미치는 역(易)을 살피고[觀] 새겨[玩] 점(占)쳐 지변(知變)하여 지래(知來)하게 하는 통어(通語)가 된다.

131. 신(愼)의 지(至)

藉之用茅 愼之至也라. '깔개를 폄에[藉之] 띠풀을[茅] 씀[用]은 삼감[愼]
_{자 지 용 모 신 지 지 야}
이[之] 지극한 것[至]이다[也].'

이는 대과괘(大過卦) 초륙(初六)의 효사(爻辭) '자(藉) 용백모(用白茅) 무구(无咎)'를 완사(玩辭)-의의(擬議)하여 '무구(无咎)함'이 비롯되는 까닭을 밝힌 것이다. 『중용(中庸)』에 나오는 '군자신기독야(君子愼其獨也)' 말씀도 무구(无咎)

하기 위함이다. 삼가지 않고 조심하지 않으면 허물[垢]을 짓고 만다. 유구(有垢)할세라 군자는[君子] 제[其] 자신을[獨] 삼가는 것[愼]이다[也]. 남의 눈이 무서워 삼간다면 그런 삼감은 자기(自欺)일 뿐이다. 거짓[欺]으로 삼감[愼]이란 드러나지 않은 자만(自慢)이다. 자신을[自] 속임[欺]이 가장 흉(凶)한 허물[咎]이다. 여기서 '자지용모(藉之用茅)'가 근신(謹愼)으로 새겨지고 검박(儉樸)으로 새겨져 '신지지(愼之至)'의 뜻[志]을 '무구(无咎)하기 위함'이라고 저마다 헤아려[擬] 가늠해[斷] 볼 수 있는 것이다. '무구(无咎)하기 위함'이 '신지지(愼之至)'로 말미암음을 가늠하면 '자지용모(藉之用茅)'가 사무사(思無邪)-무자기(無自欺)로 이어져 '정(貞)^{註1}할 수 있음'을 깨우칠 수 있게 된다. 공자(孔子)가 밝힌 신지지(愼之至)는 지신(至愼)의 '신(愼)'을 강조하고자 '신지(愼之)'로 하여 전치(前置)한 말투이다. '신지지야(愼之至也)'가 『중용(中庸)』에 나오는 '계신호기소부도(戒愼乎其所不睹) 공구호기소불문(恐懼乎其所不聞)'^{註2}이라는 말씀을 환기(喚起)하게 한다. 그리하여 대과괘(大過卦) 초륙(初六) 효사(爻辭) '자(藉) 용백모(用白茅) 무구(无咎)'를 본받아[法] 지신(至愼)이 앞서야 '무구(无咎)할 수 있음'을 밝힌 말씀이 '자지용모(藉之用茅) 신지지야(愼之至也)'이다. 그래서 신(愼)의 지(至)는 온갖 사물(事物)에 미치는 역(易)을 살피고[觀] 새겨[玩] 점(占)쳐 지변(知變)하여 지래(知來)하게 하는 통어(通語)가 된다.

註 1. 정(貞)하라. 이는 복문(卜問)하라 함이다. 복문(卜問)은 변화(變化)를 살펴[觀] 올 것[來者]을 헤아려[擬] 지래(知來)하라 함이다. 미래를[來] 스스로 알아보기[知] 위하여 복문(卜問)하는 것이다.

註 2. 계신호기소부도(戒愼乎其所不睹) 공구호기소불문(恐懼乎其所不聞) '자신이[其] 보이지 않는[不睹] 곳[所]에서도[乎] 삼가며[戒愼], 자신이[其] 들리지 않는[不聞] 곳[所]에서도[乎] 두려워한다[恐懼].'

132. 물(物)의 용(用)

夫茅之爲物薄 而用可重也라. '무릇[夫] 띠풀[茅]이[之] 물건이[物] 됨은[爲] 하찮다[薄]. 그러나[而] 그 띠풀의 쓰임은[用] 소중할[重] 수 있는 것[可]이다[也].'

이는 대과괘(大過卦) 초륙(初六)의 효사(爻辭) '자(藉) 용백모(用白茅) 무구(无咎)'를 본받아[法] '물(物)의 제(諸)-용(用)'을 풀이하고 있다. 띠풀[茅] 자체는 대수롭지 않은[薄] 물건[物]이다. 본래 띠풀[茅]이란 것[物]은 박(薄)하지 귀(貴)하지는 않다. 여기서 박(薄)이란 흔한 잡초(雜草)를 뜻한다. 띠풀은 잡초일 뿐이고 그 자체로 본다면 하찮은[薄] 물건(物件)이다. 그러나 띠풀이 잡초일지라도 그 띠풀을 '결정(潔淨)-유연(柔軟)의 상(象)'으로 삼아 군자지도(君子之道)를 말하는[言] 짓[象]으로 삼는다면 그 띠풀[茅]은 지신(至愼)의 무구(無垢)로 이어 주는 상(象)이 되어 귀중(貴重)한 것이 된다. 호피(虎皮)의 자리[藉]는 가볍고[薄] 백모(白茅)의 자리[藉]가 무겁다[重]는 말을 기억할 일이다. 본래 호사(豪奢)함은 박(薄)하고 검소(儉素)함이 중(重)하다. 군자(君子)는 하찮은 것[薄]일지라도 소중히 하고[重], 소인은 소중한 것을 하찮게 한다. 군자(君子)는 애물(愛物)하여 귀하게 하고, 소인(小人)은 탐물(貪物)하여 물건을 천하게 한다. 이처럼 사람의 심지(心志) 따라 그 쓰임새[用]가 달리지고 귀(貴)-천(賤)이 갈라지고 길(吉)-흉(凶)이 갈라진다. 그러니 '물건의 쓰임[用]'은 사람의 마음 가기[志]에 따라 길(吉)하게도 되고 흉(凶)하게도 된다. 소인(小人)의 눈에는 띠풀[茅]이 잡초(雜草)로만 보이지만, 군자(君子)의 눈에는 띠풀이 청정(淸淨)-유연(柔軟)을 일깨워 주는 짓[象]으로 다가와 무구(无咎)의 짓[象]으로 통한다. 물(物)의 용(用)이 귀천(貴賤)으로 드러날 수 있어서 길흉(吉凶)이 드러남을 밝힌 말씀이 '부모지위물박(夫茅之爲物薄) 이용가중야(而用可重也)'이다. 그래서 물(物)의 용(用)은 온갖 사물(事物)에

미치는 역(易)을 살피고[觀] 새겨[玩] 점(占)쳐 지변(知變)하여 지래(知來)하게
하는 통어(通語)가 된다.

133. 노겸(勞謙)의 길(吉)

勞謙 君子有終 吉이라. '군자(君子)는 수고로워도[勞] 사양한다[謙].
  노 겸 군자유종 길
군자에게[君子] 끝마침이[終] 있다[有]. 길하다[吉].'

 이는 64괘(卦) 중에서 15번째 겸괘(謙卦) 구삼(九三)의 효사(爻辭)이다. 그
구삼(九三)의 효사(爻辭)는 3구(句)로 돼 있다. 효사(爻辭)의 사구(辭句)를 시언
지(詩言志)의 '언지(言志)'로 여기고 효상(爻象)을 살펴[觀] 본받아[法] 효사(爻
辭)를 새김한다[玩]면 효사(爻辭)와 직언(直言)하게 된다. 괘효(卦爻)의 사(辭)
는 저마다 스스로 살피고[觀] 새기고[玩] 헤아려[擬] 따져서[議] 가늠해야
지[斷] 남의 말로써는 효사(爻辭)와 상교(相交) 즉 서로[相] 사귈[交] 수 없다.
효사(爻辭)와 지성(至誠)으로 상교(相交)함을 일러 '완사(玩辭)'라 한다. 효사
(爻辭)를 새기자면[玩] 먼저 효상(爻象)부터 살펴야[觀] 된다. 효(爻)의 상(象)
은 먼저 효(爻)의 자리[位]를 살펴야[觀] 한다. 겸괘(謙卦 : ䷎)에서 구삼(九三)
이란 아래[下]로부터 위로[上] 셋째 자리[位]를 말한다. 첫째-셋째-다섯
째 즉 홀수의 위(位)는 양효(陽爻)의 자리이고, 둘째-넷째-여섯째 즉 짝수
의 위(位)는 음효(陰爻)의 자리이다. 겸괘(謙卦) 구삼(九三)은 양효(陽爻)이면
서 양효(陽爻)의 자리에 있으니 구삼(九三)의 제자리[位]는 길상(吉象) 즉 길
(吉)함을 짓한다[象]. 그리고 구삼(九三)의 상교(相交)는 '비(比)와 응(應)'을 살
펴 본받아[法] 효사(爻辭)를 새겨야[玩] 한다. 겸괘(謙卦)는 아래[下]가 간(艮 :
☶) 위는[上] 곤(坤 : ☷)으로 돼 있다. 간(艮)은 산(山)이 그 상(象)이고, 곤(坤)
은 땅[地]이 그 상(象)이다. 땅[地] 위에 있어야 할 산(山)이 못[澤] 아래 있

고, 산(山) 아래에 있어야 할 땅[地]이 위에 있으니 위에 있는 곤(坤)의 지(地)가 '겸(謙)해야 하는' 괘상(卦象)이다. 음효(陰爻) 다섯이 양효(陽爻) 하나를 소중히 해야 하는 까닭이다. 이에 겸괘(謙卦 : ䷉) 구삼(九三)은 상륙(上六)과 '응(應)하여' 길(吉)하고, 사륙(四六)과 '비(比)하여' 또한 길(吉)하다. 겸괘(謙卦) 구삼(九三)의 상교(相交)인 '비(比)와 응(應)'은 다 길(吉)하다. 겸괘(謙卦) 구삼(九三)의 이러한 효상(爻象)은 길(吉)할수록 겸허(謙虛)하고 겸양(謙讓)해야 하는 상(象)으로 본받아[法] '노겸(勞謙) 군자유종(君子有終) 길(吉)'이라고 성인(聖人)이 효사(爻辭)한 것이다. 길흉(吉凶)을 득실(得失)이라 한다. 선(善)을 취하면[得] 길(吉)하고, 선(善)을 잃으면[失] 흉(凶)함이다. 수고로울수록[勞] 겸(謙)을 갖추어야[得] 길(吉)하지 그 겸(謙)을 잃는다[失]면 수고로워도[勞] 흉(凶)하게 된다. 그래서 땅[地] 위로 우뚝 솟아 있어야 할 산(山)이 땅[地] 아래에 있는 괘상(卦象)에서 구삼(九三)의 효상(爻象)을 본받아[法] 성인(聖人)이 '노겸(勞謙)-군자유종(君子有終)-길(吉)'이라고 사구(辭句)하였다. 겸괘(謙卦)의 구삼(九三)은 그 비(比)도 길(吉)하고 그 응(應)도 길(吉)한 상(象)이니 '노겸(勞謙)-군자유종(君子有終)'으로 인간사(人間事)의 길(吉)을 가늠해 보라[斷] 함이다. 이러한 겸괘(謙卦) 구삼(九三)의 효상(爻象)을 본받아[法] '노겸(勞謙)'을 '군자유종(君子有終)'으로 새겨[玩] 가늠하게[擬] 하고, 군자(君子)의 '종(終)'을 '길(吉)'로 새겨[玩] 가늠하게[擬] 한다. 군자유종(君子有終)의 '종(終)' 즉 '군자(君子)가 마친[終] 일생(一生)'은 '노겸(勞謙)' 바로 그것이고, '노겸(勞謙)'은 '길(吉)' 바로 그것이다. 그래서 '노겸(勞謙) 군자유종(君子有終)'은 『시경(詩經)』「위풍(衛風)」 '석인(碩人)'에 나오는 '의금경의(衣錦褧衣)'[🟢1를 상기(想起)시키고, 특히 군자유종(君子有終)의 '종(終)'은 『예기(禮記)』「단궁(檀弓) 상(上)」에 나오는 '군자왈종(君子曰終) 소인왈사(小人曰死)'[🟢2를 상기(想起)시키고, 『예기(禮記)』「표기(表記)」에 나오는 '신시이경종(愼始而敬終)'[🟢3을 떠올린다[想起]. 수고롭되[勞] 겸허(謙虛)-겸양(謙讓)하다 함은 지성(至誠)으로 일하면서[勞] 무사(無私)-무욕(無欲)-무아(無我)함을 뜻한다. 이는 매사(每事)를 신이(神以)로 이끌어 청정(淸淨)하고 새롭게 해 겸괘(謙卦) 구삼(九三)의 효상(爻象)을 본받음[法]이다. 겸괘(謙卦) 구삼(九三)의 효상(爻象)을 지성(至誠)으로 관상(觀象)하여 본받아[法] 성인(聖人)이 밝힌 효사(爻辭)가 '노겸(勞謙) 군자유종(君子有終) 길(吉)'이다. 그래서 노겸(勞謙)의 길(吉)은 온갖 사물(事物)에 미치는 역(易)을 살피고[觀] 새겨[玩] 점(占)쳐 지변(知變)하여 지래(知來)하게 하는 통어(通語)가 된다.

註 1. 의금경의(衣錦褧衣) '비단옷을[錦] 입고[衣] 홑옷을[褧] 덧입는다[衣].' 소인(小人)은 과시(誇示)하고자 비단옷[錦]을 드러나게 입고, 군자(君子)는 금(錦)이 드러날세라 경(褧)을 입어 드러내지 않는다. 이는 곧 '노겸(勞謙)'을 밝힘이다.

註 2. 군자왈종(君子曰終) 소인왈사(小人曰死) '군자의 일생은[君子] 마침이라[終] 하고[曰], 소인의 일생은[小人] 죽음이라[死] 한다[曰].' 군자(君子)가 마감한 일생(一生)을 '선종(善終)'이라 한다.

註 3. 신시이경종(愼始而敬終) '시초를[始] 삼간다면[愼而] 마침을[終] 공경한다[敬].'

134. 노겸(勞謙)의 지(至)

勞而不伐 有功而不德 厚之至也라. '노겸(勞謙)은 애쓰고도[勞而] 공치사하지 않음이고[不伐], 일한 공적이[功] 있어도[有而] 그 공적을 차지하지 않음이다[不德]. 노겸(勞謙)은 도타움[厚]이[之] 지극함[至]이다[也].'

이는 겸괘(謙卦) 구삼(九三) 효사(爻辭)의 첫째 사구(辭句)인 '노겸(勞謙)의 겸(謙)'을 풀이한 자왈(子曰)이다. '노이불벌(勞而不伐)'이 비록 자왈(子曰)이지만 『노자(老子)』 22장(章)에 나오는 '부자벌고유공(不自伐故有功)'을 상기(想起)시킨다. 논공행상(論功行賞)하자면 자벌(自伐)할 수밖에 없고 제 자랑을 하자[自伐]면 어쩔 수 없이 상대와 견주어[敵] 다툴[爭] 수밖에 없다. 그래서 자벌(自伐)이란 논공(論功)의 공치사로 이어져 자만(自慢)으로 드러나고 만다. 군자(君子)는 겸괘(謙卦) 구삼(九三)의 '노겸(勞謙)'을 본받아[法] 공치사 따위로 공 다툼을 결코 하지 않는다. 그래서 군자부쟁(君子不爭)이라고 하는 것이다. 어찌 불벌(不伐)만이겠는가. '노겸(勞謙)의 겸(謙)'은 자비(自卑)로 통하므로 '부자벌(不自伐)'뿐만 아니라 '부자현(不自見)-부자시(不自是)-부자긍(不自矜)'으로 이어지게 마련이다. 이같이 자비(自卑)-하심(下心)으로 이끌어 주는 '노겸(勞謙)의 겸(謙)'을 새기고[玩] 헤아린다[擬]면 왜 그 '겸(謙)'을 '유공이부덕(有功而不德)'이라고 밝힌 다음 '후지지야(厚之至也)'라고 찬미(讚美)하는지 그 까닭을 가늠할[斷] 수 있게 된다. 유공이부덕(有功而不德)에서 '부덕(不德)'은 '부득(不得)'이다. 덕(德)은 득(得) 즉 '얻을 득(得)'과 같음을 상기(想起)한다면 유공이부덕(有功而不德)을 '유공이부득기공(有功而不得其功)'으로 새겨 헤아릴 수 있는 것이다. '공(功)이 있는데도[有而] 그[其] 공(功)을 취하지 않는다[不得]'고 '부덕(不德)'을 새겨 헤아릴 수 있게 된다. 이는 군자(君子)가 구삼(九三) '노겸(勞謙)'을 본받아[法] 더없이 후덕(厚德)해짐을 밝힌 것이다. 따라서 군자(君子)는 유공(有功)이면서도 부덕(不德)하여 매사(每事)에서 무구(无垢)함을 밝힌 말씀이 '노이불벌(勞而不伐) 유공이부덕(有功而不德) 후지지(厚之至)'이다. 그래서 노겸(勞謙)의 지(至)는 온갖 사물(事物)에 미치는 역(易)을 살피고[觀] 새겨[玩] 점(占)쳐 지변(知變)하여 지래(知來)하게 하는 통어(通語)가 된다.

註 부자현고명(不自見故明) 부자시고창(不自是故彰) 부자벌고유공(不自伐故有功) 부자긍고장(不自矜故長) '스스로[自] 드러내지 않아서[不見故] 밝고[明], 스스로[自] 옳다 하지 않아서[不是故] 뚜렷하고[彰], 스스로[自] 자랑하지 않아서[不伐故] 공이[功] 있고[有], 스스로[自] 척하지 않아서[自矜故] 오래간다[長].' '창(彰)'은 옳음을 뚜렷하게 드러냄이고, '장(長)'은 변덕스럽지 않고 한결같음이다.

135. 군자(君子)의 하인(下人)

　　語以其功下人者也라. '노겸(勞謙)은 자신의[其] 공을[功] 가지고[以] 남들에게[人] 스스로[自]를 낮춤을[下] 밝히는[語] 것[者]이다[也].'

　　이는 겸괘(謙卦) 구삼(九三)의 효사(爻辭) '노겸(勞謙)'을 '어하인(語下人)'이라고 풀이한[紬繹] 것이다. 어이기공하인자야(語以其功下人者也)에서 '하인(下人)'은 『논어(論語)』「안연(顏淵)」에 나오는 '부달야자려이하인(夫達也者慮以下人)'[1]을 환기(喚起)시킨다. 달자(達者) 즉 군자(君子)가 밝히는 '하인(下人)'이란 '자하어인(自下於人)'을 뜻한다. 군자(君子)는 '자비어인(自卑於人)'을 그냥 '하인(下人)'이라고 밝힌다[語]. 그러나 소인(小人)은 하인(下人)을 '비인(卑人)-압인(狎人)-모인(侮人)-경인(輕人)' 등으로 여기고 자현(自見)-자시(自是)-자벌(自伐)-자긍(自矜)하기를 마다하지 않는다. 군자(君子)는 하인(下人)의 '하(下)'를 자비(自卑) 즉 '자신을[自] 낮추기[卑]'로 삼지만, 소인은 하인(下人)의 '하(下)'를 '비인(卑人)' 즉 '남[人]을 낮추기[下]'로 삼고 '자존(自尊)' 즉 '자신을[自] 높이기[尊]'로 삼는다. 이렇게 군자(君子)의 하인(下人)과 소인(小人)의 하인(下人)은 그 뜻하는 바가 다르다. 이 점을 간파(看破)해야 어이기공하인자야(語以其功下人者也)에서의 '어(語)'를 스스로 새기고[玩] 헤아려[擬] 가늠할[斷] 수 있게 된다. 이를 '논란왈어(論難曰語)'라 한다. '논란(論難)'이란 시비지변(是非之辯) 즉 시비의[是非之] 가림[辯]을 '어(語) 즉 말해 주기[語]'라 한다. 본래 '어(語)'란 '논쟁(論爭)하는 말[語]'이다. 군자(君子)는 '욕눌어언(欲訥於言)하기' 때문에 '어(語)'를 멀리하려고 한다. 그러나 군자(君子)가 논란(論難)을 가려 밝히고자 할 때는 단호하다. 그러므로 어이기공하인자야(語以其功下人者也)에서의 '어(語)'에 숨은 뜻을 관완(觀玩)하여 단(斷)하자면 『논어(論語)』「자로(子路)」에 나오는 '강의목눌근인(剛毅木訥近仁)'[2]이라는 말씀을 떠올리게 된다. 겸괘(謙卦) 구삼(九三)의 효사(爻辭) '노겸(勞謙)'을 헤아려[擬] 새긴다[玩]면 이삭은 여물수록 고개를 숙이고, 깊은 물은 소리 없이 흐른다는 속담이 생긴 이치도 간파(看破)할 수 있을 것이다. 매사(每事)의 끝[終] 즉 일마다[每事]의 미래(未來)가 길(吉)하기를 바란다면 무엇보다 먼저 '공치사하지 마라'는 것이다. 이것이 노겸(勞謙)에서 '겸(謙)'의 가르침[誨]이다. 군자(君子)는 어질기[仁] 때문에 공치사 따위를 멀리하면서 하인(下人)하여 겸허(謙虛)할 뿐임을 밝힌 말씀이 '어이기공하인자야(語以其功下人者也)'이다. 그래서 군자(君子)의 하인(下人)은 온갖 사물(事物)에 미치는 역(易)을 살피고[觀] 새겨[玩] 점(占)쳐 지변(知變)하여 지래(知來)하게 하는 통어(通語)가 된다.

註 1. 부달야자여이하인(夫達也者慮以下人) '무릇[夫] 깨친[達也] 사람은[者] 깊은 생각을[慮] 가지고[以] 남들에게[人] 자신을 낮춘다[下].' 부달야자(夫達也者)는 달자(達者)를 강조하는 말투이고, 달자(達者)는 군자(君子)와 같은 말이다.

註 2. 강의목눌근인(剛毅木訥近仁) '강직하고[剛] 과감하며[毅] 소박하고[木] 말이 무거움은[訥] 어짊에[仁] 가깝다[近].' '강(剛)'은 물욕(物欲)에 멀고 의지(意志)가 굳음이고, '의(毅)'는 과감하며 단단하게 강함이다. '목(木)'은 '박(朴)'과 통하여 질박(質朴)-검박(儉朴)-소박(素朴) 등을 뜻한다. '눌(訥)'은 함부로 말하지 않아 입이 무겁고 말이 적음을 뜻한다.

136. 노겸(勞謙)의 덕(德)

德言盛이라. '노겸(勞謙)의 덕은[德] 덕(德)을 지극히 함을[盛] 말한다[言].'
덕 언 성
이는 겸괘(謙卦) 구삼(九三)의 효상(爻象)을 본받아[法] 성인(聖人)이 밝힌 구삼(九三)의 효사(爻辭)인 '노겸(勞謙)'을 밝힌 것이다. 겸괘(謙卦)에서 구삼(九三)의 효(爻)는 유일(唯一)한 양효(陽爻)이니 건괘(乾卦)의 상(象)을 대신하고 있는 효(爻)인 셈이다. 역(易)에서 '덕(德)'은 건괘지상(乾卦之象) 즉 건괘의[乾卦之] 짓[象]을 주로 말한다. 여기서는 겸괘(謙卦) 구삼(九三)의 양효지상(陽爻之象)을 말하고 있다. 겸괘(謙卦)에서 구삼(九三)은 제자리[其位]도 길(吉)할 뿐만 아니라 구삼(九三)의 상교(相交)인 비(比)-응(應)도 길(吉)하다. 이러한 구삼(九三)의 효상(爻象)을 풀이하여 '덕언성(德言盛)'이라고 밝힌 것이다. 그리고 앞서 살핀 '유공이부덕(有功而不德) 후지지(厚之至)'를 환기(喚起)한다면 '덕언성(德言盛)의 성(盛)'이 '후지지(厚之至)'를 이어서 밝히고 있음을 새기고[玩] 헤아려[擬] 가늠할[斷] 수 있게 된다. 왜냐하면 덕언성(德言盛)의 '성(盛)'은 '가득할 만(滿)-무성할 무(茂)-큰 대(大)-길 장(長)-장할 장(壯)-지극할 극(極)' 등의 뜻을 포일(抱一)하고 있는 자(字)로 새기고[玩] 헤아려[擬] 가늠되기[斷] 때문이다. 겸괘(謙卦) 구삼(九三)의 효상(爻象)은 덕(德)을 가득하게 하고[滿], 덕(德)을 무성하게 하고 [茂], 덕(德)을 크게 하고[大], 덕(德)을 장구하게 하고[長], 덕(德)을 웅장하게 하여[壯], 덕(德)을 지극하게 하는[極] 짓[象]을 관상(觀象)하게 하여 효사(爻辭)를 완사(玩辭)하게 한다. 겸괘(謙卦) 구삼(九三)의 효상(爻象)을 본받아[法] 성인(聖人)이 밝힌 효사(爻辭)가 '노겸(勞謙) 군자유종(君子有終) 길(吉)'이고, 겸괘(謙卦) 구삼(九三)의 효상(爻象)과 효사(爻辭)를 본받아[法] 간명(簡明)하게 밝힌 말씀이 '덕언성(德言盛)'이다. 그래서 노겸(勞謙)의 덕(德)은 온갖 사물(事物)에 미치는 역(易)을 살피고[觀] 새겨[玩] 점(占)쳐 지변(知變)하여 지래(知來)하게 하는 통어(通語)가 된다.

137. 노겸(勞謙)의 겸(謙)

謙也者致恭以存其位者也라. '노겸(勞謙)의 겸야[謙]이라는[也] 것은[者] 공경을[恭敬] 다함[致]으로써[以] 군자의[其] 자리를[位] 보존하는 것[存]이다[也].'

여기서 '겸야자(謙也者)'는 겸괘(謙卦) 구삼(九三)의 효사(爻辭)인 노겸(勞謙)

의 '겸(謙)'을 강조하고자 '겸야자(謙也者)'라고 하여 한 번 더 밝히고 있다. 이어서 군자(君子)는 치공(致恭)의 겸(謙)으로써[以] 자신의[其] 자리[位]를 보존(保存)할 수 있음을 '존기위자(存其位者)'가 밝히고 있다. 치공(致恭)은 여기서는 '치공인(致恭人)'의 줄임이다. 남을[人] 받들기를[恭] 다함[致]이 없이는 노겸(勞謙)의 겸(謙)이 이룩될 수 없음이고, 치공(致恭)의 겸(謙)을 갖추어야 군자(君子)가 군자(君子)로서 제자리를 보존(保存)함을 아울러 밝히고 있는 것이다. 치공(致恭)을 떠난 겸(謙)이란 아첨(阿諂)일 뿐이다. 그래서 『예기(禮記)』「곡례(曲禮) 상(上)」에 '오불가장(敖不可長) 욕불가종(欲不可從) 지불가만(志不可滿) 낙불가극(樂不可極)'[註1]이라고 단언(斷言)해 두고 있다. 마음의 준절(撙節) 즉 마음을 눌러[撙] 참음[節]이란 오기(傲氣)-욕망(欲望)-충지(充志)-쾌락(快樂)을 멀리하여 버림이다. 치공(致恭)의 겸(謙)은 마음의 준절(撙節) 없이는 불가능한 마음 가기[志]이다. 그래서 안연(顔淵)이 공자(孔子)께 문인(問仁)하자 공자(孔子)께서 '극기복례(克己復禮)'[註2]라고 답한 것이다. 자기를[己] 이겨 내라[克] 함은 준절(撙節)하여 겸허(謙虛)하라 함이요, 예로[禮] 돌아가라[復] 함은 하인(下人) 즉 자비(自卑)하여 남[人]을 사랑하고[仁] 사물(事物)을 아끼라[愛] 함이다. 어짊[仁]이 없는 겸양(謙讓)이란 위선(僞善)이다. 여기서 구삼(九三)의 효사(爻辭)가 밝힌 노겸(勞謙)이 '치공인(致恭人)'으로 이어져야 함을 밝힌 말씀이 겸야자치공이존기위자야(謙也者致恭以存其位者也)이다. 그래서 노겸(勞謙)의 겸(謙)은 온갖 사물(事物)에 미치는 역(易)을 살피고[觀] 새겨[玩] 점(占)쳐 지변(知變)하여 지래(知來)하게 하는 통어(通語)가 된다.

註 1. 오불가장(敖不可長) 욕불가종(欲不可從) 지불가만(志不可滿) 낙불가극(樂不可極)
'마음속에서 오만이[敖] 자랄[長] 수 없고[不可], 욕심이[欲] 뒤따를[從] 수 없으며[不可], 뜻이[志] 다 채워질[滿] 수 없고[不可], 즐김이[樂] 지나칠[極] 수 없다[不可].'

註 2. 극기복례(克己復禮) '스스로를[己] 참고 이겨 내[克] 예로[禮] 돌아간다[復].'

138. 항룡(亢龍)의 회(悔)

亢龍有悔라. '더 오를 데 없이 오른[亢] 용이라[龍]. 뉘우침이[悔] 있으
리라[有].'

이는 64괘(卦) 중에서 첫 번째 건괘(乾卦) 상구(上九)의 효사(爻辭)이다. 그
상구(上九)의 효사(爻辭)는 2구(句)로 돼 있다. 효사(爻辭)의 사구(辭句)는 산
문(散文)의 구문(句文)이 아니어서 무엇을 진술(陳述)하지 않는다. 괘효사(卦
爻辭)의 사구(辭句)는 지난일[去事]이 아니라 앞일[來事]을 살펴[觀] 새김하라
[玩] 하기 때문에 그 사구(辭句)를 저마다 스스로 살피고[觀] 새기고[玩] 헤
아리고[擬] 따져서[議] 가늠해야[斷] 한다. 건괘(乾卦 : ䷀)에서 상구(上九)란
맨 윗자리 여섯째 자리에 있는 양효(陽爻)를 말한다. 대성괘(大成卦)에서 첫
째-셋째-다섯째 즉 홀수의 위(位)는 양효(陽爻)의 자리이고, 둘째-넷째-
여섯째 즉 짝수의 위(位)는 음효(陰爻)의 자리이다. 건괘(乾卦) 상구(上九)는
양효(陽爻)이면서 음효(陰爻)의 자리에 있으니 상구(上九)의 제자리[位]는 흉
상(凶象) 즉 흉(凶)함을 짓한다[象]. 상구(上九)의 '비(比)와 응(應)'의 상교(相交)
또한 흉상(凶象)이다. 음양(陰陽)이 상교(相交)해야 길(吉)하지 양(陽)-양(陽)이
나 음(陰)-음(陰)의 상교(相交)는 흉상(凶象)인 까닭이다. 건괘(乾卦) 상구(上
九)의 이러한 효상(爻象)을 본받아[法] '항룡(亢龍) 유회(有悔)'라고 성인(聖人)
이 효사(爻辭)한 것이다. 길흉(吉凶)을 득실(得失)이라 한다. 선(善)을 취하면
[得] 길(吉)하고, 선(善)을 잃으면[失] 흉(凶)함이다. 대성괘(大成卦)를 신물(神
物)이라고 함은 변화(變化)의 일[事]을 하기 때문이다. 모든 일[事]에는 종시
(終始) 곧 처음[始]과 끝[終]이 있게 마련이다. 대성괘(大成卦)에서 초효(初爻)
즉 첫 효(爻)의 상(象)은 변화(變化)의 시(始)를 짓하고[象], 상효(上爻) 즉 맨
위의 효(爻)의 상(象)은 변화(變化)의 종(終)을 짓한다[象]. 건괘(乾卦) 상구(上
九)의 효상(爻象)이 흉(凶)함은 변화지종(變化之終)의 상(象)인 까닭이다. 건괘

(乾卦)에서 이러한 상구(上九)의 효상(爻象)을 본받아[法] 상구(上九)의 효사(爻辭) '항룡(亢龍) 유회(有悔)'를 완사(玩辭) 즉 사구(辭句)를 새겨야[玩] 한다. 항룡(亢龍)의 '항(亢)'은 극(極)-강(强)-태과(太過)의 뜻으로 통한다. 지나친 허물[太過]이 항(亢)이고, 지나친 치우침[極]의 항(亢)이며, 부드러움을 모르고 강하기만 하려는[强] 항(亢) 탓으로 지나친 허물[太過]을 짓고 마는 흉(凶)이다. 큰 허물[太過]을 범하고서도 뉘우침[悔]이 없다면 흉(凶)하게 마련이고, 부드러움을 모르고 강하기만 하면서[强] 뉘우침[悔]이 없다면 그 또한 흉(凶)하게 마련이다. 더 오를 데 없이 올라가 버린 '항룡(亢龍)'이면서 '뉘우침이[悔] 없다[無]'면 흉(凶)할 수밖에 없다. 그러니 상구(上九)의 효사(爻辭)는 '항룡(亢龍)'의 상(象)에는 뉘우침[悔]이 있어야[有] 함을 '항룡(亢龍) 유회(有悔)'가 뜻해 '항룡(亢龍)'일지라도 뉘우침[悔]이 있다[有]면 '항(亢)의 흉(凶)'이 길(吉)로 천선(遷善)할 수도 있다는 말씀[辭]이 '항룡(亢龍) 유회(有悔)'이다. 그래서 항룡(亢龍)의 회(悔)는 온갖 사물(事物)에 미치는 역(易)을 살피고[觀] 새겨[玩] 점(占)쳐 지변(知變)하여 지래(知來)하게 하는 통어(通語)가 된다.

139. 항룡(亢龍)의 동(動)

動而有悔也라. '항룡(亢龍)이 거동하면[動而] 뉘우침이[悔] 있는 것[有]이다[也].'
_{동 이 유 회 야}

이는 건괘(乾卦) 상구(上九)의 효사(爻辭) '항룡유회(亢龍有悔)'를 빌어 항룡(亢龍)의 동(動)'이 길(吉)할 수도 있고 흉(凶)할 수도 있음을 살펴[觀] 새기고[玩] 헤아려[擬] 가늠하게[斷] 하는 자왈(子曰)이다. 건괘(乾卦) 상구(上九)의 '항룡지상(亢龍之象)'이란 지나치게 치우치고[極] 굳세기만[强] 하려고 해 크

195

나큰 허물[太過]을 범하고 마는 짓[象]을 살펴보게[觀] 한다. 극(極)-강(强)의 치우침으로 빚어지는 태과(太過)의 항(亢)을 뉘우친다[悔]면 크게[太] 허물 짓는[過] 거동(擧動)은 되풀이되지 않을 터이다. '동이유회(動而有悔)'는 『논어(論語)』「옹야(雍也)」에 나오는 '불천노(不遷怒) 불이과(不貳過)'를 상기(想起)하게 한다. 이는 공자(孔子)가 안연(顔淵)을 두고 안연(顔淵)의 '거동(動)'에는 늘 '뉘우침[悔]'이 뒤따르고 있음을 칭송한 말씀이다. 여기서 동이유회야(動而有悔也)의 '유회(有悔)'를 '불이과(不貳過)'로 이어서 새김한다면 항룡유회(亢龍有悔)의 '항(亢)'을 더욱 잘 살펴[觀] '유회(有悔)'를 새기고[玩] 헤아려[擬] 가늠해[斷] 지변(知變)-지래(知來)의 마음 가기[志]로 이어질 수 있는 것이다. 매사(每事)는 변화(變化)하여 길흉(吉凶)으로 드러난다. 이러함을 앎이 지변(知變)이고, 그 변(變)을 미리 알아차림이 지래(知來)이다. 매사(每事)의 변화(變化)가 빚는 길흉(吉凶)을 전지(前知) 즉 미리[前] 알아차리게[知] 하는 말씀이 '동이유회야(動而有悔也)'이다. 그래서 항룡(亢龍)의 동(動)은 온갖 사물(事物)에 미치는 역(易)을 살피고[觀] 새겨[玩] 점(占)쳐 지변(知變)하여 지래(知來)하게 하는 통어(通語)가 된다.

註 불천노(不遷怒) 불이과(不貳過) '노여움을[怒] 옮기지[되풀이하지] 않고[不遷] 같은 잘못을[過] 두 번 범하지 않는다[不貳].'

140. 신의(神意)의 상(象)-사(辭)

64괘의 괘효사(卦爻辭)와 은밀(隱密)히 통화(通話)하자면 무엇보다 괘효상(卦爻象)의 '상(象)'을 늘 숙지(熟知)하고 있어야 한다. 그렇지 않고서는 상(象)이 이끌어 주는 지변(知變)-지래(知來)의 마음 가기[志]를 이룰[成] 수 없는 것이다. 변화[變]를 알아[知] 미래[來]를 안다[知]고 함은 늘 새로운 마음가기[志]를 써서[以] 신의(神意)를 찾아냄[見]을 말한다. 변화(變化)를 끌어내는[引出] 마음 쓰기[意]가 신의(神意)이다. 그래서 64괘(卦)의 괘효사(卦爻辭)는 모두 신의(神意)로 이끌어 주는 상(象)의 말씀[辭]이지 어떤 것에 대한 진술(陳述)이나 시비(是非)-정오(正誤)의 논란(論難)이 아님을 늘 잊지 말아야 한다. 상(象)이란 지변(知變)-지래(知來)의 마음 쓰기[意]를 써서[以] 끊임없이 새것[新者]을 살펴[觀] 새기게[玩] 하는 짓[徵兆]이다. 그래서 상(象)은 어떤 내용을 전해 주지 않고 조짐[兆]을 스스로 헤아리고[擬] 스스로 따져[議] 매사(每事)에 숨어 있는 것[賾]에서 변화(變化)를 살펴[觀] 그 변화(變化)의 시원(始原) 즉 기미(機微)를 가늠해[斷] 보라고 할 뿐이다. 그리고 효사(爻辭) 또한 신의(神意)로 새기고[玩] 헤아리고[擬] 따지고[議] 가늠하게[斷] 하는 사구(辭句)이다. 효사(爻辭)의 사구(辭句)란 시언지(詩言志)의 언지(言志)와 같다. 언지(言志)란 사물(事物)의 상(象) 즉 짓[象]을 살펴[觀] 새기고[玩] 헤아려[擬] 가늠하여[斷] 스스로 사지(思之) 즉 생각하라[思之]는 직언(直言)의 언구(言句)이다. 효사(爻辭)의 사구(辭句)는 어구(語句)가 아니어서 무엇을 진술(陳述)하지 않는다. 괘효사(卦爻辭)의 사구(辭句)는 지난일[去事]이 아니라 앞일[來事]을 살펴[觀] 새김하게[玩] 한다. 이처럼 효사(爻辭)의 사구(辭句) 또한 지변(知變)-지래(知來)하게 하는 신의(神意)의 말하기[言之]이다. 그러므로 괘효(卦爻)의 상(象)과 괘효(卦爻)의 사(辭)를 숙려(熟慮)하지 않는 마음 가기[志]로는 친밀(親密)한 통화(通話)를 나눌 수 없고, 따라서 상교(相交)할 수 없다. 그래서 신의(神意)의 상(象)-사(辭)는 온갖 사물(事物)에 미치는 역(易)을 살피고[觀] 새겨[玩] 점(占)쳐 지변(知變)하여 지래(知來)하게 하는 통어(通語)가 된다.

141. 불출(不出)의 무구(无咎)

不出戶庭无咎라. '방 밖 뜰을[戶庭] 나가지 않는다[不出]. 허물이[咎]
불 출 호 정 무 구
없다[无].'

　이는 64괘(卦) 중에서 60번째 절괘(節卦) 초구(初九)의 효사(爻辭)이다. 그
초구(初九)의 효사(爻辭)는 2구(句)로 돼 있다. 효사(爻辭)의 새김[玩]은 효상
(爻象)을 본받게[法] 되고, 효상(爻象)은 괘상(卦象)을 본받게[法] 된다. 그러
므로 절괘(節卦 : ䷼)의 괘상(卦象)인 '태하감상(兌下坎上)'의 괘상(卦象)은 못
[兌] 위의 물[坎]이므로 절약(節約)해야 하는 상(象)이다. 효사(爻辭)를 새기
자면[玩] 먼저 효상(爻象)부터 살펴야[觀] 된다. 효(爻)의 상(象)은 먼저 효(爻)
의 자리[位]를 살펴야[觀] 한다. 절괘(節卦 : ䷼)에서 초구(初九)란 맨 아래 첫
째 자리에 있는 양효(陽爻)를 말한다. 대성괘(大成卦)에서 첫째-셋째-다섯
째 즉 홀수의 위(位)는 양효(陽爻)의 자리이고, 둘째-넷째-여섯째 즉 짝수
의 위(位)는 음효(陰爻)의 자리이다. 절괘(節卦) 초구(初九)는 양효(陽爻)이면
서 양효(陽爻)의 자리에 있으니 초구(初九)의 제자리[位]는 길상(吉象) 즉 길
(吉)함을 짓한다[象]. 절괘(節卦)에서 초구(初九)의 '비(比)'는 구이(九二)와 이
웃하여 그 상교(相交)는 흉상(凶象)이고, 절괘(節卦)에서 초구(初九)의 '응(應)'
은 사륙(四六)과 상교(相交)하니 길상(吉象)이다. 음양(陰陽)이 상교(相交)해야
길(吉)하지 양(陽)-양(陽)이나 음(陰)-음(陰)의 상교(相交)는 흉상(凶象)인 까닭
이다. 절괘(節卦) 초구(初九)의 이러한 효상(爻象)을 본받아[法] '불출호정(不
出戶庭) 무구(无咎)'라고 성인(聖人)이 효사(爻辭)한 것이다. 길흉(吉凶)을 득실
(得失)이라 한다. 일음일양(一陰一陽)의 변화(變化)를 계승(繼承)하는 선(善)을
취하면[得] 길(吉)하고, 그 선(善)을 잃으면[失] 흉(凶)함이다. 절괘(節卦)에서
초효(初爻) 즉 첫 효(爻)의 상(象)은 변화(變化)의 시(始)를 짓하고[象], 상효(上
爻) 즉 맨 위의 효(爻)의 상(象)은 변화(變化)의 종(終)을 짓한다[象]. 절괘(節卦)

초효(初爻)의 상(象)은 군자지도(君子之道)의 '시(始)'를 살펴보게[觀] 하고, 그 효사(爻辭)인 '불출호정(不出戶庭)'은 그 효상(爻象)을 본받아[法] 군자지도(君子之道)의 '시(始)'를 새겨[玩] 헤아리고[擬] 가늠하게[斷] 한다. 따라서 절괘(節卦) 초구(初九)의 효상(爻象)이 길(吉)-흉(凶)을 함께함을 살피고[觀], 그 효상(爻象)을 본받아[法] 절괘(節卦) 초구(初九)의 효사(爻辭) '불출호정(不出戶庭) 무구(无咎)'를 완사(玩辭) 즉 사구(辭句)를 새겨야[玩] 한다. 이러한 '불출호정(不出戶庭) 무구(无咎)'는 『논어(論語)』「헌문(憲問)」에 나오는 '군자사불출기위(君子思不出其位)'[주1] - 군자치기언이과기행(君子恥其言而過其行)'[주2]을 상기(想起)시켜 '불출호정(不出戶庭)'이 바로 군자(君子)의 신독(愼獨)을 뜻해 주는 언지(言志)의 말씀이 '불출호정(不出戶庭) 무구(无咎)'이다. 그래서 불출(不出)의 무구(无咎)는 온갖 사물(事物)에 미치는 역(易)을 살피고[觀] 새겨[玩][주3] 점(占)쳐 지변(知變)하여 지래(知來)하게 하는 통어(通語)가 된다.

註 1. 군자사불출기위(君子思不出其位) '군자는[君子] 자신의[其] 처지를[位] 벗어나지 않음을[不出] 생각한다[思].'

註 2. 군자치기언이과기행(君子恥其言而過其行) '군자는[君子] 자기의[其] 말이[言而] 자기의[其] 행동보다[行] 과함을[過] 부끄러워한다[恥].'

註 3. 관완(觀玩) 즉 살펴(觀) 새김(玩)이란 요새말로 '체험(體驗)'이라는 말과 같다. 체험(體驗)이란 'experience'를 역(譯)한 일식조어(日式造語)이다.

142. 난(亂)과 언어(言語)

亂之所生也則言語以爲階라. '분란[亂]이[之] 생기는[生] 것[所]이
난 지 소 생 야 즉 언 어 이 위 계
면[也] 곧[則] 말을[言語] 가지고[以] 그 분란(紛亂)의 섬돌로[階] 삼는다[爲].'

이는 절괘(節卦) 초구(初九)의 '불출호정(不出戶庭) 무구(无咎)'를 풀이하여 '불출호정(不出戶庭)'의 까닭을 밝히고 있다. 말[言語]이라는 것이 씨가 되

어 일[事]에 분란(紛亂)을 가져오는 '말꼬리 잡고 물기'가 곧 언어이위계(言語以爲階)의 '계(階)'이다. 언어(言語)의 '언(言)'은 직언(直言)으로 시비(是非)의 가림[辨]을 떠난 말하기[言之]이고, '어(語)'는 논란(論難)으로 시비(是非)를 변(辨)하려는 말해 보기[語之]이지만, 말꼬리 잡기로 들면 직언(直言)도 말꼬리의 사다리[階]가 되고, 논란(論難)도 말꼬리 잡기의 계(階)가 된다. 절괘(節卦) 초구(初九)의 효사(爻辭) '불출호정(不出戶庭)의 불출(不出)'을 절괘(節卦) 초구(初九)의 흉상(凶象)을 본받아[法] '불언(不言)-불어(不語)'로 새기고[玩] 헤아려[擬] 가늠하게[斷] 한다. 왜『노자(老子)』에 '지자불언(知者不言)'이라는 말씀이 나오고, 왜『논어(論語)』「이인(里人)」에 '군자욕눌어언(君子欲訥於言)'이라는 말씀이 나오고,『논어(論語)』「계씨(季氏)」에는 '언사충(言思忠)'이라는 말씀이 나오는가? 말[言語]이 난지소생(亂之所生)의 꼬투리[階]가 됨을 근거(根據)로 삼고 있음이다. 언어(言語)로 분란(紛亂)의 꼬투리[階]를 삼는 허물[咎]이 생기는 것은 절괘(節卦) 초구(初九)의 효사(爻辭) '불출호정(不出戶庭) 무구(無垢)'를 새기고[玩] 헤아려[擬] 가늠하는[斷] 사려(思慮)가 깊지 못하기 때문이다. 불언(不言)-욕눌어언(欲訥於言)-언사충(言思忠) 등을 환기(喚起)한다면 '불출호정(不出戶庭)'이라는 수기(修己)로써 신독(愼獨)하지 못하면서 함부로 출세(出世) 즉 세상에[世] 나아가[出] 언지(言之)-어지(語之)하여 허물[咎] 짓지 말라 함이 곧 절괘(節卦) 초구(初九)의 효사(爻辭)인 '불출호정(不出戶庭)'의 효사(爻辭)를 새겨[玩] 비롯된 자명(自明)임을 알 수 있다. 언어(言語)가 꼬투리가 되어 분란(紛亂)-혼란(混亂)이 일면[生] 그것은 유구(有咎)이다. 말[言語]로써[以] 분란(紛亂)이 생기면 일[事]마다 막혀[塞] 통(通)할 수 없어 궁색(窮塞)해지고 만다. 매사(每事)가 통(通)해 변화(變化)하여 성덕(盛德)하자면 언(言)-행(行)을 삼가[愼]야 한다. 절괘(節卦) 초구(初九)의 효사(爻辭)인 '불출호정(不出戶庭) 무구(无咎)'를 새겨[玩] 혼란(混亂)-분란(紛亂)을 일으킬 수 있는 말[言語]을 들어 풀이한 말씀이 '난지소생야(亂之所生也) 즉언

어이위계(則言語以爲階)'이다. 그래서 난(亂)과 언어(言語)는 온갖 사물(事物)에 미치는 역(易)을 살피고[觀] 새겨[玩] 점(占)쳐 지변(知變)하여 지래(知來)하게 하는 통어(通語)가 된다.

143. 군자(君子)와 언어(言語)

君子愼密而不出也라. '군자는[君子] 말[言語]을 삼가고[愼] 말[言語]을 간수하면서[密而] 말[言語]을 드러내지 않는 것[不出]이다[也].'

이는 절괘(節卦) 초구(初九)의 효사(爻辭)인 '불출호정(不出戶庭) 무구(无咎)'를 완사(玩辭)하여 군자(君子)가 왜 신언어(愼言語)-밀언어(密言語)-불출언어(不出言語)함을 밝힌 말씀이다. 그래서 '군자신밀이불출야(君子愼密而不出也)'는 『논어(論語)』 「헌문(憲問)」에 나오는 '군자치기언(君子恥其言) 이과기행(而過其行)'❶¹을 헤아려[擬] 가늠하게[斷] 하고, 「이인(里仁)」에 나오는 '군자욕눌어언(君子欲訥於言)'❶²을 헤아려[擬] 가늠하게[斷] 하고, 「팔일(八佾)」에 나오는 '군자무소쟁(君子無所爭)'❶³을 헤아려[擬] 가늠하게[斷] 하여 『대학(大學)』에 나오는 '군자필신기독야(君子必愼其獨也)'❶⁴의 까닭을 헤아려[擬] 가늠하게[斷] 한다. 말[言語]을 삼가고[愼] 말을 간수하여[密] 말을 입 밖으로 내지 않는다[不出]고 함이란 제 할 일을 회피함이 아니고, 변화(變化)를 이루게[成] 하려는 새로운 뜻[神意]을 갖추어 쌓아 가고자 하는 것을 뜻한다. 비밀(秘密)로 해야 할 말[言語]이라면 결코 입 밖으로 내지 않음이 신밀(愼密)이요 불출(不出)이다. 절괘(節卦) 초구(初九)의 '불출호정(不出戶庭) 무구(无咎)'를 본받아[法] 완사(玩辭)하여 신언어(愼言語)하고 밀언어(密言語)하며 불출언어(不出言語)하기를 밝힌 말씀이 '군자신밀이불출야(君子愼密而不出也)'이다. 그래서 군자(君子)와 언어(言語)는 온갖 사물(事物)에 미치는 역(易)을 살피고[觀] 새겨[玩] 점(占)쳐 지변(知變)하여 지래(知來)하게 하는 통어(通語)가 된다.

- 註 1. 군자치기언이과기행(君子恥其言而過其行) '군자는[君子] 자신의[其] 말이[言而] 자신의[其] 행동을[行] 넘쳐 남을[過] 부끄러워한다[恥].'
- 註 2. 군자욕눌어언(君子欲訥於言) 이민어행(而敏於行) '군자는[君子] 말[言]에서는[於] 무디고자 하되[欲訥而] 행동[行]에서는[於] 민첩하고자 한다[敏].'
- 註 3. 군자무소쟁(君子無所爭) '군자에게는[君子] 다투는[爭] 바가[所] 없다[無].'
- 註 4. 군자필신기독야(君子必慎其獨也) '군자는[君子] 반드시[必] 제[其] 자신을[獨] 삼가는 것[慎]이다[也].'

144. 지도(知盜)의 도(盜)

作易者其其知盜乎라. '역을[易] 맨 처음 지은[作] 이[者], 그는[其] 도적을[盜] 아셨구나[知乎]!'

이는 64괘(卦) 중에서 40번째 해괘(解卦 : ䷧) 육삼(六三)의 효사(爻辭) 1~2구(句)인 '부차승(負且乘) 치구지(致寇至)'를 완사(玩辭)하여 감탄해 마지않아 밝힌 자왈(子曰)이다. 해괘(解卦) 육삼(六三)의 효사(爻辭)를 완사(玩辭)하여 그 육삼(六三)의 효사(爻辭)를 '지도(知盜)'라고 풀이하고 있다. 여기서 '지도(知盜)의 도(盜)'는 온갖 내사(來事)를 흉(凶)이 되게 하는 궁인욕(窮人欲)-인화물(人化物)의 화신(化身) 즉 불선(不善)-부덕(不德)의 소인(小人)을 살펴[觀] 새기고[玩] 헤아리고[擬] 따져[議] 가늠하게[斷] 하는 '상(象)'이다. 그러므로 여기서 지도(知盜)의 '도(盜)'는 '궁인욕(窮人欲)의 상(象)'이고 '인화물(人化物)의 상(象)'인 것이다. 제 욕심[人欲]을 다 채우려는[窮] '투심(偸心)'의 상(象)이 곧 지도(知盜)의 '도(盜)'이다. 지도(知盜)의 '도(盜)'는 내사(來事)가 흉(凶)하게 변화(變化)할 조짐[兆]을 불러올 온갖 사리(私利)-탐욕(貪欲)이 짓는 투심(偸心) 즉 훔치려는[偸] 심술[心]의 짓[象]을 말한다. 짓[象]이란 마음 가기[志]를 정(定)하지 않고 헤아리고[擬] 따져[議] 지변(知變)-지래(知來)하게 하는 계기(契機)를 마련해 신의(神意)를 누리게 해 준다. 상(象)이 신의(神意)를 낳고[生] 신의(神意)가 신의(新意)를 낳는다[生]. 그래서 상(象)은 신의(神意)의 추기(樞機)이고, 신의(神意)는 신의(新意)의 지도리[樞]이고 방아쇠[機]인 셈이다. 상(象)을 숙지(熟知)하고 있어야 괘효사(卦爻辭)의 입상(立象)과 살펴[觀] 완사(玩辭)할 수 있다. 그래서 관상(觀象)해야 완사(玩辭)하고, 완사(玩辭)해야 관변(觀變)하고, 관변(觀變)해야 완점(玩占)한다고 하는 것이다. 효사(爻辭)는 오로지 괘효상(卦爻象)을 관상(觀象)하여 완사(玩辭)하고, 관변(觀變)하여 완점(玩占)하게 하지 어떤 해답(解答)을 정(定)해서 마련해 진술(陳述)해 주지 않는다. 괘효사(卦爻辭)는 논란(論難)을 진술(陳述)하는 문장(文章)이 아니라 언지(言志)의 시구(詩句) 같은 직언(直言)하라는 사구(辭句)이다. 직언(直言)이란 스스로 새김질하여[玩] 스스로 터득하라 함이니 요샛말로 체험(體驗)해 보라고 함이다. 그러므로 괘효사(卦爻辭)가 거듭해 주는 신의(神意)란 저마다의 마음 가기[志]로 하여금 괴지(怪志) 즉 신의(神意)로써 신의(新意)를 발휘하게 하는 추기(樞機) 즉 지도리[樞]-방아쇠[機]와 같은 것임을 밝힌 말씀이 '작역자기지도호(作易者其知盜乎)'이다. 그래서 지도(知盜)의 도(盜)는 온갖 사물(事物)에 미치는 역(易)을 살피고[觀] 새겨[玩] 점(占)쳐 지변(知變)하여 지래(知來)하게 하는 통어(通語)가 된다.

註 인화물(人化物) '인간이[人] 물건으로[物] 되어 버린다[化].' 인화물(人化物)의 '물(物)'은 멸천리(滅天理)-궁인욕(窮人欲)의 상(象 : image)으로서 비인간(非人間) 즉 인간이 아닌 것[非]을 말한다. '인화물(人化物)'은 『예기(禮記)』「악기(樂記)」에 나오는 말이다.

145. 부차승(負且乘)의 치구(致寇)

負且乘 致寇至라. '등짐 지고[負] 또[且] 수레를 탄다[乘]. 도둑을[寇] 불러들임이[致] 닥친다[至].'

이는 64괘(卦) 중에서 40번째인 해괘(解卦 : ䷧) 육삼(六三)의 효사(爻辭) 1~2구(句)이다. 해괘(解卦) 초구(初九)의 효사(爻辭)는 '부차승(負且乘) 치구지(致寇至) 정(貞) 인(吝)'으로 4구(句)이다. 효사(爻辭)는 비록 한 자(字)일지라도 사구(辭句)로 여기고 새김해야[玩] 하는 언지(言志)의 말씀[言]이다. 효사(爻辭)의 새김[玩]은 효상(爻象)을 본받게[法] 되고, 효상(爻象)은 괘상(卦象)을 본받게[法] 된다. 그러므로 해괘(解卦 : ䷧)의 괘상(卦象)인 '감하진상(坎下震上)' 즉 아래는[下] 물[坎 : ☵], 위는[上] 우레[震 : ☳]라는 해괘(解卦)의 괘상(卦象)을 본받아[法] 매효(每爻)의 상(象)을 살피면서[觀] 매효(每爻)의 사(辭)를 새김하고[玩] 헤아려[擬] 가늠해야[斷] 한다. 해괘(解卦)의 괘상(卦象)은 비[雨]가 된 물[坎 : 水]이 위의 우레[震 : 雷]와 함께 가뭄을 없애 음양(陰陽) 두 기운(氣運)의 순환(循環)이 잘되고 있는 길상(吉象)이다. 이러한 해괘(解卦)의 괘상(卦象)을 살피면서[觀] 해괘(解卦) 육삼(六三)의 '부차승(負且乘) 치구지(致寇至)'를 시구(詩句)처럼 여기고 새겨 가야[玩] 한다. 해괘(解卦) 육삼(六三) 효상(爻象)의 제자리[位]는 양효(陽爻)의 자리[位]를 차지하고 있으니 흉(凶)하지만 '비(比)' 즉 이웃으로 본다면 이구(二九)와 사구(四九) 즉 두 양효(陽爻) 사이에 있어서 다른 음효(陰爻)들의 시샘을 사기도 하지만 길상(吉象)이다. 육삼(六三)과 상륙(上六)과의 '응(應)'은 음(陰)-음(陰)끼리라 시샘하는 흉상(凶象)이다. 해괘(解卦) 육삼(六三)의 이러한 효상(爻象)을 본받아[法] '부차승(負且乘) 치구지(致寇至)'라고 성인(聖人)이 효사(爻辭)한 것이다. 따라서 해괘(解卦) 육삼(六三)의 효상(爻象)이 길(吉)-흉(凶)을 함께함을 살피고[觀], 그 효상(爻象)을 본받아[法] 해괘(解卦) 육삼(六三)의 효사(爻辭) '부차승(負且

乘) 치구지(致寇至)'를 완사(玩辭) 즉 사구(辭句)를 새기게[玩] 하는 것이다. 효사(爻辭)인 치구지(致寇至)의 '구(寇)' 즉 도둑[盜]이 소인(小人)의 심중(心中)에 도사리고 있는 불선(不善)-부덕(不德)의 상(象)으로 여겨 새기고[玩] 헤아려[擬] 가늠하게[斷] 하는 말씀[辭] 노릇을 한다. '부차승(負且乘)'이야말로『논어(論語)』「이인(里仁)」에 나오는 '소인회토(小人懷土)'를 몰아서 짓해 주는[象] 말씀[辭]이다. 부차승(負且乘)의 '부(負)'는 소인(小人)을 살펴[觀] 새기고[玩] 헤아려[擬] 따지게[議] 하는 상(象)의 사(辭)이고, '승(乘)'은 군자(君子)를 관완(觀玩)-의의(擬議)하게 하는 상(象)의 사(辭)이다. 이를 묶어서 소인(小人)이면서 군자(君子)인 척하는 새김[玩]과 헤아림[擬]을 해괘(解卦) 육삼(六三)의 효사(爻辭) '부차승(負且乘) 치구지(致寇至)'가 하게 하는 것이다. 탐욕(貪欲)의 극치를 짓해 주는 '부차승(負且乘)'이 빚어낼 내사(來事)를 밝혀 작역(作易)한 성인(聖人)의 말씀[辭]이 바로 '치구지(致寇至)'이다. 치구지(致寇至)의 '치(致)'는 '불러올 초(招)'와 같으니 도둑을 집으로 불러들인다는 말씀이 곧 '치구지(致寇至)'가 된다. 이처럼 소인(小人)의 탐욕(貪欲)을 새겨[玩] 헤아리고[擬] 가늠하게[斷] 하는 말씀이 '부차승(負且乘) 치구지(致寇至)'이다. 그래서 부차승(負且乘)의 치구(致寇)는 온갖 사물(事物)에 미치는 역(易)을 살피고[觀] 새겨[玩] 점(占)쳐 지변(知變)하여 지래(知來)하게 하는 통어(通語)가 된다.

註 군자회덕(君子懷德) 소인회토(小人懷土) 군자회형(君子懷刑) 소인회혜(小人懷惠)
'군자는[君子] 덕을[德] 품고[懷] 소인은[小人] 토를[土] 품는다[懷]. 군자는[君子] 법을[刑] 생각하고[懷] 소인은[小人] 은혜 받기만을[惠] 생각한다[懷].' 회덕(懷德)의 '덕(德)'은 무욕(無欲)을 뜻해 주고, 회토(懷土)의 '토(土)'는 탐욕(貪欲)을 뜻해 주고, '회(懷)'는 여기선 '생각할 회(懷)-품을 회(懷)' 두 뜻을 낸다.

146. 부차승(負且乘)의 부(負)

負也者小人之事也라. '등짐[負]이라는[也] 것은[者] 소인(小人)의[之] 일[事]이다[也].'

이는 해괘(解卦) 육삼(六三)의 효사(爻辭)인 부차승(負且乘)에서 '부(負)'를 '소인지사(小人之事)' 즉 소인(小人)의 일[事]'로 새겨[玩] 헤아리고[擬] 가늠한[斷] 것이다. 여기서 '부(負)'는 '등짐 진 꼴[相]'을 진술(陳述)하여 묘사(描寫)함이 아니라 '등짐 지는 일[事]'을 완의(玩擬)하여 따져[議] 가늠하게[斷] 하는 짓[象]의 사(辭)이다. 상(相)은 눈에 보이는 모습[貌]이고 상(象)은 마음 가기[志]로 하여금 살펴[觀] 헤아리고[擬] 따져[議] 변화(變化)를 가늠하게[斷] 하는 신의(神意)를 나게[生] 한다. 상모(相貌)는 신의(神意)를 일으키지 못한다. 그러나 상조(象兆)는 늘 지(志)로 하여금 변하여[變] 새로 되는[化] 뜻[意]을 유발(誘發)하여 늘 변화지의(變化之意) 즉 신의(神意)를 재촉한다. 부차승(負且乘)의 '부(負)'는 소인(小人)이 일삼는 '동이불화(同而不和)의 동(同)-비이부주(比而不周)의 비(比)-소인회토(小人懷土)의 토(土)'[1] 등이 비롯하는 '아욕(我欲)의 심술(心術)'을 의의(擬議)하여 가늠하게[斷] 함이다. 그래서 부차승(負且乘)의 '부(負)'는 『논어(論語)』「이인(里仁)」에 나오는 '군자유어의(君子喩於義) 소인유어리(小人喩於利)'[2]를 떠올려 주고, 『예기(禮記)』「곡례(曲禮) 상(上)」에 나오는 '임재무구득(臨財毋苟得) 임난무구면(臨難毋苟免) 흔무구승(很毋求勝) 분무구다(分毋求多) 의사무질(疑事毋質) 직이물유(直而勿有)'[3]를 상기(想起)시킨다. 소인(小人)이 범하는 아욕(我欲)을 살펴[觀] 새겨[玩] 헤아리고[擬] 따져[議] 늘 새롭게 가늠하게[斷] 마음 가기[志]를 재촉하는 말씀이 부차승(負且乘)의 '부(負)'이다. 그래서 부차승(負且乘)의 '부(負)'는 온갖 사물(事物)에 미치는 역(易)을 살피고 새겨[玩] 점(占)쳐 지변(知變)하여 지래(知來)하게 하는 통어(通語)가 된다.

註 1. 소인동이불화(小人同而不和) '소인은[小人] 패거리 짓되[同而] 어울리지 못한다[不和].' 소인비이부주(小人比而不周) '소인은[小人] 서로 견주되[比而] 두루 하지 못한다[不周].' 소인회토(小人懷土) '소인은[小人] 가슴속에 땅을[土] 품는다[懷].' 회토(懷土)의 '토(土)'는 아욕(我欲)의 비유(比喩)이다.

註 2. 군자유어의(君子喩於義) 소인유어리(小人喩於利) '군자는[君子] 대의[義]를[於] 밝히고[喩] 소인은[小人] 사리[利]를[於] 밝힌다[喩].'

註 3. 임재무구득(臨財毋苟得) 임난무구면(臨難毋苟免) 흔무구승(很毋求勝) 분무구다(分毋求多) 의사무질(疑事毋質) 직이물유(直而勿有) '재물을[財] 만나면[臨] 구차하게[苟] 취하지[得] 말고[毋], 환난을[難] 만나면[臨] 구차하게[苟] 피하려[免] 말고[毋], 다투면[很] 이기고자[勝] 노리지[求] 말고[毋], 나누면[分] 제 몫이 많기를[多] 노리지[求] 말고[毋], 일이[事] 의심나면[疑] 캐묻지[質] 말고[毋], 바로잡아 주되[直而] 제 의견인 양[有] 하지 말라[勿].'

147. 부차승(負且乘)의 승(乘)

乘也者君子之器也라. '수레[乘]라는[也] 것은[者] 군자(君子)의[之] 기물[器]이다[也].'

이는 해괘(解卦) 육삼(六三)의 효사(爻辭)인 부차승(負且乘)에서 '승(乘)'을 '군자지기(君子之器) 즉 군자(君子)의 기물[器]'로 새겨[玩] 헤아리고[擬] 가늠한[斷] 것이다. 여기서 '승(乘)'은 '수레[乘]의 꼴[相]'을 진술(陳述)하여 묘사(描寫)함이 아니라 '수레를 이용하는 일[事]'을 완의(玩擬)하여 따져[議] 가늠하게[斷] 하는 짓[象]의 사(辭)이다. 상(相)은 신의(神意)를 나게[生] 한다. 다시 말하지만 부차승(負且乘)의 '승(乘)'은 수레를 타고 있는 광경을 묘사(描寫)해 주는 진술(陳述)이 아니라 묘사(妙思)하여 신의(神意)를 누리게 하는 짓[象] 즉 징조(徵兆)이다. 상조(象兆)란 늘 지(志)로 하여금 변하여[變] 새로 되는[化] 뜻[意]을 유발(誘發)하여, 늘 변화지의(變化之意) 즉 신의(神意)를 재촉한다. 신의(神意)는 창의(創意)를 낳는다[生]. '수레[乘]'를 상(象)으로 삼아

군자(君子)를 관완(觀玩)함이란 군자(君子)가 일삼는 '화이부동(和而不同)의 화
(和)-주이불비(周而不比)의 주(周)-군자회덕(君子懷德)의 덕(德)'^{註1} 등이 비롯
하는 '신독(愼獨)의 심지(心志)'를 의의(擬議)하여 가늠하게[斷] 함이다. 그러
므로 여기서 군자(君子)가 일삼는 신독(愼獨)의 짓[象]으로 삼아 부차승(負且
乘)의 '승(乘)'을 살펴[觀] 새길[玩] 수 있어야 '부차승(負且乘) 치구지(致寇至)'
의 효사(爻辭)와 상교(相交)가 이루어진다. 군자(君子)는 왜 통(通)하는 것인
가? 신독(愼獨)의 심지(心志) 때문이다. 신독(愼獨)이 빚어내는 자비(自卑)는
자겸(自謙)으로 이어져 끝내는 매사(每事)를 통변(通變)하게 한다. 세상사(世
上事)란 상대(相對)가 있게 마련이고 서로 배려하면 상대(相對)도 따라 겸허
(謙虛)해짐이 세파(世波)이다. 세파(世波)와 다투어 겨루기를 결코 범하지 않
는 군자는 신독(愼獨)의 자비(自卑) 덕으로 일마다[每事] 통(通)하여 길(吉)하
게 마련임을 사무친다. 그래서 부차승(負且乘)의 '승(乘)'은 『논어(論語)』「이
인(里仁)」에 나오는 '군자유어의(君子喩於義) 소인유어리(小人喩於利)'를 떠올
려 준다. 무엇보다 군자(君子)의 심지(心志)는 올바름[義]에[於] 밝아[喩] 자겸
(自謙)하여 맑아 『중용(中庸)』에 나오는 '의금상경(衣錦尙絅)'^{註2}을 환기(喚起)
시킨다. 따라서 군자(君子)는 『예기(禮記)』「곡례(曲禮) 상(上)」에 나오는 '임
재무구득(臨財毋苟得) 임난무구면(臨難毋苟免) 흔무구승(很毋求勝) 분무구다(分
毋求多) 의사무질(疑事毋質) 직이물유(直而勿有)'^{註3}를 사무치면서 산다. 군자
(君子)의 심지(心志)를 살펴[觀] 새겨[玩] 헤아리고[擬] 따져[議] 늘 새롭게 가
늠하게[斷] 하는 말씀이 부차승(負且乘)의 '승(乘)'이다. 그래서 부차승(負且
乘)의 '승(乘)'은 온갖 사물(事物)에 미치는 역(易)을 살피고[觀] 새겨[玩] 점
(占)쳐 지변(知變)하여 지래(知來)하게 하는 통어(通語)가 된다.

註 1. **군자화이부동(君子和而不同)** '군자는[君子] 어울리되[和而] 패거리 짓지 않는다
[不同].' **군자주이불비(君子周而不比)** '군자는[君子] 두루 하되[周而] 겨루지 않는
다[不比].' **군자회덕(君子懷德)** '군자는[君子] 덕을[德] 품는다[懷].'

註 2. **의금상경(衣錦尙絅)** '비단옷을[錦] 입으면[衣] 홑옷을[絅] 덧입는다[尙].'

註 3. 임재무구득(臨財毋苟得) 임난무구면(臨難毋苟免) 흔무구승(很毋求勝) 분무구다(分毋求多) 의사무질(疑事毋質) 직이물유(直而勿有) '재물을[財] 만나면[臨] 구차하게[苟] 취하지[得] 말고[毋], 환난을[難] 만나면[臨] 구차하게[苟] 피하려[免] 말고[毋], 다투면[很] 이기고자[勝] 노리지[求] 말고[毋], 나누면[分] 제 몫이 많기를[多] 노리지[求] 말고[毋], 일이[事] 의심나면[疑] 캐묻지[質] 말고[毋], 바로잡아 주되[直而] 제 의견인 양[有] 하지 말라[勿].'

148. 탈지(奪之)의 도(盜)

盜思奪之라. '도적이[盜] 그것을[之] 뺏으려고[奪] 생각한다[思].'
   도 사 탈 지

소인(小人)이 군자(君子) 행세를 자행(恣行)하고자 군자(君子)가 타야 할 수레 타기[乘]를 한다면, 다른 소인(小人)이 그 수레를 빼앗고자[欲奪] 샘을 내게 된다. 빼앗고자 하는 시샘이 도사(盜思)이다. 소인(小人)의 짓거리를 범하면서 군자(君子)로 대접받기를 탐(貪)하는 교만(驕慢)은 치구(致寇)하고야 만다. '치구(致寇)'는 도적을 자초(自招)하는 흉(凶)함이다. 이는 곧 소인(小人)이 범하는 동이불화(同而不和)⊕1의 흉(凶)이다. 『논어(論語)』「팔일(八佾)」에 나오는 '군자무소쟁(君子無所爭)'⊕2을 상기(想起)한다면 패거리만 짓고서[同而] 어울리지 못함[不和]은 탈지(奪之)의 도(盜)를 품고 있기 때문이다. 무엇을 빼앗자[奪]면 겨루고[比] 다투어야[爭] 한다. 군자의 일[事]에는 쟁탈(爭奪)이란 없다. 그러나 소인지사(小人之事)는 쟁탈(爭奪)이 승패(勝敗)로 셈해져서 치구(致寇)의 흉(凶)이 뒤따르게 마련이다. 그러나 소인(小人)은 빼앗고자[奪] 하는 아욕(我欲)의 심술(心術) 탓으로 군자(君子)의 기물인 수레[乘]를 서로 빼앗고자[奪] 한다. 도사탈지(盜思奪之), 이것은 탐욕(貪欲)을 관완(觀玩)-의의(擬議)하여 가늠하게[斷] 한다. '탈지(奪之)', 이것은 온갖 아욕(我欲)의 심술(心術)을 주역(紬繹)한 것이다. '도(盜)' 즉 아욕(我欲)의 심술(心術)은 오로지 남의 것을 빼앗고자[欲奪] 함이다. 탈지(奪之)의 '지(之)'는 남이 좋아하는 모든 것이다. 그래서 탈지(奪之)의 도(盜)는 온갖 사물(事物)에 미치는 역(易)을 살피고[觀] 새겨[玩] 점(占)쳐 지변(知變)하여 지래(知來)하게 하는 통어(通語)가 된다.

註 1. 소인동이불화(小人同而不和) '소인은[小人] 패거리 짓고서[同而] 서로 어울리지 못한다[不和].'

註 2. 군자무소쟁(君子無所爭) '군자에게[君子] 다투는[爭] 것이란[所] 없다[無].'

149. 벌지(伐之)의 도(盜)

上慢下暴 盜思伐之라. '윗사람에게[上] 교만하고[慢] 아랫사람에게[下] 포악하면[暴] 도적이[盜] 그런 자를[之] 치려고[伐] 생각한다[思].'

소인(小人)이 범하는 인화물(人化物)의 심술(心術)은 오로지 남을 짓밟고자[欲伐]한다. 이제 벌지(伐之)의 '지(之)'가 상만하포(上慢下暴)하는 소인(小人)을 나타내는 지시어(指示語)임을 알 수 있다. 도사벌지(盜思伐之)의 '벌지(伐之)'는 『예기(禮記)』「곡례(曲禮) 상(上)」에 나오는 '불유절(不踰節) 불침모(不侵侮) 불호압(不好狎)'을 상기(想起)하게 한다. 견주고자[欲比] 하는 소인(小人)의 심술(心術)이 빚어내는 도사벌지(盜思伐之)는 오로지 '유절(踰節) 침모(侵侮) 호압(好狎)'을 일삼고자 하기 때문이다. 절도를[節] 어기고[不踰] 깔보기를[侮] 범하며[不侵] 업신여기기를[狎] 좋아하기[好] 때문에 짓밟고자[伐之] 벼르고, 그래서 짓밟히는[所伐之] 흉(凶)을 자초(自招)하고야 만다. 다시 말하지만 벌지(伐之) 역시 탈지(奪之)와 함께 소인(小人)이 일삼는 궁인욕(窮人欲)의 심술(心術)이다. 이러한 심술(心術)은 흉(凶)할 뿐이다. 길흉(吉凶)이란 밖으로부터 다가오는 것이 아니라 심중(心中)에서 빚어진다. 내 심중(心中)에 바로 나를 해치려는 도사(盜思)가 도사리고 있음을 소인(小人)은 모르고 군자(君子)는 안다. 그래서 군자(君子)는 중용(中庸)하고, 소인(小人)은 반중용(反中庸)하는 것이다. 소인(小人)이 범하는 인화물(人化物)의 심술(心術)이 바로 도사(盜思)의 소굴임을 관완(觀玩)-의의(擬議)하여 단(斷)할 수 있도록 효사(爻辭) '부차승(負且乘) 치구지(致寇至)'를 풀이한 것이 '도사벌지(盜思伐之)'이다. 그래서 '벌지(伐之)의 도(盜)'는 온갖 사물(事物)에 미치는 역(易)을 살피고[觀] 새겨[玩] 점(占)쳐 지변(知變)하여 지래(知來)하게 하는 통어(通語)가 된다.

註 불유절(不踰節) 불침모(不侵侮) 불호압(不好狎) '절도를[節] 어기지 않고[不踰] 깔보기를[侮] 범하지 않으며[不侵], 업신여기기를[狎] 좋아하지 않는다[不好].'

150. 회도(誨盜)와 회음(誨淫)

慢藏誨盜 冶容誨淫이라. '간수할 것을[藏] 오만하게 함은[慢] 도적
   만 장 회 도 야 용 회 음
질을[盜] 가르쳐 주고[誨], 얼굴을[容] 꾸밈은[冶] 음탕한 짓을[淫] 가르쳐 준다[誨].'

만장(慢藏)의 '만(慢)'은 '거만할 오(傲)'와 같고, '장(藏)'은 '숨길 익(匿)'과 같다. '만장(慢藏)'이란 탐욕(貪欲)의 과시(誇示)이다. 장물(臟物)을 과시(誇示)함은 회도(誨盜) 즉 도둑질하라고[盜] 가르쳐 줌[誨]이다. 야용(冶容)의 '야(冶)'는 '꾸밀 식(飾)'과 같고, '용(容)'은 '얼굴 안(顔)'과 같다. '야용(冶容)'이란 허세(虛勢)의 과시(誇示)이다. 용모(容貌)를 과시(誇示)함은 회음(誨淫) 즉 음탕하라고[淫] 가르쳐 줌[誨]이다. 만장(慢藏)이 초도(招盜)하고, 야용(冶容)이 초음(招淫)함은 예나 지금이나 다를 바 없다. 도심(盜心)을 환기(喚起)시킴이 회도(誨盜)이고, 간음(姦淫)을 불러일으킴[喚起]이 회음(誨淫)이다. 회도(誨盜)하는 만장(慢藏)보다 더 흉(凶)한 과시(誇示)는 없고 회음(誨淫)하는 야

용(冶容)보다 더 흉(凶)한 과시(誇示)도 없다. 세파(世波)가 어지럽게 너울 침은 만장(慢藏)-야용(冶容)의 흉(凶)이 넘쳐 나기 때문이다. 초도(招盜)의 만장(慢藏)도 소인(小人)이 범하는 인화물(人化物)에서 빚어지고, 야용(冶容) 또한 소인(小人)이 범하는 인화물(人化物)에서 빚어진다. 이처럼 회도(誨盜)-회음(誨淫)의 흉(凶)을 해괘(解卦 : ䷧) 육삼(六三)의 효사(爻辭) '부차승(負且乘)-치구지(致寇至)'를 마주하여 관완(觀玩)-의의(擬議)하여 가늠하게[斷] 된 것이다. 작역(作易)한 성인(聖人)의 말씀[辭]을 진술(陳述)이 아니라 상(象)으로 마주하여야 신의(神意)하여 신의(新意)를 이끌어 낼 수 있다는 것을 늘 명심(銘心)하고 완사(玩辭)해야 함을 일깨워 주는 말씀이 '만장회도(慢藏誨盜) 야용회음(冶容誨淫)'이다. 그래서 회도(誨盜)와 회음(誨淫)은 온갖 사물(事物)에 미치는 역(易)을 살피고[觀] 새겨[玩] 점(占)쳐 지변(知變)하여 지래(知來)하게 하는 통어(通語)가 된다.

151. 천(天)-지(地)의 수(數)

天一地二 天三地四 天五地六 天七地八 天九地十이라. '하늘은[天] 일(一) 땅은[地] 이(二), 하늘은[天] 삼(三) 땅은[地] 사(四), 하늘은[天] 오(五) 땅은[地] 육(六), 하늘은[天] 칠(七) 땅은[地] 팔(八), 하늘은[天] 구(九) 땅은[地] 십(十).'

이는 천수(天數)와 지수(地數)는 이수(以數) 즉 수(數)를 써서[以] 음양(陰陽)을 주역(紬繹)하는 것이다. 이러한 풀이는[紬繹]는 '하도(河圖)'의 판독(判讀)에서 나타났다. '하도(河圖)'는 복희씨(伏羲氏) 때 황하(黃河)에 나타난 용마(龍馬)의 등에 그려져 있었다는 그림[圖]으로, 상고시대(上古時代)의 '신물(神物)'을 말한다. '신물(神物)'이란 올 것[來者]의 조짐으로, 천지(天地)가 변화(變

化)하게 하는 짓[神]을 보여 주는 것[物]이다. 그 '하도(河圖)'에는 아래쪽[北] 안쪽[內]에 일점(一點 : ○)이 있고, 바깥쪽[外]에 육점(六點 : ●●●●●●)이 있다.

위쪽[南] 안쪽[內]에 이점(二點 : ●●)과 칠점(七點 : ○○○○○○○)이 있다. 왼쪽[東]과 내(內)에 삼점(三點 : ○○○)과 외(外)에 팔점(八點 : ●●●●●●●●)이 있다. 오른쪽[西] 내(內)에 사점(四點 : ●●●●)과 외(外)에 구점(九點 : ○○○○○○○○○)이 있다. 그리고 가운데[中央]에 있는 오점(五點 : ○○○○○)을 생수(生數)라 하고, 십점(十點 : ●●●●●●●●●●)을 성수(成數)라 한다.

중앙(中央)에 있는 생수(生數) 즉 오점(五點)은 부연(敷衍)된 수(數)의 어미이고, 성수(成數) 즉 십(十)은 부연(敷衍)된 수(數)의 아들이며, 일점(一點 : ○)-이점(二點 : ●●)-삼점(三點 : ○○○)-사점(四點 : ●●●●)의 자리는 '사상(四象)의 자리'이고, 육점(六點 : ●●●●●●)-칠점(七點 : ○○○○○○○)-팔점(八點 : ●●●●●●●●)-구점(九點 : ○○○○○○○○○)은 '사상(四象)의 수(數)'이다. 그 수(數)는 각각 동류(同類)끼리 바깥쪽[外側]에 교착(交錯)하여 있다. 또한 흑점(黑點 : ●)을 '음점(陰點)'이라 하고, 백점(白點 : ○)을 '양점(陽點)'이라 한다. 양점(陽點 : ○)을 천수(天數)라 하고, 음점(陰點 : ●)을 지수(地數)라 한다. '일(一)-삼(三)-오(五)-칠(七)-구(九)'의 기수(奇數) 즉 홀수를 '천수(天數)'라 하고, '이(二)-사(四)-육(六)-팔(八)-십(十)'의 우수(耦數) 즉 짝수를 '지수(地數)'라 한다. 이를 밝힌 말씀이 곧 '천일지이(天一地二) 천삼지사(天三地四) 천오지륙(天五地六) 천칠지팔(天七地八) 천구지십(天九地十)'이다. 그래서 천(天)-지(地)의 수(數)는 온갖 사물(事物)에 미치는 역(易)을 살피고[觀] 새겨[玩] 점(占)쳐 지변(知變)하여 지래(知來)하게 하는 통어(通語)가 된다.

152. 천수(天數)-지수(地數)의 오(五)

天數五 地數五라. '천수가[天數] 다섯 개[五] 지수가[地數] 다섯 개
　　천 수 오　지 수 오
[五].'

 이는 '하도(河圖)'에 나타나 있는 양점(陽點 : ○)과 음점(陰點 : ●)들의 자
리[位]가 각각 다섯 위(位)임을 밝히고 있다. '하도(河圖)'에 나타난 흑백(黑
白)의 점(點)들을 이수(以數) 즉 수(數)를 가지고[以] 음양(陰陽) 즉 음기(陰氣)
와 양기(陽氣)를 밝힌 것이다. 천수오(天數五)의 '오(五)'란 하도(河圖)의 오방
위(五方位)에 백점(白點)이 있는 각각의 개수(個數)를 말한다. 그 개수(個數)는
일(一)-삼(三)-오(五)-칠(七)-구(九)의 기수(奇數) 즉 홀수의 자리가 된다. 지
수오(地數五)의 '오(五)'란 하도(河圖)의 오방위(五方位)에 흑점(黑點)이 있는 각
각의 개수(個數)를 말한다. 그 개수(個數)는 이(二)-사(四)-육(六)-팔(八)-십
(十)의 우수(耦數) 즉 짝수의 자리가 된다. 그래서 천수(天數)-지수(地數)의
오(五)는 온갖 사물(事物)에 미치는 역(易)을 살피고[觀] 새겨[玩] 점(占)쳐 지
변(知變)하여 지래(知來)하게 하는 통어(通語)가 된다.

153. 천수(天數)-지수(地數)의 합(合)

各有合 天數二十有五 地數三十이라. '천수(天數)와 지수(地數)를
　각 유 합　천 수 이 십 유 오　지 수 삼 십
나누고[各] 또[有] 각각(各各)의 수(數)를 합하면[合] 천수가[天數] 25이고[二十有
五] 지수는[地數] 30이다[三十].'

 이는 '하도(河圖)'에 나타나 있는 흑점(黑點 : ●)-백점(白點 : ○)들을 천수
(天數)와 지수(地數)로 나누어[各] 흑점(黑點 : ●)의 합(合)과 백점(白點 : ○)의
합(合)을 풀이한[紬繹] 말씀이다. 여기서 '각유합(各有合)'이란 천수(天數)의

214　통어 500

합(合)과 지수(地數)의 합(合)을 밝힘이다. 천수(天數)의 합(合)이란 천수(天數)인 홀수 '1+3+5+7+9'의 합(合)을 말한다. 이는 곧 하도(河圖)에 나타난 백점(白點)들의 합(合)을 말한다. 지수(地數)의 합(合)이란 지수(地數)인 짝수 '2+4+6+8+10'의 합(合)을 말한다. 이는 곧 하도(河圖)에 나타난 흑점(黑點)들의 합(合)을 말한다. 천수(天數)는 생수(生數)로 주역(紬繹)되고, 지수(地數)는 성수(成數)로·풀이[紬繹]된다. '천수이십유오(天數二十有五)' 즉 '천수(天數)-25'란 '1+3+5+7+9=25'에서 비롯된 것이고, '지수삼십(地數三十)' 즉 '지수(地數)-30'이란 '2+4+6+8+10=30'에서 비롯된 것이다. 그리고 천수(天數)를 생수(生數)라 하고, 지수(地數)를 성수(成數)라 함은 각유합(各有合)의 '합(合)'이 '생(生)-성(成)의 운수(運數)'를 뜻함을 알아차릴 수 있고, 운수(運數)란 이수(以數)^{●1} 즉 수(數)를 써[以] 온갖 '생(生)-성(成)'을 관완(觀玩)-의의(擬議)하여 가늠한[斷] 것임을 간파(看破)할 수 있다. 나아가 『노자(老子)』 28장(章)에 나오는 '지기백(知其白) 수기흑(守其黑) 위천하식(爲天下式)'^{●3} 이 하도(河圖)의 천수(天數)-지수(地數)의 합(合)이 운영(運營)하는 '생(生)-성(成)'을 풀이하고 있음도 간파(看破)할 수 있다. 이에 따라서 양기(陽氣)와 음기(陰氣)의 합(合)을 일러 '생(生)-성(成)'이라 하고, 그 생성(生成)이 곧 '변화(變化)'를 뜻하고 있음도 알 수 있게 된다. 따라서 『노자(老子)』 28장(章) 첫머리에 나오는 '지기웅(知其雄) 수기자(守其雌) 위천하계(爲天下谿)'^{●3} 역시 양기(陽氣)를 알고[知] 음기(陰氣)를 지킴[守]이란 온 세상 온갖 것의 '생(生)-성(成)-변화(變化)'를 살펴[觀] 새기고[玩] 헤아려[擬] 따져서[議] 가늠해[斷] 지변(知變)하여 지래(知來)하라는 것임을 알 수 있다. 하도(河圖)에 나타난 백점(白點)의 천수(天數)와 흑점(黑點)의 지수(地數)가 온갖 '생(生)-성(成)-변화(變化)'를 관완(觀玩)-의의(擬議)하여 가늠하게[斷] 하는 지수(指數)가 되고, 이어서 온 세상[天下]-온갖 것[萬物]을 포용하는[谿] 법식(法式)도 되는 것이다. 하도(河圖)에 나타난 흑점(黑點 : ●)-백점(白點 : ○)들을 천수(天數)와 지수(地數)로 나누어

[名] 그 각각의 합수(合數)를 '천수(天數)-25'와 '지수(地數)-30'으로 이수(以數)하여 공자(孔子)께서 밝힌 말씀을 『노자(老子)』에 나오는 말씀을 곁들여 '천하만물(天下萬物)의 생(生)-성(成)-변화(變化)'를 관완(觀玩)-의의(擬議)하여 가늠하는[斷] 데 도움이 되는 말씀이 '천수이십유오(天數二十有五) 지수삼십(地數三十)'이다. 그래서 천수(天數)-지수(地數)의 합(合)은 온갖 사물(事物)에 미치는 역(易)을 살피고[觀] 새겨[玩] 점(占)쳐 지변(知變)하여 지래(知來)하게 하는 통어(通語)가 된다.

註 1. 이수(以數)의 '이(以)' '이(以)'는 여러 가지 뜻[意]을 자유롭게 내는 자(字)이다. '이(以)'는 마치 영어의 'do' 동사(動詞)처럼 여러 의(意)를 낸다. 여기서 이수(以數)의 '이(以)'를 '써 용(用)'으로 삼고 새기지만, 이는 '수(數)를 살펴[觀]-수(數)를 새겨[玩]-수(數)를 헤아려[擬]-수(數)를 따져[議]-수(數)를 가늠해[斷]' 등의 여러 뜻[意]을 포함(包含)해서 '써 이(以=用)'라고 풀이하는 것이다. 그러므로 이수(以數)의 '이(以)'는 '관(觀)-완(玩)-의(擬)-의(議)-단(斷)' 등을 '쓴다[用]'는 뜻으로 포괄(包括)해 여기서 '써 이(以)'라 한 셈이다.

註 2. 지기백(知其白) 수기흑(守其黑) 위천하식(爲天下式) '그[其] 백을[白] 알고[知] 그[其] 흑을[黑] 지키면[守] 온 세상의[天下] 법규가[式] 된다[爲].'

註 3. 지기웅(知其雄) 수기자(守其雌) 위천하계(爲天下谿) '그[其] 수컷을[雄] 알고[知] 그[其] 암컷을[雌] 지키면[守] 온 세상의[天下] 바다가[谿] 된다[爲].'

154. 천수(天數)-지수(地數)의 오위(五位)

五位相得이라. '천수(天數)와 지수(地數)는 다섯[五] 방위를[位] 서로[相] 얻는다[得].'

오위상득(五位相得) 역시 '하도(河圖)'에 나타나 있는 흑점(黑點 : ●)-백점(白點 : ○)들의 자리 방위(方位)를 주역(紬繹) 즉 풀이한[紬繹] 말씀이다. 오위상득(五位相得)에서 '오위(五位)'라 함은 중앙(中央)-동(東)-서(西)-남(南)-북(北) 등의 방위(方位)를 말하고, '상득(相得)'이란 그 오방위(五方位)마다 백점(白點)-

흑점(黑點) 즉 천수(天數)인 양수(陽數)의 점(點)들과, 지수(地數) 즉 음수(陰數)의 점(點)들이 한 곳에 각각 제자리를 잡고 있음을 뜻한다. 중앙(中央)에서는 백점(白點) 다섯[五]과 흑점(黑點) 열[十]이 자리[位]를 서로[相] 얻고[得], 동(東)에서는 백점(白點) 셋[三]과 흑점(黑點) 여덟[八]이 자리[位]를 서로[相] 얻고[得], 서(西)에서는 흑점(黑點) 넷[四]과 백점(白點) 아홉[九]이 자리[位]를 서로[相] 얻고[得], 남(南)에서는 흑점(黑點) 둘[二]과 백점(白點) 일곱[七]이 자리[位]를 서로[相] 얻고[得], 북(北)에서는 백점(白點) 하나[一]와 흑점(黑點) 여섯[六]이 자리[位]를 서로[相] 얻고[得] 있음을 일러 '오위상득(五位相得)'이라고 밝힌 것이다. 오위(五位)란 자연(天地)을 방위(方位)로 밝힘이고, 상득(相得)이란 어디서나 천(天) 즉 천기(天氣)와 지(地) 즉 지기(地氣)가 따로[別個] 있음이 아니라, 언제 어디서나 서로 함께하고 있음을 밝힘이다. 하도(河圖)의 오위(五位)에서 홀수[奇數]로 나타난 백점(白點)들을 천기(天氣) 즉 양기(陽氣)로 관상(觀象)한 것이고, 그 오위(五位)에서 짝수[偶數]로 나타난 흑점(黑點)들을 지기(地氣) 즉 음기(陰氣)로 관상(觀象)한 것이다. 그리고 오위(五位)에서 동서남북(東西南北)의 사위(四位)는 사상(四象)의 자리[位]로 풀이[紬繹]된다. 그러므로 '오위상득(五位相得)의 상득(相得)'이 담고 있는 깊은 뜻은 천(天)-지(地)를 둘[二]로 나누어 살펴[觀] 새기고[玩]-헤아려[擬] 따져[議] 가늠하지[斷] 말라 함이다. 따라서 음양(陰陽)-강유(剛柔)-인의(仁義) 등도 둘[二]로 나누어 따로 관완(觀玩)하고 의의(擬議)하여 가늠할[斷] 수 없음을 밝힌 말씀이 '오위상득(五位相得)'이다. 그래서 천수(天數)-지수(地數)의 오위(五位)는 온갖 사물(事物)에 미치는 역(易)을 살피고[觀] 새겨[玩] 점(占)쳐 지변(知變)하여 지래(知來)하게 하는 통어(通語)가 된다.

155. 오십오(五十五)의 성변화(成變化)-행귀신(行鬼神)

凡天地之數五十有五此所以成變化而行鬼神也라. '무릇[凡]
범 천 지 지 수 오 십 유 오 차 소 이 성 변 화 이 행 귀 신 야
천지(天地)의[之] 수(數) 55는[五十有五] 이것을[此] 써서[以] 변하여[變] 새로
됨을[化] 이루고[成] 변화하게 하는 기운을[鬼神] 행하는[行] 것[所]이다[也].'

이는 '하도(河圖)'에서 흑점(黑點 : ●)-백점(白點 : ○)으로 나타나 있는 '천
수(天數)-25와 지수(地數)-30'을 합(合)한 수(數) 오십오(五十五)의 쓰임새를
풀이한[紬繹] 말씀이다. 성인(聖人)은 천수(天數) 따로 지수(地數) 따로 나누
지 않고 천지(天地) 즉 자연(自然)을 본받고[法], 따라서 지기(地氣) 즉 음기
(陰氣)인 귀(鬼) 따로 천기(天氣) 즉 양기(陽氣)인 신(神) 따로 나누지 않음도
본받는다[法]. '천지지수(天地之數)의 합(合)인 오십오(五十五)'가 성변화(成變
化)-행귀신(行鬼神)한다고 함은 역(易)의 일음일양(一陰一陽)-생생(生生)을 이
수(以數) 즉 수(數)를 이용함[以]이다. 천수(天數)를 뜻하는 홀수[奇數]의 합
(合)인 '1+3+5+7+9=25'란 천기(天氣)-양기(陽氣)-신(神)을 수(數)로 밝힘이
고, 지수(地數)를 뜻하는 짝수[偶數]의 합(合)인 '2+4+6+8+10=30'이란 지기
(地氣)-음기(陰氣)-귀(鬼)를 수(數)로 밝힘이다. 그러므로 음양(陰陽)-귀신(鬼
神)-수(數)의 홀짝[奇偶]이 서로 합(合)해야 변화(變化)가 생겨[生] 이뤄진다
[成]. 변화(變化)가 생성(生成)되려면 천지지기(天地之氣)인 귀신(鬼神)이 서로
왕래(往來)해야 한다. 이러한 천수(天數)와 지수(地數)의 작용(作用)을 이용해
서[以] 성인(聖人)은 '천지(天地)의 성변화(成變化)-행귀신(行鬼神)'을 본받는다
[法]. 성변화(成變化)-행귀신(行鬼神)은 일음일양(一陰一陽)-생생(生生)을 환기
(喚起)하면 알아차릴 수 있고, 동시에 '성변화(成變化)-행귀신(行鬼神)'은 곧
'신이지래(神以知來)'의 방도(方道)인 셈이다. 그래서 성변화(成變化)-행귀신
(行鬼神)을 '운수(運數)'라고 부른다. 물론 성변화(成變化)-행귀신(行鬼神)은 길
흉(吉凶)으로 드러날 짓[象]이다. 길흉(吉凶)이란 미래(未來)에 나타나는 사유

종시(事有終始)이다. 일에는[事] 마침의 끝[終]과 시작의 처음[始]이 있다[有]. 처음[始]이란 가는 것[往]이고 끝[終]이란 올 것[來]이다. 어떤 일이든 줄곧 성변화(成變化)-행귀신(行鬼神)을 따르면 일[事]의 종래(終來) 즉 그 일[其事]의 끝에 오는 것[終來]이 길(吉)할 것이고, 성변화(成變化)-행귀신(行鬼神)을 어기면 매사(每事) 즉 일마다[每事] 흉(凶)할 것임을 살펴[觀] 새기고[玩] 헤아려[擬] 따져[議] 가늠하게[斷] 하는 말씀이 '범천지지수오십유오차소이성변화이행귀신야(凡天地之數五十有五此所以成變化而行鬼神也)'이다. 그래서 오십오(五十五)의 성변화(成變化)-행귀신(行鬼神)은 온갖 사물(事物)에 미치는 역(易)을 살피고[觀] 새겨[玩] 점(占)쳐 지변(知變)하여 지래(知來)하게 하는 통어(通語)가 된다.

156. 대연지수(大衍之數)의 오십(五十)

大衍之數五十 其用四十九라. '대연(大衍)의[之] 수는[數] 오십이지만[五十] 그[其] 쓰임은[用] 하나를 뺀 사십구이다[四十有九].'

이는 '하도(河圖)'에서 흑점(黑點 : ●)-백점(白點 : ○)들로 나타나 있는 '천수(天數)-25와 지수(地數)-30'을 합(合)한 수(數) 오십오(五十五)에서 완전수(完全數)인 십(十) 다섯만 택하고 나머지 오(五)를 뺀 '오십(五十)'이 대연지수(大衍之數)가 되고, 그 오십(五十)에서 '하나[一]를 뺀 사십구(四十九)'가 본서법(本筮法)에서 쓰임을 풀이한[紬繹] 말씀이다. 대연지수(大衍之數)에서 대연(大衍)의 '대(大)'는 천지(天地)를 뜻하고, 대연(大衍)의 '연(衍)'은 넓음[廣]을 뜻한다. 여기서 '대연(大衍)'이란 대광(大廣) 즉 천지지광(天地之廣)을 뜻한다. '대연(大衍)'이란 하늘땅[天地]이 크고[大] 넓음[廣]을 뜻함이다. 천수(天數) : 1-3-5-7-9)의 합수(合數)인 '25'와 지수(地數 : 2-4-6-8-10)의 합수(合數)인 '30'

을 합(合)한 '오십오(五十五)'를 '천지지수(天地之數)'라 한다. 천지지수(天地之數) 오십오(五十五)에서 '거대수이작오십(擧大數而作五十)'을 일컬어 '대연지수(大衍之數)'라고 하는 것이다. 말하자면 '큰 수[大數]를 들어서[擧而] 오십을[五十] 만듦[作]'이 곧 '대연지수오십(大衍之數五十)'이다. 이러한 '대연지수오십(大衍之數五十)'을 '사십구(四十九)'로 쓴다[用]고 함은 그 오십(五十)에서 하나[一]를 빼 태극(太極 : ●)으로 삼음을 뜻한다. 그리하여 '사십구(四十九)의 씀[用]'이란 그 사십구(四十九)를 무심(無心)히 지성(至誠)으로 분이(分二) 즉 둘[二]로 나누어[分] 음(陰)-양(陽)으로 삼아 상양(象兩)-상삼(象三)-귀기(歸奇)를 거쳐 사상(四象)을 얻어내기[得]를 말하는 것이다. 이렇게 대연지수(大衍之數) 사십구(四十九)를 써서[用] '사영(四營)-십팔변법(十八變法)'을 거쳐 괘효(卦爻)를 얻는다[得]. 이를 '본서법(本筮法)'이라고 한다. 그래서 대연지수(大衍之數)의 활용(活用)은 '사십구(四十九)'가 되는 것이다. 이를 밝힌 말씀이 '기용사십유구(其用四十有九)'이다. 그래서 대연지수(大衍之數)의 오십(五十)은 온갖 사물(事物)에 미치는 역(易)을 살피고[觀] 새겨[玩] 점(占)쳐 지변(知變)하여 지래(知來)하게 하는 통어(通語)가 된다.

157. 대연지수(大衍之數)와 상양(象兩)

分而爲二 以象兩이라. '49개를 나누어[分]서[而] 49개는 둘로[二] 되고[爲], 그리하여[以] 둘[天地]을[兩] 본받는다[象].'

이는 '기용사십구(其用四十九)의 용(用)'을 상설(詳說)하고 있는 말씀으로, 본서법(本筮法)의 제일영(第一營)을 밝히고 있다. 분이위이이상양(分而爲二以象兩)에서 '분(分)'은 대연지수(大衍之數) 오십(五十)에서 하나[一]를 빼 그 일(一)을 태극(太極)으로 삼고 남은 사십구(四十九)를 나눔[分]을 뜻하고, 위이이상양(爲二以象兩)에서 '이(二)'는 그 사십구(四十九)를 이분(二分) 즉 둘[二]로 나눔[分]을 뜻하며, '상양(象兩)의 양(兩)'은 음수(陰數)-양수(陽數)의 둘[二]로 생각해도 되고, 천책(天策)-지책(地策)의 둘[二]로 생각해도 되고, 천수(天數)-지수(地數)의 둘[二]로 생각해도 된다. 그러므로 '상양(象兩)은 천수(天數)와 지수(地數)를 본받는다[象]'라고 새기면 된다. 이와 같이 대연지수(大衍之數) 사십구(四十九)를 둘[二]로 나누어[分] 음기(陰氣)-양기(陽氣)의 양쪽[兩]을 본받기[象] 함을 일러 '양상(兩象)'이라고 한다. 그리고 위이(爲二)의 '이(二)'는 점대 49개를 무심(無心)히 지성(至誠)껏 양분(兩分)한 것을 말한다. 그렇게 이분(二分)한 서죽(筮竹) 즉 점대[筮竹] 한 쪽을 왼손에 쥐고 다른 한쪽의 점대를 상(床) 위에 놓는다. 왼손이 쥐고 있는 점대를 천책(天策)으로 삼고[爲], 상(床) 위에 놓아둔 점대를 지책(地策)으로 삼는다[爲]. 이처럼 점대 49개를 둘로 나눈 것이 위이이상양(爲二以象兩)의 '이(二)'이고, 그 둘[二]을 천책(天策)-지책(地策)으로 삼음을 상양(象兩)의 '양(兩)'이라 하고, 그 양(兩)을 본받기[法] 함을 상양(象兩)의 '상(象)'이라 한다. 이러한 '상양(象兩)'은 '본서법(本筮法)의 제일영(第一營)'에 해당된다. 그러므로 본서법(本筮法)의 제일영(第一營)을 밝힌 말씀이 '위이이상양(爲二以象兩)'이다. 그래서 대연지수(大衍之數)와 상양(象兩)은 온갖 사물(事物)에 미치는 역(易)을 살피고[觀] 새겨[玩] 점(占)쳐 지변(知變)하여 지래(知來)하게 하는 통어(通語)가 된다.

註 물론 오늘날 우리가 반드시 사영(四營)-십팔변법(十八變法)을 써서 얻어 낸 대성괘(大成卦)를 찾아가 성인의 말씀[言]인 괘효사(卦爻辭)를 경청(傾聽)해야만 하는 것은 아니다. 틈나는 대로 『주역(周易)』을 열어 만나는 괘(卦)의 괘효사(卦爻辭)를 성인(聖人)이 말하는[言] 참언(讖言)-잠언(箴言)으로 받잡고 정성껏 새기고[玩] 헤아려[擬] 따져[議] 가늠하면서[斷] 관변(觀變)-관점(觀占)해 가면 일상(日常) 삶 자체가 지변(知變)하게 하여 지래(知來)하게 하는 계기(契機)를 마련해 줌을 스스로 깨우칠 수 있다. 이를 일신(日新)의 삶이라 할 수 있다.

158. 대연지수(大衍之數)와 상삼(象三)

掛一而象三이라. '왼손 소지(小指)와 무명지(無名指) 사이에 점대 하나를
괘 일 이 상 삼
[一] 끼워서[掛而] 상양(象兩)의 양(兩)과 괘일(掛一)의 일(一)을 삼재로 삼아 삼재를
[三] 본받는다[象].'

이는 기용사십구(其用四十九)의 '용(用)'을 상설(詳說)하고 있는 말씀으로,
본서법(本筮法)의 제이영(第二營)을 밝히고 있다. 괘일이상삼(掛一而象三)에서
괘일(掛一)의 '괘(掛)'는 왼손 무명지(無名指)와 소지(小指) 사이에 점대 하나
를 끼워 둠을 뜻하고, '일(一)'은 상(床) 위에 놓인 지책(地策)에서 택한 점
대 하나[一]를 뜻한다. 왼손 약손가락[無名指]과 새끼손가락[小指] 사이에 끼
워 둔 점대 하나[一]를 '인책(人策)'이라 한다. 인책(人策)으로 삼은 점대 하
나[一]를 상양(象兩)의 양(兩)과 합(合)쳐 '삼재(三才)'라 한다. 그 '삼재(三才)'
즉 천책(天策)-지책(地策)-인책(人策)을 본받기[象]함을 일러 '상삼(象三)'이
라고 한다. 그러므로 상삼(象三)의 '삼(三)'은 '천책(天策)-지책(地策)-인책(人
策)'을 뜻하는 삼극(三極) 또는 삼재(三才)를 말하므로, 상삼(象三)은 '상삼재
(象三才)'를 줄여 말한 셈이다. 말하자면 '상삼(象三)은 삼재지상(三才之象) 즉
삼재의[三才之] 본받기[象]'이다. 이러한 '상삼(象三)'은 '본서법(本筮法)의 제
이영(第二營)'에 해당된다. 그러므로 본서법(本筮法)의 제이영(第二營)을 밝힌
말씀이 '괘일이상삼(掛一而象三)'이다. 그래서 대연지수(大衍之數)와 상삼(象
三)은 온갖 사물(事物)에 미치는 역(易)을 살피고[觀] 새겨[玩] 점(占)쳐 지변
(知變)하여 지래(知來)하게 하는 통어(通語)가 된다.

159. 대연지수(大衍之數)와 상사시(象四時)

揲之以四 以象四時라. '천책(天策)과 지책(地策)에서 넷[四]으로[以] 덜
어 내 그것을[之] 셈하고[揲], 그렇게 하여[以] 네 계절을[四時] 본받는다[象].'
이는 '사십구(四十九)'를 둘로 나누어 얻어진 천책(天策)과 지책(地策)의
점대[筮竹] 개수(箇數)에서 네 개씩[以四] 덜어 내 셈하기[數]를 뜻한다. 여기
서 '설[揲]'은 '셈할 수(數)'이다. 천책(天策)과 지책(地策)의 점대들을 각각 넷
씩 덜어 내 셈함[揲]이 곧 '상사시(象四時)'이다. 천책(天策)과 지책(地策)의 점
대들을 넷씩 덜어 내 셈하기[揲]란 천지(天地)의 운행(運行)인 사시(四時) 즉
사계(四季)를 본받기[象] 함이다. 상사시(象四時), 이는 천지(天地) 운행(運行)
의 변화(變化)를 본받음[象]이다. 이러한 상사시(象四時)는 본서법(本筮法)에
서 제삼영(第三營)의 전후(前後)와 제사영(第四營)의 전후(前後)를 말한다. 삼
영(三營)-사영(四營)의 전후(前後)는 다음과 같이 실행(實行)된다. 왼손에 있
는 천책(天策)의 점대들에서 네 개[四箇]씩 거듭해 덜어 낸다. 천책(天策)의
점대를 덜어 내기가 본서법(本筮法) 제삼영(第三營)의 전반(前半)이다. 그렇
게 덜어 내고 나면 나머지가 남는다. 만일 천책(天策)이 넷으로 나누어져
나머지가 없을 때는 나머지를 넷[四]으로 친다. 천책(天策)의 나머지를 왼
손의 장지(長指)와 무명지(無名指) 사이에 끼워 둠이 제사영(第四營)의 전반
(前半)이다. 그리고 다시 상(床) 위에 놓아둔 지책(地策)의 점대들에서 네 개
[四箇]씩 거듭해 덜어 낸다. 지책(地策)의 점대를 덜어 내기가 제삼영(第三
營)의 후반(後半)이다. 그렇게 덜어 내고 나면 나머지가 남는다. 만일 지
책(地策)이 넷으로 나누어져 나머지가 없을 때는 나머지를 넷[四]으로 친
다. 지책(地策)의 나머지를 왼손의 검지(檢指)와 장지(長指) 사이에 끼워 둠
이 제사영(第四營)의 후반(後半)이다. 그러므로 설지(揲之)의 '설(揲)'은 천책
(天策)-지책(地策)의 점대를 넷씩 덜어 내는 셈하기[數]뿐만 아니라 덜어 내

넷 이하로 남은 나머지를 왼손 손가락 사이에 끼기[扐]까지를 뜻하는 편이다. 이렇게 본서법(本筮法) 제삼사영(第三四營)의 전(前)-후(後)를 밝힌 말씀이 '설지이사(揲之以四) 이상사시(以象四時)'이다. 그래서 대연지수(大衍之數)와 상사시(象四時)는 온갖 사물(事物)에 미치는 역(易)을 살피고[觀] 새겨[玩] 점(占)쳐 지변(知變)하여 지래(知來)하게 하는 통어(通語)가 된다.

註 본서법(本筮法)의 제삼영(第三營)-제사영(第四營)의 전(前)과 후(後)에서 천책(天策)-지책(地策)에서 네 개[四]씩 덜어 내 나머지를 얻는 과정을 '설지(揲之)'라 한다. 천책(天策)의 나머지는 왼손 장지(長指)와 무명지(無名指) 사이에 끼워 두고, 지책(地策)의 나머지는 왼손 검지(檢指)와 장지(長指) 사이에 끼워 둔다. 천책(天策)-지책(地策)을 넷씩[四] 덜어 내 천책(天策)-지책(地策)의 나머지 점대를 구함을 '상사시(象四時)'라 한다. 상사시(象四時)는 사계절(四季節)을 본받기[象]함이다. 사시(四時)를 본받기[象]함을 본서법(本筮法)에서 제삼영(第三營)의 전후(前後)와 제사영(第四營)의 전후(前後)라 한다. 삼영(三營)-사영(四營)의 전후(前後)는 다음과 같이 실행(實行)된다. 왼손에 있는 천책(天策)의 점대들에서 네 개[四箇]씩 거듭해 덜어 낸다. 천책(天策)의 점대를 덜어 내기가 제삼영(第三營)의 전반(前半)이다. 그렇게 덜어 내고 나면 나머지가 남는다. 만일 천책(天策)이 넷으로 나누어져 나머지가 없을 때는 나머지를 넷[四]으로 친다. 천책(天策)의 나머지를 왼손의 장지(長指)와 무명지(無名指) 사이에 끼워 둠이 제사영(第四營)의 전반(前半)이다. 그리고 다시 상(床) 위에 놓아둔 지책(地策)의 점대들에서 네 개[四箇]씩 거듭해 덜어 낸다. 지책(地策)의 점대를 덜어 내기가 제삼영(第三營)의 후반(後半)이다. 그렇게 덜어 내고 나면 나머지가 남는다. 만일 지책(地策)이 넷으로 나누어져 나머지가 없을 때는 나머지를 넷[四]으로 친다. 지책(地策)의 나머지를 왼손의 장지(長指)와 검지(檢指) 사이에 끼워 둠이 제사영(第四營)의 후반(後半)이다.

160. 귀기(歸奇)의 상윤(象閏)

歸奇於扐以象閏이라. '설지(揲之)하여[以] 손가락 사이에 끼워져 있는[於扐] 나머지로[奇] 돌아옴은[歸] 윤년을[閏] 본받음이다[象].'

귀기어륵이상윤(歸奇於扐以象閏)에서 '귀기(歸奇)의 기(奇)'는 소지(小指)와 무명지(無名指) 사이에 끼워 둔 인책(人策) 하나[一]와 천책(天策)을 넷씩 덜어 내고[四揲] 남은 점대를 무명지(無名指)와 장지(長指) 사이에 끼운[扐] 개수와 지책(地策)을 사손(四揲)하여 남은 나머지 점대를 장지(長指)와 검지(檢指) 사이에 끼워 둔 개수를 합(合)친 점대[筮竹]의 개수(箇數)를 말한다. 그리고 어륵(於扐)의 '늑(扐)'은 인책(人策)의 하나[一]는 '소지(小指)-무명지(無名指) 사이에 끼워둠[扐]'과, 천책(天策)의 나머지[餘]는 '무명지(無名指)-장지(長指) 사이에 끼워 둠[扐]'과, 지책(地策)의 여(餘)는 '장지(長指)-검지(檢指) 사이에 끼워 둠[扐]'을 한 자(字)로 나타낸 것이다. 그러므로 귀기(歸奇)의 '기(奇)'를 숙지(熟知)하려면 귀기(歸奇)의 '기(奇)'가 구체적인 서죽(筮竹)의 합수(合數)를 뜻함을 기억(記憶)하고 있어야 한다. 삼변(三變)을 거쳐 얻어진 서죽(筮竹)의 수(數)를 합(合)하면 반드시 '이십오(二十五)-이십일(二十一)-십칠(十七)-십삼(十三)' 중의 어느 것이 된다. 말하자면 귀기(歸奇)의 '기(奇)'가 삼변(三變)을 거쳐 얻어진 합수(合數 : 25-21-17-13)임을 기억해 두어야 한다. 이러한 '기(奇)'를 귀환(歸還)함이 곧 귀기(歸奇)의 '귀(歸)'이다. 그래서 귀기(歸奇)란 '효(爻)의 책(策)으로 돌아가는 것[歸]'임을 명심(銘心)하면서 숙지(熟知)해야 한다. 이 귀기(歸奇)의 '귀(歸)'는 아래와 같은 구체적인 뜻[義]을 지닌다.

대연지수(大衍之數) 오십(五十)에서 태극(太極)으로 삼은 하나[一]를 뺀[除] '사십구(四十九)'에서 삼변(三變)을 거쳐 얻은 합수(合數 : 25-21-17-13)를 각각(各各) 사십구(四十九)에서 '제(除)' 즉 뺀다면 '24-28-32-36'이 되고, '이십사(二十四)-이십팔(二十八)-삼십이(三十二)-삼십륙(三十六)'을 '효(爻)의 책(策)'이라고 한다. 이 '효(爻)의 책(策)'을 '사분(四分)' 즉 사(四)로 나눈다[分]면 '육(六)-칠(七)-팔(八)-구(九)'가 된다. 이 '육(六)-칠(七)-팔(八)-구(九)'가 사상(四象)이 되는 것이다. '육(六)'은 '노음(老陰 : ==)'이 되고, '칠(七)'은 '소양(少陽 : ==)'이 되고, '팔(八)'은 '소음(少陰 : ==)'이 되고, '구(九)'는 '노양(老陽 : ==)'이 된다.' 이와 같은 귀기(歸奇)의 '귀(歸)'가 왜 상윤(象閏)하는 것인가? 상

윤(象閏)은 '상윤년(象閏年)'의 줄임이다. 윤년(閏年)이란 일 년(一年)의 사시(四時)를 네[四] 번 거치면서 남는 일수(日數)의 나머지가 모여 한 달 즉 윤월(閏月)이 있는 해[年]이다. 대연지수(大衍之數) 오십(五十)에서 태극(太極)을 삼는 하나[一]를 뺀 사십구(四十九)를 분이(分二)한 천책(天策)-지책(地策)의 점대[筮竹]로 사영(四營)-삼변(三變)의 수(數 : 25-21-17-13)를 얻고, 다시 점대[筮竹] 사십구(四十九)에서 수(數 : 25-21-17-13)를 제(除)하여 수(數 : 24-28-32-36)를 얻어 낸다. 이 수(數 : 24-28-32-36)를 사(四)로 나눔[分]을 '상윤(象閏)' 즉 '윤년(閏年)을 본받기[象]'라고 한다. 상윤(象閏)하여 얻어진 수(數)가 '6-7-8-9'로서 '사상(四象)의 수(數)'가 된다. 서죽(筮竹) 사십구(四十九)로 사영(四營)-삼변(三變)을 거쳐 다시 서죽(筮竹) 사십구(四十九)로 돌아가[歸] 사상(四象)의 수(數 : 6-7-8-9)를 얻어 내기까지를 묶어서 '귀기(歸奇)의 귀(歸)'라고 하는 것이다. 이를 천착(穿鑿)하여 숙지(熟知)해 두어야 '운수(運數)가 대통(大通)한다'는 진의(眞義)를 저마다 나름대로 살펴[觀] 새기고[玩] 헤아려[擬] 따져[議] 가늠하여[斷] 매사(每事)의 끝[終] 즉 미래(未來)가 길흉(吉凶)으로 드러남을 깨우칠 수 있게 하는 말씀이 '귀기어륵이상윤(歸奇於扐以象閏)'이다. 그래서 귀기(歸奇)의 상윤(象閏)은 온갖 사물(事物)에 미치는 역(易)을 살피고[觀] 새겨[玩] 점(占)쳐 지변(知變)하여 지래(知來)하게 하는 통어(通語)가 된다.

註 '귀기어륵(歸奇於扐)'은 본서법(本筮法)을 숙지(熟知)하고 있어야 풀이될 수 있는 말씀이다. 그러므로 '귀기(歸奇)'의 뜻[義]을 파악(把握)하자면 본서법(本筮法)의 과정(過程)을 잘 알고 있어야 한다. 이는 곧 '대연지수(大衍之數)의 용(用)'을 숙지(熟知)하고 있어야 함을 말하는 것이다. 본서법(本筮法)은 하나의 대성괘(大成卦)를 얻어 내는 방법(方法)으로서『주역(周易)』「십익(十翼) 계사전(繫辭傳) 상(上)」에 나오는 정통적(正統的)인 것이라고 말할 수 있다. 맨 먼저 대연지수(大衍之數) 오십(五十)을 나타내는 서죽(筮竹) 오십 개(五十箇)를 왼손으로 쥐고 마음가짐을 가다듬어 지성(至誠)으로 오십 개[五十箇]에서 한 개[一箇]를 뽑아 책상(冊床) 위에 놓아둔다. 이 한 개는 태극(太極)을 나타낸다. 그러면 사십구 개(四十九箇)가 왼손에 남는다. 왼손에 쥔 사십구 개(四十九箇)의 점대를 오로지 무심(無心)하게

둘로 갈라 양손에 쥔다. 이때 왼손에 있는 점대들을 천책(天策)이라 하고, 오른손에 있는 점대들을 지책(地策)이라 한다. 여기까지를 본서법(本筮法)의 제일영(第一營)이라고 한다.

오른손에 있는 지책(地策)을 책상(冊床) 위에 놓고 그중에서 한 개를 뽑아 왼손 소지(小指)와 무명지(無名指) 사이에 끼운다. 이를 본서법(本筮法)의 제이영(第二營)이라 한다. 그런 다음에 왼손에 쥐고 있는 천책(天策)을 네 개씩 덜어 낸다. 이를 본서법(本筮法) 제삼영(第三營)의 전반(前半)이라 한다. 네 개씩 덜어 내고 나면 왼손에 나머지가 남게 된다. 넷으로 나누어져 나머지가 없을 때는 나머지를 넷으로 한다. 그 나머지를 왼손의 무명지(無名指)와 장지(長指) 사이에 끼운다. 이를 본서법(本筮法) 제사영(第四營)의 전반(前半)이라 한다. 이렇게 천책(天策)의 제삼영(第三營)-제사영(第四營)의 전반(前半)이 마쳐진다.

그런 다음으로 책상 위에 놓인 지책(地策)을 가지고 똑같이 되풀이하여 지책(地策)을 네 개씩 덜어 낸다. 이를 본서법(本筮法) 제삼영(第三營)의 후반(後半)이라 한다. 네 개씩 덜어 내고 나면 책상 위에 나머지가 남게 된다. 넷으로 나누어져 나머지가 없을 때는 나머지를 넷으로 한다. 그 나머지를 왼손의 장지(長指)와 검지(檢指) 사이에 끼운다. 이를 본서법(本筮法) 제사영(第四營)의 후반(後半)이라 한다. 이렇게 지책(地策)의 제삼영(第三營)-제사영(第四營)의 후반(後半)이 마쳐진다. 천책(天策)의 나머지와 지책(地策)의 나머지, 그리고 왼손의 소지(小指)와 무명지(無名指) 사이에 끼워 두었던 인책(人策)을 합하면 그 수(數)는 반드시 오(五) 아니면 구(九)가 된다. 이를 제일변(第一變)이라 한다.

제일변(第一變)에서 얻어진 오(五) 또는 구(九)를 따로 떼어 놓는다. 그리고 나머지 점대들을 가지고 먼저와 똑같이 사영(四營)까지를 되풀이하면 왼손 손가락 사이에 끼인 점대는 사(四) 아니면 팔(八)이 된다. 이를 제이변(第二變)이라 한다. 제이변(第二變)에서 얻어진 사(四) 또는 팔(八)을 따로 떼어 놓는다. 그리고 나머지 점대들을 가지고 먼저와 똑같이 사영(四營)까지를 되풀이하면 왼손 손가락 사에 끼인 점대는 이번에도 사(四) 아니면 팔(八)이 된다. 이를 제삼변(第三變)이라 한다. 이렇게 세 번을 되풀이하면서 얻어진 점대들을 합하면 반드시 이십오(二十五)-이십일(二十一)-십칠(十七)-십삼(十三) 중 어느 하나가 된다. 이것을 태극(太極)을 뺀 점대 사십구(四十九)에서 빼면 이십사(二十四)-이십팔(二十八)-삼십이(三十二)-삼십륙(三十六) 중 어느 하나가 된다. 이것을 사(四)로 나누어 얻어진 수(數)가 육(六)이면 노음(老陰), 칠(七)이면 소양(少陽), 팔(八)이면 소음(少陰), 구(九)이면 노양(老陽) 등 사상(四象)이 되어 노양(老陽)과 소음(少陰)은 양효(陽爻)가 되고, 노음(老陰)과 소양(少陽)은 음효(陰爻)가 되어 비로소 초효(初爻) 하나가 결정된다. 이런 과정을 거쳐 육효(六爻) 즉 여섯 개의 효(爻)를 결정하려면 열여덟(十八) 번을 되풀이해야 하기 때문에 본서법(本筮法)을 십팔변법(十八變法)이라고 한다. 이러한 십팔변법(十八變法)을 아래와 같이 정리할 수 있다. 이십사(二十四)를 사(四)로 나누면 '육(六)'이 된다. '육(六)'이면 '노음(老陰 : ═ ═)'이다. 음

227

효(陰爻)가 된다. 이십팔(二十八)을 사(四)로 나누면 '칠(七)'이 된다. '칠(七)'이면
'소양(少陽 : ⚎)'이다. 음효(陰爻)가 된다. 삼십이(三十二)를 사(四)로 나누면 '팔
(八)'이 된다. '팔(八)'이면 '소음(少陰 : ⚎)'이다. 양효(陽爻)가 된다. 삼십육(三十
六)을 사(四)로 나누면 '구(九)'가 된다. '구(九)'이면 '노양(老陽 : ⚌)'이다. 양효(陽
爻)가 된다.

십팔변법(十八變法)을 거쳐서 얻어진 대성괘(大成卦)는 결정(決定)된 것이 아니다.
모든 괘(卦)는 신물(神物) 즉 변화하게 되는[神] 것[物]일 뿐이다. 대성괘(大成卦)란
반드시 어떤 괘(卦)로 변화(變化)해 갈 운명(運命)을 지닌다. 그 운명(運命)이 길(吉)
하거나 흉(凶)하다면 앞으로 어떻게 변(變)할 것인가를 알아보기 위해 곧 변효(變
爻)와 지괘(之卦)를 찾는 것이다. 변효(變爻)란 효(爻)가 바뀐다[變]는 것이고, 지괘
(之卦)란 변효(變爻)로 해서 새로 얻어진 괘(卦)를 말한다. 양(陽)에는 노양(老陽)과
소음(少陰)이 있고, 음(陰)에는 노음(老陰)과 소양(少陽)이 있다. 본서법(本筮法) 십
팔변법(十八變法)을 거쳐 얻어 낸 사상(四象) 중에 노양(老陽)과 노음(老陰)이 있으
면, 노양(老陽)은 음(陰)으로 바뀌고[變] 노음(老陰)은 양(陽)으로 변(變)한다. 예를
들어 십팔변법(十八變法)을 거쳐 얻어 낸 수(數)가 육(六)이라면 노음(老陰)이고, 노
음(老陰)이니 음효(陰爻)를 얻은 셈이지만 그 음효(陰爻)는 앞으로 양효(陽爻)로 바
뀔 운명(運命)을 타고 있음이다. 그러므로 본서법(本筮法)의 십팔변법(十八變法)을
거쳐 얻어진 노음(老陰)과 노양(老陽)을 변효(變爻)라 하고, 그 변효(變爻)로써 이루
어질 대성괘(大成卦)를 지괘(之卦)라 함을 숙지(熟知)하고 있어야 한다.

161. 건괘(乾卦)의 책수(策數)

乾之策二百一十有六이라. '건(乾)의[之] 책은[策] 이백일십(二百一十)
에다 또[有] 육이다[六].'

대연지수(大衍之數) 오십(五十)에서 태극(太極) 점대 하나[一]를 뺀 점대 사십구
(四十九)에서 삼변(三變)을 거쳐 얻어진 점대의 수(數 : 25-21-17-13)를 빼고
남는 수(數 : 24-28-32-36)를 '책(策)'이라 한다. 책(策)의 수(數 : 24-28-32-36)를
'사(四)'로 나누어 기수(奇數) 즉 홀수가 되면 양효(陽爻)의 책(策) 즉 양수
(陽數)가 되고, 우수(偶數) 즉 짝수가 되면 음효(陰爻)의 책(策) 즉 음수(陰數)
가 된다. 책(策)의 수(數 : 24-28-32-36) 중에서 사(四)로 나누어[分] 홀수가 되

는 책(策)은 '이십팔(二十八)과 삼십륙(三十六)'이고, 이것이 곧 양효(陽爻)의 수(數) 즉 양수(陽數)가 되는 것이다. 이와 같이 파악하고 있어야 '건지책이백일십유륙(乾之策二百一十有六)'의 뜻[義]이 건괘(乾卦)의 육효(六爻)를 양효(陽爻)의 책(策) 즉 양효(陽爻)의 수(數)로 나타내는 것임을 알 수 있다. 건괘(乾卦 : ☰)는 양효(陽爻 : ─) 여섯 개[六箇]로 되어 있다. 양효(陽爻)의 책(策)을 말할 때에는 '이십팔(二十八)과 삼십륙(三十六)' 중에서 많은 쪽인 '삼십륙(三十六)'만을 택하므로 건괘(乾卦 : ☰) 육효(六爻)의 책(策)은 '36×6=216'이 건괘(乾卦)의 책수(策數)가 된다. 이를 '건지책이백일십유륙(乾之策二百一十有六)'이라고 밝힌 것이다. 그래서 건괘(乾卦)의 책수(策數 : 36)는 온갖 사물(事物)에 미치는 역(易)을 살피고[觀] 새겨[玩] 점(占)쳐 지변(知變)하여 지래(知來)하게 하는 통어(通語)가 된다.

註 음력(陰曆)으로 월력(月曆)의 일수(日數)를 파악하자면 건괘(乾卦)의 책수(策數)가 '216'임을 암기(暗記)해 두어야 한다. '216+144=360'이 음력(陰曆)의 일 년(一年) 일수(日數)가 되기 때문이다. 인생(人生) 육십갑자(六十甲子)라는 것도 음양(陰陽)의 효수(爻數 : 24+36=60)를 합(合)해서 이루어진 것이다.

162. 곤괘(坤卦)의 책수(策數)

坤之策百四十有四라. '곤(坤)의[之] 책이[策] 백사십(百四十)에 또[有] 사이다[四].'
곤 지 책 백 사 십 유 사

대연지수(大衍之數) 오십(五十)에서 태극(太極) 점대 하나[一]를 뺀 점대 사십구(四十九)에서 삼변(三變)을 거쳐 얻어진 점대의 수(數 : 25-21-17-13)를 빼고 남는 수(數 : 24-28-32-36)를 '책(策)'이라 한다. 책(策)의 수(數 : 24-28-32-36)를 '사(四)'로 나누어 우수(偶數) 즉 짝수가 되면 음효(陰爻)의 책(策) 즉 음수(陰數)가 된다. 책(策)의 수(數 : 24-28-32-36) 중에서 사(四)로 나누어[分] 짝수가 되는 책(策)은 '이십사(二十四)와 삼십이(三十二)'이고 이것이 곧 음효(陰爻)의 수(數) 즉 음수(陰數)가 되는 것이다. 이와 같이 파악하고 있어야 '곤지책백사십유사(坤之策百四十有四)'의 뜻[義]이 곤괘(坤卦)의 육효(六爻)를 음효(陰爻)의 책(策) 즉 음효(陰爻)의 수(數)로 나타내는 것임을 알 수 있다. 곤괘(坤卦 : ䷁)는 음효(陰爻 : --) 여섯[六]으로 되어 있다. 음효(陰爻)의 책(策)을 말할 때에는 '이십사(二十四)와 삼십이(三十二)' 중에서 적은 쪽인 '이십사(二十四)'만을 택하므로 곤괘(坤卦 : ䷁) 육효(六爻)의 책(策)은 '24×6=144'가 곤괘(坤卦)의 책수(策數)가 된다. 이를 '곤지책백사십유사(坤之策百四十有四)'라고 밝힌 것이다. 그래서 곤괘(坤卦)의 책수(策數 : 24)는 온갖 사물(事物)에 미치는 역(易)을 살피고[觀] 새겨[玩] 점(占)쳐 지변(知變)하여 지래(知來)하게 하는 통어(通語)가 된다.

註 음력(陰曆)으로 월력(月曆)의 일수(日數)를 파악하자면 곤괘(坤卦)의 책수(策數)가 '144'임을 암기(暗記)해 두어야 한다. '216+144=360'이 음력(陰曆)의 일 년(一年) 일수(日數)가 되기 때문이다. 인생(人生) 육십갑자(六十甲子)라는 것도 음양(陰陽)의 효수(爻數 : 24+36=60)를 합(合)해서 이루어진 것이다.

163. 상윤(象閏)과 음력(陰曆)

當期之日이라. '건곤(乾坤)의[之] 책(策)은 한 해[期]의[之] 일수에[日] 해당한다[當].'
당 기 지 일

이는 건괘(乾卦 : ䷀) 육효(六爻)의 책수(策數) '216'과 곤괘(坤卦 : ䷁) 육효(六爻)의 책수(策數) '144'를 합친 책수(策數 : 216+144=360)를 말한다. 일 년은 365일데 왜 360이냐고 꼬집을 것은 없다. 일 년(一年) 365일은 양력(陽曆)의 월력(月曆)에서 나온 일수(日數)이고, 한 해 음력(陰曆)의 월력(月曆)에서 나온 일수(日數)로는 360일 남짓하다. 그래서 음력(陰曆)에서는 윤달[閏月]

이 사 년(四年)째마다 생긴다. 본서법(本筮法)에서 '귀기(歸奇)의 기(奇)'가 일 년마다 남는 일수(日數)를 사 년(四年) 동안 모아서 이루어지는 나머지[奇] 일수(日數)를 뜻하게 됨을 여기서 알 수 있다. 그렇기 때문에 '귀기(歸奇)'를 '윤년(閏年)의 윤월(閏月)을 본받기[象]'라고 새겨[玩] 헤아리는[擬] 것이다. 그리고 사영(四營)-삼변(三變)으로 효(爻)를 얻어 내는 과정에서 넷[四] 씩 덜어 내기[揲]도 하고 넷[四]으로 나누기[分]도 하여 책수(策數)를 얻어 내는 까닭도 '상윤(象閏)'에서 비롯된 것임을 살펴[觀] 새기고[玩] 헤아리게 [擬] 하는 말씀이 '당기지일(當期之日)'이다. 그래서 상윤(象閏)과 음력(陰曆) 은 온갖 사물(事物)에 미치는 역(易)을 살피고[觀] 새겨[玩] 점(占)쳐 지변(知變)하여 지래(知來)하게 하는 통어(通語)가 된다.

164. 총효(總爻)의 책수(策數)

二篇之策萬有一千五百二十 當萬物之數也라. '주역(周易)의 상(上)-하(下) 두[二] 편(篇)의[之] 음효와 양효의 책수는[策] 일만에[萬] 또[有] 일천(一千) 오백(五百) 이십(二十)이고, 이 책수(策數)는 온갖 것[萬物]의[之] 가짓수에[數] 해당되는 것[當]이다[也].'

이편지책(二篇之策)의 '이편(二篇)'은 『주역(周易)』이 「상(上)-하(下)」이편(二篇)으로 되어 있고 그 속에 대성괘(大成卦) 64괘(卦)가 있음을 밝힘이고, 이편지책(二篇之策)의 '책(策)'은 64괘의 총효(總爻)의 효수(爻數)를 밝힌 말씀이다. 대성괘(大成卦)마다 여섯 개의 효가 있으니 그 64괘(卦) 총효(總爻)의 개수(箇數)는 '64×6=384개(箇)'이다. 음효(陰爻)의 총 개수(總箇數)는 192개이고, 양효(陽爻)의 총 개수(總箇數)도 192개이다. 64괘(卦) 총효(總爻)의 총책수(總策數)를 알려면 양효(陽爻)의 책수(策數)가 '삼십륙(三十六)'이고, 음효(陰爻)의 책수(策數)가 '이십사(二十四)'임을 상기(想起)하면 된다. 대성괘(大成卦) 64괘(卦)는 육효(六爻)로 이루어진다. 그러므로 64괘에서 모든[總] 양효(陽爻)의 책수(策數)는 '192×36=6,912책(策)'이고, 총(總) 음효(陰爻)의 책수(策數)는 '192×24=4,608책(策)'이다. 그래서 64괘(卦)의 음효(陰爻)와 양효(陽爻)의 책수(策數)를 합(合)한다면 그 총효(總爻)의 총책수(總策數)는 '6,912+4,608=11,520책(策)'이 된다. 이 '만천오백이십책(11,520策)'이라는 수가 만물(萬物)의 수(數)를 나타낸다는 말씀이 '당만물지수(當萬物之數)'이다. 그렇다고 이 '만천오백이십책(11,520策)의 만물지수(萬物之數)'가 만물(萬物)의 개수(箇數)를 결정(決定)한 수치(數値)를 뜻하는 것은 아니다. 만물지수(萬物之數)의 '수(數)'는 생생지수(生生之數)를 뜻하는 까닭이다. 생생(生生)이라는[之] 수(數)를 줄여 책수(策數) 또는 수(數)라고 하는 것이다. 그러므로 64괘(卦) 총효(總爻)의 총책수(總策數)는 천지(天地)의 생생(生生)이라는 역(易)을 수(數)를 가지고[以] 살펴[觀] 새기고[玩] 헤아려[擬] 따져 보게[議] 하는 것이다. '생생지위역(生生之謂易)' 즉 생생(生生)을[之] 역이라[易] 한다[謂]고 할 때 그 '생생(生生)'이란 '그침 없이 나고[生] 남[生]'을 뜻하니, 삼라만상(森羅萬象)이란 헤아릴 수 없게 끊임없이 생(生)기고 생(生)겨남의 짓[象]을 수(數)를 들어 밝힌 것이다. 이러한 생생(生生)을 본받아[法] 작역(作易)한 성인(聖人)께서 육십사괘(六十四卦) 총효(總爻)의 책수(策數)를 들어 생생(生生)의 짓[象]을 밝힌 말씀이 '이편지책만유일천오백이십(二篇之策萬有一千五百二十) 당만물지수(當萬物之數)'이다. 그래서 총효(總爻)의 책수(策數)는 온갖 사물(事物)에 미치는 역(易)을 살피고[觀] 새겨[玩] 점(占)쳐 지변(知變)하여 지래(知來)하게 하는 통어(通語)가 된다.

165. 사영(四營)의 성역(成易)

　　四營而成易이라. '점대를 네 번[四] 운영해서[營而] 역을[易] 완성한다[成].'

　이는 본서법(本筮法)을 간명하게 밝히는 말씀이다. 사영(四營)을 거쳐 사상지역(四象之易) 즉 사상의[四象] 역(易)이 이룩되고[成], 십팔변(變)을 거쳐 대성괘(大成卦)의 여섯 효[六爻]가 이룩됨[成]을 밝히고 있다. 사영(四營)이란 대연지수(大衍之數) 오십(五十)에서 하나[一]를 빼 태극(太極)으로 삼고, 남는 사십구(四十九)를 분이(分二)하여 천책(天策)과 지책(地策)으로 삼고, 지책(地策)에서 괘일(掛一)하여 인책(人策)으로 삼아 삼재(三才) 즉 삼극(三極)을 삼아 설사(揲四)하고 귀기(歸奇)하여 사상지역(四象之易)이 이루어진다. 이처럼 사영(四營)은 자연[天地]의 성변화(成變化)-행귀신(行鬼神)을 본받아[法] 사상(四象)을 이룩하여[成] 효책(爻策)을 얻기[得]까지 이어진다. 그러므로 '사영이성역(四營而成易)'은 사상(四象)을 얻기까지의 과정을 밝힌 말씀이다. 그래서 사영(四營)의 성역(成易)은 온갖 사물(事物)에 미치는 역(易)을 살피고[觀] 새겨[玩] 점(占)쳐 지변(知變)하여 지래(知來)하게 하는 통어(通語)가 된다.

166. 십팔변(十八變)의 성괘(成卦)

　　十有八變而成卦라. '열번에[十] 또[有] 여덟 번[八] 바꾸어서[變而] 대성괘를[卦] 완성한다[成].'

　이는 본서법(本筮法)의 사영(四營)을 거쳐 삼변(三變)을 여섯 번 거듭해 여섯[六] 효(爻)를 얻어 내[得] 대성괘(大成卦) 하나를 완성함[成]을 말한다. 대성괘(大成卦) 하나를 얻자면 여섯 개[六]의 효(爻)를 얻어야[得] 한다. 매효

233

(每爻)마다 사영(四營)을 거쳐 삼변(三變)을 거쳐야 하므로 사영(四營)인 분이(分二)-괘일(掛一)-설사(揲四)-귀기(歸奇)를 여섯 번 되풀이하고, 제일변(第一變)-제이변(第二變)-제삼변(第三變)을 여섯 번 되풀이해서야 여섯 개[六]의 효(爻)를 얻어 낼 수 있다. 성괘(成卦)의 괘(卦)는 여기선 대성괘(大成卦)를 말한다. 그러므로 십팔변(十八變)에서 먼저 세 번의 사영(四營)-삼변(三變)을 거쳐야 효(爻) 세 개[三箇]를 얻어 내 내괘(內卦) 즉 하괘(下卦)가 이룩된다[成]. 다시 또 세 번의 사영(四營)-삼변(三變)을 거쳐야 효(爻) 세 개[三箇]를 얻어 내 외괘(外卦) 즉 상괘(上卦)가 이룩된다[成]. 이렇게 본서법(本筮法)으로 소성괘(小成卦) 두 개[二箇]로 대성괘(大成卦) 하나를 이룩함[成]을 밝힌 말씀이 '십유팔변이성괘(十有八變而成卦)'이다. 그래서 십팔변(十八變)의 성괘(成卦)는 온갖 사물(事物)에 미치는 역(易)을 살피고[觀] 새겨[玩] 점(占)쳐 지변(知變)하여 지래(知來)하게 하는 통어(通語)가 된다.

167. 팔괘(八卦)의 소성(小成)

八卦而小成이라. '팔괘(八卦)인[而] 소괘가[小] 이룩된다[成].'
　팔 괘 이 소 성

　이는 하나의 소괘(小卦) 즉 소성괘(小成卦)가 성립(成立)되는 본서법(本筮法)에서의 사영(四營)-구변(九變)을 밝힌 말씀이다. 사영(四營)-삼변(三變)을 거치면 효(爻) 하나가 성립된다[成]. 즉 효(爻) 한 개를 얻자면[得] 사영(四營)-삼변(三變)을 거치게 된다. 사영(四營)-삼변(三變)을 세 번 거듭하면 효(爻) 셋이 성립(成立)되어 소괘(小卦) 하나가 이룩된다[成]. 소괘(小卦)를 '소성괘(小成卦)'라 하고, 소성괘(小成卦)를 팔괘(八卦) 즉 여덟 개의[八] 괘(卦)라 한다. 그러므로 본서법(本筮法)으로 팔괘(八卦)인 소괘(小卦) 즉 소성괘(小成卦) 한 개가 성립(成立)되자면, 사영(四營)-삼변(三變)을 세 번 거쳐야 하기 때문에 사영(四營)-구변(九變)이라 하는 것이다. '팔괘이소성(八卦而小成)'은 사영(四營)-구변(九變)을 거쳐 소성괘(小成卦) 하나가 성립(成立)됨을 밝힌 말씀이다. 그래서 팔괘(八卦)의 소성(小成)은 온갖 사물(事物)에 미치는 역(易)을 살피고[觀] 새겨[玩] 점(占)쳐 지변(知變)하여 지래(知來)하게 하는 통어(通語)가 된다.

168. 육십사괘(六十四卦)와 능사(能事)

引而伸之 觸類而長之 天下之能事畢矣라. '그것을[之] 끌어[引]서[而] 널리 펴고[伸] 끼리를[類] 붙여[觸]서[而], 그것을[之] 늘려[長] 온 세상[天下]의[之] 가능한[能] 일들이[事] 다 되는 것[畢]이다[矣].'

이는 음양(陰陽)에서 사상(四象), 사상(四象)에서 예인(曳引)되고 신장(伸長)된 팔괘(八卦)가 다시 예인(曳引)되고 신장(伸長)되어 64괘(卦)로 늘려짐[長]을 살펴[觀] 새기고[玩] 헤아려[擬] 따져[議] 가늠하게[斷] 하는 말씀이다. 인이신지(引而伸之)의 '지(之)'는 태극(太極)에서 보면 음양(陰陽)이고, 음양(陰陽)에서 보면 사상(四象)이고, 사상(四象)에서 보면 팔괘(八卦)이고, 팔괘(八卦)에서 보면 64괘(卦)이고, 64괘에서 보면 64의 자승(自乘) 즉 '64×64'의 신장(伸長)일 것이고, 그침도 없고 쉼도 없는 생생(生生)일 터이다. 이러한 신장(伸長)의 생생(生生)은 궁즉변(窮則變)이어서 무궁(無窮) 즉 끝남[窮]이 없음[無]이니, 이는 곧 무궁(無窮)한 예인(曳引)의 생생(生生)이고, 신장(伸長)의 생생(生生)이다. 음양(陰陽:--)에서 양(陽)이 양(陽)을 끌어당겨서[引] 노양(老陽:=)으로 늘려지고[伸], 음(陰)을 끌어당겨서 소음(少陰:==)으로 늘려지니[伸] 이 경우 인이신지(引而伸之)의 '지(之)'는 '음양(陰陽)'일 터이다. 음양을[之] 끌어당겨[引] 늘리면[伸] 사상(四象)이 되는 것이다. 이처럼 음양(陰陽)에서 사상(四象)이 이루어지는 것[成]이다. 그러므로 사상(四象)에서 본다면 촉류이장지(觸類而長之)의 '촉류(觸類)'는 '촉음양지류(觸陰陽之類)'를 뜻하게 되고, 촉류이장지(觸類而長之)에서 '장지(長之)'의 '지(之)'는 '사상(四象)'을 뜻하게 된다. 팔괘(八卦)에서 본다면 촉류이장지(觸類而長之)의 '촉류(觸類)'는 '촉사상지류(觸四象之類)'를 뜻하게 되고, 촉류이장지(觸類而長之)에서 '장지(長之)'의 '지(之)'는 '팔괘(八卦)'를 뜻하게 된다. 64괘(卦)에서 본다면 촉류이장지(觸類而長之)의 '촉류(觸類)'는 '촉팔괘지류(觸八卦之類)'를 뜻하게 되고, '촉류이장지(觸類而長之)에서 '장지(長之)'의 '지(之)'는 '64괘(卦)'를 뜻하게 된다. 이를 밝힌 말씀이 '인이신지(引而伸之) 촉류이장지(觸類而長之)'이다. 음양(陰陽)은 따로 둘[二]로 나누어지지 않고 서로 구족(具足)해 주는 끼리[類]가 되고, 사상(四象)도 넷[四]으로 따로 나누어지지 않고 서로 구족(具足)해 주는 끼리[類]가 되고, 팔괘(八卦) 또한 여덟[八]으로 나누어지지 않고 서로 구족(具足)해 주는 끼리[類]가 되어 64괘(卦)로 늘려진다[長]. 왜 음양(陰陽)은 촉류(觸類)하여 사상(四象)을 길러 내고, 사상(四象)이 촉류(觸類)하여 팔괘(八卦)를 길러 내고[長], 팔괘(八卦)가 촉류(觸類)하여 64괘(卦)를 길러 내는가[長]? 이에 대한 해답이 '천하지능사필의(天下之能事畢矣)'이다. 온 세상[天下]의 가능한 일[能事]을 다하기[畢] 위하여 음양(陰陽)이 촉류(觸類)하여 사상(四象)을 길러 내고[長], 사상(四象)이 촉류(觸類)하여 팔괘(八卦)를 길러 내며[長], 팔괘(八卦)가 촉류(觸類)하여 64괘(卦)를 길러 내는 것[長]이다. 어찌 8괘(卦)가 촉류(觸類)하여 64괘(卦)만을 길러 냄[長]으로써 그치겠는가? 64괘(卦)는 다시 촉류(觸類)하여 음양(陰陽)을 당겨[引] 널리 길러 낼[長] 뿐이니 일음일양(一陰一陽)-생생(生生)은 무한대로 촉류(觸類)하고 신장(伸長)할 뿐이다. 음양(陰陽)이라는 효(爻)의 신장(伸長)이 어찌 64×6=384효(爻)의 촉류(觸類)만으로 그치겠는가? 64괘(卦)로 온 세상 능사(能事)의 길흉(吉凶)을 다한다[畢]함은 음양(陰陽)이 무궁(無窮)히 촉류(觸類)하여 온 세상 능사(能事)를 살펴[觀] 새기고[玩] 헤아리고[擬] 따져[議] 가늠하게[斷] 다해 주는 것[畢]이다. 그러므로 일음일양(一陰一陽)의 촉류(觸類)는 쉼 없이 일어난다. 천하지능사필의(天下之能事畢矣)에서 '능사(能事)'란 왕사(往事)가 아니라 내사(來事)이며, 내사(來事)의 다함[畢]은 길흉(吉凶)으로 드러나고, 다시 또 앞일[來事]은 일어난다. 그래서 천하지능사필의(天下之能事畢矣)에서 '필(畢)'은 '궁즉변(窮則變)'을 환기(喚起)시킨다. 다함[窮]의 다함[畢]이 곧 '변(變)'이고, 새로 되게 함[化]의 필(畢)이 곧 '궁(窮)'임을 떠올리면[喚起] '능사(能事)의 필(畢)'은 역(易)의 생생(生生)으로 관완(觀玩)-의의(擬議)하여 가늠할 수 있게 하고, 팔괘(八卦)가 서로 당겨[引] 늘려[伸] 소괘(小卦)끼리[類] 감촉하여[觸] 64괘(卦)를 길러낸[長] '64괘(卦)의 짓[象]'을 밝힌 말씀이 '천하지능사필의(天下之能事畢矣)'이다. 그래서 육십사괘(六十四卦)와 능사(能事)는 온갖 사물(事物)에 미치는 역(易)을 살피고[觀] 새겨[玩] 점(占)쳐 지변(知變)하여 지래(知來)하게 하는 통어(通語)가 된다.

169. 현도(顯道)와 신덕(神德)

顯道 神德行이라. '육십사괘(六十四卦)는 변화(變化)의 도를[道] 드러내고[顯] 신통한[神] 덕을[德] 행한다[行].'

이는 육십사괘(六十四卦)가 '천하지능사필(天下之能事畢)' 즉 온 세상에[天下之] 일어날 일[能事]을 다하는[畢] 까닭을 밝히고 있다. 현도(顯道)의 '도(道)'는 「계사전(繫辭傳)」이 밝혀 준 대로 '일음일양지위도(一陰一陽之謂道)' 즉 '일음일양(一陰一陽) 그것을[之] 도라[道] 함[謂]'을 상기(想起)하면 된다. 쉼도 없고 그침도 없는 '변이통지(變而通之)' 즉 '바꾸어서[變而] 그 바꿈을[之] 통하게 함[通]'이 '일음일양(一陰一陽)'이니 현도(顯道)의 '도(道)'는 변화지도(變化

237

之道)-생생지도(生生之道)인 '역지도(易之道)'이다. 그러니 여기서 '현도(顯道)'
는 '변화(變化)의[之] 이치와 가르침을[道] 드러낸다[顯]'라고 새겨 헤아리
면 될 터이다. 그 역지도(易之道)는 변화지도(變化之道)로서 '행어만물자(行
於萬物者)'로 풀이된다. 온갖 것[萬物]에[於] 미치는[行] 역지도(易之道)를 육십
사괘(六十四卦)가 밝힌다는 말씀이 '현도(顯道)'이다. 현도(顯道)의 '현(顯)'은
신덕행(神德行)으로 풀이되고 있다. 육십사괘(六十四卦)가 신덕(神德)의 실행
으로 변화의[變化之] 도(道)를 나타낸다[顯]. 신덕행(神德行)의 '신(神)'은 '음
양불측지위신(陰陽不測之謂神)'을 환기(喚起)하면 된다. 음양(陰陽)이 짓는 변
화(變化)는 무한하여 잴 수 없다[不測]. 그래서 변화하게 하는 짓[神]을 '신
기하고[神]-신묘하고[神]-신통하다[神]'라고 하는 것이다. 음양불측(陰陽
不測)이란 쉼 없는 일음일양(一陰一陽)의 역(易) 즉 그침 없는 변화(變化)이
니 '신덕(神德)'은 덕(德)을 더없이 통하게 함이다. 신덕(神德)의 '덕(德)'이
란 '통어천지자(通於天地者)' 바로 그것이다. 하늘땅[天地]에[於] 두루 통하는
[通] 것[者]이 덕(德)이요 선(善)이다. 그 덕선(德善)이 만물(萬物)에 미침[行]을
신묘하고 신기하고 신통하게 함이 신덕(神德)의 '신(神)'이다. 온갖 것[萬物]
에[於] 두루 미치는[行] 것[者]이 도(道)이므로, 역지도(易之道)의 실행(實行)을
육십사괘(六十四卦)가 더없이 다함을 밝힌 말씀이 '현도(顯道) 신덕행(神德
行)'이다. 그래서 현도(顯道)와 신덕(神德)은 온갖 사물(事物)에 미치는 역(易)
을 살피고[觀] 새겨[玩] 점(占)쳐 지변(知變)하여 지래(知來)하게 하는 통어(通
語)가 된다.

170. 괘효(卦爻)의 수작(酬酢)

可與酬酢이라. '대성괘(大成卦)에서 괘(卦)와 효(爻)는 더불어[與] 응대하
　가 여 수 작

여[酬] 보답할[酌] 수 있다[可].'

 이는 대성괘(大成卦)가 천지(天地)가 변화(變化)하게 하는 짓[神]을 본받기[法]함을 밝힌 것이다. 가여수작(可與酬酌)의 '수(酬)'는 응대(應對)함이고, '작(酌)'은 보답(報答)함이다. 대성괘(大成卦)에서 괘(卦)는 내괘(內卦)와 외괘(外卦)가 서로 수작(酬酌)하고, 대성괘(大成卦)에서 육효(六爻) 즉 여섯 효(爻)는 상교(相交)하여 수작(酬酌)한다. 수작(酬酌)의 '수(酬)'는 주인(主)이 손님[客]을 응접(應接)함이고, '작(酌)'은 객(客)이 주인[主]의 응접(應接)에 보답(報答)함이다. 대성괘(大成卦)에서 내괘(內卦)와 외괘(外卦)가 수작(酬酌)하고 육효(六爻)가 수작하여 대성괘(大成卦)가 신물(神物)이 되는 것이다. 육효(六爻)는 자리[位]를 정(定)해서 멈추지 않고 아래서부터 위로 누천(累遷)한다. 육효(六爻)는 중(中)-정(正)-응(應)-비(比) 등으로 상교(相交)하면서 서로 수작(酬酌)하여 천지(天地)가 변화(變化)하게 하는 짓[神]을 본받는다[法]. 물론 육효(六爻)는 상교(相交)하여 서로 수작(酬酌)하지 '수(酬)하는 주(主)의 효(爻)'와 '작(酌)하는 객(客)의 효(爻)'가 따로 나누어지는 것은 아니다. 육효(六爻)의 자하지상(自下至上) 즉 아래서부터[自下] 위까지[至上]의 누천(屢遷)이란 육효(六爻)가 서로 주객(主客)이 되어 서로 사귐[交]을 뜻한다. 그러므로 대성괘(大成卦)에서 육효(六爻)는 서로 주(主)이면서 객(客)이지 주객(主客)으로 이분(二分)되지 않고 상교(相交) 즉 서로[相] 사귀어서[交] 수작(酬酌)하는 것이다. 다만 대성괘(大成卦)에서 양효(陽爻)는 양효(陽爻)로서 위에서 아래로 뻗치는[伸] 기운(氣運) 즉 행신(行神)의 짓[象]으로 수작(酬酌)하고, 음효(陰爻)는 음효(陰爻)로서 아래서 위로 굽히는[屈] 기운(氣運) 즉 행귀(行鬼)의 상(象)으로 수작(酬酌)한다. 양(陽)의 신기(伸氣) 즉 신(神)만으로 성변화(成變化)할 수 없고, 음(陰)의 굴기(屈起) 즉 귀(鬼)만으로 성변화(成變化)할 수 없다. 반드시 내외괘(內外卦)와 육효(六爻)가 상교(相交)하여 수작(酬酌)해야 성변화(成變化)하여 행귀신(行鬼神)할 수 있음을 밝힌 말씀이 '가여수작(可與酬酌)'이다. 그래서 괘효(卦爻)의 수작(酬酌)은 온갖 사물(事物)에 미치는 역(易)을 살피고[觀] 새겨[玩] 점(占)쳐 지변(知變)하여 지래(知來)하게 하는 통어(通語)가 된다.

171. 괘효(卦爻)의 수작(酬酌)-우신(祐神)

可與祐神矣라. '대성괘(大成卦)에서 괘(卦)와 효(爻)는 더불어[與] 천지의 도움을 받아[祐] 신통할[神] 수 있는 것[可]이다[矣].'

이는 대성괘(大成卦)의 괘효(卦爻)가 더불어[與] 천지(天地)의 도움을 받아[祐] 신통할[神] 수 있음을 밝힌 것이다. 가여우신(可與祐神)의 '우(祐)'는 괘효(卦爻)가 귀신지조(鬼神之助) 즉 귀신의[鬼神之] 도움 받기[助]를 뜻하고, '신(神)'은 천지(天地)의 도움을 받아[祐] 천지(天地)가 변화하게 하는 짓[神]을 본받기[法]함을 뜻한다. 그러므로 가여우신(可與祐神)의 '신(神)'은 솔신(率神)하고 거귀(居鬼)함이라고 살펴[觀] 새기고[玩] 헤아려[擬] 따져[議] 가늠할[斷] 수 있다. 괘효(卦爻)의 수작(酬酌)은 솔신(率神)하고 거귀(居鬼)하여 천지(天地)의 도움을 받아[祐] 천지(天地)가 변화(變化)하게 하는 짓[神]을 본받아[法] 천하(天下)의 능사(能事)를 다하여[畢] 신통함[神]을 밝힌 말씀이 '가여우신(可與祐神)'이다. 그래서 괘효(卦爻)의 우신(祐神)은 온갖 사물(事物)에 미치는 역(易)을 살피고[觀] 새겨[玩] 점(占)쳐 지변(知變)하여 지래(知來)하게 하는 통어(通語)가 된다.

註 양기(陽氣)를 우러러[仰] 좇아 따름[順從]을 일러 '솔신(率神)'이라 하고, 음기(陰氣)를 굽어[俯] 순종(順從)함을 일러 '거귀(居鬼)'라 한다. 여기서 왜 군자(君子)가 대연지수(大衍之數)를 나타내는 서죽(筮竹) 즉 점대 오십지(五十支)에서 태극(太極) 하나를 제한 사십구지(四十九支)를 갖고 온 정성을 다해 사영(四營)-십팔변(十八變)의 촉류(觸類)를 거쳐 구변(九變)으로 내괘(內卦)의 삼효(三爻)를 얻고[得], 다시 구변(九變)으로 삼효(三爻)를 얻어 내 운수(運數)하여 스스로 괘효(卦爻)를 득(得)하는 까닭이 드러나고, '신덕행(神德行)의 성변화(成變化)'하려는 군자(君子)의 대명(待

命)이 미래(未來)를 새롭게 열려 함이라는 것도 알 수 있다. 소인(小人)은 저 자신의 영달(榮達)을 위해서 복채(卜債)를 들고 점집을 찾지만, 군자(君子)는 '신덕행(神德行)'을 돈독(敦篤)히 하고자 사십구지(四十九支)의 점대[筮竹]로 사영(四營)-십팔변(十八變)을 지성(至誠)껏 거쳐 수작(酬酌)하여 우신(佑神)하는 '괘효(卦爻)'를 스스로 얻는다[得].

172. 역지도(易之道)의 지자(知者)

知變化之道者其知神之所爲乎라. '변화(變化)의[之] 도를[道] 아는
지변화지도자기지신지소위호
[知] 것[者], 그것은[其] 천지가 변화하게 하는 짓[神]이[之] 하는[爲] 바를[所] 아는 것[知]이로다[乎]!'

이는 변화의[變化之] 도(道)를 안다는[知] 것[者]은 신이[神之] 하는[爲] 바[所]를 앎[知]이라고 밝힌 말씀이다. 변화지도(變化之道)란 곧 신지소위(神之所爲)인 것이다. 신지소위(神之所爲)는 곧 귀신지소위(鬼神之所爲)를 말하고, 귀신지소위(鬼神之所爲)는 음양지소위(陰陽之所爲)를 말하고, 음양지소위(陰陽之所爲)는 역지소위(易之所爲)를 말하고, 역지소위(易之所爲)는 천지지소위(天地之所爲)를 본받는[法] 신물(神物)인 괘효(卦爻)로써[以] 드러난다. 그러므로 대연지수(大衍之數) 오십(五十)으로[以] 성변화(成變化)-행귀신(行鬼神)함을 앎이[知] 지변화지도자(知變化之道者)이고, 상양(象兩)으로[以] 성변화(成變化)-행귀신(行鬼神)함을 앎이[知] 지변화지도자(知變化之道者)이고, 상삼(象三)으로[以] 성변화(成變化)-행귀신(行鬼神)함을 앎이[知] 지변화지도자(知變化之道者)이고, 상사시(象四時)로[以] 성변화(成變化)-행귀신(行鬼神)함을 앎이[知] 지변화지도자(知變化之道者)이고, 상윤(象閏)으로[以] 성변화(成變化)-행귀신(行鬼神)함을 앎이[知] 지변화지도자(知變化之道者)이고, 팔괘(八卦)에서 비롯한 육십사괘(六十四卦)의 괘효(卦爻)가 현도(顯道)하여 신덕행(神德行)하려고 수작(酬

酌)-우신(祐神)함을 앎[知]이 지변화지도자(知變化之道者) 즉 변화의[變化之] 도(道)를 아는[知] 것[者]이다. 그리하여 지변화지도자(知變化之道者)는 지일음일양지도자(知一陰一陽之道者)-지생생자(知生生者)이고, 따라서 지역자(知易者)이다. 변화(變化)의 이치[道]를 아는[知] 것[者]은 또한 '지왕래자(知往來者)의 이치[道]'를 아는 것이다. 가는[往] 것이[者] 가면[過] 오는[來] 것이[者] 잇는다[續]. 그래서 지변화지도자(知變化之道者)는 신지소위(神之所爲)를 본받아[法] 지왕래(知往來)하고, 지변(知變)하여 지래(知來)하는 전지자(前知者)가 되는 말씀이 '지변화지도자지신지소위(知變化之道者知神之所爲)'이다. 그래서 역지도(易之道)의 지자(知者)는 온갖 사물(事物)에 미치는 역(易)을 살피고[觀] 새겨[玩] 점(占)쳐 지변(知變)하여 지래(知來)하게 하는 통어(通語)가 된다.

173. 성인(聖人)의 도사(道四)

易有聖人之道四焉이라. '변화(變化)의 도(道)를 아는 데[焉] 성인(聖
역 유 성 인 지 도 사 언
人)의[之] 가르침이[道] 역에[易] 네 가지가[四] 있다[有].'

이는 역지도(易之道) 즉 변화(變化)의[之] 도(道)를 알아차리게[知] 하는 네 가지[四] 도(道)를 성인(聖人)께서 『주역(周易)』에 마련해 두었음을 밝히고 있다. 성인지도(聖人之道)의 '도(道)'는 '가르침 도(道)-말씀 도(道)'로 새길 수 있다. 그러니 성인지도(聖人之道)란 성인지교(聖人之敎)-성인지언(聖人之言)으로 여기고 새겨[玩] 헤아리면[擬] 된다. 역(易)에 성인지도(聖人之道)가 넷[四]이 있다[有]고 함은 이역(以易) 즉 역(易)을 써[以] 변화(變化)의 도(道)를 성인(聖人)께서 네 가지로 가르쳐 주고[敎] 말씀해 줌[言]을 간파(看破)하게 된다. 물론 성인지도(聖人之道)의 '도(道)'를 천지(天地)가 짓는[象] 변화지도(變化之道)를 본받는[法] 도(道) 즉 '법도(法道)'로 완의(玩擬)해도 된다. 여기서 성인지도사(聖人之道四)는 성인지교사(聖人之教四)-성인지언사(聖人之言四)를 뜻하는 셈이다. 이역(以易) 즉 역(易)을 써[以] '변화지도(變化之道)-신지소위(神之所爲)'를 깨우치자면 성인(聖人)이 마련해 둔 '가르침과 말씀의 도사(道四)'를 명심(銘心)해 두어야 하는 말씀이 '역유성인지도사언(易有聖人之道四焉)'이다. 그래서 성인(聖人)의 도사(道四)는 온갖 사물(事物)에 미치는 역(易)을 살피고 [觀] 새겨[玩] 점(占)쳐 지변(知變)하여 지래(知來)하게 하는 통어(通語)가 된다.

註 이역(以易)의 '이(以)' '이(以)'는 여러 가지 뜻[意]을 자유롭게 내는 자(字)이다. '이(以)'는 마치 영어의 'do' 동사(動詞)처럼 여러 의(意)를 낸다. 여기서는 이역(以易)의 '이(以)'를 '써 용(用)'으로 삼고 새기지만, 이는 '역(易)을 살펴[觀]-역(易)을 새겨[玩]-역(易)을 헤아려[擬]-역(易)을 따져[議]-역(易)을 가늠하여[斷]' 등의 여러 뜻[意]을 포함(包含)해서 '써 이(以=用)'라고 풀이하는 것이다. 그러니 이역(以易)의 '이(以)'는 '관(觀)-완(玩)-의(擬)-의(議)-단(斷)' 등을 '쓴다[用]'는 뜻으로 포괄(包括)해서 '써 이(以)'라 풀이하고 있는 셈이다.

174. 언자(言者)의 상기사(尚其辭)

以言者尚其辭라. '역(易) 즉 변화지도(變化之道)를 써서[以] 말하는[言] 사람은[者] 괘효의[其] 말씀을[辭] 받든다[尚].'

이는 성인(聖人)을 본받아[法] 역(易) 즉 변화지도(變化之道)를 이용하여 [以] 말하는[言] 사람[者]이란 곧 군자(君子)를 말한다. 군자(君子)는 역지사(易之辭) 즉 역의[易之] 말씀[辭]을 받들어[尚] 말한다[言]. 그래서 군자(君子)는 '상기사(尚其辭)하기 때문에 욕눌어언(欲訥於言)하는 것'이다. 군자(君子)가 말함[言]에 어눌함[訥]은 역지사(易之辭)를 두려워하기[畏] 때문이다. 상기사(尚其辭)의 '상(尚)' 즉 받듦[尚]이란 지성(至誠)을 모으고[會] 더하여[加] 절로[好] 기우(祈祐) 즉 천지(天地)의 도움[祐]을 구함[祈]이다. 그러자면 '무사(無思)-무위(無爲)' 즉 '무사(無私)-무욕(無欲)-무아(無我)'로써[以] 관심사(關心

事)를 마주하여 그 관심사(關心事)의 본말(本末)-종시(終始)-선후(先後)를 지성(至誠)으로 살피고[觀], 그 살핌[觀]을 지성(至誠)으로 새기고[玩], 그 새김[玩]을 지성(至誠)으로 헤아리고[擬], 그 헤아림[擬]을 지성(至誠)으로 따져 보고[議], 그 따져 봄[議]을 지성(至誠)으로 가늠해 보아야[斷] 하는 것이다. 그러므로 상기사(尙其辭)의 '상(尙)'은 저마다의 관심사(關心事)를 '무사(無思)-무위(無爲)'로써 '그 말씀[其辭]'에 비추어[照] '지성(至誠)껏 관(觀)-완(玩)-의(擬)-의(議)-단(斷)함'을 스스로 실행(實行)하라 함이다. 상기사(尙其辭)의 '사(辭)'는 성인(聖人)이 천수상(天垂象) 즉 자연[天]이 드리운[垂] 짓[象]을 본받아[法] 64괘(卦)의 괘효(卦爻)에 매어 둔[繫] 괘효사(卦爻辭)를 말한다. 이 말씀[辭]을 받들어[尙] 저마다의 관심사(關心事)를 '무사(無思)-무위(無爲)'로써 '관(觀)-완(玩)-의(擬)-의(議)-단(斷)함'을 지성(至誠)껏 실행한다면 그 관심사(關心事)에서 지변(知變)하게 해 주고 지래(知來)하게 해 준다. 이는 곧 역(易)을 이용하여[以] 말한다[言]고 함은 지변(知變)하여 지래(知來)하고자 천지도(天之道)로 보면 음양(陰陽)을 좇아[順] 역(易)의 말씀[其辭]을 받든다[尙] 함이고, 지지도(地之道)로 보면 강유(剛柔)를 좇아[順] 역(易)의 말씀[其辭]을 받든다[尙] 함이며, 인지도(人之道)로 보면 인의(仁義)를 좇아[順] 역(易)의 말씀[其辭]을 받든다[尙] 함을 밝힌 말씀이 '이언자상기사(以言者尙其辭)'이다. 그래서 언자(言者)의 상기언(尙其言)은 온갖 사물(事物)에 미치는 역(易)을 살피고[觀] 새겨[玩] 점(占)쳐 지변(知變)하여 지래(知來)하게 하는 통어(通語)가 된다.

175. 동자(動者)의 상기변(尙其變)

以動者尙其變이라. '역(易) 즉 변화지도(變化之道)를 써서[以] 행하는[動] 사람은[者] 육효의[其] 변화를[變] 받든다[尙].'

이는 성인(聖人)을 본받아[法] 역(易) 즉 변화지도(變化之道)를 이용하여[以] 행동하는[動] 사람[者]이란 곧 군자(君子)를 말한다. 군자(君子)는 역지변(易之變) 즉 역의[易之] 변화[變]를 받들어[尙] 행동한다[動]. 그래서 군자(君子)는 '상기사(尙其辭)하기 때문에 필신기독(必愼其獨)하는 것'이다. 군자(君子)가 행동함[動之]에 그[其] 자신을[獨] 반드시[必] 삼감[愼]'은 역지변(易之變)을 두려워하기[畏] 때문이다. 군자(君子)는 자신의 행동(行動)이 천지(天地)로부터 도움 받고자[祐] 역(易)의 변화(變化)를 삼가 받든다[尙]. 그래서 군자(君子)는 '무사(無思)-무위(無爲)' 즉 '무사(無私)-무욕(無欲)-무아(無我)'로써[以] 관심사(關心事)를 마주하여 그 관심사(關心事)의 본말(本末)-종시(終始)-선후(先後)를 지성(至誠)으로 살피고[觀], 그 살핌[觀]을 지성(至誠)으로 새기고[玩], 그 새김[玩]을 지성(至誠)으로 헤아리고[擬], 그 헤아림[擬]을 지성(至誠)으로 따져 보고[議], 그 따져 봄[議]을 지성(至誠)으로 가늠해 보면서[斷] 삼가 행동하는 것이다. 상기변(尙其變)의 '변(變)'은 성인(聖人)이 천수상(天垂象) 즉 자연[天]이 드리운[垂] 짓[象]을 본받아[法] 만든[作] 64괘(卦)의 괘효(卦爻)가 짓는[象] 상교(相交)를 말한다. 대성괘(大成卦)에서 괘(卦)는 내괘(內卦)와 외괘(外卦)가 서로[相] 사귀어[交] 변화를 짓[象]하고, 여섯 효[六爻]는 중(中)-정(正)-응(應)-비(比)의 상교(相交)로써 변화(變化)를 짓한다[象]. 괘효(卦爻)가 짓하는[象] 변화(變化)를 받들어[尙] 관심사(關心事)를 '무사(無思)-무위(無爲)'로써 '관(觀)-완(玩)-의(擬)-의(議)-단(斷)'함을 지성(至誠)껏 실행하여 행동한다[動]면 그 관심사(關心事)에서 지변(知變)하게 해 주고 지래(知來)하게 해 준다. 이는 곧 역(易)을 이용하여[以] 행동한다[動]고 함은 지변(知變)하여 지래(知來)하고자 천지도(天之道)로 보면 음양(陰陽)을 좇아[順] 역(易)의 변화[其變]를 받든다[尙] 함이고, 지지도(地之道)로 보면 강유(剛柔)를 좇아[順] 역(易)의 변화[擬]를 받든다[尙] 함이며, 인지도(人之道)로 보면 인의(仁義)를 좇아[順] 역(易)의 변화[擬]를 받든다[尙] 함을 밝힌 말씀이 '이동자상기변(以動者

尙其變)'이다. 그래서 동자(動者)의 상기변(尙其變)은 온갖 사물(事物)에 미치는 역(易)을 살피고[觀] 새겨[玩] 점(占)쳐 지변(知變)하여 지래(知來)하게 하는 통어(通語)가 된다.

176. 제기자(制器者)의 상기상(尙其象)

以制器者^[1] 尙其象이라. '역(易) 즉 변화지도(變化之道)를 써서[以] 기물을[器] 만드는[制] 사람은[者] 괘효의[其] 본받기를[象] 받든다[尙].'

이는 성인(聖人)을 본받아[法] 역(易) 즉 변화지도(變化之道)를 이용하여[以] 기물[其]을 만드는[制] 사람[者]이란 곧 군자(君子)를 말한다. 군자(君子)는 역지변(易之變) 즉 역의[易之] 변화[變]를 받들어[尙] 제기한다[制器]. 그래서 군자(君子)는 '상기상(尙其象)^[2]'하기 때문에 또한 필신기독(必愼其獨)하는 것'이다. 군자(君子)가 제기함[制器]에 그[其] 자신을[獨] 반드시[必] 삼감[愼]은 역지변(易之變)을 두려워하기[畏] 때문이다. 군자(君子)는 제기함[制器]이 천지(天地)로부터 도움 받고자[祐] 역(易)의 변화(變化)를 삼가 받든다[尙]. 그래서 군자(君子)는 '무사(無思)-무위(無爲)' 즉 '무사(無私)-무욕(無欲)-무아(無我)'로써[以] 관심사(關心事)를 마주하여 그 관심사(關心事)의 본말(本末)-종시(終始)-선후(先後)를 지성(至誠)으로 살피고[觀], 그 살핌[觀]을 지성(至誠)으로 새기고[玩], 그 새김[玩]을 지성(至誠)으로 헤아리고[擬], 그 헤아림[擬]을 지성(至誠)으로 따져 보고[議], 그 따져 봄[議]을 지성(至誠)으로 가늠해 보면서[斷] 삼가 제기(制器)하는 것이다. 상기상(尙其象)의 '상(象)'^[3] 또한 성인(聖人)이 천수상(天垂象) 즉 자연[天]이 드리운[垂] 짓[象]을 본받아[法] 만든[作] 64괘(卦)의 괘효(卦爻)가 짓는[象] 상교(相交)를 본받기[象]함을 말한다. 그러므로 상기상(尙其象)의 '상(象)'은 '기상지상(其象之象)'의 줄임으로 여기고 새겨 헤아려야 한다. '그[其] 짓의[象之] 본받기[象]를 숭상함[尙]'이 '상기상(尙其象)'이다. 대성괘(大成卦)에서 괘(卦)는 내괘(內卦)와 외괘(外卦)가 서로[相] 사귀어[交] 변화를 짓[象]하고, 여섯 효[六爻]는 중(中)-정(正)-응(應)-비(比)의 상교(相交)로써 변화(變化)를 짓함[象]을 본받기[象]하여 제기(制器)하는 것이다. 이는 괘효(卦爻)가 짓하는[象] 변화(變化)를 받들어[尙] 본받아[象] '무사(無思)-무위(無爲)'로써 '관(觀)-완(玩)-의(擬)-의(議)-단(斷)함'을 지성(至誠)껏 실행하여 제기한다[制器]면, 그 제기(制器)로써 지변(知變)하게 해 주고 지래(知來)하게 해 준다. 이는 곧 역(易)을 이용하여[以] 제기한다[制器]고 함은 지변(知變)하여 지래(知來)하고자 천지도(天之道)로 보면 음양(陰陽)을 좇아[順] 역(易)의 변화[其變]를 받든다[尙] 함이고, 지지도(地之道)로 보면 강유(剛柔)를 좇아[順] 역(易)의 변화[其變]를 받든다[尙] 함이며, 인지도(人之道)로 보면 인의(仁義)를 좇아[順] 역(易)의 변화[其變]를 받든다[尙] 함이다. 여기서도 역시 천명(天命)-대인(大人)-성인지언(聖人之言)을 두려워하라[畏]는 군자삼외(君子三畏)가 사무쳐지는 것이다. 성인(聖人)의[之] 제기(制器)는 오로지 천명(天命) 즉 자연[天]의 시킴과 가르침[命]만을 좇는 제기(制器)이므로 군자(君子)가 두려워하는[畏] 제기(制器)이다. 성인(聖人)의 제기(制器)를 신외(愼畏)하며 본받기[象]함은 무사(無私)-무욕(無欲)-무아(無我)의 실행(實行)이기 때문이다. 지성(至誠)으로 믿고[信] 좇는[順] 제기(制器)는 먼저 두려워해야[畏] 상지(尙志)가 정성스러워져[誠之] 정성스러운 제기함[制器]이 뒤따르게 된다. 군자(君子)는 역지변(易之變)을 받들어[尙] 지성(至誠)으로 제기하기[制器] 때문에 천지(天地)가 변화(變化)하게 하는 짓[神]을 받들어[尙] 행동하게 마련이다. 이렇기 때문에 이제기자상기상(以制器者尙其象)에서 '상기상(尙其象)'을 '상역지상어괘효(尙易之象於卦爻)'로 여기고, '상기상(尙其象)'을 '괘효(卦爻)에서[於] 역의[易之] 본받기를[象] 받든다[尙]'라고 새겨[玩] 헤아리게[擬] 되는 것이다. 이러한 '상기상(尙其象)'이 성인(聖人)의 도사(道四) 중에서 셋째

247

가르침[道]이다. 이렇기 때문에 역(易)을 써[以] 제기하는[制器] 사람[者]은 무엇보다 성인(聖人)이 만든[作] 괘효(卦爻)의 상교(相交)부터 먼저 받들어야[尚] 함을 밝힌 말씀이 '이제기자상기상(以制器者尚其象)'이다. 그래서 제기자(制器者)의 상기상(尚其象)은 온갖 사물(事物)에 미치는 역(易)을 살피고[觀] 새겨[玩] 점(占)쳐 지변(知變)하여 지래(知來)하게 하는 통어(通語)가 된다.

註 1. 제기자(制器者)의 기(器) 여기서 제기(制器)의 '기(器)'는 삼극지도(三極之道) 즉 음양(陰陽)-강유(剛柔)-인의(仁義)를 따른 것이므로 『논어(論語)』 「위정(爲政)」에서 밝힌 '군자불기(君子不器)의 기(器)'가 아니라 괘효(卦爻)의 '짓[象]'을 본받아[法] 만들어지는[制] '치세(治世) 기(器)'를 말함이다. 군자(君子)마저도 일상(日常)의 장인(匠人) 노릇을 하지 않는데[不器], 하물며 성인(聖人)이 어찌 기술(技術)의 기물(器物)을 만들고자 괘효(卦爻)의 상(象)을 본받기[法]할 것인가? '군자불기(君子不器)의 기(器)'는 기예(技藝)의 기물(器物)을 만듦[制]이지만 이제기자(以制器者)에서 '제기(制器)의 기(器)'는 삼극(三極) 즉 삼재(三才)에 따른 변화(變化)의 기물(器物) 즉 역(易)을 본받는 예악문물(禮樂文物)을 근본으로 하여 비롯되는 치세(治世)의 문물제도(文物制度)를 말함이다. 왜 작자지위성(作者之謂聖)이라 하는가? 성인(聖人)은 종천(從天)-종지(從地)하여 맨 처음으로 백성(百姓)을 위해 역(易)을 본받아[法] 예악(禮樂)을 바탕으로 온갖 것을 만들어 낸[制] 창시자(創始者)이기 때문이다. 이것이 『예기(禮記)』 「악기(樂記)」에서 성인(聖人)을 작자(作者)라고 밝힌 까닭이다. 그래서 성인(聖人)은 종천(從天)하여 악(樂)을 만들었고[作], 종지(從地)하여 예(禮)를 만들었다[作]고 할 때 그 예악(禮樂)이란 것이 곧 성인(聖人)이 이 역(以易)하여 제작(制作)한 치세(治世)의 기물(器物)이요 신물(神物)인 문물제도(文物制度)라는 것이다. 변화(變化)를 본받게[法] 하는 물건을 '신물(神物)'이라 한다. 문물제도(文物制度)란 정(定)해진 기물(器物)이 아니라 시공(時空)에 따라 변화(變化)하는 신물(神物)이다. 그러니 이제기자(以制器者)의 '기(器)'는 신물(神物)인 문물제도(文物制度)의 기(器)이고, '상기상(尚其象)'은 지성(至誠)으로 종천(從天)-종지(從地)하여 역지상(易之象)의 짓[象]을 본받기[象]함을 받듦[尚]이다. '군자불기(君子不器)'는 '군자는[君子] 기능공 노릇을 아니한다[不器]'는 뜻이다.

註 2. 상기상(尚其象)의 상(尚) '상(尚)'은 여기서는 여러 가지 뜻[意]을 자유롭게 내는 자(字)이다. 상기상(尚其象)의 '상(尚)'을 '받들 상(尚)'으로 삼고 새기지만, 이는 '상(象)을 살펴[觀]-상(象)을 새겨[玩]-상(象)을 헤아려[擬]-상(象)을 따져[議]-상(象)을 가늠하여[斷]' 등의 여러 뜻[意]을 포함(包含)해서 '받들 상(尚=崇)'이라고 풀이하는 것이다.

註 3. 상기상(尚其象)의 상(象) '기상(其象)'이 '기상지상(其象之象)'의 줄임이라는 것을 간파해야 문의(文意)를 건질 수 있다. 기상지상(其象之象)에서 앞의 '상(象)'은 '짓

조(兆)'와 같아 '상조(象兆)'의 줄임말로 여기면 되고, 뒤의 '상(象)'은 '본받을 법(法)'과 같아 '법상(法象)'의 줄임말로 여기고, '그[其] 짓의[象之] 본받기[象]'로 옮겨 새기면 문의(文意)가 드러난다.

177. 복서자(卜筮者)의 상기점(尙其占)

以卜筮者尙其占이라. '역(易) 즉 변화지도(變化之道)를 써서[以] 점대로[筮] 길흉(吉凶)을 묻는[卜] 사람은[者] 괘효의[其] 점치기를[占] 받든다[尙].'

이는 성인(聖人)을 본받아[法] 역(易) 즉 변화지도(變化之道)를 이용하여[以] 점대로[筮] 길흉(吉凶)을 묻는[卜] 사람[者]이란 곧 군자(君子)를 말한다. 군자(君子)는 역지변(易之變) 즉 역의[易之] 변화[變]를 받들어[尙] 복서(卜筮)한다. 그래서 군자(君子)는 '상기점(尙其占)하기 때문에 또한 필신기독(必愼其獨)하는 것'이다. 물론 뒤따라서 지성(至誠)으로 상기점(尙其占)하자면 상기사(尙其辭)-상기변(尙其變)-상기상(尙其象)이 뒷받침되어야 한다. 군자(君子)가 복서(卜筮)함에 그[其] 자신을[獨] 반드시[必] 삼감[愼]은 역지변(易之變)을 두려워하기[畏] 때문이다. 군자(君子)가 복서(卜筮)함은 천지(天地)로부터 도움을 받고자[祐] 역(易)의 변화(變化)를 삼가 받드는[尙] 것이다. 그래서 군자(君子)는 '무사(無思)-무위(無爲)' 즉 '무사(無私)-무욕(無欲)-무아(無我)'로써[以] 관심사(關心事)를 마주하여 그 관심사(關心事)의 본말(本末)-종시(終始)-선후(先後)를 지성(至誠)으로 살피고[觀], 그 살핌[觀]을 지성(至誠)으로 새기고[玩], 그 새김[玩]을 지성(至誠)으로 헤아리고[擬], 그 헤아림[擬]을 지성(至誠)으로 따져 보고[議], 그 따져 봄[議]을 지성(至誠)으로 가늠해 보면서[斷] 삼가 복서(卜筮)하는 것이다. 상기점(尙其占)의 '점(占)' 또한 성인(聖人)이 천수상(天垂象) 즉 자연[天]이 드리운[垂] 짓[象]을 본받아[法] 만든[作] 64

괘(卦)의 괘효(卦爻)가 짓는[象] 상교(相交)를 본받기[象]함을 말한다. 그러므로 '상기점(尙其占)의 점(占)'은 저마다 스스로 복문(卜問)하여 지변(知變)하고 지변(知變)함이지 점쟁이로부터 귀동냥하는 복술(卜術)이 아니다. 자신의 관심사(關心事)를 마주하고 지성(至誠)으로 스스로 복문(卜問)하여 그 관심사(關心事)의 길흉(吉凶)을 스스로 살펴 새기고 헤아려 따져 가늠해 봄이다. 대성괘(大成卦)에서 괘(卦)는 내괘(內卦)와 외괘(外卦)가 서로[相] 사귀어[交] 변화를 짓[象]하고, 여섯 효[六爻]는 중(中)-정(正)-응(應)-비(比)의 상교(相交)로써 변화(變化)를 짓하여[象] 복문(卜問)하게 하여 지래(知來)하게 하는 것이다. 이는 괘효(卦爻)가 짓하는[象] 변화(變化)를 받들어[尙] 본받아[象] '무사(無思)-무위(無爲)'로써 '관(觀)-완(玩)-의(擬)-의(議)-단(斷)함'을 지성(至誠)껏 실행하여 복서(卜筮)하면 그 복서(卜筮)로써 지변(知變)하게 해 주고 지래(知來)하게 해 준다. 이는 곧 역(易)을 이용하여[以] 복서(卜筮)한다고 함은 지변(知變)하여 지래(知來)하고자 천지도(天之道)로 보면 음양(陰陽)을 좇아[順] 역(易)의 변화[其變]를 받든다[尙] 함이고, 지지도(地之道)로 보면 강유(剛柔)를 좇아[順] 역(易)의 변화[其變]를 받든다[尙] 함이며, 인지도(人之道)로 보면 인의(仁義)를 좇아[順] 역(易)의 변화[其變]를 받든다[尙] 함이다. 여기서도 역시 천명(天命)-대인(大人)-성인지언(聖人之言)을 두려워하라[畏]는 군자삼외(君子三畏)가 사무쳐지는 것이다. 성인(聖人)의[之] 복서(卜筮)는 오로지 천명(天命) 즉 자연[天]의 시킴과 가르침[命]만을 좇는 복서(卜筮)이므로 군자(君子)가 두려워하고[畏] 받드는[尙] 복서(卜筮)이다. 성인(聖人)의 복서(卜筮)를 신외(愼畏)하며 받듦[尙]은 무사(無私)-무욕(無欲)-무아(無我)의 실행(實行)이기 때문이다. 지성(至誠)으로 믿고[信] 좇는[順] 복서(卜筮)는 먼저 두려워해야[畏] 무사(無思)-무위(無爲)의 지(志) 즉 정성을 다하는 마음 가기[志]라야 무사(無私)-무욕(無欲)의 복서(卜筮)가 뒤따르게 된다. 군자(君子)는 역지변(易之變)을 받들어[尙] 지성(至誠)으로 복서(卜筮)하기 때문에 천지(天地)가 변화(變化)하게 하는 짓[神]을 받들어[尙] 복문(卜問)하게 마련이다. 이렇기 때문에 이복서자상기점(以卜筮者尙其占)에서 상기점(尙其占)을 '상역지점어괘효(尙易之占於卦爻)'로 여기고, 상기점(尙其占)을 '괘효(卦爻)에서[於] 역의[易之] 점치기를[占] 받든다[尙]'라고 새겨[玩] 헤아리게[擬] 되는 것이다. 이러한 '상기점(尙其占)'이 성인(聖人)의 도사(道四) 중에서 넷째 가르침[道]이다. '상기사(尙其辭)-상기변(尙其變)-상기상(尙其象)하기'를 지성(至誠)으로 거쳐서 '상기점(尙其占)'할 수 있는 것이다. 이렇기 때문에 역(易)을 써[以] 복서(卜筮)하는 사람[者]은 무엇보다 먼저 성인(聖人)이 만든[作] 괘효(卦爻)의 상교(相交)부터 먼저 받들어야[尙] 하는 것임을 밝힌 말씀이 '이복서자상기점(以卜筮者尙其占)'이다. 그래서 복서자(卜筮者)의 상기점(尙其占)은 온갖 사물(事物)에 미치는 역(易)을 살피고[觀] 새겨[玩] 점(占)쳐 지변(知變)하여 지래(知來)하게 하는 통어(通語)가 된다.

註 복서(卜筮)의 점(占) 복서(卜筮)란 서(筮) 즉 점대[筮竹]로 복문(卜問)함이다. 복문(卜問)함이란 길흉(吉凶)을 심문(審問)하여 일[事]의 화복(禍福)을 알아봄[知]이다. 이를 한 글자로 '점(占)'이라 하고, 그 '점(占)'을 풀이하여 '극수지래(極數知來)'라 한다.

178. 군자(君子)의 유위(有爲)

君子將有爲也라. '성인(聖人)의 도사(道四)를 받들기[是] 때문에[以] 군자에게는[君子] 장차[將] 할 일이[爲] 있는 것[有]이다[也].'

이는 군자(君子)가 성인(聖人)의 도사(道四)를 받들어[尙] 본받기[法] 때문에 장차[將] 할 일[爲]이 있음을 밝히고 있다. 여기서 군자(君子)가 지난일[去事]에 매달리지 않고 앞일[來事]을 위해 신독(愼獨)하는 것이다. 군자(君子)는 성인(聖人)의 도사(道四)를 본받는[法] 이역자(以易者) 즉 역(易)을 활용하는[以] 자(者)이다. 군자(君子)는 자의(恣意)-기필(期必)-고집(固執)-유아(唯我)로써 이역(以易)하지 않는다. 오로지 성인(聖人)의 가르침[道] 네 가지[四]를 받들어[尚] 본받아[法] 역(易)을 활용해[以] 매사(每事)를 마주하여 견색(見賾)하여 관상(觀象)하고 관변(觀變)하여 완점(玩占)할 뿐이다. 그래서 군자(君子)는 삼외(三畏)^{⊕1} 하고 구사(九思)^{⊕2} 하며 대명(待命)^{⊕3} 하면서 절사(絶四)^{⊕4}를 본받기[法] 때문에 지변화지도(知變化之道) 즉 변화의[變化之] 도(道)를 알아[知] 지래(知來) 즉 매사(每事)의 길흉(吉凶)을 아는[知] 것이다. 군자(君子)는 성인(聖人)의 '도사(道四 : 其辭-其變-其象-其占)'를 받들어[尚] 관심사(關心事)를 견색(見賾)하여 지변(知變)하고 지래(知來)함을 밝힌 말씀이 '군자장유위야(君子將有爲也)'이다. 그래서 군자(君子)의 유위(有爲)는 온갖 사물(事物)에 미치는 역(易)을 살피고[觀] 새겨[玩] 점(占)쳐 지변(知變)하여 지래(知來)하게 하는 통어(通語)가 된다.

🈁 1. 군자유삼외(君子有三畏) 외천명(畏天命) 외대인(畏大人) 외성인지언(畏聖人之言) '군자께는[君子] 세 가지[三] 두려움이[畏] 있다[有]. 자연의[天] 시킴-가르침을[命] 두려워하고[畏], 대인을[大人] 두려워하며[畏], 성인의[聖人之] 말씀을[言] 두려워한다[畏].' 『논어(論語)』 「자장(子張)」에 나오는 말씀이다.

🈁 2. 군자유구사(君子有九思) 시사명(視思明) 청사총(聽思聰) 색사온(色思溫) 모사공(貌思恭) 언사충(言思忠) 사사경(事思敬) 의사문(疑思問) 분사난(忿思難) 견득사의(見得思義) '군자께는[君子] 아홉 가지[九] 생각함이[思] 있다[有]. 볼 때는[視] 밝음을[明] 생각하고[思], 들을 때는[聽] 귀 밝기를[聰] 생각하고[思], 얼굴빛에는[顏] 따뜻함을[溫] 생각하고[思], 몸가짐에는[貌] 공경함을[恭] 생각하고[思], 말할 때는[言] 거짓 없음을[忠] 생각하고[思], 일할 때는[事] 성실함을[敬] 생각하고[思], 의문 날 때는[疑] 묻기를[問] 생각하고[思], 성이 날 때는[忿] 환난을[難] 생각하고[思], 이득을[得] 볼 때는[見] 의로움을[義] 생각한다[思].' 『논어(論語)』 「계씨(季氏)」에 나오는 말씀이다.

🈁 3. 군자거이이대명(君子居易以待命) 소인행험이요행(小人行險以徼倖) '군자는[君子] 선한[易] 삶을[居] 좇아[以] 자연의 시킴과 가르침을[命] 받잡고[待], 소인은[小人] 모험을[險] 행하기를[行] 좇아[以] 요행을[倖] 바란다[徼].' 행험(行險)은 불선(不善)한 삶을 말하고, 거이(居易)는 선(善)한 삶을 말한다. 거이이(居易以)에서 '이(易)'는 '선(善)'과 같고, 이선(易善)의 줄임말로 여기면 된다. '이(以)'는 여기선 '좇을 순(順)-종(從)'과 같은 뜻을 낸다. 그리고 군자(君子)의 대명(待命)이란 성

인지도(聖人之道)를 좇아 순명(順命)함이다.

註 4. 자절사(子絶四) 무의(毋意) 무필(毋必) 무고(毋固) 무아(毋我) '공자께서는[子] 네 가지를[四] 끊었다[絶]. 자의(恣意)가[意] 없고[毋], 기필(期必)이[必] 없으며[毋], 고집(固執)이[固] 없고[毋], 유아(唯我)가 없다[毋].'

179. 군자(君子)의 언(言)

問焉而以言 其受命也라. '군자(君子)가 괘효(卦爻)에서[焉] 점쳐서[問而] 그 점[問]을 이용하여[以] 말하는 것[言], 그것은[其] 역(易)의 시킴과 가르침을[命] 받은 것[受]이다[也].'

이는 군자지언(君子之言) 즉 군자(君子)의 말[言]을 밝히고 있다. 군자(君子)는 문언(問焉)하여 역(易)을 이용한다[以]. 물론 문언(問焉)의 '언(焉)'은 '어시(於是) 언(焉)'으로 '이에 언(焉)'이다. 문언(問焉)이란 문어시(問於是)이다. 이것[是]에서[於] 점친다[問] 함이 '문언(問焉)'이다. 여기서 문어시(問於是)의 '시(是)'란 괘효지상(卦爻之象)-괘효지사(卦爻之辭)-괘효지변(卦爻之變)을 나타낸다. 그러므로 여기서 문언(問焉)이 '문어괘효지상사변(問於卦爻之象辭變)'을 줄여 밝히고 있는 셈이다. 군자(君子)가 이역(以易)하여 점친다[問]고 함은 괘효(卦爻)에서[於] 점치기[問] 함을 말하는 것이다. 괘효에서[於卦爻] 관상(觀象)하고 완사(玩辭)하며 관변(觀變)하여 완점(玩占)함을 밝혀 '문언(問焉)'이라 함을 명심해 두어야 한다. 이러한 점문(占問)을 지성(至誠)으로 완수하고자 문언(問焉)에 앞서 군자(君子)는 본서법(本筮法)의 사영(四營)-십팔변법(十八變法)을 지성(至誠)으로 거쳐 대성괘(大成卦) 하나를 손수 얻어야 한다. 그러므로 문언(問焉)에 앞서서 군자(君子)는 손수 대성괘(大成卦) 하나를 얻고자 '대연지수(大衍之數) 오십(五十)'을 지성껏 운수(運數)함을 일러 문언(問焉) 즉 '문어괘효지상사변(問於卦爻之象辭變)'이라고 하는 것이다. 군자(君

子)는 괘효(卦爻)의 짓[象], 괘효(卦爻)의 말씀[辭]과 괘효(卦爻)의 바뀜[變]에서 점쳐[問] 그 점문(占問)을 이용하여[以] 앞으로의 일[將爲]과 앞으로의 거행[將行]을 말하는 것[言]이다. 이러한 군자지언(君子之言)은 자의(恣意)로 이루어진 말이 아니라 역명(易命) 즉 역(易)의 시킴과 가르침[命]을 수용(受容)한 말이기 때문에 무사(無私)-무욕(無欲)-무아(無我)의 말이 되고, 따라서 충신(忠信) 즉 거짓이 없기[忠] 때문에 온 세상 사람들이 믿는[信] 말씀이 되고, 군자(君子)의 말[言]은 곧 수명(受命)의 말[言]이 되어 군자(君子)의 말[言]이 성변화(成變化)-신덕행(神德行)으로 이어짐을 밝힌 말씀이 '문언이이언(問焉而以言) 기수명야(其受命也)'이다. 그래서 군자(君子)의 언(言)은 온갖 사물(事物)에 미치는 역(易)을 살피고[觀] 새겨[玩] 점(占)쳐 지변(知變)하여 지래(知來)하게 하는 통어(通語)가 된다.

180. 수명(受命)의 언(言)

如嚮 无有遠近幽深 遂知來物이라. '수명(受命)의 말[言]은 소리의 울림과[嚮] 같아[如] 그 말에는 원근과[遠近] 유심이[幽深] 또한[有] 없어서[无] 그 말은 마침내[遂] 다가올[來] 일들을[物] 알려 준다[知].'

이는 군자(君子)가 수명(受命)하여 밝히는 말[言]을 주역(紬繹) 즉 풀이하고[紬繹] 있다. 여기서 '여향(如嚮)'은 군자(君子)가 성인지도사(聖人之道四)의 가르침[命]을 받아들임[受]을 비유(譬喩)해 주고 있다. '울림하는 대로 응함과[嚮] 같다[如]'라고 함은 지극하게 순명(順命)함을 나타낸다. 군자(君子)는 역명(易命)을 어김없이 받들어[尙] 받아들임[受]을 '여향(如嚮)'이라고 말해 놓았다. 군자(君子)가 성인(聖人)을 본받아[法] 밝히는 수명지언(受命之言) 즉 시킴과 가르침[命]을 받는[受之] 말[言]은 간이(簡易)하고 간명(簡明)할 뿐이다. 역(易)을 본받게[法] 하는 성인(聖人)의 가르침[命]을 받는[受] 군자(君子)의 말[言]은 언제 어디서나 친소(親疎)를 두지 않는다. 이를 '무유원근(无有遠近)'이라 한다. 원근(遠近)은 멀고[遠] 가까움[近]을 분별(分別)함이다. 또한 군자(君子)가 사람과 사물(事物)을 어렵게 말하지 않고 쉽고 간명하게 함을 '무유유심(无有幽深)'이라고 한 것이다. 유심(幽深)은 여기선 알아듣기가 간난(艱難) 즉 어렵고[艱] 어려워[難] 무슨 말인지 알아들을 수 없음을 뜻한다. 수명(受命)하는 군자(君子)의 말[言]은 『논어(論語)』「위정(爲政)」에 나오는 '주이불비(周而不比)'라는 말씀을 상기(想起)시킨다. 군자(君子)의 말[言]이 친소(親疎)를 떠나 두루 통하고[周] 간명(簡明)하여 두루 통함은 수명지언(受命之言)인 까닭이다. 수명(受命)의 '명(命)'은 천지명(天之命)-역지명(易之命)-성지명(聖之命)을 하나로 묶은 말씀이다. 그러니 명(命)을 받은[受之] 말[言]은 무사(無私)-무욕(無欲)-무아(無我)로 온갖 것[萬物]을 견색(見賾)하게 하기 때문에 '지래물(知來物)' 즉 앞일[來物]을 알게[知] 하는 것임을 밝힌 말씀이 '여향(如嚮) 무유원근유심(无有遠近幽深) 수지래물(遂知來物)'이다. 그래서 수명(受命)의 언(言)은 온갖 사물(事物)에 미치는 역(易)을 살피고[觀] 새겨[玩] 점(占)쳐 지변(知變)하여 지래(知來)하게 하는 통어(通語)가 된다.

🈮 군자주이불비(君子周而不比) 소인비이부주(小人比而不周) '군자는[君子] 두루 통하되[周而] 견주지 않고[不比], 소인은[小人] 견주되[比而] 두루 통하지 못한다[不周].'

181. 지정(至精)의 언(言)

非天下之至精 其孰能與於此라. '그[其] 수명(受命)의 말[言]에 세상[天下]의[之] 지극한[至] 정성됨이[精] 없다면[非] 그[其] 누가[孰] 이[此]를[于] 능히[能] 함께하겠는가[與]?'

이는 군자(君子)의 수명지언(受命之言)이 더없는[至極] 정성(精誠)으로 말미암은 말[言]임을 밝히고 있다. 동시에 『중용(中庸)』에 나오는 '지성여신(至誠如神)'이라는 말씀을 상기(想起)시킨다. 여기서 명(命)을 받은[受之] 군자(君子)의 말[言]이 왜 지래물(知來物)하게 하는지 그 까닭을 알 수 있게 된다. 지성(至誠)이어야 변화(變化)하게 하는 짓[神]을 알[知] 수 있다. 지신(知神)할 수 있어야 지변(知變)할 수 있고, 지변(知變)할 수 있어야 지래(知來) 즉 지래물(知來物)할 수 있는 것이다. 이렇기 때문에 군자(君子)가 정성(精誠)을 다하여 사영(四營)-십팔변법(十八變法)으로 대성괘(大成卦) 하나를 스스로 얻어 내 괘효상(卦爻象)을 통해 천지명(天之命)을 본받고[法], 괘효사(卦爻辭)를 통해 성지명(聖之命)을 본받아[法] 관변(觀變)하고 완점(玩占)하게 되어 역지명(易之命)을 본받게[法] 되어 수명(受命)하는 것이다. 그러므로 군자(君子)의 수명지언(受命之言)이란 지변화지도자(知變化之道者) 즉 변화의[變化之] 도(道)를 아는[知] 자(者)로서 밝히는 말[言]이 되고 여신(如神)의 언(言)이 된다. 그러므로 여기서 말하는 천하지지정(天下之至精)은 본서법(本筮法)을 지성(至誠)으로 실행(實行)하여 성인지언(聖人之言)을 본받아[法] 수명(受命)한 말[言]임을 알 수 있다. 따라서 비천하지지정(非天下之至精)의 '지정(至精)'은 바로 앞 '수지래물(遂知來物)의 지(知)'가 얼마나 정성스러운 앎[知]인지 일깨워 준다. 마침내[遂] 내물(來物)을 알아차림[知]이란 지래물(知來物)을 완수(完遂)함이 지정(至精)으로 말미암고, 군자(君子)의 수명지언(受命之言) 또한 지정(至精)함에서 비롯됨을 밝힌 말씀이 '비천하지지정(非天下之至精) 기숙능여어차(其孰能與於此)'이다. 그래서 지정(至精)의 언(言)은 온갖 사물(事物)에 미치는 역(易)을 살피고[觀] 새겨[玩] 점(占)쳐 지변(知變)하여 지래(知來)하게 하는 통어(通語)가 된다.

註 지성여신(至誠如神) '지극한[至] 정성은[誠] 자연이 변화하게 하는 짓과[神] 같다[如].'

182. 참오(參伍)의 변(變)

參伍以變이라. '천하지정(天下之情)은 천지지수(天地之數)의 뒤섞음을[參伍] 써[以] 천지지상(天地之象)을 변화시킨다[變].'

이는 천하지지정(天下之至精)이 설시(揲蓍) 즉 서죽(筮竹)의 점대[蓍]를 손으로 셈하여[揲] 구괘(求卦)함을 밝히고 있다. 여기서 '참오(參伍)'는 수(數)를 뜻하는 '삼오(三五)'가 아니라 '참(參)'은 세 번 셈함이고, '오(伍)'는 다섯 번 셈함을 뜻해 본서법(本筮法)의 사영(四營)-십팔변법(十八變法)을 말함이다. 따라서 서죽(筮竹) 오십 개(五十箇)에서 태극(太極) 하나[一]를 제(除)한 '사십구 개(四十九箇)의 착잡(錯雜)' 즉 '사십구 개(四十九箇)의 뒤섞음'의 뜻임을 주목해야 한다. 이러한 '참오(參伍)'[주1]는 본서법(本筮法)[주2]의 실행(實行)을 뜻하는 것이다. 참오이변(參伍以變)의 '변(變)'은 천수상(天垂象) 즉 자연[天]이 드리운[垂] 짓[象]을 하나의 괘(卦)로 변화(變化)시킴을 뜻한다. 이는 곧 '상기상(尙其象)의 상(尙)'을 천하지지정(天下之至精)으로 실행(實行)하여 구괘(求卦)함을 뜻하게 된다. 그러므로 '참오이변(參伍以變)'이라는 말씀은 구괘(求卦)함이고, 동시에 지성(至誠)으로 자연[天]의 짓[象]을 받듦[尙]이다. 이러한 참오이변(參伍以變)은 사십구 개(箇)의 죽편(竹片) 즉 댓가지[竹片]가 그냥 물건(物件)이 아니라 신물(神物)이 됨을 나타내기도 하는 것이다. 왜냐하면 참오이변(參伍以變)으로써 천수상(天垂象)의 '상(象)'이 '괘(卦)'로 형상(形象)되었기 때문이다. 신물(神物)이란 지래(知來)하게 하는 것[物]이다. 즉 다가올[來] 일을[物] 알려 주는[知] 것[者]으로 천수상(天垂象)의 '상(象)'이 괘(卦)라는 몸[形]을 얻어 드러남을 밝힌 말씀이 곧 '참오이변(參伍以變)'이다. 그래서 참오(參伍)의 변(變)은 온갖 사물(事物)에 미치는 역(易)을 살피고[觀] 새겨[玩] 점(占)쳐 지변(知變)하여 지래(知來)하게 하는 통어(通語)가 된다.

註 1. 천지수(天之數) 즉 천수(天數)는 '십수(十數)'에서 '일(一)-삼(三)-오(五)-칠(七)-

구(九)' 기수(奇數) 즉 홀수이고, 지지수(地之數) 즉 지수(地數)는 '이(二)-사(四)-륙(六)-팔(八)-십(十)' 우수(偶數) 즉 짝수이다. 천수(天數)의 합(合)은 '일(一)+삼(三)+오(五)+칠(七)+구(九)=25'이고 지수(地數)의 합(合)은 '이(二)+사(四)+육(六)+팔(八)+십(十)=30'이다. 천지지수(天地之數)의 합(合) 오십오(五十五)에서 완전수(完全數)에 이르지 못한 '오(五)'를 제한 '오십(五十)'이 곧 대연지수(大衍之數)가 되어 구괘(求卦) 즉 괘(卦)를 구(求)하는 서죽(筮竹) 즉 점대의 수(數)가 된다. 이 점대 오십(五十)에서 태극(太極)을 나타내는 하나[一]를 제한 '사십구(四十九)'를 가지고 사영(四營)-십팔변법(十八變法)을 거쳐 구괘(求卦)하게 된다. 이를 '참오착종(參伍錯綜)'이라 한다.

註 2. '본서법(本筮法)'이란 대연지수(大衍之數) 오십(五十)을 나타내는 서죽(筮竹) 즉 점대 오십 개(五十箇)로 사상(四象)의 수(數 : 육(六)-칠(七)-팔(八)-구(九))를 얻고, 음양(陰陽)의 효(爻) 여섯 개[六箇]를 얻어 하나의 대성괘(大成卦)를 구(求)함이다. 이를 '구괘(求卦)'라 한다. 대연지수(大衍之數)의 점대 오십(五十)이라는 개수(箇數)는 천지지수(天地之數 : 일(一)+삼(三)+오(五)+칠(七)+구(九)=25(天數)와 이(二)+사(四)+육(六)+팔(八)+십(十)=30(地數))의 합(合) 오십오(五十五)에서 나머지 오(五)를 제(除)한 완전수(完全數)인 십(十) 다섯[五]인 '오십(五十)'을 점대로 삼는다고 여기면 된다. 사영(四營)-삼변(三變)이라는 과정(過程)을 거쳐 한 개의 효(爻)를 얻기 때문에 육 개(六箇)의 효(爻)를 얻는 과정을 사영(四營)-십팔변법(十八變法)이라 한다. 이 사영(四營)-삼변(三變)이라는 과정(過程)을 숙지(熟知)해야 사상(四象)의 수(數) '육(六)-칠(七)-팔(八)-구(九)'가 어떻게 얻어지는지 간파(看破)할 수 있다. 서죽(筮竹) 오십 개(五十箇)에서 하나[一]를 뽑아 태극(太極)으로 삼고 남은 사십구 개(四十九箇)를 무심(無心)히 둘[二]로 나누어[分] 한쪽 점대들을 왼손에 쥐고, 다른 점대들은 상(床) 위에 놓는다. 왼손에 쥔 점대들을 천책(天策)으로 삼고, 상(床) 위에 놓인 점대들을 지책(地策)으로 삼는다. 지책(地策)으로 삼은 점대에서 하나[一]를 빼 인책(人策)으로 삼아 넷째-다섯째 손가락 사이에 끼워 둔다. 이렇게 하여 삼재(三才) 즉 천지인(天地人) 삼극(三極)이 이루어진다. 그다음 왼손에 쥔 천책(天策)을 넷씩[四箇] 덜어 내면 나머지가 남게 된다. 만약 나머지가 없다면 나머지를 넷[四]으로 한다. 그 나머지는 셋째-넷째 손가락사이에 끼운다. 다시 앞서와 같이 지책(地策)을 넷씩[四箇] 덜어 내면 나머지가 남게 된다. 만약 나머지가 없다면 나머지를 넷[四]으로 한다. 그 나머지는 둘째-셋째 손가락 사이에 끼운다. 그리고 손가락 사이에 끼워 둔 천책(天策)의 나머지와 지책(地策)의 나머지와 인책(人策)의 한 개를 모두 합하면 그 수(數)는 반드시 '오(五) 또는 구(九)'가 된다. 제일변(第一變)이다. 다시 49개의 점대에서 일변(一變)으로 얻은 '오(五) 또는 구(九)'를 따로 내놓고 나면 나머지 점대는 44개 또는 40개일 것이다. 이 점대들을 가지고 앞서와 같이 사영(四營)을 되풀이하면 손가락 사이에 낀 점대는 '사(四) 또는 팔(八)'이 된다. 제이변(第二變)이다. 다시 44개 또는 40개의 점대에서 제이변(第二變)으로 얻은 '사(四) 또는 팔(八)'을 따로 내놓고 나면 나머지 점대는 44개의 경우라면 40개 또는 36개일 것이고,

40개의 경우라면 36개이거나 32개일 것이다. 이 점대들을 가지고 앞서와 같이 사영(四營)을 되풀이하면 손가락 사이에 낀 점대는 이번에도 '사(四) 또는 팔(八)'이 된다. 제삼변(第三變)이다. 이렇게 삼변(三變)을 거쳐 얻어진 수(數)를 합하면 반드시 '이십오(二十五)-이십일(二十一)-십칠(十七)-십삼(十三)' 중 어느 수(數)가 될 것이다. 그 어느 수(數)를 태극(太極)을 뺀 점대 49에서 빼면 '이십사(二十四)-이십팔(二十八)-삼십이(三十二)-삼십륙(三十六)' 중 어느 하나가 될 것이다. 이 수(數 : 24-28-32-36)를 '사(四)'로 나누어 얻어진 수(數)가 '육(六)이면 노음(老陰 : ==)'이고, '칠(七)이면 소양(少陽 : ==)'이고, '팔(八)이면 소음(少陰 : ==)'이고, '구(九)이면 노양(老陽 : =)'이라 하여 '사상(四象)'을 얻어 비로소 초효(初爻) 한 개를 얻게 된다. 사영(四營)-삼변(三變)을 거쳐 노양(老陽)의 수(數) 구(九) 또는 소음(少陰)의 수(數) 팔(八)을 얻으면 '양효(陽爻 : ―)'를 얻게 되고, 소양(少陽)의 수(數) 칠(七) 또는 노음(老陰)의 수(數) 육(六)을 얻으면 '음효(陰爻 : --)'를 얻게 된다. 이와 같은 삼변(三變)을 여섯 번 똑같이 거쳐 육효(六爻)를 얻게 되므로 '십팔변법(十八變法)'이라 한다.

※ **변효(變爻)와 지괘(之卦)** 본서법(本筮法)의 사영(四營)-삼변(三變)을 거쳐 얻어진 효책(爻策) 즉 효수(爻數)가 사상(四象)의 수(數) 육(六)이면 노음(老陰)으로 '음효(陰爻)'를 얻게 되고, 구(九)이면 노양(老陽)으로 '양효(陽爻)'를 얻게 된다. 노음(老陰)의 음효(陰爻)는 양효(陽爻)로 변화(變化)할 운명(運命)을 간직하고, 노양(老陽)의 양효(陽爻)는 음효(陰爻)로 변화(變化)할 운명(運命)을 간직하고 있기 때문에 노음(老陰)의 음효(陰爻)와 노양(老陽)의 양효(陽爻)를 '변효(變爻)'라 한다. 그 변효(變爻)로 해서 새로 얻어질 대성괘(大成卦)를 '지괘(之卦)'라 한다. 지금 운명(運命)이 길(吉)하다면 앞으로 어떻게 되고 흉(凶)하다면 앞으로 어떻게 될 것인가? 이 문제를 간파(看破)하고자 변효(變爻)와 지괘(之卦)를 찾아보게 되는 것이다.

183. 수(數)의 착종(錯綜)

錯綜其數라. '그[其] 수를[數] 이리저리 엇걸어 뒤섞어[錯] 합쳐 모은
_{착 종 기 수}
다[綜].'

이 역시 설시(揲蓍) 즉 점대[蓍]를 손으로 집어 셈하여[揲] 괘(卦)를 구(求)하는 법식(法式)을 밝히고 있다. 착종(錯綜)의 '착(錯)'은 본서법(本筮法)에서 구효(求爻)의 셈[揲]인 삼변(三變)의 수(數)를 교착(交錯) 즉 엇걸려[交] 섞

음[錯]을 말함이다. 이 삼변(三變)의 수(數)를 얻자면 대연지수(大衍之數) 오십(五十)에서 태극(太極) 하나[一]를 제(除)한 다음 남은 사십구(四十九)를 양분(兩分)하고, 이런 양분(兩分)을 일좌(一左)-일우(一右)라 하여 왼손[左]의 수(數)를 천책(天策), 오른손[右]의 수(數)를 지책(地策)이라 한다. 지책(地策)에서 하나[一]를 뽑아 인책(人策)으로 삼은 다음 천책(天策)의 수(數)에서 넷[四]씩 덜어 내면 나머지[數]가 생기고 지책(地策)의 수(數)에서도 넷씩 덜어 내면 나머지[數]가 생긴다. 양책(兩策)에서 넷씩 덜어 내 나머지가 없으면 나머지를 사(四)하게 된다. 이런 셈[揲]을 세 번 걸침을 '삼변(三變)'이라 한다. 제일변(第一變)에서 얻어지는 나머지 수(數)는 '오(五) 아니면 구(九)'가 되고, 제이변(第二變)에서 얻어진 수(數)는 '사(四) 아니면 팔(八)'이 되고, 제삼변(第三變)에서 얻어진 수(數)는 '사(四) 아니면 팔(八)'이 된다. 삼변(三變)을 거쳐 얻어진 수(數)를 합치면 '이십오(二十五)-이십일(二十一)-십칠(十七)-십삼(十三)' 중 어느 수(數)가 된다는 것이 착종(錯綜)의 '종(綜)'이다. 그리고 삼변(三變)으로 얻어진 그 어느 수(數)를 사십구에서 빼면 '이십사(二十四)-이십팔(二十八)-삼십이(三十二)-삼십륙(三十六)' 중 어느 하나가 될 것이다. 이 수(數: 24-28-32-36)를 '사(四)'로 나누어 얻어진 수(數) '육(六)-칠(七)-팔(八)-구(九)'가 곧 사상(四象)의 수(數)가 된다. '육(六)은 노음(老陰: ══)'이고, '칠(七)은 소양(少陽: ══)'이고, '팔(八)은 소음(少陰: ══)'이고, '구(九)는 노양(老陽: ═)'이 되는 것이다. 이렇게 삼변(三變)을 거쳐 '노양(老陽)의 수(數) 구(九) 또는 소음(少陰)의 수(數) 팔(八)'을 얻으면 '양효(陽爻: ─)'를 얻게 되고, '노음(老陰)의 수(數) 육(六) 또는 소양(少陽)의 수(數) 칠(七)'을 얻으면 '음효(陰爻: --)'를 얻게 된다. 이와 같은 삼변(三變)을 여섯 번 똑같이 거쳐 육효(六爻)를 얻게 되므로 '십팔변법(十八變法)'이라 한다. 이처럼 효(爻) 하나를 얻기까지 점대[筮竹: 四十九]의 셈[揲]을 풀이하여 밝힌 말씀이 '착종기수(錯綜其數)'이다. 그래서 수(數)의 착종(錯綜)은 온갖 사물(事物)에 미치는 역(易)

을 살피고[觀] 새겨[玩] 점(占)쳐 지변(知變)하여 지래(知來)하게 하는 통어(通語)가 된다.

🈚 음수(陰數)와 양수(陽數) 삼변(三變)을 거쳐 얻어진 '이십사(二十四)-이십팔(二十八)-삼십이(三十二)-삼십륙(三十六)' 중에서 음수(陰數)는 적은 쪽의 짝수 '이십사(二十四)'가 되고, 양수(陽數)는 많은 쪽의 홀수 '삼십륙(三十六)'이 된다. 그래서 건괘(乾卦)의 수(數)는 '36×6=216'이 되고, 곤괘(坤卦)의 수(數)는 '24×6=144'가 되어 음력(陰曆) 일 년(一年)이 되는 '기년지수(期年之數)'가 되는 것이다.

184. 천지지문(天地之文)의 성(成)

通其變 遂成天地之文이라. '서죽(筮竹)의 수(數)는 참오착종(參伍錯綜)의[其] 변화를[變] 통해[通] 마침내[遂] 자연[天地]의 드러난 짓을[文] 이룬다[成].'

이는 대연지수(大衍之數)를 나타내는 서죽(筮竹) 사십구 개(四十九箇)가 참오착종(參伍錯綜)의 설(揲) 즉 셈[揲]을 거쳐[通] 사상(四象)의 수(數)를 얻어 음양(陰陽)의 효(爻)로 변화(變化)함을 밝힌 것이다. '통기변(通其變)의 기변(其變)'이란 본서법(本筮法)의 사영(四營)을 거쳐서 삼오(參伍)의 설(揲)과 착종(錯綜)의 설(揲) 곧 삼변(三變)을 거치면 서죽(筮竹)이 한 개[一箇]의 효(爻)로 변하는 수(數)가 됨을 뜻한다. 참오(參伍)와 착종(錯綜)의 설(揲)을 거쳐 얻어진 수(數)가 '육(六)-칠(七)-팔(八)-구(九)'이다. 이 넷의 수(數)는 서죽(筮竹) 사십구 개(四十九箇)가 변화한 수(數)이며, 그 넷의 수(數) 육(六)은 노음(老陰∶⚏)이 되고, 팔(八)은 소음(少陰∶⚎)이 되며, 칠(七)은 소양(少陽∶⚍)이 되고, 구(九)는 노양(老陽∶⚌)이 됨 또한 '통기변(通其變)의 기변(其變)'이고, 육(六)의 노음(老陰∶⚏)과 칠(七)의 소양(少陽∶⚍)이 음효(陰爻)가 되고, 구(九)의 노양(老陽∶⚌)과 팔(八)의 소음(少陰∶⚎)이 양효(陽爻)가 됨 또한 '통기변(通其變)의 기변(其變)'이다. 이러한 '통기변(通其變)의 기변(其變)'을 다시금 '수성천지지문(遂成天地之文)'이라고 주역(紬繹) 즉 풀이하여[紬繹] 천지지상(天地之象)의 '상(象)'이 천지지문(天地之文)의 '문(文)'으로 바뀌었음[變]을 밝히고 있다. 여기서 '문(文)'은 '상(象)'의 '형(形)' 즉 '몸[形]'이다. 천지지상(天地之象)의 '상(象)'은 눈으로 볼 수 없는 '자연[天地]이 변화(變化)하게 하는 짓[象]'이지만, 천지지문(天地之文)의 '문(文)'은 눈으로 볼 수 있는 '자연[天地]이 변화(變化)하게 하는 짓[文]'이다. 따라서 '상(象)'이 드러나지 않은 조리(條理)의 짓[象]이라면, '문(文)'은 드러난 조리(條理)인 셈이다. 그러므로 '통기변(通其變)의 기변(其變)'이 천지지문리(天地之文理)에서 천지지리(天地之理)의 '이(理)'가 '문(文)'으로 변화하게 된 것임을 간파(看破)할 수 있게 된다. 드러나지 않은 천기(天氣)의 양(陽)이라는 짓[象]이 양효(陽爻 : ―)로 몸[形]을 얻어 천기(天氣)가 드러나게[文] 되고, 드러나지 않은 지기(地氣)의 음(陰)이라는 짓[象]이 형(形)을 얻어 음효(陰爻 : --)로 몸[形]을 얻어 드러나게[文] 됨을 밝힌 말씀이 '통기변(通其變) 수성천지지문(遂成天地之文)'이다. 그래서 천지지문(天地之文)의 성(成)은 온갖 사물(事物)에 미치는 역(易)을 살피고[觀] 새겨[玩] 점(占)쳐 지변(知變)하여 지래(知來)하게 하는 통어(通語)가 된다.

185. 극기수(極其數)의 정(定)

極其數 遂定天下之象이라. '설시(揲蓍)가 그[其] 셈을[數] 다하여[極] 마침내[遂] 온 세상[天下]의[之] 조짐을[象] 정해 준다[定].'

이는 지성(至誠)으로 설시(揲蓍)하고 구효(求爻)하여 구괘(求卦)한 대성괘(大成卦)의 일[事]을 말한다. 설시(揲蓍) 즉 시죽(蓍竹)을 셈하기[揲]란 시죽

(蓍竹) 마흔아홉 개(箇)를 가지고 사영(四營)-삼변(三變)을 여섯 차례 거듭해 사상(四象)의 수(數) '육(六)-칠(七)-팔(八)-구(九)'를 구(求)하여 음양(陰陽)의 효(爻) 여섯 개[六箇]를 얻어 대성괘(大成卦) 하나를 구(求)함을 말한다. 그러므로 '극기수(極其數)'는 '극수사십구지시죽(極數四十九之蓍竹)'으로 새겨도 되는 말씀이다. 마흔아홉 개의 점대[四十九之蓍竹]를 극진하게[極] 셈함[數]이 곧 '극기수(極其數)'이다. 이러한 극기수(極其數)는 '극수지래위지점(極數知來謂之占)'을 떠올리면 왜 지성껏 셈하는지[揲] 그 까닭을 알 수 있게 된다. 지극한 정성(精誠)으로 설시(揲蓍)함이란 곧 극기수(極其數)이다. 극수(極數) 즉 셈하기[數]를 극진히 하여[極] 구괘(求卦)하면, 구(求)해진 대성괘(大成卦)를 가지고 관상(觀象)-완사(玩辭)하고 관변(觀變)하여 완점(玩占)해 온갖 일[萬事]을 복문(卜問)하게 된다. 그리하여 온 세상[天下]-온갖 일[萬事]에서 지래(知來)할 수 있기 때문이다. 이를 '수정천하지상(遂定天下之象)'이라고 밝힌 것이다. 천하지상(天下之象)은 곧 대성괘(大成卦)의 일[事]을 말해 준다. 대성괘(大成卦)는 육효(六爻)의 상교(相交) 즉 여섯 효(爻)들이 서로[相] '중(中)-정(正)-응(應)-비(比)'로 사귀어[交] 천하지상(天下之象) 즉 만사(萬事)의 조짐[象]을 더없이 정(定)해 준다. 그 조짐[象]을 지성(至誠)으로 살피게[觀] 하고 그 상(象)을 본받아[法] 성인(聖人)이 괘효(卦爻)에 매어 둔[繫] 말씀[辭]을 지성(至誠)으로 새기게[玩] 하여, 그 조짐[象]의 변화(變化)를 살펴[觀] 내자(來者) 즉 다가올[來] 것[者]을 지성(至誠)으로 새겨[玩] 복문(卜問) 즉 미래(未來)를 묻게[問] 함이 대성괘(大成卦)의 일[事]이다. 이러한 대성괘(大成卦)의 일[事]을 '정천하지상(定天下之象)'이라고 한 것이다. 이러한 대성괘(大成卦)를 시죽(蓍竹) 사십구 개(四十九箇)를 가지고 사영(四營)-십팔변법(十八變法)을 통해서 구(求)해 온 세상[天下]-온갖 일[萬事]의 길흉(吉凶)-화복(禍福)을 전지(前知) 즉 미리[前] 알게 함[知]을 밝힌 말씀이 '극기수(極其數) 수정천하지상(遂定天下之象)'이다. 그래서 극기수(極其數)의 정(定)은 온갖 사물(事物)에

263

미치는 역(易)을 살피고[觀] 새겨[玩] 점(占)쳐 지변(知變)하여 지래(知來)하게 하는 통어(通語)가 된다.

註 중(中)-정(正)-응(應)-비(比) 대성괘(大成卦)를 이루는 육효(六爻) 사이의 관계를 '중(中)-정(正)-응(應)-비(比)'라 한다. 아래[下] 내괘(內卦)의 세 효(爻)와 위[上] 외괘(外卦)의 세 효(爻)로 여섯 효(爻)로 이루어진 대성괘의 육효(六爻)는 단독(單獨)으로 있는 것이 아니고, 서로 관계를 맺고 누천(累遷)하는 운명(運命)을 띠고 있다. 내괘(內卦)의 중간(中間) 효(爻)인 둘째 효(爻)와 외괘(外卦)의 중간(中間) 효(爻)인 다섯째 효(爻)를 '중(中)'이라 한다. 대성괘(大成卦)에서 효(爻)의 자리[位]가 짝수 이사륙(二四六)이면 음효(陰爻)의 위(位)이고, 홀수 일삼오(一三五)이면 양효(陽爻)의 자리[位]이다. 대성괘(大成卦) 안에서 음효(陰爻)가 제자리[짝수 자리]에 있고 양효(陽爻)가 제자리[홀수 자리]에 있음을 '정(正)'이라 한다. 특히 내괘(內卦)의 중효(中爻)인 둘째 효(爻)가 음효(陰爻)이고 외괘(外卦)의 중효(中爻)인 다섯째 효(爻)가 양효(陽爻)이면 '중정(中正)'이라 한다. '중정(中正)'은 길(吉)함을 나타내고, '부중정(不中正)'이라면 흉(凶)함을 나타낸다. 여섯 효(爻) 사이의 관계를 '응(應)'과 '비(比)'라고 한다. 내괘(內卦)의 초효(初爻)와 외괘(外卦)의 초효(初爻), 내괘(內卦)의 이효(二爻)와 외괘(外卦)의 이효(二爻), 내괘(內卦)의 상효(上爻)와 외괘(外卦)의 상효(上爻)는 서로[相] 응(應)한다. 상응(相應)하는 두 효(爻)가 음(陰) 양(陽)이면 '정응(正應)'이라 하고, 두 효(爻)가 다 음(陰)이거나 양(陽)이면 '불응(不應)'이라 한다. '정응(正應)'은 길(吉)함이고 '불응(不應)'은 흉(凶)함이다. 초효(初爻)와 이효(二爻), 이효(二爻)와 삼효(三爻), 삼효(三爻)와 사효(四爻), 사효(四爻)와 오효(五爻), 오효(五爻)와 상효(上爻)가 음(陰) 양(陽)으로 이웃하고 있을 때 이를 '비(比)'라 한다. 서로 이웃하고 있는 두 효(爻)가 음(陰)과 양(陽)일 때 길(吉)하게 여긴다.

186. 극기수(極其數)의 지변(至變)

非天下之至變 其孰能與于此라. '기수(其數)를 다하는[極] 것[者]에 세상[天下]의[之] 지극한[至] 변화가[變] 없다면[非], 그[其] 누가[孰] 이[此]를 [于] 능히[能] 함께하겠는가[與]?'

이는 본서법(本筮法)의 사영(四營)-십팔변법(十八變法)을 정성껏 거쳐 대성괘(大成卦) 하나를 구(求)하는 까닭을 밝히고 있다. 천지지수(天地之數) 오십오(五十五)에서 오(五)를 제(除)한 대연지수(大衍之數) 오십(五十)에서 태극(太極) 하나[一]를 제한 사십구(四十九)를 나타내는 시죽(蓍竹) 즉 점대[蓍竹] 사십구 개(四十九箇)로 사영(四營)-삼변(三變)의 설시(揲蓍)를 정성껏 거쳐 사상(四象)의 수(數) '육(六)-칠(七)-팔(八)-구(九)' 중에서 하나를 얻어 비로소 효(爻) 하나를 얻을 수 있다. 이러한 사영(四營)-삼변(三變)의 설시(揲蓍) 즉 점대[蓍]의 셈하기[揲]를 여섯 번 거쳐야 효(爻) 여섯을 구(求)해 대성괘(大成卦) 하나를 얻게 된다. 이러한 사영(四營)-십팔변법(十八變法)을 묶어서 '극기수(極其數)'라고 밝힌 것임을 여기서 상기해야 '비천하지지변(非天下之至變) 기숙능여우차(其孰能與于此)'의 반문(反問)을 살펴[觀] 새기고[玩] 헤아리고[擬] 따져[議] 가늠할[斷] 수 있는 것이다. 그러므로 천하지지변(天下之至變)을 간직한 '극기수(極其數)'는 음양(陰陽)을 본받는[象] 상양(象兩)과 삼재(三才) 즉 천지인(天地人)을 본받는[象] 상삼(象三)과 윤년(閏年)-윤월(閏月)을 본받는[象] 상윤(象閏) 등과 더불어 본서법(本筮法)의 사영(四營)-삼변(三變)을 거쳐 얻어지는 사상(四象)의 수(數) '육(六)-칠(七)-팔(八)-구(九)' 구(求)하기를 여섯 번 거침을 지극 정성으로 다해야 함을 뜻함도 명심(銘心)해야 한다는 것을 밝힌 반문(反問)이 '비천하지지변(非天下之至變) 기숙능여우차(其孰能與于此)'이다. 그래서 극기수(極其數)의 지변(至變)은 온갖 사물(事物)에 미치는 역(易)을 살피고[觀] 새겨[玩] 점(占)쳐 지변(知變)하여 지래(知來)하게 하는 통어(通語)가 된다.

187. 역(易)의 무사(无思)

易无思也라. '역에는[易] 사려(思慮)가[思] 없는 것[无]이다[也].'
역 무 사 야
여기서 역(易)은 음양(陰陽)-사상(四象)-팔괘(八卦)-64괘(卦)를 포괄(包括)

하는 '역(易)'을 말한다. 물론 '역무사(易无思)의 역(易)'은 생생지위역(生生之謂易)의 바로 그 '역(易)'이다. 그리고 역무사야(易无思也)의 '무사(无思)'는 역명(易命) 즉 역(易)의 가르침[命]이 어떠한지를 살펴[觀] 새기고[玩] 헤아려[擬] 가늠하게[斷] 한다. 역(易)은 누구의 염원(念願)을 들어주기 위해서 말하지[言] 않음이다. '역무사(易无思)의 사(思)'는 '생각하고 꾀하고 바라고 그리워하는 나머지 걱정하는 여(慮)'와 같다. '역무사(易無思)'를 '역무사려(易無思慮)'로 여기고 옮겨도[譯] 된다. 한 가지 생각을 정해 놓고 고집하기 때문에 꾀하고[謀], 꾀하기 때문에 바라고[願], 바라기 때문에 걱정하는[慮] 것이 인지사(人之思) 즉 사람의[人之] 생각[思]이다. 역(易)에는 인간의 소원(所願)대로 정해진 사념(思念)이라는 것이 없다. 그래서 '천하하사하려(天下何思何慮)'라 하는 것이다. 온 세상이[天下] 무엇을[何] 생각하고[思] 무엇을[何] 걱정하랴[慮]. 온 세상에 딱 정해져 고정된 한 가지 생각[思]이란 없다. 그러니 역(易)에는 어떠한 이념(理念)도 없다는 것이다. 함괘(咸卦) 구사(九四)에 '동동왕래(憧憧往來) 붕종이사(朋從爾思)'라고 성인(聖人)이 효사(爻辭)를 묶어 두었다[繫]. '가고 오고[憧憧] 가고[往] 온다[來]. 벗이[朋] 너의[爾] 생각을[思] 좇으리라[從].' '생각[思]'이란 이런 것이라고 어떤 한 생각으로 묶을 수 없다. 어찌 천지(天地)의 짓[象]이 내 뜻하는 대로 짓해 주기[象之]를 바라고 탐할 것인가? 세상은 나와 상관없이 늘 변화(變化)해 갈 뿐이다. 그 변화(變化)를 어기려고 한다면 그 앞[未來]은 흉(凶)하기 마련이고, 따르고자 한다면 그 미래(未來)는 길(吉)하기 마련이다. 그러므로 '역무사(易无思)'를 늘 새겨 두고 역무사(易无思)의 '사(思)'를 '사기(思己)-사공(思功)-사명(思名)' 등의 줄임말로 여기면 왜 '역무사야(易无思也)'라고 밝히는지 그 까닭을 알 수 있다. 진실로[思] 삿됨이[邪] 없다면[無] 그것이 곧 역무사(易无思)이다. 역무사(易無思)임을 사무치면서 괘효사(卦爻辭)를 마주해야 괘효(卦爻)와 통화(通話)해 지변(知變)하여 지래(知來)해 볼 수 있는 것이다. 그래서 역(易)의 무사(无思)는 온갖 사물(事物)에 미치는 역(易)을 살피고[觀] 새겨[玩] 점(占)쳐 지변(知變)하여 지래(知來)하게 하는 통어(通語)가 된다.

188. 역(易)의 무위(无爲)

无爲也라. '역(易)에는 작위가[爲] 없는 것[无]이다[也].'
　여기서 '위(爲)'는 '인욕(人欲)-인모(人謀)' 등이 지어 내는 작위(作爲)를 말한다. 역무위야(易无爲也)의 '무위(無爲)'는 역명(易命) 즉 역(易)의 가르침[命]이다. 작위(作爲)-도모(圖謀)란 '순성명(順性命)'을 어기고 '극기변(極其變)'을 외면(外面)함을 말한다. 자연대로[性] 가르침을[命] 따름[順]이란 지성(至誠)으로 무사(無私)-무욕(無欲)-무아(無我)함이다. 성명(性命)의 '성(性)'이란 '일음일양지위도(一陰一陽之謂道)의 도(道)'를 이룸[成]이다. 그래서 '성역지도자성(成易之道者性)'이라 한다. 역의[易之] 가르침[道]을 따라 이룸[成]이 곧 '성명(性命)'이다. 순성명(順性命) 즉 성명(性命)을 따른다[順] 함은 역지도(易之道) 즉 역명(易命)을 순종(順從)함이다. 이는 자연대로 하는 것 즉 무위(無爲)를 말한다. 사(私)를 떠나 일[事]을 살펴-마주한다[臨]면 그것이 곧 무위(无爲)요 역명(易命)을 좇음[從]이다. 그러므로 무위(无爲)란 무사(無私)-무욕(無欲)-무아(無我)를 묶어 말함과 같다. 역(易)에는 내 것만[私]을 위한 조작(造作)이란 없음을 단언(斷言)하는 것이 곧 '역무위(易无爲)'이다. 그래서 역(易)의 무위(无爲)는 온갖 사물(事物)에 미치는 역(易)을 살피고[觀] 새겨[玩] 점(占)쳐 지변(知變)하여 지래(知來)하게 하는 통어(通語)가 된다.

189. 역(易)의 부동(不動)

易寂然不動이라. '역(易)은 고요[寂] 그대로라[然] 동요하지 않는다[不動].'

여기서 '적연(寂然)-부동(不動)'은 역무사(易无思)의 '무사(无思)'와 역무위(易无爲)의 '무위(无爲)'를 풀이함[紬繹]이다. 역(易)에는 사려(思慮)함[思]도 조작(造作)함[爲]도 없으니[无], 역(易)은 오로지 적연(寂然)하고 부동(不動)할 뿐이다. 그러니 적연부동(寂然不動)은 인위(人爲)로부터 영향을 받지 않고 생생(生生)-변화(變化)함을 말한다. 적연부동(寂然不動)은 곧 역무사(易无思)-무위(无爲)를 한 번 더 풀이해 둔 셈이다. 적연(寂然)-허정(虛靜)-염담(恬淡)-무아(無我)-무심(無心) 등은 다같이 정(靜) 즉 무뇨(無鐃)를 말함이다. 무엇에 어지럽힘[鐃]이 없음[無]이 적연부동(寂然不動)이다. 이러한 역(易)의 적연(寂然)-부동(不動)은 역(易)의 체(體)를 말한다. 그래서 역(易)의 부동(不動)은 온갖 사물(事物)에 미치는 역(易)을 살피고[觀] 새겨[玩] 점(占)쳐 지변(知變)하여 지래(知來)하게 하는 통어(通語)가 된다.

190. 역(易)의 감통(感通)

感而遂通天下之故라. '역(易)은 온 세상[天下]의[之] 일을[故] 감응해서[感而] 사무치고[遂] 열어 준다[通].'

이는 역(易)이 무사(无思)-무위(无爲)하는 까닭을 밝히고 있다. 역(易)이 무사(无思)-무위(无爲)하기 때문에 역(易)이 온 세상의[天下之] 일[故]을 감응하고[感], 온 세상의[天下之] 일[故]을 사무치고[遂], 온 세상의[天下之] 일[故]을 열어 줌[通]을 여기서 알 수 있게 된다. 적연(寂然)하고 부동(不動)한 역

(易)이 감응하고[感] 사무치고[遂] 열어 줌[通]이란 역(易)의 체(體)가 발휘하는 역(易)의 용(用)이다. 비유해 말한다면 광원(光源)은 빛[光]의 체(體)이고, 빛의 밝음이 광원(光源)의 용(用)이듯이 역(易)의 적연부동(寂然不動)은 역(易)의 체(體)이고, 역(易)의 감수통(感遂通)은 역(易)의 용(用)이라는 말이다. '체(體)'는 절대(絶對)요 평등(平等)이요 한 결이지만, '용(用)'은 상대(相對)요 차별(差別)이요 셀 수 없이 여러 결이다. 그리고 역(易)의 감수통(感遂通)은 역(易)의 체(體)인 적연부동(寂然不動)을 따라[順] 씀[用]이니, 역(易)의 용(用)은 역(易)의 체(體)를 순응(順應)함이다. 나아가 체(體)를 따른[順] 용(用)을 '중용(中庸)'이라 할 수 있고, 어긋난[背] 용(用)을 '반중용(反中庸)'이라 할 수 있으니 '중용(中庸)'이라는 것도 하나의 '역명(易命)'인 셈이다. 그래서 역(易)의 감통(感通)은 온갖 사물(事物)에 미치는 역(易)을 살피고[觀] 새겨[玩] 점(占)쳐 지변(知變)하여 지래(知來)하게 하는 통어(通語)가 된다.

191. 역(易)의 지신(至神)

易天下之至神이라. '역(易)은 온 세상[天下]의[之] 지극한[至] 신통함이다[神].'
역천하지지신

이는 역(易)이 지신(至神)함을 밝힌 것이다. 지신(至神)은 '지지신(至之神)'의 줄임이고 '지극지신통(至極之神通)'의 줄임이다. '지극한[至極之] 신통(神通)'이다. 물론 지극지신통(至極之神通)은 역(易)이 온갖 것[萬物]에 두루 미침을 뜻한다. 이는 곧 어느 것 하나 자연[天地]이 변화하게 하는 짓[神]을 떠날 수 없음을 말해 준다. 있는 것이면 그 무엇이든 천지지신(天地之神)을 벗어날 수 없음이다. '지신(至神)'이란 지극(至極)한 생생(生生)과 같은 말이다. 생생(生生)이 곧 신(神)인 까닭이다. 신(神)을 일러 신비(神秘)-신기(神

奇)-신통(神通)하다고 함은 천지(天地)가 변화(變化)하게 하는 짓[神]이 비밀(秘密)이고 기묘(奇妙)하며 형통(亨通)하기 때문이다. 그래서 군자(君子)는 본서법(本筮法)을 통해서 천하(天下)의 지극한 신비(神秘)-신기(神奇)-신통(神通)한 생생(生生)을 짓는[象] 괘효(卦爻)를 얻고자 지성(至誠)을 다하는 것이다. 그 괘효(卦爻)가 적연(寂然)-부동(不動)하여 공평(公平)-무사(無私)하게 세상일들[天下之故]을 짓하고[象] 말하고[辭] 있을 뿐 결코 사친(私親)하거나 편애(偏愛)하지 않아 누구라도 역(易)과 함께 할 수 있는[能與] 것이다. 그러니 지신(至神)은 무사(無思)-무위(无爲)한 역(易)의 체(體)-용(用)을 묶어 밝힌 말씀이다. 역(易)은 결코 정(定)해진 예언(豫言)이 아니고 생생(生生)의 조짐[象]을 이어 가게 지신(至神)할 뿐이다. 따라서 지신(至神)은 온 세상-온 사람을 감동시킨다. 이를 한 글자로 '덕(德)'이라고 말해도 된다. 왜냐하면 덕(德)이란 통어천지자(通於天地者)이기 때문이다. 하늘땅[天地]에[於] 통하는[通] 것[者]이 덕(德)이다. 덕행(德行)도 역시 '여신(如神)'이요 '지신(至神)'이다. 역(易)의 이치[道]를 따라 그 가르침[命]을 좇는 괘효(卦爻)의 말씀[辭]이야말로 '여신(如神)-지신(至神)'의 말씀[辭]이다. 이를 밝힌 말씀이 '천하지지신(天下之至神)'이다. 그래서 역(易)의 지신(至神)은 온갖 사물(事物)에 미치는 역(易)을 살피고[觀] 새겨[玩] 점(占)쳐 지변(知變)하여 지래(知來)하게 하는 통어(通語)가 된다.

192. 성인(聖人)의 이역(以易)

夫易聖人之所以極深也라. '무릇[夫] 역은[易] 성인(聖人)이[之] 역(易)을 가지고[以] 심오한 것을[深] 더없이 살펴 알아내서[極而] 기미를[幾] 알아내는[硏] 것[所]이다[也].'

이는 성인(聖人)의 이역(以易) 즉 역(易)의 이용[以]을 밝힌 말씀이다. 성인(聖人)은 역(易)을 이용하여[以] 극심(極深)하고 연기(研幾)한다는 것이다. 극심(極深)은 '깊은 것[深]을 극진히 함[極]'이고, 연기(研幾)는 '기미(幾微)를 연구(研究)함'이다. 극심(極深)의 '심(深)'은 적연부동(寂然不動)하여 무사(无思)-무위(无爲)한 역(易)의 체(體)를 밝힘이다. 극심(極深)의 '심(深)'은 '미형지리(未形之理)'를 한 글자로 밝힘이다. 드러나지 않는[未形之] 이치[理]를 살펴 밝혀냄[極]이 '극심(極深)'이다. 심오(深奧)하여 난견(難見)-난지(難知)의 이치[理]를 남김없이 살펴[觀] 새기고[玩] 헤아리고[擬] 따져[議] 가늠하여[斷] 밝혀냄[明]을 일러 '극심(極深)'이라 한다. 온 세상을 관류(貫流)하는 민심(民心)이 곧 '극심(極深)의 심(深)'이고 '지신(至神)의 신(神)'이며 '지변(至變)의 변(變)'이다. 민심(民心)이란 드러나지 않지만[未形] 장차 드러나[形] 변화(變化)해 신기(神奇)-신통(神通)하는 심오(深奧)한 것이다. 성인(聖人)은 극심(極深)의 심(深)을 역(易)을 이용해[以] 밝혀낸다[極]. 이를 성인(聖人)의 극심(極深)이라 한다. 여기서 상기사(尚其辭)-상기변(尚其變)-상기상(尚其象)-상기점(尚其占)의 '상(尚)'을 '극심(極深)의 극(極)'으로 새겨도[玩] 될 터이고, 괘효(卦爻)의 '사(辭)-변(變)-상(象)-점(占)' 등을 '극심(極深)의 심(深)'으로 완(玩)해도 될 터이다. 그러므로 극심(極深)이란 지신(至神)-지변(至變)하는 것[深] 즉 역명(易命)의 체(體)를 지극하게 관상(觀象)하여 완사(玩辭)하고, 지극하게 관변(觀變)하여 관점(觀占)함을 밝힌 말씀이다. 연기(研幾)의 '기(幾)'는 무사(無思)-무위(無爲)하여 천하만물(天下萬物)을 감수통(感遂通)하는 역(易)의 용(用)을 밝힘이다. 물론 연기(研幾)는 '연구기미(研究幾微)'의 줄임말이다. 기미(幾微)를 연구(研究)함이 '연기(研幾)'이다. 연기(研幾)의 '기(幾)'란 미처 드러나지 않아[未形] 작은 것[微]들이 엉겨[動適] 모인[會] 것[者]을 말한다. 그래서 연기(研幾)의 '기(幾)'를 '동적미지회(動適微之會)'라고 풀이한다. 작디작은 것을 새기고[玩] 헤아리고[擬] 따져[議] 움직여[動] 가까워지는[適之] 모임[會]

을 '기(幾)'라 한다. 극심(極深)의 '심(深)'이 작아 보이지 않게 숨은 것이라면, 연기(研幾)의 '기(幾)'는 흩어져 있던 작은 것[微]이 엉겨[動適] 모여[會] 크게 드러나게 한 것이니, 연기(硏幾)의 '기(幾)'는 역(易)의 용(用)인 감수통(感遂通)으로 드러남[形]이다. 말하자면 연기(硏幾)의 '기(幾)'는 감통(感通)하여 드러나는[形] 짓[象]이다. 그러므로 성인(聖人)의 연기(研幾)는 드러나지 않은[未形] 심오한[深] 체(體)를 극진히 관완(觀玩)-의의(擬議)하여 드러나는[形] 기미[幾]의 용(用)을 궁구함[硏]이다. 이러한 성인(聖人)의 극심(極深)-연기(硏幾)가 64괘(卦)에 묶어 둔[繫] 말씀[辭]임을 알 수 있다. 그러므로 괘효사(卦爻辭)란 모두 성인(聖人)이 역(易)을 이용하여[以] 극심(極深)하고 연기(硏幾)하여 밝혀낸 '기미(幾微)의 말씀[辭]'들이다. 기미(幾微)의 '미(微)'는 심오(深奧)한 것이며, 그 '미(微)'를 드러나게 함이 '기(幾)'이다. 그러므로 괘효사(卦爻辭)는 지성(至誠)으로 살펴[觀] 새기고[玩] 헤아리고[擬] 따져[議] 가늠해야[斷] 함을 밝힌 말씀이 '부역성인지소이극심이연기야(夫易聖人之所以極深而硏幾也)'이다. 그래서 성인(聖人)의 이역(以易)은 온갖 사물(事物)에 미치는 역(易)을 살피고[觀] 새겨[玩] 점(占)쳐 지변(知變)하여 지래(知來)하게 하는 통어(通語)가 된다.

193. 성인(聖人)의 연기(研幾)

夫易聖人之所以研幾也라. '무릇[夫] 역을[易] 이용하여[以] 성인(聖人)은[之] 기밀을[幾] 연구하는[硏] 것[所]이다[也].'

성인(聖人)은 역(易)을 써[以] 연기(硏幾)한다. 연기(硏幾)의 '기(幾)'는 역무사(易无思)-역무위(易无爲)의 감통(感通)을 하나로 묶어 역(易)의 용(用)을 밝힌 것이다. 물론 연기(硏幾)의 '기(幾)'는 '가까울 근(近)'과 같은 뜻이지만 여기서는 '동적미지회(動適微之會)'를 한 글자로 밝힘이다. 물론 연기(研幾)는 '연구기미(研究幾微)'의 줄임말이다. 기미(幾微)를 연구(研究)함이 연기(研幾)이다. 연기(研幾)의 '기(幾)'란 미처 드러나지 않아[未形] 작은 것[微]들이 엉겨[動適] 모인[會] 것[者]을 말한다. 그래서 연기(研幾)의 '기(幾)'를 '동적미지회(動適微之會)'라고 풀이한다. 작디작은 것을[微] 움직여[動] 가깝게 해[適之] 모음[會]을 '기(幾)'라 한다. 극심(極深)의 '심(深)'이 작아 보이지 않게 숨은 것이라면, 연기(研幾)의 '기(幾)'는 흩어져 있던 작은 것[微]이 엉겨[動適] 모여[會] 크게 드러나게 한 것이니 연기(研幾)의 '기(幾)'는 역(易)의 용(用)인 감통(感通)으로 드러남[形]이다. 말하자면 연기(研幾)의 '기(幾)'는 감통(感通)하여 드러나[形] 큰 것이다. 그러므로 성인(聖人)의 연기(研幾)는 드러나지 않는[未形] 심오한[深] 체(體)를 극진히 관완(觀玩)-의의(擬議)하여 드러난[形] 기미(幾)의 용(用)을 궁구함[研]이다. 그래서 성인(聖人)의 연기(研幾)는 온갖 사물(事物)에 미치는 역(易)을 살피고[觀] 새겨[玩] 점(占)쳐 지변(知變)하여 지래(知來)하게 하는 통어(通語)가 된다.

194. 역(易)의 유심(唯心)

唯深也故 能通天下之志라. '무릇 역(易)은 오로지[唯] 심오한 것[深]
_{유 심 야 고 능 통 천 하 지 지}
이기[也] 때문에[故] 무릇 역(易)은 온 세상[天下]의[之] 뜻을[志] 능히[能] 통달한다[通].'

이는 다시금 역(易)의 체(體) 즉 역(易)의 본체(本體)가 무사(无思)-무위(无爲)하기 때문임을 밝히고 있다. 물론 여기서 '유심(唯深)'이란 역(易)이 '적연(寂然)하고 부동(不動)함'을 밝힌 것이다. 그리고 역(易)의 '통천하지지(通天下之志)'란 역(易)이 무사(無私)-무욕(無欲)-무아(無我)하기 때문임을 밝혀 백성심(百姓心)을 통달(通達)할 수 있는 것이다. 왜냐하면 천하지지(天下之志)란 백성심(百姓心)이고, 백성심(百姓心) 즉 민심(民心)은 곧 천심(天心)이다. 민심(民心)이 천심(天心)이라 함을 두고 '통천하지지(通天下之志)'라 하는 것이다. 여기서 다시금 성인(聖人)이 이역(以易) 즉 역(易)을 이용하여[以] 역(易)을 극심(極深)하는 까닭이 밝혀진다. 백성심(百姓心) 즉 민심(民心) 또한 드러나지 않아[未形] 유심(唯深)하여 지하수(地下水)처럼 세상[天下]을 유통(流通)한다. 이러한 '유심(唯深)의 심(深)'은 『노자(老子)』 49장(章)에 나오는 '성인이백성심위심(聖人以百姓心爲心)'을 떠올린다. 백성심(百姓心)은 천심(天心) 즉 자연지심(自然之心)으로 통하기 때문이다. 천심(天心)인 백성심(百姓心)도 유심(唯深)하다. 그렇기 때문에 괘효상(卦爻象)-괘효사(卦爻辭)는 누구에게는 통하고[通] 누구에게는 통하지 않음[不通]이 없이 천하지지(天下之志)와 두루 통(通)한다. 따라서 괘효(卦爻)의 상(象)-사(辭)-변(變)-점(占)은 신지소위(神之所爲) 즉 신이[神之] 하는[爲] 바[所]와 통(通)한다. 그것은 유심(唯深)하여 드러나지 않을 뿐이지 천하지지(天下之志)를 통달(通達)하기 때문에 역(易)의 유심(唯深)이란 역(易)의 '신지소위(神之所爲)' 즉 역(易)이란 자연이 변화하게 짓[神]하는 바[所爲]를 상기(想起)하게 하는 말씀이 '유심야고(唯深也故) 능통천하지지(能通天下之志)'이다. 그래서 역(易)의 유심(唯深)은 온갖 사물(事物)에 미치는 역(易)을 살피고[觀] 새겨[玩] 점(占)쳐 지변(知變)하여 지래(知來)하게 하는 통어(通語)가 된다.

註 성인이백성심위심(聖人以百姓心爲心) '성인은[聖人] 백성의 마음[百姓心]을[以] 자신의 마음으로[心] 삼는다[爲].'

195. 역(易)의 유기(唯幾)

唯幾也故 能成天下之務라. '무릇 역(易)은 오로지[唯] 기미한 것[幾]
_{유 기 야 고 능 성 천 하 지 무}
이기[也] 때문에[故] 무릇 역(易)은 온 세상[天下]의[之] 일을[務] 능히[能] 이룬
다[成].'

 이는 역(易)의 용(用)을 다시 밝힌 것으로, 성천하지무(成天下之務)는 그 역(易)의 용(用) 즉 역(易)의 작용(作用) 또한 무사(无思)-무위(无爲)하기 때문임을 밝히고 있다. 여기서 다시금 성인(聖人)이 이역(以易) 즉 역(易)을 이용하여[以] 역(易)을 연기(硏幾)하는 까닭이 밝혀진다. 연기(硏幾)의 '기(幾)'는 역(易)의 용(用)인 감수통(感遂通)으로 드러나는[形] 짓[象]이다. 그러므로 성인(聖人)의 연기(硏幾)는 드러나지 않은[未形] 심오한[深] 체(體)를 극진히 관완(觀玩)-의의(擬議)하여 드러나는[形] 기미(幾)의 용(用)을 궁구하는[硏] 까닭이 '성천하지무(成天下之務)'로써 밝혀진다. 천하지무(天下之務)란 백성심(百姓心)을 떠나서는 이루어질 수 없다. 민심(民心)이 모여[會] 이루어진 대사(大事)는 역(易)의 유기(唯幾)로 밝혀질 수 있는 것이다. 백성심(百姓心) 즉 민심(民心)은 드러나지 않아[未形] 심미(深微)하지만, 백성의 일[事]은 세상으로 드러나는 기미(幾微)로 짓하는 것이다. 이러한 '천하지무(天下之務)의 무(務)'는 『중용(中庸)』에 나오는 '성물지야(成物知也)'를 환기(喚起)시키고, 『대학(大學)』에 나오는 '격물이치지(格物而致知)'를 떠올리게[喚起] 한다. 그 '물(物)'이란 '이수신위본(以修身爲本)'의 일임을 상기(想起)해야 한다. 제 몸[身] 닦기[修]로[以] 근본을[本] 삼아[爲] 탐구해야[硏] 하는 일[務]임을 떠올리면서[想起] 유기(唯幾)의 성무(成務)를 살펴 헤아려야 하는 것이다. 수신(修身)을 근본(根本)으로 삼고, 치인(治人)-치세(治世)의 일[務]을 말단(末端)으로 삼아야 유기(唯幾)의 성무(成務)로 통함이다. 이는 괘효사(卦爻辭)를 살펴[觀] 지신(至神)-지변(至變)을 새겨야[玩] 역리(易理)-역명(易命)을 좇아[順] 천하(天

下)의 일[務]을 이룰[成] 수 있음을 일깨워 주는 말씀이 '유기야고(唯幾也故) 능성천하지무(能成天下之務)'이다. 그래서 역(易)의 유기(唯幾)는 온갖 사물(事物)에 미치는 역(易)을 살피고[觀] 새겨[玩] 점(占)쳐 지변(知變)하여 지래(知來)하게 하는 통어(通語)가 된다.

註 성물(成物)의 물(物) 『중용(中庸)』이 밝히는 '성물지야(成物知也)'로써 '성천하지무(成天下之務)의 성무(成務)'를 살펴볼 수 있다. '일을[物] 이룸이[成] 앎[知]이다[也]'라고 할 때 『대학(大學)』에 나오는 '격물이치지(格物而致知)'를 환기(喚起)하게 한다. 격물(格物)의 '물(物)'은 요새 말하는 물질(物質)의 물(物)이 아니다. 그 '물(物)'이란 '이수신위본(以修身爲本)'의 일임을 상기(想起)해야 한다. 제 몸[身] 닦기[修]로[以] 근본을[本] 삼는[爲] 일[務]임을 떠올리면서[想起] 유기(唯幾)의 성무(成務)를 살펴 헤아려야 하는 것이다. 수신(修身)을 근본(根本)으로 삼고 치인(治人)-치세(治世)의 일[務]을 말단(末端)으로 삼아야 역(易)의 유기(唯幾)를 궁구(窮究)하여 성무(成務)할 수 있음이다.

196. 역(易)의 유신(唯神)

唯神也故 不疾而速 不行而至라. '무릇 역(易)은 오로지[唯] 신통한
_{유신야고 부질이속 불행이지}
것[神]이기[也] 때문에[故] 무릇 역(易)은 서두르지 않아도[不疾而] 재빠르고[速], 움직이지 않아도[不行而] 움직일 것에 이른다[至].'

이는 역(易)이 '유심(唯深)'으로 천하(天下)의 뜻[志]과 통(通)하고, '유기(唯幾)'로 천하(天下)의 일[務]을 이룰[成] 수 있는 까닭을 밝힌 것이다. 역(易)을 밝히는 괘효(卦爻)의 상(象)-사(辭)-변(變)-점(占)은 누구에게는 이루어지고[成] 누구에게는 이루어지지 않음[不成]이란 없기 때문에 신묘(神妙)하고 신기(神奇)하며 신통(神通)하다. 그러니 유신(唯神)의 괘효(卦爻)의 상(象)-사(辭)-변(變)-점(占)은 신지소위(神之所爲) 바로 그것으로 이끌어 주기 때문에 온 세상의 뜻[志]과 통(通)하게 하고, 온 세상의 일[務]을 이루게[成] 함

을 밝힘이 곧 역(易)의 '유신(唯神)'이다. 온 세상의 뜻[志]을 두루 통하여 [通] 온 세상의 일[務]을 두루 이루게 함[成]을 부질이속(不疾而速)-불행이지 (不行而至)라고 풀이한 것이다. 무사(無私)-무욕(無欲)-무아(無我)하기 때문에 천하(天下)의 뜻[志]과 일[務]은 서두르지 않아도[不疾] 민첩하게[速] 통하고 [通] 이루어지며[成], 의도적으로 행동하지 않아도[不行] 절로 영향을 미쳐 통하게 되고 이루게 됨을 일러 '이를 지(至)'라고 간명하게 한 자(字)로 밝힌 것이다. 이는 오로지[唯] 신묘(神妙)-신기(神奇)-신통(神通)함으로 온 세상의 뜻[志]과 온 세상의 일[務]을 통(通)-성(成)함을 한 자(字)로 밝힌 것이 '지(至)'이다. 무소불위(無所不爲) 즉 못할[不爲] 바[所]가 없음[無]이 역(易)의 '유신(唯神)'이라는 말이다. 또한 '신(神)이[之] 하는[爲] 바[所]'란 도덕(道德) 으로 드러나니 어떠한 편벽(偏僻)됨이 없음을 밝힌 말씀이 '유신야고(唯神 也故) 부질이속(不疾而速) 불행이지(不行而至)'이다. 그래서 역(易)의 유신(唯神) 은 온갖 사물(事物)에 미치는 역(易)을 살피고[觀] 새겨[玩] 점(占)쳐 지변(知 變)하여 지래(知來)하게 하는 통어(通語)가 된다.

註 『논어(論語)』「위령공(衛靈公)」에 나오는 '무위이치자(無爲而治者)'도 역(易)의 유신 (唯神)을 본받음[法]이고, 『논어(論語)』「이인(里仁)」에 나오는 '무적야무막야(無適 也無莫也)' 또한 역(易)의 '유신(唯神)'을 본받음[法]이다. 『노자(老子)』 27장(章)에 나오는 '선행무철적(善行無轍迹)-선언무하적(善言無瑕謫)-선수불용주책(善數不用籌 策)'의 말씀도 역(易)의 '유신(唯神)'을 따름[順]이다. 함이[爲] 없어도[無而] 다스리 는[治] 것[者]이고, 해야 함도[適] 없음[無]이고[也], 하지 말아야 함도[不適] 없음 [無]이라는[也] 역(易)의 '유신(維新)'을 빌어 밝힌 셈이다. 자연의 짓은[善行] 굴러 가도[轍] 남긴 자국이[迹] 없고[無], 자연의 말은[善言] 티도[瑕] 결함도[謫] 없으며 [無], 자연의 셈은[善數] 주판을[籌策] 사용하지 않음[不用] 역시 역(易)의 '유신(唯 神)'을 빌어 밝힌 셈이다. 말하자면 이런 말씀들은 신지소위(神之所爲)-신묘(神 妙)-신기(神奇)-신통(神通)함을 묶어 밝혀 주는 '유신(唯神)'을 환기(喚起)해야 헤 아려 새길 수 있는 것이다. '역(易)이 유신(唯神)하다'라고 할 때 그 생생(生生)의 일음일양(一陰一陽)으로 드러나는 온갖 변화(變化)는 '나만의[私] 바람[欲]대로 길 흉(吉凶)이 저울질되지 않음'을 늘 명심(銘心)하고 세상을 마주하라'는 경책(警策) 인 것이다.

277

197. 성인(聖人)의 도사(道四)

易有聖人之道四焉者此之謂也라. '역에는[易] 변화지도를[變化之道] 아는 것[知]에[於] 성인(聖人)의[之] 가르침[道] 네 가지가[四] 있다고 한[有] 것은[者] 이[此]를[之] 밝힘[謂]이다[也].'

이는 왜 성인(聖人)이 역(易)을 이용하여[以] 심오한 것을[深] 더없이 살펴 알아내서[極而] 기미를[幾] 살펴 알아내고[硏], 무릇 역(易)이 오로지[唯] 심오하기[深] 때문에 온 세상[天下]의[之] 뜻을[志] 능히[能] 통달하고[通], 동시에 역(易)이 오로지[唯] 기미하기[幾] 때문에[故] 온 세상[天下]의[之] 일을[務] 능히[能] 이룰[成] 수 있음은 역지유신(易之唯神) 즉 역이[易之] 오로지[唯] 자연이 변화하게 하는 짓[神]이기 때문임을 밝히고 있다. 그러므로 역지유신(易之唯神)은 곧 신지소위(神之所爲)와 같은 말씀으로 살펴[觀] 새기고[玩] 헤아려[擬] 가늠하게[斷] 하는 것이다. 성인(聖人)의 사도(四道)란 역(易) 즉 변화지도(變化之道)를 극연(極硏)하게 해 주는 정도(正道)의 관문(關門)인 셈이다. 관문을 통과(通過)해야 성내(城內)로 들어갈 수 있듯이 그 네 가지[四]의 가르침[道]을 이용해야[以] 역(易)의 변화(變化)를 관상(觀象)하여 완사(玩辭)할 수 있기에 역(易)의 유심(唯深)을 극구(極究)하고, 역(易)의 유기(唯幾)를 연구(硏究)하여 천하지지(天下之志)-천하지무(天下之務)를 관변(觀變)하여 완점(玩占)할 수 있음을 밝힌 말씀이 '성인지도사(聖人之道四)'임이 여기서 정리되는 것이다. 역유성인지도사언(易有聖人之道四焉)에서 '역(易)'이란 '변화지도(變化之道)-신지소위(神之所爲)'를 한 글자로 밝힌 것으로 여기고 이역(以易) 즉 역(易)을 활용하는[以] 것임을 또한 여기서 깨닫게 되는 것이다. 그러니 역(易)의[之] 이치[道]와 가르침[命]을 깨칠 수 있도록 성인(聖人)이 네 가지[四] 가르침[道]을 마련해 둔 것이라고 '역유성인지도사언(易有聖人之道四焉)'을 새기면 된다.

차지위야(此之謂也)의 '차(此)'는 역지유신(易之唯神)을 나타내는 지시어(指示語)이다. 성인(聖人)이 역(易)의 '유신(唯神)'을 활용(活用)하라고 밝혀 준 '도(道) 네 가지[四]'란 역지유신(易之唯神)을 살펴[觀] 새기고[玩] 헤아려[擬] 따져[議] 가늠하게[斷] 하는 이치이고[理] 가르침[敎]이며, 이끌어 줌[導]이고 방편이며[方] 말씀[言]임을 명심해야 하는 것이다. 이를 위하여 성인(聖人)이 밝혀 준 '도사(道四)'란 '상기사(尙其辭)-상기변(尙其變)-상기상(尙其象)-상기점(尙其占)'을 상기(想起)하여 또한 천착(穿鑿)하고 지성(至誠)으로 본받아[法] 사무쳐야 하는 것이다. 성인지도사(聖人之道四)를 벗어난 '이역(以易)' 즉 '역(易)을 이용함[以]'이란 역천(逆天) 즉 자연[天]을 어김[逆]과 같다. 성인지도사(聖人之道四)는 역의[易之] 유신(唯神)을 살펴[觀] 새기고[玩] 헤아려[擬] 따져[議] 가늠하게[斷] 하고자 '상기사(尙其辭)-상기변(尙其變)-상기상(尙其象)-상기점(尙其占)하라'라는 말씀으로 통하고 있음을 늘 명심해야 한다. 그리고 역(易)의 유신(唯神)은 '지신(至神)-지변(至變)-극심(極深)-연기(研幾)' 등을 묶어 하나로 밝힌 말씀임을 또한 명심해야 한다. 역(易)이란 무엇인가? 그것은 유신(唯神)이다. 유신(唯神)이란 무엇인가? '신(神)'을 지극히 함[至]이요, '변(變)'을 지극히 함[至]이며, '심(深)'을 극진히 함[極]이요, '기(幾)'를 연구함[硏]을 하나로 묶어 밝힘이 곧 '유신(唯神)'임을 잊어서는 안 된다. 그러므로 성인(聖人)의 사도(四道)란 상기사(尙其辭)하여 '지정(至精)-지변(至變)-지신(至神)-극심(極深)-연기(硏幾)하라' 함이고, 상기변(尙其變)하여 '지정(至精)-지변(至變)-지신(至神)-극심(極深)-연기(硏幾)하라' 함이며, 상기상(尙其象)하여 '지정(至精)-지변(至變)-지신(至神)-극심(極深)-연기(硏幾)하라' 함이고, 상기점(尙其占)하여 '지정(至精)-지변(至變)-지신(至神)-극심(極深)-연기(硏幾)하라'고 함이다. 나아가 '유심(唯深)-유기(唯幾)-유신(唯神)'을 들어 '상기사(尙其辭)-상기변(尙其變)-상기상(尙其象)-상기점(尙其占)의 상(尙)'을 더욱 강조한 것이다. 왜냐하면 성인(聖人)의 네 가지[四] 도(道)를 숙지(熟知)하자면

'상(尙)' 한 자(字)에 녹아 있는 참뜻을 잘 천착(穿鑿)하고 있어야 하기 때문이다. 그러므로 성인(聖人)이 밝혀 준 도사(道四)는 무사(無私)-무욕(無欲)-무아(無我)로 역지유신(易之唯神)을 지성(至誠)으로 관상(觀象)하여 완사(玩辭)하고 관변(觀變)하여 완점(玩占)하라는 말씀이 '역유성인지도사언자차지위야(易有聖人之道四焉者此之謂也)'이다. 그래서 성인(聖人)의 도사(道四)는 온갖 사물(事物)에 미치는 역(易)을 살피고[觀] 새겨[玩] 점(占)쳐 지변(知變)하여 지래(知來)하게 하는 통어(通語)가 된다.

註 관상(觀象)의 상(象) '상(象)'은 천하의 뜻[志]을 두루 통하는 역(易)의 짓[象]이다. 그 상(象)의 말씀[辭]을 살펴 듣고 완사(玩辭)하라 함은 역(易)의 상사(象辭)를 무위(无爲)-무사(无思)의 말씀[辭]으로 받듦[尙]이다. 완사(玩辭)의 '완(玩)'은 즐겨 새김이니 괘효(卦爻)의 말씀[辭]을 받듦[尙]이다. 관변(觀變)의 '변(變)'은 '변이화(變而化)'의 줄임이다. 변하여[變] 그리고[而] 화한다[化]. 변이화(變而化)의 '변(變)'은 갈 것[往者]과 올 것[來者]이 함께 있음이고, '화(化)'는 왕자(往者)는 물러가 사라지고 [去] 내자(來者)가 드러나 자리 잡음이다. 그러므로 관변(觀變)이란 왕자(往者)와 내자(來者)를 살펴[觀] 새기고[玩] 헤아려[擬] 따져[議] 가늠하라[斷] 함이다. 완점(玩占)은 역(易)의 생생(生生)을 괘효(卦爻)의 변(變)으로 받들어[尙] 새김이다. 그러니 괘효(卦爻)의 상(象)을 살펴봄[觀]이란 극심(極深)-연기(硏幾)함이고, 괘효(卦爻)의 사(辭)를 새김[玩] 역시 극심(極深)-연기(硏幾)함이다. 그리고 괘효(卦爻)의 변(變)을 살펴봄[觀] 또한 극심(極深)-연기(硏幾)함이고, 괘효(卦爻)의 점(占)을 새김[玩] 역시 지변(知變)하기 위하여 극심(極深)-연기(硏幾)함이다.

198. 역(易)의 개물(開物)

夫易開物이라. '무릇[夫] 역은[易] 온갖 뜻을[物] 열어 통하게 한다[開].'
부 역 개 물

개물(開物)의 '물(物)'이 '유심고(唯深故) 통천하지지(通天下之志)'의 줄임이라는 것을 간파(看破)해야 개물(開物)이 온 세상 온갖 것의[萬物之] 뜻[志]을 열어 통하게 하는 것[開]임을 알아차릴 수 있게 된다. '개물(開物)'이란 온 세상의[天下之] 마음이[心之] 가는 바[所之]를 열어[開] 온갖 일[物]을 통하게[通] 하는 역지소위(易之所爲)임을 알 수 있다. 개물(開物)의 '물(物)'이 마음[心]의 대(對)인 물질(物質 : matter)을 뜻하지 않음을 명심(銘心)해야 한다. 물심(物心)을 둘[二]로 삼음은 서구(西歐)의 '사고(思考 : thinking)'이고, 우리 본래(本來)의 사유(思惟)는 물심(物心)을 하나[一]로 삼는다. 『중용(中庸)』에 나오는 '성기인야(成己仁也) 성물지야(成物知也) 성지덕야(性之德也) 합내외지도야(合內外之道也)'를 상기(想起)한다면 물심(物心)이 분이(分二)가 아니라 합일(合一)임을 알아차릴 수 있다. 역(易)의 개물(開物)이란 사람으로[人] 하여금[使] 점을[卜筮] 쳐서[以] 마음 가는 바[心志]를 열게 함[開]이기 때문에 개물(開物)의 '물(物)'은 '지(志)'로 통(通)한다. 그러므로 개물(開物)의 '물(物)'은 '뜻 지(志)-의(意)'를 나타낸다. 역(易)의 개물(開物)이란 '통천하지지(通天下之志)'의 줄임이라 역(易)이 온 세상의[天下之] 뜻[志]을 열게 함[開]이 '역의[易之] 개물(開物)'임을 밝힌 말씀이 '부역개물(夫易開物)'이다. 그래서 역(易)의 개물(開物)은 온갖 사물(事物)에 미치는 역(易)을 살피고[觀] 새겨[玩] 점(占)쳐 지변(知變)하여 지래(知來)하게 하는 통어(通語)가 된다.

註 성기인야(成己仁也) 성물지야(成物知也) 성지덕야(性之德也) 합내외지도야(合內外之道也)' 자신을[己] 이룸은[成] 어짊[仁]이고[也], 온갖 것을[物] 이룸은[成] 앎[知]이다[也]. 이는 본성의[性之] 덕(德)이고[也] 안팎을[內外] 합치는[合之] 도(道)이다[也].'

199. 역(易)의 성무(成務)

夫易成務라. '무릇[夫] 역은[易] 온갖 일을[務] 이루게 한다[成].'
성무(成務)의 '무(務)'가 '천하지무(天下之務)'의 줄임이라는 것을 알아채면[看破] 성무(成務)란 천하의[天下之] 일[務]을 이루게 하는[成] 것임을 알 수 있다. 성무(成務)의 '무(務)'를 '천하지무(天下之務)'라 함은 '천하지만사(天下之萬事)'를 뜻하기 때문이다. 말하자면 성무(成務)의 '무(務)'는 온 세상[天下]에 두루 걸쳐 있는 온갖 일[萬事]을 뜻한다. 그 만사(萬事)를 성취(成就)하게 함은 역무사(易无思)-역무위(易无爲)하기 때문이고, 이를 본받기[法] 위해 군자(君子)는 무사(無私)-무욕(無欲)-무아(無我)로 만사(萬事)를 마주하게 되는 것이다. 그러므로 성무(成務)의 '무(務)'는 무사(無私)-무욕(無欲)-무아(無我)의 심지(心志)를 떠날 수 없게 된다. 온 세상[天下]의 일[務]을 성취(成就)함이란 역무사(易无思)-역무위(易无爲)임을 새삼 명심(銘心)한다면『노자(老子)』에 나오는 '소사과욕(少私寡欲)'을 상기(想起)할 수 있는 것이다. 그러므로 역(易)의 성무(成務)란 성천하지무(成天下之務)의 줄임이라 역(易)이 온 세상의[天下之] 일[務]을 이루게 함[成]이 '역의[易之] 개물(開物)'임을 밝힌 말씀이 '부역성무(夫易成務)'이다. 그래서 역(易)의 성무(成務)는 온갖 사물(事物)에 미치는 역(易)을 살피고[觀] 새겨[玩] 점(占)쳐 지변(知變)하여 지래(知來)하게 하는 통어(通語)가 된다.

註 소사과욕(少私寡欲) '내 것을[私] 적게 하고[少] 욕심을[欲] 줄인다[寡].'

200. 역(易)의 모도(冒道)

易冒天下之道라. '역은[易] 온 세상[天下]의[之] 도를[道] 드러나지 않게 덮어 둔다[冒].'

이는 역의[易之] 유심(唯深)과 유기(唯幾)를 묶어서 밝힌 말씀이다. 모천하지도(冒天下之道)의 '모(冒)'는 '덮어 가려둘 부(覆)'와 같아 천하지도(天下之道)를 드러내지[形] 않아 역지도(易之道)는 유심(唯深)하고 유기(唯幾)하다고 하는 것이다. 물론 온 세상에 두루 통하는 도(道)가 괘효에[卦爻] 드러나지 않고 있음[在]을 '모(冒)'한 자(字)로 밝혀 둔 셈이다. 역은[易] 괘효(卦爻)에 [於] 온 세상의[天下之] 도를[道] 덮어 둔다[冒]. 천하지도(天下之道)란 온 세상에 두루 통하는 '도(道)'를 말한다. 천하지도(天下之道)의 '도(道)'는 '이치 이(理)-가르침 교(教)-이끌어 감[導]-방법 방(方)-말씀[言]' 등의 뜻을 하나로 묶은 말씀이다. 그러니 천하지도(天下之道)는 온 세상에 두루 통하는 이치[道]요 가르침[道]이요 이끌어 감[道]이요 방편[道]이요 말씀[道] 등을 묶어 밝힘이다. 성인(聖人)의 사도(四道)가 '상기사(尚其辭)-상기변(尚其變)-상기상(尚其象)-상기점(尚其占)하라'라고 함은 이러한 역(易)의 모도(冒道)를 명도(明道)하라 함이다. 역(易)이 천하지도(天下之道)를 괘효(卦爻)에 덮어 두었기[冒] 때문에 '기사(其辭)-기변(其變)-기상(其象)-기점(其占)을 받들어[尚] 밝히라[明]'라고 한 것이다. 이렇듯 '받들라[尚]' 함은 스스로 지성(至誠)껏 명도(明道) 즉 '도(道)를 밝히라[明]'라는 것임을 늘 명심(銘心)해야 성무(成務)의 '무(務)'가 무사(無私)-무욕(無欲)-무아(無我)의 지(志)로써 괘효(卦爻)의 짓[象]을 관상(觀象)하고 완사(玩辭)하여 관변(觀變)하고 완점(玩占)할 수 있음을 잊지 않게 되는 것이다. 이러한 성무(成務)로써 '모도(冒道)의 도(道)'를 살펴[觀] 새기고[玩] 헤아리고[擬] 따져[議] 명도(明道)할 수 있음을 밝힌 말씀이 '역모천하지도(易冒天下之道)'이다. 그래서 역(易)의 모도(冒道)는 온갖 사물(事物)에 미치는 역(易)을 살피고[觀] 새겨[玩] 점(占)쳐 지변(知變)하여 지래(知來)하게 하는 통어(通語)가 된다.

註 역(易)이 하는 바[所爲]가 사람으로 하여금 복서(卜筮)-복문(卜問) 즉 점(占)치게 하는 것임을 알 수 있게 되었다. 그리고 점(占)치기란 개물(開物)하고 성무(成務)하여 역(易)의 모도(冒道)를 명도(明道)함이라는 것도 알게 되었다. 나아가 역(易)이 무사(无思)-무위(無爲)하여 유심(唯深)-유기(唯幾)-유신(唯神)하기 때문에 점친다는 [卜筮] 것[者]이란 마음 가기[心志]를 무사(無私)-무욕(無欲)-무아(無我)로 개통(開通)함이고, 따라서 무사(無私)-무욕(無欲)-무아(無我)의 심사(心事)를 성취(成就)하여 임사(臨事)의 길흉(吉凶)을 스스로 판단(判斷)하려 함이다.

201. 성인(聖人)의 통지(通志)

聖人以通天下之志라. '성인은[聖人] 역(易)의 개물(開物)-성무(成務)를 써[以] 온 세상[天下]의[之] 뜻을[志] 통하게 한다[通].'

이는 성인(聖人)이 작역(作易)하여 이역(以易)한 까닭을 밝혀 주고 있다. 역(易)의 개물(開物)과 성무(成務)를 이용하여[以] 온 세상에 두루 통하는[天下之] 뜻[志]을 통하게[通] 하고자 성인(聖人)이 역(易)을 만들어[作] 이용함[以]이 곧 성인(聖人)의 '극심(極深)-연기(研幾)'이다. 그러므로 '성인이통천하지지(聖人以通天下之志)'는 『노자(老子)』49장(章)에 나오는 '성인재천하(聖人在天下) 흡흡위천하(歙歙爲天下) 혼기심(渾其心) (……) 성인개해지(聖人皆孩之)'[1]를 상기(想起)시키고, 『장자(莊子)』「소요유(逍遙遊)」에 나오는 '지인무기(至人無己) 신인무공(神人無功) 성인무명(聖人無名)'[2]을 떠올린다[想起]. 천하지지(天下之志)란 무기(無己)-무공(無功)-무명(無名)의 뜻[志]이다. 역(易)은 무사(无思)-무위(无爲)하여 유심(唯深)-유기(唯幾)-유신(唯神)하기 때문에 성인(聖人)의 도사(道四)가 '괘효(卦爻)의 상(象)-괘효(卦爻)의 사(辭)-괘효(卦爻)의 변(變)-괘효(卦爻)의 점(占)을 받들어[尙]' 온 세상을 두루 통하는[天下之] 뜻[志]을 통(通)하게 하는 것이다. 괘효(卦爻)에 덮어 둔[冒] 천하지도(天下之道)는 괘효(卦爻)의 상사(象辭)를 받들어서[尙] 살펴[觀] 새기고[玩] 헤아리고[擬] 따져[議] 가늠해야[斷] 밝혀진다[明]. 이러한 명도(明道)로써 온 세상의[天下之] 뜻[志]은 온 세상의[天下之] 이치[理]가 되고, 온 세상의[天下之]의 가르침[敎]이 되고, 온 세상의[天下之] 이끎[導]이 되고, 온 세상의[天下之]의 방편[方]과 말씀[言]이 되는 것이다. 이렇기 때문에 성인(聖人)은 역(易)의 '개물(開物)과 성무(成務)를 이용하여[以]' 온 세상에 두루 통하는 뜻[志]을 견색(見賾)하게 됨을 밝힌 말씀이 '성인이통천하지지(聖人以通天下之志)'이다. 그래서 성인(聖人)의 통지(通志)는 온갖 사물(事物)에 미치는 역(易)을 살피고

[觀] 새겨[玩] 점(占)쳐 지변(知變)하여 지래(知來)하게 하는 통어(通語)가 된다.

註 1. 성인재천하(聖人在天下) 흡흡위천하(歙歙爲天下) 혼기심(渾其心) (……) 성인개해지(聖人皆孩之) '성인이[聖人] 세상에[天下] 있어도[在] 무심(無心)하여 주장하는 바가 없이[歙歙] 온 세상을[天下] 위하여[爲] 자신의[其] 마음을[心] 흘려버린다[渾]. (중략) 성인은[聖人] 백성을[之] 다[皆] 애가 되게 한다[孩].' '흡흡(歙歙)'은 '무심(無心)' 즉 '무소주(無所主)'를 뜻하고, '혼기심(渾其心)'은 '무상심(無常心)'과 같다. 성인(聖人)께서 자신이 주장하는 마음[常心]이 없음[無]을 '혼기심(渾其心)'이라 한다. '혼기심(渾其心)'은 '자신의[其] 마음을[心] 흐르는 물에 흘려버린다[渾]'는 뜻이다.

註 2. 지인무기(至人無己) 신인무공(神人無功) 성인무명(聖人無名) '지인께는[至人] 자기가[己] 없고[無], 신인께는[神人] 논공이[功] 없으며[無], 성인께는[聖人] 명성이[名] 없다[無].' 지인(至人)-신인(神人)-성인(聖人)은 명칭만 다를 뿐 성인(聖人)을 말한다. 성인(聖人)을 지인(至人)-신인(神人)-진인(眞人)이라고 일컬을 뿐이다. 기(己)-공(功)-명(名)을 한 자(字)로 사(私)-욕(欲)-아(我)라 한다. 그러므로 무사(無私)-무욕(無欲)-무아(無我)는 모두 무기(無己)-공(功)-명(名)을 뜻하게 된다.

202. 성인(聖人)의 정업(定業)

聖人以定天下之業이라. '성인은[聖人] 역(易)의 개물(開物)-성무(成務)를
성인이정천하지업
써[以] 온 세상[天下]의[之] 사업을[業] 안정한다[定].'

이 또한 성인(聖人)이 작역(作易)하여 이역(以易)한 까닭을 밝혀 주고 있다. 역(易)의 개물(開物)과 성무(成務)를 이용하여[以] 온 세상의[天下之] 일[業]을 안정하게[定] 하고자 성인(聖人)이 역(易)을 만들어[作] 이용함[以]이 곧 성인(聖人)의 '극심(極深)-연기(研幾)'이다. 그러므로 이정천하지업(以定天下之業)은 『노자(老子)』 57장(章)에 나오는 '아무위이민자화(我無爲而民自化) 아호정이민자정(我好靜而民自正) 아무사이민자부(我無事而民自富) 아무욕이민자박(我無欲而民自樸)'[註1]을 상기(想起)시키고, 『장자(莊子)』「덕충부(德充符)」에 나오는 '성인불모(聖人不謀) 오용지(惡用知)'[註2]를 떠올린다[想起]. 천하지업(天下

之業)이란 민자화(民自化)의 일[業]이고, 민자정(民自正)의 업(業)이며, 민자부(民自富)의 업(業)이고, 민자박(民自樸)의 일[業]이기 때문이다. 천하지업(天下之業)을 일러 대업(大業)이라 한다. 성인(聖人)은 이러한 대업(大業)을 안정(安定)시키고자 역(易)이 숨겨 두는[冒] 천하지도(天下之道)를 역(易)의 개물성무(開物成務)를 이용하여[以] 견색(見賾)하려고, 괘효(卦爻)의 상사(象辭)를 받들어[尙] 살펴[觀] 새기고[玩] 헤아리고[擬] 따져[議] 가늠하여[斷] 온 세상의[天下之] 일[業]을 안정(安定)시킨다는 말씀이 '이정천하지업(以定天下之業)'이다. 그래서 성인(聖人)의 정업(定業)은 온갖 사물(事物)에 미치는 역(易)을 살피고[觀] 새겨[玩] 점(占)쳐 지변(知變)하여 지래(知來)하게 하는 통어(通語)가 된다.

註 1. 성인운(聖人云) 아무위이민자화(我無爲而民自化) 아호정이민자정(我好靜而民自正) 아무사이민자부(我無事而民自富) 아무욕이민자박(我無欲而民自樸) '성인이[聖人] 밝혔다[云]. 나에게[我] 작위가[爲] 없으니[無而] 백성이[民] 스스로[自] 변화하고[化], 내가[我] 고요를[靜] 좋아하니[好而] 백성이[民] 스스로[自] 발라지고[正], 나에게[我] 모사가[事] 없으니[無而] 백성이[民] 스스로[自] 부유해지고[富], 나에게[我] 욕심이[欲] 없으니[無而] 백성이[民] 스스로[自] 소박해진다[樸].'

註 2. 성인불모(聖人不謀) 오용지(惡用知) '성인은[聖人] 아무것도 꾀하지 않는데[不謀] 어찌[惡] 지모를[知] 쓰겠는가[用]?' 오용지(惡用知)의 '지(知)'는 지모(知謀)의 줄임말로 여기면 된다.

203. 성인(聖人)의 단의(斷疑)

聖人以斷天下之疑라. '성인은[聖人] 역(易)의 개물(開物)-성무(成務)를 써[以] 온 세상[天下]의[之] 의문을[疑] 절단한다[斷].'

이 역시 성인(聖人)이 작역(作易)하여 이역(以易)한 까닭을 밝혀 주고 있다. 역(易)의 개물(開物)과 성무(成務)를 이용하여[以] 온 세상의[天下] 의문[疑]을 결단하게[斷] 하고자 성인(聖人)이 역(易)을 만들어[作] 이용함[以]이 곧 성인(聖人)의 '극심(極深)-연기(硏幾)'하는 것임을 여기서도 알 수 있다. 따라서 '이단천하지의(以斷天下之疑)'는 『노자(老子)』 49장(章)에 나오는 '선자오선지(善者吾善之) 불선자오역선지(不善者吾亦善之) 덕선(德善) 신자오신지(信者吾信之) 불신자오역신지(不信者吾亦信之) 덕신(德信)'[편1]을 상기(想起)시키고, 『장자(莊子)』「지북유(知北遊)」에 나오는 '약정여형(若正汝形) 일여시(一汝視) 천화장지(天和將至) 섭여지(攝汝知) 일여도(一汝度) 신장래사(神將來舍) 덕장위여미(德將爲汝美) 도장위여거(道將爲汝居)'[편2]를 떠올린다[想起]. 온 세상에 두루 통하는[天下之] 의혹[疑]이란 불선자(不善者)로 말미암아 생기고 불신자(不信者)로 말미암아 생기며, 따라서 천화부지(天和不至)하고 신불래사(神不來舍)하여 부덕(不德)하고 무도(無道)하여 온 세상을 휘젓는 의혹(疑惑)들이 끊이지 않는[不斷] 것이다. 천하(天下)를 휘젓는 의혹(疑惑)이란 사람들의 몸가짐[汝形]이 부정(不正)해서이고, 사람들의 시선[汝視]이 불일(不一)해서이며, 사람들의 알음알이[汝知]가 불섭(不攝)해서이고, 사람들의 태도(汝度)가 불일(不一)해서이다. 왜 사람들의 몸가짐[形]이 바르지 않고[不正], 사람들의 시선[視]이 혼란스럽고[不一], 사람들의 알음알이[知]가 난장판[不攝]이고, 사람들의 태도[度]가 혼란스러운[不一] 세상[天下]이 펼쳐지는 것인가? 불선자(不善者)-불신자(不信者) 때문에 천하지의(天下之疑)가 끊이지 않는[不斷] 것이다. 성인(聖人)은 역(易)의 덮어 둔[冒] 이치[理]-가르침[敎]-방편[方]의 도(道)를 밝혀[明] 천하지의(天下之疑)를 절단(絶斷) 내는 것이다. 온 세상의[天下之] 의혹(疑惑)을 끊어 버림[斷]을 일러 덕선(德善)-덕신(德信)이라 하고, 또한 세상을 혼란(混亂)시키는 의혹(疑惑)의 단(斷)을 천화장지(天和將至)-신장래사(神將來舍)라고 일컫는 것이다. 천하지의(天下之疑)를 일러 난세(亂世)라 한다. 난세(亂世)를 불러오는 의혹(疑惑)들을 역(易)의 개물성무(開物成務)로써[以] 결단(決斷) 냄을 밝힌 말씀이 '이단천하지의(以斷天下之疑)'이다. 그래서 성인(聖人)의 단의(斷疑)는 온갖 사물(事物)에 미치는 역

(易)을 살피고[觀] 새겨[玩] 점(占)쳐 지변(知變)하여 지래(知來)하게 하는 통어(通語)가 된다.

註 1. 선자오선지(善者吾善之) 불선자오역선지(不善者吾亦善之) 덕선(德善) 신자오신지(信者吾信之) 불신자오역신지(不信者吾亦信之) 덕신(德信) '선한[善] 것이면[者] 나는[吾] 그것을[之] 선하게 하고[善], 선하지 않은[不善] 것이면[者] 나는[吾] 그것도[之] 선하게 하여[善] 자연[天地]에 두루 통하게 하고[德] 선하게 한다[善]. 미더운[信] 것이면[者] 나는[吾] 그것을[之] 미덥게 하고[信], 미덥지 않은[不信] 것이면[者] 나는[吾] 그것도[之] 미덥게 하여[信] 자연[天地]에 두루 통하게 하고[德] 미덥게 한다[信].' 오선지(吾善之)의 '오(吾)'는 성인(聖人)을 나타낸다. 덕선(德善)의 '덕(德)'을 '얻을 득(得)'으로 보고 '선을[善] 획득하게 한다[德]'라고 새겨도 되고, 덕신(德信)의 '덕(德)' 역시 '얻을 득(得)'으로 보고 '믿음을[信] 획득하게 한다[德]'라고 새겨도 된다.

註 2. 약정여형(若正汝形) 일여시(一汝視) 천화장지(天和將至) 섭여지(攝汝知) 일여도(一汝度) 신장래사(神將來舍) 덕장위여미(德將爲汝美) 도장위여거(道將爲汝居) '만약[若] 너의[汝] 몸가짐을[形] 바르게 하고[正], 너의[汝] 눈길을[視] 한결같이 하면[一] 자연의[天] 어울림이[和] 바야흐로[將] 이를 것이고[至], 너의[汝] 알음알이를[知] 다스리고[攝], 너의[汝] 태도를[度] 한결같이 하면[一], 자연의 힘이[神] 바야흐로[將] 네 몸에[舍] 이를 것이라[來] 덕이[德] 바야흐로[將] 너의[汝] 아름다움이[美] 되고[爲], 도가[道] 바야흐로[將] 너의[汝] 거처가[居] 될 것이다[爲].' 정여형(正汝形)의 '정(正)'은 정직(正直)의 줄임이고, 일여시(一汝視)의 '일(一)'은 일여(一如)의 줄임이며, '천화(天和)'는 천지지화기(天地之和氣)의 줄임이고, 섭여지(攝汝知)의 '섭(攝)'은 '다스릴 치(治)'와 같고, 신장래사(神將來舍)의 '신(神)'은 귀신(鬼神)의 줄임으로 천지지기(天地之氣)를 뜻하고, 내사(來舍)의 '내(來)'는 '이를 지(至)'와 같고, '사(舍)'는 여기선 '집 사(舍)'이고 '몸 신(身)'을 비유(譬喩)한 말이다. 덕장위여미(德將爲汝美)의 '덕(德)'은 통어천지자(通於天地者)를 말함이고, 도장위여거(道將爲汝居)의 '도(道)'는 행어만물자(行於萬物者)를 말한다. 자연[天地]에[於] 두루 통하는[通] 것[者]이 덕(德)이고, 온갖 것[萬物]에[於] 두루 미치는[行] 것[者]이 도(道)이다.

204. 서(筮)의 덕(德)

筮之德圓而神이라. '서죽(筮)의[之] 덕은[德] 원통하면서[圓而] 신통하다[神].'

이는 성인(聖人)이 작역(作易) 즉 설괘(設卦)한 까닭을 밝히고 있다. 서지덕원이신(蓍之德圓而神)에서 '서(蓍)'는 대연지수(大衍之數)를 나타내는 책(策) 즉 수(數)로 점대[筮竹] 오십 개(箇) 중에서 태극(太極) 하나를 제(除)한 49개(箇)를 말하고, 그 사십구 개(箇)를 가지고 사영(四營)-십팔변법(十八變法)을 지성(至誠)으로 거쳐 성괘(成卦)함을 상기(想起)한다면, 성인(聖人)의 설괘(設卦)를 '서지덕(蓍之德)'이라고 밝히는 까닭을 간파(看破)할 수 있다. 서지덕(蓍之德)은 괘(卦)를 이룸[成]을 뜻한다. 이러한 서지덕(蓍之德)의 '서(蓍)'는 복서(卜筮)의 줄임으로 점치기[卜筮]로 이어진다. 여기서 점치기[筮]란 점쟁이를 통한 점치기를 말하는 것이 아니라 자신이 직접 점대[筮竹] 사십구 개(箇)로 사영(四營)-십팔변법(十八變法)을 거쳐 괘효(卦爻)를 손수 이루어[成] 얻어 냄[得]을 말한다. 그 점치기[筮]로 얻어 낸 대성괘(大成卦) 하나가 64괘(卦) 중 어느 하나일 것임에는 틀림없지만, 본서법(本筮法)으로 어떤 괘(卦)를 얻게 될지는 그 자신도 알 수 없다. 그래서 정성껏 하는 복서(卜筮)에는 '사(私)'가 개입될 수 없으니 오로지 무사(无思)-무위(無爲)할 뿐이므로 점치기[筮]를 덕(德)이라 하는 것이다. 점치기[筮]가 곧 '통어천지자(通於天地者)'임을 밝힌 것이다. 자연[天地]에[於] 두루 통하는[通] 것[者]이 '점치기의[之] 덕(德)'인 것이다. 서지덕(蓍之德)의 '덕(德)'을 '원이신(圓而神)'이라고 주역(紬繹)한 셈이다. 원이신(圓而神)은 원통이신통(圓通而神通)의 줄임말로 '왕래불궁(往來不窮)하여 변화무방(變化無方)함'이라 막힘없고 쉼 없이 변화(變化)함을 뜻하므로, 천하지지(天下之志)-천하지무(天下之務)를 두루 통하여[通] 안정하면서[定] 천하지의(天下之疑) 즉 온 세상의[天下之] 의문[疑]을 절단함[斷]을 밝힌 말씀이 '서지덕원이신(蓍之德圓而神)'이다. 그래서 서(蓍)의 덕(德)은 온갖 사물(事物)에 미치는 역(易)을 살피고[觀] 새겨[玩] 점(占)쳐 지변(知變)하여 지래(知來)하게 하는 통어(通語)가 된다.

289

205. 괘(卦)의 덕(德)

卦之德方以知라. '괘(卦)의[之] 덕은[德] 방정-방직함을[方] 써[以] 알
려 준다[知].'
　괘지덕방이지

　이는 성인(聖人)이 괘(卦)에 계사(繫辭)할 수 있게 한 근거를 밝혀 주고 있다. 괘지덕(卦之德)의 '괘(卦)'는 서지덕(筮之德)을 괘상(卦象)으로[以] 천수상(天垂象)의 상(象)을 살피게[觀] 한다. 성인(聖人)은 괘(卦)를 이용하여[以] 천수상(天垂象)의 상(象)을 살펴[觀] 본받아[法] 말씀[辭]을 괘(卦)에 매어 두었음을 [繫] 여기서 알 수 있다. 천수상(天垂象)의 '상(象)'이란 천지(天地) 즉 자연[天地]이 변화하게 하는 짓[神]을 살피게[觀] 하는 조짐[兆]이다. 괘(卦)가 이러한 천수상(天垂象)의 상(象)을 살펴[見] 헤아려[擬] 가늠하라[斷]고 알려 주기[知] 때문에 대성괘(大成卦)를 '신물(神物)'이라고 하는 것이다. 이러한 괘(卦)를 이용하여[以] 성인(聖人)이 온 세상의[天下之] 뜻[志]을 통하게[通] 하고, 온 세상의 일[務]을 이루게[成] 하며, 온 세상의 의심[疑]을 결단하게[斷] 함을 밝혀 괘지덕(卦之德) 즉 괘의[卦之] 덕(德)이라고 밝힌 것이다. 물론 괘지덕(卦之德)의 '괘(卦)'는 육십사 개(箇)의 대성괘(大成卦)를 말한다. 괘지덕(卦之德)의 '덕(德)' 역시 통어천지자(通於天地者)이니 천하지지(天下之志)-천하지무(天下之務)-천하지의(天下之疑)를 짓해 주어[象] 저마다 스스로 관변(觀變)-완점(玩占) 하라 함이 곧 괘지덕(卦之德)의 '지(知)' 즉 '알려 줌[告知]'이다. 그러므로 괘지덕(卦之德)의 '지(知)'가 온 세상의[天下之] 지(志)-무(務)-의(疑)를 곧장 알려 주는 것은 아니다. 괘지덕(卦之德)의 '덕(德)'은 온 세상의[天下之] 지(志)-무(務)-의(疑)를 저마다 직접 살펴[見] 헤아려[擬] 가늠할[斷] 수 있게 하는 짓[象]을 괘(卦)로써 알려 줄[知] 뿐이고, 그 상(象)을 본받아[法] 성인(聖人) 역시 온 세상의[天下之] 지(志)-무(務)-의(疑)를 저마다 직접 살펴[見] 헤아려[擬] 가늠할[斷] 수 있게 하는 말씀[辭]을 괘(卦)에 매어[繫], 온 세상의[天下之] 지

(志)-무(務)-의(疑)를 저마다 직접 살펴[見] 헤아려[擬] 가늠할[斷] 수 있게 알려 줄[知] 뿐이다. 괘지덕방이지(卦之德方以知)의 '방이(方以)'가 곧 괘상(卦象)으로써 알려 주는 방편(方便)이고, 계사(繫辭)로써 알려 주는 방편(方便)이다. 방이(方以)의 '방(方)'은 여기서 바르고[正] 곧음[直]이니, 방이지(方以知)란 '방정(方正)-방직(方直)'을 이용하여[以] 알려 줌[知]이다. 여기서 방이지(方以知)의 '지(知)'는 곧 역무사(易无思)-무위(无爲)의 '무사(无思)-무위(无爲)로써[以]' 알려 줌[知]이라는 것을 알 수 있다. 이런 방이지(方以知)의 지(知)이기 때문에 괘지덕(卦之德)의 '덕(德)'은 지성(至誠)으로 괘상(卦象)과 괘사(卦辭)를 이용하여[以], 지성(至誠)으로 온 세상의[天下之] 지(志)-무(務)-의(疑)를 관상(觀象)하고 관변(觀變)하여 완점(玩占)하는 자(者)로 하여금 지변화지도자(知變化之道者)가 되게 하는 것임을 밝힌 말씀이 '괘지덕방이지(卦之德方以知)'이다. 그래서 괘(卦)의 덕(德)은 온갖 사물(事物)에 미치는 역(易)을 살피고[觀] 새겨[玩] 점(占)쳐 지변(知變)하여 지래(知來)하게 하는 통어(通語)가 된다.

206. 육효(六爻)의 의(義)

六爻之義易以貢이라. '육효(六爻)의[之] 뜻은[義] 변화를[易] 써[以] 알
_{육 효 지 의 역 이 공}
려 준다[貢].'

이 또한 성인(聖人)이 효(爻)에 계사(繫辭)할 수 있게 한 근거를 밝혀 주고 있다. 육효지의(六爻之義)의 '육효(六爻)'는 서지덕(筮之德)을 효상(爻象)으로[以] 천수상(天垂象)의 상(象)을 살피게[觀] 한다. 성인(聖人)은 효(爻)를 이용하여[以] 천수상(天垂象)의 상(象)을 살펴[觀] 본받아[法] 말씀[辭]을 효(爻)에 매어 둘[繫] 수 있었음을 여기서 알 수 있다. 천수상(天垂象)의 '상(象)'이란 천지(天地) 즉 자연[天地]이 변화하게 하는 짓[神]을 살피게[觀] 하는 조

짐[兆]이다. 육효(六爻)가 이러한 천수상(天垂象)의 상(象)을 살펴[見] 헤아려[擬] 가늠하라[斷]고 알려 주기[貢] 때문에 육효(六爻)를 '신물(神物)'이라고 하는 것이다. 이러한 육효(六爻)를 이용하여[以] 성인(聖人)이 온 세상의[天下之] 뜻[志]을 통하게[通] 하고, 온 세상의 일[務]을 이루게[成] 하며, 온 세상의 의심[疑]을 결단하게[斷] 함을 밝혀 '육효지의(六爻之義)' 즉 '육효의[六爻之] 뜻[義]'이라고 밝힌 것이다. 육효지의(六爻之義)의 '의(義)' 역시 천수상(天垂象) 즉 하늘[天]이 드리워[垂] 짓해 줌[象]을 저마다 스스로 관변(觀變)-완점(玩占)하라 함이 곧 육효지의(六爻之義)의 '공(貢)' 즉 '알려 줌[貢告]'이다. 그러므로 육효지의(六爻之義)의 '공(貢)'이 온 세상의[天下之] 지(志)-무(務)-의(疑)를 곧장 알려 주는 것은 아니다. 육효지의(六爻之義)의 '의(義)' 또한 온 세상의[天下之] 지(志)-무(務)-의(疑)를 저마다 직접 살펴[見] 헤아려[擬] 가늠할[斷] 수 있게 하는 짓[象]을 육효(六爻)로써 알려 줄[貢] 뿐이고, 그 상(象)을 본받아[法] 성인(聖人) 역시 온 세상의[天下之] 지(志)-무(務)-의(疑)를 저마다 직접 살펴[見] 헤아려[擬] 가늠할[斷] 수 있게 하는 말씀[辭]을 육효(六爻)에 매어[繫] 온 세상의[天下之] 지(志)-무(務)-의(疑)를 저마다 직접 살펴[見] 헤아려[擬] 가늠할[斷] 수 있게 알려 줄[貢] 뿐이다. 육효지의역이공(六爻之義易以貢)의 '역이(易以)'가 곧 효상(卦爻象)으로써 알려 주는 방편(方便)이고 계사(繫辭)로써 알려 주는 방편(方便)이다. 역이(易以)의 '역(易)'은 여기서 변화(變化)함이니 역이공(易以貢)이란 변역(變易)을 이용하여[以] 알려 줌[貢]이다. 여기서 역이공(易以貢)의 '공(貢)'은 곧 역무사(易无思)-무위(无爲)의 무사(无思)-무위(无爲)로써[以] 알려 줌[貢]이라는 것을 알 수 있게 된다. 이런 역이공(易以貢)의 공(貢)이기 때문에 육효지의(六爻之義)의 '의(義)'는 지성(至誠)으로 효상(爻象)과 효사(爻辭)를 이용하여[以], 지성(至誠)으로 온 세상의[天下之] 지(志)-무(務)-의(疑)를 관상(觀象)하고 관변(觀變)하여 완점(玩占)하는 자(者)로 하여금 지변화지도자(知變化之道者)가 되게 하는 것임을 밝힌 말씀이 '육효지의역이공(六爻之義易以貢)'이다. 그래서 육효(六爻)의 의(義)는 온갖 사물(事物)에 미치는 역(易)을 살피고[觀] 새겨[玩] 점(占)쳐 지변(知變)하여 지래(知來)하게 하는 통어(通語)가 된다.

207. 성인(聖人)의 세심(洗心)

聖人以此洗心[1]이라. '성인은[聖人] 이를[此] 써서[以] 마음을[心] 다 한다[洗].'
성 인 이 차 세 심

이는 성인(聖人)이 어떻게 이역(以易) 즉 괘효(卦爻)를 활용하는지 밝히고 있다. 성인(聖人)이 이역(以易)하여 세심(洗心)함이란 역무사(易无思)-무위(无爲)를 본받아[法] 무사(无思)-무위(无爲)로써 마음 쓰기[心事]를 다함[盡]이다. 이는 이역(以易)하여 수명(受命)함이고, 수명(守命)함이다. 왜냐하면 여기서 세심(洗心)이란 자연[天地]의 시킴[命]과 가르침[命]을 지성(至誠)으로 물려받아[受] 지키는[守] 심사(心事)이기 때문이다. 그리하여 성인(聖人)의 세심(洗心)이란 무사(无思)-무위(无爲)하여 무기(無己)-무공(無功)-무명(無名)함을 말한다. 그래서 성인(聖人)의 세심(洗心)은 『노자(老子)』 57장(章)에 나오는 '성인운(聖人云) 아무위이민자화(我無爲而民自化) 아호정이민자정(我好靜而民自正) 아무사이민자부(我無事而民自富) 아무욕이민자박(我無欲而民自樸)'[2]을 상기(想起)시키고, 동시에 성인(聖人)이 화신(化神)하게 되는 연유(緣由)를 살펴[觀] 새기고[玩] 헤아려[擬] 가늠하게[斷] 한다. 성인(聖人)의 이러한 세심(洗心)은 곧 자연[天]이 드리워[垂] 보여 주는 짓[象]들이 '방이지(方以知)하고 역이공(易以貢)함'을 성인(聖人)이 본받기하는[法] 심사(心事)임을 일깨워 준다. 군자(君子)가 성인(聖人)의 말씀[言]을 두려워함[畏]도 성인(聖人)의 이러한 세심(洗心)을 외(畏)함이다. 이처럼 성인(聖人)의 세심(洗心)이란 무위(無爲)-호정(好靜)-무사(無事)-무욕(無欲)으로 진심(盡心)하여 이역(以易)함을 밝힌 말씀이 '성인이차세심(聖人以此洗心)'이다. 그래서 성인(聖人)의 세심(洗心)은 온갖 사물(事物)에 미치는 역(易)을 살피고[觀] 새겨[玩] 점(占)쳐 지변(知變)하여 지래(知來)하게 하는 통어(通語)가 된다.

註 1. 성인이차세심(聖人以此洗心)에서 이차(以此)의 '차(此)'는 '괘지덕(卦之德)과 육효지의(六爻之義)'를 나타내는 지시어이다.

註 2. 성인운(聖人云) 아무위이민자화(我無爲而民自化) 아호정이민자정(我好靜而民自正) 아무사이민자부(我無事而民自富) 아무욕이민자박(我無欲而民自樸) '성인이[聖人] 밝혔다[云]. 나에게[我] 작위가[爲] 없으니[無而] 백성이[民] 스스로[自] 변화하고[化], 내가[我] 고요를[靜] 좋아하니[好而] 백성이[民] 스스로[自] 발라지고[正], 나에게[我] 모사가[事] 없으니[無而] 백성이[民] 스스로[自] 부유해지고[富], 나에게[我] 욕심이[欲] 없으니[無而] 백성이[民] 스스로[自] 소박해진다[樸].'

208. 성인(聖人)의 퇴장(退藏)

退藏於密이라. '성인은 괘지덕(卦之德)의 알림[知]과-육효지의(六爻之義)의
_{퇴 장 어 밀}
알림[貢]을 은밀[密]에[於] 물려 두고[退] 간직한다[藏].'

이는 성인(聖人)이 괘지덕(卦之德)의 방이지(方以知)와 육효지의(六爻之義)의 역이공(易以貢)을 결코 전시(展示)하지 않음을 밝히고 있다. 성인(聖人)은 괘지덕(卦之德)이 방정(方正)하게 알려 주는 것[知]과 육효지의(六爻之義)가 변화(變化)로써 알려 주는 것[貢]을 드러내 말하지 않는다[不言]. 이러한 성인(聖人)의 불언(不言)은 『노자(老子)』 56장(章)에 나오는 '지자불언(知者不言) 언자부지(言者不知) 색기혈(塞其穴) 폐기문(閉其門) 좌기예(挫其銳) 해기분(解其粉) 화기광(和其光) 동기진(同其塵) 시위현동(是謂玄同)'을 상기(想起)시키고, 동시에 성인(聖人)이 화신(化神)하게 되는 연유(緣由)를 살펴[觀] 새기고[玩] 헤아려[擬] 가늠하게[斷] 한다. 성인(聖人)의 이러한 퇴장(退藏)은 곧 자

연[天]이 드리워[垂] 보여 주는 짓[象]들이 '방이지(方以知)하고 역이공(易以
貢)함'을 성인(聖人)이 본받기[法]하는 심사(心事)임을 일깨워 준다. 군자(君
子)가 성인(聖人)의 말씀[言]을 두려워함[畏]도 성인(聖人)의 이러한 퇴장(退
藏)을 외(畏)함이다. 이처럼 성인(聖人)의 퇴장(退藏)이란 '지자불언(知者不言)'
즉 '아는[知] 사람은[者] 말하지 않는[不言] 연유(緣由)'를 살펴[觀] 새기고[玩]
헤아리게[擬] 하는 것이다. 성인(聖人)은 괘지덕(卦之德)의 방이지(方以知)를
세심(洗心)하여 통달(通達)하고 육효지의(六爻之義)의 역이공(易以貢)을 사무
치고[通達] 있지만 늘 불언(不言)할 뿐이다. 방이지(方以知) 즉 무사(無思)-무
위(無爲)로 알게 되고[知], 역이공(易以貢) 즉 생생(生生)의 변화(變化)로 알게
된[貢] 성인(聖人)의 심사(心事)는 은밀(隱密)할 뿐이다. 그래서 성인(聖人)은
온 세상의[天下之] 뜻[志]을 통하게[通] 하고, 온 세상의[天下之] 일[務]을 이루
게[成] 하고, 온 세상의[天下之] 의심[疑]을 끊게[斷] 하여 온 세상[天下]-온갖
것[萬物]과 하나되는 말씀[辭]을 괘효(卦爻)에 매어 둔[繫] 것이다. 참으로 괘
효사(卦爻辭)야말로 현동지사(玄同之辭)로 받들어[尙] 새겨야 하는 성인지언
(聖人之言)이다. 왜 괘효사(卦爻辭)가 진술(陳述)하는 말[語]이 아니라 묵연(黙
然)의 말[言]인가? 성인(聖人)이 퇴장(退藏)해 둔 말씀[辭]인 까닭이다. 이를
밝힌 말씀이 '퇴장어밀(退藏於密)'이다. 그래서 성인(聖人)의 퇴장(退藏)은 온
갖 사물(事物)에 미치는 역(易)을 살피고[觀] 새겨[玩] 점(占)쳐 지변(知變)하
여 지래(知來)하게 하는 통어(通語)가 된다.

註 지자불언(知者不言) 언자부지(言者不知) 색기혈(塞其穴) 폐기문(閉其門) 좌기예(挫
其銳) 해기분(解其粉) 화기광(和其光) 동기진(同其塵) 시위현동(是謂玄同) '아는
[知] 자는[者] 말하지 않는다[不言]. 말하는[言] 자는[者] 알지 못한다[不知]. 그[其]
구멍을[穴] 막고[塞], 그[其] 문을[門] 닫고[閉], 그[其] 날카로움을[銳] 지우고[挫],
그[其] 섞여 헷갈림을[粉] 풀고[解], 그[其] 빛남을[光] 부시지 않게 하고[和], 그[其]
티끌을[塵] 같이한다[同]. 이를[是] 현묘함[玄] 같음이라[同]고 한다[謂].' 퇴장어밀
(退藏於密)이 공자(孔子)의 말[子曰]이지만 이를 살펴[觀] 헤아려[擬] 가늠해 보자면
[斷] 위와 같은 노자(老子)의 말씀이 최상의 지남(指南) 즉 길잡이가 되어 준다.

295

209. 성인(聖人)의 동환(同患)

$\underset{\text{길흉여민동환}}{\text{吉凶與民同患}}^{1}$ 이라. '성인은 괘지덕(卦之德)의 알림[知]과-육효지의(六爻之義)의 알림[貢]을 퇴장(退藏)하며 길흉을[吉凶] 백성과[民] 더불어[與] 같이하고[同] 걱정한다[患].'

이는 성인(聖人)이 괘지덕(卦之德)의 알림[知]과-육효지의(六爻之義)의 알림[貢]을 왜 퇴장(退藏)하는지 그 까닭을 밝히고 있다. 작역(作易)하여 설괘(設卦)한 성인(聖人)은 어느 한 사람을 위하여 세심(洗心) 즉 마음쓰기를 다하지 않는다. 이러한 성인(聖人)의 동환(同患)은 『노자(老子)』 49장(章)에 나오는 '성인무상심(聖人無常心) 이백성심위심(以百姓心爲心)'^{2}을 상기(想起)시킨다. 노자(老子)-공자(孔子)의 말씀들을 함께 새기면서 역리(易理)-역명(易命)을 살펴[觀] 새기고[玩] 헤아려[擬] 따져 볼수록[議] 더욱 절실해진다. 여기서 작역(作易)한 성인(聖人)은 군왕(群王)과 동환(同患)함이 아니라 백성(百姓)과 동환(同患)함을 알 수 있다. 성인(聖人)은 백성(百姓)을 이용(利用)하지 않음을 성인(聖人)의 '퇴장어밀(退藏於密)'이 살펴[觀] 새기게[玩] 한다. 그래서 성인(聖人)은 백성이 괴로우면 당신도 괴로워하고, 백성이 즐거우면 당신도 즐거워한다. 『맹자(孟子)』 「등문공장구(滕文公章句) 상(上)」에도 '성인지우민(聖人之憂民)'^{3}이라는 말씀이 보인다. '성인무상심(聖人無常心)'과 '성인지우민(聖人之憂民)'은 모두 '길흉여민동환(吉凶與民同患)'으로 통한다. 길(吉)하면 길(吉)해서 성인(聖人)은 백성(百姓)과 동락(同樂)하고, 흉(凶)하면 흉(凶)해서 백성과 동환(同患)함을 밝힌 말씀이 '길흉여민동환(吉凶與民同患)'이다. 그래서 성인(聖人)의 동환(同患)은 온갖 사물(事物)에 미치는 역(易)을 살피고[觀] 새겨[玩] 점(占)쳐 지변(知變)하여 지래(知來)하게 하는 통어(通語)가 된다.

註 1. 길흉여민동환(吉凶與民同患)은 특히 맹자(孟子)가 밝힌 왕도(王道)와 패도(覇道)를 살펴 새기고 헤아려 따져 가늠[斷]한다. 백성[民]에게 천하(天下)의 길(吉)은 왕자(王者)-왕도(王道)로 통하고, 백성에게 천하(天下)의 흉(凶)은 패자(覇者)-패도(覇道)로 통한다. 왕자(王者)는 보민(保民)하기 때문에 백성에게 길(吉)하고, 패자(覇者)-폭군(暴君)은 망민(罔民)하기 때문에 백성에게 흉(凶)하다. 백성을[民] 편안히 함[保]을 일러 왕자(王者)-왕도(王道)라 하고, 백성을[民] 후려침[罔]을 일러 패자(覇者)-패도(覇道)의 폭군(暴君)이라 한다. 『맹자(孟子)』「등문공장구(滕文公章句) 하(下)」에 '솔수이식인(率獸而食人)'이라는 무서운 말이 나온다. 백성이 바라는 왕자(王者)는 나타나지 않고 패자(覇者)-폭군(暴君)이 덩달아 나와 망민(罔民)을 일삼기 때문에 성인(聖人)도 여민동락(與民同樂)을 못하고 여민동환(與民同患)한다. '솔수이식인(率獸而食人)'은 '짐승을[獸] 몰아[率] 백성을[人] 잡아먹는다[食]'는 뜻이다.

註 2. 성인무상심(聖人無常心) 이백성심위심(以百姓心爲心) '성인은[聖人] 당신의 주의주장이[常心] 없다[無]. 성인(聖人)은 백성의 마음을[百姓心] 가지고[以] 당신의 마음으로[心] 삼는다[爲].'

註 3. 성인지우민(聖人之憂民) '성인(聖人)은[之] 백성을[民] 걱정한다[憂].'

210. 성인(聖人)의 지래(知來)

神以知來라. '성인(聖人)은 자연이 변화하게 하는 짓을[神] 써서[以] 올 것을[來] 알아차린다[知].'
　　　신　이　지　래

이는 성인(聖人)이 '지래(知來)하는 방편(方便)'을 밝히고 있다. 그 방편(方便)이 곧 '신이(神以)' 즉 '이신(以神)'인 것이다. '신이(神以)'는 '이신지소위(以神之所爲)'의 줄임이다. 신이[神之] 하는[爲] 바[所]를 이용함[以]이 곧 '이신(以神)'이고, 이는 곧 지변화지도(知變化之道)의 이용[以]을 뜻해 '신이(神以)'란 결국 진퇴지상(進退之象)의 이용[以]을 뜻하게 된다. 왜냐하면 변화자(變化者) 즉 변화라는[變化] 것은[者] 진퇴의[進退之] 짓[象]이기 때문이다. '신이(神以)'의 '신(神)'은 자연[天地]이 은밀(隱密)하게 온갖 것[萬物]에 미치는 변화(變化)의 짓을 한 자(字)로 밝힘이다. 그래서 '신(神)'을 조화지용(造化之用)이라 풀이하고, '제(帝)'를 조화지체(造化之體)라고 풀이하는 것이다. 그러니 '신이(神以)'를 '생생(生生)함 즉 신기(神奇)-신묘(神妙)-신통(神通)함을[神] 이용하여[以]'로 새기고[玩] 헤아리면[擬] 된다. 물론 여기서 '신(神)'은 천(天)의 양기(陽氣)의 짓[神]만을 뜻함은 아니다. 지(地)의 음기(陰氣)의 짓[鬼]을 함께 뜻하고 있음을 잊어서는 안 된다. 그러므로 '신이(神以)'는 '귀신이[鬼神以] 여기고', '귀신을[鬼神] 이용하여[以]'로 새기고[玩] 헤아리면[擬] 된다. 귀신(鬼神)의 짓을 받들어[尙] 새기고[玩] 헤아림[擬]을 일러 '솔신거귀(率神居鬼)' 즉 '위에서 아래로 뻗어나는 기운을[神] 좇아 따르고[率], 아래에서 위로 뻗어나는 기운을[鬼] 좇아 따름[居]'이 곧 '귀신(鬼神)을 이용함[以]' 즉 '신이(神以)'이다. 신(神)이[之] 하는[爲] 바[所] 즉 신기(神奇)-신묘(神妙)-신통(神通)함이라고 하는 것은 일음일양(一陰一陽)으로 쉼 없는 변화(變化)의 이치[道] 즉 역리(易理)인 생생(生生)의 변화지도(變化之道)를 말한다. 그러므로 성인(聖人)은 일음일양(一陰一陽)의 변화지도(變化之道)로써[以] 온 세상의[天下之] 지(志)-무(務)-의(疑)가 겪을 내자(來者)를 괘지덕(卦之德)으로 고지(告知)받고 육효지의(六爻之義)로 공고(貢告)받는다. 물론 '신이(神以)'는 괘지덕(卦之德)의 방정(方正)한 고지(告知)와 육효지의(六爻之義)가 변화(變化)로써[以] 보이는 공고(貢告)를 활용(活用)하는 것임을 밝힌 말씀이 '신이지래(神以知來)'이다. 그래서 성인(聖人)의 지래(知來)는 온갖 사물(事物)에 미치는 역(易)을 살피고[觀] 새겨[玩] 점(占)쳐 지변(知變)하여 지래(知來)하게 하는 통어(通語)가 된다.

211. 성인(聖人)의 장왕(藏往)

知以藏往이라. '성인(聖人)은 다가옴[來]을 알기[知] 위해[以] 갈 것을[往] 간직한다[藏].'
　지　이　장　왕

이는 또한 성인(聖人)이 '지래(知來)하는 방편(方便)'을 밝히고 있다. 그 방편(方便)이 곧 '장왕(藏往)' 즉 '갈 것을[往] 간직함[藏]'이다. '장왕(藏往)' 또한 지변화지도(知變化之道)의 이용[以]을 뜻해 진퇴지상(進退之象)의 이용[以]을 뜻하게 된다. 왜냐하면 변화자(變化者) 즉 변화라는[變化] 것은[者] 진퇴의[進退之] 짓[象]이기 때문이다. 여기서 내자(來者)는 '진지상(進之象)' 즉 나타날[進] 짓[象]이고, 왕자(往者)는 '퇴지상(退之象)' 즉 물러갈[退之] 짓[象]임을 알아 장왕(藏往)함을 알 수 있게 된다. 변화(變化)란 '변이화(變而化)'이다. 변이화(變而化)의 '변(變)'은 왕자(往者)와 내자(來者)가 공존(共存)함이고, '화(化)'는 왕자(往者) 즉 갈 것[往者]은 퇴자(退者) 즉 물러날 것[退者]이 되어 물러나고[退], 내자(來者) 즉 올 것[來者]은 진자(進者) 즉 나타날 것[進者]이 되어 나타남[進]이다. 왕자(往者)를 간직하여[藏] 지래(知來)함이 곧 지변화지도(知變化之道)이고 지변화지상(知變化之象)이다. 지변화지상(知變化之象)의 '지(知)'는 장왕(藏往)으로 말미암아 지래(知來)하게 되는 앎[知]이다. 그래서 장왕(藏往)-지래(知來)는 『논어(論語)』「위정(爲政)」에 나오는 '온고이지신(溫故而知新)'을 상기(想起)시킨다. '장왕(藏往)' 없이는 온고이지신(溫故而知新)의 '지신(知新)'이란 이루어질 수 없기 때문이다. 지변(知變)하여 장왕(藏往)하고, 장왕(藏往)으로 말미암아 지신(知新)하고 지신(知新)하여 지래(知來)할 수 있는 것이다. 그러므로 장왕(藏往)이란 갈 것[往者]을 불기(不棄) 즉 버리지 않으면서도 고집(固執)하지 않고, 올 것[來者] 즉 새것[新者]을 짐짓해 주는[象] 바탕이 된다. 여기서 『대학(大學)』에 나오는 '물유본말(物有本末) 사유종시(事有終始) 지소선후(知所先後) 즉근도의(則近道矣)'라는 말씀이 장왕(藏往)과 지래(知來)의 상관(相關)을 살펴[觀] 새기고[玩] 헤아려[擬] 가늠하게[斷] 한다. 따라서 왕자(往者)를 고집(固執)하면 변화(變化)가 이루어지지 못해 막힌다[窮]. 궁즉변(窮則變)이어야 역리(易理)-역명(易命)이지 궁(窮)의 고집(固執)은 배역(背易)이다. 장왕(藏往)함으로 지래(知來)할 수 있음이 역리(易理)-역명(易命)인 일신성덕(日新盛德)인 것이다. 장왕(藏往)은 날로[日] 새로워[新] 두루 통함[德]을 무성케[盛] 하여 지래(知來)하게 한다. 이러한 장왕(藏往)이란 구관(舊貫) 즉 온고(溫故) 없이는 지래(知來)가 그 전처(轉處)를 얻지 못함을 밝히는 말씀이 '지이장왕(知以藏往)'이다. 그래서 성인(聖人)의 장왕(藏往)은 온갖 사물(事物)에 미치는 역(易)을 살피고[觀] 새겨[玩] 점(占)쳐 지변(知變)하여 지래(知來)하게 하는 통어(通語)가 된다.

212. 성인(聖人)의 총명(聰明)

古之聰明이라. '옛 성인은[古之] 온 세상의 지(志)-무(務)-의(疑)를 들어 밝고[聰] 온 세상의 지(志)-무(務)-의(疑)를 보아 밝다[明].'

이는 작역(作易)하여 이역(以易)한 성인(聖人)을 칭송(稱頌)함이다. 따라서 이 말씀[古之聰明]은 작역(作易)하여 이역(以易)한 성인(聖人)의 총명(聰明) 곧 『중용(中庸)』에 나오는 '구불고총명성지달천덕자(苟不固聰明聖知達天德者) 기숙능지지(其孰能知之)'를 상기(想起)하게 한다. 총명(聰明)의 '총(聰)'은 온 세상의[天下之] 지(志)를 밝게[聰] 들어[聰] 통하게[通] 함이고, 온 세상의[天下之] 일[務]을 밝게[聰] 들어[聰] 이루게[成] 함이며, 온 세상의[天下之] 의문[疑]을 밝게[聰] 들어[聰] 끊게[斷] 함이다. 그리고 '총명(聰明)의 명(明)'은 온 세상의[天下之] 지(志)를 밝게[明] 보아[視] 통하게[通] 함이고, 온 세상의[天下之] 일[務]을 밝게[明] 보아[視] 이루게[成] 함이며, 온 세상의[天下之] 의문[疑]을 밝게[明] 보아[視] 끊게[斷] 함을 밝힌 말씀이 '고지총명(古之聰明)'이다. 그래서 성인(聖人)의 총명(聰明)은 온갖 사물(事物)에 미치는 역(易)을 살피고[觀] 새겨[玩] 점(占)쳐 지변(知變)하여 지래(知來)하게 하는 통어(通語)가 된다.

註 구불고총명성지달천덕자(苟不固聰明聖知達天德者) 기숙능지지(其孰能知之) '진실로[苟] 본래부터[固] 총명하고[聰明] 성스럽게[聖] 알아[知] 자연의 덕을[天德] 통달한[達] 사람이[者] 아니라면[不] 그[其] 누가[孰] 그것을[之] 알 것인가[知]?'

213. 성인(聖人)의 예지(睿知)

古之聖人睿知者夫라. '옛[古之] 성인(聖人)은 온 세상의 지(志)-무(務)-의
　고　지　성　인　예　지　자　부
(疑)들을 깊고 밝게 사무쳐[睿] 아는[知] 분이[者]로다[夫]!'

　이 또한 작역(作易)하여 이역(以易)한 성인(聖人)을 칭송(稱頌)함이다. 따라서 이 말씀[睿知] 또한 곧 『중용(中庸)』에 나오는 '구불고총명성지달천덕자(苟不固聰明聖知達天德者) 기숙능지지(其孰能知之)'를 상기(想起)하게 한다. 여기서 '예지(睿知)'는 '성지(聖知)'와 같은 말씀이다. 예지(睿知)의 '예(睿)'는 괘지덕(卦之德)의 방이지(方以知)^{註1}를 본받고[法] '육효지의(六爻之義)의 역이공(易以貢)'^{註2}을 법(法)하여 온 세상의[天下之] 지(志)를 깊고[深] 밝게[明] 사무쳐[達] 통(通)하게 함이고, 온 세상의[天下之] 일[務]을 깊고[深] 밝게[明] 사무쳐[達] 이루게[成] 함이며, 온 세상의[天下之] 의문[疑]을 깊고[深] 밝게[明] 사무쳐[達] 끊게[斷] 함이다. 그리고 예지(睿知)의 '지(知)' 또한 괘지덕(卦之德)의 방이지(方以知)를 본받고[法] 육효지의(六爻之義)의 역이공(易以貢)을 법(法)하여 온 세상의[天下之] 지(志)를 슬기롭게[知] 통하게[通] 함이고, 온 세상의[天下之] 일[務]을 슬기롭게[知] 이루게[成] 함이며, 온 세상의[天下之] 의문[疑]을 슬기롭게[知] 끊게[斷] 함이다. 이를 밝힌 말씀이 '예지(睿知)'이다. 그래서 성인(聖人)의 예지(睿知)는 온갖 사물(事物)에 미치는 역(易)을 살피고[觀] 새겨[玩] 점(占)쳐 지변(知變)하여 지래(知來)하게 하는 통어(通語)가 된다.

註 1. 괘지덕방이지(卦之德方以知) '괘(卦)의[之] 덕은[德] 방정-방직함을[方] 써[以] 알려 준다[知].'

註 2. 육효지의역이공(六爻之義易以貢) '육효(六爻)의[之] 뜻은[義] 변화를[易] 써[以] 알려 준다[貢].'

214. 성인(聖人)의 신무(神武)

신무이불살자부神武而不殺者夫라. '옛[古之] 성인(聖人)은 온 세상의 지(志)-무(務)-의(疑)들을 신통하게 하고[神] 굳세게 해서[武而] 해치지 않는[不殺] 분이[者]로다[夫]!'

이 또한 작역(作易)하여 이역(以易)하게 한 성인(聖人)을 칭송(稱頌)함이다. 성인(聖人)은 온 세상의 지(志)-무(務)-의(疑)들을 새롭게[化] 하여 다스리기[治] 때문에 '성내신(聖乃神)' 즉 성(聖)은 곧[乃] 신(神)이라 한다. 신무(神武)의 '신(神)'은 화신(化神)-신치(神治)를 상기(想起)하면 살펴 새기고 헤아릴 수 있다. 신무(神武)의 '무(武)'는 위무(威武) 즉 '굳셈[武]'이다. 성인(聖人)의 '무(武)'는 고겁(苦怯)-협약(脅弱)의 무력(武力)이 아니라 호겁(護怯)-보약(保弱)의 위무(威武)이어서 '복만물(服萬物)' 즉 온갖 것[萬物]을 따르게[服] 하되 위엄(威嚴)을 드러내지 않는다. 성인(聖人)의 '무(武)'는 온갖 것[萬物]과 더불어 백성[民]을 설복(說服)시키는 덕선(德善)-덕신(德信) 즉 신치(神治)의 무(武)이다. 신무(神武)는 자연에 두루 통하는[德] 선(善)과 믿음[信]의 무(武)이므로 괴롭힘[苦]이나 짓밟음[脅] 등을 멈추게 하는[止] 부쟁(不爭)-불기(不棄)-불살(不殺)의 무(武)이다. 다투지도 않고[不爭] 버리지도 않고[不棄] 죽이지도 않는[不殺] 무(武)가 신무(神武)이다. 신무(神武)의 무(武)는 온갖 싸움[戈]을 멈추게[止] 하는 무(武)인 것이다. 그러므로 신무(神武)는 만물(萬物)을 설복(說服)시키면서도 위세로[以威] 드러나지 않는다[不形]. 이러한 신무(神武)를 천착(穿鑿)하자면 『노자(老子)』27장(章)에 나오는 '습명(襲明)'과 68장(章)에 나오는 '부쟁지덕(不爭之德)'을 환기(喚起)해야 한다. 그러면 신무(神武)가 왜 불살(不殺)의 무(武)인지 살펴[觀] 새기고[玩] 헤아려[擬] 따져[議] 스스로 신무(神武)-불살(不殺)의 참뜻[情義]을 가늠할[斷] 수 있는 것이다. 여기서 총명(聰明)-예지(睿知)-신무(神武) 등이 모두 자연[天地]으로부터 물려받는[襲]

밝음[明]임을 간파(看破)할 수 있다. 그러므로 성인(聖人)은 '지래(知來)-장왕(藏往)'으로 총명(聰明)하고 예지(睿知)하며, 신무(神武)하여 불살(不殺)하는 습명(襲明)의 작자(作者)임을 밝힌 말씀이 '신무이불살자부(神武而不殺者夫)'이다. 그래서 성인(聖人)의 신무(神武)는 온갖 사물(事物)에 미치는 역(易)을 살피고[觀] 새겨[玩] 점(占)쳐 지변(知變)하여 지래(知來)하게 하는 통어(通語)가 된다.

註 1. 신무복만물이불이위형야(神武服萬物而不以威形也) '신무는[神武] 온갖 것[萬物]을 설복시키면서도[服而] 위세를[威] 써[以] 드러내지 않는 것[不形]이다[也].' 불이(不以)의 '이(以)'는 여기선 '쓸 용(用)'과 같다. '신무(神武)'를 '신통(神通)한 무(武)'라고 새김하면 된다. 신통(神通)함이란 걸림 없고 막힘없이 언제 어디서나 통함을 뜻하므로 덕선(德善)-덕신(德信)의 화(化)-치(治)와 같다.

註 2. 선행무철적(善行無轍迹) 선언무하적(善言無瑕謫) 선수불용주책(善數不用籌策) 선폐무관건이불가개(善閉無關楗而不可開) 선결무승약이불가해(善結無繩約而不可解) 시이성인상선구인(是以聖人常善救人) 고무기인(故無棄人) 상선구물(常善救物) 고무기물(故無棄物) 시위습명(是謂襲明) '선행에는[善行] 굴러간 자국이[轍迹] 없고[無], 선언에는[善言] 결함이[瑕跡] 없고[無], 선수에는[善數] 주판이[籌策] 없고[無], 선폐에는[善閉] 빗장이[關楗] 없어도[無而] 열[開] 수가 없고[不可], 선결에는[善結] 매듭이[繩約] 없어도[無而] 풀[解] 수가 없다[不可]. 이것들을[是] 써서[以] 성인은[聖人] 항상[常] 자연스럽게[善] 사람을[人] 구제하기[救] 때문에[故] 사람을[人] 팽개침이[棄] 없고[無], 항상[常] 자연스럽게[善] 온갖 것을[物] 구제하기[救] 때문에[故] 온갖 것을[物] 팽개침이[棄] 없다[無]. 이를[是] 자연[天地]이 전해주는[襲] 밝음이라[明] 한다[謂].'

215. 성인(聖人)의 명찰(明察)

明於天之道而察於民之故라. '옛[古之] 성인(聖人)은 자연[天]의[之] 도(道)에서[於] 자신을 밝히면서[明而] 백성[民]의[之] 일[故]에서[於] 백성을 살핀다[察].'

이 또한 작역(作易)하여 이역(以易)하게 한 성인(聖人)을 칭송(稱頌)함이

다. 성인(聖人)은 자연의[天之] 이치[理]와 가르침[敎]-이끎[導]-방편[方]-말
씀[言] 등을 좇아[順] 본받아[法] 자명(自明) 즉 자신의 내면을 스스로[自] 밝
히면서[明] 온 세상의[天下之] 지(志)-무(務)-의(疑)를 밝히는[明] 분[者]이다.
이러한 명어천지도(明於天之道)-찰어민지고(察於民之故)를 천착(穿鑿)하게 되
면 '통천하지지(通天下之志)의 통지(通志)-성천하지무(成天下之務)의 성무(成
務)-단천하지의(斷天下之疑)의 단의(斷疑)' 등을 살펴[觀] 새기고[玩] 헤아려
[擬] 가늠해[斷] 볼 수 있고, 따라서 성인(聖人)이 총명(聰明)-예지(睿知)-달천
덕(達天德)하여 신무(神武)하다는 뜻도 살펴[觀] 새기고[玩] 헤아려[擬] 가늠
해[斷] 볼 수 있다. 성인(聖人)의 명어천지도(明於天之道)와 찰어민지고(察於民
之故)를 별개(別個)로 떼어서 생각할 수 없는 것이다. 성인(聖人)은 언제 어
디서든 '종용중도(從容中道)'[주1]로 명찰(明察)하기 때문이다. 비록 '종용중도
(從容中道)'가 『중용(中庸)』에 나오는 말씀이지만 천지도(天之道)를 좇아[從]
받아들여[容] 적중함[中]을 살펴[觀] 새기고[玩] 헤아려[擬] 가늠해[斷] 보자
면 『노자(老子)』 57장(章)에 나오는 '성인운(聖人云)'[주2]보다 더 마땅한 지남
(指南) 즉 길잡이는 없다고 생각한다. 성인(聖人)은 무위(無爲)-호정(好靜)-
무사(無事)-무욕(無欲)으로 천지도(天之道)와 민지고(民之故)를 명찰(明察)함
을 밝힌 말씀이 '명어천지도(明於天之道) 찰어민지고(察於民之故)'이다. 그래
서 성인(聖人)의 명찰(明察)은 온갖 사물(事物)에 미치는 역(易)을 살피고[觀]
새겨[玩] 점(占)쳐 지변(知變)하여 지래(知來)하게 하는 통어(通語)가 된다.

註 1. 종용중도(從容中道) '도(道)를 좇아[從] 받아들이고[容] 도에[道] 맞춘다[中].' 종용
중도(從容中道)는 '종도(從道) 이용도(而容道) 이중도(而中道)'에서 되풀이되는 도
(道)를 하나만 두고 생략하고, 어조사 '그리고 이(而)'도 모두 생략하여 하나로
묶은 구문이다. 그러므로 종용중도(從容中道)는 '도를[道] 따라[從] 도를[道] 받아
들여[容] 도에[道] 맞춘다[中]'라고 옮겨[譯] 새김하면 종용중도(從容中道)의 문의
(文意)가 드러난다.

註 2. 성인운(聖人云) 아무위이민자화(我無爲而民自化) 아호정이민자정(我好靜而民自
正) 아무사이민자부(我無事而民自富) 아무욕이민자박(我無欲而民自樸) '성인이

[聖人 말했다[云]. 내가[我] 나만을 위하는 짓을[爲] 하지 않으니까[無而] 백성은[民] 저절로[自] 탐욕스럽지 않게 변화되고[化], 내가[我] 고요를[靜] 좋아하니까[好而] 백성은[民] 저절로[自] 정직해지고[正], 내가[我] 일내지[事] 않으니까[無而] 백성은[民] 저절로[自] 부유해지고[富], 내가[我] 욕심내지[欲] 않으니까[無而] 백성은[民] 저절로[自] 수수해졌다[樸].' 아무위(我無爲)-아호정(我好靜)-아무사(我無事)-아무욕(我無欲) 등은 명어천지도(明於天之道)의 '명(明)'으로 말미암은 것이고, 그 '명(明)'으로 말미암은 '민자화(民自化)-민자정(民自正)-민자부(民自富)-민자박(民自樸)'은 찰어민지고(察於民之故)의 '찰(察)'로 말미암은 것이다. '아무위(我無爲)-아호정(我好靜)-아무사(我無事)-아무욕(我無欲)'을 '무위이치(無爲而治)'라고 한다.

216. 신물(神物)의 흥작(興作)

是興神物이라. '성인(聖人)이 천지도(天之道)를 밝히고[明] 민지고(民之故)를 살핀[察] 이것이[是] 신통한[神] 물건을[物] 일으켰다[興].'

이는 성인(聖人)이 작역(作易) 즉 설괘(設卦)한 연유(緣由)를 밝히고 있다. 성인(聖人)이 천지도(天之道)를 밝히고[明] 민지고(民之故)를 살피고자[察] 작역(作易)하게 되었음을 '시흥신물(是興神物)'이라는 말씀으로 알 수 있게 된다. 신물(神物)을 일으켰다[興]고 함은 설괘(設卦)하였음을 뜻한다. '신물(神物)'이란 곧 이역(以易) 즉 역(易)을 이용하게[以] 하는 괘효(卦爻)를 말한다. 괘지덕(卦之德)의 '덕(德)'도 신통(神通)함이고, 육효지의(六爻之義)의 '의(義)' 또한 신통(神通)함 즉 변화(變化)하게 함이니, 괘효(卦爻)를 일러 신통지물(神通之物) 즉 '신물(神物)'이라고 하는 것이다. 그러므로 여기서 '신물(神物)'이란 역(易)을 뜻함이고 괘효(卦爻) 즉 대성괘(大成卦) 64괘(卦)를 뜻한다. 나아가 그 신물(神物)은 성인(聖人)으로 하여금 세심(洗心)하게 하였고, 따라서 성인(聖人)으로 하여금 '퇴장어밀(退藏於密)-길흉여민동환(吉凶與民同患)-신이지래(神以知來)-지이장왕(知以藏往)하면서 총명(聰明)-예지(睿知)-신무이불살(神武而不殺)하여 명어천지도(明於天之道) 찰어민지고(察於民之故)하게 하였음'을 밝히는 말씀이 '시흥신물(是興神物)'이다. 그래서 신물(神物)의 흥작(興作)은 온갖 사물(事物)에 미치는 역(易)을 살피고[觀] 새겨[玩] 점(占)쳐 지변(知變)하여 지래(知來)하게 하는 통어(通語)가 된다.

217. 민용(民用)의 신물(神物)

<u>以前民用</u>이라. '신물(神物)을 흥작(興作)하여[以] 성인(聖人)은 백성이[民]
이 전 민 용
활용하기를[用] 앞장섰다[前].'

  이 또한 성인(聖人)이 작역(作易) 즉 '흥신물(興神物)'한 연유(緣由)를 밝히고 있다. 성인(聖人)이 흥작(興作)한 신물(神物)은 일상(日常)에서 쓰는 도구[器具]가 아니다. 오로지 총명(聰明)하여 무사(無思)-무위(無爲)해야만 쓸 수 있는 신기(神奇)-신묘(神妙)-신통(神通)한 물건이다. 일상(日常)의 용기(用器)는 그 소용(所用) 즉 쓰이는[用] 바[所]가 변화(變化)를 거듭하지 않고 정(定)해져 있다. 정해진 것은 신물(神物)이 아니다. 신물(神物)은 늘 성변화(成變化)하여 지변(知變)하게 하고 지래(知來)하게 한다. 성인(聖人)이 작흥(作興)한 신물(神物)인 '괘효(卦爻)'란 내자(來者) 즉 다가올[來] 것[者]을 마주하게[遇] 하는 물건이다. 그래서 신물(神物)을 우신(遇新) 즉 내자(來者)를 만나게[遇] 하는 것이다. 내자(來者)는 늘 인간에게 길흉(吉凶)으로 드러난다. 여기서 성인(聖人)이 왜 백성[民]이 역(易)을 활용(活用)하게 앞장섰는지 그 까닭을 살펴[觀] 새기고[玩] 헤아려[擬] 가늠해[斷] 볼 수 있는 것이다. 성인(聖人)은 앞장서서[前] 백성[民]이 신물(神物)을 써[用] 지변(知變)-지래(知來)하게 이끌었음[導]을 '이전민용(以前民用)의 전민(前民)'이 밝혀 주고 있다. 이러한 성인(聖人)의 뜻을 밝힌 말씀이 '이전민용(以前民用)'이다. 그래서 민용(民用)의 신물(神物)은 온갖 사물(事物)에 미치는 역(易)을 살피고[觀] 새겨[玩] 점(占)쳐 지변(知變)하여 지래(知來)하게 하는 통어(通語)가 된다.

218. 성인(聖人)의 재계(齋戒)

聖人以此齋戒라. '신물(神物)을 백성이 쓰게 앞장섰기[此] 때문에[以] 성인은[聖人] 마음을 다스리고[齋] 삼갔다[戒].'

이는 성인(聖人)이 역무사(易无思)-무위(無爲)를 본받아[法] 신물(神物)의 민용(民用)을 앞장섰음[前]을 밝히고 있다. 이는 백성[民]이 신물(神物)을 이용하기를 성인(聖人)께서 지성(至誠)으로 바랐음을 '재계(齋戒)'라는 말씀이 밝혀 준다. 재계(齋戒)의 '재(齋)'는 제심(齊心) 즉 마음[心]을 다스림[齋]이고, '계(戒)'는 계심(戒心) 즉 마음[心]을 삼감[戒]이다. '재계(齋戒)함'이란 곧 지성(至誠)함이다. 지성(至誠)함이란 더없이 사천(事天)함 즉 자연[天]을 받듦[事]이고, 외천명(畏天命) 즉 자연[天]의 시킴-가르침[命]을 더없이 두려워함[畏]이다. 이는 곧 성인이차재계(聖人以此齋戒)의 '재계(齋戒)'가 역무사(易无思)-무위(无爲)를 더없이 받들어[事] 본받음[法]을 말해 준다. 그리하여 성인(聖人)은 총명(聰明)-예지(睿知)-신무(神武)하여 보민(保民)하여 안민(安民)하고자 신물(神物)을 이용하게[用] 지성(至誠)함을 '재계(齋戒)'가 분명히 밝혀 주고 있다. 여기서 성인(聖人)의 '재계(齋戒)'가 성인(聖人)의 '세심(洗心)과 여민동환(與民同患)'과 이어지고 있음을 알 수 있다. 재계(齋戒)의 '재(齋)'는 '세심(洗心)'을 뜻하고 '계(戒)'는 '방환(防患)'을 뜻한다. 세심(洗心)이란 맑고 깨끗해[湛然] 티 하나 없는[純一] 무위(無爲)-무사(無事)-무아(無我)의 마음으로 다스림[治]이 '재(齋)'이고, 흉(凶)을 미리 막게 하고자 마음을 삼감[愼]이 방환(防患)의 '계(戒)'이다. 성인(聖人)은 '신물(神物)의 전민용

(前民用)'을 위해 재계(齋戒)함을 밝힌 말씀이 '성인이차재계(聖人以此齋戒)'이다. 그래서 성인(聖人)의 재계(齋戒)는 온갖 사물(事物)에 미치는 역(易)을 살피고[觀] 새겨[玩] 점(占)쳐 지변(知變)하여 지래(知來)하게 하는 통어(通語)가 된다.

> **註** 방환(防患)이란 간사하고 게을러 오만해짐을 물리치고 경계함이다. 자현(自見)-자시(自是)-자벌(自伐)-자긍(自矜) 등의 스스로 짓는 오만(傲慢)-교만(驕慢)은 우환(憂患)을 불러온다. 이를 막음이 '재심(齋心)'이고 '계심(戒心)'이다. 이러한 성인(聖人)의 재계(齋戒)를 '호정(好靜)'이라고 말해도 된다. 공자(孔子)의 절사(絶四) 역시 재계지심(齋戒之心)에 다름 아니다. 왜 공자(孔子)가 자의(恣意)가 없고[毋意], 기필(期必)이 없고[毋必], 고집(固執)이 없고[毋固], 독존(獨尊)이 없다[毋我]고 칭송(稱頌)받는가? 공자(孔子)는 늘 재계(齋戒)하여 성인(聖人)의 총명(聰明)-예지(睿知)-신무(神武)를 본받아[法] 인간으로 하여금 지변(知變)-지래(知來)하도록 지성(至誠)했기 때문이다. 그래서 성인(聖人)의 재계(齋戒)는 '화신(化神)-신덕행(神德行)'으로 이어지는 것이다. 성인(聖人)은 '도를[道] 드러내고[顯] 덕을[德] 행하기를[行] 자연과 같이한다[神]'는 말씀을 여기서 구체적으로 새길 수 있게 된 셈이다.

219. 성인(聖人)의 신명(神明)

神明其德以齋戒라. '성인(聖人)은 재계(齋戒)하여[以] 신물의[其] 덕을[德] 신통하게 하면서[神] 밝힌다[明].'

이는 성인(聖人)이 재계(齋戒)하는 연유(緣由)를 밝히고 있다. 신물지덕(神物之德) 즉 괘효의(卦爻之) 덕(德)을 신통하게[神] 하고, 그 덕(德)을 밝히고자 성인(聖人)이 재심(齋心)하고 계심(戒心)한다. 이 때문에 성인(聖人)을 두려워하고[畏], 성인(聖人)의 말씀[言]을 두려워하며[畏], 성인(聖人)을 본받는[法] 것이다. 성인(聖人)이 신물(神物) 즉 역(易)을 일으킴[興]이란 백성[民]이 그 신물(神物)을 사용해 다가올 길흉(吉凶)을 미리 살펴보게 함이지 사사로운 참언(讖言)을 비장(秘藏)해 두려는 것이 아님을 '신기덕(神其德)-명기덕(明其德)'이라고 밝힌 것이다. 여기서 '기덕(其德)'이란 '역지덕(易之德) 즉 괘지덕(卦之德)'을 말한다. 괘지덕(卦之德)을 신통히 함[神]이 곧 '신기덕(神其德)'이고, 괘지덕(卦之德)을 밝힘[明]이 곧 '명기덕(明其德)이다. 이러한 신명(神明) 때문에 성인(聖人)이 세심(洗心)하여 재계(齋戒)하는 것이다. 나아가 성인(聖人)이 자연[天地]을 본받기[法]함 또한 '신명기덕(神明其德)하기' 위한 것이다. 신물(神物)의 덕(德)을 신통히 함[神]이란 천지도(天之道)를 좇아[順] 역지도(易之道)를 밝힘[明]이다. 역지도(易之道) 즉 역(易)의 이치[理]와 가르침[命]을 밝힘[明]은 언제나 '신덕(神德)'으로 통하게 된다. 이러한 밝힘[明]은 재계(齋戒)를 떠나서는 이루어지지 않음을 살펴[觀] 새기고[玩] 헤아려야[擬] 하는 것이다. 재계(齋戒) 즉 마음속[心中]이 무사(無思)-무위(無爲)하지 않고서는 신명(神明)할 수 없기 때문이다. 무사(無思)는 '무사기공명(無思己功名)'의 줄임이고, 무위(無爲) 또한 '무위기공명(無爲己功名)'의 줄임이라는 것을 늘 명심(銘心)하고 있어야 무사(無思)-무위(無爲)해야 신명(神明)할 수 있다는 깊은 뜻을 알아차릴 수 있다. 신명(神明) 난다고 함은 내 몫[己]을 생각하거나[思] 위함[爲]이 없고[無], 공명(功名)을 생각하거나[思] 위함[爲]이 없어[無] 무사(無私)-무욕(無欲)-무아(無我)한 자신을 밝히는 것이다. 이러한 신명(神明)은 자연[天地]을 지성(至誠)으로 본받아야[法] 함을 뜻한다. 그러므로 총명(聰明)-예지(睿知)-달천덕(達天德)으로 지변(知變)-지래(知來)함이 신명기덕(神明)임을 밝힌 말씀이 '이신명기덕부(以神明其德夫)'이다. 그래서 성인(聖人)의 신명(神明)은 온갖 사물(事物)에 미치는 역(易)을 살피고[觀] 새겨[玩] 점(占)쳐 지변(知變)하여 지래(知來)하게 하는 통어(通語)가 된다.

220. 곤(坤)-건(乾)의 합(闔)-벽(闢)

闔戶謂之坤 闢戶謂之乾이라. '문[戶] 닫힘[闔] 그것을[之] 곤이라
  합호위지곤 벽호위지건
[坤] 하고[謂], 문[戶] 열림[闢] 그것을[之] 건이라[乾] 한다[謂].'

이는 신명기덕(以神明其德)의 '기덕(其德)'을 밝히고 있다. 신명기덕(以神明其德)의 '기덕(其德)'은 '신물지덕(神物之德)'이고, 신물지덕(神物之德)은 괘지덕(卦之德)-육효지의(六爻之義)를 포괄(包括)한 것이다. 괘지덕(卦之德)-육효지의(六爻之義)에서 괘(卦)-육효(六爻)는 모두 곤(坤)-건(乾) 즉 음(陰:--)과 양(陽:─)으로 이루어지는 신물(神物)이다. 그[其] 덕(德)을 신통히 하여[神] 밝힘[明]을 합호(闔戶)의 곤(坤)과 벽호(闢戶)의 건(乾)을 들어 풀이하고 있는 것이다. 여기서 곤건(坤乾)은 음양(陰陽)을 말함이고, 합호(闔戶)는 곤(坤)-음(陰)을 비유(譬喩)함이고, 벽호(闢戶)는 건(乾)-양(陽)을 비유(譬喩)함이다. 합호(闔戶)-벽호(闢戶)의 '호(戶)'는 만물(萬物)의 생생(生生)을 비유(比喩)해서 밝힌 '문(門)'인 것이다. 곤(坤)의 합호(闔戶)를 한 글자로 '정(靜)'이라 하고, 벽호(闢戶)를 한 글자로 '동(動)'이라 한다. 그러므로 합호위지곤(闔戶謂之坤)은 음기(陰氣)의 정(靜)을 말함이고, 벽호위지건(闢戶謂之乾)은 양기(陽氣)의 동(動)을 말함이다. 합벽(闔闢)이란 정동(靜動)을 비유(譬喩)함이다. 물론 음양(陰陽)-합벽(闔闢)-정동(靜動)-귀신(鬼神)-굴신(屈伸) 등은 말은 달라도 모두 다 일음일양(一陰一陽)-생생(生生)-변화(變化)-왕래(往來) 등으로 일컬어지는 역리(易理)-역명(易命)의 밝힘이다. 그러므로 신명기덕(神明其德)의 '기덕(其德)' 즉 신물의[神物之] 덕(德)이란 곧 곤(坤)의 합호(闔戶)-음기(陰氣)의 정(靜)과 건(乾)의 벽호(闢戶)-양기(陽氣)의 동(動)으로 생생(生生)하는 왕래(往來)의 변화(變化)로 드러남을 밝힌 말씀이 '합호위지곤(闔戶謂之坤) 벽호위지건(闢戶謂之乾)'이다. 그래서 곤(坤)-건(乾)의 합(闔)-벽(闢)은 온갖 사물(事物)에 미치는 역(易)을 살피고[觀] 새겨[玩] 점(占)쳐 지변(知變)하여 지래(知來)하게

하는 통어(通語)가 된다.

221. 합(闔)-벽(闢)의 변(變)

一闔一闢謂之變이라. '한 번[一] 닫히기도 하고[闔] 한 번[一] 열리기도 함[闢], 그것을[之] 변이라[變] 한다[謂].'

이는 '곤(坤)-건(乾)의 합(闔)-벽(闢)'을 '변(變)'이라고 밝히고 있다. 곤(坤)-건(乾) 즉 음(陰)-양(陽)을 왕래(往來)-출입(出入)하는 문[戶]을 빌려 일음일양(一陰一陽)의 생생(生生)을 풀이하고 있다. 닫히고[闔] 열림[闢]이 왕래(往來)-출입(出入)이고, 열리고[闢] 닫힘[闔] 또한 왕래(往來)-출입(出入)이다. 왕래(往來) 그것은 곧 일합일벽(一闔一闢)ㅁ¹이고, 일음일양(一陰一陽)이며, 생생(生生)이고, 이를 '변(變)'이라 한다. 가고[往]-오고[來]가 변(變)이고, 오고[來] 가기[往] 또한 변(變)이다. 왕(往)이 먼저고[先] 내(來)가 뒤[後]라 해서 선후(先後)가 둘[二]로 나뉘어 정(定)해지는 것은 아니다. '일합일벽(一闔一闢) 일음일양(一陰一陽)'이란 누천(屢遷)함을 뜻한다. 말하자면 초효(初爻)는 늘 초효(初爻)의 자리[位]에 정주(定住)하지 않고 상효(上爻)까지 잇달아[屢] 옮겨감[遷]이니, 선(先)은 늘 선(先)이고 후(後)는 늘 후(後)가 아니라 선역후(先亦後)-후역선(後亦先)이라는 말이다. 그래서 '일합일벽(一闔一闢) 일음일양(一陰一陽)'은 『노자(老子)』 40장(章)에 '반자도지동(反者道之動)'ㅁ²이라는 말씀을 떠올린다. 선(先)이 다하면[窮] 후(後)가 되고, 후(後)가 다하면 선(先)이 됨이 곧 누천(屢遷)함이다. 그래서 변(變)이란 쉼 없다[不息]고 하는 것이다. 그래서 한 번 합(闔)하면 한 번 벽(闢)하는 것이다. 이것[是]으로 말미암아 저것[彼]이고, 피(彼)로 말미암아 시(是)이다. 그래서 생생(生生)이라 하는 것이다. 삶[生]도 합벽(闔闢)으로 생기는 일이요 죽음[死]도 합벽(闔闢)으로 일어나는 일이니, 일로 치면 생사(生死)가 둘[二]이 아니라 하나[一]의 변(變)이라는 말이다. 일합일벽(一闔一闢)은 일음일양(一陰一陽)을 닫고[靜] 열림[動]으로 밝힌 말씀이 '일합일벽위지변(一闔一闢謂之變)'이다. 그래서 합(闔)-벽(闢)의 변(變)은 온갖 사물(事物)에 미치는 역(易)을 살피고[觀] 새겨[玩] 점(占)쳐 지변(知變)하여 지래(知來)하게 하는 통어(通語)가 된다.

🈯 1. 인간이라는 한 목숨이 생로병사(生老病死)를 거침도 일합일벽(一闔一闢)이요, 밤이 가면 낮이 오고 낮이 가면 밤이 옴도 일합일벽(一闔一闢)이요, 우리가 사는 이 땅도 한 50억 년 뒤면 없어질 터이니 이 또한 일합일벽(一闔一闢)이다. 일합일벽(一闔一闢)-일음일양(一陰一陽)-생생(生生)의 것[物]이 아닌 것[非]이란 아무것도 없다. 요새 천문학이 인정한다는 블랙홀(black hole)도 온갖 것이 들고 나는[出入] 구멍[穴]인 셈이고, 그것 또한 일합일벽(一闔一闢)의 문[戶]이요 출입구(出入口)이다. 그래서『노자(老子)』5장(章)에 '천지지간(天地之間) 기유탁약호(其猶橐籥乎)'라는 말씀이 나오는 것이다. 풀무질[橐籥]이 일합일벽(一闔一闢)의 상(象)이요, 그 풀무질로 만물이 들고[入] 남[出]이 곧 변(變)의 짓[象]이라는 말이다. 들숨이 날숨이고 날숨이 들숨으로 이어지니 내 목숨 또한 일합일벽(一闔一闢)의 정동(靜動)이라는 '변(變)'이다. 그러니 온 우주(宇宙)에서 '변(變)' 그것은 왕(往)과 내(來)가 함께함이고, '화(化)'는 갈 것[往者]은 사라지고[去] 올 것[來者]이 드러나는[顯] 누천(屢遷)이다.

🈯 2. 반자도지동(反者道之動) 약자도지용(弱者道之用) 천하만물생어유(天下萬物生於有) 유생어무(有生於無) '다한다[窮]면 되돌아오는[反] 것은[者] 도의[道之] 움직임이고[動], 강한 것[强者]을 이기는 약한[弱] 것은[者] 도의[道之] 작용이다[用]. 온 세상[天下] 온갖 것은[萬物] 유(有)에서[於] 생기고[生] 유는(有) 무(無)에서[於] 생긴다[生].'

222. 불궁(不窮)의 통(通)

往來不窮謂之通이라. '가고[往] 옴이[來] 막히지 않음[不窮], 그것을[之] 통이라[通] 한다[謂].'

이는 일합일벽위지변(一闔一闢謂之變)을 다시 밝힌 것이다. '일합일벽(一

闔一闢)'을 '왕래(往來)'라고 풀이하고, '변(變)'을 '통(通)'이라고 풀이하고 있다. 그러니 '곤(坤)-건(乾)의 합(闔)-벽(闢)'을 '통(通)'이라고 밝히고 있다. 왕래불궁위지통(往來不窮謂之通) 역시 곤(坤)-건(乾) 즉 음(陰)-양(陽)을 왕래(往來)-출입(出入)하는 문(戶)을 빌려 일음일양(一陰一陽)의 생생(生生)을 풀이하고 있다. 왕래(往來) 그것은 곧 일합일벽(一闔一闢)이고 일음일양(一陰一陽)이며 생생(生生)이고, 이를 '통(通)'이라 한다. 가고[往]-오고[來]가 변(變)이고 통(通)이며, 오고[來] 가기[往] 또한 변(變)이고 통(通)이다. 일합일벽(一闔一闢)-일음일양(一陰一陽)-생생(生生)이란 음양(陰陽)이 왕래(往來)하는 변통(變通)이며, 이 또한 육효(六爻)의 누천(屢遷)으로 드러난다. 이러한 음양(陰陽) 왕래(往來)의 '통(通)'은 불궁(不窮) 즉 다함이 없다[不窮]. 그침 없는 왕래(往來)가 불궁(不窮)이고, 그 불궁(不窮)이 '변(變)'이고 '통(通)'이다. 만물(萬物)이 출입(出入)하는 문[戶]이 닫히고[闔] 열리고[闢], 따라서 열리고[闢] 닫힘[闔]의 쉼 없이 이어짐이 불궁(不窮)이고, 따라서 왕래(往來)가 막히지 않음[不窮]이 '역(易)의 변통(變通)'이다. 가고[往] 만다면 오지[來] 않음이니 이는 변(變)의 막힘[塞]이라 불통(不通)이고, 오다[來] 만다면 가지[往] 않음이니 그 또한 변(變)의 색(塞)이라 불통(不通)이다. '변(變)'의 막힘[塞]도 '궁(窮)'이고 '통(通)'의 색(塞) 또한 '궁(窮)'이라 한다. 궁색(窮塞)하면 배역(背易)이고 변통(變通)하면 순역(順易)이다. 그 변통(變通)이란 왕래(往來)가 내왕(來往)이 되고, 내왕(來往)이 왕래(往來)가 됨이 그치지 않음이다. 천지(天地)는 제 운행(運行)을 멈추지 않아 순간(瞬間)-순간으로 변통하여 누천(屢遷)할 뿐이다. 이처럼 '통(通)'이란 쉼 없이 변화(變化)함을 밝힌 말씀이 '왕래불궁위지통(往來不窮謂之通)'이다. 그래서 불궁(不窮)의 통(通)은 온갖 사물(事物)에 미치는 역(易)을 살피고[觀] 새겨[玩] 점(占)쳐 지변(知變)하여 지래(知來)하게 하는 통어(通語)가 된다.

223. 변통(變通)의 상(象)

見乃謂之象이라. '일합일벽(一闔一闢)을 드러냄[見] 곧[乃] 그것을[之] 짓이라[象] 한다[謂].'

이는 일합일벽(一闔一闢) 즉 변(變)-통(通)의 드러남[見]을 밝히고 있다. 현내위지상(見乃謂之象)의 '상(象)'은 천수상(天垂象)의 '상(象)' 바로 그것이고, 괘효상(卦爻象)의 '상(象)' 바로 그것이다. 일음일양(一陰一陽)-생생(生生)의 역(易)은 비장(秘藏)되어 불현(不見) 즉 드러나지 않음[不見]이 아니라 은밀(隱密)히 드러난다[見]. 그 '현(見)'을 '상(象)' 즉 '짓[象]'이라 한다. 그러므로 일합일벽(一闔一闢)의 '변(變)' 또는 왕래불궁(往來不窮)의 '통(通)'은 현내위지상(見乃謂之象)의 '상(象)'을 풀이해 주는 셈이다. 담 너머로 뿔이 보이면 소가 지나가고 있음을 알듯이 그렇게 음양(陰陽)의 '변(變)-통(通)'을 드러냄[見]이 '짓 상(象)'이다. 그러니 '상(象)'이란 멈춘 꼴[像]이 아니라 변(變)이 그침 없이 통(通)하여 화(化)하고 있음을 드러내는[見] 징조(微兆)이다. 꽃나무 가지 끝에 봉오리가 드러나면[見] 그 봉오리는 꽃이 필 조짐[象]이다. 따라서 화무십일홍(花無十日紅)이라 이는 핀 꽃이 질 조짐[象]도 된다. 이 온갖 것[萬物]에는 변(變)-통(通)-화(化)의 상(象)이 오롯이 꿰어 있음이다. 만물(萬物)을 '만상(萬象)'이라고 함은 변(變)-통(通)하는 짓[象]의 그물[網]을 빠져나갈 수 없음이다. 『노자(老子)』73장(章)에 나오는 '천망회회(天網恢恢) 소이불실(疏而不失)'이라는 말씀이 상기(想起)된다. 만물(萬物)에 두루 하는 변통(變通)의 짓[象]을 밝힌 말씀이 '현내위지상(見乃謂之象)'이다. 그래서 변통(變通)의 상(象)은 온갖 사물(事物)에 미치는 역(易)을 살피고[觀] 새겨[玩] 점(占)쳐 지변(知變)하여 지래(知來)하게 하는 통어(通語)가 된다.

註 천망회회(天網恢恢) 소이불실(疏而不失) '자연의[天] 그물은[網] 크고[恢] 커서[恢] 성글어도[疏而] 무엇 하나도 잃지 않는다[不失].' 불실(不失)은 무엇 하나도 새나가지 못함을 뜻한다.

224. 상형(象形)의 기(器)

形乃謂之器라. '변통(變通)의 짓[象]을 드러내는 몸[形] 곧[乃] 그것을[之] 그릇이라[器] 한다[謂].'

이는 현내위지상(見乃謂之象)의 '상(象)'을 밝히고 있다. 형내위지기(形乃謂之器)의 '기(器)'는 시흥신물(是興神物)의 '신물(神物)' 바로 그것이고, 역지상(易之象)을 형체(形體)로 드러내는 '괘(卦)-효(爻)' 바로 그것이다. 일음일양(一陰一陽)-생생(生生)의 역(易)은 비장(秘藏)되어 불현(不見) 즉 드러나지 않음[不見]이 아니라, 괘(卦)와 효(爻)하는 것[物]이 역지상(易之象)의 '상(象)' 즉 변통(變通)의 짓[象]을 몸[形]으로 드러나게[見] 하는 것[物]을 '기(器)'라 한다. 그래서 대성괘(大成卦)의 육효(六爻)는 역지상(易之象)의 '상(象)'을 담아 놓은 몸[形]이요 그릇[器]이다. 괘효(卦爻) 그것은 일음일양(一陰一陽)-생생(生生)이 왕래불궁(往來不窮)하는 변통지상(變通之象)을 담고 있는 형기(形器) 바로 그것이다. '상(象)' 즉 짓[象]만 있고 '형(形)' 즉 몸[形]이 없다면, '합내외지도(合內外之道)' 즉 안팎[內外]을 합일하는[合之] 도(道)가 이루어질 수 없음이다. 안팎을[內外] 하나로 하는[合] 이치[理]-가르침[敎]-방편[方]-말씀[言]을 은밀하게 짓하는[象之] 몸[形]이 되는 괘효(卦爻)의 기물(器物)이 마련돼 있기 때문에 천수상(天垂象) 즉 역지상(易之象)을 살필[觀] 수 있고, 그 '상(象)'을 본받아[法] 괘효(卦爻)에 매어 둔[繫] 성인(聖人)의 말씀[辭]을 새길[玩] 수 있고, 따라서 관변(觀變)하여 완점(玩占)할 수 있는 것이다. 이처럼 관상(觀象)하여 완사(玩辭)하고, 그리하여 관변(觀變)하여 완점(玩占)하게 하는 '변통지상형(變通之象形)'을 한 글자로 '기(器)'라고 한 것이다. 그 그릇[器]은 정형(定型) 즉 멈춘 꼴[定型]이 아니라 변통(變通)하여 새로 되는[化] 형기(形器)이다. 화무십일홍(花無十日紅)의 한 송이 꽃마저도 변통(變通)의 상(象)을 담고 있는 형기(形器)이니, 쉼 없이 자연[天地]이 변화(變化)하게 하는 짓[神]을 짓하는[象之] 신물(神物)인 셈이다. 그러니 음양(陰陽)의 짓[象]인 변통(變通)의 상(象)을 담고 있는 형기(形器)란 곧 신물(神物)인 괘효(卦爻)를 밝힌 말씀이 '형내위지기(形乃謂之器)'이다. 그래서 상형(象形)의 기(器)는 온갖 사물(事物)에 미치는 역(易)을 살피고[觀] 새겨[玩] 점(占)쳐 지변(知變)하여 지래(知來)하게 하는 통어(通語)가 된다.

註 형내위지기(形乃謂之器)의 '기(器)'를 천착(穿鑿)하자면 『노자(老子)』 28장(章)에 나오는 '박산즉위기(樸散則爲器)'를 상기(想起)하게 된다. 자연의 것[樸]이 쪼개져야[散] 기(器)가 된다[爲]는 말씀이 '기(器)'란 그냥 그대로 주어진 것이 아님을 깨우쳐 주기 때문이다. 여기서 형기(形器)의 '기(器)'란 음양(陰陽)의 짓[象]인 변통(變通)의 상(象)을 담고자 성인(聖人)이 천명(天命)을 본받아[法] 만들어 낸 것임을 간파(看破)할 수 있다. 그러므로 '음효(陰爻 : --)와 양효(陽爻 : —)'는 음양(陰陽)을 담고자 성인(聖人)이 만든[制] 기(器)이고, '노양(老陽 : ⚌)과 소음(少陰 : ⚍), 그리고 노음(老陰 : ⚏)과 소양(少陽 : ⚎)'은 사상(四象)을 담고자 성인(聖人)이 만든[制] 기(器)이고, '건(乾 : ☰)-태(兌 : ☱)-이(離 : ☲)-진(震 : ☳)-손(巽 : ☴)-감(坎 : ☵)-간(艮 : ☶)-곤(坤 : ☷)'은 팔괘(八卦)를 담고자 성인(聖人)이 만든[制] 기(器)이고, 팔괘(八卦)를 자승(自乘)하여 얻어진 54괘(卦) 역시 성인(聖人)이 만든[制] 기(器)인 것이다. '박산즉위기(樸散則爲器)'는 '박이[樸] 칼[刀]이나 도끼[斧]로 쪼개지면[散] 곧장[則] 기가[器] 된다[爲]'는 뜻이다. 여기서 '박(樸)'은 그냥 그대로의 것[物]을 말하고, '기(器)'는 인간이 칼[刀]이나 도끼[斧] 등의 연장을 가지고 다듬어 낸 것[物]을 말한다. 그러니 박산즉위기(樸散則爲器)에서 '박(樸)'은 자연(自然)이 낸 형기(形器)이고, '기(器)'란 인간(人間)이 만든[制] 형기(形器)임을 알 수 있다. 다만 인간의 형기(形器)는 입덕(入德)하게 하는 기물(器物) 즉 신물(神物)과 편리(便利)하게 하는 공기(工器)의 기물(器物)이 있음을 주목(注目)해야 한다. 그러므로 형내위지기(形乃謂之器)의 '기(器)'는 입덕(入德) 즉 신물(神物)의 '기(器)'이지 편리(便利)를 일삼는 기공(技工)의 '기(器)'는 아니다.

225. 제(制)-용(用)의 법(法)

制而用之謂之法이라. '신기(神器)를 만들어서[制而] 그것을[之] 이용함[用], 이를[之] 천명(天命)을 본받음이라[法] 한다[謂].'
제 이 용 지 위 지 법

이는 성인(聖人)이 어떻게 작역(作易)하여 어떻게 이역(以易)하는지를 밝히고 있다. 제이용지(制而用之)에서 '제(制)'는 '성인제기(聖人制器)'의 줄임이고, '용지(用之)'는 '성인용기(聖人用器)'의 줄임이다. 성인제기(聖人制器)의 '기(器)'는 장인제기(匠人制器)의 '기(器)'와 다르다. 성인(聖人)이 만든[制] 기(器)는 입덕(入德)의 기물(器物)이고, 장인(匠人)이 만든 기(器)는 일용(日用)의 기물(器物)인 까닭이다. 입덕(入德)의 기물(器物)은 신기(神器) 즉 '신물(神物)'이라 한다. '신물(神物)'이란 쓸[用] 때마다 변화(變化)를 짓해 주는[神] 물건(物件)을 말한다. 대성괘(大成卦) 64괘(卦)가 바로 그런 신물(神物) 즉 신기(神器)이다. 괘효지상(卦爻之象) 즉 괘효의[卦爻之] 짓[象]이 정(定)해 있지 않음은 같은 짓[象]을 결코 되풀이하지 않고 마주할 때마다 늘 새로 짓하기[象之] 때문이다. 그리고 괘효지사(卦爻之辭) 즉 괘효의[卦爻之] 말씀[辭]이 진술(陳述)의 말[語]이 아니라 언지(言志)의 말[言]이어서, 같은 뜻[志]을 결코 되풀이하지 않고 마주할 때마다 늘 새로 말하기[言之] 때문에 괘효사(卦爻辭)를 산문(散文)이 아니라 시구(詩句)로서 마주해야 하는 것이다. 그래서 성인(聖人)이 만들어[制] 쓰게[用] 한 '역(易) 즉 괘효(卦爻)'는 신물(神物)-신기(神器)가 된다. 장인(匠人)이 만든 기물(器物)은 정해진 한 가지 노릇밖에 못하기 때문에 날마다 한 가지로만 쓰는 용구(用具)일 뿐이어서 신물(神物)이 아니다. 칼은 칼 노릇만 하고, 송곳은 송곳 노릇만 하며, 가위는 가위 노릇만 하는 것이 장인(匠人)이 제작(制作)한 일용(日用)의 기물(器物)이다. 그러나 성인(聖人)이 만든[制] 역(易)이라는 괘효(卦爻)의 기물(器物)은 마주하는 사람마다 새로 짓하여[象之] 저마다의 심지소지(心之所之) 즉 마음이[心之] 가는 바[所之]인 뜻[志]을 새로 살펴[觀] 새기고[玩] 헤아려[擬] 따져[議] 가늠하라[斷]고 하는 것이다. 이러한 신물(神物)인 역(易) 즉 괘효(卦爻)라는 기물(器物)을 성인(聖人)이 자의(恣意)로 만든[制] 것이 아니라 자연의[天地之]의 도(道)를 본받아[法] 제(制)하여, 온 세상 온 사람이 쓰게[用] 하였음을 밝힌 말씀이 '제이용지위지법(制而用之謂之法)'이다. 그래서 제(制)-용(用)의 법(法)은 온갖 사물(事物)에 미치는 역(易)을 살피고[觀] 새겨[玩] 점(占)쳐 지변(知變)하여 지래(知來)하게 하는 통어(通語)가 된다.

226. 민함용(民咸用)의 신(神)

民咸用之謂之神 '백성이[民] 모두[咸] 그것을[之] 씀[用], 이를[之] 신물이라[神] 한다[謂].'

이는 성인(聖人)이 법천명(法天命) 즉 자연(天地)의 시킴[命]-가르침[命]을 본받아[法] 작역(作易)한 깊은 뜻을 밝히고 있다. 그리고 성인(聖人)이 이역(以易) 즉 역(易)의 씀[以]을 비장(秘藏)의 참[讖] 즉 비결(秘訣)로 한 것이 아님을 '민함용지(民咸用之)'로써 알 수 있다. 그리고 '민함용지(民咸用之)'로써 민(民) 즉 온 세상 온 사람이 그 역(易)을 '언제 어디서나[出入] 편리하게 쓰게[利用] 함'이 곧 성인(聖人)의 이역(以易)임을 여기서 알 수 있다. 따라서 역(易)의 괘효상(卦爻象)-괘효사(卦爻辭)가 숨겨 두고 혼자만 쓰는[秘訣] 짓[象]도 아니고 말씀[辭]도 아님을 알 수 있다. '민함용지(民咸用之)', 이는 '민함용신기(民咸用神器)' 즉 '민함용역(民咸用易)'이다. 만약 역(易)이 비장(秘藏)의 참(讖)이라면 신기(神器)가 될 수 없고, 따라서 신물(神物)일 수 없다. 어느 사람한테만 통(通)하고 어느 사람한테는 통하지 않는 것[物]이라면 그것은 비결(秘訣)의 참(讖)이지 신물(神物)일 수 없다. 역(易)이라는 신물(神物)은 온 사람으로 하여금 만사(萬事) 즉 온갖 일[萬事]을 관변(觀變)하게 해 지변(知變)하게 하고, 지변(知變)하게 해 지래(知來)하게 하는 신기(神器)이다. 그래서 '민함용지(民咸用之)'가 『중용(中庸)』에 나오는 '곡능유성(曲能有誠)'이라는 말씀을 상기(想起)시킨다. 미세한 것[曲]에도 능히 성(誠)이 있다[有]

고 함은 자연[天地]의 것[物]이면 그 무엇에든 천지도(天之道) 즉 자연의[天地] 도(道)가 깃들어 있어 신물(神物)이 된다. 이는 곧 천명(天命)을 좇는 것이라면 어느 것 하나 신물(神物) 아닌 것이 없음을 뜻한다. 성인(聖人)이 만든 역(易)은 인간이 만들어 낸 자동차 같은 것이 아니라는 말이다. 사서 마시는 '생수(生水)' 같은 것은 법천명(法天命)하여 제(制)한 물건이 아니라 법기능(法技能)하여 만들어 낸[制] 물건일 뿐이다. 산천(山川)에 흐르는 생수(生水)는 민함용(民咸用)의 신물(神物)이지만, 공장에서 만들어진 생수(生水)는 신물(神物)일 수 없는 것은 돈을 주고 사야 마실 수 있기 때문이다. 법천명(法天命)의 물(物)은 신물(神物)이지만 법기능(法技能)의 물(物)은 신물(神物)이 아니다. 그러므로 민함용지위지신(民咸用之謂之神)의 '지(之)'는 천지(天地)를 본받는[法] 신물(神物)을 나타내는 지시어(指示語)이고, '신(神)'은 그 신물(神物)이 신통(神通) 즉 걸림 없고 쉼 없이 변화하게 하여 통하게 함을 뜻한다. 온갖 목숨[生命]은 자연[天地]의 신물(神物)을 써야 삶을 누릴 수 있듯이 역(易) 또한 그런 신물(神物)임을 '민함용지위지신(民咸用之謂之神)'이라는 말씀으로 알 수 있다. 성인(聖人)이 만든 '신물(神物)'로 역(易)은 온 사람이 모두 언제 어디서나 편리하게 이용하여 만사(萬事)를 살펴[觀] 새기고[玩] 헤아려[擬] 따지고[議] 가늠해[斷] 지변(知變)하여 지래(知來)하게 하는 신물(神物)임을 밝힌 말씀이 '민함용지위지신(民咸用之謂之神)'이다. 그래서 민함용(民咸用)의 신(神)은 온갖 사물(事物)에 미치는 역(易)을 살피고[觀] 새겨[玩] 점(占)쳐 지변(知變)하여 지래(知來)하게 하는 통어(通語)가 된다.

註 곡능유성(曲能有誠) '곡에도[曲] 성이[誠] 능히[能] 있다[有].' 곡능유성(曲能有誠)에서 '곡(曲)'은 미세(微細)하여 작디작은 것[物]을 뜻하고, '성(誠)'은 천지도(天之道) 즉 자연[天]의 이치와 가르침[道]을 한 자(字)로 말 한 것이다.

227. 태극(太極)과 양의(兩儀)

易有太極 是生兩儀라. '역에는[易] 태극이[太極] 있고[有], 태극이[是] 양의를[兩儀] 낳는다[生].'

이는 성인(聖人)이 어떻게 작역(作易)했는지 그 근거(根據)를 살펴[觀] 새기고[玩] 헤아려[擬] 가늠하게[斷] 한다. 성인작역(聖人作易)이라고 할 때 그 '작역(作易)'이란 성인(聖人)이 자의(自意)로 역(易)을 만들었음[作]이 아니라 천수상(天垂象) 즉 자연[天地]이 드리운[垂] 상(象) 즉 '짓[象]'을 본받아[法] 역(易)을 지었음[作]을 또한 여기서 알아차릴 수 있다. 나아가 역유태극(易有太極)의 '태극(太極)'과 시생양의(是生兩儀)의 '양의(兩儀)'는 『노자(老子)』1장(章)에 나오는 '상무욕이관기묘(常無欲以觀其妙) 상유욕이관기요(常有欲以觀其徼)'를 상기(想起)키기기도 하고, 『노자(老子)』 42장(章)에 나오는 '도생일(道生一) 일생이(一生二) 이생삼(二生三) 삼생만물(三生萬物)'을 떠올리게[想起] 한다. 왜냐하면 역유태극(易有太極)의 '태극(太極)'은 도생일(道生一)의 '일(一)'을 상기(想起)시키고, 시생양의(是生兩儀)의 '양의(兩儀)'는 '일생이(一生二)'의 '이(二)'를 떠올리게[想起] 하기 때문이다. 그리고 상무욕이관기묘(常無欲以觀其妙)의 '묘(妙)'는 '도생일(道生一)의 살핌[觀]'을 깊이 새기고[玩] 헤아려[擬] 가늠하게[斷] 하여 '태극(太極)'을 새기고[玩] 헤아려[擬] 믿게[信] 하고, 상유욕이관기요(常有欲以觀其徼)의 '요(徼)'는 '일생이(一生二)-이생삼(二生三)-삼생만물(三生萬物)의 살핌[觀]'을 깊이 새기고[玩] 헤아려[擬] 가늠하게[斷] 하여 '양의(兩儀)'를 새기고[玩] 헤아려[擬] 관변(觀變)하여 지래(知來)하게 하기 때문이다. 도생일(道生一)은 하나[一]를 낳아[生] 하나[一]가 생김[生]을 말한다. 생(生)이란 곧 변화(變化)로 이어지는 까닭으로 '생생(生生)한다'라고 하는 것이다. 그래서 역유태극(易有太極) 즉 역(易)에는 태극(太極)이 있다[有]고 한 것이다. 이는 태극(太極)으로부터 역(易)이 비롯됨을 말해 준다. 역(易)

의 시원(始原)인 태극(太極)은 '묘(妙)하다'. '묘(妙)'란 드러나지 않음[不顯]이
다. '태극(太極)은 관기묘(觀其妙)의 것'이므로 '태극(太極)'을 살펴[觀] 새기고
[玩] 헤아려[擬] 가늠하는[斷] 데 드러나기를 바라지 마라 함이 '관이상무
욕(觀以常無欲)'인 것이다. 그러나 태극(太極)이 낳는[生] '양의(兩儀)는 관기요
(觀其徼)의 것'이다. '요(徼)'는 도생일(道生一)의 일(一) 즉 태극(太極)으로 말미
암아 생기는[生] '일생이(一生二)-이생삼(二生三)-삼생만물(三生萬物)'은 드러
남[顯]이다. '일생이(一生二)-이생삼(二生三)-삼생만물(三生萬物)'로 드러나는
순환(循環)을 한 자(字)로 밝힘이 곧 '요(徼)'인 셈이다. 여기서 '시생천지(是
生天地)'라 않고 '시생양의(是生兩儀)'라고 밝힌 것은 천지(天地)가 사상(四象)
을 낳는 몸[體]임을 살펴[觀] 새기고[玩] 헤아려[擬] 가늠하게[斷] 함이고, 동
시에 '태극(太極)이 짓는 첫 번째 역(易) 즉 생(生)인 변화(變化)'를 밝힌 말씀
이 '역유태극(易有太極) 시생양의(是生兩儀)'이다. 그래서 태극(太極)과 양의(兩
儀)는 온갖 사물(事物)에 미치는 역(易)을 살피고[觀] 새겨[玩] 점(占)쳐 지변
(知變)하여 지래(知來)하게 하는 통어(通語)가 된다.

228. 양의(兩儀)와 사상(四象)

兩儀生四象이라. '양의가[兩儀] 사상을[四象] 낳는다[生].'
 이는 음양(陰陽)의 생생(生生) 즉 변화(變化)를 말한다. 음양(陰陽)의 변화
(變化)를 성인(聖人)이 견색(見賾)하여 사상(四象)이 생(生)함을 찾아냈음[見]
을 뜻한다. 물론 양의생사상(兩儀生四象)은 '천지품사상(天地稟四象)'으로 새
겨 헤아려도 된다. 양의(兩儀)란 천지(天地)를 말하기 때문이다. 천지(天地)
가 내려 준[稟] 것이 사상(四象)인지라 그 사상(四象)을 '금목수화(金木水火)
또는 음양강유(陰陽剛柔)'로 일컫기도 한다. 그러나 역유사상(易有四象)이라

고 할 때 그 '사상(四象)'이란 음(陰)이 변화(變化)하여 낳은[生] 노음(老陰)-소양(少陽)과 양(陽)이 변화(變化)하여 생(生)한 노양(老陽)-소음(少陰)을 보임(象)이다. 이를 본받아[法] 성인(聖人)이 노음(老陰)의 '상(象 : ==)'을 짓고, 소양(少陽)의 '상(象 : ==)'을 지었으며, 노양(老陽)의 '상(象 : =)'을 지었고, 소음(少陰)의 '상(象 : ==)'을 지었다. 사상(四象)은 곧 '사시(四示)'인 셈이다. 그리고 '노음(老陰)은 육(六)-소양(少陽)은 칠(七)-소음(少陰)은 팔(八)-노양(老陽)은 구(九)'라 하여 사상(四象)을 수(數)로 밝히기도 하고, '노양(老陽)-소음(少陰)'을 봄(春), '소음(少陰)-소양(少陽)'을 여름(夏), '소음(少陰)-소양(少陽)'을 가을(秋), '소양(少陽)-노음(老陰)'을 겨울[冬] 등 사계(四季)로 밝히기도 한다. 따라서 음(陰)-양(陽)의 생생(生生)을 보여 주는[象] 노음(老陰)-소양(少陽)-노양(老陽)-소음(少陰)을 밝힌 말씀이 '양의생사상(兩儀生四象)'이다. 그래서 양의(兩儀)와 사상(四象)은 온갖 사물(事物)에 미치는 역(易)을 살피고[觀] 새겨[玩] 점(占)쳐 지변(知變)하여 지래(知來)하게 하는 통어(通語)가 된다.

229. 사상(四象)과 팔괘(八卦)

四象生八卦라. '사상이[四象] 팔괘를[八卦] 낳는다[生].'
　사　상　생　팔　괘

이는 사상(四象)의 생생(生生) 즉 변화(變化)를 말한다. 사상(四象)의 변화(變化)를 성인(聖人)이 견색(見賾)하여 팔괘(八卦)가 생(生)함을 찾아냈음[見]을 뜻한다. 물론 사상생팔괘(四象生八卦)는 '사상품팔괘(四象稟八卦)'로 새겨 헤아려도 된다. 양의(兩儀)-사상(四象)은 물상(物象)을 보여 주지 않지만, 팔괘(八卦)는 물상(物象)을 보여 준다. 사상(四象)의 변화(變化)를 성인(聖人)이 견색(見賾)하여 팔괘(八卦)가 생(生)함을 찾아냈음[見]을 뜻하기도 한다. 생팔괘(生八卦)의 '생(生)'이란 노양(老陽)이 변화(變化)하여 건(乾)-태(兌)를 낳고

[生], 소음(少陰)이 변화(變化)하여 이(離)-진(震)을 낳고[生], 소양(少陽)이 변화(變化)하여 손(巽)-감(坎)을 낳고[生], 노음(老陰)이 변화(變化)하여 간(艮)-곤(坤)을 낳음[生]을 뜻한다. 팔괘(八卦)의 '괘(卦)'는 '걸어 보일 게(揭)'와 같다. 그래서 팔괘(八卦)란 음(陰)-양(陽)의 의표(儀表)인 효(爻)를 셋씩 하여 음의(陰儀 : --)는 땅[地]의 기운(氣) 즉 귀(鬼)로 하고, 양의(陽儀 : ―)는 하늘[天]의 기(氣) 즉 신(神)으로 하며, 남은 하나로는 음의(陰儀)이든 양의(陽儀)이든 사람(人)의 것으로 하여 삼재(三才)를 나타내 팔괘(八卦)가 된다. 팔괘(八卦)는 '물(物)-인(人)-덕(德)-방(方)'을 나타내기도 한다. 이와 같은 팔괘(八卦)가 사상(四象)으로 말미암아 생김[生]을 밝힌 말씀이 '사상생팔괘(四象生八卦)'이다. 그래서 사상(四象)과 팔괘(八卦)는 온갖 사물(事物)에 미치는 역(易)을 살피고[觀] 새겨[玩] 점(占)쳐 지변(知變)하여 지래(知來)하게 하는 통어(通語)가 된다.

註 음양(陰陽)의 사상(四象)은 사계(四季)를 나타내기도[示] 한다. '노양(老陽)-소양(少陽)은 춘(春)'-'소음(少陰)-소양(少陽)은 하(夏)'-'소음(少陰)-소양(少陽)은 추(秋)'-'소양(少陽)-노음(老陰)은 동(冬)'을 나타낸다. 팔괘(八卦)는 '건(乾 : ☰)-태(兌 : ☱)-이(離 : ☲)-진(震 : ☳)-손(巽 : ☴)-감(坎 : ☵)-간(艮 : ☶)-곤(坤 : ☷)'을 말한다. 팔괘(八卦)는 '물(物)-인(人)-덕(德)-방(方)' 등을 나타낸다. 건(乾 : ☰)이 나타내는 물(物)은 '천(天) 즉 하늘'이고, 인(人)은 '부(父) 즉 아버지'이며, 덕(德)은 '건(健) 즉 강건'이고, 방(方)은 '서북(西北)'이고, 사상(四象)은 노양(老陽)이다. 태(兌 : ☱)가 나타내는 물(物)은 '택(澤) 즉 연못'이고, 인(人)은 '소녀(少女)'이며, 덕(德)은 '열(說) 즉 기쁨'이고, 방(方)은 '서(西)'이고, 사상(四象)은 소음(少陰)이다. 이(離 : ☲)가 나타내는 물(物)은 '화(火) 즉 불'이고, 인(人)은 '중녀(中女)'이며, 덕(德)은 '여(麗) 즉 고움'이고, 방(方)은 '남(南)'이고, 사상(四象)은 소음(少陰)이다. 진(震 : ☳)이 나타내는 물(物)은 '뇌(雷) 즉 우레'이고, 인(人)은 '장남(長男)'이며, 덕(德)은 '동(動) 즉 움직임'이고, 방(方)은 '동(東)'이고, 사상(四象)은 소양(少陽)이다. 손(巽 : ☴)이 나타내는 물(物)은 '풍(風) 즉 바람'이고, 인(人)은 '장녀(長女)'이며, 덕(德)은 '입(入) 즉 들임'이고, 방(方)은 '동남(東南)'이고, 사상(四象)은 소음(少陰)이다. 감(坎 : ☵)이 나타내는 물(物)은 '수(水) 즉 물'이고, 인(人)은 '중남(中男)'이며, 덕(德)은 '함(陷) 즉 빠짐'이고, 방(方)은 '북(北)'이고, 사상(四象)은 소양(少陽)이다. 간(艮 : ☶)이 나타내는 물(物)은 '산(山) 즉 뫼'이고, 인(人)은 '소남(少男)'이며, 덕(德)은 '지(止) 즉 멈춤'이고, 방(方)은 '동북(東北)'이고, 사상(四象)은 소양(少陽)이다. 곤(坤 : ☷)이 나타내는 물(物)은 '지(地) 즉 땅'이고, 인

(人)은 '모(母) 즉 어머니'이며, 덕(德)은 '순(順) 즉 따름'이고, 방(方)은 '서남(西南)'이고, 사상(四象)은 노음(老陰)이다.

230. 팔괘(八卦)와 길흉(吉凶)

八卦定吉凶이라. '팔괘는[八卦] 길흉을[吉凶] 가늠케 한다[定].'
　팔괘정길흉(八卦定吉凶)은 '팔괘정육십사괘(八卦定六十四卦)'를 새겨 헤아리게 하는 말씀이다. 팔괘(八卦)가 자승(自乘)되어 64괘(卦)가 정(定)해진다. 그래서 팔괘(八卦)를 '신괘(神卦)'라고 한다. 길흉(吉凶)을 살펴[觀] 새기고[玩] 헤아려[擬] 가늠하게[斷] 하는 64괘(卦)가 팔괘(八卦)로써 정(定)해진 신물(神物)이기 때문에 팔괘정길흉(八卦定吉凶)이라고 밝힐 수 있는 것이다. 이는 팔괘(八卦)의 일[事]을 말한다. 양의(兩儀)-사상(四象)은 천지(天地)의 일[事]이어서 길흉(吉凶)이 없지만 팔괘(八卦) 즉 소성괘(小成卦)를 이루는 삼효(三爻)가 천지인(天地人)의 일[事]을 게시(揭示)하고 있어 사람의 일(人事)이 끼어듦으로 말미암아 길흉(吉凶)이 정(定)해짐을 알 수 있게 된다. 따라서 천지(天地)의 일[事]에는 인간의 길흉(吉凶)이 없지만 천지(天地)의 일[事]과 인간사(人間事)가 함께 하는 소성괘(小成卦)의 괘효상(卦爻象)이 길흉(吉凶)을 정(定)한다는 것이다. 하지만 '팔괘정길흉(八卦定吉凶)의 정(定)'을 저마다 스스로 새겨 헤아리고 가늠해야 하는 것이다. '팔괘(八卦)가 길흉(吉凶)을 정(定)한다 함은 '팔괘(八卦)가 인간에게 길흉(吉凶)을 정(定)해 준다'는 것이 아니고, '인간이 팔괘(八卦)의 도(道)를 좇아 따르면[順] 길(吉)이 정(定)해지고, 외면하고 어기면[逆] 흉(凶)이 정(定)해진다'는 말씀이다. 팔괘(八卦)가 길흉(吉凶)을 정(定)함이란 천지지도(天地之道)와 인지도(人之道)가 함께하고 있기 때문이다. 자연[天地]에 길흉(吉凶)이란 본래 없다. 오로지 인간 때문에 매사(每事)에 길흉(吉凶)이 생기는 것이고, 인간이 천지지도(天地之道)를 순(順)한다면 팔괘(八卦)는 길(吉)을 정(定)해 주고, 어긴다[逆]면 흉(凶)을 정(定)해 줄 뿐임을 명심(銘心)해야 한다. 소성괘(小成卦) 삼효(三爻)의 위(位)는 정위(定位)이지 천위(遷位)가 아니기 때문에 '팔괘정길흉(八卦定吉凶)'이라고 밝힌 것이다. 그러나 대성괘(大成卦) 육효(六爻)의 위(位)는 정위(定位)가 아니라 천위(遷位)이기 때문에「계사전(繫辭傳) 하(下)」12단락(段落)에 '길흉이정천(吉凶以情遷)'이라는 말씀이 나온다. 대성괘(大成卦)에서는 길흉이[吉凶] 실정을[情] 이용하여[以] 옮겨지지만[遷] 소성괘(小成卦) 팔괘(八卦)의 삼효(三爻)는 정위(定位)이기에 길흉(吉凶)이 정(定)해짐을 밝힌 말씀이 '팔괘정길흉(八卦定吉凶)'이다. 그래서 팔괘(八卦)와 길흉(吉凶)은 온갖 사물(事物)에 미치는 역(易)을 살피고[觀] 새겨[玩] 점(占)쳐 지변(知變)하여 지래(知來)하게 하는 통어(通語)가 된다.

231. 길흉(吉凶)과 대업(大業)

吉凶生大業이라. '길흉이[吉凶] 대업을[大業] 낳는다[生].'
길흉생대업
이는 천지(天地)가 인간에게 길흉(吉凶)을 매겨 주는 것이 아니라 인간 때문에 길흉(吉凶)이 따라 생김을 말한 것이다. 인간의 처사(處事)들이 오로지 길흉(吉凶)을 자아낼 뿐임을 사무친다면 '대업(大業)'을 헤아려 볼 수 있을 것이다. 그러면 길흉생대업(吉凶生大業)의 '대업(大業)'을 인간의 삶[人生]으로 새길 수 있게 된다. 인간은 저마다 삶[生]을 늘 행(幸)-불행(不幸)으로 나누어 저울질하려는 데서 온갖 사욕(私欲)이 소용돌이친다. 사람[人]이 자연(自然)과 같이 무사(無思)-무위(無爲)하다면 인간사(人間事)에도 길흉(吉凶)이란 없을 터이다. 그러나 인간은 무사(無思)-무위(無爲)가 화신(化神)

의 이치[道]임을 알면서도 그 길[無欲]을 한사코 어기려 한다. 그래서『노자(老子)』19장(章)에 '견소포박(見素抱樸) 소사과욕(少私寡欲)'[주1]이라는 말씀이 나오는 것이다. 그러나 인간은 소사과욕(少私寡欲)을 거역하고 끝없이 다사과욕(多私過欲)하고자 하기 때문에 만사(萬事)에서 길흉(吉凶)이 생기는 것이다. 소사과욕(少私寡欲)의 삶이라면 그 대업(大業)은 길(吉)할 것이고 다사과욕(多私過欲)의 삶[大業]이라면 그 대업(大業)은 흉(凶)할 것임을 깨우친다면 길흉생대업(吉凶生大業)은 길생대업(吉生大業)만으로 족할 것이다. 그러나 넘치는[過] 욕심[欲] 탓으로 인생(人生)은 길흉(吉凶)의 득실(得失)을 벗어나지 못한다. 그래서『장자(莊子)』「인간세(人間世)」에 '복경호우(福輕乎羽) 막지지재(莫之知載) 화중호지(禍重乎地) 막지지피(莫之知避)'[주2]라는 말이 나온다. 이런 말씀도 성인(聖人)이 밝힌 길흉생대업(吉凶生大業)이라는 역지도(易之道)를 따라 생긴 것이다. 그러나 인간이 흉(凶)을 피(避)하고 길(吉)을 추(趣)하려고 무사(無私)-무욕(無欲)-무아(無我)의 삶을 누리고자 함이야말로 대업(大業)임을 밝힌 말씀이 '길흉생대업(吉凶生大業)'이다. 그래서 길흉(吉凶)과 대업(大業)은 온갖 사물(事物)에 미치는 역(易)을 살피고[觀] 새겨[玩] 점(占)쳐 지변(知變)하여 지래(知來)하게 하는 통어(通語)가 된다.

註 1. 견소포박(見素抱樸) 소사과욕(少私寡欲) '자연 그대로를[素] 살펴[見] 자연 그대로를[樸] 안아[抱] 내 몫을[私] 적게 해[少] 욕심을[欲] 줄인다[寡].' '소(素)'와 '박(樸)'은 같은 의미로 자연 그대로임을 뜻한다.

註 2. 복경호우(福輕乎羽) 막지지재(莫之知載) 화중호지(禍重乎地) 막지지피(莫之知避) '행복은[福] 깃털[羽]보다[乎] 가볍지만[輕] 그것을[之] 가질 줄[載] 모르고[莫知], 불행은[禍] 땅덩이[地]보다[乎] 무겁지만[重] 그것을[之] 피할 줄[避] 모른다[莫知].'

232. 천지(天地)와 법상(法象)

　　法象莫大乎天地라. '변화의 조짐을[象] 본받기로는[法] 천지(天地)보
　　법 상 막 대 호 천 지
다 더[乎] 좋은 것은[大] 없다[莫].'

　이는 길흉생대업(吉凶生大業)의 '대업(大業)'을 살펴 새기고 헤아려 가늠하게 하는 말씀이다. '길생(吉生)의 대업(大業)'을 바란다면 천지(天地) 즉 자연의 짓[象]을 본받기[法]하라고 함이 '법상막대호천지(法象莫大乎天地)'이다. 천지(天地)의 짓[象]을 본받기[法]한다고 함은 무사(無思)-무위(無爲)의 짓[象]을 본받고[法], 따라서 대동(大同)의 짓[象]을 본받음[法]이다. 그렇기 때문에 길생대업(吉生大業)의 짓[象]을 본받기[法]로는 천지(天地)보다 더 좋은 것이[大] 없다[莫]고 한다. 자연[天地]의 무사(無思)-무위(無爲)를 본받는다[法]면 대업(大業)을 길(吉)하게 할 것이고, 그렇지 않다면 흉(凶)하게 할 것이다. 이렇기 때문에『장자(莊子)』「천운(天運)」편(篇)에 나오는 '천지수대(天地雖大) 기화균야(其化均也) 만물수다(萬物雖多) 기치일야(其治一也)'라는 말씀이 상기(想起)된다. 매사(每事)가 신통(神通) 즉 무궁(無窮)하여 길(吉)하기를 바란다면, 천지(天地)의 짓[象]을 본받아[法] 허정(虛靜)해야 함을 밝힌 말씀이 '법상막대호천지(法象莫大乎天地)'이다. 그래서 천지(天地)와 법상(法象)은 온갖 사물(事物)에 미치는 역(易)을 살피고[觀] 새겨[玩] 점(占)쳐 지변(知變)하여 지래(知來)하게 하는 통어(通語)가 된다.

註 천지수대(天地雖大) 기화균야(其化均也) 만물수다(萬物雖多) 기치일야(其治一也)
　'비록[雖] 천지가[天地] 크지만[大] 그[其] 변화는[化] 한 결[均]이고[也], 비록[雖] 만물이[萬物] 잡다하나[多] 그[其] 다스려짐은[治] 한 결[一]이다[也].'

233. 변통(變通)과 사시(四時)

變通莫大乎四時라. '변통에는[變通] 사철[四時]보다 더[乎] 좋은 것은
변 통 막 대 호 사 시
[大] 없다[莫].'

　이는 천지(天地)가 드리워 주는[垂] 변통(變通)의 짓[象]을 '사시(四時)' 즉 춘하추동(春夏秋冬)을 들어 풀이하고 있다. 여기서 '변통(變通)'이란 '변화지통(變化之通)'의 줄임이다. 변하고[變] 화하는[化之] 열림[通]을 줄여 그냥 '변통(變通)'이라 한 것이다. 변화(變化)의 변(變)은 왕자(往者)와 내자(來者)가 함께함이고, 화(化)는 갈 것[往者]은 가 버리고 올 것[來者]만 드러나[顯] 새로 되어[化] 열림[通]이다. 본래 좋은 일[吉事]이란 쉼 없이 변하여[變] 새로 되는[化] 열림[通]이다. 꽉 막혀[窮] 멈춰[滯] 있으면 변통(變通)이 없다. 이처럼 궁색(窮塞)한 일을 두고 흉(凶)하다고 한다. 이 땅에 사는 초목(草木)은 적도(赤道)에서 사는 초목과는 달리 봄이 여름으로 여름은 가을로 가을은 겨울로 이렇게 변하여[變] 새로 됨[化]이 열려[通] 가고[往] 옴[來]이 이어져야 철 따른 명맥(命脈)을 누린다. 인간사(人間事) 역시 상황(狀況) 따라 변화(變化)해서 열려야지[通] 흉(凶)할 것도 길(吉)로 이어진다. 변통(變通)할 줄 모르는 소인(小人)의 일[事]이 궁색(窮塞)해지는 것은 불운(不運) 탓이 아니라 당연히 그렇게 되는 이치(理致)에 따른 흉(凶)이다. 매사(每事) 변통지사(變通之事) 아닌 것이란 없다. 그렇기 때문에 '통변지위사(通變之謂事)' 즉 통하여[通] 변화함[變]을 일이라[事] 하는[謂] 것이다. 춘하추동(春夏秋冬)이야말로 반자(反者)의 변통(變通)을 본받게[法] 한다. 변통(變通)의 짓[象]을 본받기[法]로는 사시(四時)의 짓[象]을 본받는 것[法]보다 더 좋은[大] 본보기가 없음을 밝힌 말씀이 '변통막대호사시(變通莫大乎四時)'이다. 그래서 변통(變通)과 사시(四時)는 온갖 사물(事物)에 미치는 역(易)을 살피고[觀] 새겨[玩] 점(占)쳐 지변(知變)하여 지래(知來)하게 하는 통어(通語)가 된다.

234. 현상(縣象)과 일월(日月)

縣象著明莫大乎日月이라. '짓을[象] 걸어[縣] 드러내[著] 밝힘에[明]
  현 상 저 명 막 대 호 일 월
일월(日月)보다 더[乎] 좋은 것은[大] 없다[莫].'

이 또한 천지(天地)가 드리워 주는[垂] 변통(變通)의 짓[象]을 '일월(日月)'
즉 일월성신(日月星辰)을 들어 풀이하고 있다. 현상저명(縣象著明)의 '상(象)'
은 물론 '변통지상(變通之象)'의 줄임이다. 천지(天地)가 보여 주는 변하고
[變] 화하는[化之] 열림[通]의 짓[象]을 일월(日月)로 들어 풀이하고 있다. 그
러니 현상저명(縣象著明)은 변통(變通)의 짓[象]을 공중에 걸어서[縣] 드러내
[著] 밝힘을[明] 본받기[法]함의 본보기로 일월(日月)을 예(例)로 든 것이다.
현상(縣象)의 현(縣)은 여기선 '들어 보일 수(垂)'와 같고, 드러내[著] 밝히는
[明] 변통(變通)의 짓[象]을 본받기[法]라면 일월(日月)보다 더 좋은 것이 없
음을 밝힌 말씀이 '현상저명막대호일월(縣象著明莫大乎日月)'이다. 그래서 현
상(縣象)과 일월(日月)은 온갖 사물(事物)에 미치는 역(易)을 살피고[觀] 새겨
[玩] 점(占)쳐 지변(知變)하여 지래(知來)하게 하는 통어(通語)가 된다.

235. 숭고(崇高)와 부귀(富貴)

崇高莫大乎富貴라. '높음을 받듦에는[崇高] 부귀(富貴)보다 더[乎] 좋
  숭 고 막 대 호 부 귀
은 것은[大] 없다[莫].'

이는 인간이 숭고(崇高) 즉 높이 받드는[崇高] 것을 숨김없이 밝히고 있
다. 부귀(富貴)가 곧 인간에게 숭고(崇高)한 것이다. 물론 현인(賢人)은 부귀
(富貴)를 초개(草芥)처럼 여기지만, 인간에게 부귀(富貴)는 숭고(崇高)한 것
으로 받들어진다. 부귀(富貴)의 '부(富)'는 가재(家財)가 풍요(豊饒)함을 말하

고, '귀(貴)'는 녹위(祿位)가 창성(昌盛)함을 말한다. 이러한 부귀(富貴)를 가리켜 『논어(論語)』「이인(里仁)」에서 '부여귀시인지소욕야(富與貴是人之所欲也)'[1]라고 공자(孔子)께서 밝혔다. 그러나 부귀(富貴)가 진정 왜 숭고(崇高)한지 깨치자면 『노자(老子)』 9장(章)에 나오는 '부귀이교(富貴而驕) 자유기구(自遺其咎)'[2]를 살펴 헤아려야 한다. 숭고(崇高)한 부귀(富貴)가 비천(卑賤)한 부귀(富貴)로 흉(凶)해질 수 있는 것이다. 숭고(崇高)는 귀현(貴顯)을 뜻한다. 귀함이[貴] 드러남[顯]이 곧 숭고(崇高)이다. 숭고(崇高)의 짓[象]을 본받기[法]라면 부귀(富貴)보다 더 좋은 것[大]이 없다[莫]는 말씀은 그 부귀(富貴)가 반드시 '불교(不驕)의 부귀(富貴)'여야 하는 것이다. 교만(驕慢)의 부귀(富貴)라면 그것은 숭고(崇高)할 수 없고, 오로지 비천(鄙賤)한 것일 뿐이다. 무구(無咎) 즉 더러움[咎]이 없는[無] 부귀(富貴)라야 숭고(崇高)의 짓[象]을 본받는[法] 부귀(富貴)임을 밝힌 말씀이 '숭고막대호부귀(崇高莫大乎富貴)'이다. 그래서 숭고(崇高)와 부귀(富貴)는 온갖 사물(事物)에 미치는 역(易)을 살피고[觀] 새겨[玩] 점(占)쳐 지변(知變)하여 지래(知來)하게 하는 통어(通語)가 된다.

註 1. 부여귀시인지소욕야(富與貴是人之所欲也) '부(富)와[與] 귀(貴), 이것은[是] 사람들이[人之] 바라는[欲] 것[所]이다[也].'

註 2. 부귀이교(富貴而驕) 자유기구(自遺其咎) '부귀하면서[富貴而] 교만하다면[驕] 스스로[自] 제[其] 허물을[咎] 남긴다[遺].'

236. 성인(聖人)과 비물(備物)

備物致用 立成器 以爲天下利 莫大乎聖人이라. '기물을[物] 갖추어[備] 쓰임을[用] 베풀고[致], 기물을[器] 즉시 완성함을[立成] 써[以] 천

하의[天下] 이로움을[利] 본받기에는[爲] 성인(聖人)보다 더[乎] 좋은 것이[大] 없다[莫].'

이는 온 세상이 성인(聖人)을 본받는[法] 까닭을 밝히고 있다. 성인(聖人)은 오로지 온 세상의 편리(便利)를 위하여 비물(備物)하여 치용(致用)하고 때에 맞춰 즉각 기물(器物)을 완성(完成)할 뿐이다. 성인(聖人)은 사리(私利)-사욕(私欲)으로 사용(私用)하고자 비물(備物)하지도 않고 치용(致用)하지 않으며 입성기(立成器)하지도 않는다. 예를 들자면 성인(聖人)의 작역(作易)과 같은 것[物]이 곧 성인(聖人)의 비물(備物)-치용(致用)이다. 성인(聖人)이 자신만 쓰려고 천수상(天垂象)의 '상(象) 즉 변화하게 하는 짓[象]'을 본받아[法] 설괘(設卦)하고 괘사(卦辭)한 것은 아니다. 오로지 천하리(天下利) 즉 온 세상[天下]의 이익[利]을 위하여 괘(卦)를 베풀고[設] 효(爻)를 베풀고[設], 나아가 그 괘효(卦爻)에 천수상(天垂象)의 '상(象)'을 살펴[觀] 새기고[玩] 헤아려[擬] 가늠하게[斷] 하고자 말[辭]을 매어 둔[繫] 것[物]을 상기(想起)한다면, 왜 성인(聖人)의 비물치용(備物致用)을 본받아야[法] 하는지 그 까닭을 간파할 수 있다. 비물치용(備物致用)의 '치용(致用)'은 '공인리용(供人利用)' 즉 사람들에게[人] 쓰일[用] 바[所]를 제공함[供]이다. 노자(老子)는 고지성인(古之聖人) 즉 옛 성인(聖人)을 본받아[法] 『도덕경(道德經)』을 비물(備物)하여 치용(致用)하였고, 공자(孔子) 또한 고지성인(古之聖人)을 본받아[法] 『논어(論語)』에 있는 '자왈(子曰)'을 비물(備物)하여 치용(致用)한 셈이다. 『도덕경(道德經)』의 말씀[言]과 『논어(論語)』의 자왈(子曰)은 학자(學者)들이 남기는 말[語]이 아니다. 노자(老子)-공자(孔子)의 말[言]은 신물지언(神物之言) 즉 늘 새로운 뜻을 갖추게 하는 말씀[神物之言]인 것[物]이다. 입성기(立成器)의 '기(器)' 또한 쉼 없이 변화(變化)하게 하는 신기(神器)이다. 그러므로 비물치용(備物致用)의 '물(物)'과 입성기(立成器)의 '기(器)'는 무궁(無窮)한 신물(神物)-신기(神器)이다. 성인(聖人)의 '성(聖)'을 왜 '작자지위성(作者之謂聖)'이라 하는가? 맨 처음으로 작역(作易)하고 작악(作樂)하고 제례(制禮)하였음을 일러 '성(聖)'이라 하기 때문이다. 그러므로 비물치용(備物致用)의 '물(物)'이란 '역(易)-악(樂)-예(禮)' 등 신물(神物)-신기(神器)를 뜻함을 새기고[玩] 헤아려[擬] 가늠해야[斷] 한다. 온 세상의[天下之] 이로움[利]을 위하여 이러한 신물(神物)-신기(神器)를 마련하여[備] 치용(致用)함을 본받자면[法] 성인(聖人)이 가장 좋다[大]고 밝힌 말씀이 '비물치용(備物致用) 입성기(立成器) 이위천하리(以爲天下利) 막대호성인(莫大乎聖人)'이다. 그래서 성인(聖人)과 비물(備物)은 온갖 사물(事物)에 미치는 역(易)을 살피고[觀] 새겨[玩] 점(占)쳐 지변(知變)하여 지래(知來)하게 하는 통어(通語)가 된다.

237. 정길흉(定吉凶)과 성미미(成亹亹)

探賾索隱 鉤深致遠 以定天下之吉凶 成天下之亹亹者 莫
탐색색은 구심치원 이정천하지길흉 성천하지미미자 막
大乎蓍龜라. 이는 시구(蓍龜)[1]가 신물(神物)임을 밝히고 있다. '신물(神
대 호 시 구
物)'이란 복문(卜問)하여 변화지도(變化之道)를 알게[知] 하는 것[物]을 말한다. 『중용(中庸)』에 나오는 '지성지도가이전지(至誠之道可以前知) 국가장흥필유정상(國家將興必有楨祥) 국가장망필유요얼(國家將亡必有妖孼) 현호시구(見乎蓍龜) 동호사체(動乎四體)'[2]를 상기(想起)한다면 복서(卜筮) 즉 점치기[卜筮] 하는 까닭을 짚어 볼 수 있다. '시구(蓍龜)'는 지성지도(至誠之道)를 갖추게 하는 신물(神物)을 뜻하므로, 요새 주장하는 미신(迷信)의 것[物]이 아니다. 점(占)친다고 함은 곧 복문(卜問)함이다. '복문(卜問)'이란 변화(變化)를 물어[問] 미래(未來)를 전지(前知) 즉 앞서[前] 알아봄[知]이다. 지성으로[以至誠] 지변(知變)하여 지래(知來)하게 하는 것[物]이 '시구(蓍龜)'인 것이다. 이러한 시구(蓍龜)는 인간으로 하여금 성지자(誠之者)가 되게 한다. 성지자(誠之者)란 성인(聖人)을 본받는[法] 인간을 뜻하기 때문에 곧 자연[天地]을 본받는[法] 인간을 말하는 것이다. 그러므로 성지자(誠之者)란 오로지 천명(天命) 즉 무사(無私)-무욕(無欲)-무아(無我)한 인간을 말한다. 이러한 성지자(誠之者)가 되게 함을 뜻하고 있는 것[物]이 시구(蓍龜)임을 간파(看破)해야 '이정천하지길흉막대호시구(以定天下之吉凶莫大乎蓍龜)'와 '성천하지미미자막대호시구(成天下之亹亹者莫大乎蓍龜)'라는 말씀을 따라서 알아챌[看破] 수 있게 된다. 오로지 성지자(誠之者)로서 탐색색은(探賾索隱)하고 구심치원(鉤深致遠)해야 정길흉(定吉凶)-성미미(成亹亹)하여 전지자(前知者)가 되는 것이다. 그러므로 탐색색은(探賾索隱)-구심치원(鉤深致遠)은 온 세상의[天下之] 길흉(吉凶)을 가늠하게[定] 하는 근거(根據)를 찾아내고, 나아가 그러기 위해서는 '미미(亹亹)' 즉 '지성으로 애씀[亹亹]'을 이루게[成] 함을 밝힌 말씀이 '탐색색은(探賾索隱) 구심치원(鉤深致遠) 이정천하지길흉(以定天下之吉凶) 성천하지미미자(成天下之亹亹者) 막대호시구(莫大乎蓍龜)'이다. 그래서 시구(蓍龜)와 성미미자(成亹亹者)[註3]는 온갖 사물(事物)에 미치는 역(易)을 살피고[觀] 새겨[玩] 점(占)쳐 지변(知變)하여 지래(知來)하게 하는 통어(通語)가 된다.

註 1. 시구(蓍龜)의 '시(蓍)'는 '시소이서(蓍所以筮)' 즉 점대[蓍]를 써[以] 점치는[筮] 것[所]을 말하고, '구(龜)'는 '구소이복(龜所以卜)' 즉 거북이 등껍질[龜]을 써[以] 점치는[卜] 것[所]을 말한다. 시구(蓍龜)의 '시(蓍)'는 시초(蓍草)로 만든 점대를 쓰는 시초점(蓍草占)을 말하고, '구(龜)'는 거북의 말린 등껍질을 불로 지져 구열(龜裂) 즉 갈라진 모양을 보고 길흉을 판단하는 구복(龜卜)을 말한다. 점치기[蓍草占-龜卜]는 길흉(吉凶)을 전지(前知)하고자 했던 지성(至誠)을 나타내는 한 방편(方便)이었다.

註 2. 지성지도가이전지(至誠之道可以前知) 국가장흥필유정상(國家將興必有禎祥) 국가장망필유요얼(國家將亡必有妖孽) 현호시구(見乎蓍龜) 동호사체(動乎四體) '지극한[至] 정성됨[誠]의[之] 도(道)로써[以] 앞서[前] 알 수 있다[可知], 나라가[國家] 흥하려 하면[將興] 길조가[禎祥] 반드시[必] 있고[有], 나라가[國家] 망하려 하면[將亡] 흉조가[妖孽] 반드시[必] 있어[有] 그런 징조가 시구(蓍龜)에[乎] 드러나고[見] 사지[四體]에도[乎] 드러난다[動].'

註 3. 성미미자(成亹亹者) 성미미자(成亹亹者)에서 '성(成)'은 '좇아 따를 취(就)'와 같

333

고, '미미(亹亹)'는 '면면(勉勉)'과 같다. 자연(天地)의 이치와 가르침[道]을 찾아[索] 좇음[成]에 스스로 온 정성을 다하라 함이 '성미미자(成亹亹者)'이다. 이는 행귀신(行鬼神)함에 미미(亹亹)하라 함이다. 매사(每事)에 길(吉)하고 싶은가? 그렇다면 행귀신(行鬼神)하여 성변화(成變化)하기를 게을리 말라 함이다. 마음 가기[志]가 무사(無思)-무위(無爲)하다면 그 지(志)가 곧 '귀신(鬼神)을 행함[行]'이다. 그러므로 '성미미자(成亹亹者)'란 '행귀신(行鬼神)하기를 부지런히 하라'함이다. 귀신(鬼神) 즉 천지(天地)의 기운(鬼神)이란 자연(天地)에 그윽이 깊게 숨어 있는 변화지도(變化之道)라는 것[頤]을 일컬음이고, 그 변화(變化)의 이치와 가르침[道]을 행함[行]이 '행귀신(行鬼神)'이다. '시구(蓍龜)'라는 것 역시 행귀신(行鬼神)의 경우를 말한다. 먼저 마음 가기[志]부터 지성(至誠)하여 무사(無思)-무위(無爲)해야 한다. 성인(聖人)의 재계(齋戒)를 상기(想起)한다면 성미미자(成亹亹者)를 새겨 헤아릴 수 있는 것이다. 그러면 '행귀신(行鬼神)하여 성변화(成變化)하고자 미미(亹亹)함을 좇아 이루는[成] 것[者]'은 '시귀(蓍龜)보다 더[乎] 좋은 것[大]이 없다[莫]'는 말씀을 새겨 헤아려 가늠할 수 있다.

238. 신물(神物)과 성인(聖人)

天生神物 聖人則之라. '자연이[天] 신물을[神物] 내고[生] 성인은[聖人] 그것을[之] 본받았다[則].'

이는 '시구(蓍龜)'를 '신물(神物)'이라고 풀이하면서 동시에 성인(聖人)의 작역(作易)한 소유(所由) 즉 까닭[所由]을 살펴[觀] 새기고[玩] 헤아려[擬] 가늠하게[斷] 밝혀 주고 있다. 성인(聖人)은 '성지인(聖之人)'을 줄인 말씀이다. 그러므로 성인(聖人)의 작역(作易)을 관완(觀玩)하여 의단(擬斷)하자면 '성인(聖人)의 성(聖)'을 먼저 천착(穿鑿)하여 숙지(熟知)하고 있어야 한다. 그러자면 먼저 양가(兩家) 즉 유가(儒家)와 도가(道家)가 '성인(聖人)의 성(聖)'을 서로 달리 역(繹) 즉 풀이함[繹]을 숙지(熟知)하고 있어야 한다.

유가(儒家)의 '성(聖)'은 『서경(書經)』「대우모(大禹謨)」에 나오는 '제덕광운(帝德廣運) 내성내신(乃聖乃神)'과 『서경(書經)』「주서(周書)」'홍범(洪範)'에 나오는 '예작성(睿作聖)'[2]을 상기(想起)시키고, 『맹자(孟子)』「진심장구(盡心章句) 하(下)」에 나오는 '대이화지위지성(大而化之謂之聖)'[3]을 떠올리게[想起] 한다.

도가(道家)의 '성(聖)'은 『노자(老子)』 27장(章)에 나오는 '선행무철적(善行無轍迹) 선언무하적(善言無瑕謫) 선폐무관건이불가개(善閉無關楗而不可開) 선결무승약이불가해(善結無繩約而不可解) 시이(是以) 성인상선구인(聖人常善救人) 고(故) 무기인(無棄人) 상선구물(常善救物) 고(故) 무기물(無棄物) 시위습명(是謂襲明)'[4]을 상기(想起)시키고, 『장자(莊子)』「소요유(逍遙遊)」 7단락(段落)에 나오는 '지인무기(至人無己) 신인무공(神人無功) 성인무명(聖人無名)'[5], 「덕충부(德充符)」 19단락(段落)에 나오는 '성인불모(聖人不謀) 오용지(惡用知) 불착(不斲) 오용교(惡用膠) 무상(無喪) 오용덕(惡用德) 불화(不貨) 오용상(惡用商) 사자천륙야(四者天鬻也) 천륙야자(天鬻也者) 천사야(天食也) 기수사어천(旣受食於天) 우오용인(又惡用人)'[6]을 떠올리게 한다.

위와 같은 양가(兩家)의 성관(聖觀)을 관완(觀玩)하여 의단(擬斷)해 보면 유가(儒家)의 '성(聖)'은 인지성(人之聖) 즉 인간의[人之] 성스러움[聖]으로 성인(聖人)의 '성(聖)'을 밝히고, 도가(道家)의 '성(聖)'은 천지성(天之聖) 즉 자연의[天之] 성스러움[聖]으로 성인(聖人)의 '성(聖)'을 밝히고 있음을 알 수 있다. 나아가 『노자(老子)』 19장(章)에 나오는 '절성기지(絕聖棄智)-절인기의(絕仁棄義)'[7]라는 말씀을 환기(喚起)한다면 도가(道家)가 유가(儒家)의 '성(聖)'을 부정(否定)하고 있음도 알 수 있다.

이 같은 양가(兩家)의 '성(聖)'을 살펴[觀] 새기고[玩] 헤아려[擬] 가늠하게[斷] 되면 '천생신물(天生神物) 성인칙지(聖人則之)'에서 천생신물(天生神物)의 '생(生)'은 양가(兩家)가 같이 역(繹)하게 되지만, 성인칙지(聖人則之)의 '칙(則)'은 양가(兩家)가 달리 풀이하게[繹] 됨을 간과(看過)해서는 안 된다. 말하자면 성인(聖人)의 작역(作易)인 설괘(設卦)에서 '괘(卦)의 육효(六爻)'를 유가(儒家)는 '삼재(三才 : 天地人)의 도(道)-위(位)'로 풀이하지만, 도가(道家)는 이를 부정(否定)한다. 성인(聖人)의 작역(作易)을 밝혀 주는 칙신물(則神物)의 '칙(則)'을 도가(道家)는 천지지도(天地之道)를 그대로 본받는다[則]고 보는 것이다. 그 때문에 유가(儒家)는 천지도(天之道)의 음양(陰陽)-지지도(地之道)의 강유(剛柔)-인지도(人之道)의 인의(仁義)를 들어 효위(爻位)를 역(繹)하지만, 도가(道家)는 그런 괘효(卦爻)의 풀이[繹]를 부정(否定)하는 셈이다. 그러므로 '성인칙지(聖人則之)'라고 할 때 이런 점을 간과(看過)하고 '성인(聖人)의 칙신물(則神物)'을 살펴서는 안 되는 것이다. '신물(神物)'이란 신묘(神妙)-신기(神奇)-신통(神通)한 것[物]을 말한다. 신묘(神妙)-신기(神奇)-신통(神通)하다 함은 쉬지 않는 변통지화(變通之化) 즉 변통(變通)하여 새로 됨[化]이다. 물론 이러한 변통의[變通之] 화(化)를 한 글자로 '신(神)'이라 한다. 자연[天地]이 변화(變化)하게 하는 짓이 곧 신(神)이고, 그 짓을 행하는 것[物]이 신물(神物)이다. 그러므로 신묘(神妙)하다-신기(神奇)하다-신통(神通)하다-일음일양(一陰一陽)한다-생생(生生)한다 등은 모두 천생신물(天生神物)로 통하는 말씀이다. 이러한 신묘(神妙)-신기(神奇)-신통(神通)한 의표(儀表)가 곧 '시귀(蓍龜)'라는 것[物]이다. 그러므로 '시귀(蓍龜)의 신물(神物)'은 변화(變化)의 도(道)를 견색(見賾)하게 하는 방도(方道)의 기물(器物)임을 간파(看破)할 수 있고, 따라서 괘효사(卦爻辭)를 마주할 때마다 늘 새롭게 마주해야 하는 까닭도 알 수 있게 된다. 64괘(卦)의 사(辭)는 신물(神物)을 본받아[法] 밝힌 성인(聖人)의 말씀[辭]이므로 행귀신(行鬼神)하여 성변화(成變化)하기를 밝힌 말씀이 '천생신물(天生神物) 성인칙지(聖人則之)'이다. 그래서 신물(神物)과 성인(聖人)은 온갖 사물(事物)에 미치는 역(易)을 살피고[觀] 새겨[玩] 점(占)쳐 지변(知變)하여 지래(知來)하게 하는 통어(通語)가 된다.

註 1. 익왈(益曰) 도(都) 제덕광운(帝德廣運) 내성내신(乃聖乃神) 내무내문(乃武乃文) (……) 우왈(禹曰) 혜적길(惠迪吉) 종역흉(從逆凶) 유영향(惟影響) '익이[益] 말했다[曰]. 아아[都]! 요 임금의[帝] 덕은[德] 널리[廣] 퍼져[運] 곧[乃] 성스럽고[聖], 곧[乃] 신묘하고[神], 곧[乃] 위무하고[武], 곧[乃] 문아(文雅)하다[文]. (중략) 우가[禹] 말했

다[曰]. 길을[迪] 따르면[惠] 길하고[吉] 길을 거스름을[逆] 따르면[從] 흉하리라[凶]. 진실로[惟] 길을 따름[惠迪]이란 주인을 따라가는 그림자이고[影] 주인의 소리를 따르는 메아리이다[響].' 혜적(惠迪)의 '혜(惠)'는 여기선 '따를 순(順)'과 같고, '적(迪)'은 '길 도(道)'와 같고, 유영향(惟影響)에서 '유(惟)'는 뜻이 없는 발어사 노릇을 한다.

註 2. 이(二) 오사(五事) 일왈모(一曰貌) 이왈언(二曰言) 삼왈시(三曰視) 사왈청(四曰聽) 오왈사(五曰思) 모왈공(貌曰恭) 언왈종(言曰從) 시왈명(視曰明) 청왈총(聽曰聰) 사왈예(思曰睿) 공작숙(恭作肅) 종작예(從作乂) 명작철(明作哲) 총작모(聰作謀) 예작성(睿作聖) '두 번째는[二] 다섯 가지 일이다[五事]. 하나는[一] 몸가짐[貌]이고[曰], 둘은[二] 말하기[言]이고[曰], 셋은[三] 보기[視]이고[曰], 넷은[四] 듣기[聽]이고[曰], 다섯은[五] 생각하기[思]이다[曰]. 몸가짐은[貌] 공손함[恭]이고[曰], 말하기는[言] 따라 줌[從]이고[曰], 보기는[視] 눈 밝음[明]이고[曰], 듣기는[聽] 귀 밝음[聰]이고[曰], 생각하기는[思] 슬기로움[睿]이다[曰]. 공손함은[恭] 엄숙함을[肅] 이루고[作], 따라 줌은[從] 조리를[乂] 이루고[作], 눈 밝음은[明] 분명한 앎을[哲] 이루고[作], 귀 밝음은[聰] 헤아림을[謀] 이루고[作], 슬기로움은[睿] 성스러움을[聖] 이룬다[作].' '예(乂)'는 여기선 '다스릴 치(治)'와 같고 '예(睿)'는 깊고[深] 밝아[明] 사리(事理)를 통(通)함을 뜻한다. '홍범(洪範)'은 흔히 '홍범구주(洪範九疇)'로 불리기도 한다. 주(周) 무왕(武王)이 기자(箕子)에게 천도(天道)를 묻자, 기자(箕子)가 이 '홍범(洪範)'을 말해 준 것이다.

註 3. 욕지위선(欲之謂善) 유제기지위신(有諸己之謂信) 충실지위미(充實之謂美) 충실이유광휘지위대(充實而有光輝之謂大) 대이화지위지성(大而化之謂之聖) '순천(順天)을 바람[欲]을[之] 선이라[善] 하고[謂], 자기[己]한테 선이[諸] 있음[有]을[之] 믿음이라[信] 하고[謂], 선함[善]을 가득히[充] 채워서[實而] 빛남이[光輝] 있음[有]을[之] 크나큼이라[大] 하고[謂], 크디커서[大而] 감화시킴[化]을[之] 성스러움이라[聖] 한다[謂].'

註 4. 선행무철적(善行無轍迹) 선언무하적(善言無瑕謫) 선수불용주책(善數不用籌策) 선폐무관건이불가개(善閉無關楗而不可開) 선결무승약이불가해(善結無繩約而不可解) 시이(是以) 성인상선구인(聖人常善救人) 고(故) 무기인(無棄人) 상선구물(常善救物) 고(故) 무기물(無棄物) 시위습명(是謂襲明) '자연의 행위에는[善行] 지나간 자국이[轍迹] 없고[無], 자연의 말씀에는[善言] 흠집이[瑕謫] 없으며[無], 자연의 셈은[善數] 산대를[籌策] 쓰지 않고[不用], 자연의 닫음에는[善閉] 빗장이[關楗] 없어도[無而] 열[開] 수 없고[不可], 자연의 맺음에는[善結] 노끈이[繩約] 없어도[無而] 풀[解] 수 없다[不可]. 이를[是] 따라[以] 성인은[聖人] 늘[常] 자연대로[善] 사람을[人] 구제하기[救] 때문에[故] 사람을[人] 버리지[棄] 않고[無], 늘[常] 자연대로[善] 사물을[物] 구제하기[救] 때문에[故] 사물을[物] 버리지[棄] 않는다[無]. 이를[是] 자연이 물려준[襲] 밝음이라[明] 한다[謂].' 선행(善行)-선언(善言)-선수(善數)-선폐(善閉)-선결(善結)의 '선(善)'은 '천지지(天地之)'로 여기고 옮기면[譯] 문의(文意)가 드러난다. 선(善)이란 계천(繼天)이기 때문에 '선(善)'을 '자연대로'라고 역(譯)하면 된다. 시위습명(是謂襲明)의 '습(襲)'은 '천지습(天之

337

襲)'의 줄임으로 여기고 옮겨[譯] 새기면 된다.

註 5. 지인무기(至人無己) 신인무공(神人無功) 성인무명(聖人無名) '지인께는[至人] 자기가[己] 없고[無], 신인께는[神人] 공적이[功] 없고[無], 성인께는[聖人] 명성이[名] 없다[無].' 지인(至人)-신인(神人)-성인(聖人) 등은 다 같은 말씀으로 성인(聖人)을 말한다.

註 6. 성인불모(聖人不謀) 오용지(惡用知) 불착(不斲) 오용교(惡用膠) 무상(無喪) 오용덕(惡用德) 불화(不貨) 오용상(惡用商) 사자천륙야(四者天鬻也) 천륙야자천사야(天鬻也者天食也) 기수사어천(旣受食於天) 우오용인(又惡用人) '성인은[聖人] 꾀하지 않는데[不謀] 어찌[惡] 지식을[知] 쓰겠는가[用]? 깎아 다듬지 않는데[不斲] 어찌[惡] 갖풀을[膠] 쓰겠는가[用]? 잃을 것이[喪] 없는데[無] 어찌[惡] 인덕을[德] 쓰겠는가[用]? 사고팔지 않는데[不貨] 어찌[惡] 상술을[商] 쓰겠는가[用]? 네 가지는[四者] 자연이 준 먹거리[天鬻]이다[也]. 천륙(天鬻)이라는[也] 것은[者] 자연이 준 먹거리[天食]이다[也]. 이미[旣] 자연[天]으로부터[於] 먹거리를[食] 받았는데[受] 또[又] 어찌[惡] 인간의 것을[人] 쓰겠는가[用]?' '천식(天食)'의 발음은 '천식'이 아니라 '천사'이다. 먹을 식(食), 먹거리 사(食)이다. '오용인(惡用人)'을 '오용인사(惡用人食)'로 여기고 옮겨[譯] 새기면 문의(文意)가 드러난다.

註 7. 절성기지(絶聖棄智) 민리백배(民利百倍) 절인기의(絶仁棄義) 민복효자(民復孝慈) '성스러움을[聖] 끊고[絶] 슬기로움을[智] 버리니[棄] 백성의[民] 이로움은[利] 백배가 되고[百倍], 인을[仁] 끊고[絶] 의를[義] 버리니[棄] 백성이[民] 효성과[孝]과 자애를[慈] 회복했다[復].' 성지(聖智)는 재지선(才之善) 즉 인간 능력의 선(善)을 말하고, 인의(仁義)는 여기선 인지선(人之善) 즉 인간이 정한 선(善)을 말한다.

239. 변화(變化)와 성인(聖人)

天地變化 聖人效之라. '자연이[天地] 변하고[變] 화하며[化], 성인은[聖人] 그것을[之] 본받는다[效].'

이는 '신물(神物)'을 '변화(變化)'라고 풀이하면서 성인(聖人)의 '칙신물(則神物)'을 살펴[觀] 새기고[玩] 헤아려[擬] 가늠하게[斷] 밝혀 주고, 동시에 성인(聖人)의 작역(作易)한 소유(所由) 즉 까닭[所由]을 살펴[觀] 새기고[玩] 헤아려[擬] 가늠하게[斷] 해 준다. 성인(聖人)은 천지(天地) 즉 자연[天地]이 내는[生] 신물(神物)을 본받는다[則]고 함은 곧 천지(天地)가 내는[生] 변화(變

化)를 본받음[效]이다. 생신물(生神物)-생변화(生變化)-생생(生生) 등은 다 같
은 말이다. 만물(萬物)이란 천지변화(天地變化)의 것[物]이다. 그래서 '천지변
화(天地變化) 성인효지(聖人效之)'는 『노자(老子)』 25장(章)에 나오는 '인법지
(人法地) 지법천(地法天) 천법도(天法道) 도법자연(道法自然)'을 상기(想起)시킨
다. 왜냐하면 천지변화(天地變化)의 '변화(變化)'는 '법자연(法自然)' 바로 그것
이고, 성인효지(聖人效之)의 '효(效)' 또한 '법지(法地)-법천(法天)-법자연(法自
然)의 법(法)' 그것이기 때문이다. 이는 곧 '천지변화(天地變化)'란 자연(自然)
이 짓는 변화(變化)를 본받기[法]가 곧 성인(聖人)의 본받기[效]임을 살펴[觀]
새기고[玩] 헤아려[擬] 가늠하게[斷] 한다. 이는 곧 성인(聖人)은 천지(天地)
의 변(變)을 효(效)하여 천지(天地)의 화(化)를 본받기[效]함을 관완(觀玩)-의
단(擬斷)하게 하는 것이다. 천지(天地)가 변화(變化)함이란 만물(萬物)로 하여
금 변(變)하여 화(化)하게 함이다. 변화(變化)의 '변(變)'이란 왕자(往者)와 내
자(來者) 즉 갈 것[往者] 올 것[來者]이 공존(共存)함이고, 변화(變化)의 '화(化)'
란 왕자(往者) 즉 옛것[故]으로 말미암은[由] 내자(來者) 즉 새것[新]이다. 이
러한 자연[天地]의 변화(變化)를 성인(聖人)은 본받기[效] 때문에 성인은[聖人]
늘[常] 자연대로[善] 사람을[人] 구제하여[救] 사람을[人] 버리지[棄] 않고[無],
늘[常] 자연대로[善] 사물을[物] 구제하여[救] 사물을[物] 버리지[棄] 않는다
[無]. 그러므로 성인(聖人)의 '효(效)'란 습명지법(襲明之法) 즉 자연이 물려준
밝음의[襲明之] 본받음[法]임을 밝힌 말씀이 '천지변화(天地變化) 성인효지(聖
人效之)'이다. 그래서 변화(變化)와 성인(聖人)은 온갖 사물(事物)에 미치는 역
(易)을 살피고[觀] 새겨[玩] 점(占)쳐 지변(知變)하여 지래(知來)하게 하는 통
어(通語)가 된다.

註 인법지(人法地) 지법천(地法天) 천법도(天法道) 도법자연(道法自然) '사람은[人] 땅
을[地] 본받고[法], 땅은[地] 하늘을[天] 본받고[法], 하늘은[天] 도를[道] 본받고
[法], 도는[道] 자연을[自然] 본받는다[法].' 여기서 자연(自然)을 '그냥 그대로'라고
새겨 헤아리고 가늠하면, 도(道)는 곧 자연(自然)임을 새겨 헤아려 가늠할 수 있다.

240. 천수상(天垂象)과 성인(聖人)

天垂象 見吉凶이라. '자연이[天] 변화(變化)의 조짐을[象] 베풀어[垂]
　천 수 상　현 길 흉
길흉을[吉凶] 드러내고[見] 성인은[聖人] 그 조짐을[之] 본받는다[象].'

이는 천생신물(天生神物)의 신물(神物)과 천지변화(天地變化)의 변화(變化)
를 살펴[觀] 새기고[玩] 헤아려[擬] 가늠하게[斷] 하면서 성인(聖人)이 천생
신물(天生神物)의 신물(神物)을 본받고[則] 천지변화(天地變化)의 변화(變化)를
본받는[效] 까닭을 밝혀 주고, 동시에 성인(聖人)의 작역(作易)한 소유(所由)
즉 까닭[所由]을 살펴[觀] 새기고[玩] 헤아려[擬] 가늠하게[斷] 밝혀 준다. 천
수상(天垂象)의 '상(象)'은 '변화지상(垂變化之象)'의 줄임이다. 자연이[天] 베
푸는[垂] 변화(變化)의[之] 조짐을[象] 성인(聖人)이 본받기[象]함은 그 조짐
[象]이 길흉(吉凶)을 드러내기[見] 때문임을 여기서 알 수 있게 된다. 이에
따라 '천생신물(天生神物)'은 '천지변화(天地變化)'로 주역(紬繹)되고, '천지변
화(天地變化)'는 '천수상(天垂象) 현길흉(見吉凶)'으로 풀이되고[紬繹] 있음도
알게 된다. 그리고 성인(聖人)이 천생신물(天生神物)의 신물(神物)을 본받고
[則]-천지변화(天地變化)의 변화(變化)를 본받고[效]-천수상(天垂象)의 상(象)
을 본받는[象] 것이란 신물(神物)-변화(變化)-상(象) 등이 모두 현길흉(見吉
凶) 즉 길흉(吉凶)을 나타내기[見] 때문임도 알 수 있게 된다. 여기서 성인
(聖人)이 현길흉(見吉凶)의 길흉(吉凶)을 남김없이 찾아냄이 성인(聖人)의 '탐
색색은(探賾索隱)'이고, 그렇게 찾아낸 길흉(吉凶)을 남김없이 밝혀냄이 '구
심치원(鉤深致遠)'임이 밝혀진다. 따라서 성인(聖人)이 천생신물(天生神物)의
신물(神物)-천지변화(天地變化)의 변화(變化)-천수상(天垂象)의 상(象)을 본받
기[法]함은 '현길흉(見吉凶)'이기 때문임을 밝힌 말씀이 '천수상(天垂象) 현
길흉(見吉凶)'이다. 그래서 천수상(天垂象)과 성인(聖人)은 온갖 사물(事物)에
미치는 역(易)을 살피고[觀] 새겨[玩] 점(占)쳐 지변(知變)하여 지래(知來)하게

하는 통어(通語)가 된다.

241. 사상(四象)과 성인(聖人)의 시(示)

易有四象 所以示也라. '역에는[易] 사상이[四象] 있고[有] 성인(聖人)
  역 유 사 상   소 이 시 야
은 효(爻)를 가지고[以] 사상(四象)을 표시한[示] 것[所]이다[也].'

이는 성인(聖人)이 하출도(河出圖)의 '도(圖)'와 낙출서(洛出書)의 '서(書)'
를 견색(見賾) 즉 살펴[見] 찾아낸 것[賾]과, 그 '도(圖)-서(書)'를 어떻게 '본
받은 것[則]'인지 밝혀 주고 있다. '생생지위역(生生之謂易)'이라고 할 때 그
'생생(生生)'이란 천생신물(天生神物)의 신물(神物)-천지변화(天地變化)의 변화
(變化)-천수상(天垂象)의 상(象)을 살펴[觀] 새기고[玩] 헤아려[擬] 가늠해[斷]
정길흉(定吉凶) 즉 길흉(吉凶)을 판정하게[定] 성인(聖人)이 작역(作易)한 것은
'태극(太極 : ●)이 음양(陰陽 : ━━)을 생(生)하고' 이어서 '음양(陰陽 : ━━)이
사상(四象 : ═══)을 생(生)함'을 성인(聖人)이 깨우쳤기 때문이다. 이에
따라서 성인(聖人)이 '사상(四象 : ═══)으로[以] 팔괘(八卦 : ☰☱☲☳
☴)를 표시하고[示], 팔괘(八卦)로 64괘(卦)를 베풀어[設] 작역(作易)함'도 하출
도(河出圖)의 '도(圖)'와 낙출서(洛出書)의 '서(書)'가 성인(聖人)으로 하여금 '천
지(天地)의 신물(神物)-변화(變化)-상(象)'을 본받게[法] 사상(四象 : ═══)을
계몽(啓蒙) 즉 일깨워 준[啓蒙] 것임을 밝힌 말씀이 '역유사상(易有四象) 소이
시야(所以示也)'이다. 그래서 사상(四象)과 성인(聖人)의 시(示)는 온갖 사물(事
物)에 미치는 역(易)을 살피고[觀] 새겨[玩] 점(占)쳐 지변(知變)하여 지래(知
來)하게 하는 통어(通語)가 된다.

242. 계사언(繫辭焉)과 성인(聖人)의 고(告)

繫辭焉 所以告也라. '역(易)에는 괘효(卦爻)에[焉] 묶어 둔[繫] 말씀이 있고[辭] 역(易)은 그 계사(繫辭)를 가지고[以] 길흉(吉凶)을 고시해 주는[告] 것[所]이다[也].'

이는 작역(作易)한 성인(聖人)이 베푼[設] 괘효(卦爻)에 성인(聖人)이 계사(繫辭)하여 길흉(吉凶)을 고(告)하였음을 밝히고 있다. 작역(作易)의 성인(聖人)은 '복희씨(伏羲氏)'로 전(傳)해지고, 계사언(繫辭焉)의 성인(聖人)은 주(周)나라 '문왕(文王)'이라는 것이 통설(通說)이다. 작역(作易)한 성인(聖人)도 천생신물(天生神物)-천지변화(天地變化)-천수상(天垂象)의 신물(神物)-변화(變化)-상(象)을 본받아[法] 작역(作易)했고, 계사언(繫辭焉)한 성인(聖人) 또한 그 신물(神物)-변화(變化)-상(象)을 본받아[法] 계사(繫辭)한 것이지 자의(恣意)로 작역(作易)-계사(繫辭)한 것은 아니다. 다만 계사언(繫辭焉)한 성인(聖人)은 천지(天地)의 것만 본받은[法] 것이 아니라 작역(作易)한 성인(聖人)을 본받아[效] 계사언(繫辭焉)한 것으로 헤아려[擬] 가늠할[斷] 수 있다. 나아가 계사언(繫辭焉)의 '사(辭)' 즉 말씀[辭]은 문왕(文王)의 말씀[言]이고, 계사전(繫辭傳)의 '전(傳)'은 작역(作易)한 성인(聖人)의 뜻과 계사언(繫辭焉)한 성인(聖人)의 뜻을 전하려는[傳] 공자(孔子)의 말씀[言]이라고 유념(留念)해 두어야 한다. 계사언(繫辭焉)의 '사(辭)'를 이용하여[以] 자연[天地]의 신물(神物)-천지(天地)의 변화(變化)-천지(天地)의 상(象)을 탐색색은(探賾索隱)하여 길흉(吉凶)을 드러내[見] 백성[民]이 살펴[觀] 새기고[玩] 헤아려[擬] 가능해[斷] 관변(觀變)-완점(玩占)하게 성인(聖人)이 말[辭]로써[以] 알린 것을 '소이고(所以告)'라고 밝힌 것이다. 여기서 '민함용역(民咸用易)' 즉 백성[民]이 모두[咸] 역(易)을 이용하게[用] 된 연유(緣由)를 밝힌 말씀이 '계사언(繫辭焉) 소이고야(所以告也)'이다. 그래서 계사언(繫辭焉)과 성인(聖人)의 고(告)는 온갖 사물(事物)에 미치는 역(易)을 살피고[觀] 새겨[玩] 점(占)쳐 지변(知變)하여 지래(知來)하게 하는 통어(通語)가 된다.

243. 길흉(吉凶)의 정(定)-단(斷)

定之以吉凶 所以斷也라. '길흉을[吉凶] 생각하여[以] 계사언(繫辭焉)의 말씀[辭]을[之] 정했고[定], 그 말씀을 가지고[以] 길흉을 가늠하게 하는[斷] 것[所]이다[也].'

이는 성인(聖人)이 계사언(繫辭焉)한 연유(緣由)를 밝히고 있다. 성인(聖人)이 온 세상의 길흉(吉凶)을 생각하여[以] 계사언(繫辭焉)의 '사(辭)'를 결정하기[定]까지 천지(天地)의 신물(神物)-변화(變化)-상(象)을 본받아[法] 색은(賾隱) 즉 깊고 그윽해 찾아내기 어려운 것을[賾] 찾아[探] 깊은 뜻을[深] 낚아 내[鉤] 원대함을[遠] 더없이 깨쳤다[致]. 그런 다음에야 온 세상의[天下之] 길흉을[吉凶] 결정하여[定] 계사언(繫辭焉)한 것이다. 그러므로 길흉(以吉凶)을 결정(決定)하는 말씀[辭]은 성인(聖人)이 지어낸 것이 아니라 성인(聖人)이 천지(天地)의 '신물(神物)-변화(變化)-상(象)'에서 견색(見賾)하여 그것[賾]을 본받아[法] 말한 것이다. 여기서 성인(聖人)이 구심치원(鉤深致遠)하여 찾아낸[見] 것[賾]이란 온 세상의 길흉(吉凶)을 결정(決定)하여 가늠하게[斷] 하는 길흉(吉凶)임을 간파(看破)할 수 있다. 길흉(吉凶)이란 사유종시(事有終始)에서 '종(終)'으로 드러나게 마련이다. 일에는[事] 끝남과[終] 시작이[始] 있다[有]. 그 마침[終]에서 길흉(吉凶)이 드러날 뿐 일[事]의 길흉(吉凶)이 처음[始]부터 정(定)해져 있는 것은 아니다. 일[事]이 무사(無思)-무위(無爲)로 시작하여[始] 무사(無思)-무위(無爲)로 끝난다면[終] 길사(吉事)로 드러나고, 그렇지 않다면 흉사(凶事)로 드러날[見] 뿐이다. 그러므로 정지이

길흉(吉凶)에서 정지(定之)의 '지(之)'를 잘 헤아려 새겨야 하는 것이다. 정지(定之)의 '지(之)'는 '계사언(繫辭焉)'을 나타낸다. 그래서 정지이길흉(定之以吉凶)을 '정기사이길흉(定其辭以吉凶)'으로 여기고 '성인(聖人)이 길흉(吉凶)을 생각해서[以] 그[其] 말씀을[辭] 결정해 준다[定]'라고 살펴[觀] 새긴다[玩]면, 계사언(繫辭焉)의 '사(辭)'는 모두 무사(無思)-무위(無爲)로 임사(臨事) 즉 일[事]을 마주하라[臨]는 성인(聖人)의 말씀[言]임을 간파(看破)할 수 있다. 이러한 성인(聖人)의 말씀[言]은 일[事]의 미래(未來)를 스스로 저마다 무사(無思)-무위(無爲)로 살펴[觀] 새기고[玩] 헤아려[擬] 가늠해[斷] 보라 함이다. 성인(聖人)은 지난일[往事]을 두고 말하지 않는다. 오로지 올 일[來事]의 길흉(吉凶)을 온 사람이 견색(見賾)하게 하고자 말[辭]을 정(定)하여 단(斷)해 둔 것임을 밝힌 말씀이 '정지이길흉(定之以吉凶) 소이단야(所以斷也)'이다. 그래서 길흉(吉凶)의 정(定)-단(斷)은 온갖 사물(事物)에 미치는 역(易)을 살피고[觀] 새겨[玩] 점(占)쳐 지변(知變)하여 지래(知來)하게 하는 통어(通語)가 된다.

244. 천우(天佑)와 길(吉)

自天祐之 吉无不利라. '스스로[自] 하늘[天]이 그것을[之] 도우면[祐] 그것의 길함에는[吉] 이로움이[利] 아닌 것이[不] 없다[无].'

이는 64괘(卦) 중에서 14번째인 대유괘(大有卦) 상구(上九)의 효사(爻辭)이다. 여기서 이로움[利]이란 통(通)함-화(和)함-선(善)함-의(宜)함-편(便)함 등을 포용(抱容)한다. '정지이길흉(定之以吉凶) 소이단야(所以斷也)'라고 밝힌 것을 대유괘(大有卦) 상구(上九)의 효사(爻辭)를 실례(實例)로 들어 밝히고 있다. 어느 대성괘(大成卦)이든 상효(上爻)는 좋지 않은[不吉] 자리[位]이다.

변화(變化)의 추이(推移)가 더는 없어져 버린 자리[位]이므로 궁(窮)해서 퇴거(退去)할 위(位)가 상효(上爻)이다. 상효(上爻)와 달리 초효(初爻)는 길위(吉位) 즉 좋은[吉] 자리[位]이다. 초효(初爻)의 위(位)란 변화(變化)해 나아갈[推移] 자리인 까닭이다. 대유괘(大有卦) 상구(上九)의 자리는 흉위(凶位)인데도 그 상구(上九)의 효사(爻辭)가 왜 '길무불리(吉无不利)'라고 소단(所斷) 즉 단정된[斷] 것[所]인가? '자천우지(自天祐之)'로 정(定)해졌기 때문이다. 상구(上九)의 자리가 흉(凶)할지라도 '천우(天祐) 즉 하늘[天]의 도움[祐]'을 받는다면 길(吉)함을 밝힌 말씀[辭]이 대유괘(大有卦) 상구(上九)의 효사(爻辭)이다. 여기서 효사(爻辭)는 길흉으로[以吉凶] 정(定)해지고, 그 길흉(吉凶)은 천우로[以天祐] 가늠됨[斷]을 새기고[玩] 헤아려[擬] 가늠하게 하는 실례(實例)를 든 것이 '자천우지(自天祐之) 길무불리(吉无不利)'이다. 그래서 천우(天祐)와 길(吉)은 온갖 사물(事物)에 미치는 역(易)을 살피고[觀] 새겨[玩] 점(占)쳐 지변(知變)하여 지래(知來)하게 하는 통어(通語)가 된다.

245. 우자(祐者)와 조(助)

祐者助也라. '우(祐)라는 것은[者] 돕는 것[助]이다[也].'
_{우 자 조 야}

이는 자천우지(自天祐之)의 '우(祐)'를 공자(孔子)가 '조(助)'와 같은 말이라고 풀이해 준다. '우(祐)'는 '신조(神助)'이다. 하늘이[神] 도와줌[助]이 '우(祐)'이다. 인간이 도와줌은 '범조(凡助)'라고 한다. 그 범조(凡助)를 한 자(字)로는 '우(佑)'라 하듯이 신조(神助)를 한 자(字)로 '우(祐)'라고 한다. 도울 우(佑)와 귀신 신(神)을 합친 뜻이 '우(祐)'이다. 우(祐)와 조(助)는 같다. 그래서 순천(順天)하면 천우(天佑)한다고 하는 것이다. 하늘을[天] 따르면[順] 하늘이[天] 돕는다[祐]. 여기서 '지성감천(至誠感天)'이라는 말이 생긴 것이다. 정

성을[誠] 다하면[至] 하늘을[天] 감동시킨다[感]. 이를 '천심(天心)을 얻었다'
라고 하는 것이다. 온 세상 사람들이 모두 다 도와준다[助]고 함이 곧 천
우신조(天佑神助)이고, 이는 곧 민심(民心)을 얻음[得]이다. 민심(民心)을 얻
는다면 우(祐)요 대길(大吉)이고, 잃는다면 망(亡)이요 대흉(大凶)이다. 그러
니 '조(助)'라는 하늘의 도움[祐]은 백성[民]의 마음[心]을 얻게[得] 됨을 살
펴 새기게 한 말씀이 '우자조야(祐者助也)'이다. 그래서 우자(祐者)와 조(助)
는 온갖 사물(事物)에 미치는 역(易)을 살피고[觀] 새겨[玩] 점(占)쳐 지변(知
變)하여 지래(知來)하게 하는 통어(通語)가 된다.

246. 순(順)의 조(助)와 신(信)의 조(助)

　天之所助者順也 人之所助者信也라. '하늘[天]이[之] 돕는[助] 바
　　천 지 소 조 자 순 야　 인 지 소 조 자 신 야
의[所] 것이란[者] 하늘을 순종하는 것[順]이고[也], 사람[人]이[之] 돕는[助] 바
의[所] 것이란[者] 사람을 믿는 것[信]이다[也].'

　이는 하늘[天]의 도와줌[助]과 사람[人]의 도와줌[助]을 풀이한 것이다.
하늘[天]의 도움[助]은 '유순천(由順天) 즉 하늘[天]을 따름[順]으로 말미암
음[由]'이고 사람[人]의 도움[助]은 '유신인(由信人) 즉 사람[人]을 믿음[信]으
로 말미암음[由]'이다. 특히 여기서 '순(順)'은 '순천(順天)-순명(順命)'을 환
기(喚起)할 일이다. 무엇을 순종(順從)한다는 것인가? 자연[天地]을 순종(順
從)한다고 함이다. 이는 곧 무사(無思)-무위(無爲)하라 함이다. 나만 위하
려는 기(己)-공(功)-명(名)이 없음[無]을 일러 순천(順天)-종천(從天)-응천(應
天)이라 한다. '신(信)'은 '충신(忠信)'을 떠올린다[喚起]. 충신(忠信)이란 무자
기(毋自欺)를 말한다. 자신을[自] 속임이[欺] 없다[毋]. 이것이 충신(忠信)이
다. 자신을[自] 속이지[欺] 마라[毋]. 이 역시 충신(忠信)이다. 무자기(毋自欺)

라면 그것이 곧 지성(至誠)으로 통하는 믿음[忠]이고 믿음[信]이다. 이러한 충신(忠信)으로 말미암아 인간이 인간을 서로 돕는다[助]. 이러한 인간의 도움[助]은 곧 천우(天祐)를 본받음이다. 그래서 순(順)의 조(助) 즉 우(祐)는 순천(順天)에서 비롯되고, '우(祐)'를 본받는[法] 신(信)의 조(助) 즉 '우(佑)'는 신인(信人)에서 비롯된다. 저의(底意)가 있는 도움[助]이란 서로 거래하는 것이지 '천우(天祐)'를 본받음[法]에서 비롯되는 '인우(人佑)'가 아니다. 이해(利害)를 저울질하여 흥정하는 도움[協]이란 서로 불신(不信)에서 비롯됨이다. 이는 무사(無思)-무위(無爲)에서 비롯되는 도움[助]이 아니라 서로 숨기고 있는 '기(己)-공(功)-명(名)'을 도모(圖謀)하려는 '자기(自欺)'일 뿐이다. 스스로[自]를 속임[欺]을 일러 역천(逆天)이라 한다. 그래서 믿음[信]이 없는 도움[助]은 천우(天祐)를 저버림이다. 순천(順天)은 곧 신인(信人)으로 통(通)해 무자기(无自欺)로 이어지는 '길(吉)'임을 밝힌 말씀이 '천지소조자순야(天之所助者順也) 인지소조자신야(人之所助者信也)'이다. 그래서 '순(順)의 조(助)'와 '신(信)의 조(助)'는 온갖 사물(事物)에 미치는 역(易)을 살피고[觀] 새겨[玩] 점(占)쳐 지변(知變)하여 지래(知來)하게 하는 통어(通語)가 된다.

247. 성인(聖人)의 의(意)

書不盡言 言不盡意 然則聖人之言其不可見乎인가? '글은
_{서부진언 언부진의 연즉성인지언기불가견호}
[書] 성인의 말씀을[言] 다 밝히지 못하고[不盡] 말은[言] 성인의 뜻을[意] 다 밝히지 못한다[不盡]. 그렇다면[然則] 성인(聖人)의[之] 뜻[意] 그것은[其] 살펴질 수 없는 것[不可見]인가[乎]?'
　이는 성인(聖人)의 뜻[意]을 '가견(可見)' 즉 살필 수 있음[可見]을 강조하

여 밝히고 있다. 성인(聖人)의 말씀[言]을 적어 놓은 글[書]일지라도 그 글[書]이 성인(聖人)의 말씀[言]을 남김없이 모조리 다 밝혀 줄 수 없다. 그래서 '서부진언(書不盡言)'이라 한다. 나아가 성인(聖人)이 밝힌 말씀[言]일지라도 그 말[言]이 성인(聖人)의 뜻[意]을 남김없이 모조리 다 밝혀줄 수 없다. 그래서 '언부진의(言不盡意)'라 한다. 성인(聖人)의 뜻[意]은 왜 서(書)-언(言)으로 남김없이 밝혀지지 않는 것인가? 오로지 자연[天地]을 본받아[法] 온 세상[天下]이 한 결로 바라는 바의 뜻[意]을 포일(抱一) 즉 아울러 두루 하나로[一] 끌어안아[抱] 받아들이기 때문이다. 성인지의(聖人之意)는 청명(淸明)한 거울[鏡] 같아 내가[我] 서면 그 아(我)를 남김없이 비춰 주고, 네[爾]가 서면 그 이(爾)를 남김없이 비춰 주어 늘 스스로의 뜻[意]을 남김없이 스스로 살펴[觀] 새기고[玩] 헤아려[擬] 스스로 가늠케[斷] 하는 말씀이 곧 성인지언(聖人之言)이고, 역(易)의 괘효사(卦爻辭)가 바로 그런 성인지언(聖人之言)이다. 성인지언(聖人之言)은 성인(聖人)의 뜻[意]을 일방적으로 전하는 말[語]이 아니라 성인(聖人)의 뜻[意]을 마주하고 더불어 자신의 뜻[意]을 관완(觀玩)-의단(擬斷)하여 '자화(自化) 즉 스스로[自] 새로 되라[化]'라고 함이다. 성인지언(聖人之言)은 성인(聖人)이 성인지의(聖人之意)를 우리에게 전해 주는 말씀[言]이 아니라, 우리로 하여금 우리의 뜻[意]을 펴내게 하는 말씀[言]이기 때문에 『논어(論語)』「자한(子罕)」에 '법어지언능무종호(法語之言能無從乎) 개지위귀(改之爲貴) 손여지언능무열호(巽與之言能無說乎) 역지위귀(繹之爲貴) 열이불역(說而不繹) 종이불개(從而不改) 오미여지하야이의(吾未如之何也已矣)'라는 말씀이 나오는 것이다. 왜 괘효사(卦爻辭)를 경청(傾聽)하라 하지 않고 완사(玩辭)하여 관변(觀變)하고 완점(玩占)하라 하는 것인가? 성인(聖人)의 계사(繫辭)를 따르기만 하고[從而], 스스로 고쳐 보지 않고[不改], 스스로 풀이해 보지 않고[不繹] 그냥 그대로 따라 즐기기만 한다면[說] 성인(聖人)의 말씀[辭]은 아무런 쓸모가 없다는 것이다. 괘효(卦爻)

와 그 계사(繫辭)를 마주하고 저마다 나름대로 성인(聖人)의 말씀[辭]을 스스로 고쳐[改] 풀이하라[繹]고 함이 완사(玩辭)-관변(觀變)-완점(玩占)하라고 함이다. 역(易)의 괘효사(卦爻辭)를 그냥 그대로 즐기기만 하고[說] 따르기만 한다면[從] 성변화(成變化)-행귀신(行鬼神)으로 화신(化神)하지 못하여 지래(知來)할 수 없음을 에둘러 밝힌 말씀이 '서부진언(書不盡言) 언부진의(言不盡意) 연즉성인지언기불가견호(然則聖人之言其不可見乎)'이다. 그래서 성인(聖人)의 의(意)는 온갖 사물(事物)에 미치는 역(易)을 살피고[觀] 새겨[玩] 점(占)쳐 지변(知變)하여 지래(知來)하게 하는 통어(通語)가 된다.

註 법어지언능무종호(法語之言能無從乎) 개지위귀(改之爲貴) 손여지언능무열호(巽與之言能無說乎) 역지위귀(繹之爲貴) 열이불역(說而不繹) 종이불개(從而不改) 오미여지하야이의(吾未如之何也已矣) '바른 말씀을[法語之言] 따르지 않을[無從] 수 있는 것[能]인가[乎]? 그러나 바른 말씀도[之] 고쳐 봄이[改] 귀중한 것[貴]이다[爲]. 타이르는 말씀을[巽與之言] 즐겁지 않을[無說] 수 있는 것[能]인가[乎]? 그러나 타이르는 말씀을[之] 새김질함이[繹] 귀중한 것[貴]이다[爲]. 즐거워하면서도[說而] 새김질 않고[不繹], 따르면서도[從而] 고쳐 보지 않는다면[不改], 나로서도[吾] 어떻게[如之何也] 마무리해 볼 수[已] 없는 것[未]이다[矣].'

248. 입상(立象)과 진의(盡意)

聖人立象以盡意라. '성인은[聖人] 짓을[象] 베풂을[立] 써[以] 뜻을[意] 남김없이 다해 준다[盡].'

이는 역(易)의 괘효사(卦爻辭)를 마주할 때 반드시 먼저 스스로 관상(觀象) 즉 괘효(卦爻)의 상(象)을 살피는[觀] 방편(方便)을 밝히고 있다. 성인(聖人)이 이립상(以立象) 즉 괘효(卦爻)의 짓[象]을 베풂[立]을 가지고[以] 진의(盡意)하기 때문에 괘효상(卦爻象)을 어떻게 베푼 것[立]인지 내 스스로 지성껏 살펴야[觀] 괘효(卦爻)의 상(象)이 온 세상 사람의 뜻[意]을 남김없이 다

들어주게[盡] 된다. 그러므로 입상이진의(立象以盡意)에서 진의(盡意)의 '의(意)'는 성인지의(聖人之意)가 아니라 천하지의(天下之意) 즉 온 세상 사람의 뜻[意]을 말한다. 이렇게 진의(盡意)하는 입상(立象)의 '입(立)'이란 곧 대성괘(大成卦)에서 육효(六爻)의 상교(相交)를 베풀었음[立]을 말한다. 대성괘(大成卦)의 육효(六爻)가 서로[相] 사귐[交]을 일컬어 '중(中)-정(正)-응(應)-비(比)'라 한다. 그러므로 '입상이(立象以)' 즉 '이립상(以立象)'이란 대성괘(大成卦)에서 육효(六爻)의 '중(中)-정(正)-응(應)-비(比)'를 베풀어[立] 효상(爻象)을 베풂[立]을 이용하여[以] 진의(盡意)함을 간파(看破)할 수 있게 된다. 진의(盡意)의 '진(盡)'은 늘 새로운 뜻[意]을 새로 내는[生] 진진무궁(盡盡無窮)의 '진(盡)'이다. 그러므로 입상이진의(立象以盡意)의 '진(盡)'은 결코 마르지 않는 샘의 물 같다고 여기면 된다. 왜냐하면 입상(立象)의 '상(象)'은 늘 뜻[意]을 생생(生生)하게 하기 때문이다. 그래서 상(象)의 말하기[言之]는 사전(辭典)에 있는 낱말들[語彙]과는 상관(相關)하지 않는다. 상(象)의 언지(言之)는 논란(論難)하거나 논변(論辨)하자는 '어지(語之)'가 아니다. 논란(論難)-논변(論辨)하는 시비(是非)의 말[語]이 험난(險難)하지 입상(立象)의 말[言]은 내가 나의 뜻[意]을 살펴 새기는 내 자신의 의지(意志)이기 때문에 간이(簡易)하다. 그러나 입상(立象)의 '상(象)'은 사귀기가 어렵다. 입상(立象)의 상(象)은 오직 무사(無思)-무위(無爲)해야 통화(通話)되기 때문이다. 심지(心之) 즉 마음의 뜻[意]이 무사(無思)-무위(無爲)하지 못해 입상(立象)의 상(象)과 통화(通話)하지 못하는 것뿐이지 상(象) 자체가 통화(通話)를 끊는 것은 아니다. 물론 성인(聖人)의 입상(立象)은 성인(聖人)의 자의(恣意)로 이루어진 것은 아니다. 성인(聖人)은 자연[天地]의 신물(神物)-변화(變化)-상(象)을 본받아[法] 베푼 것[立]뿐이지 성인(聖人) 자신의 뜻[意]을 진술(陳述)하여 논란(論難)하고자 자의(恣意)로 입상(立象)한 것이 아니다. 하늘땅[天地]은 모든 사람이 다 같이 저마다 제 나름대로 '성변화(成變化)'하여 화신(化神)하도록 입상(立象)

한 것이다. 그렇기 때문에 성인(聖人)이 베풀어 둔[立] 상(象)은 모든 사람의 뜻[意]을 다 들어줄 수 있게 된다. 따라서 괘효상(卦爻象)을 살펴[觀] 진의(盡意)함이란 먼저 육효(六爻)의 상교(相交 : 中-正-應-比)를 지성껏 스스로 살펴[觀] 새기고[玩] 헤아려[擬] 가늠하기[斷]를 밝힌 말씀이 '성인립상이진의(聖人立象以盡意)'이다. 그래서 입상(立象)과 진의(盡意)는 온갖 사물(事物)에 미치는 역(易)을 살피고[觀] 새겨[玩] 점(占)쳐 지변(知變)하여 지래(知來)하게 하는 통어(通語)가 된다.

註 중(中)-정(正)-응(應)-비(比) 대성괘(大成卦)를 이루는 육효(六爻)의 상교(相交) 즉 서로의[相] 사귐[交]을 '중(中)-정(正)-응(應)-비(比)'라 한다. 아래[下] 내괘(內卦)의 세 효(爻)와 위[上] 외괘(外卦)의 세 효(爻)로 여섯 효(爻)로 이루어진 대성괘의 육효(六爻)는 단독(單獨)으로 있는 것이 아니라, 서로 관계를 맺고 누천(累遷)하는 운명(運命)을 띠고 있다. 내괘(內卦)의 중간(中間) 효(爻)인 둘째 효(爻)와 외괘(外卦)의 중간(中間) 효(爻)인 다섯째 효(爻)를 '중(中)'이라 한다. 대성괘(大成卦)에서 효(爻)의 자리[位]가 짝수로 이사륙(二四六)이면 음효(陰爻)의 위(位)이고, 홀수로 일삼오(一三五)이면 양효(陽爻)의 자리[位]이다. 대성괘(大成卦) 안에서 음효(陰爻)가 제자리[짝수 자리]에 있고, 양효(陽爻)가 제자리[홀수 자리]에 있음을 '정(正)'이라 한다. 특히 내괘(內卦)의 중효(中爻)인 둘째 효(爻)가 음효(陰爻)이고, 외괘(外卦)의 중효(中爻)인 다섯째 효(爻)가 양효(陽爻)이면 '중정(中正)'이라고 한다. '중정(中正)'은 길(吉)함을 나타내고 '부중정(不中正)'이라면 흉(凶)함을 나타낸다. 여섯 효(爻) 사이의 관계를 '응(應)', '비(比)'라 한다. 내괘(內卦)의 초효(初爻)와 외괘(外卦)의 초효(初爻), 내괘(內卦)의 이효(二爻)와 외괘(外卦)의 이효(二爻), 내괘(內卦)의 상효(上爻)와 외괘(外卦)의 상효(上爻)는 서로[相] 응(應)한다. 상응(相應)하는 두 효(爻)가 음(陰) 양(陽)이면 '정응(正應)'이라고 하고, 두 효(爻)가 다 음(陰)이거나 양(陽)이면 '불응(不應)'이라고 한다. '정응(正應)'은 길(吉)함이고 '불응(不應)'은 흉(凶)함이다. 초효(初爻)와 이효(二爻), 이효(二爻)와 삼효(三爻), 삼효(三爻)와 사효(四爻), 사효(四爻)와 오효(五爻), 오효(五爻)와 상효(上爻)가 음(陰) 양(陽)으로 이웃하고 있을 때 이를 '비(比)'라고 한다. 서로 이웃하고 있는 두 효(爻)가 음(陰)과 양(陽)의 비(比)일 때 길(吉)하게 여긴다.

249. 설괘(設卦)와 진정위(盡情僞)

設卦以盡情僞는 입상이진의(立象以盡意)의 '입상(立象)'을 '설괘(設卦)'로 역(繹)하고, 진의(盡意)의 '의(意)'를 '정위(情僞)'로 풀이하여[繹] 관상(觀象) 즉 괘효상(卦爻象)의 살핌[觀]을 거듭해 밝히고 있다. 물론 정위(情僞)의 '정(情)'을 '길(吉)-선(善)'으로 새기고, '위(僞)'를 '흉(凶)-악(惡)'으로 여기고 새겨 헤아려도 된다. 역(易)의 입상(立象)은 곧 역(易)의 설괘(設卦) 즉 대성괘(大成卦)의 베풂[設]을 말한다. 그리고 '진의(盡意)'를 '진정위(盡情僞)'로 풀이하여 밝힌 것은 역(易)의 괘효상(卦爻象)을 마주할 때 반드시 먼저 성인(聖人)의 세심(洗心)-재계(齋戒)를 본받아[效] 자명(自明)해야 하는 연유(緣由)를 살펴 헤아리게 한다. 마음을 가다듬어[齋] 방환(防患)하는[戒] 뜻[意]으로 내 심중(心中)부터 밝혀[明] 성인(聖人)이 베풀어 준[設] 괘효(卦爻)의 짓[象]을 마주하고 살펴야[觀] 함을 깨닫자면 먼저 '진정위(盡情僞)'를 주목하게 된다. 정위(情僞)는 '진정여가위(眞情與假僞)'의 줄임이다. 참[眞情]과[與] 거짓[虛僞]을 모두 다 밝혀낸다[盡]고 함은 나로 하여금 심중(心中)을 숨길 수도 없고 감출 수도 없는 '나 자신(自身)'과 마주하는 것이다. 마음속[心中]에 정위(情僞)가 뒤섞여 있다면 그것은 세심(洗心)-재계(齋戒)하지 않은 심중(心中)이다. 참[情]의 뜻[意]만 드러내고 거짓[僞]의 뜻[意]은 감추거나 숨기면 자기(自欺)로, 자신을 감추어 속임이다. 조금이라도 자신[自]을 속인다[欺]면 성인(聖人)이 베풀어 준[設] 괘효(卦爻)의 상(象)을 이용하여[以] 관상(觀象)-관변(觀變)하여 완점(玩占)할 수 없음을 밝힌 말씀이 '설괘이진정위(設卦以盡情僞)'이다. 그래서 설괘(設卦)와 진정위(盡情僞)는 온갖 사물(事物)에 미치는 역(易)을 살피고[觀] 새겨[玩] 점(占)쳐 지변(知變)하여 지래(知來)하게 하는 통어(通語)가 된다.

250. 계사언(繫辭焉)과 진기언(盡其言)

繫辭焉以盡其言이라. '괘효에[焉] 매어 둔[繫] 말씀을[辭] 써[以] 정위(情僞)의[其] 말하기를[言] 남김없이 다해 준다[盡].'

이는 괘효상(卦爻象)이 짓[象]으로 정위(情僞)를 남김없이 다함[盡]을 계사언(繫辭焉)의 '사(辭)'가 그 정위(情僞)를 말로써[以言] 남김없이 다함[盡]을 밝히고 있다. 계사언(繫辭焉)의 '계사(繫辭)'는 천지(天地)의 신물(神物)-변화(變化)-상(象)을 본받아[效] 성인(聖人)이 밝혀 둔 말씀[辭]이다. 물론 계사(繫辭)의 '계(繫)'는 천수상(天垂象)의 '수(垂)'를 본받음[效]이고, 계사언(繫辭焉)의 '사(辭)'는 천수상(天垂象)의 '짓[象]'을 본받음[法]이다. 그러므로 계사언(繫辭焉)이란 하늘이[天] 짓[象]을 드리운 것[垂]처럼 역(易)의 괘효(卦爻)에 말을[辭] 매어 둔 것[繫]이라고 새겨 헤아려 가늠할 수 있고, 따라서 괘효상(卦爻象)을 괘효사(卦爻辭)로 옮겨 놓음이 곧 계사언(繫辭焉)임을 알 수 있다. 물론 진기언(盡其言)의 '진(盡)'을 '알릴 고(告)'로 여기고 새겨도 된다. 왜냐하면 '계사언소이고(繫辭焉所以告)'와 '계사언이진기언(繫辭焉以盡其言)'은 같은 말씀이기 때문이다. 계사언(繫辭焉)을 써[以] 알리는[告] 것[所]도 길흉(吉凶)-선악(善惡)-정위(情僞)를 다함[盡]이고, 계사언(繫辭焉)을 써[以] 그 말[其言]을 다함도[盡] 길흉(吉凶)-선악(善惡)-정위(情僞)를 알림[告]이다. 그리고 '진기어(盡其語)'가 아니라 '진기언(盡其言)'임을 주목하게 된다. 남에게 말해 보라[語]가 아니라, 자신이 자신에게 정위(情僞)의 말하기[言]를 다하라[盡] 함이 '진기언(盡其言)'임을 간과(看過)해서는 안 된다. 계사언(繫辭焉)은 거짓부렁을 할 수 없게 하는 성인(聖人)의 말씀[言]이어서『노자(老子)』73장(章)에 나오는 '천망회회(天網恢恢) 소이불실(疏而不失)'이라는 말씀을 떠올린다. 계사언(繫辭焉)은 참[情]과 거짓[僞]을 모조리 남김없이 다해 줌을 밝힌 말씀이 '계사언이진기언(繫辭焉以盡其言)'이다. 그래서 계사언(繫辭焉)과 진기

353

언(盡其言)은 온갖 사물(事物)에 미치는 역(易)을 살피고(觀) 새겨[玩] 점(占)쳐 지변(知變)하여 지래(知來)하게 하는 통어(通語)가 된다.

註 천망회회(天網恢恢) 소이불실(疎而不失) '자연의[天] 그물은[網] 넓고[恢] 넓어[恢] 성글어도[疎而] 어느 것 하나 놓치지 않는다[不失].'

251. 통변(通變)과 진리(盡利)

<u>變而通之以盡利</u>라. '기언(其言)은 변하여 통함을[變而通之] 써[以] 어울림을[利] 남김 없이 다한다[盡].'

이는 '입상이진의(立象以盡意)-설괘이진정위(設卦以盡情僞)-계사언이진기언(繫辭焉以盡其言)'을 묶어서 정리(定理)한 것이다. '입상(立象)'도 변이통지(變而通之)하여 진리(盡利)하게 함이고, '설괘(設卦)'도 변이통지(變而通之)하여 백성[民]으로 하여금[使] 진리(盡利)하게 위함이며, '계사언(繫辭焉)'도 백성[民]으로 하여금[使] 진리(盡利)하게 위함이다. 여기서 진리(盡利)의 '이(利)' 즉 '이로움[利]'이란 통(通)함-화(和)함-선(善)함-의(宜)함-편(便)함 등등의 뜻[義]을 포용(抱容)해 낸다. 왜 성인(聖人)이 백성[民]으로 하여금[使] 다[咸] 역(易)을 이용하게[用] 설괘(設卦)하고 계사언(繫辭焉)한 것인지 그 연유(緣由)를 '변이통지이진리(變而通之以盡利)'가 밝혀 주고 있다. 그리하여 백성[民]이 저마다 입상(立象)을 이용해[以] 변이통지(變而通之)하여 진리(盡利)하게 하고자 함이고, 백성[民]이 저마다 설괘(設卦)를 이용해[以] 변이통지(變而通之)하여 진리(盡利)하게 하고자 함이고, 백성[民]이 저마다 계사언(繫辭焉)을 이용해[以] 변이통지(變而通之)하여 진리(盡利)하게 하고자 함이다. 이렇기 때문에 변이통지이진리(變而通之以盡利)에서 '변이통지(變而通之)'와 '진리(盡利)'가

뜻하는 바를 천착(穿鑿)하여 숙지(熟知)해 두어야 하는 것이다. 따라서 '변이통지(變而通之)' 즉 '변통(變通)'에서 '변(變)'을 강조하고자 전치(前置)한 의도(意圖)를 살펴 새기고 헤아려 가늠해 저마다 나름대로 알아차려야 할 것이다. 통변(通變)의 '변(變)'이란 왕래(往來) 즉 왕자(往者)와 내자(來者)가 함께 하고 있음[共存]이다. 갈 것[往者]과 올 것[來者]이 섞여[混合] 있음이 '변(變)'이다. 왕자(往者)는 물러갈 것[去者]이고 내자(來者)는 나타날 것[顯者]이다. 왕자(往者)가 물러가지 않고[不去] 현자(顯者)를 가린다[蔽]면 그것은 곧 불통(不通)인 '궁(窮)'이고 '흉(凶)'이다. 그러나 갈 것[往者]은 가고[去] 올 것[來者]이 드러나게[顯] 함이 '통(通)'이다. 궁(窮)함은 '불화(不化)'이고 통(通)함은 '화(化)'이다. '화(化)'란 '새로 됨[化]'이다. 그러므로 통변(通變)이란 곧 '변(變)'이 '화(化)'로 바뀜[易]을 말하는 것이다. 자연[天地]은 '변(變)'을 그냥 절로 '화(化)'로 바뀌게[易] 두지만, 인간은 '변(變)의 화(化)'를 한사코 그냥 두지 않고 바람[欲]에 따라 한사코 겨냥하려고 한다. 그래서 자연[天地]의 사물(事物)에는 길흉(吉凶)이 빚어지지 않지만 인간의 매사(每事)에는 길흉(吉凶)이 생기고 만다. 인간이 감행하는 '변(變)의 조작(造作)'을 일러 '자작얼(自作孼)'이라 한다. 인간이 스스로[自] 짓는[作] 재앙[孼]이 변(變)을 조작(造作)하여 불화(不化)를 자초하는 것이다. 왜 성인(聖人)은 자연[天地]의 '신물(神物)-변화(變化)-상(象)'만을 오로지 본받기[法]하라고 하는가? 자작얼(自作孼)을 범하지 않고자 함이다. 그런 까닭에 성인(聖人)의 '입상(立象)-설괘(設卦)-계사언(繫辭焉)' 등이 진리(盡利)하게 하는 것임을 밝힌 말씀이 '변이통지이진리(變而通之而盡利)'이다. 그래서 통변(通變)과 진리(盡利)는 온갖 사물(事物)에 미치는 역(易)을 살피고[觀] 새겨[玩] 점(占)쳐 지변(知變)하여 지래(知來)하게 하는 통어(通語)가 된다.

252. 계사언(繫辭焉)과 진신(盡神)

鼓之舞之以盡神이라. 이는 '계사언(繫辭焉)의 사(辭)'가 변이통지(變
而通之)하여[以] 진리(盡利)하는 연유(緣由)를 밝혀 준다.

변(變)이 통(通)함을 이용하여[以] '진리(盡利)하기'를 계사언(繫辭焉)의 '사(辭)'가 남김 없이 다함[盡]을 거듭 강조하여 '고지무지(鼓之舞之)'라 한 것이다. 변이통지(變而通之) 즉 통변(通變)을 정성껏 하여 고무(鼓舞) 즉 쉼 없이 활발하게 한다[鼓舞]면 그것이 곧 '진신(盡神)' 즉 자연[天地]이 변화하게 하는 짓[神]을 남김 없이 다함[盡]이다. 지성(至誠)껏 행귀신(行鬼神)-화신(化神)함이 곧 '진신(盡神)'인 것이다. '진신(盡神)'은 『노자(老子)』 28장(章)에 나오는 '위천하계(爲天下谿) 상덕불리(常德不離) 복귀어영아(復歸於嬰兒)'를 상기(想起)시킨다. 자연[天地]의 짓[象]을 본받아[法] 행(行)함이 행귀신(行鬼神)-화신(化神)이고, 이러한 행(行)을 풀이하여 '상덕불리(常德不離)'라고 한다. 천지(天地)의 덕(德)을 '상덕(常德)'이라 하고, 천지(天地)에[於] 두루 통하는[通] 것[者]이 상덕(常德)이므로 그 상덕(常德)을 '천하계(天下谿)' 즉 온 세상 모든 냇물이 모여드는 크나큰 내[谿]로 비유(譬喩)한 것이다. 이처럼 계사언(繫辭焉)의 '사(辭)'가 온 세상 온갖 것에 두루 통하는 진신(盡神)의 '신(神)'을 남김 없이 다함[盡]을 밝힌 말씀이 '고지무지이진신(鼓之舞之以盡神)'이다. 그래서 계사언(繫辭焉)과 진신(盡神)은 온갖 사물(事物)에 미치는 역(易)을 살피고[觀] 새겨[玩] 점(占)쳐 지변(知變)하여 지래(知來)하게 하는 통어(通語)가 된다.

> 註 위천하계(爲天下谿) 상덕불리(常德不離) 복귀어영아(復歸於嬰兒) '온 세상을[天下] 안아 들이는 큰 내가[谿] 되면[爲] 천지에 두루 통하는 덕이[常德] 떨어지지 않아[不離] 갓난애[嬰兒]로[於] 되돌아간다[復歸].'

253. 건곤(乾坤)의 역지온(易之蘊)

乾坤其易之蘊邪라. '건과[乾卦] 곤[坤卦] 그것은[其] 역(易)의[之] 쌓음
　건 곤 기 역 지 온 야
이[蘊] 아닌가[邪].'

　이는 역(易)의 소유(所有) 즉 역(易)이 가진[有] 바[所]를 밝히고 있다. 천
수상(天垂象)의 '상(象)'을 본받아[法] 성인(聖人)이 사람으로 하여금 행귀신
(行鬼神)-성변화(成變化)를 다하게[盡] 입상(立象)-설괘(設卦)-계사언(繫辭焉)을
이용하여[以] 진리(盡利)하고, 따라서 진신(盡神)할 수 있게 하는 역(易)은 가
진 것이라곤 음(陰)-양(陽) 그것뿐이다. 건곤(乾坤)의 역지온(易之蘊) 때문이
다. 군자(君子)가 외성인지언(畏聖人之言)함이 성인(聖人)의 행귀신(行鬼神)-화
신(化神)을 본받아[法] 자연[天地]이 변화(變化)하게 하는 짓[神]을 더없이 좇
고자[順] 함 역시 건곤(乾坤)의 역지온(易之蘊)'을 살펴[觀] 새기고[玩] 헤아려
[擬] 따지고[議] 가늠함[斷]에 지성(至誠)하기 때문이다. 역지온(易之蘊)의 '온
(蘊)'은 '깊이 쌓아 둘 축(蓄)-장(藏)' 등과 같아 온축(蘊蓄)-온장(蘊藏)의 줄
임말이니 이는 곧 설괘(設卦)를 밝힘도 된다. 64괘의 모든 양효(陽爻)는 무
릇 건(乾)이고, 64괘(卦)의 모든 음효(陰爻)는 무릇 곤(坤)임을 밝힌 말씀이
'건곤기역지온야(乾坤其易之蘊邪)'이다. 그래서 건곤(乾坤)의 역지온(易之蘊)은
온갖 사물(事物)에 미치는 역(易)을 살피고[觀] 새겨[玩] 점(占)쳐 지변(知變)
하여 지래(知來)하게 하는 통어(通語)가 된다.

254. 건곤(乾坤)과 역립(易立)

　乾坤成列而易立乎其中矣는 사상(四象)의 노양(老陽)에 양효(陽爻)
　건 곤 성 렬 이 역 입 호 기 중 의
가 하나가 더 진열(陳列)되어 건(乾)의 소성괘(小成卦)가 베풀어지고[立], 사

357

상(四象)의 노음(老陰)에 음효(陰爻)가 하나 더 진열(陳列)되어 곤(坤)의 소성괘(小成卦)가 베풀어지고[立], 나아가 건(乾)의 소성괘(小成卦) 둘을 진열(陳列)하여 대성괘(大成卦)의 건괘(乾卦)가 이루어져[成] 역(易)이 베풀어지고[立], 곤(坤)의 소성괘(小成卦) 둘을 진열(陳列)하여 대성괘(大成卦)의 곤괘(坤卦)가 이루어져[成] 역(易)이 베풀어짐[立]을 밝히고 있다. 건곤성열(乾坤成列)의 '건곤(乾坤)'은 여기선 건괘(乾卦)와 곤괘(坤卦)를 말한다. 성인(聖人)이 대성괘(大成卦)를 베풂[設]은 사상(四象)-팔괘(八卦)의 성렬(成列)로 말미암아 이루어진 것이다. 효획(爻畵)으로 사상(四象)이 베풀어지고[設] 괘획(卦畵)으로 소성괘(小成卦)가 설(設)해진다. 그러므로 성인(聖人)의 설괘(設卦)란 팔괘(八卦)를 베풀어[設] 그 팔괘(八卦)를 자승(自乘)하여 64괘(卦)를 이루었음[成]을 뜻한다. 그리하여 대성괘(大成卦) 64괘(卦)에서 효(爻) 여섯[六]이 진열(陳列)된 것이다. 물론 그 진열(陳列)이란 초효(初爻)에서 상효(上爻)까지 즉 육효(六爻)의 상교(相交)를 베풂[立]이고, 그 베풂이란 '정(正)-중정(中正)-부중정(不中正)-정응(正應)-불응(不應)-비(比)' 등등으로 변이통지(變而通之)를 살펴[觀] 헤아려[擬] 가늠하게[斷] 한다. 이러한 육효(六爻)의 진열(陳列) 안[中]에서 역(易)이 베풀어져[立] 천수상(天垂象)의 '상(象)'을 관상(觀象)하여 관변(觀變)하고 완점(玩占)할 수 있게 되어 지변(知變)하여 지래(知來)하게 되었음을 밝힌 말씀이 '건곤성렬이역립호기중의(乾坤成列而易立乎其中矣)'이다. 그래서 건곤(乾坤)과 역립(易立)은 온갖 사물(事物)에 미치는 역(易)을 살피고[觀] 새겨[玩] 점(占)쳐 지변(知變)하여 지래(知來)하게 하는 통어(通語)가 된다.

255. 건곤(乾坤)의 훼(毁)

乾坤毁 則 無以見易이라. '건과[乾] 곤이[坤] 허물어지면[毁] 바로
건 곤 훼 즉 무 이 견 역

[則] 그로써[以] 역을[易] 살필[見] 수 없다[无].'

이는 괘획(卦畫)이 불립(不立) 즉 베풀어지지 않았다[不立]면 견역(見易)할 수 없음을 밝히고 있다. 대성괘(大成卦)가 설립(設立)되어 그것을 이용하여 [以] 천수상(天垂象) 즉 천지(天地)가 드리운[垂] 조짐[象]을 살펴[見] 정길흉(定吉凶) 즉 길흉(吉凶)을 가늠할[定] 수 있는 것이다. 그러므로 '건곤(乾坤)이 훼(毁)하면 견역(見易)할 수 없음[無]'이란 건괘(乾卦)와 곤괘(坤卦)의 불립(不立) 즉 베풀어지지 못함을 뜻한다. 물론 건곤훼(乾坤毁)의 '훼(毁)'는 오로지 인간이 범하는 짓일 뿐이다. 건곤(乾坤) 즉 음양(陰陽)의 무너짐[毁]이란 천지(天地)에는 없다. 자연[天]에 변화(變化)의 불식(不息)이란 없다. 『노자(老子)』 40장(章)에 나오는 '반자도지동(反者道之動)'이라는 말씀은 곧 역(易)의 생생(生生)이 불식(不息)함을 말해 준다. 그러니 '건곤훼(乾坤毁)'란 역(易)의 곳간[蘊]이 무너짐을 뜻함을 간파(看破)할 수 있다. 그러므로 건곤훼(乾坤毁)란 '음양생사상(陰陽生四象)-사상생팔괘(四象生八卦)-팔괘생륙십사괘(八卦生六十四卦)-육십사괘생만물(六十四卦生萬物)'이라는 생생(生生)의 역(易)이 인간에 의해서 훼양(毁壞)될 수 있음을 밝힌 말씀이 '건곤훼(乾坤毁) 즉(則) 무이견역(無以見易)'이다. 그래서 건곤(乾坤)의 훼(毁)는 온갖 사물(事物)에 미치는 역(易)을 살피고[觀] 새겨[玩] 점(占)쳐 지변(知變)하여 지래(知來)하게 하는 통어(通語)가 된다.

註 반자도지동(反者道之動) '되돌아오는[反] 것이[者] 도(道)의[之] 움직임이다[動].'

256. 역(易)의 도(道)와 기(器)

形而上者謂之道 形而下者謂之器라. '몸으로 드러나지 않는[形而上] 것[者] 그것을[之] 도리라[道] 하고[謂], 몸으로 드러나는[形而下] 것[者]

359

그것을[之] 기구라[器] 한다[謂].'

이는 '역불가견즉건곤혹기호식(易不可見則乾坤或幾乎息)' 즉 '역을[易] 살필[見] 수 없다면[不可] 바로[則] 건과[乾] 곤은[坤] 그만[或] 변화를 그치고[息乎] 마는 것[幾]'을 형이상자(形而上者)와 형이하자(形而下者)로 나누어 정리해 주고 있다. 형이상자(形而上者)는 '무형자(無形者)' 즉 '몸[形]이 없는[無] 것[者]'을 말하고, 형이하자(形而下者)는 '유형자(有形者)' 즉 '몸[形]이 있는[有] 것[者]'을 말한다. 몸이 없는 것[無形者]을 한 글자로 '도(道)'라 하고, 몸이 있는 것[有形者]을 한 글자로 '기(器)'라 한다. 그러므로 역불가견(易不可見) 즉 '역(易)이 살펴질[見] 수 없다[不可]'라고 할 때 역지도(易之道)로서의 역(易)과 역지기(易之器)로서의 역(易)을 살필 수 없음[不可見]을 뜻한다. 역지도(易之道)의 역(易)을 살필 수 없다고 함은 역(易)의 일음일양(一陰一陽)-생생(生生)을 살필 수 없음을 말한다. 왜냐하면 일음일양(一陰一陽)-생생(生生) 즉 쉼 없는 변화(變化)가 역(易)의 형이상자(形而上者) 즉 역(易)의 도(道)이기 때문이다. 역지기(易之器)의 역(易)을 살필 수 없다고 함은 역(易)의 괘효(卦爻)를 살필 수 없음을 말한다. 왜냐하면 사상(四象)-팔괘(八卦)의 소성괘(小成卦)-64괘(卦)의 대성괘(大成卦)는 역(易)을 몸[形]으로 살필 수 있게 하는 역(易)의 기(器)이기 때문이다. 이처럼 견역(見易) 즉 역(易)을 살핀다[見]고 할 때 역지도(易之道)와 함께 역지기(易之器)를 지성(至誠)으로 살펴야[見] 함을 밝힌 말씀이 '형이상자위지도(形而上者謂之道) 형이하자위지기(形而下者謂之器)'이다. 그래서 역(易)의 도(道)와 기(器)는 온갖 사물(事物)에 미치는 역(易)을 살피고[觀] 새겨[玩] 점(占)쳐 지변(知變)하여 지래(知來)하게 하는 통어(通語)가 된다.

257. 변(變)의 재화(裁化)

化而裁之謂之變이라. '새로 됨을[化而] 마름질함[裁之] 그것을[之] 변이라[變] 한다[謂].'
_{화 이 재 지 위 지 변}

이는 '변(變)'이 '화(化)'를 식별(識別) 즉 알아서[識] 가려내게[別] 함을 밝히고 있다. '변(變)'이란 왕래(往來)가 공존(共存)하고 있음을 말한다. 그러므로 갈 것[往者]과 올 것[來者]을 알아[識] 왕자(往者)는 물러가고[去] 내자(來者)가 등장함[現]을 알아냄이 곧 변(變)의 재화(裁化)이다. 재화(裁化)란 곧 새것(來者)의 등장을 말한다. 이러한 '변(變)'과 '화(化)'를 살펴[觀] 새기고[玩] 헤아려[擬] 가늠할[斷] 수 있어야 변화지도(變化之道) 즉 변화(變化)의 이치[道]를 따라 관변(觀變)할 수 있게 된다. '변(變)'을 스스로 살필[觀] 수 있어야 '지이장왕(知以藏往)-신이지래(神以知來)하여 지변(知變)할 수 있다'는 것이다. 변화(變化)를 앎[知]으로[以] 갈 것[往]을 간직하고[藏], 변화(變化)하게 하는 짓[神]으로[以] 올 것을[來] 알[知] 수 있음은 곧 변(變)의 재화(裁化) 때문이다. 이러한 변(變)의 재화(裁化)는 『논어(論語)』「위정(爲政)」에 나오는 '온고이지신(溫故而知新)'^註이라는 말씀을 상기(想起)시킨다. 온고(溫故)의 '고(故)'는 왕자(往者) 즉 물려 간직해 둘[藏] 것이고, 지신(知新)의 '신(新)'은 등장할 새것[化]을 스스로 관완(觀玩)하여 의단(擬斷)할 수 있어야 관변(觀變)하여 지래(知來)할 수 있음을 밝힌 말씀이 '화이재지위지변(化而裁之謂之變)'이다. 그래서 변(變)의 재화(裁化)는 온갖 사물(事物)에 미치는 역(易)을 살피고[觀] 새겨[玩] 점(占)쳐 지변(知變)하여 지래(知來)하게 하는 통어(通語)가 된다.

註 온고이지신(溫故而知新) '옛것을[故] 살피고 새겨서[溫而] 새것을[新] 안다[知].'

258. 통(通)의 행추(行推)

推而行之謂之通이라. '변(變)의 재화(裁化)를 추진함을[推而] 실행함[行], 그것을[之] 열림이라[通] 한다[謂].'

이는 '변(變)'의 재화(裁化)를 쉼 없이 추진(推進)하여 실행(實行)함을 밝히고 있다. 쉼 없는 변화(變化)를 한 자(字)로 '통(通)'이라 한다. 이러한 '통(通)'을 강조하여 '신통(神通)'이라 한다. 진언(盡言) 즉 말씀[言]을 남김 없이 다함도[盡] 행추(行推)의 통(通)을 살펴 새기고 헤아려 관변(觀變)하여 지래(知來)하기 위함이고, 진의(盡意) 즉 뜻[意]을 남김 없이 다함도[盡] 행추(行推)의 통(通)을 살펴 새기고 헤아려 관변(觀變)하여 지래(知來)하기 위함이고, 진정위(盡情僞) 즉 참[情]과 거짓[僞]을 남김 없이 다함도[盡] 행추(行推)의 통(通)을 살펴 새기고 헤아려 관변(觀變)하여 지래(知來)하기 위함이고, 진리(盡利) 즉 어울림[利]을 남김 없이 다함도[盡] 행추(行推)의 통(通)을 살펴 새기고 헤아려 관변(觀變)하여 지래(知來)하기 위함이고, 진신(盡神) 즉 자연[天地]이 변화(變化)하게 하는 짓[神]을 남김 없이 다함도[盡] 행추(行推)의 통(通)을 살펴 새기고 헤아려 관변(觀變)하여 지래(知來)하기 위함이다. 변화(變化)를 쉼 없이 추진(推進)하는 열림[通]이란 이치(理致)를 남김 없이 다 밝혀 진언(盡言)-진의(盡意)-진정위(盡情僞)-진리(盡利)-진신(盡神)임이 여기서 간파(看破)된다. 따라서 변화(變化)함 그것은 곧 통함[通]임을 알 수 있게 되고, 변화(變化)를 추진(推進)하고 실행하여[行] 나아감[進]을 일러 '역지통(易之通)' 즉 역의[易之] 열림[通]임을 또한 알 수 있게 된다. 그러므로 추이행지(推而行之)의 '추(推)'는 '행변화지추(行變化之推)'의 줄임이다. 변화(變化)의[之] 추진을[推] 실행함[行]이 곧 '통(通)함' 즉 '열림[開]'이다. 여기서 왜 '통변지위사(通變之謂事)'라고 하는지 간파(看破)되는 것이다. 일[事]이란 변화(變化)를 열어 감[通]이다. 이를 상기(想起)한다면 통(通)의 행추(行推)가 '행사

(行事)' 즉 '일[事]의 실행[行]'을 뜻함을 밝힌 말씀이 '추이행지위지통(推而
行之謂之通)'이다. 그래서 통(通)의 행추(行推)는 온갖 사물(事物)에 미치는 역
(易)을 살피고[觀] 새겨[玩] 점(占)쳐 지변(知變)하여 지래(知來)하게 하는 통
어(通語)가 된다.

259. 이상(以象)의 견색(見賾)

　　夫象聖人有以見天下之賾이라. '성인께는[聖人] 무릇[夫] 자연[天地]
　　　부 상 성 인 유 이 견 천 하 지 색
이 드리워 주는 조짐을[象] 이용하여[以] 온 세상[天下]의[之] 깊숙한 기미를
[賾] 찾아냄이[見] 있다[有].'
　　이는 성인(聖人)의 사업(事業)을 역(繹) 즉 풀이하고 있다. 성인(聖人)께서
진언(盡言)-진의(盡意)-진정위(盡情僞)-진리(盡利)-진신(盡神)하는 천수상(天
垂)의 '상(象)' 즉 자연이[天] 드리워 주는[垂] 조짐[象]을 이용하여[以] 찾
아내기 어려운 변통(變通)의 심오지리(深奧之理) 즉 깊고[深] 그윽한[奧之] 이
치[理]인 '색(賾)'을 살펴 찾아내는 신물(神物)을 만들어 낸[作] 것이다. 성인
(聖人)이 작역(作易)한 즉 '설괘(設卦)의 괘(卦)'와 성인(聖人)이 계사언(繫辭焉)
한 '사(辭)'란 온 세상 사람들이 이용하여[以] 성인(聖人)을 본받아[效] '천하
지색(天下之賾)'을 찾아내게[見] 하는 역지기(易之器) 즉 역의[易之] 기물(器物)
임을 여기서 알 수 있게 되어, 이역(以易) 즉 역(易)을 이용함[以]이 밝혀진
다. 작역(作易)한 성인(聖人)의 '입상(立象)-설괘(設卦)'와 성인(聖人)이 계사언
(繫辭焉)한 '괘효사(卦爻辭)'가 모두 천수상(天垂象)의 '상(象) 즉 조짐[象]'을 본
받아[法] 이루어졌음[成]을 또한 여기서 알 수 있다. 이상(以象) 즉 조짐[象]
을 이용함[以]이란 천수상(天垂象) 즉 자연[天地]이 드리운[垂] 짓[象]을 이용
함[以]이므로 성인(聖人)의 '이상(以象)'은 곧 성인(聖人)의 '법상(法象)'을 말

363

하는 것이다. 바로 이 법상(法象)을 좇고[順] 본받아[法] 성인(聖人)은 천하지
색(天下之賾)을 살피는[見] 것이다. 천하지색(天下之賾)의 '색(賾)'은 깊숙이[深]
숨어서[隱] 찾아내기[探] 어려운[難] 것[賾]을 '기자(幾者)' 즉 '역지도(易之道)
에 가까운[幾] 것[者]'이라고 하는 것이다. 성인(聖人)이 찾아낸[見] '색(賾)'
이란 '유리이무형(有理而无形) 불가이명심(不可以名尋) 불가이형도자(不可以形
覩者)'㊟의 것임을 늘 명심하고 있어야 한다. 이런 색(賾)-기자(幾者)를 풀이
하여 '동지미(動之微)'라고 한다. 그러니 '색(賾)'이란 변화(變化)해 갈 '상(象)'
즉 '낌새[前兆]'인 셈이다. 그래서 지기(知幾)하면 지래(知來)한다고 말하는
것이다. 역(易)을 만들게[作] 한 입상(立象)-설괘(設卦)-계사언(繫辭焉)은 모두
변동(變動)의 기미(幾微) 즉 색(賾)을 살펴 찾도록 성인(聖人)이 베푼[設] 것임
을 밝힌 말씀이 '부상성인유이견천하지색(夫象聖人有以見天下之賾)'이다. 그래
서 이상(以象)과 견색(見賾)은 온갖 사물(事物)에 미치는 역(易)을 살피고[觀]
새겨[玩] 점(占)쳐 지변(知變)하여 지래(知來)하게 하는 통어(通語)가 된다.

㊟ 유리이무형(有理而无形) 불가이명심(不可以名尋) 불가이형도자(不可以形覩者) '이
치는[理] 있는데[有而] 드러남이[形] 없어[无] 이름으로[以名] 찾을[尋] 수 없고[不
可] 몸으로[以形] 볼[覩] 수 없는[不可] 것[者]이다.'

260. 성인(聖人)의 의색(擬賾)

擬諸其形容이라. '자연이 드리우는 짓의[其] 모습[形容]에서 세상 깊
숙이 숨긴 기미를[諸] 헤아렸다[擬].'

이는 성인(聖人)의 '의색(擬賾)'을 밝히고 있다. 성인(聖人)은 천수상(天垂
象)의 상(象)을 본받고[法] 그 조짐[象]의 형용(形容)인 괘효(卦爻)를 통하여 역
(易)의 이치[道]를 살펴[觀] 새기고[玩] 헤아린[擬] 다음 온 세상의[天下之] '색

(賾)'을 살폈다[見]. 성인(聖人)의 견색(見賾)은 역지기(易之器) 즉 역(易)의 괘효(卦爻)를 통하여 역지도(易之道) 즉 역(易)의 이치[道]를 살핌[見]이고, 따라서 성인(聖人)은 '천하지색(天下之賾)'을 살펴[觀] 새기고[玩] 헤아릴[擬] 뿐이다. 그러므로 성인(聖人)은 세상이 보여 주는 변화(變化)의 조짐[象]을 자신의 뜻[意]대로 헤아려[擬] 가늠하지[斷] 않는다. 오로지 천수상(天垂象)의 '상(象)'이 짓하는[象] 형용(形容) 즉 조짐[象]의 모습[形容]을 본받아[法] 의단(擬斷)할 뿐이다. 그러므로 성인지의(聖人之擬)는 『논어(論語)』「자한(子罕)」에 나오는 '자절사(子絶四) 무의(毋意) 무필(毋必) 무고(毋固) 무아(毋我)'[注1]를 상기(想起)시키고, 『장자(莊子)』「덕충부(德充符)」에 나오는 '성인유소유(聖人有所遊) 성인불모(聖人不謀) 오용지(惡用知) 불착(不斲) 오용교(惡用膠) 무상(無喪) 오용덕(惡用德) 불화(不貨) 오용상(惡用商) 사자천륙야(四者天鬻也)'[注2]를 환기(喚起)시킨다. 성인(聖人)이 '변화(變化)의 기미[賾]를 헤아림[擬]'이란 오로지 순명(順命) 즉 천명(天命)을 좇아[順] 관변(觀變)하면서 헤아려[擬] 천하지통변(天下之通變)을 가늠할[斷] 뿐이다. 그런 뒤에야 성인(聖人)의 말씀[言]도 따라서 이루어지기 때문에 계사언(繫辭焉)의 '사(辭)' 즉 말씀[辭]'이 '정길흉(定吉凶) 즉 길흉(吉凶)을 단정하는[定] 말씀[言]'이 되는 것이다. 온 세상의[天下之] 변통(變通)을 살펴낸[見] 기미(幾微) 즉 '색(賾)'을 성인(聖人)이 관완(觀玩)하여 의단(擬斷)함은 역지기(易之器)를 이용하여[以] 역지도(易之道)를 오로지 무사(無思)-무위(無爲)로 의탁(擬度)하는 것임을 밝힌 말씀이 '의저기형용(擬諸其形容)'이다. 그래서 성인(聖人)의 의색(擬賾)은 온갖 사물(事物)에 미치는 역(易)을 살피고[觀] 새겨[玩] 점(占)쳐 지변(知變)하여 지래(知來)하게 하는 통어(通語)가 된다.

註 1. 자절사(子絶四) 무의(毋意) 무필(毋必) 무고(毋固) 무아(毋我) '공자께서는[子] 네 가지를[四] 끊었다[絶]. 자의가[意] 없었고[毋], 기필이[必] 없었으며[毋], 고집이[固] 없었고[毋], 독존(獨存)이[我] 없었다[毋].'

註 2. 성인유소유(聖人有所遊) (……) 성인불모(聖人不謀) 오용지(惡用知) 불착(不斲) 오용교(惡用膠) 무상(無喪) 오용덕(惡用德) 불화(不貨) 오용상(惡用商) 사자천륙야(四

者天鬻也) 천륙야자천사야(天鬻也者天食也) '성인께는[聖人] 노니는[遊] 바가[所] 있다[有]. (중략) 성인은[聖人] 도모하지 않는다[不謀]. 어찌[惡] 인지를[知] 쓰겠는 가[用]? 성인(聖人)은 도끼질을 하지 않는다[不斲]. 어찌[惡] 아교를[膠] 쓰겠는가 [用]? 성인께는 잃을 것이[喪] 없다[無]. 어찌[惡] 인덕을[德] 쓰겠는가[用]? 성인(聖 人)은 돈벌이를 하지 않는다[不貨]. 어찌[惡] 상술을[商] 쓰겠는가[用]? 불모(不謀)-불착(不斲)-무상(無喪)-불화(不貨) 등 네 가지[四] 것이[者] 천륙(天鬻)이다[也]. 천륙 (天鬻)이라는[也] 것은[者] 자연이[天] 먹여 주는 것[食]이다[也].' '소유(所遊)'란 마음 가기를 자연에 맡기고 걸림 없이 노닒을 뜻한다. '천사(天食)'란 자연이 베풀어 주는 먹거리를 뜻한다. 먹을 식(食), 먹여 줄 사(食)이므로 음독(音讀)에 주의한다.

261. 성인(聖人)의 물의(物宜)

象其物宜라. '세상이 깊숙이 숨긴 기미를 헤아린[其] 것의[物] 마땅함을[宜] 본받는다[象].'

이는 성인(聖人)의 의색(擬賾)이란 오로지 무사(無思)-무위(無爲)로 이루어짐을 '물의(物宜)'라고 밝히고 있다. 이는 곧 순명(順命)에 따라 천하지색(天下之賾)을 헤아리기[擬] 때문에 불의(不宜)할 리 없음을 말해 준다. 물의(物宜)란 무사(無私)-무욕(無欲)-무아(無我)라야 이루어진다. 통변지위사(通變之謂事)라고 할 때 그 통변(通變)이란 바로 '의(宜) 즉 마땅함[宜]'을 뜻한다. 마땅치 않거나 못하다면 어떤 일이든 불변(不變)하여 불통(不通)하게 되고 따라서 궁색(窮塞)해지고 만다. 매사(每事)가 무사(無思)-무위(無爲)로 헤아려져[擬] 통변(通變)하게 되면 일마다[每事] 마땅하여[宜] 길(吉)하다. 그러나 매사(每事)가 사욕(私欲)으로 헤아려져[擬] 불통(不通)하게 되면 일마다 마땅치 못해[不宜] 흉(凶)하다. 그러므로 천명(天命) 즉 자연[天]의 시킴과 가르침[命]을 본받아[法] 매사(每事)에서 통변(通變)의 마땅함[宜]을 헤아려[擬] 가늠해야[斷] 매사(每事)가 마땅하여[宜] 길(吉)한 것이다. 인간사(人間事)의 마땅함[宜]이란 천명(天命)을 준거(準據)로 삼아야 함을 '상기물의(象其物宜)'가 밝히고 있는 것이다. 역무사(易無思)-역무위(易无爲)를 상기(想起)한다면 상기물의(象其物宜)의 '의(宜)' 즉 '마땅함[宜]'이 무엇을 뜻하는지 살피고[觀] 새겨[玩] 헤아리고[擬] 따져[議] 가늠할[斷] 수 있는 것이다. 성인(聖人)의 '의(擬)' 즉 '깊은 헤아림[擬]'이란 오로지 '무사(無思)-무위(無爲)-무사(無私)-무욕(無欲)-무아(無我)'이기 때문에 매사(每事)의 마땅함[宜]만을 본받게[象] 됨을 밝힌 말씀이 '상기물의(象其物宜)'이다. 그래서 성인(聖人)의 물의(物宜)는 온갖 사물(事物)에 미치는 역(易)을 살피고[觀] 새겨[玩] 점(占)쳐 지변(知變)하여 지래(知來)하게 하는 통어(通語)가 된다.

262. 설괘(設卦)의 상(象)

謂之象이라. '세상이 깊숙이 숨긴 기미를 헤아린 것의 마땅함을[宜] 본받기 위함 그것을[之] 상이라[象] 한다[謂].'

이는 작역(作易)한 성인(聖人)이 설괘(設卦)한 까닭이 '상기물의(象其物宜)의 상(象)'에 있음을 밝히고 있다. 그러므로 여기서 위지상(謂之象)의 '상(象)'은 천수상(天垂象)의 '상(象)' 그것이 아니라 괘상(卦象)의 '상(象)'을 말한다. 위지상(謂之象)의 '상(象)'은 성인(聖人)이 천수상(天垂象)의 '상(象)'을 본받아[法] 마땅히[宜] 헤아린[擬] 것[物]의 상(象) 즉 괘상(卦象)을 말한다. 64괘(卦)의 괘사(卦辭)를 상사(象辭)라고 하는 까닭이 여기서 밝혀지고 있다. 뿐만 아니라 입상(立象)의 '상(象)' 또한 성인(聖人)이 천수상(天垂象)의 '상(象)'을 본받아[法] 마땅히[宜] 헤아린[擬] 것[物]이고, 계사언(繫辭焉)의 '사(辭)' 또한 성인(聖人)이 천수상(天垂象)의 '상(象)'을 본받은[法] 괘상(卦象)을 본받아[法] 마땅히[宜] 헤아려[擬] 육효(六爻)의 매효(每爻)에 매어 준[繫] 말씀[辭]의 것[物]이다. 그러므로 성인(聖人)의 작역(作易)의 '역(易)'이라는 것[物]은 천수상(天垂象)의 '상(象)' 즉 자연이[天地之] 만물(萬物)로 하여금 변화하게 하는 짓[象]을 성인(聖人)이 마땅히[宜] 헤아려[擬] 본받은[象] 것[物]이다. 작역(作易)의 '역(易)'이란 성인(聖人)이 천수상(天垂象)의 '상(象)'을 이용하여[以] 마땅하게[宜] 본받은[象] 것[物]이다. 그러므로 여기서 위지상(謂之象)의 '상(象)'이란 성인(聖人)이 마땅하게[宜] 천명(天命)을 좇아[順] 헤아려[擬] 베풀어 준[設] 것[物]인 괘(卦) 그것임을 밝힌 말씀이 '위지상(謂之象)'이다. 그래서 설괘(設卦)의 상(象)은 온갖 사물(事物)에 미치는 역(易)을 살피고[觀] 새겨[玩] 점(占)쳐 지변(知變)하여 지래(知來)하게 하는 통어(通語)가 된다.

註 성인(聖人)의 설괘(設卦) 즉 성인(聖人)이 베푼[設] 괘(卦)의 '상(象)'은 '짓 상(象)과 본받기 상(象)'을 아울러 뜻하는 '상(象)'이다.

263. 성인(聖人)의 견동(見動)

聖人有以見天下之動이라. '성인께는[聖人] 그 상(象)을 써[以] 온 세상의[天下之] 움직임을[動] 살핌이[見] 있다[有].'

이는 성인(聖人)이 괘상(卦象)을 이용하여[以] 온 세상의 변동(天下之動)을 살핌을 밝히고 있다. 천하지동(天下之動)은 천하지색(天下之賾)을 풀이한 것이다. 온 세상이 깊숙이 숨긴 것[賾]이란 곧 변동(變動)의 기미(機微)임을 여기서 알 수 있다. 따라서 성인(聖人)이 세상의[天下之] 깊숙한 기미(幾微) 즉 '색(賾)'을 살펴 찾아[見] 헤아리는 데[擬] 천수상(天垂象)과 마땅하게[宜] 하는 까닭이 여기서 밝혀진다. 성인(聖人)이 찾아내는 천하지색(天下之賾)은 온 세상이 숨긴 변화(變化)의 기미(機微)이고, 그 기미(機微)가 늘 마땅함[宜]은 천수상(天垂象) 즉 자연[天]이 드리운[垂] 짓[象]을 오로지 본받는[法] 괘상(卦象)을 본받아[法] 헤아려[擬] 가늠하게[斷] 하기 때문이다. 성인(聖人)은

천명(天命)을 본받아[象] 온 세상[天下]의[之] 움직임을[動] 살피지[見] 자의(恣
意)로 살피지 않음을 '상기물의(象其物宜)'가 뜻하고 있음을 여기서 거듭해
간파(看破)할 수 있다. 천하지동(天下之動)이란 천하지색(天下之賾)의 동용(動
容) 즉 변화(變化)가 드러남[形容]이다. 성인(聖人)이 천명(天命)을 좇아[順] 마
땅하게[宜] 온 세상의 변동(變動)을 헤아림[擬]은 성인(聖人)의 사자천륙(四者
天鬻)을 상기(想起)하게 한다. 불모(不謀)-불착(不斲)-무상(無喪)-불화(不貨)
를 상기(想起)한다면 성인(聖人)의 헤아림[擬]이 왜 의당(宜當)한 숙려(熟慮)인
지 간파(看破)할 수 있다. 성인(聖人)이 온 세상의 변동[天下之動]을 오로지
무사(無思)-무위(無爲)로 살핌[見]을 밝힌 말씀이 '성인유이견천하지동(聖人
有以見天下之動)'이다. 그래서 성인(聖人)의 견동(見動)은 온갖 사물(事物)에 미
치는 역(易)을 살피고[觀] 새겨[玩] 점(占)쳐 지변(知變)하여 지래(知來)하게
하는 통어(通語)가 된다.

注 불모(不謀)-불착(不斲)-무상(無喪)-불화(不貨) 이 네 가지를[四者] '천륙(天鬻)'이
라고 한다.

264. 성인(聖人)의 전례(典禮)

觀其會通以行其典禮라. '성인은 온 세상 변동이[其] 통함을[通] 모
관 기 회 통 이 행 기 전 례
아[會] 살펴서[觀以] 그 회통의[其] 전법과[典] 예의를[禮] 시행케 한다[行].'

이는 성인(聖人)이 '상기물의(象其物宜)' 즉 세상이 깊숙이 숨긴 기미를
헤아린[其] 것의[物] 마땅함을[宜] 본받는[象] 까닭을 밝히고 있다. 성인(聖
人)은 세상의[天下之] 변통(變通)을 모아[會] 살핀다[觀]. 성인(聖人)은 이역(以
易) 즉 역(易)을 써서[以] 세상 일[物]들이 마땅함[宜]을 살펴 온 세상 길흉(吉
凶)의 의식(儀式)을 시행(施行)하는 것이다. 왜냐하면 성인(聖人)은 천지(天地)

가 보여 주는[垂] '조짐[象]'을 본받아[法] 세상 모든 일[物]의 마땅함[宜]을 헤아려[擬] 가늠해[斷] 온 세상 회통(會通)을 살피기[觀] 때문이다. 따라서 성인(聖人)이 시행(施行)하는 전례(典禮) 또한 마땅할[宜] 뿐이다. 전례(典禮)란 온 세상의 길흉(吉凶)에 관한 의식(儀式)을 말한다. 치세(治世) 즉 세상[世]을 다스리는[治] 전례(典禮)란 예악(禮樂)을 시행(施行)하는 요목(要目)이다. 『예기(禮記)』「악기(樂記)」에 나오는 '성인작악이응천(聖人作樂以應天) 제례이배지(制禮以配地)'라는 말씀을 상기(想起)한다면 성인(聖人)이 시행하는[行] 전례(典禮)는 온 세상 백성[民]을 위하여 마땅치[宜] 않음이 없다. 성인(聖人)은 온 세상 변동(變動)의 회통(會通)을 살펴[觀] 전례(典禮)를 시행(施行)하는 까닭이다. 여기서 회통(會通)이란 회합변통(會合變通)의 줄임말이다. 회통(會通)의 '회(會)'는 모으되[聚] 버리지 않는[不棄] 이치[理]를 따라 마땅한[宜] 모음[會]이고, '통(通)'은 시행해도[行] 거리끼지 않는[不礙] 이치를 따라 마땅한[宜] 열림[通]이다. 그러므로 관기회통(觀其會通)은 천하지동(天下之動) 즉 세상이 변동하는[動] 이치[理]가 마땅함[宜]을 관찰(觀察)하는 것이다. 그렇게 하여 성인(聖人)은 천하지동(天下之動)의 마땅한[宜] 이치[理]를 찾아 전례(典禮)를 시행하는[行] 것이다. 전례(典禮)의 '전(典)'은 전법(典法)을 줄임이고, '예(禮)'는 예의(禮儀)의 줄임이고, 예의(禮儀)는 예절지요목(禮節之要目)을 뜻한다. 천하지동(天下之動)의 마땅한[宜] 이치[理]가 회통(會通)하는 전법(典法)과 예절(禮節)의 요목(要目)을 시행(行)함을 밝힌 말씀이 '관기회통이행기전례(觀其會通以行其典禮)'이다. 그래서 성인(聖人)의 전례(典禮)는 온갖 사물(事物)에 미치는 역(易)을 살피고[觀] 새겨[玩] 점(占)쳐 지변(知變)하여 지래(知來)하게 하는 통어(通語)가 된다.

註 악자돈화솔신이종천(樂者敦和率神而從天) 예자별의거귀이종지(禮者別宜居鬼而從地) 시고(是故) 성인작악이응천(聖人作樂以應天) 제례이배지(制禮以配地)' 악이라는[樂] 것은[者] 어울림을[和] 도탑게 하여[敦] 양(陽)의 뻗치는 기운을[神] 우러러 따라서[率而] 하늘을[天] 따르고[從], 예라는[禮] 것은[者] 마땅함을[宜] 분별하여

[別] 음(陰)의 굽히는 기운을[鬼] 엎드려 따라서[居而] 땅을[地] 따른다[從]. 이렇기[是] 때문에[故] 성인은[聖人] 하늘을[天] 따라서[應而] 악을[樂] 지었고[作], 땅을[地] 짝하여[配而] 예를[禮] 지었다[制].' 솔신(率神)의 '솔(率)'은 여기선 '우러러 따름'을 뜻하고 '신(神)'은 양(陽)의 뻗어나가는 기(氣)를 말한다. 거귀(居鬼)의 '거(居)'는 여기서는 '엎드려 따름'을 뜻하고 '귀(鬼)'는 음(陰)의 굽히는 기(氣)를 말한다.

265. 길흉(吉凶)의 단(斷)

繫辭焉以斷其吉凶이라. '괘효에[焉] 맺어 둔[繫] 말을[辭] 써서[以]
계 사 언 이 단 기 길 흉
온 세상의[其] 길흉을[吉凶] 가늠케 한다[斷].'

이는 성인(聖人)이 대성괘(大成卦)의 여섯 효[六爻]마다에 말씀[辭]을 맺어 둔[繫] 까닭을 밝히고 있다. 인간의 세상[天下]에 일어나는 모든 변동(變動)은 자연[天地] 때문에 빚어지는 것이 아니라 인간 때문에 빚어진다. 그러므로 단기길흉(斷其吉凶)의 '단(斷)'은 자연[天地之]이 온 세상의 길흉(吉凶)을 단정(斷定)해 주는 것이 아니라 사람이 저마다 스스로 지성(至誠)으로 살펴[觀] 새기고[玩] 헤아려[擬] 가늠해[斷] 가야 하는 것이다. 그렇기 때문에 성인(聖人)은 세상의 모든 사람들[天下之民]에게 세상이[天下之] 깊숙이 숨긴 기미[賾]를 헤아리는[擬] 것을[物] 자연의[天地之] 가르침[命]과 마땅한지[宜] 살피면서[觀] 세상에서 일어나는 변동(變動)의 기미[賾]를 살폈고[見] 그렇게 찾아낸 '색(賾)의 동(動)'을 온 세상 사람들로 하여금 살펴[觀] 새기고[玩] 헤아려[擬] 따져서[議] 가늠하게[斷] 대성괘(大成卦)의 여섯 효[六爻]에 말씀[辭]을 맺어 둔[繫] 것이다. 이렇기 때문에 자연의[天地之] 이치-가르침[道]을 좇아 성인(聖人)은 사람의 세상에서 일어나는 변동의[其] 길과[吉] 흉(凶)을 가늠했고[斷] 동시에 그 길흉(吉凶)을 천하지민(天下之民)이 판단하게 해 둔 말씀[辭]이 계사언(繫辭焉)의 '사(辭)'임을 명심(銘心)해야 한다. 성인(聖人)

이 천지지도(天地之道)를 좇아[順] 판단한 말씀[言]이 곧 계사언(繫辭焉)의 '사(辭)'임을 명심(銘心)하고 저마다 스스로 완사(玩辭)해야 관변(觀變)하고 완점(玩占)하여 지변(知變)하고, 따라서 매사(每事)의 길흉(吉凶)을 지성(至誠)으로 가늠해야[斷] 지래(知來)할 수 있음을 밝힌 말씀이 '계사언이단기길흉(繫辭焉以斷其吉凶)'이다. 그래서 길흉(吉凶)의 단(斷)은 온갖 사물(事物)에 미치는 역(易)을 살피고[觀] 새겨[玩] 점(占)쳐 지변(知變)하여 지래(知來)하게 하는 통어(通語)가 된다.

266. 계사(繫辭)의 효(爻)

繫辭焉而斷其吉凶者謂之爻라. '괘효에[焉] 맺어 둔[繫] 말을[辭] 이용하여[以] 세상의[天下] 움직임의[動之] 길흉을[吉凶] 가늠케 하는[斷] 것[者], 그것을[之] 효라[爻] 한다[謂].'

이는 계사언(繫辭焉)한 성인(聖人)이 계사(繫辭)한 까닭이 '단기길흉(斷其吉凶)의 효(爻)'에 있음을 밝히고 있다. 그러므로 여기서 위지효(謂之爻)의 '효(爻)'는 천수상(天垂象)의 '상(象)' 그것이 아니라, 괘상(卦象)의 '상(象)'을 본받아[效] 누천(屢遷)함을 살펴 새기고 헤아려 가늠하게 하는 역지기(易之器)이다. 위지효(謂之爻)의 '효(爻)'는 성인(聖人)이 괘상(卦象)의 '상(象)'을 본받아[法] 온 세상의[天下之] 길흉(吉凶)을 가늠케[斷] 하는 신물(神物)이다. 그래서 효(爻)마다에 맺어 둔[繫] 효사(爻辭)를 단사(彖辭)라고 하는 것이다. 효사(爻辭)를 가늠케 하는[彖] 말씀[辭]이라고 함은 계사언(繫辭焉)의 '사(辭)'가 천하지동(天下之動)의 길흉(吉凶)을 전지(前知) 즉 앞서[前] 알고[知] 가늠케[斷] 하기 때문이다. 단사(彖辭)의 '단(彖)'은 '가늠할 단(斷)'과 같다. '효자언호변자(爻者言乎變者)'를 상기(想起)한다면 천하지동(天下之動)의 '동(動)'이

'변할 변(變)'과 같고, 변동(變動)의 줄임으로 여기고 새겨 헤아릴 수 있음이 여기서 분명해진다. 효라는[爻] 것은[者] 변화하는[變] 것[者]을[乎] 말하는[言] 신물(神物)이다. 계사언(繫辭焉)의 사(辭) 즉 효사(爻辭)는 지기(知幾)하게 하여 지변(知變)하게 하고, 지변(知變)하게 하여 지래(知來)하게 하는 말씀[辭]이지 지나간 것[往者]을 되풀이하여 반복(反復)시키는 사(辭)가 아니다. 그러므로 단기길흉(斷其吉凶)의 '단(斷)'은 '미래지사(未來之事)' 즉 다가올[未來之] 일[事]을 앞서서[前] 가늠하라[斷]고 함이고, 따라서 효사(爻辭)는 지성지도(至誠之道)를 좇아 살펴[觀] 새기고[玩] 헤아려[擬] 따져서[議] 가늠하게[斷] 하는 말씀[辭]인 것이다. 『중용(中庸)』에 나오는 '지성지도가이전지(至誠之道可以前知)'를 상기(想起)한다면 성인(聖人)이 왜 천수상(天垂象)의 상(象)을 본받는[法] 괘상(卦象)을 본받는[效] 효(爻)에 계사(繫辭)했는지 간파할 수 있다. 천수상(天垂象)의 '상(象)'이란 다름 아닌 성자(誠者) 즉 천명(天命)의 짓[象]이다. 이는 곧 자연의[天地] 가르침[道]이고, 그 가르침[道]을 이용하여[以] 매사(每事)의 길흉(吉凶)을 전지(前知) 즉 앞서 알 수 있게 하고자 성인(聖人)이 효(爻)에 말씀[辭]을 맺어[繫] 온 세상의 길흉(吉凶)을 미리[前] 가늠하게[斷] 함을 밝혀 둠이 '계사언이단기길흉자위지효(繫辭焉而斷其吉凶者謂之爻)'이다. 그래서 계사(繫辭)의 효(爻)는 온갖 사물(事物)에 미치는 역(易)을 살피고[觀] 새겨[玩] 점(占)쳐 지변(知變)하여 지래(知來)하게 하는 통어(通語)가 된다.

267. 극색(極賾)의 괘(卦)

極天下之賾者存乎卦라. '온 세상[天下]이[之] 깊숙이 숨긴 변화의 기미를[賾] 남김 없이 밝혀내는[極] 것은[者] 괘(卦)에[乎] 있다[存].'

이는 성인(聖人)이 설괘(設卦)한 '괘(卦)'를 정리(整理)하여 밝혀 주고 있다. 역지기(易之器)인 '괘(卦)'란 무엇인가? 이에 대한 해답이 곧 '극천하지색자(極天下之賾者)'이다. 온 세상의[天下之] 색(賾)을 극진(極盡)히 탐색(探索)하게 하는 것이 곧 괘(卦) 즉 대성괘(大成卦)이다. 그러므로 '괘(卦)'란 '사민극단천하지색자(使民極斷天下之賾者) 즉 사람들로[民] 하여금[使] 온 세상의[天下之] 색을[賾] 남김 없이 밝히게 하는[極] 신물(神物)'이다. 물론 대성괘(大成卦)라는 신물(神物)은 천수상(天垂象)의 상(象)을 본받아[法] 천하지동(天下之動)을 극색(極賾)하게 하는 짓[象]을 이룬다[成]. 이를 괘상(卦象)이라고 한다. 괘상(卦象)이란 내괘(內卦)와 외괘(外卦)로 이루어진다. 물론 내괘(內卦) 하괘(下卦), 외괘(外卦)를 상괘(上卦)라 한다. 특히 이러한 대성괘(大成卦)를 유가(儒家) 쪽에서는 삼재(三才) 또는 삼극(三極)의 괘(卦)로 본다. 천지인(天地人)을 대성괘(大成卦)가 포용(抱容)한다고 보는 것이다. 초효(初爻)와 이효(二爻)의 자리[位]를 지위(地位)-지도(地道)의 효위(爻位)로 보고, 삼효(三爻)와 사효(四爻)의 자리[位]를 인위(人位)-인도(人道)의 효위(爻位)로 보고, 오효(五爻)와 상효(上爻)의 자리[位]를 천위(天位)-천도(天道)의 효위(爻位)로 보기 때문에 대성괘(大成卦)에 삼극(三極)이 있다고 보는 것이다. 이러한 괘상(卦象)에 천하지색(天下之賾) 즉 온 세상이[天下之] 깊숙이 숨긴 변화의 기미[賾]를 극진(極盡)하게 하는 것[者]이 있음[存]을 밝힌 말씀이 '극천하지색자존호괘(極天下之賾者存乎卦)'이다. 그래서 극색(極賾)의 괘(卦)는 온갖 사물(事物)에 미치는 역(易)을 살피고[觀] 새겨[玩] 점(占)쳐 지변(知變)하여 지래(知來)하게 하는 통어(通語)가 된다.

268. 효사(爻辭)의 고(鼓)

鼓天下之動者存乎辭라. '온 세상[天下]의[之] 변동을[動] 가능하게
고무하는[鼓] 것은[者] 괘효에 맺어 둔 말씀[辭]에[乎] 있다[存].'

이는 성인(聖人)이 계사언(繫辭焉)한 '사(辭)'를 정리(整理)하여 밝혀 주고
있다. 역지기(易之器)인 '사(辭)'란 무엇인가? 이에 대한 해답이 곧 '고천하
지동자(鼓天下之動者)'이다. 온 세상의[天下之] 변동[動]을 극진(極盡)히 탐색
(探索)하게 고무(鼓舞)하는 것이 곧 '사(辭)' 즉 효사(爻辭)이다. 그러므로 '사
(辭)'란 '사민고천하지동자(使民鼓天下之動者) 즉 사람들로[民] 하여금[使] 온
세상의[天下之] 변동을[動] 남김 없이 밝히게 고무하는[鼓] 신물(神物)'이다.
물론 대성괘(大成卦) 여섯 효[六爻]에 성인(聖人)이 맺어 둔[繫] '사(辭)'란 천
하지동(天下之動)을 남김 없이 밝히게 고무(鼓舞)하게 하는 말씀이다. 이를
효사(爻辭)라고 한다. 효사(爻辭)를 이용하여 온 세상의[天下之] 변동(變動)을
'고(鼓)함'이란 천하지변동(天下之變動)을 살피게[觀] 고무(鼓舞)시키고, 천하
지변동(天下之變動)을 새기게[玩] 고무(鼓舞)시키고, 천하지변동(天下之變動)을
헤아리게[擬] 고무(鼓舞)시키고, 천하지변동(天下之變動)을 가늠하게[斷] 고
무(鼓舞)시킴을 뜻하는 것이다. 그리하여 천하지변동(天下之變動)을 관완(觀
玩)-의단(擬斷)하여 길흉(吉凶)을 전지(前知)하고자 성인(聖人)이 대성괘(大成
卦)의 여섯 효[六爻]에 계사(繫辭)한 것이다. 이렇듯 천하지동(天下之動)을 고
무(鼓舞)시키는 효사(爻辭)를 관완(觀玩)-의단(擬斷)함은 여섯 효[六爻]의 상교
(相交)를 관완(觀玩)-의단(擬斷)하면서 이루어지게 된다. 대성괘(大成卦) 여섯
효[六爻]의 자리[位]는 정해진 위(位)가 아니라 누천(屢遷) 즉 순차를 밟아
[屢] 옮겨 가는[遷] 자리[位]이기 때문이다. 여섯 효[六爻]가 서로[相] 사귐[交]
을 '중(中)-정(正)-응(應)-비(比)'라 한다. 이 상교(相交)와 더불어 계사언(繫
辭焉)의 '사(辭)'를 새기고[玩] 헤아려[擬] 가늠해야[斷] 온 세상 변동(變動)을

저마다 스스로 고무시킬[鼓] 수 있는 것이다. 그러므로 고천하지동(鼓天下之動)의 '고(鼓)'는 마음을 분발(奮發) 즉 돋우어[奮] 일으켜[發] 살피게[觀] 하고, 마음을 돋우어 일으켜 새기게[玩] 하고, 마음을 돋우어 일으켜 헤아리게[擬] 하고, 마음을 돋우어 일으켜 가늠하게[擬] 함을 뜻한다. 이처럼 천하지동(天下之動) 즉 온 세상의[天下之] 변동(變動)을 남김 없이 밝히게 마음을 북돋아 일으킴이 효사(爻辭)에 있음을 밝힌 말씀이 '고천하지동자존호사(鼓天下之動者存乎辭)'이다. 그래서 효사(爻辭)의 고(鼓)는 온갖 사물(事物)에 미치는 역(易)을 살피고[觀] 새겨[玩] 점(占)쳐 지변(知變)하여 지래(知來)하게 하는 통어(通語)가 된다.

註 대성괘(大成卦)를 이루는 **육효(六爻)** 사이의 관계를 중(中)-정(正)-응(應)-비(比)라 한다. 아래[下] 내괘(內卦)의 세 효(爻)와 위[上] 외괘(外卦)의 세 효(爻)로 여섯 효(爻)로 이루어져 있는 대성괘의 육효(六爻)는 단독(單獨)으로 있는 것이 아니라 서로 관계를 맺고 누천(累遷)하는 운명(運命)을 띠고 있다. 내괘(內卦)의 중간(中間) 효(爻)인 둘째 효(爻)와 외괘(外卦)의 중간(中間) 효(爻)인 다섯째 효(爻)를 '중(中)'이라 한다. 대성괘(大成卦)에서 효(爻)의 자리[位]가 짝수로 이사륙(二四六)이면 음효(陰爻)의 위(位)이고, 홀수로 일삼오(一三五)이면 양효(陽爻)의 자리[位]이다. 대성괘(大成卦) 안에서 음효(陰爻)가 제자리[짝수 자리]에 있고 양효(陽爻)가 제자리[홀수 자리]에 있음을 '정(正)'이라 한다. 특히 내괘(內卦)의 중효(中爻)인 둘째 효(爻)가 음효(陰爻)이고, 외괘(外卦)의 중효(中爻)인 다섯째 효(爻)가 양효(陽爻)이면 '중정(中正)'이라 한다. '중정(中正)'은 길(吉)함을 나타내고 '부중정(不中正)'이라면 흉(凶)함을 나타낸다. 여섯 효(爻) 사이의 관계를 '응(應)', '비(比)'라고 한다. 내괘(內卦)의 초효(初爻)와 외괘(外卦)의 초효(初爻), 내괘(內卦)의 이효(二爻)와 외괘(外卦)의 이효(二爻), 내괘(內卦)의 상효(上爻)와 외괘(外卦)의 상효(上爻)는 서로[相] 응(應)한다. 상응(相應)하는 두 효(爻)가 음(陰) 또는 양(陽)이면 '정응(正應)'이라 하고, 두 효(爻)가 다 음(陰)이거나 양(陽)이면 '불응(不應)'이라 한다. '정응(正應)'은 길(吉)함이고 '불응(不應)'은 흉(凶)함이다. 초효(初爻)와 이효(二爻), 이효(二爻)와 삼효(三爻), 삼효(三爻)와 사효(四爻), 사효(四爻)와 오효(五爻), 오효(五爻)와 상효(上爻)가 음(陰) 또는 양(陽)으로 이웃하고 있을 때 이를 '비(比)'라고 한다. 서로 이웃하고 있는 두 효(爻)가 음(陰)과 양(陽)일 때 길(吉)하게 여긴다.

269. 재화(裁化)의 존호변(存乎變)

化而裁之存乎變이라. '새로 됨이라[化而], 그것을[之] 헤아려 마름질함은[裁] 변(變)에[乎] 있다[存].'

이는 '변(變)'에서 '화(化)'가 비롯됨을 밝히고 있다. '변(變)'이란 왕래(往來)가 공존(共存)하고 있음을 말한다. 그러므로 '변(變)'은 갈 것[往者]과 올 것[來者]을 알아내어[識] 가려 보게[別] 한다. 왕자(往者)는 물러가고[去], 내자(來者)가 등장함[現]을 식별(識別)하게 함이 곧 '변(變)'의 재화(裁化)이다. 재화(裁化)란 곧 새것[來者]의 등장을 말한다. 이러한 '변(變)'과 '화(化)'를 살펴[觀] 새기고[玩] 헤아려[擬] 가늠할[斷] 수 있어야 지변화지도(知變化之道) 즉 변화(變化)의 이치[道]를 따라 알[知] 수 있게 된다. 왕자(往者) 즉 갈 것[往者]이 물러가고[退] 올 것[來者]이 등장하는 변동(變動)을 살펴[觀] 새기고[玩] 헤아려[擬] 가늠하게[斷] 하는 '재화(裁化)'를 밝힌 '화이재지위변(化而裁之謂之變)'을 거듭하여 밝힌 말씀이 '화이재지존호변(化而裁之存乎變)'이다. 그래서 재화(裁化)의 존호변(存乎變)은 온갖 사물(事物)에 미치는 역(易)을 살피고[觀] 새겨[玩] 점(占)쳐 지변(知變)하여 지래(知來)하게 하는 통어(通語)가 된다.

270. 행추(行推)의 존호통(存乎通)

推而行之存乎通은 '변(變)'에서 '화(化)'가 비롯됨이 '통(通)'임을 밝히고 있다. 여기서 변화(變化)를 그침 없게 함이 '행추(行推)'이고, 그것을 한 자(字)로 '통(通)'이라고 한 것이다. 이러한 '통(通)'을 강조하여 '신통(神通)'이라고 한다. 변화(變化)를 쉼 없이 추진(推進)하는 열림[通]이란 이치[理

致)를 남김 없이 다 밝혀 진언(盡言)-진의(盡意)-진정위(盡情僞)-진리(盡利)-
진신(盡神) 역시 행추(行推)의 '통(通)'을 지성(至誠)으로 관완(觀玩)-의단(擬斷)
해야 이루어짐을 여기서 간파(看破)할 수 있다. 이러한 행추(行推)를 밝힌
'추이행지위지통(推而行之謂之通)'을 거듭하여 밝힌 말씀이 '추이행지존호
통(推而行之存乎通)'이다. 그래서 행추(行推)의 존호통(存乎通)은 온갖 사물(事
物)에 미치는 역(易)을 살피고[觀] 새겨[玩] 점(占)쳐 지변(知變)하여 지래(知
來)하게 하는 통어(通語)가 된다.

271. 기인(其人)의 명신(明神)

神而明之存乎其人이라. '자연이 변화하게 하는 짓이라[神而], 그것
을[之] 분별하여 밝힘은[明] 그[其] 사람[人]한테[乎] 있다[存].'

이는 '명신(明神)'은 이역(以易) 즉 역(易)을 이용하는[以] 자신[其人]에게
있음을 밝히고 있다. 이 말씀을 천착(穿鑿)하여 숙지(熟知)하자면 먼저 신
이명지(神而明之) 즉 명신(明神)의 '신(神)'과 존호기인(存乎其人)에서 '기인(其
人)'의 '기(其)'를 주목해야 한다. '신(神)'은 '귀신(鬼神)'이고 '음양불측(陰陽
不測)'이라고 한다. 음양불측(陰陽不測)의 '불측(不測)'은 '일음일양(一陰一陽)'
을 상기(想起)하면 되고, 일음일양(一陰一陽)은 '생생(生生)'을 상기(想起)하면
되고, 생생(生生)은 쉼 없는 '재화(裁化)-행추(行推)의 변통(變通)'을 상기(想
起)한다면, 여기서 '신(神)'이란 자연[天地]이 만물로 하여금 변화(變化)하게
하는 '음양지소위(陰陽之所爲)' 즉 음양이[陰陽之] 하는 바[所爲]를 뜻하는 자
(字)이다. '신(神)'은 천지(天地)의 기운(氣運)인 귀신(鬼神)의 줄임말이다. 말
하자면 하늘[天]의 힘[氣]인 신(神)과 땅[地]의 기(氣)인 귀(鬼)를 한 자(字)로
'신(神)'이라고 한 것이다. 지변화지도(知變化之道) 즉 변화의[變化之] 이치[道]

를 안다[知]고 함은 곧 지신(知神) 즉 '신(神)을 안다[知] 즉 변통(變通)의 화(化)를 안다[知]'는 말이다. 그러므로 '명신(明神)'이란 '변화지도(變化之道)를 분별하여 밝힘[明]'이라 하고, 명신(明神)-행덕(行德) 즉 신명(神明)-덕행(德行)은 같은 말씀이다.

존호기인(存乎其人)의 '기인(其人)'은 입상(立象)한 성인(聖人)을 지성(至誠)으로 본받아[法] 그 '상(象)'을 이용하여[以] 변화(變化)의 뜻을[意] 남김 없이 다[盡] 분별하여 밝히는[明] 내 자신을 말하고, 설괘(設卦)한 성인(聖人)을 지성(至誠)으로 본받아[法] 그 '괘(卦)'를 이용하여[以] 변화(變化)의 참과[情] 거짓을[僞] 남김 없이 다[盡] 분별하여 밝히는[明] 내 자신을 말하고, 계사언(繫辭焉)한 성인(聖人)을 지성(至誠)으로 본받아[法] 그 '말씀[辭]'을 이용하여[以] 정위(情僞)의 말하기를[言] 남김 없이 다[盡] 분별하여 밝히는[明] 내 자신을 말하고, 그리하여 변하여 통함을[變而通之] 써[以] 어울림을[利] 남김 없이 다[盡] 분별하여 밝혀[明] 자연이 변화하게 하는 짓을[神] 남김 없이 다[盡] 분별하여 밝히는[明] 내 자신을 말한다. 이러한 '입상이진언(立象以盡言)-설괘이진정위(設卦以盡情僞)-계사언이진기언(繫辭焉以盡其言)-변통이진리(變通以盡利)-고지이진신(鼓之以盡神)'을 지성(至誠)으로 이행(履行)함을 일컬어 '이역(以易) 즉 역(易)을 씀[以]'이라고 하는 것이다. 그러므로 존호기인(存乎其人)의 '기인(其人)'은 지성(至誠)으로 이역(以易) 즉 역(易)을 써[以] 스스로 관변(觀變)하여 지래(知來)하는 당사자(當事者)를 밝혀 그 당사자(當事者)라야 '신지소위(神之所爲) 즉 신이[神之] 하는[爲] 바[所]'를 남김 없이 다 명변(明辨)할 수 있음을 밝힌 말씀이 '신이명지존호기인(神而明之存乎其人)'이다. 그래서 기인(其人)의 명신(明神)은 온갖 사물(事物)에 미치는 역(易)을 살피고[觀] 새겨[玩] 점(占)쳐 지변(知變)하여 지래(知來)하게 하는 통어(通語)가 된다.

379

272. 성묵(成默)의 덕행(德行)

默而成之 不言而信存乎德行이라. '침묵이라[默而], 그것을[之] 이
묵 이 성 지 불 언 이 신 존 호 덕 행
룩함을[成] 말하지 않으면서[不言而] 믿음은[信] 덕을[德] 시행함[行]에[乎] 있
다[存].'

이는 '입상(立象)으로서[以]의 진의(盡意)-설괘(設卦)로서[以]의 진정위(盡
情僞)-계사언(繫辭焉)으로서[以]의 진기언(盡其言)-변통(變通)으로서[以]의 진
리(盡利)-고무(鼓舞)로서[以]의 진신(盡神)'은 '성묵(成默) 즉 불어(不語)의 성
취(成就)'가 곧 '덕행(德行)'으로 이루어짐을 밝히고 있다. 이는 곧 '이역(以
易) 즉 역(易)을 씀[以]'이란 오로지 '성묵(成默)으로 덕(德)을 시행함(德)'에
있다[存]는 것이다. 묵이성지(默而成之) 즉 성묵(成默)의 '묵(默)'은 '불어(不
語)'를 뜻한다. 불어(不語)란 논란(論難)하지 않음을 뜻한다. 논란(論難)하지
않음이란 시비(是非)하지 않음을 뜻한다. 이는 곧 이역(以易)이란 결코 논
란(論難)거리가 아님을 밝힌 것이다. 여기서 명신(明神)의 '명(明)'이 '분별
하여 밝힘[明] 즉 명변(明辨)'일지라도 오로지 덕행(德行)으로 이루어짐을
여기서 깨우칠 수 있다. 덕행(德行)이란 불언지교(不言之敎) 즉 말하지 않는
[不言之] 가르침[敎]일 뿐이다. 그러므로 '혹출혹처(或出或處) 혹묵혹어(或默或
語) 즉 세상으로 나오기도 하고[或出] 집 안에 머물기도 하고[或處], 침묵하
기도 하고[或默] 세인(世人)에 말해 주기도[或語] 하는 것이 군자지도(君子之
道)이지만, 이역(以易)하는 군자의[君子之] 도(道)란 혹묵(或默)의 덕행(德行)에
오로지 있음[存]을 밝힌 말씀이 '묵이성지(默而成之) 불언이신존호덕행(不言
而信存乎德行)'이다. 그래서 성묵(成默)의 덕행(德行)은 온갖 사물(事物)에 미치
는 역(易)을 살피고[觀] 새겨[玩] 점(占)쳐 지변(知變)하여 지래(知來)하게 하
는 통어(通語)가 된다.

273. 팔괘(八卦)의 상(象)

八卦成列 象在其中矣라. '팔괘가[八卦] 진열을[列] 이루고[成], 팔괘
  팔 괘 성 열 상 재 기 중 의
(八卦)의 상은[象] 그[其] 안에[中] 있는 것[在]이다[矣].'

　이는 팔괘(八卦)가 사상(四象)에서 비롯됨을 '성렬(成列)'로써 밝히고 있
다. '성렬(成列)'은 '생성진열(生成陳列)'의 줄임말로 여기고 새겨 헤아리면 된
다. '팔괘(八卦)가 생성(生成)되어 진열(陳列)되다'가 '팔괘성열(八卦成列)'이다.
사상(四象)에서 팔괘(八卦)가 생겨[生] 이뤄짐[成]을 뜻함이 팔괘성열(八卦成
列)의 '성(成)'이다. 사상(四象)에서 팔괘(八卦)가 생성(生成) 즉 생겨[生] 이루어
짐[成]이란 노양(老陽:⚌)에서 건(乾:☰)-태(兌:☱)가 생기고, 소음(少陰:⚍)
에서 이(離:☲)-진(震:☳)이 생기며, 소양(少陽:⚎)에서 손(巽:☴)-감(坎:☵)
이 생기고, 노음(老陰:⚏)에서 간(艮:☶)-곤(坤:☷)이 생겨[生] 이루어짐[成]
을 말한다. 그리고 팔괘성열(八卦成列)의 '열(列)'이란 건(乾:☰)-태(兌:☱)-이
(離:☲)-진(震:☳)-손(巽:☴)-감(坎:☵)-간(艮:☶)-곤(坤:☷)이라는 진열(陳
列)로 벌려짐[列]을 말한다. 그리고 팔괘(八卦)에서 음괘(陰卦)와 양괘(陽卦)가
이루어져 '건(乾:☰)-진(震:☳)-감(坎:☵)-간(艮:☶)' 등 양효(陽爻)가 홀수인
괘(卦)는 양괘(陽卦)이고, '곤(坤:☷)-태(兌:☱)-이(離:☲)-손(巽:☴)' 등 음효
(陰爻)가 홀수인 괘(卦)는 음괘(陰卦)임을 알아 두어야 한다. 삼효(三爻) 중에
서 음효(陰爻)가 홀수면 음괘(陰卦)이고, 양효(陽爻)가 홀수이면 양괘(陽卦)가
된다는 말이다. 이리하여 '건괘(乾卦)-곤괘(坤卦)'가 대(對)하고, '진괘(震卦)-
간괘(艮卦)'가 대(對)하며, '태괘(兌卦)-이괘(離卦)'가 대(對)하고, '감괘(坎卦)-손
괘(巽卦)'가 대(對)한다.'이렇게 팔괘(八卦)가 대대(待對)함도 팔괘성열(八卦成列)
의 '열(列)'에 속한다. 이렇게 이루어진 팔괘(八卦)마다에 사상(四象)과 음양
(陰陽) 중 그 어느 하나를 더하여 소성괘(小成卦)가 이루어진다. 사상(四象)에
음양(陰陽) 중 그 어느 하나가 더해져 소성괘(小成卦)의 팔괘(八卦)가 생성(生

成)된 것이므로『노자(老子)』42장(章)에 나오는 '도생일(道生一) 일생이(一生二) 이생삼(二生三) 삼생만물(三生萬物)'[2]에서 '이생삼(二生三) 삼생만물(三生萬物)'이 '상재기중(象在其中)'의 '상(象)'을 살펴[觀] 새기고[玩] 헤아려[擬] 가늠하게[斷] 한다. '상재기중(象在其中)' 즉 '팔괘(八卦)의 안[中]에 짓이[象] 있다[在]'라고 함은 팔괘(八卦)마다 각각 형태(形態)-성질(性質)-인간(人間)-신체(身體)-사물(事物)-계절(季節)-시각(時刻)-동물(動物) 등을 짓하고[象] 있음을 말한다. 예를 들자면 '건괘(乾卦∶☰)'가 짓는[象] 형태(形態)는 '하늘[天]'이고, '건괘(乾卦∶☰)'가 짓는[象] 성질(性質)은 '굳셈-건강'이며, '건괘(乾卦∶☰)'가 짓는[象] 인간(人間)은 '남자-아버지'이고, '건괘(乾卦∶☰)'가 짓는[象] 신체(身體)는 '목'이고, '건괘(乾卦∶☰)'가 짓는[象] 사물(事物)은 '큰 내[大川]-넓은 들[大平原]'이고, '건괘(乾卦∶☰)'가 짓는[象] 계절(季節)은 '늦가을[晩秋]-초겨울[孟冬]'이고, '건괘(乾卦∶☰)'가 짓는[象] 시각(時刻)은 '21시~23시'이고, '건괘(乾卦∶☰)'가 짓는[象] 방위(方位)는 '서북쪽(西北)'이고, '건괘(乾卦∶☰)'가 짓는[象] 동물(動物)은 '말[馬]'이다. 이처럼 사상(四象)에서 생겨[生] 이루어져[成] 진열(陳列)된 팔괘(八卦)를 살펴[觀] 새기고[玩] 헤아려[擬] 가늠케[斷] 하는 짓[象]들이 있음을 밝힌 말씀이 '팔괘성열(八卦成列) 상재기중의(象在其中矣)'이다. 그래서 팔괘(八卦)의 상(象)은 온갖 사물(事物)에 미치는 역(易)을 살피고[觀] 새겨[玩] 점(占)쳐 지변(知變)하여 지래(知來)하게 하는 통어(通語)가 된다.

註 1. 사상(四象)은 노양(老陽∶⚌)-소음(少陰∶⚏)과 소양(少陽∶⚎)-노음(老陰∶⚏)을 말한다. 이러한 사상(四象)은 태극(太極∶☯)에서 음(陰∶--)-양(陽∶—)이 생성(生成)되고, 그 음양(陰陽)에서 사상(四象)이 이뤄지고[生成], 그 사상(四象)에서 팔괘(八卦)가 이뤄지며, 팔괘(八卦)를 제곱하여 64괘(卦)가 이뤄진다는 것을 늘 상기(想起)시킨다.

註 2. 도생일(道生一) 일생이(一生二) 이생삼(二生三) 삼생만물(三生萬物) '도가[道] 하나를[一] 낳고[生], 하나가[一] 둘을[二] 낳고[生], 둘이[二] 셋[三]을 낳고[生], 셋이[三] 온갖 것을[萬物] 낳는다[生].' 이생삼(二生三)의 이(二)는 음기(陰氣)-양기(陽氣)이고, 삼(三)은 화기(和氣)라고 하여 음양교이생화(陰陽交而生和)라고 화기(和氣)를 풀이한다. 음양이[陰陽] 교합해서[交而] 화기를[和] 낳는다[生]. 삼생만물(三生萬物)을 화기합이생물(和氣合而生物)이라고 풀이하기도 한다. 화기가[和氣] 교합해서[合而] 만물을[物] 낸다[生].

274. 대성괘(大成卦)의 효(爻)

因而重之 爻在其中矣라. '팔괘(八卦)를 말미암아서[因而] 그 팔괘를[之] 제곱하니[重], 효가[爻] 그[其] 안에[中] 있는 것[在]이다[矣].'

이는 소성괘(小成卦) 팔괘(八卦)를 제곱하여[重] 이루어진[成] 대성괘(大成卦) 육십사괘(六十四卦) 안에[中] '효(爻)'가 있는 것[在]임을 밝히고 있다. 그리고 '효재기중(爻在其中)'은 대성괘(大成卦)를 이루는 여섯 효[六爻]의 성렬(成列)을 말하는 것도 된다. 대성괘(大成卦)의 육효(六爻)가 대성괘(大成卦) 안[中]에서 멈춰[止] 있는 것[在]이 아니라 누천(屢遷)하며 있는 것[在]이다. 대성괘(大成卦)에서 맨 아래의 효(爻)를 초효(初爻)라 하고, 맨 위의 효(爻)를 상효(上爻)라 한다. 초효(初爻)가 초효(初爻)로서 늘 머물러 있음이 아니라 순차에 따라[屢] 옮겨[遷] 상효(上爻)의 자리[位]로 옮겨 감[遷]을 늘 명심하면서 '효재기중(爻在其中)'의 '효(爻)'를 살펴[觀] 새기고[玩] 헤아려[擬] 가늠해[斷] 가야 '언호변자(言乎變者)'의 효상(爻象)과 효사(爻辭)'를 관완(觀玩)-의단(擬斷)하여 관변(觀變)해 갈 수 있고, 동시에 '단기길흉(斷其吉凶)의 효상(爻象)과 효사(爻辭)'를 또한 관완(觀玩)-의단(擬斷)하여 관변(觀變)해 갈 수 있는 것이다. 변(變)을 말하고[言] 길흉(吉凶)을 가늠케[斷] 하는 여섯효[六爻]가 대성괘(大成卦) 안[中]에 있음을 밝힌 말씀이 '인이중지(因而重之) 효재기중의(爻在其中矣)'이다. 그래서 대성괘(大成卦)의 효(爻)는 온갖 사물(事物)에 미치는 역(易)을 살피고[觀] 새겨[玩] 점(占)쳐 지변(知變)하여 지래(知來)하게 하는 통어(通語)가 된다.

275. 강유(剛柔)의 변(變)

剛柔相推 變在其中矣라. '강과[剛] 유가[柔] 서로[相] 옮겨 가니[推] 그[其] 안에[中] 변함이[變] 있는 것[在]이다[矣].'

이는 대성괘(大成卦)의 효(爻)가 '언호변자(言乎變者)' 즉 '변을[變乎] 말하는[言] 것[者]'임을 밝히고 있다. 강유상추(剛柔相推)의 '강유(剛柔)'를 살펴[觀] 새기고[玩] 헤아려[擬] 가늠하자면[斷] 『주역(周易)』「십익(十翼) 설괘전(說卦傳)」에 나오는 '입천지도(立天之道) 왈음여양(曰陰與陽) 입지지도(立地之道) 왈유여강(曰柔與剛) 입인지도(立人之道) 왈인여의(曰仁與義) 겸삼재이양지(兼三才而兩之)'를 상기(想起)하게 된다. 그러면 팔괘(八卦)의 소성괘(小成卦)를 신괘(神卦)라 하고, 64괘(卦)의 대성괘(大成卦)를 삼재지괘(三才之卦) 즉 삼재의[三才之] 괘(卦)로 불림도 알 수 있게 되고, 대성괘(大成卦) 육효(六爻)의 자리[位]가 삼재지위(三才之位) 즉 삼재의[三才之] 자리[位]로 성렬(成列)되어 있음도 알 수 있게 된다. 대성괘(大成卦)의 초효(初爻)-이효(二爻)의 자리[位]를 지위(地位)-지도(地道)의 위(位)라 하고, 삼효(三爻)-사효(四爻)의 자리[位]를 인위(人位)-인도(人道)의 위(位)라 하며, 대성괘(大成卦)의 오효(五爻)-상효(上爻)의 자리[位]를 천위(天位)-천도(天道)의 위(位)라 한다. 그러므로 강유상추(剛柔相推)의 '강유(剛柔)'란 대성괘(大成卦) 초효(初爻)의 위(位)를 일컬어 '강(剛)'이라 하고, 이효(二爻)의 위(位)를 일컬어 '유(柔)'라고 함을 간파할 수 있고, 강유상추(剛柔相推)의 '상추(相推)'는 강(剛)과 유(柔)가 서로[相] 인위(人位)로 옮겨 감[遷]을 뜻하고 있음을 또한 간파(看破)할 수 있다. 물론 인위(人位)의 삼효(三爻)-사효(四爻) 역시 천위(天位)의 오효(五爻)-상효(上爻)의 자리[位]로 상추(相推)하게 되고, 천위(天位)의 맨 윗자리[上位]인 상효(上爻)의 위(位)는 퇴거(退去) 즉 물러가게[退去] 된다. 이처럼 대성괘(大成卦)의 육효(六爻)는 제자리에 멈춰 있지 않고 순차로 자리를 옮겨 가고, 이를 누천(屢遷) 또는 순천(順遷)이라 한다. 그러므로 강유상추(剛柔相推)는 누천(屢遷)의 시발(始發)을 밝힘이다. 따라서 변재기중(變在其中)의 '변(變)'은 누천(屢遷)의 시발(始發)을 말하고, 그 시발(始發)은 강유(剛柔)가 서로[相] 옮겨 가는[推] 가운데[中] 있음을 밝힌 말씀이 '강유상추(剛柔相推) 변재기중의(變在其中矣)'이다. 그래서 강유(剛柔)의 변(變)은 온갖 사물(事物)에 미치는 역(易)을 살피고[觀] 새겨[玩] 점(占)쳐 지변(知變)하여 지래(知來)하게 하는 통어(通語)가 된다.

註 입천지도(立天之道) 왈음여양(曰陰與陽) 입지지도(立地之道) 왈유여강(曰柔與剛) 입인지도(立人之道) 왈인여의(曰仁與義) 겸삼재이양지(兼三才而兩之) '하늘의[天之] 도를[道] 세워[立] 음과[陰與] 양이라[陽] 하고[曰], 땅의[地之] 도를[道] 세워[立] 유와[柔與] 강이라[剛] 하며[曰], 사람의[人之] 도를[道] 세워[立] 인과[仁與] 의라[義] 한다[曰]. 삼재를[三才] 겸하면서[兼而] 삼재를[之] 곱한다[兩].'

276. 삼재(三才)의 도(道)

立天之道 曰陰與陽 立地之道 曰柔與剛 立人之道 曰仁與
입천지도 왈음여양 입지지도 왈유여강 입인지도 왈인여
義 兼三才而兩之 故 六畫而成卦 分陰分陽 迭用剛柔 故 易
의 겸삼재이양지 고 육획이성괘 분음분양 질용강유 고 역
六位而成章이라. '하늘의[天之] 도를[道] 세워[立] 음과[陰與] 양이라[陽]
육위이성장
하고[曰], 땅의[地之] 도를[道] 세워[立] 유와[柔與] 강이라[剛] 하며[曰], 사람의
[人之] 도를[道] 세워[立] 인과[仁與] 의라[義] 한다[曰]. 삼재를[三才] 겸하면서
[兼而] 삼재를[之] 곱으로 한다[兩]. 그래서[故] 역이[易] 여섯[六] 획이 되어서
[畫而] 괘를[卦] 이루고[成], 음효로[陰] 나뉘고[分], 양효로[陽] 나뉘며[分], 유
와[柔] 강을[剛] 서로[迭] 쓴다[用]. 그러므로[故] 역이[易] 여섯[六] 자리가 되
면서[位而] 문리를[章] 이룬다[成].'

이는 음양(陰陽)-강유(剛柔)-인의(仁義)가 삼재지도(三才之道) 즉 삼재의
[三才之] 이치[道]임을 밝히고 있다. 천도(天道)로서의 음양(陰陽)-지도(地道)

385

로서의 강유(剛柔)-인도(仁道)로서의 인의(仁義)는 '역(易)'을 삼재지도(三才之道)로써 밝힘이다. 물론 여기서 천도(天道)는 '천지변화지도(天之變化之道)'의 줄임이고, 지도(地道)는 '지지변화지도(地之變化之道)'의 줄임이고, 인도(人道)는 '인지변화지도(人之變化之道)'의 줄임이다. 하늘이[天之] 변화하게 하는[變化之] 이치[道]를 음양(陰陽)의 이기(二氣)라 하고, 땅이[地之] 변화하게 하는[變化之] 이치[道]를 강유(剛柔)의 이기(二氣)라 하고, 사람이[人之] 변화하게 하는[變化之] 이치[道]의 이기(二氣)를 인의(仁義)라 하는 것이다. 그러므로 강유(剛柔)에서 '강(剛)'은 '양(陽)-인(仁)'을 아우르고, '유(柔)'는 '음(陰)-의(義)'를 아우른다. 물론 강(剛)은 건(乾)이고, 유(柔)는 곤(坤)이라 천지(天地)-건곤(乾坤)-음양(陰陽)-강유(剛柔)-인의(仁義) 등은 천명(天命)의 일관(一貫)이다. 이는 또한 음(陰)-유(柔)-의(義)로만은 '변(變)할' 수 없고, 양(陽)-강(剛)-인(仁)만으로도 '변(變)할' 수 없음을 환기(喚起)시킨다. 변(變)할 수 있음이란 음양(陰陽)-강유(剛柔)-인의(仁義) 등이 상추(相推)해야 하는 것이다. 음양상추(陰陽相推)-강유상추(剛柔相推)의 상추(相推)를 숙지(熟知)하고 있어야 변(變)이 통(通)하여 화(化)가 이루어지는 이치[道] 즉 변화지도(變化之道)를 깨달을 수 있는 것이다. 그래서 삼재(三才)의 도(道)는 온갖 사물(事物)에 미치는 역(易)을 살피고[觀] 새겨[玩] 점(占)쳐 지변(知變)하여 지래(知來)하게 하는 통어(通語)가 된다.

註 삼재(三才)-삼극(三極)은 천지인(天地人)을 뜻하고, 성장(成章)은 성취문물(成就文物)을 뜻하므로, 성장(成章)의 '장(章)'은 '문채(文彩)-문장(文章)-문물(文物)'을 뜻해 '빛나는 문물(文物)을 성취(成就)한다'라고 옮겨[譯] 새기면 된다. 하늘의 도[天之道]란 여기서 천지변화지도(天之變化之道)의 줄임으로 여겨 하늘이[天之] 변화하게 하는[變化之] 이치[道]라고 옮겨 새기고, 지지도(地之道)란 지지변화지도(地之變化之道)의 줄임으로 여겨 땅이[地之] 변화하게 하는[變化之] 이치[道]라고 옮겨 새기고, 인지도(人之道)란 인지변화지도(人之變化之道)의 줄임으로 여겨 사람이[人之] 변화하게 하는[變化之] 이치[道]라고 옮겨[譯] 새기면 뜻이 더 분명해진다.

277. 계사언(繫辭焉)의 명(命)

繫辭焉而命之라. '괘효에[焉] 말씀을[辭] 맺어 두고서[繫而] 그 말씀을[之] 알린다[命].'
_{계사언이명지}

이는 성인(聖人)이 계사언(繫辭焉)한 까닭이 '명지[命之]'로써 드러난다. 여기서 '명(命)'은 '알려 줌[告]'이고, 그 고명(告命)은 '일깨움[曉]'으로 이어진다. 이는 곧 성인(聖人)이 계사언(繫辭焉)의 '사(辭)'로 온 사람[民]에게 알려[告] 일깨워 줌[曉]이다. 무엇을 알림[命]인가? 변(變)의 재화(裁化)-통(通)의 행추(行推)-이상(以象)의 견색(見賾)과 견동(見動)-회통(會通)의 관(觀)-전례(典禮)의 행(行) 등을 알림[告]이고, 극색(極賾)의 괘효(卦爻)를 고(告)하고 명신(明神) 즉 성묵(成黙)의 덕행(德行)을 명(命)함을 밝힌 말씀이 '계사언이명지(繫辭焉而命之)'이다. 그래서 계사언(繫辭焉)의 명(命)은 온갖 사물(事物)에 미치는 역(易)을 살피고[觀] 새겨[玩] 점(占)쳐 지변(知變)하여 지래(知來)하게 하는 통어(通語)가 된다.

278. 길흉회린(吉凶悔吝)의 동(動)

吉凶悔吝者生乎動者也라. '좋고[吉] 나쁘고[凶] 뉘우치고[悔] 부끄러운[吝] 것은[者] 여섯 효[六爻]의 움직임[動]에서[乎] 생기는[生] 것[者]이다[也].'
_{길흉회린자생호동자야}

이는 성인(聖人)의 계사언(繫辭焉)으로 말미암은 '명(命)'과 '동(動)'을 '길(吉)-흉(凶)-회(悔)-인(吝)'을 들어 밝히고 있다. 여기서 계사언(繫辭焉)의 '사(辭)'가 길자(吉者)-흉자(凶者)-회자(悔者)-인자(吝者) 등을 일깨워 주게 함이 '명계사언(命繫辭焉)의 명(命)'임을 간파(看破)할 수 있다. 동시에 계사언(繫

辭焉)의 '사(辭)' 안에[中] 있다[在]는 '동(動)'이 '명계사언(命繫辭焉)의 명(命)'
을 받은[授] 이의 '심지동(心之動)'임을 또한 알아차릴 수 있게 된다. 따라
서 '생호동자(生乎動者)의 동(動)'이란 '길자(吉者)-흉자(凶者)-회자(悔者)-인자
(吝者)' 등으로 밝혀지게 된다. 이처럼 육효(六爻)의 '동(動)'은 심지(心志)를
움직인다[動]. 그 육효(六爻)의 '동(動)'은 정지(貞志)로 하여금 지변(知變)하게
하여 지래(知來)하게 하는 움직임[動]이다. 왜 성인(聖人)이 괘효(卦爻)에 맺
어 둔[繫] 말씀[辭]을 완사(玩辭)하게 하여 관변(觀變)하게 하는 것인가? 육
효(六爻)의 '동(動)'을 관상(觀象)하여 관변(觀變)함이란 '길(吉)'을 살펴[觀] 새
기고[玩] 헤아려[擬] 가늠하게[斷] 하고, '흉(凶)'을 살펴[觀] 새기고[玩] 헤아
려[擬] 가늠하게[斷] 하기 때문이다. 이를 '단기길흉(斷其吉凶)'이라 한다. 길
(吉)-흉(凶)을 가늠하게[斷] 된다면 따라서 '회린생(悔吝生)' 즉 뉘우침[悔]
과 부끄러움[吝]이 생긴다[生]. 회린생(悔吝生)이야말로 육효(六爻)의 '동(動)'
과 계사언(繫辭焉)의 '사(辭)'가 일러 주는 더없는 일깨움[曉] 바로 그것이
다. 여기서 『중용(中庸)』에 나오는 '군자거이이대명(君子居易以待命) 소인행
험이요행(小人行險以徼倖),'[1] 이라는 말씀이 상기(想起)되는 것이다. 소인(小
人)은 그 '동(動)과 사(辭)'를 업신여기고[侮狎] 성인(聖人)의 수명(授命)을 뿌
리쳐 그 '동(動)과 사(辭)'를 외면(外面)하기에 변화를[變] 알아차리지[知] 못
해 미래를[來] 알아보는[知] 심지(心志)를 누리지 못하기 때문이다. 지래(知
來)함이란 '매사(每事)에서 단길흉(斷吉凶)의 관완(觀玩)-의단(擬斷)을 지성(至
誠)으로 남김 없이 다함[盡]'을 말한다. 무사(無私)-무욕(無欲)-무아(無我)로
매사(每事) 그 자체를 정성껏 살펴[觀] 새기고[玩] 헤아려[擬] 가늠하면[斷]
매사(每事)의 길(吉)과 흉(凶)을 전지(前知)할 수 있다. 이를 깨우치고 있기
때문에 군자(君子)는 '거이이대명(居易以待命)'하고, 소인(小人)은 그렇지 않
기 때문에 '행험이요행(行險以徼倖)'하는 것이다. 여기서 생호동자(生乎動者)
의 '동(動)'이 군자(君子)의 것과 소인(小人)의 것이 서로 다름을 간파(看破)할

수 있게 된다. 군자(君子)에게 그 '동(動)'은 거이(居易)로써[以] 구저기(求諸己)로 이어지고, 소인(小人)에게 그 '동(動)'은 행험(行險)으로써[以] 구저인(求諸人)으로 이어짐을 알 수 있다는 것이다. 군자는 서슴없이 일[事]로 빚어진 흉(凶)을 회린(悔吝)함으로 자신[己]에게서 탓을[諸] 찾는다[求]. 그러나 소인은 한사코 회린(悔吝)하기를 마다하고 남[人]에게서 탓을[諸] 찾는다[求]. 그래서 군자(君子)에게 그 '동(動)'은 대명(待命)의 정지(貞志)로 이어져 길흉회린(吉凶悔吝)을 미리미리 살펴[觀] 헤아려(擬) 가늠하고[斷], 소인(小人)의 그 '동(動)'은 행험(行險)의 심지(心志)로 이어져 요행(僥倖)만을 바라다[徼] 만사(萬事)의 끝[終]을 궁색(窮塞)하게 하고 만다. 이와 같은 육효(六爻)의 '동(動)'을 밝힌 말씀이 '길흉회린자생호동자야(吉凶悔吝者生乎動者也)'이다. 그래서 길흉회린(吉凶悔吝)의 동(動)은 온갖 사물(事物)에 미치는 역(易)을 살피고[觀] 새겨[玩] 점(占)쳐 지변(知變)하여 지래(知來)하게 하는 통어(通語)가 된다.

註 1. 군자거이이대명(君子居易以待命) 소인행험이요행(小人行險以徼倖) '군자는[君子] 평이한[易] 살기[居]로[以] 자연의[天] 가르침을[命] 받잡고[待] 소인은[小人] 요행을[倖] 구하기[徼]로[以] 모험을[險] 감행한다[行].'

註 2. 구저기(求諸己) 구저인(求諸人) '군자는 자신[己]에게서 그릇됨을[諸] 찾고[求] 소인은 남[人]에게서 그릇됨을[諸] 찾는다[求].' 구저기(求諸己)-구저인(求諸人)의 '저(諸)'는 '지어(之於) 저(諸)'로 여기서는 '비어(非於)'를 '저(諸)' 한 자(字)로 축약한 말투이다. 그래서 '저(諸)'를 '~에서[於] 그릇됨을[非]'로 새긴다.

279. 강유(剛柔)의 입본(立本)

剛柔者立本者也라. '강과[剛] 유라는[柔] 것은[者] 근본을[本] 세우는[立] 것[者]이다[也].'
_{강 유 자 립 본 자 야}

이는 대성괘(大成卦)의 초효(初爻)와 이효(二爻)가 설괘(設卦)의 뿌리[本]

389

임을 밝히고 있다. 대성괘(大成卦)에서 초효(初爻)는 '강(剛)의 자리[位]'이고, 둘째 효(二爻)는 '유(柔)의 위(位)'이다. 이러한 자리[位]에서 '강(剛)'은 자유(自柔) 즉 유(柔)로부터[自] 변동(變動)의 때[時]를 좇고, '유(柔)'는 자강(自剛) 즉 강(剛)으로부터[自] 변동(變動)의 때[時]를 좇아 대성괘(大成卦)에서 순천(順天)이 시작되는 대성괘(大成卦)의 기틀이 마련된다. 여기서 '강유(剛柔)'는 굳센-굳셈[剛]과 부드러운-부드러움[柔]을 뜻하는 형용사(形容詞)-보통명사(普通名辭)가 아니라 삼재지도(三才之道)의 하나인 지지도(地之道)의 강유(剛柔)를 말하는 것이다. 음양(陰陽)-강유(剛柔)-인의(仁義) 등은 변화지도(變化之道)인 삼재(三才)의 이기(二氣)를 나타내는 것임을 명심(銘心)해야 한다. 삼재(三才)의 이기(二氣)를 베풂[設]이 대성괘(大成卦)이고, 그 설립(設立)의 바탕[本]이 곧 강유(剛柔)이다. 이러한 설립(設立)을 '겸삼재이양지(兼三才而兩之)'라고 한다. 이는 삼효(三爻)의 소성괘(小成卦)를 겹쳐서[重] 대성괘(大成卦)를 베풀었음[設]을 말해 주고, 육효(六爻)의 대성괘(大成卦)가 설립(設立)됨을 말해 준다. 이를 간파(看破)한다면 '입본자(立本者)'가 '입괘효지본자(立卦爻之本者)'의 줄임이라는 것을 알 수 있고, 대성괘(大成卦) 육효(六爻)의 누천(屢遷) 즉 순천(順天)은 아래[下]로부터 위로[上] 옮겨 가는[遷] 이치[道]를 밝힌 말씀이 '강유자립본자야(剛柔者立本者也)'이다. 그래서 강유(剛柔)의 입본(立本)은 온갖 사물(事物)에 미치는 역(易)을 살피고[觀] 새겨[玩] 점(占)쳐 지변(知變)하여 지래(知來)하게 하는 통어(通語)가 된다.

註 성인(聖人)의 **설괘**(設卦)는 「설괘전(說卦傳)」에 '순성명지리(順性命之理)'라고 밝혀져 있다. 성명(性命)의[之] 이치를[理] 따라[順] 역(易)의 괘효(卦爻)를 지었음[作]을 상기(想起)하게 하는 것이다. 성명(性命)은 천명(天命)이니, 순성명(順性命)은 곧 자연[天]의 시킴[命]이요 가르침[命]이다. 그러므로 음양(陰陽)도 성명지리(性命之理)를 밝힘이고, 강유(剛柔)도 성명지리(性命之理)를 밝힘이고, 인의(仁義)도 성명지리(性命之理)를 밝힘이다. 그러므로 입본자(立本者)는 역(易)의 괘효(卦爻)가 자연(自然)의 이치[道]를 순종(順從)하고 있음을 뜻하는 것을 명심(銘心)해 둘 일이다. 양효(陽爻)를 강효(剛爻) 또는 인효(仁爻)라 부를 수도 있고, 음효(陰爻)를 유효(柔爻) 또는 의효(義爻)라 부를 수도 있음을 또한 명심(銘心)해 둘 일이다.

280. 변통(變通)의 취시(趣時)

變通者趣時者也라. '변하여[變] 통하는[通] 것이란[者] 시의를[時] 맞춰 향하는[趣] 것[者]이다[也].'

이는 대성괘(大成卦)에서 여섯효[六爻]가 짓하는[象] 변통(變通)은 변통(變通)의 때[時]를 맞춰[趣] 이루어짐을 밝히고 있다. 변통자(變通者)의 '변통(變通)'은 변(變)이 화(化)로 열림[通]이다. 왕자(往者) 즉 갈 것은 가고[去] 내자(來者) 즉 올 것이 드러남[顯]을 일러 '통(通)'이라고 한다. 그리고 취시(趣時)의 '시(時)'란 갈 것[往者]이 물러갈[去] 때와 올 것[來者]이 드러날[顯] 때를 말함이고, '취(趣)'란 물러갈 때가 되면 가고, 드러날 때가 되면 오는 왕래(往來)의 때[時]를 따름을 뜻하므로, '취(趣)'는 '쏠릴 향(向), 따를 종(從)' 등과 같아 '변통(變通)의 때[時]를 향해 따름[趣]'으로 새겨[玩] 헤아리면[擬] 된다. 따라서 변통(變通)하는 효(爻)의 취시(趣時)는 효사(爻辭)로써 '통변지위사(通變之謂事)'와 이어지게 마련이므로 효상(爻象)을 살펴[觀] 효사(爻辭)를 새기게[玩] 되는 것이다. 그리하여 효상(爻象)-효사(爻辭)가 짓하는[象] '취시자(趣時者)'를 따르면[順] 하는 일[事]은 통변(通變)하고 어기면[逆] 일[事]은 통변(通變)할 수 없음을 간파(看破)할 수 있다. 변하여[變] 새로 되게[化] 함이 열림[通]이고 일[事]이란 변화(變化)를 열어 감[通]이다. 『예기(禮記)』「악기(樂記)」에 나오는 '춘작하장(春作夏長)-추렴동장(秋斂冬藏)'을 상기(想起)한다면 농사(農事)의 취시(趣時)를 살펴[觀] 새기고[玩] 헤아려[擬] '변통자(變通者)의 취시자(趣時者)'를 저마다 스스로 가늠할[斷] 수 있게 된다. 농부(農夫)가 취시(趣時)하지 못하면 폐농(廢農)하듯이 매사(每事) 역시 취시(趣時) 여하(如何)에 따라 통변(通變)할 수도 있고 궁색(窮塞)할 수도 있다. 일[事]은 시처인(時處人)에 따라 성패(成敗)가 갈린다고 함이 바로 사(事)의 변통(變通)을 밝힌 것이다. 때[時]-곳[處]-사람[人] 중에서 무엇보다 때[時]를 따라야

[趣] 일[事]이 변통(變通)하여 길(吉)해진다. 때[時]를 어기면[逆] 일[事]은 궁색(窮塞)하여 흉(凶)해지는 것이다. 그러므로 천명(天命) 즉 자연[天地]의 시킴-가르침[命]에 따른 취시(趣時)를 새겨 볼 수 있는 것이다. 봄에[春] 씨를 심고[作] 여름에[夏] 키워[長] 가을에[秋] 거두고[斂] 겨울에[冬] 저장함[藏]이 시의(時宜)를 따름[趣]이다. 이처럼 모든 일[事]에는 춘작(春作)과 같은 시의(時宜)가 있고, 하장(夏長)과 같은 시의(時宜)가 있으며, 추렴(秋斂)과 같은 시의(時宜)가 있고, 동장(冬藏)과 같은 시의(時宜)가 있음을 깨닫게 함이 변통자(變通者)의 취시(趣時)임을 밝힌 말씀이 '변통자취시자야(變通者趣時者也)'이다. 그래서 변통(變通)의 취시(趣時)는 온갖 사물(事物)에 미치는 역(易)을 살피고[觀] 새겨[玩] 점(占)쳐 지변(知變)하여 지래(知來)하게 하는 통어(通語)가 된다.

註 지변(知變)하여 지래(知來)하자면 '변통(變通)'을 늘 숙지(熟知)하고 있어야 한다. '변(變)'은 '화이재지(化而裁之)' 즉 재화(裁化)이고, '통(通)'은 '추이행지(推而行之)' 즉 행추(行推)임을 명심(銘心)해야 한다. '새로 됨을[化] 헤아려 마름질함[裁]이 변(變)'이고, '추진함을[推] 실행함[行]이 통(通)'이다. 그리고 '변이통지이진리(變而通之以盡利)'의 '통변이진리(通變以盡利)'를 또한 명심(銘心)해야 한다. '변통(變通)을 이용해야[以] 어울림을[利] 다하는 것[盡]'이다. 여기서 '어울림[利]'이란 무사(無私)-무욕(無欲)-무아(無我)의 '이화(利和)'를 말한다. 그래서 민함용리(民咸用利)라고 하는 것이다. '누구나[民] 다[咸] 어울림을[利] 쓴다[用].' 물론 어울림(和)은 곧 이로움[利]이다. '민함용(民咸用)'이 곧 '진리(盡利)'이다. '변통자(變通者)'를 살펴[觀] 새기고[玩] 헤아려[擬] 따져[議] 가늠할[斷] 때는 늘 이러한 '진리(盡利)'를 반드시 유념(留念)해야 매사(每事)에서 지변(知變)-지래(知來)의 꼬투리[頤]를 찾아낼[見] 수 있는 것이다.

281. 길흉(吉凶)의 정승(貞勝)

吉凶者貞勝者也라. '길흉(吉凶)이라는 것은[者] 늘 한결같이[貞] 서로 없애는[勝] 것[者]이다[也].'

이는 길흉(吉凶)이란 언제나 공존(共存)할 수 없음을 밝히고 있다. 길한 것[吉者]이 흉자(凶者)로 될 수 없고, 흉한 것(凶者)이 길자(吉者)로 될 수 없음이다. '정승자(貞勝者)의 정승(貞勝)'은 '상상승(常相勝)'을 뜻한다. '늘[常] 서로[相] 이김[勝]'이 '한 결로 바른[貞] 이김[勝]'인 것이다. 길(吉)이 흉(凶)으로 된다면 그것은 정승(貞勝)이 아니고, 흉(凶)이 길(吉)로 된다면 그 또한 정승(貞勝)이 아니다. 길(吉)하면 반드시 길(吉)해야 하고 흉(凶)하면 반드시 흉(凶)해야 함이 정승(貞勝)이다. 그러므로 정승(貞勝)의 '정(貞)'은 여기선 '늘 상(常)-하나 일(一)' 등과 같다. 정승(貞勝)이란 일상지승(一常之勝) 즉 한 결[一]로 변함없는[常]로 이김[勝]인 것이다. 여기서 '정승(貞勝)'은 온갖 일[天下之事]이라는 '비길즉흉(非吉則凶)'이고 '비흉즉길(非凶則吉)' 즉 '길이[吉] 아니면[非則] 흉이고[凶] 흉이[凶] 아니면[非則] 길(吉)'임을 뜻하는 것이다. 그러므로 '길(吉)'이면 '흉(凶)'을 없앰[滅]이고, '흉(凶)'이면 '길(吉)'을 멸(滅)함이라 정승(貞勝)의 '승(勝)'은 곧 '멸(滅)'인 것이다. 그래서 '길흉자정승자(吉凶者貞勝者)'라는 말씀은 사필귀정(事必歸正)을 떠올리고, '콩 심은 데 콩 나고 팥 심은 데 팥 난다'는 속담을 떠올려 준다. 정심(貞心)-정심(正心)-상심(常心)을 일러 수일지심(守一之心)이라 한다. '하나를[一] 지키는[守之] 마음[心]'이란 순명(順命)⊕1 즉 사천(事天)-사천(師天)-응천(應天)하는 심지(心志) 즉 무사(無思)⊕2-무위(無爲)⊕3의 심지(心志)를 말하고, 무사(無私)-무욕(無欲)-무아(無我)를 말한다. 무사(無思)-무위(無爲)로 매사(每事)를 지성(至誠)으로 치른다면, 그 일이 길(吉)하게 끝남[終]이 정승(貞勝)이고, 유사(有思)-유욕(有欲)으로 일마다[每事] 탐욕(貪欲)으로 치른다면, 그 일이 흉(凶)하게 종(終)함이 정승(貞勝)이다. 이렇기 때문에 성인(聖人)의 계사언(繫辭焉)에는 '이정(利貞)'이라는 말씀[辭]이 64괘(卦)를 관류(貫流)하고 있다. 이처럼 '상상승(常相勝) 즉 늘[常] 서로[相] 없앰[勝]'이라는 정승(貞勝)을 밝힌 말씀이 '길흉자정승자야(吉凶者貞勝者也)'이다. 그래서 길흉(吉凶)의 정승(貞勝)은 온갖 사물(事

物)에 미치는 역(易)을 살피고[觀] 새겨[玩] 점(占)쳐 지변(知變)하여 지래(知來)하게 하는 통어(通語)가 된다.

註 1. 순명(順命)은 천명(天命) 즉 자연의[天地之] 시킴-가르침[命]을 따름[順]이고, 사천(事天)-사천(師天)은 천명(天命) 즉 자연의[天地之] 시킴-가르침[命]을 받듦[事-師]이고, 응천(應天)은 천명(天命) 즉 자연의[天地之] 시킴-가르침[命]을 따름[應]이다.

註 2. 무사(無思)는 무사기(無思己)-무사공(無思功)-무사명(無思名) 즉 나만을[己] 생각함이[思] 없고[無], 공치사를[功] 생각함이[思] 없고[無], 명성을[名] 생각함이[思] 없음[無]을 줄임말이라고 여기면 된다. 이러한 무사(無思)는 역무사(易無思)에서 비롯된 말씀이고, 나아가 성인무기(聖人無己)-성인무공(聖人無功)-성인무명(聖人無名)에서 비롯된 말씀이라고 상기(想起)하면 된다.

註 3. 무위(無爲)는 무위기(無爲己)-무위공(無爲功)-무위명(無爲名) 즉 나만을[己] 위함이[爲] 없고[無], 공치사를[功] 위함이[爲] 없고[無], 유명세를[名] 위함이[爲] 없음[無]을 줄임말이라고 여기면 된다. 이러한 무위(無爲)는 역무위(易無爲)에서 비롯된 말씀이고, 나아가 성인무위(聖人無爲)-성인불모(聖人不謀)-성인불착(聖人不斲)에서 비롯된 말씀이라고 상기(想起)하면 된다.

282. 천지지도(天地之道)의 정관(貞觀)

天地之道貞觀者也라. '자연[天地]의[之] 도는[道] 한결같이 늘 바르게[貞] 살펴보라는[觀] 것[者]이다[也].'

이는 자연[天地]의 이치-가르침-방편-말씀[道]이란 무사(無思)-무위(無爲)의 짓[象]으로 드리움[垂]을 밝혀 천수상(天垂象)을 상기(想起)시키고 있다. 자연의[天地之] 도(道)가 정관자(貞觀者)라는 말씀이 비록 자왈(子曰)이지만 정관자(貞觀者)라는 말씀은 『노자(老子)』 5장(章)에 나오는 '천지불인(天地不仁)'을 떠올려 준다. '자연은[天地] 어질지 않다[不仁].' 천지(天地)는 만물(萬物)을 분별(分別)하여 차별(差別)하지 않는다고 함이 여기서의 '불인(不仁)'이다. 천지불인(天地不仁)의 '불인(不仁)'을 『장자(莊子)』「제물론(齊物論)」에서는 '도

통위일(道通爲一)'이라고 풀이해 주고 있다. 자연의 도를[道] 깨치면[通] 모든 것은 하나가[一] 된다[爲]는 것이다. 생사(生死)를 왕래(往來)하다 가는 변통(變通)의 목숨으로 본다면 인확(人蠖)이 다를 바 없음이다. 자연[天地]은 사람[人]이나 자벌레[蠖]나 가리지 않는다. 천지(天地)의 입장에서 본다면 인간이나 돌멩이나 다를 것이 없음을 한결같이 살펴보게 함이 곧 정관자(貞觀者)이다. 이러한 정관(貞觀)은 자연의[天地之] 도(道)란 정관(正觀)-일관(一觀)-상관(常觀)하게 하는 것이고, 이 또한 오로지 무사(無思)-무위(無爲)로 살펴[觀] 지변(知變)하여 지래(知來)하라 함이니 천지지도(天地之道)의 정관자(貞觀者)란 곧 복문지관(卜問之觀) 즉 다가올 것[卜]을 묻는[問之] 관찰(觀察)임을 밝힌 말씀이 '천지지도정관자야(天地之道貞觀者也)'이다. 그래서 천지지도(天地之道)의 정관(貞觀)은 온갖 사물(事物)에 미치는 역(易)을 살피고[觀] 새겨[玩] 점(占)쳐 지변(知變)하여 지래(知來)하게 하는 통어(通語)가 된다.

283. 일월(日月)의 정명(貞明)

日月之道貞明者也라. '해와[日] 달[月]의[之] 가르침은[道] 한결같이 늘 바르게[貞] 밝음이라는[明] 것[者]이다[也].'

이는 일월(日月)의 이치-가르침-방편-말씀[道]이란 무사(無思)-무위(無爲)의 짓[象]으로 밝음[明]을 드리워 줌[垂]을 밝히고 있다. 이 또한 천수상(天垂象)을 상기(想起)시킨다. 천지불인(天地不仁)이듯이 '일월불인(日月不仁)'이다. 일월은[日月] 어느 것에만 어질지 않다[不仁]. 일월(日月)은 만물(萬物)을 두루 차별 없이 한결같이 늘 비춰 준다[明]. 그래서 일월지도(日月之道)의 정명(貞明)은 '정명(正明)-일명(一明)-상명(常明)'이다. 일월(日月)은 인간이나 돌멩이나 지렁이나 다름없이 비춰 준다. 일월(日月)이 바로 자연(自然)이니

395

일월(日月) 또한 무사(無思)-무위(無爲)의 상(象)일 뿐이고, 그 짓[象]을 풀이
하여 정명(貞明)이라 한 것이다. 정승(貞勝)-정관(貞觀)도 정지(貞志)로 이어
지고, 정명(貞明) 또한 곧고 바른[貞] 마음 가기[志]로 이어진다. 마음 가기
[志]가 일월(日月)의 비춤[明]과 같다면 시기(時機)의 마땅함[宜]과 마땅치 않
음[不宜]을 어김없이 살펴[觀] 새기고[玩] 헤아려[擬] 가늠해 낼[斷] 것이다.
이는 곧 육안(肉眼)으로만 살피지 말고 무사(無思)-무위(無爲)의 밝은[明] 심
안(心眼)으로 살펴보라 함이다. 왜 '정광(貞光)'이 아니고 '정명(貞明)'이라고
하는가? '광(光)'은 '밖[物]'을 비춰 밝힘이고, '명(明)'은 안[心]을 비춰 밝힘
이다. 이는 곧 이목(耳目)으로 살피지 말고 명지(明志)로 살펴보라 함이다.
정명(貞明)이란 총명예지(聰明睿知)로 이어진다. 그래서 정명(貞明)을 일러
'담혜(湛兮)'라고 찬탄한다. 깊고도 맑은 밝음[明]이 정명(貞明)의 명(明)이
다. 무사(無思)-무위(無爲)의 명지(明志)를 일깨워 주는 말씀이 '일월지도정
명자야(日月之道貞明者也)'이다. 그래서 일월지도(日月之道)의 정명(貞明)은 온
갖 사물(事物)에 미치는 역(易)을 살피고[觀] 새겨[玩] 점(占)쳐 지변(知變)하
여 지래(知來)하게 하는 통어(通語)가 된다.

284. 천하지동(天下之動)의 정일(貞一)

天下之動貞夫一者也라. '온 세상[天下]의[之] 움직임은[動] 한결같
천 하 지 동 정 부 일 자 야
이 늘 바르게[貞] 무릇[夫] 하나라는[一] 것[者]이다[也].'

이는 천하지동(天下之動) 즉 세상의 변동(變動) 또한 무사(無思)-무위(無爲)
의 짓[象]으로 바르게[正] 한 결로[一] 늘[常] 드리워 줌[垂]을 밝히고 있다.
이 또한 천수상(天垂象)을 상기(想起)시키고 있다. 천지불인(天地不仁)이듯이
'천하지동(天下之動) 역시 불인(不仁)'이다. 세상[天下] 역시 천지(天地)처럼 어

느 것에만 어질지 않다[不仁]. 세상[天下]의 변동(變動)은 어느 누구를 편들어 주지 않고 무사(無思)-무위(無爲)로 상추(相推), 서로[相] 옮겨질[推] 뿐이다. 두루 차별 없이 한결같이 늘 변동(變動)하므로 천하지동(天下之動)을 '정일한[貞一] 것[者]'이라고 한 것이다. 인간이 자연[天地]의 이치-가르침[道]을 어길지라도 천하(天下)는 천지지도(天地之道)를 결코 어기지 않음이다. 천하(天下)는 자연[天地]을 본받아[法] 일음일양(一陰一陽)의 생생(生生)을 어기지 않는다. 자연[天地]이 무사(無思)-무위(無爲)하듯이 온 세상[天下]도 무사(無思)-무위(無爲)할 뿐이다. 이를 상기(想起)한다면 정부일자(貞夫一者)의 '정일(貞一)'이 뜻하는 바를 살펴 새길 수 있다. 정승(貞勝)-정관(貞觀)-정명(貞明)도 정지(貞志)로 이어지고 정부일(貞夫一) 또한 정지(貞志)로 이어진다. 온 세상의[天下之] 변동(變動)이란 역(易)의 이치[道]와 가르침[道]을 좇을[順] 뿐이지 어기지[逆] 않는다. '역능미륜천지지도(易能彌綸天地之道)'처럼 '천하능미륜역지도(天下能彌綸易之道)'인 것이다. 역이[易] 자연의[天地之] 이치-가르침을[道] 능히[能] 북돋아[彌] 끌어오는 것[綸]처럼 세상은[天下] 역의[易之] 이치-가르침을[道] 능히[能] 북돋아[彌] 끌어오는 것[綸]이다. 그러므로 온 세상의 변동(變動)은 오로지 한결같아 정일(貞一)함을 밝힌 말씀이 '천하지동정부일자야(天下之動貞夫一者也)'이다. 그래서 천하지동(天下之動)의 정일(貞一)은 온갖 사물(事物)에 미치는 역(易)을 살피고[觀] 새겨[玩] 점(占)쳐 지변(知變)하여 지래(知來)하게 하는 통어(通語)가 된다.

285. 건(乾)의 확(確)

夫乾確然 示人易矣라. '무릇[夫] 건은[乾] 굳센 모양[確]이라[然] 사람에게[人] 보임도[示] 간이한 것[易]이다[也].'

이는 건(乾)의 짓[象]을 밝힌 것이다. 무릇[夫] 건(乾)의 짓[象]은 굳센 모양[確]이다. '확연(確然)의 확(確)'은 강모(剛貌) 즉 굳센[剛] 모양[貌]이라 숨기고 감춤이 하나도 없는 모양[貌]이다. 건(乾)은 천(天)이고 양(陽)이며 강(剛)이요 건(健)이다. 그러한 건(乾)이니 내보임[示]도 그냥 그러하다[易]. 이를 '시인이의(示人易矣)'라고 밝힌 것이다. 음양(陰陽)의 짓[象]은 다 간시(簡示), 이시(易示)할 뿐이어서 명백(明白)할 뿐이다. 그래서 하늘의[天之] 가르침[道]은 정관(貞觀) 즉 바르게[正] 한 결로[一] 늘[常] 살피라[觀]고 하는 것이다. 이간하게[易簡] 내보임[示]이란 오로지 정시(貞示)하는 것뿐이다. 성인(聖人)의 견색(見賾)함이 천수상(天垂象)의 상(象) 즉 짓[象]을 본받아[法] 천하지동(天下之動) 즉 세상의 변동[動]을 정관(貞觀)하기 때문에 그런 견색(見賾)이 지변(知變)하게 하여 지래(知來)하게 한다. 물론 시인이(示人易)의 '시(示)'는 무사(無思)-무위(無爲)의 보임[示]이고, '이(易)' 또한 무사(無思)-무위(無爲)의 간명(簡明)함이라 그러한 시(示)-이(易)의 심지(心志)에는 숨기거나 감춤이 없는 마음 가기[心志]이어서 정지(貞志)라 한다. 이런 정지(貞志)는 정관(貞觀)-정명(貞明)할 수 있게 되어 누구나 나름대로 견색(見賾)할 수 있는 것이다. 그런데 왜 견색(見賾)의 '색(賾)'을 난견자(難見者) 즉 찾아내기[見] 어려운[難] 것[者]이라고 하는가? 정지(貞志)를 잃어 쉽게[易] 보이는[示] 것[者]을 정관(貞觀)-정명(貞明)하지 못하기 때문이다. 역무사(易无思)-역무위(易无爲)를 본받는[法] 정지(貞志)는 난견자(難見者)를 이견자(易見者) 즉 찾기[見] 쉬운[易] 것[者]으로 마주한다. 성인(聖人)이 불모(不謀)-불착(不斲)함은 건(乾)의 이시(易示)를 본받음[法]이다. 도모하지 않고[不謀] 다듬지도 않는[不斲] 살펴 찾기[見]야말로 건(乾)의 이시(易示)를 본받아[法] 사물(事物)을 살펴 마주할[觀] 수 있음을 새겨 헤아려 가늠하게 하는 말씀이 '부건확연(夫乾確然) 시인이의(示人易矣)'이다. 그래서 건(乾)의 확(確)은 온갖 사물(事物)에 미치는 역(易)을 살피고[觀] 새겨[玩] 점(占)쳐 지변(知變)하여 지래(知來)하게 하는 통어(通語)가 된다.

286. 곤(坤卦)의 퇴(隤)

夫坤隤然 示人簡矣라. '무릇[夫] 곤은[坤] 유순한 모양[隤]이라[然] 사람에게[人] 보임도[示] 간이한 것[簡]이다[也].'

이는 곤(坤)의 짓[象]을 밝힌 것이다. 무릇[夫] 곤(坤)의 짓[象]은 부드러운 모양[隤]이다. '퇴연(隤然)의 퇴(隤)'는 유모(柔貌) 즉 부드러운[柔] 모양[貌]이라 숨기고 감춤이 하나도 없는 모양[貌]이다. 곤(坤)은 지(地)이고 음(陰)이며 유(柔)요 순(順)이다. 그러한 곤(坤)이니 내보임[示]도 그냥 그러하다[簡]. 이를 '시인간의(示人簡矣)'라고 밝힌 것이다. 음양(陰陽)의 짓[象]은 다 간시(簡示) 이시(易示)할 뿐이어서 명백(明白)할 뿐이다. 그래서 땅의[地之] 가르침[道]도 정관(貞觀) 즉 바르게[正] 한 결로[一] 늘[常] 살피라[觀]고 하는 것이다. 이 간하게(易簡) 내보임[示]이란 오로지 정시(貞示)하는 것뿐이다. 성인(聖人)의 견색(見賾)함이 천수상(天垂象)의 상(象) 즉 짓[象]을 본받아[法] 천하지동(天下之動) 즉 세상의 변동[動]을 정관(貞觀)하기 때문에 그런 견색(見賾)이 지변(知變)하게 하여 지래(知來)하게 한다. 물론 시인간(示人簡)의 '시(示)'는 무사(無思)-무위(無爲)의 보임[示]이고, '간(簡)' 또한 무사(無思)-무위(無爲)의 간명(簡明)함이라 그러한 시(示)-이(易)의 심지(心志)에는 숨기거나 감춤이 없는 마음 가기[心志]이어서 정지(貞志)라 한다. 이런 정지(貞志)는 정관(貞觀)-정명(貞明)할 수 있게 되어 누구나 나름대로 견색(見賾)할 수 있는 것이다. 그러나 정지(貞志)를 잃어 쉽게[易] 보이는[示] 것[者]을 정관(貞觀)-정명(貞明)하지 못하기 때문이다. 역무사(易无思)-역무위(易无爲)를 본받는[法] 정지(貞志)는 난견자(難見者)를 이견자(易見者) 즉 찾기[見] 쉬운[易] 것[者]으로 마주한다. 성인(聖人)이 불모(不謀)-불착(不斲)함은 곤(坤)의 간시(簡示)를 본받음[法]이다. 도모하지 않고[不謀] 다듬지도 않는[不斲] 살펴 찾기[見]야말로 곤(坤)의 간시(簡示)를 본받아[法] 사물(事物)을 살펴 마주할[觀] 수 있음을 새겨[玩] 헤아려[擬]

가늠하게[斷] 하는 말씀이 '부곤퇴연(夫坤隤然) 시인간의(示人簡矣)'이다. 그래서 곤(坤)의 퇴(隤)는 온갖 사물(事物)에 미치는 역(易)을 살피고[觀] 새겨[玩] 점(占)쳐 지변(知變)하여 지래(知來)하게 하는 통어(通語)가 된다.

287. 효(爻)의 효(效)

爻也者效此者也라. '효(爻)라는[也] 것은[者] 건곤(乾坤)의 강유(剛柔)-간
효 야 자 효 차 자 야
이(簡易)한 내보임[示]인 이것을[此] 본받는[效] 것[者]이다[也].'

 이는 대성괘(大成卦)에서 육효(六爻)의 일[事]을 밝히고 있다. 효(爻)란 무엇인가? 그것은 건곤의(乾坤之) 강유지모(剛柔之貌)와 이간지시(易簡之示)를 본받는[效] 일[事]을 하는 것이다. 양효(陽爻 : ―)는 '건(乾)의 확연(確然)한 이시(易示)'를 본받고[效], 음효(陰爻 : --)는 '곤(坤)의 퇴연(隤然)한 간시(簡示)'를 본받는다[效]. 그러니 양효(陽爻)는 확연(確然)하여 강건(剛健)하고, 음효(陰爻)는 퇴연(隤然)하여 유순(柔順)하다. 따라서 성인(聖人)이 자의(恣意)로 효사(爻辭)를 효(爻)에 맺어 두지[繫] 않았음을 알 수 있다. 계사언(繫辭焉)의 사(辭)도 확연(確然)하여 강(剛)한 건(乾)을 본받아[法] 쉽게[易] 내보이고[示] 퇴연(隤然)하여 유(柔)한 곤(坤)을 본받아[法] 간명하게(簡) 내보인다[示]. 효사(爻辭)로써 계사언(繫辭焉)의 '사(辭)' 즉 성인(聖人)의 말씀[言]이 간이(簡易)하게 내보임[示]은 성인(聖人)께서 오로지 '법천지지도(法天地之道)' 즉 자연의[天地之] 도(道)를 본받는[法] 종천(從天)-종지(從地)하기 때문이다. 성인이[聖人之] 자연의[天地之] 이치-가르침-방편-말씀[道]을 본받는[法] 심지(心志)를 일러 성인지정(聖人之靜) 즉 '성인의[聖人之] 고요[靜]'라고 하는 것이다. 그러므로 심지정(心之靜) 즉 마음의[心之] 고요[靜]란 건곤(乾坤)이 간이(簡易)하게 내보임[示]을 살펴[觀] 새기고[玩] 헤아려[擬] 따져[議] 가늠

할[斷] 수 있는 성지(聖志)를 뜻한다. 이를 숙지(熟知)해야 건곤(乾坤)을 본받는[效] 효사(爻辭)가 간이(簡易)한 말씀[辭]임을 깨우칠 수 있는 것이다. 그러나 계사언(繫辭焉)의 '사(辭)'를 마주하면 그 '사(辭)'가 쉽고[易] 간명하기[簡]는커녕 알아듣기 난감(難堪)하다는 생각이 앞서고 만다. 이는 논란(論難)하여 논의(論意)하려는 심지(心志)가 앞서고, '마음의 고요[心之靜]'가 없이 그 말씀[辭]을 시비(是非)로써 알고자 하기 때문이다. '마음의 고요[心之靜]'를 떠나서는 '쉽고 간명한[簡易] 내보임[示]을 본받는다[效]'는 참뜻[情義]을 깨칠[覺悟] 수 없기 때문에 계사언(繫辭焉)의 사(辭)가 어려워[難] 보이는[示] 것이다. 쉽고 간명한 것이 어렵고 복잡한 것으로 되는 것은 무정(無靜)한 까닭임을 명심(銘心)해야 한다. 정자(靜者) 즉 '고요라는[靜] 것[者]'은 『노자(老子)』 16장(章)에 나오는 '귀근왈정(歸根曰靜) 정왈복명(靜曰復命)'⁽¹⁾을 상기(想起)시키고, 나아가 『장자(莊子)』 「천도편(天道篇)」에 나오는 '성인지심정야(聖人之心靜也) 천지지감야(天地之鑒也) 만물지경야(萬物之鏡也)'⁽²⁾라는 말씀을 상기(想起)시킨다. 고요[靜]를 누리는 마음 가기[心志] 즉 자연의[天地之] 가르침[道]을 따르는[順] 심지(心志)라야 효상(爻象)의 간이한[簡易] 보임[示]을 마주하고, 따라서 효사(爻辭)의 간이한[簡易] 가리킴[指]도 가늠할[斷] 수 있다는 것이다. 그러므로 효사(爻辭)-효사(爻辭)의 정시(正示)를 정관(貞觀)-정명(貞明)한다는 것은 논란(論難) 따위를 떠나[昧然] 무뇨(無鐃)의 심지(心志) 즉 '고요[靜]'임을 명심(銘心)해야 하는 것이다. 이렇기 때문에 『노자(老子)』 28장(章)에 '복귀어영아(復歸於嬰兒)'의 말씀이 심오(深奧)한 것이다. 이는 '심지정(心之靜)' 즉 마음의[心之] 고요[靜]로 완사(玩辭)-완점(玩占)해야 함을 말해 준다. 이러한 심지정(心之靜)이란 성인지정(聖人之靜)을 본받음[效]이고, 성인의[聖人之] 고요[靜]는 역무사(易无思)-역무위(易无爲) 즉 자연의[天地之] 이치-가르침[道]을 본받은[法] 것이다. 그러므로 고요하여[靜] 논란(論難)하지 않는[無鐃] 마음 가기[心志]라야 효상(爻

401

象)-효사(爻辭)를 살펴[觀] 새기고[玩] 헤아려[擬] 따져[議] 가늠할[斷] 수 있음을 밝힌 말씀이 '효야자효차자야(爻也者效此者也)'이다. 그래서 효(爻)의 효(效)는 온갖 사물(事物)에 미치는 역(易)을 살피고[觀] 새겨[玩] 점(占)쳐 지변(知變)하여 지래(知來)하게 하는 통어(通語)가 된다.

註 1. 귀근왈정(歸根曰靜) 정왈복명(靜曰復命) '자연으로[根] 돌아감을[歸] 고요라[靜] 하고[曰], 고요를[靜] 자연의 가르침을[命] 좇아 따름이라[復] 한다[曰].' 귀근(歸根)의 '근(根)'은 천지(天地) 즉 자연(自然)을 비유함이고, 복명(復命)은 귀명(歸命)과 같고, 복명(復命)은 복천명(復天命)의 줄임이고, 천명(天命)으로 돌아감[復歸]이란 천명(天命)을 좇아 따름[服從]을 뜻한다.

註 2. 천도운이무소적고만물성(天道運而无所積故萬物成) 제도운이무소적고천하귀(帝道運而无所積故天下歸) 성도운이무소적고해내복(聖道運而无所積故海內服) 명어천(明於天) 통어성(通於聖) 육통사벽어제왕지덕자(六通四辟於帝王之德者) 기자위야매연무불정자의(其自爲也昧然无不靜者矣) 성인지정야(聖人之靜也) 비왈정야선고정야(非曰靜也善故靜也) 만물무족이뇨심자고정야(萬物无足以鐃心者故靜也) (……) (聖人之心靜也) 천지지감야(天地之鑒也) 만물지경야(萬物之鏡也) '자연의 도가[天道] 운행하면서도[運而] 멈춘[積] 바가[所] 없기[无] 때문에[故] 온갖 것이[萬物] 이루어져 생기고[成], 제왕의 도가[帝道] 멈춘[積] 바가[所] 없기[无] 때문에[故] 온 세상이[天下] 돌아오고[歸], 성인의 도가[聖道] 멈춘[積] 바가[所] 없기[无] 때문에[故] 온 세상이[海內] 복종한다[服]. 자연[天]을[於] 밝히고[明], 성인[聖]을[於] 깨치고[通], 제왕의[帝王之] 덕(德)을[於] 빠짐없이 골고루 깨치고[六通], 언제나 걸림 없는[四辟] 사람[者], 그자의[其自] 거취[爲]란[也] 어수룩해[昧然] 고요하지 않음이[不靜] 없는[无] 것[者]이다[矣]. 성인의[聖人之] 고요[靜]란[也] 고요[靜]가[也] 좋기[善] 때문에[故] 고요[靜]라고 함이[曰] 아니고[非], 고요하기 때문에[以] 온갖 것에[萬物] 어지럽히려는[鐃] 마음이[心] 없는[无] 것이기[者] 때문에[故] 고요[靜]라고 하는 것이다[也]. (중략) 성인지정(聖人之靜)은 자연[天地]을[之] 비춰 주는 거울[鑒]이고[也], 만물(萬物)을[之] 비춰 주는 거울(鏡)이다[也].' 육통사벽(六通四辟)에서 육통(六通)의 '육(六)'은 육기(六氣) 즉 음양(陰陽)-풍우(風雨)-회명(晦明)을 뜻하고, 회명(晦明)은 어둠[晦]과 밝음[明]을 뜻한다. 사벽(四辟)의 '사(四)'는 사시(四時) 즉 춘하추동(春夏秋冬)을 뜻하고, '벽(辟)'은 '벽(闢)'의 간자(簡字)로 '열림 개(開)'와 같다. 육통(六通)이란 모조리 다 깨쳐 통달(通達)함을 뜻하고, 사벽(四辟)은 무엇 하나 걸림 없는 열려 있음[開]을 뜻한다.

288. 효상(爻象)의 상(像)

象也者像此者也_{상야자상차자야}라. '효(爻)의 짓[象]이라는[也] 것도[者] 효가[爻之] 본받기[效]하는 이것을[此] 본뜨는[像] 것[者]이다[也].'

이는 대성괘(大成卦)에서 육효(六爻)가 짓는[象] 일[事]을 밝히고 있다. 효지상(爻之象) 즉 효의[之] 짓[象]이란 무엇인가? 그것은 효의[爻之] 본받기[效]를 본뜨는[像] 일[事]이다. 건(乾)의 확연(確然)한 이시(易示)를 본받고[效], 곤(坤)의 퇴연(隤然)한 간시(簡示)를 본받기[效]를 본뜸[像]이 곧 효상(爻象) 즉 효(爻)의 짓[象]이다. 따라서 계사언(繫辭焉)의 사(辭) 또한 효상(爻象)을 본떠[像] 확연(確然)하여 강(剛)한 건(乾)을 본받아[法] 쉽게[易] 내보이게[示] 말하고[言之], 퇴연(隤然)하여 유(柔)한 곤(坤)을 본받아[法] 간명하게[簡] 내보이게[示] 언지(言之)한다. 효사(爻辭)로써 계사언(繫辭焉)의 '사(辭)' 즉 성인(聖人)의 말씀[言]이 간이(簡易)하게 내보임[示]은 성인(聖人)께서 오로지 성인(聖人)이[之] 효의[爻之] 짓[象]을 본받아[法] 계사언(繫辭焉)한 것이다. 이 역시 자연의[天地之] 가르침[道]을 무뇨(無鐃)하게 비춰 주는 효상(爻象)을 본뜸[像]이다. 여기서 상차(像此)의 '상(像)'이란 효상(爻象)의 '상(象)'을 어지러움[鐃] 없이[無] 본떠 헤아리게[擬] 비춰 주는 거울[鑒] 같음을 간파(看破)할 수 있다. 그래서 상차(像此)의 '상(像)'은 '본떠 헤아릴 의(擬)'와 같다. 그리고 상상(象像)의 '상(象)'은 『노자(老子)』 4장(章)에 나오는 '상제지선(象帝之先)'이라는 말씀으로부터 깊은 뜻을 간직하기 시작해 역전(易傳)에서 발전되면서 '짓한다[象]'는 뜻을 내는 술어(術語)가 된 셈이다. 온갖 것[萬物]이 변화(變化)하게 짓하는[象] 주인을 상제(象帝)라 한다. 그러므로 상상(象像)의 '상(象)'은 '짓 상(象)'이며 '드러날 현(見)-조(兆)' 등과 같고, '상(像)'은 따라서 본뜨기하는 모(模)-방(倣) 등과 같다. 그래서 '상(象)'을 현내위지상(見乃謂之象) 즉 드러냄이라[見乃] 그것을[之] 상(象)이라고 하는 것이다. 짓[象]이란 드러나게[見] 마련이고, 드러난 짓[象]은 낌새[兆]로 이어지게 마련이다. 어떤 것의 '짓'을 보면 그것의 낌새[兆]가 보인다. 그래서 상조(象兆)라 한다. 이러한 짓[象]은 논란(論難)하게 하는 어지(語之)의 말[辭]이 아니라 자명(自明)하게 하는 언지(言之)의 말[辭]이다. 효상(爻象)의 효사(爻辭)는 남과 상론(相論)-상의(相議)할 말씀[辭]이 아님을 명심(銘心)해야 한다. 오로지 스스로 자신이 지변(知變)하여 지래(知來)하라는 조짐[象]의 말씀[辭]이기에 효사(爻辭)를 상사(象辭)라고 한다. 그러한 상사(象辭)를 논의(論意)의 말[辭]로 여기면 난해(難解)하지만 자명(自明)의 말씀[辭]으로 살펴[觀] 새기고[玩] 헤아려[擬] 가늠하게[斷] 되면 난해(難解)하게 보이던 상사(象辭)가 오히려 쉽고[易] 간명한[簡] 말씀[辭]으로 다가온다. 여기서 효상(爻象)-효사(爻辭)가 '내가 나를 밝히는[自明] 말[言]'이라는 것이 간파(看破)된다. 따라서 상상(象像)의 '상(像)'이란 자연의[天地之] 가르침[道]을 본받아[效] 드러내는 효(爻)의 짓[象]들을 그냥 그대로 본뜨게 해 주는 거울[鑑]과 같음을 밝힌 말씀이 '상야자상차자야(象也者像此者也)'이다. 그래서 효상(爻象)의 상(像)은 온갖 사물(事物)에 미치는 역(易)을 살피고[觀] 새겨[玩] 점(占)쳐 지변(知變)하여 지래(知來)하게 하는 통어(通語)가 된다.

289. 효상(爻象)과 내(內)

爻象動乎內라. '효의[爻] 짓은[象] 대성괘(大成卦)의 내괘[內]에서[乎] 움직인다[動].'

이는 대성괘(大成卦)에서 내괘(內卦)의 세 효[三爻]가 짓는[象] 일하기[事之]를 밝히고 있다. 효상동호내(爻象動乎內)의 '동(動)'이란 길흉회린자생호동자야(吉凶悔吝者生乎動者也)의 '생호동자(生乎動者)'를 상기(想起)한다면 살펴

[觀] 새기고[玩] 헤아려[擬] 효상동호내(爻象動乎內)의 '동(動)'을 가늠할[斷] 수 있다. 물론 생호동(生乎動)의 '동(動)'과 동호내(動乎內)의 '동(動)'이 같다는 것은 아니다. 생호동(生乎動)의 '동(動)'은 '육효지동(六爻之動)의 동(動)'이지만, 동호내(動乎內)의 '동(動)'은 '내괘(內卦)의 삼효지동[三爻之動]의 동(動)'이기 때문이다. 물론 동호내(動乎內)의 '동(動)' 역시 건(乾)의 확연(確然)한 이시(易示)를 본받고[效], 곤(坤)의 퇴연(隤然)한 간시(簡示)를 본받는[效] 짓[象]의 본뜨기[像]로 드러나는 움직임[動]이다. 따라서 동호내(動乎內)의 '동(動)'은 내괘(內卦)에서 건곤(乾坤)의 강유(剛柔)를 본받은[效] 본뜸[像]인 것이다. 이러한 동호내(動乎內)의 '동(動)'이 대성괘(大成卦)의 내괘(內卦)에서 그치는 것이 아니라 대성괘(大成卦)의 외괘(外卦)로 옮겨져 이어진다. 이러한 동호내(動乎內)의 '동(動)'이란 남과 논란(論難)하여 시비(是非)를 가늠하게[斷] 함이 아니라 자명(自明) 즉 자신의 심지(心志)를 스스로[自] 밝혀[明] 가늠하게[斷] 하는 심동(心動)으로 이어지게 된다. 자명(自明)하여 가늠하게[斷] 함이란 정지(貞志)로 단(斷)하게 함이다. 그러므로 동호내(動乎內)의 '동(動)'은 '내(內)' 즉 내괘(內卦)에서의 움직임[動]이다. 이렇기 때문에 동호내(動乎內)의 '동(動)'은『서경(書經)』'홍범(洪範)' 칠(七)에 나오는 '왈정왈회(曰貞曰悔)'를 상기(想起)시켜 동호내(動乎內)의 '내(內)'가 대성괘(大成卦)의 내괘(內卦)를 일컫는 정괘(貞卦)를 뜻하고 있음을 간파할 수 있다. 따라서 정지(貞志)로써 정관(貞觀)-정명(貞明)-정일(貞一)하여 내괘(內卦)의 세 효[三爻]가 짓는[象] 변동(變動)을 지성(至誠)으로 살펴[觀] 새기고[玩] 헤아려[擬] 가늠하기[斷]를 밝힌 말씀이 '효상동호내(爻象動乎內)'이다. 그래서 효상(爻象)과 내(內)는 온갖 사물(事物)에 미치는 역(易)을 살피고[觀] 새겨[玩] 점(占)쳐 지변(知變)하여 지래(知來)하게 하는 통어(通語)가 된다.

註 왈정왈회(曰貞曰悔) '정괘라[貞] 말하고[曰] 회괘라[悔] 말한다[曰]'. 대성괘(大成卦)에는 내괘(內卦) 즉 하괘(下卦)와 외괘(外卦) 즉 상괘(上卦)가 있다. 내괘(內卦)를 정괘(貞卦)라 하고 외괘(外卦)를 회괘(悔卦)라 한다.

역(易)의 생생(生生) 즉 변화(變化)는 '상(象)'이라는 짓으로 드러난다[顯]. 그러므로 효상(爻象)의 '상(象)'을 숙지(熟知)하지 않고서는 효사(爻辭)와 밀담(密談)하기 어렵다. '상(象)'이란 저마다의 마음 가기[志]로 하여금 새롭게 살피게[觀] 하고, 새롭게 새기게[玩] 하고, 새롭게 헤아리게[擬] 하고, 새롭게 따져 보게[議] 하여, 새롭게 가늠하게[斷] 한다. 상사(象事)하여 '일[事]'을 새롭게 가늠하게[斷] 한다. 상사(象事)는 지사(指事)와 같고, '지나간 일[去事]의 가리킴[指]'이 아니라 '다가올 일[來事]의 지(指)'가 상사(象辭)의 '상(象)' 즉 새롭게 가리키는 짓[象]이다. 상의(象意) 즉 뜻[意]을 짓하여[象] 새롭게 가늠하게[斷] 한다. 상의(象意)는 회의(會意)와 같고, '기지(旣知)의 뜻[意]을 모아 줌[會]'이 아니라 '신지(新知)를 끌어내는 신의(神意)의 회(會)'가 상의(象意)의 '상(象)' 즉 '변화하게 하는[神] 뜻[意]을 모아 주는 짓[象]이다. 그러므로 '상(象)'은 내사(來事)의 지(指) 즉 가리킴[指]과 신의(神意)의 회(會) 즉 모아 줌[會]을 숙지(熟知)하고 있어야 효상(爻象)-효사(爻辭)로써 지변(知變)하여 지래(知來)할 수 있는 것이다. 괘효사(卦爻辭)와 밀담(密談)하자면 '상(象)의 숙지(熟知)'가 관건(關鍵)이다. '상(象)'이란 늘 '사(事)와 의(意)'를 변화(變化)하게 하는 짓[象]임을 명심(銘心)해야 한다. 상(象)으로 말미암아 내사(來事)가 파악(把握)되고, 신의(神意)가 생기며[生], 내사(來事)와 신의(神意)로 말미암아 변화(變化)를 알아차리고[知], 앞일[來事]을 가늠해[斷] 갈 수 있게 된다. 특히 신의(神意)의 '신(神)'은 변화(變化)하게 하는 힘[氣]을 말하니, 신의(神意)란 변화(變化)하게 해 주는 뜻[意]을 말한다. 신의(神意)의 '신(神)'은 신기(神奇)-신묘(神妙)-신통(神通)하게 함의 줄임말이다. 이를 숙지(熟知)하여 터득하지 않고서는 64괘(卦)의 입상(立象)과 내밀(內密)한 통화(通話)를 나눌 수 없는 것이다.

290. 길흉(吉凶)과 외(外)

吉凶見乎外라. '길흉은[吉凶] 대성괘(大成卦)의 외괘[外]에서[乎] 드러난다[見].'

이는 대성괘(大成卦)에서 외괘(外卦)의 세 효[三爻]가 드러내는[見] 일하기[事之]를 밝히고 있다. 길흉현호외(吉凶見乎外)의 '현(見)' 역시 길흉회린자생호동자야(吉凶悔吝者生乎動者也)의 '생호동자(生乎動者)'를 상기(想起)한다면 살펴[觀] 새기고[玩] 헤아려[擬] 길흉현호외(吉凶見乎外)의 '현(見)'을 가늠할[斷] 수 있다. 물론 생호동(生乎動)의 '동(動)'과 현호외(見乎外)의 '외(外)'가 같다는 것은 아니다. 생호동(生乎動)의 '동(動)'은 '육효지동(六爻之動)의 동(動)'이 지만, 현호외(見乎外)의 '현(見)'은 '외괘(外卦)의 삼효지[三爻之見]의 현(見)'이 기 때문이다. 물론 현호외(見乎外)의 '현(見)' 또한 건(乾)의 확연(確然)한 이 시(易示)를 본받고[效], 곤(坤)의 퇴연(隤然)한 간시(簡示)를 본받는[效] 짓[象] 의 본뜨기[像]로 드러냄(見)이다. 따라서 현호외(見乎外)의 '현(見)' 은 외괘(外卦)에서 건곤(乾坤)의 강유(剛柔)를 본받은[效] 본뜸[像]인 것이다. 이러한 현호외(見乎外)의 '현(見)'이 대성괘(大成卦)의 외괘(外卦)로써만 이루 어지는 것이 아니라 내괘(內卦)로부터 말미암아 대성괘(大成卦)의 외괘(外 卦)에서 드러나는 것이다. 이러한 현호외(見乎外)의 '현(見)'이란 남과 논란 (論難)하여 시비(是非)를 가늠하게[斷] 함이 아니라 자명(自明) 즉 자신의 심 지(心志)를 스스로[自] 밝혀[明] 가늠하게[斷] 하는 심동(心動)의 드러남[見] 으로 이어지게 된다. 그러므로 현호외(見乎外)의 '현(見)'은 '외(外)' 즉 외괘 (外卦)에서의 드러남[見]이다. 이렇기 때문에 현호외(見乎外)의 '현(見)' 역시 『서경(書經)』「홍범(洪範)」칠(七)에 나오는 '왈정왈회(曰貞曰悔)'를 상기(想起) 시켜 현호외(見乎外)의 '외(外)'가 대성괘(大成卦)의 외괘(外卦)를 일컫는 회괘 (悔卦)를 뜻하고 있음을 간파할 수 있다. 여기서 회괘(悔卦)란 곧 회린지괘 (悔吝之卦)를 뜻함을 알 수 있다. 그리고 '회린(悔吝)' 즉 '뉘우침[悔]과 부끄 러움[吝]'이란 내괘(內卦)가 짓하는[象] 길(吉)과 흉(凶)을 정지(貞志)로써 정 관(貞觀)-정명(貞明)-정일(貞一)하여 살펴[觀] 새기고[玩] 헤아려[擬] 가늠하 지[斷] 않은 탓으로 비롯되는 깨우침임[曉]을 여기서 알 수 있게 된다. 따 라서 정지(貞志)로써 외괘(外卦)의 세 효[三爻]가 지어[象] 드러내는[見] '길흉 (吉凶)의 정승(貞勝)'을 지성(至誠)으로 살펴[觀] 새기고[玩] 헤아려[擬] 가늠하 기[斷]를 밝힌 말씀이 '길흉현호외(吉凶見乎外)'이다. 그래서 길흉(吉凶)과 외 (外)는 온갖 사물(事物)에 미치는 역(易)을 살피고[觀] 새겨[玩] 점(占)쳐 지변 (知變)하여 지래(知來)하게 하는 통어(通語)가 된다.

407

291. 공업(功業)과 변(變)

功業見乎變이라. '보람찬[功] 일은[業] 변(變)에서[乎] 드러난다[見].'
공업현호변

이는 성인(聖人)의 작역(作易)을 밝히고 있다. 그 작역(作易)은 설괘(設卦)로 드러나고[見], 그 설괘(設卦)는 육효지동(六爻之動)으로 드러나고[見], 그 육효지동(六爻之動)은 진퇴지상(進退之象)으로 드러난다[見]. 그러므로 공업현호변(功業見乎變)의 '변(變)'은 역지변(易之變)을 뜻하게 된다. 설괘(設卦)는 소성괘(小成卦) 팔괘(八卦)를 자승(自乘)하여 대성괘(大成卦) 64괘(卦)를 이루었고[成], 그리하여 세 효[三爻]의 소성괘(小成卦) 둘[二]을 상하(上下)로 두어 여섯 효[六爻]의 대성괘(大成卦)를 이루어[成] 변화지도(變化之道)를 짓하는[象] 괘(卦)를 베풀었다[設]. 이리하여 역(易)의 형이상자(形而上者) 즉 역지도(易之道)가 역(易)의 형이하자(形而下者) 즉 역지기(易之器)를 얻었다. 이것이 공업현호변(功業見乎變)의 '공업(功業)'이다. 바로 이 공업(功業)으로 여섯 효[六爻]가 진퇴(進退)하는 상(象)이 갖추어진 것이다. 여섯 효[六爻]의 나아감[進]은 초효(初爻)에서 드러나기[見] 시작하여 그 물러감[退]이 상효(上爻)에서 드러나기[見]까지 쉼[息]도 멈춤[止]도 없이 화이재지(化而裁之) 즉 새로 됨[化]을 마무리함[裁]이 '변(變)'이다. 대성괘(大成卦)에서 효상(爻象)의 '동(動)-변(變)'을 정지(貞志)로써 정관(貞觀)하게 하고 정명(貞明)하게 하며 정일(貞一)하게 역지변(易變)을 지극한 성자(誠者)로써 살펴[觀] 새기고[玩] 헤아려[擬] 가늠하게[斷] 하는 말씀이 '공업현호변(功業見乎變)'이다. 그래서 공업(功業)과 변(變)은 온갖 사물(事物)에 미치는 역(易)을 살피고[觀] 새겨[玩] 점(占)쳐 지변(知變)하여 지래(知來)하게 하는 통어(通語)가 된다.

註 성자물지종시(誠者物之終始) 불성무물(不誠無物) '정성이라는[誠] 것은[者] 온갖 일[物]의[之] 종결이고[終] 시작이다[始]. 성실하지 않다면[不誠] 통변(通變)하지 못하므로 공업(功業)을 이룰 일은(物) 없다[無].' 성자(誠者)는 천지도(天之道) 즉 자연의[天之] 이치-가르침-이끌어 감-방법-말씀[道]을 뜻함을 늘 명심(銘心)해야 한다. 이

러한 성자(誠者)를 따름을 일러 성지자(誠之者)라 하고, 이를 인지도(人之道) 즉 사
람의[人之] 이치-가르침-이끌어 감-방법-말씀[道]을 뜻함을 또한 명심(銘心)해야
한다.

292. 성인지정(聖人之情)과 사(辭)

聖人之情見乎辭라. '성인(聖人)의[之] 참뜻은[情] 괘효(卦爻)에 맺어 둔
말씀[辭]에[乎] 드러난다[見].'

이는 계사언(繫辭焉)한 성인(聖人)의 참뜻[情]을 밝히고 있다. 그 정(情)은
계사언(繫辭焉)의 '사(辭)'로 드러나고[見], 그 사(辭)는 괘사(卦辭)와 효사(爻辭)
로 드러나고[見], 괘사(卦辭)는 변괘상(辯卦象)하게 드러나고[見], 효사(爻辭)
는 변길흉(辯吉凶)하게 드러난다[見]. 그러므로 성인지정현호사(聖人之情見乎
辭)의 '사(辭)'는 괘사(卦辭)와 효사(爻辭)를 뜻하게 된다. 물론 계사언(繫辭焉)
의 '사(辭)' 즉 말씀[辭]은 성인지언(聖人之言)이므로 무사(無私)-무욕(無欲)-
무아(無我)의 말씀[言]이다. '언(言)'은 자명(自明)-자성(自省)하게 하는 말[辭]
이고, '어(語)'는 시비(是非)-논란(論難)하게 하는 말[辭]이다. 이와 같은 '언
(言)'과 '어(語)'를 살펴[觀] 새기고[玩] 헤아려[擬] 가늠하게[斷] 되면 계사언
(繫辭焉)의 '사(辭)'가 오로지 '변길흉(辯吉凶)의 변(辯)'을 스스로 하게 하라
는 성인(聖人)의 말씀[言]임을 간파(看破)할 수 있다. 따라서 성인지정(聖人之
情)의 '정(情)'은 길흉(吉凶)을 진술(陳述)해 주려는 뜻[情]이 계사언(繫辭焉)의
'사(辭)'에는 드러나지[見] 않는다. 오로지 스스로 사변(思辯)하라는 뜻[情]
이 그 '사(辭)'에 드러날[見] 뿐이다. 이런 연유로 괘사(卦辭)-효사(爻辭)는
시구(詩句)의 말[言] 같기도 하고 선가(禪家)의 화두(話頭) 같기도 한 것이다.
그러므로 성인지정(聖人之情)의 '정(情)'이 괘효사(卦爻辭)의 '사(辭)'에 드러
난다[見]고 함은 무사(無思)-무위(無爲)의 정지(貞志)로 지성껏 완사(玩辭)하

기를 밝힌 말씀이 '성인지정현호사(聖人之情見乎辭)'이다. 그래서 성인지정(聖人之情)과 사(辭)는 온갖 사물(事物)에 미치는 역(易)을 살피고[觀] 새겨[玩] 점(占)쳐 지변(知變)하여 지래(知來)하게 하는 통어(通語)가 된다.

293. 천지지대덕(天地之大德)과 생(生)

天地之大德曰生이라. '자연[天地]이라는[之] 대덕을[大德] 생이라[生] 한다[曰].'

이는 천지(天地)의 일[事]을 밝히고 있다. 천지(天地)는 곧 대덕(大德)이고, 그 대덕(大德)이 짓는 일[事]이 곧 생(生)이다. 이러한 '대덕(大德)의 생(生)'은 '변화자진퇴지상(變化者進退之象)'을 상기(想起)시킨다. '진퇴지상(進退之象)'은 변화자(變化者)를 주역(紬繹)함이고 '변화자(變化者)'는 곧 덕(德)을 풀이함[紬繹]이다. 나아가 이러한 대덕(大德)이란 곧 '생(生)' 즉 생생(生生)의 대통(大通)임을 풀이함이다. 대덕(大德)이란 곧 '생(生)'을 풀이함이다. 대덕(大德) 즉 크나큰[大] 덕(德)이란 '덕(德)'을 강조함이고, 대덕(大德)-대보(大寶)-대통(大通) 등은 다 덕(德)을 강조하는 말씀이다. 대덕(大德) 그것은 크나큰[大] 통함[通]이고 변화(變化)의 무궁(無窮)함이다. 변화(變化)가 통하여 막힘[窮]이 없음[無]을 일러 덕(德) 즉 대덕(大德)이라 한다. 그래서 통어천지자(通於天地者)가 곧 덕(德)이다. 덕(德)이란 통(通)함이고, 무궁(無窮)한 통함[通] 즉 걸림 없이 통함이 곧 대덕(大德)이다. 이러한 대덕(大德)을 일러 '생(生)'이라고 하는 것이다. 날마다[日] 새로운[新] 삶[生]을 일러 일신(日新)이라 하고, 그 일신(日新)을 일러 성덕(盛德)이라 한다. 덕(德)을 쌓아 감[盛]이 일신(日新)의 생(生)이고, 이러한 생(生)이야말로 생생(生生) 즉 끊임없이 변화(變化)하는 생(生)이다. 그러므로 천지지대덕왈생(天地之大德曰生)의 '생(生)'은

'일신지위성덕(日新之謂盛德)-생생지위역(生生之謂易)'을 상기(想起)시킨다. 여기서 천지지대덕(天地之大德)의 대덕(大德)은 곧 '변화자(變化者)'임을 알 수 있고, 따라서 '생(生)' 또한 '변화자(變化者)'임을 알 수 있다. 변화자(變化者)로서 일신(日新)의 생(生)이야말로 진퇴지상(進退之象) 즉 나아가고[進] 물러가는[退之] 변화(變化)의 짓[象]이다. 진퇴지상(進退之象)-내왕지상(來往之象)-신구지상(新舊之象)은 모두 생생지상(生生之象)인 변화지상(變化之象) 즉 변화의[變化之] 짓[象]을 말한다. 생(生)이란 이러한 변화(變化)의 짓[象] 바로 대덕(大德) 그것임을 밝힌 말씀이 '천지지대덕왈생(天地之大德曰生)'이다. 그래서 천지지대덕(天地之大德)과 생(生)은 온갖 사물(事物)에 미치는 역(易)을 살피고[觀] 새겨[玩] 점(占)쳐 지변(知變)하여 지래(知來)하게 하는 통어(通語)가 된다.

註 대덕(大德)과 생(生)을 천착(穿鑿)하는 데 『장자(莊子)』 「천지편(天地篇)」 9단락(段落)이야말로 더없이 좋은 길잡이가 되므로 그 9단락(段落)을 옮겨[譯] 주(註)해 둔다.

태초유무(泰初有无) 무유무명(无有无名) 일지소기(一之所起) 유일이미형(有一而未形) 물득이생(物得以生) 위지덕(謂之德) 미형자유분(未形者有分) 차연무한(且然无間) 위지명(謂之命) 유동이생물(留動而生物) 물성생리(物成生理) 위지형(謂之形) 형체보신(形體保神) 각유의칙(各有儀則) 위지성(謂之性) 성수반덕(性脩反德) 덕지동어초(德至同於初) 동내허(同乃虛) 허내대(虛乃大) 합훼명(合喙鳴) 훼명합(喙鳴合) 여천지위합(與天地爲合) 기합민민(其合緡緡) 약우약혼(若愚若昏) 시위현덕(是謂玄德) 동호대순(同乎大順) '태초에[太初] 없음이[无] 있었다[有]. 태초에는 있음도[有] 없었고[无] 이름도[名] 없었다[无]. 없음[无]이라는 거기서[所] 하나가[一之] 일어났다[起]. 일어난[起] 그 하나가[一] 있었지만[有而] 몸은[形] 없었다[无]. 그 하나[一]를 얻음[得]으로[以] 사물이[物] 생겼는데[生] 이를[之] 덕이라[德] 한다[謂]. 아직 드러나지[形] 않는[未] 것에[者] 즉 사물[物]에 구분이[分] 있어[有] 차례로[且] 구분되면서도[然] 틈새가[間] 없는데[无] 이를[之] 목숨이라[命] 한다[謂]. 그 하나[一]가 유동하여[留動而] 사물을[物] 낳는데[生] 이를[之] 몸이라[形] 한다[謂]. 몸은[形體] 정신을[神] 간직하고[保] 몸과 정신의 각각에는[各] 나름의[儀] 법칙이[則] 있는데[有] 이를[之] 본성이라[性] 한다[謂]. 본성을[性] 닦으면[脩] 덕으로[德] 돌아간다[反]. 덕이[德] 지극하면[至] 태초[初]와[於] 같다[同]. 태초와 같음은[同] 곧[乃] 명(命)-형(形)-성(性) 등을 비워 버림이고[虛], 그 비움은[虛] 곧[乃] 크다[大]. 온갖 뜻[意]을 떠나 뭐라 말해도 그 큼[大]이란 부리를 비벼 내는[喙] 새소리와[鳴] 같다[合]. 부리를 비벼 내는[喙] 새소리란[鳴] 그 큼[大]과 같다[合]. 온갖 의미를 비워 버린 훼명(喙鳴)이란 자연[天地]과[與] 같아진다[爲合]. 그[其] 합함은[合] 더없는 합함이라[緡緡] 어리석어[愚] 보이고[若] 얼없어[昏] 보인다[若]. 이를[是] 깊고 아득한[玄] 덕이라[德] 한다[謂]. 현덕(玄德)은 크나큰[大] 좇아 따름[順]과[乎] 같다[同].' 일지소기(一之所起)의 '일(一)'은 『노자(老子)』 42장(章)에 나오는 '도생일(道生一)'을 상기(想起)시킨다. 여기서 '일(一)'은 태극(太極)이고 '유(有)'의 근원(根源)이다. 일지소기(一之所起)는 '일기어무유무명(一起於无有无名)'에서 '일기어무유무명(一起於无有无名)'을 '소(所)'한 자(字)로 단축(短縮)하고, '일(一)'을 '일지(一之)'로 강조하여 전치(前置)한 말투이다. '於A' A에서[於]를 단축(短縮)한 '소(所)'는 '거기 소(所)'로 새기면 된다. '물득이생(物得以生)'은 『노자(老子)』 39장(章)에 나오는 '만물득일이생(萬物得一以生)'과 같다. '득일(得一)' 즉 태극(太極)을 얻음[得]을 일러 '덕(德)'이라 한다. 미형유분(未形有分)의 '유분(有分)'은 '몸[形體]의 시작(始作)'을 말한다. 유분(有分)은 태아(胎兒)를 상기(想起)시킨다. 차연무한(且然无閒)은 '유분(有分)'의 진행(進行) 즉 형체(形體)가 완성(完成)되는 과정(過程)을 일컬음으로 여기면 되고, 차연(且然)의 '차(且)'는 '방차(方且)'로 여기고 '차례차례[且] 그렇게 되어[然]'로 새기면 된다. 무한(无閒)의 '한(閒)'은 틈 간(間)-극(隙)'이다. 유동(留動)은 '일류동(一留動)'의 줄임이고, 유동(留動)의 '유(留)'는 '유(流)'의 차자(借字)로 보고 '유동(流動)'으로 여기고 새기면 된다. 물성생리(物成生理)는 '물성이물지리생(物成而物之理生)'에서 '물지리생(物之理生)'을 '생리(生理)'로 줄인 말투이다. '사물[物]의[之] 이치가[理] 생김[生]'은 생겨난 것[物]이 자연(自然)에 따름[順]을 생리(生理)라 한다. '의칙(儀則)'은 고유한 법칙을 말한다. 성수반덕(性脩反德)에서 반덕(反德)은 반덕(返德)-귀덕(歸德) 즉 '덕으로[德] 돌아감[歸]'과 같다. '훼명(喙鳴)'은 새가 울 때 저절로 부리가 움직임을 뜻하지만, 여기서는 논란(論難)의 시비(是非)를 떠난 무사(無思)-무위(無爲)한 성인(聖人)의 언(言)을 비유(譬喩)하기도 한다. 영아(嬰兒)의 옹알이도 곧 훼명(喙鳴)인 셈이다. '훼명(喙鳴)의 언(言)이라면 혼합중구(渾合衆口)한다.' '온 사람의[衆] 입을[口] 섞어[渾] 같이한다[合].' 민민(緡緡)은 흠도 틈도 없이 합쳐진 모습이다. 약우약혼(若愚若昏)은 무심(無心)하여 절로 합쳐진 모습이다. '현덕(玄德)'은 『노자(老子)』 65장(章)에 나오는 '현덕심의(玄德深矣) 원의(遠矣) 여물반의(與物反矣) 연후내지대순(然後乃至大順)'을 상기(想起)해야 한다. 현덕은[玄德] 깊은 것[深]이고[矣] 아득한 것[遠]이며[矣] 사물[物]과[與] 되돌아오는 것[反]이다[矣]. 그런 뒤에야[然後] 곧[乃] 크나큰[大] 순응에[順] 이른다[至]. 대순(大順)은 자연(自然)의 작용(作用)을 뜻하고 대순(大順)=대통(大通)이다.

294. 성인지대보(聖人之大寶)와 위(位)

聖人之大寶曰位라. '성인(聖人)이란[之] 대보를[大寶] 위라[位] 한다[曰].'
성 인 지 대 보 왈 위

이는 성인(聖人)의 일[事]을 밝히고 있다. 성인(聖人)은 곧 대보(大寶)이고, 그 대보(大寶)가 짓는 일[事]이 곧 위(位)이다. 이러한 '대보(大寶)의 위(位)'는 성인(聖人)이 설괘(設卦)하여 관상(觀象)하게 하고, 성인(聖人)이 계사언(繫辭焉)하여 명길흉(明吉凶)하게 함을 상기(想起)한다면, 이역(以易) 즉 역(易)을 이용하여[以] 변화지도(變化之道) 즉 변화의(變化之) 이치-가르침-방법-말씀[道]을 넓힘[弘]을 한 자(字)로 밝힌 것임을 간파(看破)할 수 있다. 다시 말하자면 왜 '유용이홍도자막대호위(有用而弘道者弘道者莫大乎位)'라고 '위(位)'를 일컫는지 알아차릴 수 있는 것이다. '쓸모가[用] 있어서[有而] 도를[道] 넓히는[弘] 것은[者] 위(位)보다 더[乎] 큰 것은[大] 없음[莫]'이 곧 '성인지위(聖人之位)'이다. 본래 무소불통(無所不通) 즉 통하지 않는[不通] 바가[所] 없음[無]이 '성(聖)'이라 성즉통(聖則通)이라 한다. 『맹자(孟子)』「진심장구(盡心章句) 하(下)」에 나오는 '대이화지지위성(大而化之之謂聖)'[1]을 상기(想起)하고, 『순자(荀子)』「예론(禮論)」에 나오는 '성인자도지극야(聖人者道之極也)'[2]를 떠올린다면 성인(聖人)이 왜 '대보(大寶)'인지 살펴[觀] 새기고[玩] 헤아려[擬] 가늠할[斷] 수 있는 것이다. 대보(大寶)-대덕(大德)-대통(大通)은 다 같은 말이다. 그러므로 성인(聖人)을 대통지인(大通之人)-대덕지인(大德之人)-대보지인(大寶之人)이라 하고, 성인지위(聖人之位)를 대통지위(大通之位)-대덕지위(大德之位)-대보지위(大寶之位)라고 일컬어 받들 수 있는 것임을 밝힌 말씀이 '성인지대보왈위(聖人之大寶曰位)'이다. 그래서 성인지대보(聖人之大寶)와 위(位)는 온갖 사물(事物)에 미치는 역(易)을 살피고[觀] 새겨[玩] 점(占)쳐 지변(知變)하여 지래(知來)하게 하는 통어(通語)가 된다.

註 1. 대이화지지위성(大而化之之謂聖) '천지같이[大而] 새로 되게 함[化之], 그것을[之] 성이라[聖] 한다[謂].' 대이화지(大而化之)의 '대(大)'는 천지(天地) 즉 자연(自然)과 같음을 뜻한다.

註 2. 성인자도지극야(聖人者道之極也) '성인이[聖人]라는 것은[者] 도의[道之] 궁극[極]이다[也].' 도지극(道之極)의 '도(道)'는 여기선 '통할 통(通)'과 같아 '대통지극(大通之極)'으로 여기고 새기면 된다.

295. 수위(守位)의 인(仁)

何以守位 曰仁이라. '성인(聖人)은 무엇을[何] 써[以] 자리를[位] 지키는가[守]? 성인(聖人)이 성인의 자리[位]를 지킴[守]을 어짊이라[仁] 한다[曰].'

이는 성인지사(聖人之事) 즉 성인(聖人)의 일[事]을 밝히고 있다. 성인(聖人)은 천지지대덕(天地之大德)을 지켜[守] 천지지도(天地之道)를 넓히는 일[事]을 하여 성인(聖人)의 자리[位]를 지킨다. 이 때문에 성인(聖人)의 위(位)를 '유용이홍도자(有用而弘道者)'라고 하는 것이다. 성인(聖人)은 홍도(弘道) 즉 천지지도(天地之道)를 본받아[法] 인지도(人之道)를 넓히기[弘] 위하여 어짊[仁]을 이용하는[以] 것이다. 여기서 '인(仁)'이란 천지지대덕(天地之大德)을 본받아[法] 비롯된 선(善)한 인덕(人德)임을 알 수 있다. 인(仁)은 선(善)-덕(德) 그것이니 천명(天命)을 이음[繫]으로 천지지대덕(天地之大德)을 통하게 함이다. 그러므로 이인(以仁) 즉 인(仁)을 이용함[以]이란 천지지대덕(天地之大德)을 지킴[守]이고, 나아가 천지지도(天地之道)를 수호(守護)함이다. 여기서 성인(聖人)의 수위(守位)란 사천(事天)-사천(師天)-종천(從天)-순천(順天)-응천(應天)함임을 알 수 있게 된다. 지성(至誠)으로 이인(以仁)함이 곧 성인(聖人)을 본받음[效]이고, 천명(天命)을 받듦[事天-師天-從天-順天-應天]이다. 따라서 인(仁)을 써[以] 성인(聖人)이 수위(守位)함이란 곧 천지지대덕(天地之大德)을 지켜[守] 천지지도(天地之道)를 넓힘[弘]임을 밝힌 말씀이 '하이수위(何以守位) 왈인(曰仁)'이다. 그래서 수위(守位)의 인(仁)은 온갖 사물(事物)에 미치는 역(易)을 살피고[觀] 새겨[玩] 점(占)쳐 지변(知變)하여 지래(知來)하게 하는 통어(通語)가 된다.

註 위에서 밝히고 있는 '성인(聖人)의 수위(守位)'는 유가(儒家) 쪽의 입장이다. 도가(道家) 쪽에서 본다면 성인(聖人)의 수위(守位)는 『노자(老子)』 57장(章)에 나오는 '무위(無爲)-호정(好靜)-무사(無事)-무욕(無欲)'이라는 말씀이 '성인지수위(聖人之守位)'를 살펴 새기고 헤아려 가늠하게 하고, 『장자(莊子)』 「덕충부(德充符)」에 나오는 '성인불모(聖人不謀) 불착(不斲) 무상(無喪) 불화(不貨)' 또한 '성인지수위(聖人之守位)'를 살펴 새기고 헤아려 가늠하게 한다.

성인운(聖人云) 아무위이민자화(我無爲而民自化) 아호정이민자정(我好靜而民自正) 아무사이민자부(我無事而民自富) 아무욕이민자박(我無欲而民自樸) '성인이[聖人] 말했다[云]. 내가[我] 무위하니[無爲而] 백성이[民] 스스로[自] 변화하고[化], 내가[我] 고요를[靜] 좋아하니[好而] 백성이[民] 스스로[自] 정직하고[正], 내가[我] 일을[事] 내지 않으니[無而] 백성이[民] 스스로[自] 부유하고[富], 내가[我] 욕심을[欲] 내지 않으니[無而] 백성이[民] 스스로[自] 소박해졌다[樸].' 여기서 무위(無爲)란 '무위기(無爲己)-무위공(無爲功)-무위명(無爲名)' 등을 묶어 줄인 말이라고 여기면 된다. 내 몸을[己] 위함이[爲] 없고[無], 공적을[功] 함이[爲] 없고[無], 명성을[名] 위함이[爲] 없음[無]을 줄여 '무위(無爲)'라고 한다고 여기면 된다.

성인불모(聖人不謀) 불착(不斲) 무상(無喪) 불화(不貨) '성인은[聖人] 도모하지 않고[不謀] 깎아 다듬지 않으며[不斲] 잃을 것이 없고[喪無] 돈벌이로 사고팔지 않는다[不貨].'

296. 취인(聚人)의 재(財)

何以聚人 曰財라. '무엇[何]으로[以] 사람들을[人] 모으는가[聚]? 사람들[人]이 모여들게[聚] 하는 것을 재라[財] 한다[曰].'
하 이 취 인 왈 재

이는 또한 성인지사(聖人之事) 즉 성인(聖人)의 일[事]을 밝히고 있다. 성인(聖人)은 천지지대덕(天地之大德)을 본받아[法] 인지도(人之道)의 근본인 '어짊[仁]'을 지키고[守], 인지도(人之道)의 말단인 재화(財貨)를 넓혀[弘] 백성[民]을 모으는[聚] 일[事]을 다해 성인(聖人)은 자리[位]를 지킨다. 그러므로 하이취인(何以聚人)의 '취인(聚人)'은 대덕(大德)-대보(大寶)의 체용(體用) 중에서 '용(用)'을 밝히고 있다. 취인(聚人)의 '인(人)'은 '민(民)'이다. 한 사람의 인(人)이 아니라 한 무리의 사람들로서의 인(人)이다. '재(財)'란 무엇인가? 사람들을 모여 살게 하는 것[物] 즉 재물(財物)이다. 재(財)가 많아 부(富)하면 백성[民]이 모여들고[聚], 재(財)가 없어 빈(貧)하면 민(民)이 흩어진다[散]. 대덕(大德)-대보(大寶)의 '용(用)'으로 치세(治世)하는 치자(治者)를 왕자(王者)라 하고, 그렇지 못한 치자(治者)를 패자(覇者) 또는 폭군(暴君)이라 한다. 왕자(王者)는 이인(以仁) 즉 어짊[仁]을 이용으로[以] 용재(用財)하여 백성[民]이 모이게[聚] 한다. 그러나 패자(覇者)나 폭군(暴君)의 이재(以財)는 민(民)을 흩어지게[散] 한다. 가인(假仁) 즉 어짊[仁]을 가장하여[假] 힘[力]을 앞세우는 패자(覇者)는 재물(財物)을 '취인(聚人)의 재(財)'로 쓰지 않고 무력(武力)의 재(財)로 쓸 뿐이다. 그래서 성인(聖人)이 행하는 취인(聚人)의 용재(用財)는 대덕(大德)-대보(大寶)를 본받는[法] 덕(德)이지만, 패자(覇者)가 범하는 산인(散人)의 용재(用財)는 재앙(災殃)일 뿐이다. 왜 『맹자(孟子)』 「공손축장구(公孫丑章句)」에 '솔수이식인(率獸而食人)'이라는 말이 나오는 것인가? 짐승을[獸] 몰아서[率而] 백성을[人] 잡아먹는[食] 폭군(暴君)이야말로 대덕(大德)-대보(大寶)를 저버린 무도(無道)함이다. 왕자(王者)와 패자(覇者)를 대비(對比)하여 '왈재(曰財)'를 새긴다면, 취인(聚人)의 재(財)가 왜 대덕(大德)-대보(大寶)의 용(用)인지 헤아려 살필 수 있게 하는 말씀이 '하이취인(何以聚人) 왈재(曰財)'이다. 그래서 취인(聚人)의 재(財)는 온갖 사물(事物)에 미치는 역(易)을 살피고[觀] 새겨[玩] 점(占)쳐 지변(知變)하여 지래(知來)하게 하는 통어(通語)가 된다.

297. 이재(理財)의 의(義)

理財曰義라. '재물을[財] 다스림을[理] 의라[義]한다[曰].'
 이는 천지지대덕(天地之大德)을 본받는[法] 성인(聖人)의 일[事]이 옳음[義]의 좇음[從]임을 밝히고 있다. 성인(聖人)의 이재(理財)의 '이(理)'는 '다스릴 치(治)'와 같아 재물(財物)의 다스림[理]이다. 성인(聖人)의 이재(理財)의 '이(理)'란 오로지 의(義)로써 행해지므로 안백성(安百姓)으로 이어지고 이백성(利百姓)으로 이어지는 것이다. 그래서 『논어(論語)』「헌문(憲問)」에 '견리사의(見利思義)'라는 말씀이 나온다. 이는 곧 성인(聖人)의 이재(理財)를 생각하라는 말씀이다. 이처럼 성인(聖人)의 이재(理財)는 오로지 의(義) 바로 그것임을 밝힌 말씀이 '이재왈의(理財曰義)'이다. 그래서 이재(理財)의 의(義)는 온갖 사물(事物)에 미치는 역(易)을 살피고[觀] 새겨[玩] 점(占)쳐 지변(知變)하여 지래(知來)하게 하는 통어(通語)가 된다.

註 견리사의(見利思義) '이익을[利] 보면[見] 의로운지[義] 생각하라[思].'

298. 정사(正辭)의 의(義)

正辭曰義라. '말을[辭] 바르게 함을[正] 의라[義] 한다[曰].'
 이 또한 천지지대덕(天地之大德)을 본받는[法] 성인(聖人)의 일[事]이 옳음[義]의 좇음[從]임을 밝히고 있다. 성인(聖人)의 정사(正辭)는 오로지 '지어지선(止於至善)의 말씀[言]'이다. 오로지 천명(天命)을 본받는[法] 정직지언사(正直之言辭)의 줄임이다. 그래서 성인(聖人)의 정사(正辭)는 『논어(論語)』「계씨(季氏)」에 나오는 '외성인지언(畏聖人之言)'을 상기(想起)시킨다. 정직(正直)의 '정(正)'은 공정(公正)의 줄임말이고, '직(直)'은 강직(剛直)의 줄임말이다.

공정(公正)하여 강직(剛直)한 언사(言辭)란 불편불사(不偏不邪) 즉 치우치지 않고[不偏] 사악하지 않은[不邪] 말하기[言辭]이다. 이러한 성인(聖人)의 정사(正辭)는 '무자기(无自欺)' 즉 스스로를[自] 속이지[欺] 말라는[無] 말씀[辭]이다. 자신을[自] 속이지[欺] 말아야[無] 성인(聖人)의 정사(正辭)와 통화(通話)가 되는 것이다. 그래서『서경(書經)』「주서(周書)」홍범(洪範)에 '언왈종(言曰從)'이라는 말씀이 나온다. 말[言]이 무엇을 따름[從]인가? 종의(從義) 즉 의(義)를 따름[從]임을 살펴[觀] 새기고[玩] 헤아려[擬] 가늠하게[斷] 하는 것이다. 이처럼 성인(聖人)의 정사(正辭)는 오로지 의(義) 바로 그것임을 밝힌 말씀이 '정사왈의(正辭曰義)'이다. 그래서 정사(正辭)의 의(義)는 온갖 사물(事物)에 미치는 역(易)을 살피고[觀] 새겨[玩] 점(占)쳐 지변(知變)하여 지래(知來)하게 하는 통어(通語)가 된다.

註 군자유삼외(君子有三畏) 외천명(畏天命) 외대인(畏大人) 외성인지언(畏聖人之言)
'군자에게는[君子] 세 가지[三] 두려워함이[畏] 있다[有]. 천명을[天命] 두려워하고[畏], 대인을[大人] 두려워하며[畏], 성인의[聖人之] 말씀을[言] 두려워한다[畏].' 외대인(畏大人)의 외성인(畏聖人)과 같은 말씀이다.

299. 위민(爲民)의 의(義)

禁民爲非曰義라. '백성이[民] 부정을[非] 범하지[爲] 않게 함을[禁] 의라[義] 한다[曰].'

이 역시 천지지대덕(天地之大德)을 본받는[法] 성인(聖人)의 일[事]이 옳음[義]의 좇음[從]임을 밝히고 있다. 왜 성인(聖人)은 위와 같은 이재(理財)-정사(正辭)의 일[事]을 행하는 것인가? 그 해답이 바로 '금민위비(禁民爲非)'이다. 성인(聖人)의 이재(理財)-정사(正辭)는 오로지 의(義)로 이어지기[繼] 때문에 절로 '금민위비(禁民爲非)'로 이어진다. 백성[民]이 그릇된 짓을 범함[爲

非]은 이재(理財)의 의(義)가 무너지기 때문이고, 정사(正辭)의 의(義)가 무너진 까닭이다. 백성[民]이 '위비(爲非)'를 금(禁)하고, 나아가 백성(百姓)이 '비(非)' 즉 '부정(不正)'이 곧 '불의(不義)'임을 깨닫고, '부정[非]'을 수치(羞恥)로 여기고 싫어함[惡]이 곧 수오지심(羞惡之心)이다. 이처럼 성인(聖人)의 금민위비(禁民爲非)는 오로지 의(義) 바로 그것임을 밝힌 말씀이 '금민위비왈의(禁民爲非曰義)'이다. 그래서 금민위비(禁民爲非)의 의(義)는 온갖 사물(事物)에 미치는 역(易)을 살피고[觀] 새겨[玩] 점(占)쳐 지변(知變)하여 지래(知來)하게 하는 통어(通語)가 된다.

300. 포희씨(包犧氏)와 왕(王)

包犧氏之王天下也라. '포희씨(包犧氏)가[之] 세상에서[天下] 왕 노릇 했던 것[王]이다[也].'
_{포 희 씨 지 왕 천 하 야}

이는 성인(聖人)이 작역(作易)한 뜻을 밝히고 있다. 포희씨(包犧氏)는 전설(傳說)로 내려오는 태호(太昊) 복희씨(伏羲氏)를 말한다. 태호(太昊)란 백왕(百王)의 선수(先首) 즉 우두머리 제왕(帝王)을 말한다. 포희씨(炮犧氏)로도 불리는 포희씨(包犧氏)가 작역(作易)한 것으로 알려져 있다. 왕천하(王天下)의 '왕(王)', 이 한 자(字)가 작역(作易)한 뜻을 살펴[觀] 새기고[玩] 헤아려[擬] 가늠하게[斷] 한다. 삼획(三劃)의 가운데[中]를 하나[一]로 잇는[連] 자(字)가 '왕(王)'이다. 삼획(三劃)은 천지인(天地人)이다. 그래서 삼통지자(參通之者)를 '왕(王)'이라 하고, 이를 풀이하여 '일관삼위왕(一貫三爲王)' 즉 하나가[一] 셋을[三] 꿴이[貫] 왕(王)이라[爲]고 하는 것이다. 천지(天地)와 사람[人]을 상통(相通)하게 꿰는[貫] 것이 곧 왕(王)이다. 그러므로 왕천하(王天下)라 함은 천지인(天地人)이 서로[相] 통하게[通] 온 세상을 다스려[治] 세상을 변화(變化)시킴을 말한다.

역(易) 또한 이러한 왕(王)과 상통(相通)하는 것이다. 삼재(三才) 즉 천지인(天地人) 삼자(三者)를 꿰뚫어[貫] 지변(知變)하여 지래(知來)하게 함이 왕(王)임을 살펴[觀] 새기고[玩] 헤아려[擬] 가늠하여[斷] 작역(作易)의 뜻을 관완(觀玩)-의 단(擬斷)하게 하는 말씀이 '포희씨지왕천하야(包犧氏之王天下也)'이다. 그래서 포희씨(包犧氏)와 왕(王)은 온갖 사물(事物)에 미치는 역(易)을 살피고[觀] 새겨 [玩] 점(占)쳐 지변(知變)하여 지래(知來)하게 하는 통어(通語)가 된다.

註 포희씨(包犧氏)가 맨 처음으로 천문(天文)을 살펴[觀] 천기(天氣)의 상(象)을 알아챘고, 지리(地理)를 살펴[觀] 지기(地氣)의 법(法)을 알아차리고, 조수(鳥獸)의 생태(生態)와 지역(地域)의 환경(環境)을 살펴 마땅함[宜]을 살폈고, 가까이는 제 몸의 생리(生理)와 멀리는 온갖 사리(事理)를 살펴 도덕(道德)의 법칙(法則)을 최초로 만들었다. 그리하여 처음으로 건곤이감(乾坤離坎)과 진손간태(震巽艮兌)의 팔괘(八卦)를 찾아내 천지신명(天地神明) 즉 덕(德)에 통달하여 만물(萬物)의 정상(情狀) 즉 참모습[情狀]을 가늠하였다. 노끈을 이용하여 큰일이면 큰 매듭을 맺어 표(表)하고, 작은 일이면 작은 매듭을 맺어 나타내 일을 기록하는 방법을 최초로 찾아냈고, 짐승을 잡는 그물[罔]을 맨 처음 만들고[作], 물고기를 잡는 그물[罟]을 맨 처음 만들어[作] 그 망(罔)으로 사냥하고[佃], 고(罟)로 물고기를 잡아[漁] 수렵(狩獵)으로 인간의 생활(生活)을 변화(變化)하게 하였다. 이는 64괘(卦) 중에서 이괘(離卦 : ☲)의 상(象)을 본받은 것이다. 이리하여 백성으로 하여금 역(易) 즉 변화(變化)를 누리게 한 성인(聖人)이 복희씨(伏羲氏) 즉 포희씨(包犧氏)이다.

복희씨(伏羲氏)가 죽자 신농씨(神農氏)가 이어받아 왕(王) 노릇을 하면서 사람들로 하여금 농사(農事)를 짓게 하였다. 나무를 깎아 쟁기를 만들고, 나뭇가지를 굽혀 굽정이를 만들고, 백성이 도구를 이용하여 농사짓게 하였다. 이런 도구(道具)는 64괘(卦) 중에서 익괘(益卦 : ☳)의 상(象)을 본받아 만들었다. 그리고 시장을 열어 생산한 농산물을 물물교환하게 하였으니, 이는 서합괘(噬嗑卦 : ☲)를 본받은 것이다. 비로소 농경사회(農耕社會)가 열리게 되었다. 신농씨(神農氏)가 죽고 황제(皇帝)를 거쳐 요(堯)-순(舜)이 왕(王) 노릇을 하면서, 세상이 오랫동안 태평하면 어지러워져 변화(變化)한다는 이치를 통하여 백성들에게 궁색하면 변화하고, 변화하면 통하고, 통하면 오래가게 된다는 역(易)의 이치를 백성들로 하여금 누리게 하였다. 황제(皇帝)-요(堯)-순(舜)이 처음으로 옷을 입기 시작하였고 무사(無思)-무위(無爲)로 치세(治世)하였다. 이는 건괘(乾卦 : ☰)와 곤괘(坤卦 : ☷)의 상(象)을 본받은 것이다. 또 나무를 깎아 배를 만들고, 나무를 쪼개 돛대를 만들어 백성으로 하여금 강과 바다를 건너 멀리 갈 수 있게 하였으니 이것은 환괘(渙卦 : ☴)의 상(象)을 본받은 것이다. 들소와 야생의 말을 끌어다가 길을 들여 가축(家畜)으로 길러 무거운 짐을 먼 곳까지 운반하게 하여 백성을 편하게 하였으니 이는 수괘(隨卦 : ☱)의 상(象)을 본받은 것이다. 혈거(穴居)와 야영(野營)을 벗어나 나무로 집을 지어 바람과 비와 추위를 피하게 한 것은 대장괘(大壯卦 : ䷡)의 상(象)을 본받은 것이다. 옛날에는 사람이 죽으면 섶나무 따위로 덮어서 땅에 묻었고 상기(喪期)도 없었지만, 관(棺) 속에 시신을 넣어 묻게 하고, 상기(喪期)를 정하게 된 것은 대과괘(大過卦 : ䷛)의 상(象)을 본받은 것이다. 아주 옛날에는 노끈의 매듭을 지어 일을 나타냈지만, 문자(文字)를 만들어 기록하여 잊지 않게 한 것은 쾌괘(夬卦 : ䷪)의 상(象)을 본받은 것이다. 위와 같이 인간 생활(生活)의 변화(變化)는 주로 나무[木]로부터 시작되었기 때문에 '덕시어목(德始於木)'이라고 하는 것이다. '천지에[於天地] 통(通)하는 덕은[德] 나무[木]에서[於] 시작되었다[始].' '덕(德)'이란 쉼 없는 변화(變化) 즉 통어천지자(通於天地者)를 뜻한다.

301. 앙천(仰天)과 관상(觀象)

仰則觀象於天이라. '포희씨(包犧氏)가 하늘[天]을 우러러[仰] 곧장[則] 하늘[天]에서[於] 하늘이 보여 주는 짓을[象] 살폈다[觀].'
_{앙 즉 관 상 어 천}

이는 성인(聖人)의 작역(作易)이 어떻게 시작되었는지를 밝히고 있다. 관상어천(觀象於天)의 '관(觀)'은 재천성상(在天成象)의 '성상(成象)'을 상기(想起)시키고, 관상어천(觀象於天)의 '상(象)'은 관어천문(觀於天文)의 '천문(天文)'을 떠올린다[想起]. 관상어천(觀象於天)의 '관(觀)'은 하늘의[天] 짓[象]이 이루어짐[成]을 살핌[觀]이고, 관상어천(觀象於天)의 '상(象)'은 하늘[天]이 일월성신(日月星辰)과 빛깔[文]로 보여 주는[垂] 짓[兆]이다. 관상(觀象)의 '상(象)' 즉 짓[象]'은 곧 천문(天文)으로 보여 줌[垂]을 말한다. 천문(天文)이란 '천유력상이성문장(天有曆象而成文章)'을 줄인 말이니 앙천(仰天)하여 살핀[觀] 천문의[天文之] 짓[象]이란 하늘에[於天] 있는 역상(曆象)과 문장(文章)을 뜻한다. 천문(天文)의 역상(曆象)은 하늘에[於天] 있는 역상(曆象)과 문장(文章)을 뜻한다. 천문(天文)의 역상(曆象)은 어천(於天)의 일월(日月)과 성신(星辰) 즉 별들[星辰]의 운행(運行)을 말하고, 천문(天文)의 문장(文章) 즉 '문(文)'과 '장(章)'은 하늘이 보여 주는 빛깔[彩]을 뜻해 '문(文)'은 청여적(靑與赤) 즉 푸른색[靑]과 붉은

색[赤]을 말하고, '장(章)'은 백여적(白與赤) 즉 흰색(白)과 붉은색(赤)을 말한다. 그러니 '관어천문(觀於天文)'이란 하늘에서[於天] 일월(日月)-성신(星辰)의 움직임[運行]을 살피고[觀], 동시에 일월성신(日月星辰)이 내는 빛깔[靑白赤]을 관(觀)함을 뜻하는 것이다. 관어천문(觀於天文)과 관상어천(觀象於天)은 같은 말이다. 포희씨(包犧氏)가 맨 처음 천문(天文)의 짓[象]을 우러러[仰] 살폈다[觀]는 것은 포희씨(包犧氏)로 말미암아 인간이 '천지도(天之道)'를 사유(思惟)하기 시작했음을 뜻하는 것이다. 그 사유(思惟)가 어떻게 넓혀지게 되었는지를 '앙(仰)'한 자(字)가 암시하고 있는 것이다. 앙천(仰天)의 '앙(仰)'은 '존(尊)-고(高)-숭(崇)-강(剛)-건(建)-신(伸)' 등으로 양기(陽氣) 즉 양(陽)의 사유(思惟)를 넓혀 가게 하였고, 인간이 누리는 문화(文化)의 시원(始源)이 바로 천명(天命)을 생각하면서부터임을 간파(看破)할 수 있다. 이는 곧 이역(以易) 즉 역(易)을 이용하여[以] 천문(天文)의 관찰(觀察)을 비롯하게 하였으니 역명(易命) 즉 역(易)의 가르침[命]이 인간의 사유(思惟)를 끝없이 넓혀 줌을 알 수 있다. 여기서 왜 '역능미륜천지지도(易能彌綸天地之道)' 즉 역은[易] 자연의[天地之] 이치와 가르침[道]을 변화에 따라 응하게 북돋아 도와주고[彌] 천지지도(天地之道)를 찾아내 주는[綸] 까닭을 살펴[觀] 새기고[玩] 헤아려[擬] 가늠하게[斷] 하는 말씀이 '앙즉관상어천(仰則觀象於天)'이다. 그래서 앙천(仰天)과 관상(觀象)은 온갖 사물(事物)에 미치는 역(易)을 살피고[觀] 새겨[玩] 점(占)쳐 지변(知變)하여 지래(知來)하게 하는 통어(通語)가 된다.

> 註 역능미륜천지지도(易能彌綸天地之道)에서 미륜(彌綸)의 '미(彌)'는 미봉보합(彌縫補合)이고, '윤(綸)'은 경륜견인(經綸牽引)이다. 미봉(彌縫)은 임기응변(臨機應變)으로 일을 마무리 지음이고, 보합(補合)은 북돋아 도와줌이다. 경륜(經綸)은 일을 잘 다스림이고, 견인(牽引)은 찾아냄이다. 그러므로 역(易)이 자연[天地]의 이치-가르침[道]을 '미륜(彌綸)한다'라고 함은 역(易)이 일마다[每事] 자연의[天地] 이치-가르침[道]을 본받도록 하여 수시(隨時)로 인간으로 하여금 변화(變化)하게 북돋아 주고[彌], 변화(變化)의 이치와 가르침[道]을 찾아내 주는[綸] 것이다.

302. 부지(俯地)와 관법(觀法)

俯則觀法於地라. '포희씨(包犧氏)가 땅[地]으로 굽혀[俯] 곧장[則] 땅[地]
_{부 즉 관 법 어 지}
에서[於] 땅이 보여 주는 본받음을[法] 살폈다[觀].'

 이 또한 성인(聖人)의 작역(作易)이 어떻게 시작되었는지를 밝히고 있다. 관법어지(觀法於地)의 '관(觀)'은 재지성형(在地成形)의 '성형(成形)'을 상기(想起)시키고, 관법어지(觀法於地)의 '법(法)'은 부이찰어지리(俯以察於地理)의 '지리(地理)'를 떠올린다[想起]. 관법어지(觀法於地)의 '관(觀)'은 땅의[地] 이치[理]가 이루어짐[成]을 살핌[觀]이고, 관법어지(觀法於地)의 '법(法)'은 땅의 형세(形勢)와 형상(形象)이 사계(四季)를 따라 보여 주는[垂] 이치[理]를 본받기 함[法]을 말한다. 이처럼 땅[地]의 이치[理]는 성형(成形)으로 드러남[顯]을 알 수 있게 된다. 지리(地理)는 땅의 고저(高低)-광협(廣狹)-옥박(沃薄) 등의 지질(地質)을 말한다. 나아가 작역(作易)의 유래(由來)가 지리(地理)의 법(法)을 살핌[觀]에 있음을 간파(看破)하게 된다. 그리고 포희씨(包犧氏)가 맨 처음 지리(地理)의 본받기[法]를 굽혀[俯] 살폈다[觀]는 것은 포희씨(包犧氏)로 말미암아 인간이 '지지도(地之道)'를 사유(思惟)하기 시작했음을 뜻하는 것이다. 동시에 땅[地]의 이치-가르침-방편 등을 사유(思惟)함이 어떻게 넓혀지게 되었는지를 '부(俯)' 한 자(字)가 암시하고 있는 것이다. 부어지(俯於地)의 '부(俯)'는 '순(順)-비(卑)-하(下)-자(慈)-유(柔)-약(弱)-굴(屈)' 등으로 음기(陰氣) 즉 음(陰)의 사유(思惟)를 넓혀 가게 하였고, 인간이 누리는 문화(文化)의 시원(始源)이 바로 지명(地命)을 생각하기 시작하면서부터임을 간파(看破)할 수 있는 것이다. 이 또한 이역(以易) 즉 역(易)을 이용하여[以] 지리(地理)의 관찰(觀察)이 시작되었으니 인간의 사유(思惟)를 끝없이 넓혀 오게 하였음을 알 수 있다. 여기서도 역시 왜 '역능미륜천지지도(易能彌綸天地之道)' 즉 역은[易] 자연의[天地之] 이치와 가르침[道]을 변화에 따라 응하게

423

북돋아 도와주고[彌] 천지지도(天地之道)를 찾아내 주는[綸] 까닭을 살펴[觀] 새기고[玩] 헤아려[擬] 가늠하게[斷] 하는 말씀이 '부즉관법어지(俯則觀法於地)'이다. 그래서 부지(俯地)와 관법(觀法)은 온갖 사물(事物)에 미치는 역(易)을 살피고[觀] 새겨[玩] 점(占)쳐 지변(知變)하여 지래(知來)하게 하는 통어(通語)가 된다.

註 역능미륜천지지도(易能彌綸天地之道) '역은[易] 온갖 일을 임기응변(臨機應變)으로 마무리 지어 북돋아 주고[彌] 잘 다스려 찾아낼[綸] 수 있다[能].'

303. 근취(近取)와 원취(遠取)

近取諸身 遠取諸物이라. '가까이는[近] 자신[身]에게서 그 살핌을[諸] 취하였고[取], 멀리는[遠] 온갖 것[物]에서 그 살핌을[諸] 취하였다[取].'

이는 성인(聖人)이 먼저 '신(身)'을 살피고[觀], 따라서 '물(物)'을 관(觀)하여 성인(聖人)의 작역(作易)이 이루어졌음을 밝히고 있다. 여기서 '신(身)'은 '나[我]와 더불어 온 사람[人]'을 뜻하고, '물(物)'은 '천지(天地)와 더불어 온 갖 것[萬物]'을 뜻한다. 그래서 성인(聖人)의 살핌[觀]을 '무대불극(無大不極) 무미불구(無微不究)'라고 하는 것이다. 남김 없이 탐구하지 않은[不極] 큰 것[大]이란 없고[無], 남김 없이 탐구하지 않은[不究] 작은 것[微]이란 없음[無]이 성인(聖人)의 견색(見賾)인 살핌[觀]이다. 이를 살펴[觀] 새기고[玩] 헤아리고[擬] 따져[議] 가늠해 본다[斷]면 인간의 사유(思惟)가 형성(形成)된 연원(淵源)을 간파(看破)할 수 있고, 나아가 역(易)이 만들어진[所作] 연원(淵源) 또한 알아차릴[看破] 수도 있는 것이다. 포희씨(包犧氏)가 맨 처음 하늘의 짓[象於天]과 땅의 본받기[法於地]를 살펴 내[觀] 자신과 사물에[於身與物] 취함[取]으로 말미암아 인간의 사유(思惟)가 문치교화(文治敎化) 즉 문화(文化)로 넓혀

지기 시작한 것이다. 근취저신(近取諸身)과 원취저물(遠取諸物)을 천착(穿鑿)한다면 『중용(中庸)』에 나오는 '천지위언(天地位焉) 만물육언(萬物育焉)'이라는 말씀의 참뜻[情意]을 깨우칠 수 있고, 『예기(禮記)』「악기(樂記)」에 나오는 '예악명비(禮樂明備) 천지관의(天地官矣)'라는 말씀의 정의(情義)도 깨우칠 수 있다. 하늘[天] 땅[地]이 자리를 잡아[位] 온갖 것[萬物]이 천지(天地)에서[焉] 생겨나 자라고 산다[育]. 인간 역시 그 만물(萬物) 중의 하나이고, 인간이 이룬 모든 문물(文物) 즉 문화(文化)는 '관상어천(觀象於天)-관법어지(觀法於地)-조수지문여지지의(鳥獸之文與地之宜)'로부터 말미암은 것임을 근취저신(近取諸身)-원취저물(遠取諸物)이 가늠케[斷] 하는 것이다. 예악(禮樂)이 밝혀지고[明] 갖추어진[備] 것은 천지(天地)가 직분을 다하기[官] 때문임을 포희씨(包犧氏)의 앙천(仰天)-부지(俯地)가 사유(思惟)하게 하고, 이에 따라서 근취저신(近取諸身)과 원취저물(遠取諸物)이 이루어져 작역(作易)되었고 인간의 사유(思惟)가 넓고 깊어지기 시작했음을 암시(暗示)해 주는 말씀이 '근취저신(近取諸身) 원취저물(遠取諸物)'이다. 그래서 근취(近取)와 원취(遠取)는 온갖 사물(事物)에 미치는 역(易)을 살피고[觀] 새겨[玩] 점(占)쳐 지변(知變)하여 지래(知來)하게 하는 통어(通語)가 된다.

> 註 『예기(禮記)』「악기(樂記)」 18단락(段落)은 근취저신(近取諸身)과 원취저물(遠取諸物)의 관상어천(觀象於天)-관법어지(觀法於地)'를 통한 '취(取)함'이 뜻해 주는 바를 분명하게 살펴보게 한다. 그 18단락(段落)은 다음과 같다.
> 천고지하(天高地下) 만물산수(萬物散殊) 이례제행의(而禮制行矣) 유이불식(流而不息) 합동이화(合同而化) 이악흥언(而樂興焉) 춘작하장인야(春作夏長仁也) 추렴동장의야(秋斂冬藏義也) 인근어악(仁近於樂) 의근어례(義近於禮) 악자돈화솔신이종천(樂者敦和率神而從天) 예자별의거귀이종지(禮者別宜居鬼而從地) 고(故) 성인작악이응천(聖人作樂以應天) 제례이배지(制禮以配地) 예악명비(禮樂明備) 천지관의(天地官矣)' 하늘은[天] 높고[高] 땅은[地] 낮다[下]. 온갖 것이[萬物] 천지(天地)에 흩어져[散] 삶을 달리한다[殊]. 그래서[而] 예가[禮] 만들어져[制] 행해진 것[行]이다[矣]. 천지(天地)의 기운(氣運) 즉 음양(陰陽)이 유행해서[流而] 쉬지 않아[不息] 만물이 다 같이[合同而] 변화한다[化]. 그래서[而] 악이[樂] 일어난 것[興]이다[焉]. 봄에[春] 싹이 트고[作] 여름에[夏] 자람은[長] 인(仁)이고[也], 가을에[秋] 거둬들이고[斂] 겨울에[冬] 간직함은[藏] 의(義)이다[也]. 인은(仁) 악(樂)에[於] 가깝고[近],

의는[義] 예(禮)에[於] 가깝다[近]. 악이라는[樂] 것은[者] 어울림을[和] 도탑게 하여[敦] 뻗치는 기운을[神] 좇아서[率而] 하늘을[天] 따르고[從], 예라는[禮] 것은[者] 마땅함을[宜] 분별하여[別] 굽히는 기운을[鬼] 엎드려 좇아서[居而] 땅을[地] 좇는다[從]. 그러므로[故] 성인은[聖人] 악을[樂] 지어서[作以] 하늘에[天] 순응하고[應] 예를[禮] 지어서[制以] 땅과[地] 짝한다[配]. 예악이[禮樂] 밝혀지고[明] 갖추어져[備] 천지가[天地] 지분을 다하는 것[官]이다[矣].'

304. 팔괘(八卦)의 시작(始作)

於是 始作八卦라. '이에[於是] 포희씨(包犧氏)가 팔괘를[八卦] 비로소[始] 만들었다[作].'

이는 포희씨(包犧氏)가 팔괘(八卦)를 시작(始作)하였음을 밝히고 있다. 동시에 작역(作易)이란 '하도낙서(河圖洛書)'의 판독(判讀)만으로 시작된 것이 아니라 관상어천(觀象於天)-관법어지(觀法於地)-관조수지문여지(觀鳥獸之文與地)'를 거쳐서 팔괘(八卦)가 만들어진 것임을 간파(看破)하게 된다. 물론 팔괘(八卦)는 사상(四象)에서 비롯된 신괘(神卦) 즉 천지(天地)가 변화(變化)하게 하는 짓[神]을 지닌 괘(卦)이다. 이는 포희씨(包犧氏)가 사상(四象)을 살펴[觀] 팔괘(八卦)를 시작(始作)하였음을 알려 준다. 그러므로 상어천(象於天)의 살핌[觀]과 법어지(法於地)의 살핌[觀]이란 다름 아닌 사상(四象)의 살핌[觀]임을 또한 알려 주는 것이다. 여기서 노양(老陽 : ═)을 '상어천(象於天)-조수지문여지지의(鳥獸之文與地之宜)'로 살펴[觀] 새기고[玩] 헤아려[擬] 가늠할[斷] 수 있고, 노음(老陰 : ⚌)을 '법어지(法於地)-조수지문여지지의(鳥獸之文與地之宜)'로 새기고[玩] 헤아려[擬] 가늠할[斷] 수 있고, 소음(少陰 : ⚎)-소양(少陽 : ⚍)을 '상어천(象於天)-법어지(法於地)-조수지문여지지의(鳥獸之文與地之宜)'로 새기고[玩] 헤아려[擬] 가늠할[斷] 수 있게 한다. 이에 따라서 노양(老陽 : ═)에서 '건(乾 : ☰)-태(兌 : ☱)', 소음(少陰 : ⚎)에서 '이(離 : ☲)-진(震 : ☳)', 소양(少陽 : ☱)에서 '손(巽 : ☴)-감(坎 : ☵)', 노음(老陰 : ☷)에서 '간(艮 : ☶)-곤(坤 : ☷)'이 비롯됨을 살펴[觀] 새기고[玩] 헤아려[擬] 가늠할[斷] 수 있게 하는 말씀이 '어시(於是) 시작팔괘(始作八卦)'이다. 그래서 팔괘(八卦)의 시작(始作)은 온갖 사물(事物)에 미치는 역(易)을 살피고[觀] 새겨[玩] 점(占)쳐 지변(知變)하여 지래(知來)하게 하는 통어(通語)가 된다.

305. 팔괘(八卦)와 덕(德)

以通神明之德이라. '팔괘(八卦)를 이용하여[以] 신명(神明)이라는[之]
　이 통 신 명 지 덕
덕을[德] 통달했다[通].'

이는 성인(聖人)이 팔괘(八卦)를 베푼[設] 그 까닭을 밝히고 있다. 신명(神明)의 '신(神)'은 천지(天地)가 만물(萬物)로 하여금 변화(變化)하게 하는 짓[神]을 뜻하고, '명(明)'은 그 짓[神]을 밝힘[明]을 뜻한다. 이는 곧 『대학(大學)』에 나오는 '재명명덕(在明明德)'을 상기(想起)시킨다. 하늘[天]이 만물(萬物)로 하여금 변화(變化)하게 함을 '신(神)'이라 하고, 땅[地]이 만물(萬物)로 하여금 변화(變化)하게 함을 '귀(鬼)'라 한다. 그러니 신명(神明)은 귀신명(鬼神明)의 줄임말로 여기면 되고, 신명지덕(神明之德)이란 귀신명지덕(鬼神明之德)의 줄임임을 간파(看破)하면 왜 덕(德)을 '통어천지자(通於天地者)'라고 하는지 알아차릴 수 있다. 덕(德)이란 곧 천지(天地)가 만물(萬物)로 하여금 변화(變化)하게 하는 바로 그것이다. 덕(德)이란 귀신명(鬼神明) 즉 명귀신(明鬼神)을 한 자(字)로 밝힌 셈이다. 말하자면 통신명지덕(通神明之德)이란 통덕(通德)이라는 말이다. 덕(德)을 통달(通達)한다고 함은 변화지도(變化之道)를 깨우쳤음[悟]을 뜻한다. 그래서 '신이명지존호기인(神而明之存乎其人)'이라고 할 때 '기인(其人)'을 '복희씨(伏羲氏)' 즉 포희씨(包犧氏)로 밝히는 것이다. 명신(明神)은 '신이명지(神而明之)'를 강조함이고, 명신(明神)의 '신(神)'을 신비(神秘)-신기(神奇)-신통(神通)함이라고 풀이하는 것 역시 통덕(通德)을 일컬음이다. 그래서 '신(神)'을 음양불측(陰陽不測)이라고 하는 것이다. 음양불측(陰陽不測)은 일음일양(一陰一陽)이고, 일음일양(一陰一陽)은 생생(生生)이며, 생생(生生)은 변화(變化)이고, 변화(變化)는 음양지소위(陰陽之所爲) 즉 음양(陰陽)이 하는[爲] 짓[所]을 복희씨(伏羲氏)가 팔괘(八卦)를 이용하여[以] 통달(通達)하였음을 밝힌 말씀이 '이통신명지덕(以通神明之德)'이다. 그래서 팔괘(八卦)와 덕(德)은 온갖 사물(事物)에 미치는 역(易)을 살피고[觀] 새겨[玩] 점(占) 쳐 지변(知變)하여 지래(知來)하게 하는 통어(通語)가 된다.

註 대학지도(大學之道) 재명명덕(在明明德) 재친민(在親民) 재지어지선(在止於至善) '대학의[大學之] 도는[道] 밝은[明] 덕을[德] 밝힘에[明] 있고[在], 백성을[民] 친히 함에[親] 있으며[在], 지극한[至] 선(善)에[於] 머물음에[止] 있다[在].' 대학지도(大學之道)의 '대(大)'는 '천지(天地)를 밝힘이고, 따라서 '대학(大學)'은 '천지(天地)를 배움[學]'이니 대학지도(大學之道)는 천지지도(天地之道)를 배움[學]이다.

306. 팔괘(八卦)와 유(類)

以類萬物之情[1]이라. '포희씨(包犧氏)는 팔괘(八卦)를 이용하여[以] 온
이 류 만 물 지 정
갖 것[萬物]의[之] 정상을[情] 견주어 갈래지었다[類].'

이 또한 성인(聖人)의 팔괘(八卦)의 이용[以]을 밝히고 있다. 만물지정(萬物之情)의 '정(情)'은 정상(情狀) 즉 '참모습[情]'을 뜻한다. 예를 들자면 감괘(坎卦 : ☵)가 짓하는[象] 형태(形態)는 '물[水]'이고, 감괘(坎卦 : ☵)가 짓하는[象] 성질(性質)은 '침착(沈着)-슬기[知慧]'이며, 감괘(坎卦 : ☵)가 짓하는[象] 인간(人間)은 '젊은 남자[靑年]'이고, 감괘(坎卦 : ☵)가 짓하는[象] 신체(身體)는 '귀(耳)'이고, 감괘(坎卦 : ☵)가 짓하는[象] 사물(事物)은 '술[酒]-약(藥)'이고, 감괘

(坎卦 : ☵)가 짓하는[象] 계절(季節)은 '겨울[冬]'이고, 감괘(坎卦 ☵)가 짓하는 [象] 시각(時刻)은 '24시'이고, 감괘(坎卦 : ☵)가 짓하는[象] 방위(方位)는 '북쪽 [北]'이고, 감괘(坎卦 : ☵)가 짓하는[象] 동물(動物)은 '돼지[豚]'이다. 팔괘(八 卦)의 하나인 감괘(坎卦 : ☵)를 이용하여 위와 같이 견주어 갈래짓기[類] 함 이 곧 '유만물지정(類萬物之情)'이다. 팔괘(八卦)를 이용하여[以] 성인(聖人)이 온갖 것[萬物]의 정상(情狀)을 견주어 갈래짓기[類]를 한 것이 온갖 것[萬物] 을 살피고[觀] 새기고[玩] 헤아리고[擬] 따져[議] 가늠하는[斷] 사유(思惟)가 폭을 넓히고 그 깊이를 끊임없이 더하게 된 근원(根源)이 되어 준 것이다. 말하자면 『대학(大學)』에 나오는 '격물(格物)'의 시원(始源)을 '유만물지정(類 萬物之情)'이 가늠해 보게 하는 것이다. 온갖 사물(事物)을 논(論)하여 의(議) 하고, 의(議)하여 변(辯)하며, 변(辯)하여 분(分)하는 사유(思惟)라는 것이 '유 만물지정(類萬物之情)'으로 말미암기 때문이다. 논(論)은 대강(大綱)을 밝힘 이고, 의(議)는 따져 밝힘이고, 변(辯)은 시비(是非)를 가려냄이고, 분(分)은 가려낸 시비(是非)를 간추려 냄이다. 이처럼 인간이 논의(論議)하고 분변(分 辨)하여 사색(思索)을 확대(擴大)하고 심화(深化)해 온 시초(始初)의 실마리를 살펴 새기고 헤아려 따져서 가늠하게 하는 말씀이 '이류만물지정(以類萬物 之情)'이다. 그래서 팔괘(八卦)와 유(類)는 온갖 사물(事物)에 미치는 역(易)을 살피고[觀] 새겨[玩] 점(占)쳐 지변(知變)하여 지래(知來)하게 하는 통어(通語) 가 된다.

註 이류만물지정(以類萬物之情)의 '유(類)'를 『노자(老子)』 2장(章)에 나오는 '상생(相 生)-상형(相形)-상경(相傾)-상화(相和)-상수(相隨)'를 상기(想起)하여 관완(觀玩)- 의단(擬斷)하여 만물지정(萬物之情)의 현동(玄同)'이라는 도가(道家)의 뜻을 찾아낼 수도 있고, 『논어(論語)』「옹야(雍也)」에 나오는 '문질빈빈연후군자(文質彬彬然後君 子)'라는 말씀을 상기(想起)하여 관완(觀玩)-의단(擬斷)하여 '만물지정(萬物之情)의 별의(別宜)'라는 유가(儒家)의 뜻을 찾아낼 수도 있을 것이다. 만물(萬物)은 저마다 정상(情狀) 즉 참모습을 갖는다. 그 참모습이란 문질(文質)의 합(合)을 말하는 것이 다. 문(文)은 겉모습[華]이고 질(質)은 알맹이[理]이니, 어떤 것의 화(華)만 알고 이

(理)를 외면하면서 생각해도 그런 생각은 그 어떤 것의 정(情)을 놓치고, 이(理)만 알고 화(華)를 외면하면서 생각해도 그런 생각은 그 어떤 것의 정(情)을 놓친다. 그 정(情)을 느끼고[感] 생각해서[思] 논의(論議)하고 분변(分辨)하자면, 그 어떤 것의 내리(內理)-외화(外華)를 하나같이[彬彬] 알고 생각해야 한다. 인간이 일구어 온 사색(思索)의 시원(始源)이 '이류만물지정(以類萬物之情)'에 있음을 간파(看破)할 수 있다. 물론 오행사상(五行思想)이 '사시(四時)-십간(十干)-오충(五蟲)-오음(五音)-오미(五味)-오취(五臭)-오기(五紀)-오장(五臟)' 등으로 이루어진 것도 '이류만물지정(以類萬物之情)'에서 싹튼 사색(思索)의 확대(擴大)-심화(深化)라고 새겨 헤아릴 수도 있는 것이다. '문질빈빈연후군자(文質彬彬然後君子)'는 '겉모습과[文] 알맹이가[質] 서로 잘 어울린[彬彬] 뒤에야[然後] 군자가 된다[君子]'라는 뜻이다. 군자(君子)는 사물(事物)을 생각함에 먼저 유만물지정(類萬物之情)으로 새겨[玩] 헤아리고[擬] 따져[議] 가늠함[斷]을 잊지 않는다.

307. 통변(通變)과 화신(化神)

通其變使民不捲 神以化之使民宜之라. '황제(黃帝) 요순씨(堯舜氏)가 백성으로[民] 하여금[使] 그[其] 변화를[變] 통달케 함을[通] 게을리하지 않았고[不倦], 백성으로[民] 하여금[使] 마땅히[宜] 변화하게 하는 짓을[神而] 가르치고 행하게 하였다[化].'

이는 요순씨(堯舜氏)의 시대에 이르러 이역(以易)하여 생활(生活)의 변화(變化)가 쉼 없이 이루어지게 하는 치세(治世)가 시작되었음을 밝히고 있다. 이는 곧 요순(堯舜)이 백성[民]으로 하여금 게으르지 않게 하고[不倦] 마땅히[宜] 교행(敎行)하게 한 '통기변(通其變)-화신(化神)의 치천하(治天下)'[1]라는 것은 '포희씨(包犧氏)-신농씨(神農氏)의 교천하(敎天下)'를 본받았음[法]을 뜻한다. 나아가 역(易)의 유신(唯神)을 본받아[法] 백성으로 하여금 화신(化神)하도록 온 세상을 다스려[治] 요순씨(堯舜氏)가 문치교화(文治敎化) 즉 문화(文化)의 천하(天下)를 열기 시작했음을 '사민불권통기변(使民不倦通其變)-사민의화신(使民宜化神)'이 밝혀 주고 있는 것이다. 특히 사민불권(使民

不倦)의 '불권(不倦)'은 온 세상의[天下之] 사람들[民]이 유만물지정(類萬物之情)의 '유(類)' 즉 온갖 것의[萬物之] 참모습을[情] 비교(比較)하고 품별(品別)하여 '화신(化神)의 사유(思惟)'를 넓힘을 게으르지 않게 했음을 뜻한다. 거듭 말하지만 화신(化神)의 '신(神)'은 천지(天地)가 만물(萬物)로 하여금 변화(變化)하게 하는 짓[神]이고, '화(化)'는 그 '신(神)'을 가르치고[敎] 행(行)하여 '새로 됨[化]'이다. 그래서 변화(變化)의 '화(化)'를 '혁고정신(革故鼎新)' 즉 '헌 것을[故] 버리거나 고쳐[革] 새것을[新] 취함[鼎]'이라고 풀이하는 것이다. 변화(變化)의 '화(化)'는 갱신(更新)이며 취신(取新)하여 좇아 따름[順]이다. 『순자(荀子)』「칠법(七法)」에 '점야순야미야구야복야습야위지화야(漸也順也靡也久也服也習也謂之化也)',[註]2 그리고 『순자(荀子)』「불구(不苟)」에 '신즉능화의(神則能化矣)'[註]3라는 말씀을 상기한다면 '화신(化神)의 화(化)'를 저마다 살펴[觀] 새기고[玩] 헤아려[擬] 가늠할[斷] 수 있을 것이다. 화신(化神)의 '화(化)'는 변화(變化)하게 하는 짓인 신(神)을 본받아[法] 가르치고[敎] 행하여[行] 그 변화(變化)의 짓[神]을 점(漸)하고-순(順)하고-미(靡)하고-구(久)하고-복(服)하고-습(習)함이다[也]. 이러한 '화신(化神)의 화(化)'를 상기(想起)한다면 신이화지(神而化之)란 이역(以易) 즉 역(易)의 이용[以]이 인간으로 하여금 천지(天地)가 변화(變化)하게 하는 짓[神]을 백성으로 하여금 본받게[法] 하여 역(易)의 변화지도(變化之道)를 가르치고 행하게 하여 온 세상을 새롭게 함을 밝힌 말씀이 '통기변사민불권(通其變使民不倦) 신이화지사민의지(神而化之使民宜之)'이다. 그래서 통변(通變)과 화신(化神)은 온갖 사물(事物)에 미치는 역(易)을 살피고[觀] 새겨[玩] 점(占)쳐 지변(知變)하여 지래(知來)하게 하는 통어(通語)가 된다.

註 1. 요순씨(堯舜氏)의 치천하(治天下)는 포희씨(包犧氏)-신농씨(神農氏)의 교천하(教天下)를 본받아[法] 계승함[繼]이다. 포희씨(包犧氏)가 이괘(離卦)의 상(象)을 본받아[法] 노끈[繩] 맺기를[結] 창작해서[作而] 새 잡는 그물과[網] 물고기 잡는 그물을[罟] 만들었고[爲], 그 망(網)을 이용하여[以] 새를 잡았고[佃], 그 고(罟)

를 이용하여[以] 물고기를 잡게 한[漁] 변화(變化)의 짓[神]을 배워[敎] 행하게
[行] 했던 '작결승(作結繩)의 이전(以佃)-위망고(爲網罟)의 이어(以漁)'의 변화(變
化)를 이끌어 낸 치세(治世)를 본받아[法] 계승했음[繼]을 뜻하고, 신농씨(神農
氏)가 익괘(益卦)의 상(象)을 본받아[法] 나무를[木] 깎아[斲] 보습을[耜] 만들고
[爲], 나무를[木] 휘어[揉] 굽정이를[耒] 만들어[爲] 김매는[耨之] 편리함을[利]
이용하여[以] 온 세상을[天下] 교화했던[敎] '착목(斲木)의 위사(爲耜)-유목(揉
木)의 위뢰(爲耒)'로 비롯한 뇌누지리(耒耨之利)를 이용한[以] 교천하(敎天下)의
변화(變化)를 이끌어 낸 치세(治世)를 본받아[法] 계승했음[繼]을 뜻하고, 또 신
농씨(神農氏)가 서합괘(噬嗑卦)의 상(象)을 본받아[法] 시장을[市] 열어[爲] 온
세상[天下]의[之] 사람들을[民] 모여들게 하고[致], 온 세상[天下]의[之] 재화를
[貨] 모이게 해[聚] 교역하여[交易] 정착하게 한[得其所] '위시(爲市)-치민(致
民)-취화(聚貨)-득기소(得其所)'의 변화(變化)를 이끌어 낸 치세(治世)를 본받아
[法] 계승했음[繼]을 뜻하는 것'이 요순씨(堯舜氏)가 계승(繼承)하여 치천하(治天
下)한 것이다.

註 2. 점야순야미야구야복야습야위지화야(漸也順也靡也久也服也習也謂之化也) '차츰
차츰 나아감[漸]이고[也], 따름[順]이고[也], 쏠림[靡]이고[也], 오래감[久]이고
[也], 복종함[服]이고[也], 익힘[習]이고[也], 그것이[之] 새로 됨이라[化] 한다
[謂].'

註 3. 신즉능화의(神則能化矣) '변화하게 짓한다면[神] 곧[則] 새로 될[化] 수 있는 것
[能]이다[矣].'

308. 역(易)의 궁즉변(窮則變)

易窮則變 變則通 通則久라. '역은[易] 궁하면[窮] 바로[則] 그 궁(窮)
_{역 궁 즉 변 변 즉 통 통 즉 구}
을 변화하게 하고[變], 변하면[變] 바로[則] 그 변(變)을 통하게 하고[通], 통하
면[通] 바로[則] 그 통(通)을 오래가게 한다[久].'

이는 역지도(易之道)의 생생(生生)-유신(唯神)을 밝히고 있다. 궁즉변(窮則
變)의 '궁(窮)'은 '색(塞)' 즉 막힘[塞]이다. 막힘[窮]이란 왕자(往者) 즉 갈 것
[往者]이 내자(來者) 즉 올 것[來者]을 막아 변(變)이 없음이다. 변(變)이 없음
이란 내자(來者) 즉 새것[新]이 드러나지 못함이다. 왕자(往者)는 헌 것[故]

이고 내자(來者)는 새것[新]이다. 역(易)이 '궁(窮)' 즉 막힘[窮]을 '변(變)' 즉 '바꾼다[變]'라고 함은 드러나지 못한 '새것[新]'을 드러나게[顯] 한다. 이렇게 함이 역지변(易之變)이다. 역지변(易之變)의 '변(變)'이란 이러한 왕자(往者)와 내자(來者)가 함께[共] 함이다. 갈 것[往者]을 물리고[退] 올 것[來者]이 등장하게[顯] 함이 역(易)의 변즉통(變則通) 즉 '통변(通變)'이다. 역(易)이 막혔던 '변(變)'을 열어 줌이 곧 변즉통(變則通)의 '통(通)'이다. 역(易)의 이러한 변통(變通)을 한 자(字)로 '화(化)'라 한다. 그래서 '화(化)'를 '혁고정신(革故鼎新)' 즉 '헌 것을[故] 버리거나 고쳐[革] 새것을[新] 취함[鼎]'이라고 한다. 그리하여 역(易)은 '통즉구(通則久)' 즉 구통(久通)하여 생생(生生)한다. 역(易)의 이러한 구통(久通)은 쉼 없는[久] 새로움[化]의 생생(生生)이고 역(易)의 변화지도(變化之道)이며, 역(易)의 유신(唯神)이고 이역(以易) 즉 역(易)을 이용하는[以] 성인(聖人)의 신명(神明)이요 화신(化神)이다. 궁즉변(窮則變)도 역(易)의 이치-가르침[道]이고, 변즉통(變則通) 또한 역(易)의 이치-가르침[道]이며, 통즉구(通則久) 역시 역(易)의 이치-가르침[道]이다. 그러므로 궁즉변(窮則變)도 일음일양(一陰一陽)이고 생생(生生)이며 유신(唯神)이고, 변즉통(變則通)도 일음일양(一陰一陽)이고 생생(生生)이며 유신(唯神)이고, 통즉구(通則久)도 일음일양(一陰一陽)이고 생생(生生)이며 유신(唯神)이다. 궁즉변(窮則變)-변즉통(變則通)-통즉구(通則久)는 역(易)의 유신(唯神) 즉 오로지[唯] 변화하게 하는 짓[神]을 풀이함[紬繹]이다. 역(易)의 유신(唯神)은 '부역개물성무(夫易開物成務) 모천하지도(冒天下之道)'를 환기(喚起)하면, 역(易)의 생생(生生)이란 오로지[唯] 신기(神奇)-신묘(神妙)-신통(神通)함을 알 수 있다. 무릇[夫] 역은[易] 만물을[物] 개통하여[開] 일을[務] 이루고[成], 온 세상[天下]의[之] 이치를[道] 덮어 두는[冒] 신기(神奇)-신묘(神妙)-신통함(神通) 즉 유신(唯神)함을 밝힌 말씀이 '궁즉변(窮則變) 변즉통(變則通) 통즉구(通則久)'이다. 그래서 역(易)의 궁즉변(窮則變)은 온갖 사물(事物)에 미치는 역(易)을 살피고[觀] 새겨[玩] 점(占)쳐 지변(知變)하여 지래(知來)하게 하는 통어(通語)가 된다.

309. 천우(天祐)의 길(吉)

自天祐之 吉无不利는 요순씨(堯舜氏)가 이역(以易)한 까닭을 밝히고
_{자 천 우 지 길 무 불 리}
있다. 하늘[天]이 요순씨(堯舜氏)를 도왔다[祐]고 함은 요순씨(堯舜氏)가 오로지 하늘[天]을 본받아[法] 이역(以易)하여 온 세상[天下]을 다스렸음[治]을 말한다.

'천우지(天祐之)의 천(天)'은 『맹자(孟子)』「이루장구(離婁章句) 상(上)」에 나오는 말씀 '천하유도(天下有道) 소덕역대덕(小德役大德) 소현역대현(小賢役大賢) 천하무도(天下無道) 소역대(小役大) 약역강(弱役强) 사이자천야(斯二者天也)'
[1]를 상기(想起)시킨다. '천하유도(天下有道)'란 천하유천지지도(天下有天地之道)이고, 천하유천지지도(天下有天地之道)란 온 세상[天下]의 사람들[人]이 천지지도(天地之道)를 따름을 뜻한다. 그러므로 천하유도(天下有道)란 사람들이 순천(順天)함이고, 순천(順天)함은 순천명(順天命)함이다. 순천명(順天命)함이란 곧 순역(順易)함이다. 요순씨(堯舜氏)는 오로지 지성으로 순역(順易)하였기 때문에 '천우요순씨(天祐堯舜氏)'라고 밝힌 것이 곧 '천우지(天祐之)'이다. 이는 곧 역(易)을 따르는[順之] 사람[人]이라면 하늘[天]이 그 사람[之]을 돕고[祐], 역(易)을 따르는[順之] 일[事]이라면 하늘[天]이 그 일[之]을 돕는다[祐]고 함이 곧 '자천우지(自天祐之)'인 것이다. 이러한 천우지(天祐之)의 '천(天)'이란 순역하는[順易之] 사람[人]이나 일[事]을 편애(偏愛)해서 그렇게 하는 것이 아니다. 그렇기 때문에 『맹자(孟子)』「이루장구(離婁章句) 상(上)」에서 '순천자존(順天者存) 역천자망(逆天者亡)'이라고 단언(斷言)한 것이다. 오로

지 역지도(易之道)를 좇는다[順]면 절로 궁(窮)함이 변(變)하고, 그 변(變)함이 통(通)하고, 그 통(通)함이 끊임없이 통(通)하여 '변통(變通)의 구(久)'를 누림이 곧 '무불리(无不利)의 길(吉)'이다. 순천(順天)-순역(順易)한다면 통즉구(通則久)의 길(吉) 즉 무불리(无不利)의 길(吉)이고, 역천(逆天)-배역(背易)한다면 유불리(有不利)의 흉(凶)일 뿐이다. 그러므로 천우지(天祐之)의 '천우(天祐)'란 '통즉구(通則久)의 길(吉)'로 풀이될[紬繹] 수 있고, 『노자(老子)』10장(章)에 나오는 '현덕(玄德)'註2 역시 그 '천우(天祐)의 길(吉)'을 주역[紬繹]한 것으로 새겨[玩] 헤아려[擬] 가늠하게[斷] 하는 말씀이 '자천우지(自天祐之) 길무불리(吉无不利)'이다. 그래서 천우(天祐)의 길(吉)은 온갖 사물(事物)에 미치는 역(易)을 살피고[觀] 새겨[玩] 점(占)쳐 지변(知變)하여 지래(知來)하게 하는 통어(通語)가 된다.

註 1. 천하유도(天下有道) 소덕역대덕(小德役大德) 소현역대현(小賢役大賢) 천하무도(天下無道) 소역대(小役大) 약역강(弱役强) 사이자천야(斯二者天也) 순천자존(順天者存) 역천자망(逆天者亡) '세상에[天下] 도가[道] 있다면[有] 작은 덕이[小德] 큰 덕에[大德] 부려지고[役], 세상에[天下] 도가[道] 없다면[無] 작은 현량이[小賢] 큰 현량에[大賢] 부려진다[役]. 이[斯] 두[二] 가지가[者] 천(天)이다[也]. 하늘을[天] 따르는[順] 자는[者] 성하고[存] 하늘을[天] 어기는[逆] 자는[者] 망한다[亡].' 네 번에 걸쳐 되풀이되는 '역(役)'은 수동(受動)으로 '역어(役扵)'를 줄인 말투이다. 소덕역대덕(小德役大德)은 소덕역어대덕(小德役扵大德)으로 여기고 새겨야 문의(文意)가 드러난다. 즉 소덕역대덕(小德役大德)을 대덕역소덕(大德役小德)으로 여기고 새기면 문의(文意)가 분명해진다. '대덕이[大德] 소덕을[小德] 부린다[役].'

註 2. 생지축지(生之畜之) 생이불유(生而不有) 위이불시(爲而不恃) 장이부재(長而不宰) 시위현덕(是謂玄德) '그것을[之] 낳아 주고[生] 그것을[之] 길러 준다[畜]. 낳아 주되[生而] 갖지 않고[不有], 도와주되[爲而] 바라지 않고[不恃], 키워 주되[長而] 주재하지 않는다[不宰]. 이를[是] 현덕이라[玄德] 한다[謂].' 현덕(玄德)-대덕(大德)-상덕(常德) 등은 같은 말이고, 통즉구(通則久)의 덕(德) 즉 무궁(無窮)한 덕(德)을 뜻하는 천지지덕(天地之德)을 말한다.

310. 역자(易者)의 상(象)

易者象也라. '역이라는[易] 것은[者] 변화(變化)의 도(道)를 본받아[法] 지변
(知變)하여 지래(知來)하게 하는 짓[象]이다[也].'

 이는 성인(聖人)이 어떻게 이역(以易)하여 변화(變化)를 이루었는지[成]
밝히고 있다. 따라서 '역자상야(易者象也)'는 성인(聖人)을 본받아[效] 관변
(觀變)하여 지래(知來)하는 이치-방편[道]의 가르침[道]을 살펴[觀] 새기고
[玩] 헤아려[擬] 따져[議] 가늠할[斷] 수 있게 한다. 역(易)이란 천지(天地)가
변화(變化)하게 하는 힘[神]의 짓[象]이다. 물론 여기서 '신(神)'이란 귀신(鬼
神)을 말하고, 귀신(鬼神)은 곧 음양(陰陽)을 말한다. 역(易)이란 무엇인가?
유신(唯神)이다. 유신(唯神)이란 무엇인가? 오로지[唯] 변화(變化)하게 하는
힘이요 짓[神]이다. 천지(天地)의 그러한 신(神)을 본받는[法] 역(易)의 짓을
상(象)이라 한다. 역(易)의 '상(象)'이란 '본받을 상(象)-짓할 상(象)'이 두
뜻을 아우르고 있음을 늘 명심(銘心)하고 살펴 새김하고 헤아려 스스로
가늠하게 하는 것이다. '상(象)'은 결코 정의(定意)되지 않는다. '상(象)'의
이러함을 일러 일음일양(一陰一陽)-생생(生生)-유신(唯神)-신통(神通)-신묘
(神妙)-신비(神秘)-신기(神奇)-신기(神氣) 등등으로 말하고 한 자(字)로 줄여
'신(神)'이라 한다. 그리고 천지지귀신(天地之鬼神)을 한 자(字)로 줄여 '신
(神)'이라 한다. 이러한 '신(神)'을 본받아[法] 짓함이 역지상(易之象) 즉 역의
[易之] 짓[象]이라 한다. 역(易)의 상(象)은 '궁즉변(窮則變) 변즉통(變則通) 통
즉구(通則久)'라는 밝힘보다 더 마땅한 주역(紬繹)은 없을 터이고, 나아가
일음일양(一陰一陽)-생생(生生)이라는 말보다 더 간명한 풀이[紬繹]도 없을
것이다. 그러므로 역(易)의[之] 짓[象]을 관완(觀玩)-의의(擬議)하여 단(斷)하
자면 '궁즉변(窮則變) 변즉통(變則通) 통즉구(通則久)'와 '일음일양(一陰一陽)-
생생(生生)'이라는 뜻을 늘 상기(想起)하고 환기(喚起)하게 된다. 삼라만상

(森羅萬象) 치고 역(易)의 상(象) 아닌 것이 없다. 그래서 '통변지위사(通變之謂事)'라고 하는 것이다. 그러나 역의[易之] 상(象)은 드러내지 않아 은밀(隱密)하다. 그래서 역(易)을 유심(唯深)-유기(唯幾)하다고 하는 것이다. 역지상(易之象)은 오로지[唯] 깊고[深] 오로지[唯] 기미(幾微)하게 유신(唯神)할 뿐이다. 오로지[唯] 신기(神奇)하고 신묘(神妙)하고 신통(神通)함이 유신(唯神)이고, 일음일양(一陰一陽)-생생(生生)이란 불식(不息) 즉 쉼 없는 변화(變化)이다. 변화(變化)란 쉼 없이 줄곧 '변(變)함'을 '화(化)함'이다. '변(變)함'이란 왕(往)-래(來) 즉 고(故)-신(新)이 공존(共存)함이다. 갈 것[往-故]과 올 것[來-新]이 함께[共] 있음[存]이 곧 '변(變)'이다. '화(化)함'이란 '변(變)함'에서 무엇이 왕(往)-고(故)이고 내(來)-신(新)인지 가르쳐[敎] 실행하게[行] 함이다. 그래서 '화(化)는 교행(敎行)이다'라고 하는 것이다. 이러한 화지교행(化之敎行)을 일러 '지이장왕(知以藏往) 신이지래(神以知來)'라고 한다. '변(變)'의 앎을[知] 써[以] 갈 것을[往] 물리고[藏], 변화하게 하는 짓을[神] 써[以] 올 것을[來] 앎[知]이 곧 '화(化)의 교행(敎行)'이다. 역지상(易之象)은 화(化) 즉 교행(敎行)하게 하는 짓[象] 즉 화신(化神)하게 하는 짓[象]이기 때문에 '변화(變化)의 화(化)'를 '교행(敎行)'이라 하고, 그 교행(敎行)은 곧 새로 되게 함이다. 그래서 '화(化)'를 '새로 됨[化]'이라고 풀이하게 된다. 이런 변화(變化)하게 하는 짓-힘[神]을 짓해 주는 역지상(易之象) 즉 역(易)의 상(象)을 일러 미묘(微妙)하다고 한다. 작고 작아서[微] 찾아내기 어려운 것[妙]이 역(易)의 상(象)이다. 그래서 『중용(中庸)』에 나오는 '곡능유성(曲能有誠)'[1]이라는 말씀을 상기(想起)시키고, 『노자(老子)』 52장(章)에 나오는 '견소일명(見小曰明)'[2]이라는 말씀을 떠올려 준다. 그렇지 못하다면 역(易)의 상(象)을 견색(見賾)할 수 없어 관상(觀象)-관변(觀變)-완점(玩占)하지 못해 지변(知變)할 수 없고 지래(知來)할 수 없다. 그렇기 때문에 지변자(知變者) 즉 변(變)을 알아차리는[知] 사람[者]은 무엇보다 먼저 역지상(易之象)의 '상(象)'

을 견색(見賾)하려고 재계(齋戒)하고 세심(洗心)하는 성인(聖人)을 본받는[法] 것이다. '색(賾)'이란 '난견(難見)' 즉 찾아내기[見] 어렵다[難]. 역지상(易之象)의 '상(象)'이란 곧 난견(難見)의 색(賾)이라 맑고[淸] 밝은[明] 심안(心眼) 즉 척안(隻眼)으로 변화(變化)하게 하는 신(神)을 본받게[法] 함을 밝힌 말씀이 '역자상야(易者象也)'이다. 그래서 역자(易者)의 상(象)은 온갖 사물(事物)에 미치는 역(易)을 살피고[觀] 새겨[玩] 점(占)쳐 지변(知變)하여 지래(知來)하게 하는 통어(通語)가 된다.

註 1. 곡능유성(曲能有誠) '작은 것에도[曲] 능히[能] 천지도(天之道)가[誠] 있다[有].' '곡(曲)'은 '미세할 미(微)'를 뜻하고, '성(誠)'은 '천지도(天之道)' 즉 천지(天地)의 이치-가르침-방편-말씀[道]을 일러 성자(誠者)라 한다.

註 2. 견소일명(見小日明) '작은 것을[小] 살피면[見] 날마다[日] 밝아진다[明].' 견소일명(見小日明)의 '명(明)'은 '습명(襲明)-귀근(歸根)-자명(自明)'을 상기(想起)하여 살펴 새기고 헤아려 가늠해 보게 하는 '밝음[明]'이다. 자연[天地]이 물려준 밝음(襲明)-자연[天地]의 뿌리인 도(道)로 돌아가게 하는 밝음[歸根]-내가 나를 밝히게 하는 밝음[自明]을 누리자면 견소(見小)해야 하는 것이다.

311. 상자(象者)의 상(像)

象也者像也라. '천지(天地)가 변화(變化)하게 짓[神]을 본받게 하는 역(易)의
상 야 자 상 야
짓[象]이라는[也] 것은[者] 그 신(神)을 본뜸[像]이다[也].'

이는 역지상(易之象)의 상(象)이 천지(天地)가 변화하게 하는 짓[神]을 어떻게 본받는지[法]를 밝히고 있다. 따라서 역(易)이라는 변화(變化)의 짓[象]은 천수상(天垂象) 즉 천지가[天] 드리워 보여 주는[垂] 짓[象]을 본받아[法] 역(易)이 변화(變化)의 짓[象]을 생생(生生)하는 것임을 상야자상(象也者像)의 '상(像)'이 뜻해 상(象)의 모효(摹效)와 같다. '상(象)'을 그대로 뒤따라[摹] 본받음[效]이 '상(像)' 즉 꼴[像]은 곧 '짓 상(象)'을 본떠 따라함이다.

그래서 상통여상(像通與象)이라고 한다. 짓[象] 따로 꼴[像] 따로 있을 리 없음이다. 그래서 '꼴[像]'은 '수상(隨象)-효상(效象)-의상(擬象)-모상(摹象)'으로 말미암아 비롯된다. 상(象)을 뒤따름[隨]이 상(像)이고, 상(象)을 본받음[效]이 상(像)이며, 상(象)을 본뜸[擬]이 상(像)이고, 상(象)을 그대로 베낌[摹]이 '상(像)'이다. 이는 관상(觀象)이란 역지상(易之象)의 상(象) 즉 짓[象]을 본받아[效] 뒤따라 성인(聖人)이 견색(見賾)하여 즉 살펴[見] 찾아낸 것[賾]이 상야자상(象也者像)의 '상(像)'임을 간파(看破)한다면, 왜 천명(天命)을 두려워 하라[畏]고 하는지 그 까닭을 알아차릴 수 있는 것이다. 여기서 성인(聖人)의 성변화(成變化)는 문화(文化)-문명(文明)으로 이어져 드러나므로, 인간이 이룩한 문화(文化)-문명(文明)도 역지상(易之象)을 본떠[像] 비롯된 것임을 알 수 있다. 자연의 성변화(成變化)는 은밀한 상(象)이어서 그 나타남을 찾기 어렵지만 상(象)의 상(像)은 드러난다. 그래서 역(易)의 상(象)을 정성껏 견색(見賾)하면 마주하게 되는 것이 '상(像)'임을 밝힌 말씀이 '상야자상야(象也者像也)'이다. 그래서 상자(象者)의 상(像)은 온갖 사물(事物)에 미치는 역(易)을 살피고[觀] 새겨[玩] 점(占)쳐 지변(知變)하여 지래(知來)하게 하는 통어(通語)가 된다.

312. 단자(彖者)의 재(材)

彖也者材也라. '단(彖)이라는[也] 것은[者] 천지(天地)가 변화(變化)하게 하
_{단 야 자 재 야}
는 짓[神]을 살피게[觀] 하는 짓[象]을[乎] 말하는[言] 것[者]이다[也].'

이는 천지(天地)가 변화(變化)하게 하는 짓[神]을 본받는[法] 역지상(易之象)의 바탕[材]을 밝히고 있다. 따라서 천수상(天垂象) 즉 천지가[天] 드리워 보여 주는[垂] 짓[象]을 일괘(一卦)로써 살펴보게[觀] 하는 바탕[材]이 곧 '단

(彖)'임을 여기서 알 수 있고, 나아가 '단일괘지의(斷一卦之義)' 즉 대성괘(大成卦) 하나가 짓하는[象] 뜻[義]을 가늠하게[斷] 하는 괘사(卦辭)가 곧 '단(彖)'이기 때문에 '단단야(彖斷也)'라고 함은 '단단괘사야(彖斷卦辭也)' 즉 '단(彖)'은 괘사(卦辭)를 가늠함[斷]이다. 그래서 '단자언호상자(彖者言乎象者)'라고 한다. 괘사(卦辭)는 단사(彖辭)이고, 단사(彖辭)를 줄여 '단(彖)'이라 하는 것이다. 그러므로 '단야자재야(彖也者材也)'는 먼저 '단자언호상자야(彖者言乎象者也)'[註1]를 떠올리게 한다. 이처럼 '단(彖)'은 '상지의(象之義)' 즉 짓의[象之] 뜻[義]을 가늠케[斷] 말하는[言] 괘사(卦辭)임을 알 수 있다. 상사(象辭)란 효사(爻辭)이므로 단사(彖辭)란 상사(象辭) 즉 효사(爻辭)를 가늠하게[斷] 하는 재질(材質)임을 '단야자재야(彖也者材也)'라고 밝힌 것이다. 『중용(中庸)』에 나오는 '천지생물필인기재이독언(天之生物必因其材而篤焉)'[註2]을 상기(想起)한다면 단야자재야(彖也者材也)의 '단(彖)'이 일괘(一卦)의 재질(材質)임을 알아차릴 수 있다. 그러므로 단자(彖者)란 한[一] 괘(卦)의[之] 전체를[體] 꿰뚫어[通] 논하여[論] 그 통론을[之] 따라[由] 주장된[主] 바를[所] 밝히는[明] 괘사(卦辭)를 밝힌 말씀이 '단야자재야(彖也者材也)'이다. 그래서 단자(彖者)의 재(材)는 온갖 사물(事物)에 미치는 역(易)을 살피고[觀] 새겨[玩] 점(占)쳐 지변(知變)하여 지래(知來)하게 하는 통어(通語)가 된다.

註 1. 단자언호상자야(彖者言乎象者也) '단이라는(彖) 것은[者] 천지(天地)가 변화(變化)하게 하는 짓[神]을 살피게[觀] 하는 짓[象]을[乎] 말하는[言] 것[者]이다[也].' 「계사전(繫辭傳)」 상(上)」 3단락(段落)에 나오는 말씀이다.

註 2. 천지생물필인기재이독언(天之生物必因其材而篤焉) '하늘이[天之] 만물을[物] 낳음은[生] 반드시[必] 그[其] 재질로[材] 말미암아서[因而] 그것을 도탑게 하는 것[篤]이다[焉].' 여기서 '재(材)'는 질성(質性)과 같은 뜻을 나타낸다.

313. 효자(爻者)의 효(效)

爻也者效天下之動者也라. '효(爻)라는[也] 것은[者] 온 세상[天下]의
   효야자효천하지동자야
[之] 변동을[動] 본받는[效] 것[者]이다[也].'

이는 대성괘(大成卦) 하나를 이루는 여섯 효[六爻]의 일[事]을 밝히고 있다. 대성괘(大成卦)에서 여섯[六] 효(爻)는 서로 사귀기[交] 때문에 효자(爻者)는 곧 교자(交者)이고, 그 육효(六爻)는 온 세상[天下]의 변(變)을 말하기[言] 때문에 효자(爻者)는 변자(變者)이며, 육효(六爻)는 온 세상[天下]의 변(變)을 본받기[效] 때문에 효자(爻者)는 효자(效者)이다. 이러한 효자(爻者) 즉 효(爻)라는 것[者]은 자하지상(自下至上) 즉 아래[下]로부터[自] 즉 초효(初爻)로부터 위[上]까지[至] 즉 상효(上爻)까지 자리를 바꾸면서 온 세상의 변동(變動)을 본받아[效] 말하는[言] 것[者]이다. 이렇기 때문에 누천(屢遷) 즉 순차로[屢] 옮겨 가는[遷] '효자(爻者) 즉 효(爻)라는 것[者]'을 효자(效者)-변자(變者)라고 칭하는 것이다. 교자(交者)로서의 효자(爻者)는 여섯 효(爻)의 상교(相交) 즉 '중(中)-정(正)-응(應)-비(比)'를 상기(想起)하게 하고, 변자(變者)로서의 효자(爻者)는 천하지동(天下之動) 즉 온 세상의 변동(變動)을 환기(喚起)시켜 살피고[觀] 새겨[玩] 헤아리고[擬] 따져[議] 가늠하게[斷] 하여 지변(知變)-지래(知來)하게 한다. 물론 효자(爻者)는 효자(效者)이고 동시에 변자(變者)이지 둘로 나누어 생각해야 하는 것은 아니다. 그래서 효야자효천하지동야(爻也者效天下之動也)의 '효천하지동(效天下之動)'은 효자언호변자야(爻者言乎變者也)의 '언호변자(言乎變者)'를 더 분명하게 밝히고 있을 뿐이다. 언호변자(言乎變者)의 '변자(變者)'를 '천하지동(天下之動)'이라고 풀이해 주는 셈이다. 따라서 대성괘(大成卦)에서 여섯 개의 효(爻)들은 '변자(變者)'를 말하는[言] 것[者]인데, 그 '변자(變者)'가 여기서 '천하지동(天下之動)'으로 풀이되고, 그 '언자(言者)'가 '효(效)'로 풀이되어 효사(爻辭)를 분명하게 밝혀 주고 있다. '효의

441

[爻之] 언(言)'은 무엇인가? 효지언(爻之言)은 효상지사(效象之辭)이다. 그러므로 효(爻)의 말하기[言]는 역지상(易之象) 즉 변화하게 하는[易之] 짓[象]을 본받는[效之] 말씀[辭]이고, 그 역지상(易之象)은 '짓[象]'이 온 세상의 변동(變動)을 본받기[效] 하는 것임을 알 수 있고, 그 변동(變動)이란 곧 천하지사(天下之事) 또는 천하지무(天下之務)의 변동(變動)임을 알아차릴 수 있게 밝힌 말씀이 효야자효천하지동자야(爻也者效天下之動者也)이다. 그래서 효자(爻者)의 효(效)는 온갖 사물(事物)에 미치는 역(易)을 살피고[觀] 새겨[玩] 점(占)쳐 지변(知變)하여 지래(知來)하게 하는 통어(通語)가 된다.

314. 길흉(吉凶)과 회린(悔吝)

<u>吉凶生而悔吝著也</u>라. '육효(六爻)에서 좋음과[吉] 나쁨이[凶] 생기며[生], 그리고[而] 뉘우침과[悔] 한스러움이[吝] 드러나는 것[著]이다[也].'
길 흉 생 이 회 린 저 야

이는 대성괘(大成卦)의 육효(六爻)를 관상(觀象)하고 완사(玩辭)함을 밝히고 있다. 온 세상[天下]의 변동(變動)-사변(事變)을 주고받고[爻] 바꾸고[變]-본받는[效] 효상(爻象)을 살피고[觀], 그 효상(爻象)을 본받아[效] 말하는[言] 효사(爻辭)를 새기게[玩] 되면 매사(每事)에서 길흉(吉凶)이 나타나고[生], 따라서 관상(觀象)-완사(玩辭)하는 심중(心中)에 회린(悔吝)이 드러나게[著] 된다. 그 관상(觀象)과 완사(玩辭)가 『대학(大學)』에 나오는 '물유본말(物有本末) 사유종시(事有終始) 지소선후(知所先後) 즉근도의(則近道矣)'[1]를 환기(喚起)하고, 『맹자(孟子)』「고자장구(告子章句) 하(下)」첫 단락(段落)에 나오는 '불췌기본(不揣其本) 이제기말(而齊其末)'[2]을 상기(想起)시킨다. 그러면 매사(每事)에서 어떻게 관상(觀象)하고 어떻게 완사(玩辭)해야 나타나는[生] 길흉(吉凶)을 헤아려[擬] 가늠할[斷] 수 있고, 따라서 왜 회린(悔吝)이 드러나는[著] 그 까닭을 헤아려[擬] 가늠할[斷] 수 있게 된다. 변동(變動)에는 그럴 만한 본말(本末)이 있고, 따라서 종시(終始)가 있음을 안다면 매사(每事)에 무엇이 선후(先後)인지 알 수 있다. 이러한 선후(先後)를 무시하고 천하지동(天下之動)의 효상(爻象)을 살피고[觀] 효사(爻辭)를 새긴다[玩]면 길흉생(吉凶生)의 기미(機微)를 관완(觀玩)하지 못하여 회린(悔吝)이 드러나고[著] 말 것이다. 물론 역(易)이 천하지동(天下之動)의 길흉(吉凶)을 결정한다는 것은 아니다. 천하지동(天下之動)의 '동(動)' 즉 '변동(變動)'이란 천하지사(天下之事)에 은닉(隱匿)돼 있다. 온갖 세상사란 그 끝[終]이 길(吉)-흉(凶)으로 나타남[生]을 짓하고[象] 그 짓을 말하는 것[辭]뿐이다. 그래서 '육효지의역이공(六爻之義易以貢) 성인이차세심(聖人以此洗心)'[3]이라고 하는 것이다. 성인(聖人)의 세심(洗心)이란 역(易)의 무사(无思)-무위(无爲)를 본받아[效] 무위(無爲)하고 호정(好靜)하며 무사(無事)하고 무욕(無欲)함이다. 그래서 『노자(老子)』 57장(章)에 '성인호정(聖人好靜)'[4]이라는 말씀이 나오고, 『장자(莊子)』 「소요유(逍遙遊)」에는 '지인무기(至人無己) 신인무공(神人無功) 성인무명(聖人無名)'[5]이라는 말씀도 나오는 것이다. 여기서 성인(聖人)이 역(易)을 이용하여[以] 알려 주는[貢] 육효의[六爻之] 뜻[義]이 '길흉(吉凶)'과 '회린(悔吝)'으로 이어짐을 알 수 있게 된다. 따라서 역(易)이란 길(吉)과 흉(凶)을 상(象) 즉 짓[象]으로 고(告)해 줄 뿐 역(易)은 결코 길흉(吉凶)을 결정해 주지 않고 더불어 길(吉)하다고 뽐내고 흉(凶)하다고 탓하지 마라 함이 곧 '회린저(悔吝著)'임을 명심(銘心)해야 함을 밝힌 말씀이 '길흉생이회린저야(吉凶生而悔吝著也)'이다. 그래서 길흉(吉凶)과 회린(悔吝)은 온갖 사물(事物)에 미치는 역(易)을 살피고[觀] 새겨[玩] 점(占)쳐 지변(知變)하여 지래(知來)하게 하는 통어(通語)가 된다.

註 1. 물유본말(物有本末) 사유종시(事有終始) 지소선후(知所先後) 즉근도의(則近道矣)
　　'물건에는[物] 근본과[本] 말단이[末] 있고[有], 일에는[事] 끝과[終] 처음이[始]

있어[有], 먼저 하고[先] 뒤에 할[後] 바를[所] 안다면[知] 곧[則] 도에[道] 가까운 것[近]이다[矣].' 근도(近道)의 도(道)를 역지도(易之道) 즉 변화지도(變化之道)로 여기고 옮겨[譯] 새겨도 된다.

註 2. 불췌기본이제기말(不揣其本而齊其末) 방촌지목가사고어잠루(方寸之木可使高於岑樓) '그[其] 근본을[本] 헤아리지 않고서[不揣而] 그[其] 말단을[末] 다룬다면[齊] 사방 한치의[方寸之] 나무로[木] 하여금[使] 산봉우리[岑樓]보다[於] 더 높게 할 수 있다[可高].' 뿌리[根]를 무시하고 가지[末]만 생각하다간 흉(凶)하기 마련이다.

註 3. 육효지의역이공(六爻之義易以貢) 성인이차세심(聖人以此洗心) '육효(六爻)의[之] 뜻은[義] 역을[易] 이용하여[以] 알려 준다[貢]. 이[此] 때문에[以] 성인은[聖人] 마음을[心] 씻는다[洗].「계사전(繫辭傳) 상(上)」 18단락(段落)에 나오는 말씀이다.

註 4. 성인호정(聖人好靜) '성인은[聖人] 고요를[靜] 좋아한다[好].'

註 5. 지인무기(至人無己) 신인무공(神人無功) 성인무명(聖人無名) '지인께는[至人] 제 몫이[己] 없고[無], 신인께는[神人] 공치사가[功] 없고[無], 성인께는[聖人] 명성이[名] 없다[無].' 지인(至人)-신인(神人)은 다 성인(聖人)의 별칭(別稱)이다.

315. 양괘(陽卦)와 음괘(陰卦)

陽卦多陰 陰卦多陽이라. '양괘에는[陽卦] 양효(陽爻)의 수(數)보다 음효가[陰] 많고[多], 음괘에는[陰卦] 음효(陰爻)의 수(數)보다 양효가[陽] 많다[多].'

이는 팔괘(八卦) 즉 소성괘(小成卦)를 풀이하고 있다. 소성괘(小成卦)는 삼효(三爻)로 이루어진다. 이 삼효(三爻)에서 같은 효(爻) 둘[二]을 제외하고 남은 한 개의 효(爻)가 음효(陰爻)이면 그 소성괘(小成卦)는 음괘(陰卦)이고, 남은 한 개의 효(爻)가 양효(陽爻)이면 그 소성괘(小成卦)는 양괘(陽卦)이다. '양괘다음(陽卦多陰)-음괘다양(陰卦多陽)'은 소성괘(小成卦) 팔괘(八卦)가 음괘(陰卦) 넷[四]과 양괘(陽卦) 넷[四]으로 나누어져 있음을 밝히고 있다. 소성괘(小成卦)

팔괘(八卦)는 사상(四象)에서 나온다[生]. 사상(四象)의 노양(老陽 : ⚌) 위에 '양(陽 : ―)'이 한 개 놓이면 소성괘(小成卦) 건괘(乾 : ☰)가 되고, '음(陰 : --)'이 한 개 놓이면 소성괘(小成卦) 태괘(兌 : ☱)가 된다. 사상(四象)의 소음(少陰 : ⚍) 위에 '양(陽 : ―)'이 한 개 놓이면 소성괘(小成卦) 이괘(離 : ☲)가 되고 '음(陰 : --)'이 한 개 놓이면 소성괘(小成卦) 진괘(震 : ☳)가 된다. 사상(四象)의 소양(少陽 : ⚎) 위에 '양(陽 : ―)'이 한 개 놓이면 소성괘(小成卦) 손괘(巽 : ☴)가 되고, '음(陰 : --)'이 한 개 놓이면 소성괘(小成卦) 감괘(坎 : ☵)가 된다. 사상(四象)의 노음(老陰 : ⚏) 위에 '양(陽 : ―)'이 한 개 놓이면 소성괘(小成卦) 간괘(艮 : ☶)가 되고, '음(陰 : --)'이 한 개 놓이면 소성괘(小成卦) 곤괘(坤 : ☷)가 된다. 소성괘(小成卦) 팔괘(八卦) 중에서 '건(乾 : ☰)-진(震 : ☳)-감(坎 : ☵)-간(艮 : ☶)'은 양괘(陽卦)이고, '곤(坤 : ☷)-손(巽 : ☴)-이(離 : ☲)-태(兌 : ☱)'는 음괘(陰卦)이다. 그러므로 하나의 소성괘(小成卦)에서 양효(陽爻 : ―)가 둘이고 음효(陰爻 : --)가 하나이면 그 소성괘(小成卦)는 음괘(陰卦)이고, 음효(陰爻)가 둘이고 양효(陽爻)가 하나이면 그 소성괘(小成卦)는 양괘(陽卦)임을 밝힌 말씀이 '양괘다음(陽卦多陰) 음괘다양(陰卦多陽)'이다. 그래서 양괘(陽卦)와 음괘(陰卦)는 온갖 사물(事物)에 미치는 역(易)을 살피고[觀] 새겨[玩] 점(占)쳐 지변(知變)하여 지래(知來)하게 하는 통어(通語)가 된다.

316. 괘(卦)의 기(奇)와 우(耦)

陽卦奇 陰卦耦라. '양괘는[陽卦] 홀이고[奇], 음괘는[陰卦] 짝이다[耦].'
<small>양괘기 음괘우</small>
이는 양(陽)을 중심으로 팔괘(八卦)를 밝히고 있다. 양괘기(陽卦奇)의 '기(奇)'는 양(陽)이 한 개[一箇]이므로 홀수[奇]라고 말한 것이고, 음괘우(陰卦耦)의 '우(耦)'는 양(陽)이 두 개[二箇]이므로 짝수[耦]라고 말한 것이다. 양괘(陽

卦)'진(震:☳)-감(坎:☵)-간(艮:☶)'은 양(陽)이 홀수[奇]이고 음(陰)이 짝수[耦]라 양괘(陽卦)가 되고, '손(巽:☴)-이(離:☲)-태(兌:☱)'는 양(陽)이 짝수[耦]이고 음(陰)이 홀수[奇]라 음괘(陰卦)가 되는 것이다. 그래서 팔괘(八卦)에서 양괘(陽卦)는 홀수[奇]인 양(陽)으로써 알 수 있고, 팔괘(八卦)에서 음괘(陰卦)는 짝수[耦]인 음(陰)으로써 알 수 있다. 이는 곧 일음일양(一陰一陽)으로 통한다. 양(陽)은 음(陰)을 맞이하고 음(陰)은 양(陽)을 맞이해야 생생(生生)의 이치[道]가 이루어지기 때문이다. 양괘(陽卦)는 하나[一]인 음(陰)과 짝해야 궁즉변(窮則變)을 이루고, 음괘(陰卦)는 둘[二]인 양(陽)과 짝해야 궁즉변(窮則變)을 이루기 때문임을 밝힌 말씀이 '양괘기(陽卦奇) 음괘우(陰卦耦)'이다. 그래서 괘(卦)의 기(奇)와 우(耦)는 온갖 사물(事物)에 미치는 역(易)을 살피고[觀] 새겨[玩] 점(占)쳐 지변(知變)하여 지래(知來)하게 하는 통어(通語)가 된다.

317. 효상(爻象)의 상(象)

爻象은 여섯 효[六爻]의 자리[位]를 살펴[觀] 서로의 관계를 가늠해야[斷] 한다. 효상(爻象)은 대성괘(大成卦)에서 여섯 효(爻)의 자리[位]를 따라 '중(中)-정(正)-중정(中正)-정응(正應)-불응(不應)-비(比)' 등등의 관계를 서로 갖는다. 이러한 관계들을 살펴[觀] 새기고[玩] 헤아리고[擬] 따져[議] 가늠하게[斷] 된다. 대성괘(大成卦)에서 하괘(下卦) 이효(二爻)의 자리[位]와 상괘(上卦) 오효(五爻)의 위(位)를 '중(中)'이라 한다. 대성괘(大成卦)에서 효(爻)의 위(位) 초(初)-삼(三)-오(五) 즉 홀수[奇]의 자리[位]는 양효(陽爻)의 위(位)이고, 이(二)-사(四)-상(上) 즉 짝수[偶]의 위(位)는 음효(陰爻)의 자리[位]이다. 대성괘(大成卦)에서 일(一)의 자리[位]를 '초(初)'라 하고, 여섯째[六]의 자

리[位]를 '상(上)'이라 한다. 음(陰)-양(陽)의 효(爻)가 제자리[位]에 있으면
'정(正)'이라 하고, 특히 중효(中爻)인 이효(二爻)가 음효(陰爻)이고 오효(五爻)
가 양효(陽爻)이면 '중정(中正)'이라 한다. 초효(初爻)와 사효(四爻)-이효(二爻)
와 오효(五爻)-삼효(三爻)와 상효(上爻)가 서로 음(陰)-양(陽)의 효(爻)이면 '정
응(正應)'이라 하고, 그렇지 않으면 '불응(不應)'이라 한다. 초효(初爻)와 이효
(二爻)-이효(二爻)와 삼효(三爻)-삼효(三爻)와 사효(四爻)-사효(四爻)와 오효(五
爻)-오효(五爻)와 상효(上爻)가 음(陰)-양(陽)의 효(爻)로 이웃하고 있으면 '비
(比)'라고 한다. 그래서 효상(爻象)의 상(象)은 온갖 사물(事物)에 미치는 역
(易)을 살피고[觀] 새겨[玩] 점(占)쳐 지변(知變)하여 지래(知來)하게 하는 통
어(通語)가 된다.

318. 효사(爻辭)의 사(辭)

爻辭는 성인(聖人)이 64괘(卦)의 384효(爻)에 매어 둔[繫] 말씀[辭]이다.
효사(爻辭)는 논란(論難)하라는 어구(語句)가 아니라 직언(直言)하라는 언구
(言句)이다.

논란(論難)이란 남[人]과 더불어 시비(是非)를 변별(辨別)함이고, 직언(直言)
이란 자명(自明)하면서 말[辭]을 스스로[自] 살펴[觀] 새기고[玩] 헤아려[擬]
따져[議] 스스로[自] 가늠하여[斷] 터득해[覺] 깨우침[悟]이다. 효사(爻辭)를
논란(論難)의 어구(語句)로 대하면 효사(爻辭)와 상통(相通)할 수 없다. 효사
(爻辭)를 오로지 직언(直言)의 사구(辭句)로 마주하고 새겨야 상통(相通)할
수 있다. 그래서 효사(爻辭)는 하나의 시편(詩篇)과 같다. 예를 들자면 함괘
(咸卦) 구사(九四)의 효사(爻辭)는 '정길(貞吉) 회망(悔亡) 동동왕래(憧憧往來) 붕
종이사(朋從爾思)'이다. 이 효사(爻辭)는 함괘(咸卦) 구사(九四)의 효상(爻象)을

본받아[效] 성인(聖人)이 함괘(咸卦)의 효(爻) 구사(九四)에 매어 둔[繫] 직언(直言)하라는 사구(辭句)이지 논란(論難)하라는 진술(陳述)의 어구(語句)가 아니다. 64괘(卦) 384효(爻)의 모든 효사(爻辭)는 시언지(詩言志)의 시(詩)와 같다. 그러므로 예로 든 함괘(咸卦) 구사(九四)의 효사(爻辭) '정길(貞吉) 회망(悔亡) 동동왕래(憧憧往來) 붕종이사(朋從爾思)'를 사행(四行)의 시편(詩篇)으로 삼아 만나야 상통(相通)하여 저마다 나름대로 살펴 새기고 헤아려 따져 가늠할 수 있는 것이다. 그래서 효사(爻辭)의 사(辭)는 온갖 사물(事物)에 미치는 역(易)을 살피고[觀] 새겨[玩] 점(占)쳐 지변(知變)하여 지래(知來)하게 하는 통어(通語)가 된다.

註 사구(辭句)는 요샛말로 치면 '표현(表現 : expression)'과 같다. 표현(表現)이라는 낱말은 일식조어(日式造語)로 'expression'의 역어(譯語)인 셈이고, '표현(表見)'이라는 말이 있었다.

319. 동(同)과 수(殊)

天下同歸而殊塗 一致而百慮 또한 함괘(咸卦) 구사(九四)의 효사 '동동왕래(憧憧往來) 붕종이사(朋從爾思)'를 완사(玩辭)한다면 즉 성인(聖人)이 효(爻)에 매어 준[繫] 말씀[辭]을 새겨[玩] 헤아린다[擬]면 온 세상 사람들이 '수도(殊塗)'하지만 동귀(同歸)함을 깨우칠 수 있음'을 밝혀 주고 있다.

이러한 밝힘은 '동동왕래(憧憧往來) 붕종이사(朋從爾思)'로 마주하고 스스로 새겨[玩] 헤아린다[擬]면 천하지정(天下之情)을 새롭게 살펴 새기고 헤아려 따져보고 가늠해 볼 수 있음을 일깨워 준다. 온 세상의[天下之] 정(情)이란 온 세상에서 두루 걸림 없이 통하는 참뜻[情]을 말한다. 죽음[死]-상도(常道)-상덕(常德)-상선(上善)-인의(仁義) 등이 곧 천하지정(天下之情)이다. 저마다 살아가는 길이 달라도 즉 수도(殊塗)일지라도 누구나 천하지정(天下之情)으로 다 같이[同] 돌아오게[歸] 마련이다. 이러한 천하지정(天下之情)은 동동왕래(憧憧往來)의 정(情)이고 거짓[僞]이 없는[無] 참뜻[情]이라면 누구나 '붕종이사(朋從爾思)'를 이룰[成] 수 있으니, 서로 달리[殊] 흙탕길[塗]을 갈지라도 그 길[塗]을 떠나 동동왕래(憧憧往來)의 정(情)으로 하나같이[同] 돌아온다[歸]는 밝힘이 곧 '동귀이수도(同歸而殊塗)'인 것이다. '동귀(同歸)-일치(一致)'는 '동동왕래(憧憧往來)'로 '붕종이사(朋從爾思)'를 이룬다[成]는 주역(紬繹)함이고, '수도(殊塗)-백려(百慮)'는 그 동동왕래(憧憧往來)를 잃어[亡] '붕종이사(朋從爾思)'를 이루지 못함[不成]을 풀이[紬繹]한 것이다. 백려(百慮)의 '백(百)'은 '백 가지 백(百)'이니 '다를 백(百)' 즉 '백수(百殊)'라는 말이다. 그래서 지양(知陽)-수음(守陰)하라는 것이다. 이는 곧 마음 가기[志]와 일함[務]에서 지천(知天)-수지(守地)하고 지강(知剛)-수유(守柔)하며 지건(知健)-수순(守順)하라 함이다. 물론 공자(孔子)의 말씀으로 말하자면 지악(知樂)-수례(守禮)하여 지인(知仁)-수의(守義)하라 함이 '동귀(同歸)-일치(一致)'요 '동동왕래(憧憧往來)-붕종이사(朋從爾思)'이다. 그래서 동(同)과 수(殊)는 온갖 사물(事物)에 미치는 역(易)을 살피고[觀] 새겨[玩] 점(占)쳐 지변(知變)하여 지래(知來)하게 하는 통어(通語)가 된다.

註 천하동귀이수도(天下同歸而殊塗) 일치이백려(一致而百慮) '온 세상이[天下] 돌아감을[歸] 같이해도[同而] 길을[塗] 달리하고[殊] 온 세상이 하나같지만[一致而] 생각은[慮] 백 갈래이다[百].'

　노공(老孔)의 말씀이 서로 다르다고 할지라도 그 말씀들이 '순성명지리(順性命之理)'를 달리하는 것은 아니다. 노공(老孔)은 성명지도(性命之道) 즉 자연의[性] 가르침[命]이라는[之] 이치를[理] 좇음[順從]에서만은 동귀(同歸)요 일치(一致)한다. 노공(老孔)은 노자(老子)와 공자(孔子)를 말한다.

320. 왕래(往來)의 세성(歲成)

寒暑相推而歲成焉(한서상추이세성언)은 함괘(咸卦) 구사(九四)의 효사(爻辭) '동동왕래(憧憧往來) 붕종이사(朋從爾思)'를 완사(玩辭)한다면 즉 성인(聖人)이 효(爻)에 매어 둔[繫] 말씀[辭]을 새겨[玩] 헤아린다[擬]면 한왕즉서래(寒往則署來) 서왕즉한래(署往則寒來)의 실례(實例)를 새기고[玩] 헤아려[擬] '한서상추(寒暑相推)'가 '세성(歲成)함'을 깨우치게 됨을 밝히고 있다. 한왕즉서래(寒往則署來) 서왕즉한래(署往則寒來) 역시 동귀(同歸)-수도(殊塗)를 천수상(天垂象) 즉 자연[天地]이 드리운[垂] 짓[象]을 들어 함괘(咸卦) 구사(九四)의 효사(爻辭)를 완사(玩辭)하여 어떻게 관변(觀變)할 수 있는지 보여 주기도 한다. 한서(寒暑) 즉 추위(寒)와 더위(署)가 서로[相] 다르지만[殊] 다 같이[同] '세성(歲成)'이라는 것이 되게 한다. 여기서 함괘(咸卦) 구사(九四)의 효사(爻辭) '동동왕래(憧憧往來) 붕종이사(朋從爾思)'를 완사(玩辭)하여 한서상추(寒署相推)를 관상(觀象)하게 되고, 그 상추(相推)를 들어서 수도(殊塗)의 수(殊)와 동귀(同歸)의 동(同) 즉 수(殊)-동(同)의 왕래(往來)를 밝히고, 일치(一致)의 일(一)과 백려(百慮)의 백(百) 즉 일(一)-백(百)의 왕래(往來)함을 들어 세성(歲成) 즉 세월(歲)이 생김[成]을 가늠하게 해 주는 것이다. 이 또한 순성명지리(順性命之理)를 본받아[法] 한서(寒暑)의 왕래(往來)를 들어 수(殊)-동(同)과 일(一)-백(百)이 둘[二]이 아니라 하나[一]의 세(歲)로 변화(變化)함을 관완(觀玩)-의의(擬議)하여 가늠하게[斷] 천수상(天垂象)의 실례(實例)를 들어 가늠하게 함도 함괘(咸卦) 구사(九四)의 효사(爻辭)를 완사(玩辭)하여 이루어진 지변(知變)인 것이다. 그래서 왕래(往來)의 세성(歲成)은 온갖 사물(事物)에 미치는 역(易)을 살피고[觀] 새겨[玩] 점(占)쳐 지변(知變)하여 지래(知來)하게 하는 통어(通語)가 된다.

註 한서상추이세성언(寒暑相推而歲成焉) '추위와[寒] 더위가[暑] 서로[相] 밀고 끌어서[推而] 세월이[歲] 이루어지는 것[成]이다[焉].'

321. 굴신(屈伸)의 이생(利生)

屈信相感而利生焉(굴신상감이이생언)은 함괘(咸卦) 구사(九四)의 효사(爻辭) '동동왕래(憧憧往來) 붕종이사(朋從爾思)'를 완사(玩辭)한다면 즉 성인(聖人)이 효(爻)에 매어 둔[繫] 말씀[辭]을 새겨[玩] 헤아린다[擬]면, 왕자굴야(往者屈也) 내자신야(來者信也)를 새기고[玩] 헤아려[擬] '굴신상감(屈信相感)'이 '이생(利生)함'을 깨우치게 됨을 밝히고 있다. 이는 일월왕래(日月往來)-한서왕래(寒署往來)에서 '왕래(往來)의 참뜻[情]'을 '굴신(屈信)'으로 유(類)함 즉 비교(比較)하여 품별(品別)한 것이다. 일월(日月)이 왕래(往來)하여 밝음[明]이 생기고[生], 한서(寒暑)가 왕래(往來)하여 세월[歲]이 생김[成]이 왕래(往來) 즉 굴신(屈信)으로 말미암은 '참뜻[情]'임을 관변(觀變)하게 된 것 역시 함괘(咸卦) 구사(九四)의 효사(爻辭)를 완사(玩辭)하여 이루진 것이다. 여기서 왕래(往來)-굴신(屈信)-생생(生生)-일음일양(一陰一陽)이 모두 역(易) 즉 변화(變化)를 뜻한다. 말하자면 왕래(往來)-굴신(屈信)이 없다면 아무것도 생성(生成)되지 않음도 함괘(咸卦) 구사(九四)의 효사(爻辭)를 완사(玩辭)하여 깨우친 것이다. 왕자(往者)는 가는 것이고 물러감이며 사라져 감이다. 이를 한 글자로 굽힘[屈]이라 한다. 내자(來者)는 오는 것이고 다가옴이며 나타남이다. 이를 한 글자로 폄[信]이라 한다. 그래서 왕래(往來)를 풀이하여 굴신(屈信)이라 한다. 굴신(屈信)의 '신(信)'은 여기선 '믿을 신(信)'이 아니라 '뻗칠 신(伸)'과 같다. 왕래(往來)-궁변(窮變)이 같은 말이듯이 굴신(屈信)-굴신(屈伸)은 같은 말이다. 굽힘[屈]이 뻗침[信]을 좇고[從] 뻗침[信]이 굽힘[屈]을 좇음[從]이라는 것도 '붕종이사(朋從爾思)'를 완사(玩辭)하여 관변(觀變)한 것이다. 굽힘[屈]과 뻗침[信]이 다르지만[殊] 같고[同], 감[往]과 옴[來]이 수(殊)이지만 동(同)이기 때문에 음양(陰陽)-귀신(鬼神)-강유(剛柔)-인의(仁義)가 '굴신(屈伸)으로 상감(相感)하는 붕(朋)'이지 '상쟁(相爭) 즉 서로[相] 견주는[爭] 대(對)'가 아니라는 깨

451

우침 역시 함괘(咸卦) 구사(九四)의 효사(爻辭)를 완사(玩辭)하여 얻어진 관변(觀變)이다. 음(陰)이 오면[來] 양(陽)이 가야[往] 생생(生生)하고 변화(變化)한다. 양(陽)이 굽히면[屈] 음(陰)이 뻗치고[信], 음(陰)이 뻗치면[信] 양(陽)이 굽혀야[屈] 생생(生生)하고 변화(變化)한다. 이처럼 굴신(屈信)은 음양(陰陽)-귀신(鬼神)이 변화(變化)하게 하는 짓[象]을 풀이해 준다. 위에서 아래로 뻗치는[信] 힘[氣]을 양(陽)-신(神)이라 하고, 아래에서 위로 굽히는[屈] 기(氣)를 음(陰)-귀(鬼)라 하며, 신(神)을 좇음[從]을 '솔신(率神)'이라 하고, 귀(鬼)를 종(從)함을 '거귀(居鬼)'라 한다. 그래서 굴신(屈信) 또한 일음일양(一陰一陽)-생생(生生)을 밝힘이요 붕종이사(朋從爾思)의 '종이사(從爾思)'를 새김질하게[玩] 한다. 그래서 굴신(屈信)의 이생(利生)은 온갖 사물(事物)에 미치는 역(易)을 살피고[觀] 새겨[玩] 점(占)쳐 지변(知變)하여 지래(知來)하게 하는 통어(通語)가 된다.

註 굴신상감이이생언(屈信相感而利生焉) '굽힘과[屈] 펼침이[信] 서로[相] 느껴서[感而] 이에 이로움이[利] 생기는 것[生]이다[焉].'

322. 척확(尺蠖)의 굴신(屈信)

尺蠖之屈以求信也[1]는 굴신(屈信)의 상추(相推)로 말미암은 이생(利生)의 '이(利)'를 자벌레[尺蠖]로 풀이한 것이다. 여기서 척확(尺蠖) 즉 자벌레는 굴신(屈信)을 통한 이생(利生)의 이로움[利]을 보여 주는[垂] 것으로 풀이하여 자연의[天地之] 짓[象] 즉 천수상(天垂象)으로 삼고 있다. 굽힘을[屈] 이용하여[以] 뻗침을[信] 구해[求] 왕래(往來)하는 목숨인 자벌레[尺蠖]가 음양(陰陽)-귀신(鬼神)의 이치-가르침[道]을 일깨워 준다. 자벌레의 굴신(屈信)은 『중용(中庸)』에 '곡능유성(曲能有誠)'이라는 말씀을 떠올린다. 사소한 것에도[曲] 자연[天地]의 이치와 가르침인 정성이[誠] 능히[能] 있음[有]을 자벌레가 굴신(屈信)으로 보여 주는 것이다. 자벌레[尺蠖]는 나아가기[行進] 위하여 제 몸을 굽혀[屈] 펴기[信]를 얻고[求], 펴기[信]를 하여 굽힘[屈]을 구(求)하여 먹이를 찾아 왕래(往來)하여 산다. 자벌레[尺蠖]에게 굽힘[屈]이 왕(往)이면 뻗침[信]은 내(來)이고, 동시에 굴(屈)이 오는 것[來]이면 신(信)은 가는 것[往]이다. 이처럼 자벌레의 왕래(往來)는 '굴(屈)' 또는 '신(信)' 한쪽만으로는 안 된다. 굴(屈)-신(信)이 상추(相推)해야 자벌레는 살아갈 수 있다. 자벌레에게 자신을 살게 해 주는 '굴(屈)과 신(信)'이야말로 목숨을 잇게 하는 이로움[利]이니 자벌레의 굴신(屈信)이란 일음일양(一陰一陽)-생생(生生)의 도(道)를 좇아야 비롯되는 '이(利)'이다. 일음일양(一陰一陽)-생생(生生)도 굴신(屈信)이고, 만물(萬物)의 생사(生死)도 굴신(屈信)이니 천지(天地)에는 무불리(无不利) 즉 이롭지 않음[不利]이란 없다[無]. 자벌레를 보잘것없다고 폄하(貶下)하지 마라. 척확(尺蠖)은 굴(屈)을 이용하여[以] 신(信)을 얻고[求], 뻗침[信]을 이용하여[以] 굽힘[屈]을 구(求)하는 종천지(從天地) 즉 자연[天地]의 가르침[命]을 본받고[法] 있는 목숨이다. 오로지 굴신(屈信)의 이(利)를 어김[逆]은 인욕(人欲)이라는 사리(私利)에서 비롯될 뿐이다. 왜 자벌레가 보여 주는 굴신(屈信)의 '이(利)는 익(益)'이지만, 인간이 감추고 있는 사리(私利)의 '이(利)는 예(銳)'라고 하는가? 인욕(人欲)의 이(利)는 날카롭고[銳] 무욕(無欲)의 이(利)는 이롭다[益]. 그래서 『노자(老子)』 19장(章)에 '소사과욕(少私寡欲)하라'●² 는 말씀이 나오고, 56장(章)에는 '좌기예(挫其銳)하라'●³ 는 말씀이 나온다. 그래서 척확(尺蠖)의 굴신(屈信)은 온갖 사물(事物)에 미치는 역(易)을 살피고[觀] 새겨[玩] 점(占)쳐 지변(知變)하여 지래(知來)하게 하는 통어(通語)가 된다.

註 1. 척확지굴이구신야(尺蠖之屈以求信也) '자벌레[尺蠖]는[之] 굽힘을[屈] 이용하여[以] 펼침을[信] 얻는 것[求]이다[也].'

註 2. 소사과욕(少私寡欲) '제 몫을[私] 줄여[少] 제 욕심을[欲] 줄여라[寡].'

註 3. 좌기예(挫其銳) '그[其] 날카로움을[銳] 깨부숴라[挫].'

323. 용사(龍蛇)의 칩(蟄)

龍蛇之蟄以存身也^註 역시 굴신(屈信)의 상추(相推)로 말미암은 이생
_{용 사 지 칩 이 존 신 야}
(利生)의 '이(利)'를 뱀[龍蛇]의 겨울잠[蟄]으로 풀이한 것이다.

여기서 용사(龍蛇) 즉 뱀의 칩(蟄)과 경칩(驚蟄)을 굴신(屈信)으로 풀이하여 뱀[龍蛇]을 이생(利生)의 이로움[利]을 보여 주는[垂] 자연의[天地之] 짓[象] 즉 천수상(天垂象)으로 삼고 있다. 용사(龍蛇) 즉 뱀은 더위[署]가 가고[往] 추위[寒]가 오면[來] 땅속으로 들어가 숨고[蟄], 한(寒)이 가고 서(署)가 오면 경칩(驚蟄)하여 땅속에서 나온다. 경칩(驚蟄)이란 땅속에서 추위를 피해 숨어 있음을 그만두고 땅 위로 나오는 놀람[驚]이다. 뱀[蛇]의 '칩(蟄)'은 '굴(屈)'이며 음(陰)이고, 뱀의 경칩(驚蟄)은 '신(信)' 즉 '신(伸)'이며 양(陽)이다. 한서(寒暑)의 왕래(往來)를 본받아[法] 뱀[蛇]이라는 것도 한서(寒暑)의 왕래(往來)를 따라 굴신(屈信)하여 제 몸[身]을 보존한다[存]. 그러니 뱀[蛇]에게 '칩(蟄)-경칩(驚蟄)'이야말로 굴신(屈信)-왕래(往來)의 이로움[利]이다. 자벌레의 굴신(屈信)처럼 용사(龍蛇)의 칩(蟄)-경칩(驚蟄) 또한 일음일양(一陰一陽)-생생(生生)의 도(道)를 좇음이다. 자벌레[尺蠖]처럼 뱀[龍蛇]도 제대로 역리(易理)-역명(易命)을 좇아 제 몸을 보존(保存)하고 생사(生死)를 누리는 것이다. 이처럼 역리(易理)-역명(易命)은 삼라만상(森羅萬象)에 두루 통(通)하고 작용(作用)하여 만물(萬物)이 누리는 이로움[利]이다. 그래서 용사(龍蛇)의 칩(蟄)은 온갖 사물(事物)에 미치는 역(易)을 살피고[觀] 새겨[玩] 점(占)쳐 지변(知變)하여 지래(知來)하게 하는 통어(通語)가 된다.

註 용사지칩이존신야(龍蛇之蟄以存身也) '뱀[龍蛇]은[之] 겨울잠을[蟄] 이용하여[以] 제 몸을[身] 보존하는 것[存]이다[也].'

324. 정의입신(精義入神)의 치용(致用)

精義入神以致用也[⊕]는 함괘(咸卦) 구사(九四)의 효사(爻辭) '동동왕래(憧憧往來) 붕종이사(朋從爾思)'를 완사(玩辭)하여 유만물지정(類萬物之情)할 수 있게 되고, 나아가 온갖 것의[萬物之] 참뜻[情]을 개역(改繹)함이 정의(精義)이고, 그 정의(精義)로 말미암아 이루어지는 깨우침이 입신(入神)이다.

물론 입신(入神)은 완점(玩占)으로 이어진다. 함괘(咸卦) 구사(九四)의 효사(爻辭)를 완사(玩辭)하여 척확지용신(尺蠖之用信)과 용사지존신(龍蛇之存身)의 뜻[義]을 세세히 밝혀[精] 입신(入神)함을 일러 '정의입신(精義入神)'이라고 한 것이다. 정의입신(精義入神)의 '정의(精義)'란 유만물지정(類萬物之情)과 같은 말이다. 정의(精義)의 '정(精)'은 유만물지정(類萬物之情)의 '유(類)'와 같고, 정의(精義)의 '의(義)'는 척확여용사지정(尺蠖與龍蛇之情)과 같다. 척확과[尺蠖與] 용사의[龍蛇之] 참뜻[情]이란 여기서는 척확(尺蠖)의 용신(用信)과 용사(龍蛇)의 존신(存身)을 뜻한다. 말하자면 자벌레[尺蠖]의 굴신(屈信)과 뱀[龍蛇]의 칩(蟄) 즉 동면(冬眠)을 정명(精明)한다면 입신(入神) 즉 신묘(神妙)한 경지(境地)에 들[入] 수 있는 것이다. 입신(入神)은 음양(陰陽)의 이치-가르침[道]을 남김 없이 따름[從]을 뜻하고, 이를 '치용(致用)'이라고 밝힌 것이다. 이는 왕래(往來)-굴신(屈信)의 의의(意義)를 세세히 밝혀[精] 입신(入神)함이란 변화지도(變化之道) 즉 변화의[變化之] 이치-가르침[道]을 남김 없이 활용함[致用]을 뜻한다. 치음양지용(致陰陽之用)을 일러 입신(入神) 즉 신묘지경(神妙之境)으로 들어감[入]이라 하는 것이다. 신묘지경(神妙之境)이란 지변(知變)하여 지래(知來)하는 경지(境地)를 말한다. 그러니 입신(入神)은 화신(化神)과 같은 말이다. '신에[神] 든다[入]-신이[神] 된다[化]'고 함은 변화지도(變化之道)에 통달(通達)함을 말한다. 입신(入神)-화신(化神)의 '신(神)'은 「계사전(繫辭傳) 상(上)」에 나오는 '지변화지도자(知變化之道者) 기지신지소위호(其知神

之所爲乎)'를 상기(想起)하면 된다. '변화(變化)의[之] 이치를[道] 아는[知] 사람[者], 그는[其] 신(神)이[之] 하는[爲] 바를[所] 알 것[知]이야[乎]!' 그러므로 입신(入神)-화신(化神)의 '신(神)'은 곧 '신지소위(神之所爲)'를 줄인 것으로 새기면 된다. 자연[天地]이 행하는 변화(變化)의 짓[象]을 한 글자로 '신(神)'이라고 하는 것이다. 신(神)이[之] 하는[爲] 바[所]를 일컬어 '역(易)-일음일양(一陰一陽)-생생(生生)'이라고 한다. 그러므로 정의입신이치용야(精義入神以致用也)는 변화(變化)의 뜻[義]을 세세히 밝혀[精] 입신(入神)하여, 변화(變化)의 이치-가르침[道]을 남김 없이 쓸[致用] 수 있음이다. 입신(入神)이란 곧 왕래(往來)-굴신(屈信)-음양(陰陽)의 도(道)를 치용(致用)함이다. 그래서 정의입신(精義入神)의 치용(致用)은 온갖 사물(事物)에 미치는 역(易)을 살피고[觀] 새겨[玩] 점(占)쳐 지변(知變)하여 지래(知來)하게 하는 통어(通語)가 된다.

註 정의입신이치용야(精義入神以致用也) '척확지용신(尺蠖之用信)과 용사지존신(龍蛇之存身)을 이용하여[以] 음양의 뜻을[義] 정미하게 밝혀[精] 음양의 신묘한 경지로[神] 들어감은[入] 굴신(屈信)의 활용을[用] 다하려는 것[致]이다[也].'

325. 이용안신(利用安身)의 숭덕(崇德)

利用安身崇德也는 함괘(咸卦) 구사(九四)의 효사(爻辭) '동동왕래(憧憧往來) 붕종이사(朋從爾思)'를 완사(玩辭)하여 척확(尺蠖)과 용사(龍蛇)의 굴신(屈信)을 '유(類)'하게 되면 왕래(往來)-굴신(屈信)의 참뜻[情]을 깨우쳐 '안신(安身)함'을 밝힌 것이다. 굴신지용(屈信之用) 즉 굴신의[屈信之] 씀[用]을 이롭게 한다[利]면 삶이 편안함[安身]을 밝힌 것이 '이용안신(利用安身)'이다. 이용안신(利用安身)에서 '이용(利用)'의 '이(利)'는 순역(順易) 즉 역(易)을 따름[順]을 뜻하고, '용(用)' 또한 이역(以易) 즉 역(易)의 이용[以]을 뜻한다. 여기서 자벌레[尺蠖]가 이굴(以屈) 즉 굽힘[屈]을 이용하여[以] 뻗침[信]을 활용함[用] 역시 이역(以易)의 굴신(屈信)이고, 뱀[龍蛇]이 겨울잠[蟄]을 이용하여[以] 깨어남[驚蟄]을 활용함[用] 또한 이역(以易) 즉 역(易)을 이용한[以] 굴신(屈信)인 것이다. 물론 이역(以易)과 순역(順易)은 같은 말이다. 역(易)을 좇고[順] 이용하는[以] 왕래(往來)-굴신(屈信)이란 일음일양(一陰一陽)-생생(生生)을 뜻함이요 변화(變化)를 뜻함이다. 그러므로 변화(變化)를 이롭게 함이 곧 안신(安身)으로 통한다. 안신(安身)-존신(存身)-보신(保身)-거이(居易) 등은 모두 '이굴신지용(利屈信之用)'을 떠날 수 없음을 '이용안신(利用安身)'이라고 밝힌 것이다. 그리고 굴신지용(屈信之用)을 이롭게 하여[利] 안신(安身)을 '숭덕(崇德)'이라고 밝힌 것이다. 숭덕(崇德)은 숭역(崇易)을 뜻한다고 새겨도 된다. 숭덕(崇德)의 '덕(德)'이란 '통어천지자(通於天地者)' 바로 그것이기 때문이다. 자연[天地]에[於] 통함[通]이 덕(德)이니 그 덕(德)이란 음양지덕(陰陽之德) 즉 역지덕(易之德)이다. 그러므로 숭덕(崇德)이란 왕래(往來)의 이(利)-굴신(屈信)의 이(利) 즉 변화(變化)의 이로움[利]을 숭상(崇尙)함이다. 이러한 숭덕(崇德) 또한 함괘(咸卦) 구사(九四)의 효사(爻辭) '동동왕래(憧憧往來) 붕종이사(朋從爾思)'를 완사(玩辭)하여 유만물지정(類萬物之情)하여 깨우치게 된 것이다. 성인(聖人)의 말씀[辭]인 효사(爻辭)를 새김하여[玩] 새롭게 풀이한다[改繹]면 온갖 것의[萬物之] 참뜻[情]을 견주고 가늠하여[斷] 관변(觀變)하고, 그렇게 하여 지변(知變)하고 지래(知來)할 수 있어 숭덕(崇德)하는 것이다. 그래서 이용안신(利用安身)의 숭덕(崇德)은 온갖 사물(事物)에 미치는 역(易)을 살피고[觀] 새겨[玩] 점(占)쳐 지변(知變)하여 지래(知來)하게 하는 통어(通語)가 된다.

註 이용안신숭덕야(利用安身崇德也) '정의입신(精義入神)을 이용하여[以] 굴신(屈信)의 활용을[用] 이롭게 해[利] 제 몸을[身] 편안히 함은[安] 음양(陰陽)의 덕을[德] 숭상하려는 것[崇]이다[也].'

326. 완사(玩辭)와 숭덕(崇德)

過此以往未之或知也는 굴신(屈信)의 이로움[利]을 활용하여[用] 안신(安身)하게 하는 '숭덕(崇德)하기'를 그르쳐[過] 잊어버리는[往] 경우를 밝히고 있다. 이는 성인(聖人)이 재계(齋戒)하는 연유(緣由)를 헤아리지 못함을 뜻한다. 왜 마음가짐을 청명(淸明)하게 하고[齋], 마음을 더럽힘을 막고[戒] 지성(至誠)으로 완사(玩辭)하는 까닭을 망각(忘却)함을 '과차이왕(過此以往)'이라고 밝힌 것이다. 완사(玩辭)하여 만물지정(萬物之情) 즉 온갖 것의[萬物之] 참뜻[情]을 지성(至誠)으로 '유(類)하여 스스로 개역(改繹)해야' 관변(觀變) 즉 변화(變化)를 살펴[觀] 지변(知變) 즉 변화(變化)를 알아차려[知] 지래(知來) 즉 새로 다가올 것[來]을 알[知] 수 있게 하는 완사(玩辭)에 따른 개역(改繹)을 게을리 하지 말라는 것을 과차이왕(過此以往)이 환기(喚起)시켜 주고 있다. 그래서 '과차이왕미지혹지야(過此以往未之或知也)'라는 밝힘이 『논어(論語)』「자한(子罕)」에 나오는 '열이불역(說而不繹) 종이불개(從而不改) 오미여지하야이의(吾未如之何也已矣)'라는 말씀을 떠올린다[喚起]. 성인(聖人)이 괘효(卦爻)에 매어 둔[繫] 말씀[辭]을 지성(至誠)으로 개역(改繹)함이 없는 완사(玩辭)란 '즐기면서도[說而] 숨은 뜻을 풀이하지 않고[不繹], 졸졸 따르면서도[從而] 새로 고쳐 보지 않는[不改]' 것임을 '과차이왕미지혹지야(過此以往未之或知也)'라고 밝힌 것이다. 숭덕(崇德)을 그르쳐[過] 잊어버림[往]이란 완사(玩辭)하면서도 개역(改繹)하기를 게을리 함이다. 숭덕(崇德)이란 변화(變化)의 이로움[利]을 받들어 높임[崇]이다. 덕(德)이란 곧 '통어천지자(通於天地者)'이니 변화(變化)의 이로움[利]을 베풀고[施] 얻음[得]이다. 그러므로 완사(玩辭)는 필히 숭덕(崇德)으로 이어져야 완사(玩辭)하여 지변(知變)하고 지화(知化)하게 되어 지래(知來)할 수 있는 것이다. 그래서 완사(玩辭)와 숭덕(崇德)은 온갖 사물(事物)에 미치는 역(易)을 살피고[觀] 새겨[玩] 점(占)쳐 지변(知變)

하여 지래(知來)하게 하는 통어(通語)가 된다.

註 1. 과차이왕미지혹지야(過此以往未之或知也) '숭덕(崇德)하기를[此] 그르쳐서[過以] 잊어버리면[往] 그르쳤음을[之] 간혹[或] 알지[知] 못하는 것[未]이다[也].'

註 2. 법어지언능무종호(法語之言能無從乎) 개지위귀(改之爲貴) 손여지언능무열호(巽與之言能無說乎) 역지위귀(繹之爲貴) 열이불역(說而不繹) 종이불개(從而不改) 오미여지하야이의(吾未如之何也已矣) '바른말을[法語之言] 좇지 않을 수 있을 것[能無從]인가[乎]? 바른말을[之] 고쳐 봄이[改] 소중한 것[貴]이다[爲]. 완곡한 말을[巽與之言] 즐기지 않을 수 있을 것[能無說]인가[乎]? 완곡한 말을[之] 풀이함이[繹] 소중한 것[貴]이다[爲]. 즐기면서[說而] 풀이하지 않고[不繹] 따르면서[從而] 고치지 않는다면[不改] 나도[吾] 어떻게도[如之何也] 마무리하지 못할[未] 뿐이다[已矣].' 법어지언(法語之言)은 바른말[正言]이고, 손여지언(巽與之言)은 완곡(婉曲)한 말이다. 역(繹)은 숨은 뜻을 찾아내 풀이함을 뜻한다.

327. 궁신(窮神)과 지화(知化) (1)

窮神知化德之盛也^註에서 '궁신지화(窮神知化)'는 '숭덕(崇德)'을 풀이하고 있다. 숭덕(崇德)은 곧 궁신(窮神)으로 이어지고, 궁신(窮神)은 지변(知變)-지화(知化)로 이어지고, 지화(知化)는 곧 지래(知來)로 이어지는 것이다. 물론 지래(知來)하자면 무엇보다 먼저 재계(齋戒)하고 지성(至誠)으로 완사(玩辭)해야 한다. 그러므로 궁신(窮神)은 변화지도(變化之道)를 궁구(窮究)함이다. 변화(變化)의[之] 이치[道]를 남김 없이[窮] 살펴내야[究] 완점(玩占)할 수 있다. 이를 '지화(知化)'라 한다. 물론 지화(知化)는 지변(知變)으로부터 비롯된다. '지변(知變)-지화(知化)'는 지래(知來)로 이어진다. 이러한 지래(知來)는 성덕(盛德) 즉 덕지성(德之盛)을 떠날 수 없는 것이다. 덕(德)이란 '통어천지자(通於天地者)'이기 때문이다. '자연[天地]에[於] 통함[通]' 즉 덕(德)을 쌓아야[盛] 다가올 것[來]을 알[知] 수 있는 것이다. 그러므로 궁신지화(窮神知化)란 지래(知來)를 뜻함이고, 이를 덕지성(德之盛)이라고 밝힌 것이다. 자연이 하는 짓[神]이야말로 덕(德)으로 드러남을 명심(銘心)해야 한다. 앞서 살핀 정의입신(精義入神)의 치용(致用)-이용안신(利用安身)의 숭덕(崇德)-궁신지화(窮神知化)의 덕지성(德之盛) 등은 모두 함괘(咸卦) 구사(九四)의 효사(爻辭) '동동왕래(憧憧往來) 붕종이사(朋從爾思)'를 지성(至誠)으로 완사(玩辭)하여 유만물지정(類萬物之情)으로 개역(改繹)하여 즐겨[說] 누리게[遊] 된 것이다. 말하자면 성인(聖人)이 함괘(咸卦) 구사(九四)에 매어 둔[繫] 말씀[辭]인 '동동왕래(憧憧往來) 붕종이사(朋從爾思)'를 지성(至誠)으로 새겨[玩] 헤아리고[擬] 따져[議] 가늠하여[斷] 정의(精義)하게 되고, 입신(入神)하게 되고, 이용(利用)하게 되고, 안신(安身)하게 되어 궁신(窮神)하여 지화(知化)하게 되고, 따라서 지래(知來)하게 되는 것이다. 그래서 궁신(窮神)과 지화(知化)는 온갖 사물(事物)에 미치는 역(易)을 살피고[觀] 새겨[玩] 점(占)쳐 지변(知變)하여 지래(知來)하게 하는 통어(通語)가 된다.

> **註** 궁신지화덕지성야(窮神知化德之盛也) '자연이 변화하게 하는 짓을[神] 더없이 살펴 내[窮] 변해서 새로 됨을[化] 알아차림은[知] 덕(德)의[之] 쌓임[盛]이다[也].'

328. 동(同)과 수도(殊塗)

天下同歸而殊塗라. '온 세상이[天下] 돌아감을[歸] 같이해도[同而] 길을[塗] 달리한다[殊].'
_{천 하 동 귀 이 수 도}

이 말씀은 함괘(咸卦:䷞) 구사(九四)의 효사(爻辭) '동동왕래(憧憧往來) 붕종이사(朋從爾思)'를 새기고[玩] 견색(見賾)하여 개역(改繹)한 자왈(子曰)이다. 함괘(咸卦) 구사(九四)의 효사(爻辭)를 완사(玩辭)한다면 온 세상 사람들이 '수도(殊塗)하지만 동귀(同歸)함을 깨우칠 수 있음'을 밝혀 주고 있다. 이러한 밝힘은 '동동왕래(憧憧往來) 붕종이사(朋從爾思)'로 마주하고 스스로 새겨[玩]

헤아린다[擬]면 천하지정(天下之情)을 새롭게 살펴 새기고 헤아려 따져 보고 가늠해 볼 수 있음을 일깨워 준다. 온 세상의[天下之] 정(情)이란 온 세상에서 두루 걸림 없이 통하는 참뜻[情]을 말한다. 죽음[死]-상도(常道)-상덕(常德)-상선(上善)-인의(仁義) 등이 곧 천하지정(天下之情)이다. 저마다 살아가는 길이 달라도 즉 '수도(殊塗)'일지라도 누구나 천하지정(天下之情)으로 '동귀(同歸)' 즉 다같이[同] 돌아오게[歸] 마련이다. 이러한 천하지정(天下之情)은 동동왕래(憧憧往來)의 정(情)이고 거짓[僞]이란 없는[無] 참뜻[情]이라면 누구나 '붕종이사(朋從爾思)'를 이룰[成] 수 있음이다. '벗이[朋] 너의[爾] 생각을[思] 좇으리라[從].' 그러므로 '동(同)-수(殊)' 즉 '같음[同]과 다름[殊]'을 둘로 보지 마라 함이다. 동수(同殊)가 상생(相生)하고 상수(相隨)하며 상형(相形)하고 상경(相傾)함을 새겨[玩] 헤아려[擬] 가늠하라[斷]고 함이 동귀이수도(同歸而殊塗)이다. 그래서 동(同)과 수(殊)는 온갖 사물(事物)에 미치는 역(易)을 살피고[觀] 새겨[玩] 점(占)쳐 지변(知變)하여 지래(知來)하게 하는 통어(通語)가 된다.

329. 굴(屈)과 신(信)

屈信相感而利生焉이라. '굽힘과[屈] 펼침이[信] 서로[相] 느껴서[感而] 이에 이로움이[利] 생겨나는 것[生]이다[焉].'

이 말씀 또한 함괘(咸卦 : ䷞) 구사(九四)의 효사(爻辭) '동동왕래(憧憧往來) 붕종이사(朋從爾思)'를 새기고[玩] 견색(見賾)하여 개역(改繹)한 자왈(子曰)이다. 함괘(咸卦) 구사(九四)의 효사(爻辭)를 완사(玩辭)한다면 즉 성인(聖人)이 효(爻)에 매어 둔[繫] 말씀[辭]을 새겨[玩] 헤아린다[擬]면 '왕자굴야(往者屈也) 내자신야(來者信也)'를 새기고[玩] 헤아려[擬] '굴신상감(屈信相感)'이 '이생(利

生)함'을 깨우치게 된다는 것이다. 이는 '왕래(往來)의 참뜻[情]'을 '굴신(屈信)'으로 유(類)함 즉 비교(比較)하여 품별(品別)한 것이다. 일월(日月)이 왕래(往來)하여 밝음[明]이 생기고[生], 한서(寒暑)가 왕래(往來)하여 세월[歲]이 생김[成]이 왕래(往來) 즉 굴신(屈信)으로 말미암은 '참뜻[情]'임을 관변(觀變)하게 된 것 역시 함괘(咸卦) 구사(九四)의 효사(爻辭)를 완사(玩辭)하여 이루진 천하지정(天下之情)이다. 여기서 왕래(往來)-굴신(屈信)-생생(生生)-일음일양(一陰一陽)이 모두 역(易) 즉 변화(變化)를 뜻한다. 말하자면 음양(陰陽)의 왕래(往來)-굴신(屈信)이 없다면 아무것도 생성(生成)되지 않음이다. 왕자(往者)는 가는 것이고 물러감이며 사라져 감이다. 이를 한 글자로 굽힘[屈]이라 한다. 내자(來者)는 오는 것이고 다가옴이며 나타남이다. 이를 한 글자로 폄[信]이라 한다. 그래서 왕래(往來)를 풀이하여 굴신(屈信)이라 한다. 굴신(屈信)의 '신(信)'은 여기서는 '믿을 신(信)'이 아니라 '뻗칠 신(伸)'과 같다. 왕래(往來)-궁변(窮變)이 같은 말이듯이 굴신(屈信)-굴신(屈伸)은 같은 말이다. 굽힘[屈]이 뻗침[信]을 좇고[從], 뻗침[信]이 굽힘[屈]을 좇음[從]이라는 것도 함괘(咸卦) 구사(九四)의 효사(爻辭)인 '붕종이사(朋從爾思)'를 완사(玩辭)하여 관변(觀變)한 것이다. 굽힘[屈]과 뻗침[信]이 다르지만[殊] 같고[同], 감[往]과 옴[來]이 수(殊)이지만 동(同)이기 때문에 음양(陰陽)-귀신(鬼神)-강유(剛柔)-인의(仁義)가 '굴신(屈伸)으로 상감(相感)하는 붕(朋)'이지 '상쟁(相爭) 즉 서로[相] 견주는[爭] 대(對)'가 아니라는 깨우침 역시 함괘(咸卦) 구사(九四)의 효사(爻辭)를 완사(玩辭)하여 얻어진 관변(觀變)이다. 음(陰)이 오면[來] 양(陽)이 가야[往] 생생(生生)하고 변화(變化)한다. 양(陽)이 굽히면[屈] 음(陰)이 뻗치고[信], 음(陰)이 뻗치면[信] 양(陽)이 굽혀야[屈] 생생(生生)하고 변화(變化)한다. 이처럼 굴신(屈信)은 음양(陰陽)-귀신(鬼神)이 변화(變化)하게 하는 짓[象]을 풀이해 준다. 위에서 아래로 뻗치는[信] 힘[氣]을 양(陽)-신(神)이라 하고, 아래에서 위로 굽히는[屈] 기(氣)를 음(陰)-

귀(鬼)라 하며, 신(神)을 좇음[從]을 '솔신(率神)'이라 하고, 귀(鬼)를 종(從)함을 '거귀(居鬼)'라 한다. 그래서 굴(屈)과 신(信)은 온갖 사물(事物)에 미치는 역(易)을 살피고[觀] 새겨[玩] 점(占)쳐 지변(知變)하여 지래(知來)하게 하는 통어(通語)가 된다.

330. 정의(情義)와 입신(入神)

精義入神以致用也라. '자벌레[尺蠖]의 굴신(屈信)을 이용하여[以] 음
_{정 의 입 신 이 치 용 야}
양의 뜻을[義] 정미하게 밝혀[精] 음양의 신묘한 경지로[神] 들어감은[入] 굴신(屈信)의 활용을[用] 다하려는 것[致]이다[也].'

이 말씀 또한 함괘(咸卦 : ䷞) 구사(九四)의 효사(爻辭) '동동왕래(憧憧往來) 붕종이사(朋從爾思)'를 새기고[玩] 견색(見賾)하여 개역(改繹)한 자왈(子曰)이다. 함괘(咸卦) 구사(九四)의 효사(爻辭) '동동왕래(憧憧往來) 붕종이사(朋從爾思)'를 완사(玩辭)하여 유만물지정(類萬物之情)할 수 있음을 다시금 밝힌 자왈(子曰)이다. 온갖 것의[萬物之] 참뜻[情]을 개역(改繹)함이 정의(精義)이고, 그 정의(精義)로 말미암아 이루어지는 깨우침이 입신(入神)이다. 그러므로 정의(情義)란 전수(傳受)되는 뜻[義]이 아니다. 입신(入神)이란 변화하게 하는 힘[神]을 활용하는 경지로 들어감[入]이다. 정의(情義)를 버린 입신(入神)이란 없다. 정의(情義)라야 입신(入神)으로 이어지고, 입신(入神)이라야 완점(玩占) 즉 복문(卜問)하기[占]를 나름대로 새길[玩] 수 있는 것이다. 함괘(咸卦) 구사(九四)의 효사(爻辭)를 완사(玩辭)하여 자벌레(尺蠖)가 굴신(屈信)해야 생존할 수 있다는 뜻[義]을 세세히 밝혀[精] 입신(入神)함을 일러 '정의입신(精義入神)'이라 한다. 정의입신(精義入神)의 '정의(精義)'란 유만물지정(類萬物之情)과 같은 말이다. 정의(精義)의 '정(精)'은 유만물지정(類萬物

463

之情)의 '유(類)'와 같고, 정의(精義)의 '의(義)'는 척확(尺蠖)이 보여 주는 굴신(屈信)의 참모습(情)과 같다. 입신(入神)은 음양(陰陽)의 이치-가르침[道]을 남김 없이 따름[從]을 뜻한다. 이는 왕래(往來)-굴신(屈信)의 의의(意義)를 세세히 밝혀[精] 입신(入神)함이란 변화지도(變化之道) 즉 변화의(變化之)이치-가르침[道]을 남김 없이 활용함[致用]을 뜻한다. 치음양지용(致陰陽之用)을 일러 입신(入神) 즉 신묘지경(神妙之境)으로 들어감[入]이라 하는 것이다. 신묘지경(神妙之境)이란 지변(知變)하여 지래(知來)하는 경지(境地)를 말한다. 그러니 입신(入神)은 화신(化神)과 같은 말이다. '신에[神] 든다[入]-신이[神] 된다[化]'고 함은 변화지도(變化之道)에 통달(通達)함을 말한다. 입신(入神)-화신(化神)의 '신(神)'은 '지변화지도자(知變化之道者) 기지신지소위호(其知神之所爲乎)'를 상기(想起)하면 된다. '변화(變化)의[之] 이치를[道] 아는[知] 사람[者], 그는[其] 신(神)이[之] 하는[爲] 바를[所] 알 것[知]이야[乎]!' 그러므로 입신(入神)-화신(化神)의 '신(神)'은 곧 '신지소위(神之所爲)'를 줄인 것으로 새기면 된다. 자연[天地]이 행하는 변화(變化)의 짓[象]을 한 글자로 '신(神)'이라 하는 것이다. 신(神)이[之] 하는[爲] 바[所]를 일컬어 '역(易)-일음일양(一陰一陽)-생생(生生)'이라고 한다. 그러므로 정의입신이치용야(精義入神以致用也)는 변화(變化)의 뜻[義]을 세세히 밝혀[精] 입신(入神)하여 변화(變化)의 이치-가르침[道]을 남김 없이[致] 쓸[用] 수 있음이다. 그러니 입신(入神)이란 곧 왕래(往來)-굴신(屈信)-음양(陰陽)의 도(道)를 치용(致用)함이다. 그래서 정의(情義)와 입신(入神)은 온갖 사물(事物)에 미치는 역(易)을 살피고[觀] 새겨[玩] 점(占)쳐 지변(知變)하여 지래(知來)하게 하는 통어(通語)가 된다.

331. 안신(安身)과 숭덕(崇德)

　　利用安身以崇德也라. '정의입신(精義入神)을 이용하여[以] 굴신(屈信)
　　　이용안신이숭덕야
의 활용을[用] 이롭게 해[利] 제 몸을[身] 편안히 함은[安] 음양(陰陽)의 덕을
[德] 숭상하려는 것[崇]이다[也].'

　　이 말씀 역시 함괘(咸卦 : ䷞) 구사(九四)의 효사(爻辭) '동동왕래(憧憧往來)
붕종이사(朋從爾思)'를 새기고[玩] 견색(見賾)하여 개역(改繹)한 자왈(子曰)이
다. 함괘(咸卦) 구사(九四)의 효사(爻辭) '동동왕래(憧憧往來) 붕종이사(朋從爾
思)'를 완사(玩辭)하여 유만물지정(類萬物之情)하여 '안신(安身)함'이 곧 '숭덕
(崇德)함'임을 깨우친 것임을 보여 준다. 이용안신(利用安身)에서 '이용(利用)'
의 '이(利)'는 순역(順易) 즉 역(易)을 따름[順]을 뜻하고 '용(用)' 또한 이역(以
易) 즉 역(易)의 이용[以]을 뜻한다. 여기서 자벌레[尺蠖]가 이굴(以屈) 즉 굽
힘[屈]을 이용하여[以] 뻗침[信]을 활용함[用] 역시 이역(以易)의 굴신(屈信)인
것이다. 물론 이역(以易)과 순역(順易)은 같은 말이다. 역(易)을 좇고[順] 이
용하는[以] 왕래(往來)-굴신(屈信)이란 일음일양(一陰一陽)-생생(生生)을 뜻함
이요 변화(變化)를 뜻함이다. 그러므로 변화(變化)를 이롭게 함이 곧 안신
(安身)으로 통한다. 안신(安身)-존신(存身)-보신(保身)-거이(居易) 등은 모두
'이굴신지용(利屈信之用)'을 떠날 수 없음을 '이용안신(利用安身)'이라고 밝힌
것이다. 그리고 굴신지용(屈信之用)을 이롭게 하여[利] 안신(安身)을 '숭덕(崇
德)'이라고 밝힌 것이다. 숭덕(崇德)은 숭역(崇易)을 뜻한다고 새겨도 된다.
숭덕(崇德)의 '덕(德)'이란 '통어천지자(通於天地者)' 바로 그것이기 때문이다.
자연[天地]에[於] 통함[通]이 덕(德)이니, 그 덕(德)이란 음양지덕(陰陽之德) 즉
역지덕(易之德)이다. 그러므로 숭덕(崇德)이란 왕래(往來)의 이(利)-굴신(屈信)
의 이(利) 즉 변화(變化)의 이로움[利]을 숭상(崇尙)함이다. 그래서 안신(安身)
과 숭덕(崇德)은 온갖 사물(事物)에 미치는 역(易)을 살피고[觀] 새겨[玩] 점

465

(占)쳐 지변(知變)하여 지래(知來)하게 하는 통어(通語)가 된다.

332. 궁신(窮神)과 지화(知化) (2)

窮神知化德之盛也라. '자연이 변화하게 하는 짓을[神] 더없이 살펴
　궁 신 지 화 덕 지 성 야
내[窮] 변해서 새로 됨을[化] 알아차림은[知] 덕(德)의[之] 쌓임[盛]이다[也].'

이 말씀 역시 함괘(咸卦 : ䷞) 구사(九四)의 효사(爻辭) '동동왕래(憧憧往來)
붕종이사(朋從爾思)'를 새기고[玩] 견색(見賾)하여 개역(改繹)한 자왈(子曰)이
다. 함괘(咸卦) 구사(九四)의 효사(爻辭) '동동왕래(憧憧往來) 붕종이사(朋從爾
思)'를 완사(玩辭)하여 유만물지정(類萬物之情)하여 '안신(安身)함'이 곧 '숭덕
(崇德)함'임을 깨우친 것임을 보여 준다. '궁신지화(窮神知化)'는 '숭덕(崇德)'
을 풀이하고 있다. 숭덕(崇德)은 곧 궁신(窮神)으로 이어지고, 궁신(窮神)은
지변(知變)-지화(知化)로 이어지고, 지화(知化)는 곧 지래(知來)로 이어지는
것이다. 물론 지래(知來)하자면 무엇보다 먼저 재계(齋戒)하고 지성(至誠)으
로 완사(玩辭)하여 완점(玩占)해야 한다. 그러므로 '궁신(窮神)'은 변화지도
(變化之道)를 궁구(窮究)함이다. 변화(變化)의[之] 이치[道]를 남김 없이[窮] 살
펴 내야[究] 완점(玩占)할 수 있다. 이를 '지화(知化)'라 한다. 물론 지화(知化)
는 지변(知變)으로부터 비롯된다. '지변(知變)-지화(知化)'는 지래(知來)로 이
어진다. 이러한 지래(知來)는 성덕(盛德) 즉 덕지성(德之盛)을 떠날 수 없는
것이다. 덕(德)이란 '통어천지자(通於天地者)'이기 때문이다. '자연[天地]에[於]
통함[通] 즉 덕(德)을 쌓아야[盛] 다가올 것[來]을 알[知] 수 있는 것이다. 그
러므로 궁신지화(窮神知化)란 지래(知來)를 뜻함이고, 이를 덕지성(德之盛)이
라고 밝힌 것이다. 자연[天地]이 변화하게 하는 짓[神]이야말로 덕(德)으로
드러남을 명심(銘心)해야 한다. 그래서 궁신(窮神)과 지화(知化)는 온갖 사물

(事物)에 미치는 역(易)을 살피고[觀] 새겨[玩] 점(占)쳐 지변(知變)하여 지래(知來)하게 하는 통어(通語)가 된다.

333. 효사(爻辭)와 완사(玩辭)

64괘(卦) 중에서 47번째인 곤괘(困卦) 육삼(六三)에 '곤우석(困于石) 거우질려(據于蒺藜) 입우기궁(入于其宮) 불견기처(不見其妻) 흉(凶)'이라는 효사(爻辭)가 매어 있다[繫]. 이 말씀[辭]은 작역(作易)한 성인(聖人)이 곤괘(困卦) 육삼(六三)의 효상(爻象)을 본받아[效] 육삼(六三)의 효(爻)에 매어 둔[繫] 말씀[言]이다. 효사(爻辭)의 '사(辭)'는 논란(論難)하라는 '어(語)'가 아니라 직언(直言)하라는 '언(言)'이며 시구(詩句)와 같은 사구(辭句)이다. 사구(辭句)란 요샛말로 하자면 '표현(表現 : expression)'과 같은 말이다. 논란(論難)이란 남[人]과 더불어 시비(是非)를 변별(辨別)함이고, 직언(直言)이란 자명(自明)하라고 함이다. 즉 스스로[自] 뜻[意]을 찾아내[見] 밝히려는[明] 마음 가는 바[志]가 효사(爻辭)를 마주해야 한다. 효사(爻辭)의 '사(辭)'는 스스로[自] 살펴[觀] 새기고[玩] 헤아려[擬] 따져[議] 스스로[自] 가늠하여[斷] 터득해[覺] 깨우치라[悟]는 말[言]이다. 효사(爻辭)를 논란(論難)의 어구(語句)로 대하면 효사(爻辭)와 결코 교밀(交密)할 수 없다. 효사(爻辭)를 오로지 직언(直言)의 사구(辭句)로 마주하고 새겨야 효사(爻辭)와 상통(相通)하여 교밀(交密)할 수 있다. 그래서 효사(爻辭)는 하나의 시편(詩篇)과 같다. 그러므로 예를 들자면 곤괘(困卦) 육삼(六三)의 효사(爻辭) '곤우석(困于石) 거우질려(據于蒺藜) 입우기궁(入于其宮) 불견기처(不見其妻) 흉(凶)'을 오행(五行)의 시편(詩篇)으로 삼아 만나야 곤괘(困卦) 육삼(六三)의 효사(爻辭)를 새겨[玩] 완점(玩占)할 수 있는 것이다. 그러므로 곤우석(困于石)의 '곤(困)'은 '곤궁할 궁(窮)'과 같고, '우(于)'는 '같을 여

467

(如)'와 같아 '곤우석(困于石)'을 '곤여석(困如石)'으로 여기고 '곤궁하기가[困] 단단한 돌과[石] 같다[于]'라고 옮기는 것으로 완사(玩辭)가 만족되는 것은 결코 아니다. 완사(玩辭)는 늘 『논어(論語)』「자한(子罕)」에 나오는 '열이불역(說而不繹) 종이불개(從而不改)'라는 자왈(子曰)을 천착(穿鑿)하게 한다. 완사(玩辭)의 '완(玩)'은 '즐기고[說] 좇기만[從] 하라'라고 함이 아니다. 완사(玩辭)의 '완(玩)'은 열(說)하되 숨은 뜻을 찾아내 풀이하고[繹], 종(從)하되 다시 새로 하기[改]를 늘 요구한다. 효사(爻辭)의 '사(辭)'는 완사(玩辭)하라 할 뿐이지 열사(說辭)-종사(從辭)하기를 요구하지 않는다. 효사(爻辭)는 지성(至誠)으로 완사(玩辭)하기를 요구한다. 그래야 효사(爻辭)로 말미암아 완점(玩占)하여 지래(知來)할 수 있기 때문이다. 그래서 효사(爻辭)와 완사(玩辭)는 온갖 사물(事物)에 미치는 역(易)을 살피고[觀] 새겨[玩] 점(占)쳐 지변(知變)하여 지래(知來)하게 하는 통어(通語)가 된다.

🈑 열이불역(說而不繹) 종이불개(從而不改) 오미여지하야이의(吾未如之何也已矣) '좋아만 하고서[說而] 숨은 뜻을 풀이하지 않고[不繹], 좇기만 하고[從而] 새로 고치려 하지 않는다면[不改] 나도[吾] 어찌[如之何] 할 수 없는 것[未]일[也] 뿐이다[已矣].'

334. 곤우석(困于石)의 곤(困)

非所困而困焉 名必辱이라. '곤란할[困] 바가[所] 아닌 것[非]인데[而] 곤란한 것[困]이니[焉] 이름이[名] 반드시[必] 욕된다[辱].'

이 말씀 역시 곤괘(困卦) 육삼(六三)의 효사(爻辭) '곤우석(困于石)의 흉(凶)함'을 새겨[玩] 견색(見賾)하고 신사(神思)하여 개역(改繹)한 자왈(子曰)이다. 명필욕(名必辱)은 비소곤이곤언(非所困而困焉)을 유(類)한 다음 헤아려[擬] 따져[議] 가늠한[斷] 것이다. 물론 비소곤이곤언(非所困而困焉)은 곤괘(困卦) 육삼(六三)의 효사(爻辭) '곤우석(困于石)의 흉(凶)함'을 공자(孔子)가 개역(改繹)한 것이라고 해서 '곤우석(困于石)의 흉(凶)함'을 반드시 공자(孔子)를 따라 비소곤이곤언(非所困而困焉)이라고 암기(暗記)해야 한다는 것은 아니다. 다만 공자(孔子)가 완사(玩辭)하여 개역(改繹)해 둔 하나의 실례(實例)로 여기면 된다. 그러니 '곤우석(困于石)의 흉(凶)함'이라는 효사(爻辭)는 저마다 나름대로 개역(改繹)하라고 요구하는 사구(辭句)일 뿐이다. 그래서 '곤우석(困于石)'이라는 효사(爻辭)는 『대학(大學)』에 나오는 '필신기독(必慎其獨) 필성기의(必誠其意)'를 떠올리게 한다. 반드시[必] 제[其] 자신을[獨] 삼가고[慎], 반드시[必] 제[其] 마음속을[意] 정성스레 한다[誠]면 왜 '곤우석(困于石)'과 같은 흉사(凶事)를 당하겠는가? 돌다리도 두들겨 보고 건너라. 이런 속담은 곧 '곤우석(困于石)'을 완사(玩辭)하여 개역(改繹)해서 비롯된 깨우침이라고 여겨도 될 터이다. 제 자신을 가볍게 하고 함부로 하면 돌부리에 채여 넘어지는[困于石] 흉(凶)한 꼴[像]을 당하고 마는 것이 일상(日常)의 삶이다. 경망스러워 불성(不誠)한 삶이란 추(醜)하고 더럽기[陋] 쉽다. 곤궁할[困] 바가[所] 아닌 것[非]인데도 곤궁(困窮)한 지경에 빠지고 마는 어리석음을 범하지 말라고 '곤우석(困于石)의 흉(凶)함'이 우리 모두에게 짓[象]해 준다. 그래서 곤우석(困于石)의 곤(困)은 온갖 사물(事物)에 미치는 역(易)을 살피고[觀] 새겨[玩] 점(占)쳐 지변(知變)하여 지래(知來)하게 하는 통어(通語)가 된다.

335. 소징(小懲)과 대계(大誡)

小懲而大誡 此小人之福이라. '작게[小] 벌 받고[懲] 크게[大] 삼감[大誡], 이것이[此] 소인의[小人之] 복(福)이다.'
소 징 이 대 계 차 소 인 지 복

이 말씀은 64괘(卦) 중에서 21번째인 서합괘(噬嗑卦 : ䷔) 초구(初九)의 효사(爻辭)인 '이교(履校) 멸지(滅趾) 무구(无咎)'[1]를 새겨[玩] 견색(見賾)하고 신사(神思)하여 개역(改繹)한 자왈(子曰)이다. 이 자왈(子曰)은 '작게 벌 받고[小懲] 크게 삼감[大誡]'이 왜 소인의[小人之] 복(福)이라고 하는지 자문(自問)하게 한다. 작게[小] 벌 받고[懲] 크게[大] 삼가 조심한다[誡]면 오형(五刑)[2]을 면할 수 있기 때문이다. 소징(小懲)의 '소(小)'는 여기선 '작다'는 뜻도 되지만 '몸[體]'을 뜻하기도 하고, 대계(大誡)의 '대(大)'는 여기선 '크다'는 뜻도 되지만 '마음[心]'을 뜻하기도 한다. 체벌(體罰)을 받음이 소징(小懲)이고, 체벌(體罰)을 받고 삼가 조심하는 심중(心中)이 대계(大誡)이다. 벌(罰)을 받고 취불인(恥不仁)-외불의(畏不義) 즉 불인(不仁)을 부끄러워하게 되고[恥], 불의(不義)를 두려워하게 됨[畏]이 곧 '대계(大誡)'이다. 군자(君子)는 성인(聖人)을 본받아[效] 스스로 재계(齋戒)'[3]하지만 소인(小人)은 성인(聖人)을 얕보고[狎] 스스로 재계(齋戒)하지 않고 자시(自是)-자벌(自伐)-자만(自慢)한다. '계(戒)'는 스스로 미리미리 삼가 조심함이고, '계(誡)'는 형벌(刑罰)이나 경고(警告)나 훈계(訓戒)를 받고 나서야 겨우 조심하게 됨이다. 성인(聖人)을 본받아[效] 군자(君子)는 재계(齋戒)하지만 소인(小人)은 징벌(懲罰)을 받고 나서야 마지못해 경계(警誡)한다. 그 까닭은 『논어(論語)』「안연(顔淵)」에 나오는 '군자성인지미(君子成人之美) 불성인지악(不成人之惡) 소인반시(小人反是)'[4]와 『중용(中庸)』 2편(篇) 첫머리에 나오는 '군자지중용야군자이시중(君子之中庸也君子而時中) 소인지중용야소인이무기탄야(小人之中庸也小人而無忌憚也)'[5]를 환기(喚起)한다면 분명해진다. 그래서 소징(小懲)과 대계(大誡)는 온갖 사물(事物)에 미치는 역(易)을 살피고[觀] 새겨[玩] 점(占)쳐 지변(知變)하여 지래(知來)하게 하는 통어(通語)가 된다.

註 1. 이교(履校) 멸지(滅趾) 무구(无咎) '고랑을[校] 발목에 채워[履] 발꿈치를[趾] 잘라내도[滅] 허물이[咎] 없다[无].'

註 2. 오형(五刑) 묵(墨)-의(劓)-비(剕)-궁(宮)-대벽(大辟)을 오형(五刑)이라 한다. 얼굴의 살갗을 찢어 범한 죄(罪)를 글자로 새겨 먹물을 넣는 자자(刺字)의 형벌(刑罰)이

묵(墨)이다. 코를 베는 형벌이 의(劓)이다. 발이 잘리는 형벌이 비(剕)이다. 성범죄를 범해 불알을 까는 형벌이 궁(宮)이다. 죽임 즉 사형(死刑)이 대벽(大辟)이다.

註 3. 재계(齋戒) 무욕(無欲)하려는 마음 가는 바[志]를 '제(齊)'라 하고, 환란(患亂)을 미리 막아 버리는 '지(志)'를 '계(戒)'라 한다. 그래서 '계(戒)'를 '방환(防患)'이라고 한다.

註 4. 군자성인지미(君子成人之美) 불성인지악(不成人之惡) 소인반시(小人反是) '군자는[君子] 남들의[人之] 선미를[美] 이루게 하고[成], 남들의[人之] 사악한 짓을[惡] 짓지 못하게 하지만[不成], 소인은[小人] 그 반대이다[反是].'

註 5. 군자지중용야군자이시중(君子之中庸也君子而時中) 소인지중용야소인이무기탄야(小人之中庸也小人而無忌憚也) '군자의[君子之] 중용(中庸)이라는[也] 것은 군자(君子)로서[而] 때에[時] 맞게 하지만[中], 소인의[小人之] 중용(中庸)이라는[也] 것은 소인(小人)한테는[而] 거리낌이[忌憚] 없다는 것[無]이다[也].'

336. 부적선(不積善)과 불성명(不成名)

善不積不足以成名이라. '선함을[善] 쌓지 않는[不積]다면[以] 이름을[名] 이룰[成] 리 없다[不足].'

이 말씀은 64괘(卦) 중에서 21번째인 서합괘(噬嗑卦 : ䷔) 상구(上九)의 효사(爻辭)인 '하교(何校) 멸이(滅耳) 흉(凶)'을 새겨[玩] 견색(見賾)하고 신사(神思)하여 개역(改繹)한 자왈(子曰)이다. 이 말씀은 소인(小人)의 삶을 밝힌 것이다. 적선(積善)의 삶 즉 선(善)을 쌓는[積] 삶이란 성덕(盛德) 즉 덕(德)을 쌓는[盛] 삶과 같다. 적선(積善)-성덕(盛德)-화신(化神) 등은 다 뜻이 같은 말씀이다. 군자(君子)는 적선(積善)의 삶을 누리고 소인(小人)은 적선(積善)의 삶을 얕보고 비웃고 멀리한다. 그래서 군자(君子)는 온 세상에 성명(成名)을 누리게 되고, 소인(小人)은 성명(成名)을 누릴 수 없게 된다. 성명(成名)-존명(尊名) 등은 같은 말이고, 숨기거나 감출 것 없이 떳떳이 살아감을 일러 '성명(成名)'이라 한다. 그래서 '이적선(以積善)하면 족성명(足成名)한다'라고 하고, '이부적선(以不積善)하면 부족성명(不足成名)한다'라고 하는 것이다.
'선(善) 쌓기를[積] 한다면[以] 이름을[名] 이룰[成] 수 있다[足].' 이는 군자(君子)의 삶으로 통한다. 그러나 '선을[善] 쌓지 않는[不積]다면[以] 이름을[名] 이룰[成] 수 없다[不足].' 이는 소인(小人)의 삶으로 통한다. 군자(君子)의 삶은 길(吉)할 수 있고 소인(小人)의 삶은 결국 흉(凶)하게 되고 마는 것이다. 그래서 부적선(不積善)과 불성명(不成名)은 온갖 사물(事物)에 미치는 역(易)을 살피고[觀] 새겨[玩] 점(占)쳐 지변(知變)하여 지래(知來)하게 하는 통어(通語)가 된다.

註 하교(何校) 멸이(滅耳) 흉(凶) '고랑을[校] 목에 찼다[何]. 귀를[耳] 잘렸다[滅]. 흉하다[凶].'

337. 부적악(不積惡)과 불멸신(不滅身)

惡不積不足以滅身이라. '악함을[惡] 쌓지 않는[不積]다면[以] 제 몸을[身] 망칠[滅] 리 없다[不足].'

이 말씀도 64괘(卦) 중에서 21번째인 서합괘(噬嗑卦 : ䷔) 상구(上九)의 효사(爻辭)인 '하교(何校) 멸이(滅耳) 흉(凶)'을 새겨[玩] 견색(見賾)하고 신사(神思)하여 개역(改繹)한 자왈(子曰)이다. 이 자왈(子曰)은 군자(君子)의 삶을 밝힌 것이다. 불이적악(不以積惡)의 삶은 곧 적선(積善)의 삶으로 통한다. 악(惡)을 쌓지[積] 않으면 곧 적선(積善)으로 통하기 때문이다. 군자(君子)는 적악(積惡)의 삶을 결코 범하지 않는다. 군자(君子)는 대명(待命)하여 거이(居易)하기 때문이다. 무사(無私)-무욕(無欲)한 숭덕(崇德)의 삶을 거이(居易)라 한다. 그러나 소인(小人)은 행험(行險)하여 요행(徼倖)으로 살려고 하기 때문에 적악(積惡)의 삶을 범하고 만다. 불인(不仁)-불의(不義)를 마다하지 않는 탐욕(貪欲)의 행동거지를 행험(行險)이라 하고, 행험(行險)이 들키지 않기를 바라는 짓이 요행(徼倖)이다. 그래서 형벌(刑罰)은 군자(君子)를 멀리하고 소인(小人)을 찾아간다. 악(惡) 쌓기를 한다[積惡]면 멸신(滅身)하게 마련이다. 멸신(滅身)-망신(亡身)-몰신(歿身)은 제 명대로 살지 못함을 뜻해 형벌(刑罰)을 면할 수 없다고 하는 것이다. 그러나 악(惡)을 쌓지 않는다[不積惡]면 멸신(滅身)할 리 없으므로 부적악(不積惡)하면 몰신불태(沒身不殆)한다. 죽을 때까지[沒身] 위태하지 않은[不殆] 삶을 이어 감을 일러 안기신(安其身)이라 하고, 일신성덕(日新盛德)의 삶이라 한다. 날마다[日] 새로운[新] 삶을 일러 성덕(盛德)이라 하고 성덕(盛德)-숭덕(崇德)-안기신(安其身) 등은 같은 말씀이다. 그래서 부적악(不積惡)과 불멸신(不滅身)은 온갖 사물(事物)에 미치는 역(易)을 살피고[觀] 새겨[玩] 점(占)쳐 지변(知變)하여 지래(知來)하게 하는 통어(通語)가 된다.

註 하교(何校) 멸이(滅耳) 흉(凶) '고랑을[校] 목에 찼다[何]. 귀를[耳] 잘렸다[滅]. 흉하다[凶].'

338. 소인(小人)과 소악(小惡)

以小惡爲无傷而不去也라. '소소한[小] 악을[惡] 가지고[以] 해로움이[傷] 없다고[无] 여기면서[爲而] 소악(小惡)을 버리지 않는 것[不去]이다[也].'
_{이 소 악 위 무 상 이 불 거 야}

이 말씀 역시 64괘(卦) 중에서 21번째인 서합괘(噬嗑卦 : ䷔) 상구(上九)의 효사(爻辭)인 '하교(何校) 멸이(滅耳) 흉(凶)'을 새겨[玩] 견색(見賾)하고 신사(神思)하여 개역(改繹)한 자왈(子曰)이다. 이 자왈(子曰)은 소인(小人)이 사악(邪惡)한 까닭을 밝히고 있다. 적악(積惡) 즉 악(惡)을 쌓기[積]란 소악(小惡)으로 이루어진다. 자신의 이익(利益)을 위해서라면 남을 상(傷)하게 하고 괴롭

히기[苦]를 마다하지 않는 일상(日常)의 삶이 곧 작은[小] 악(惡)을 쌓는[積] 삶이다. 그런 소악(小惡)이 남을 해치고[傷] 결국 자기를 상(傷)하게 함을 소인(小人)은 모른다. 그래서 소인(小人)은 오만(傲慢)하고 불손(不遜)함이 소악(小惡)인 줄 모른다. 왜 소인(小人)을 두고 무기탄(無忌憚)하다고 하는가? 거리낌[忌]도 없고[無] 삼감[憚]도 없는[無] 소인(小人)은 교만(驕慢)하면서 교만(驕慢)한지 모르고, 불손(不遜)하면서 불손(不遜)한지 몰라 회린(悔吝)할 줄 모른다. 부끄러운[恥]지 모르니 뉘우칠[悔] 줄 모른다. 이렇기 때문에 소인(小人)은 남을 상(傷)하게 하며, 일상(日常)의 삶에서 소악(小惡)을 버리지 못하고[不去] 만다. 그래서 소인(小人)과 소악(小惡)은 온갖 사물(事物)에 미치는 역(易)을 살피고[觀] 새겨[玩] 점(占)쳐 지변(知變)하여 지래(知來)하게 하는 통어(通語)가 된다.

339. 악적(惡積)과 대죄(大罪)

惡積而不可掩 罪大而不可解라. '악이[惡] 쌓여서[積而] 숨길[掩] 수 없고[不可], 죄가[罪] 커져서[大而] 없앨[解] 수 없다[不可].'

이 말씀 역시 64괘(卦) 중에서 21번째인 서합괘(噬嗑卦 : ䷔) 상구(上九)의 효사(爻辭)인 '하교(何校) 멸이(滅耳) 흉(凶)'을 새겨[玩] 견색(見賾)하고 신사(神思)하여 개역(改繹)한 자왈(子曰)이다. 이 자왈(子曰)은 쌓인[積] 악(惡)이란 결코 감출 수도 없고 숨길 수도 없음을 말한다. 그리고 죄대이불가해(罪大而不可解)는 악적(惡積)은 대죄(大罪)로 드러나고, 대죄(大罪)는 형벌(刑罰)을 면할 수 없음을 밝힌 것이다. 그래서 사필귀정(事必歸正)이라는 말씀이 생겼고, 콩 심은 데 콩 나고 팥 심은 데 팥 난다는 속담이 생겼다. 악적(惡積)은 쇠고랑을 차게 하고 대죄(大罪)는 대벽(大辟)을 면하지 못하게 하는 것이다. 지금은 오형(五刑)❇2 중에서 비록 '묵(墨)-비(剕)-의(劓)-궁(宮)'은 없어졌지만 대벽(大辟)만은 사형(死刑)이라는 이름으로 여전히 남아 있는 것은 '대죄불가해(大罪不可解)'를 말해 주는 것이다. 대죄(大罪)란 불적선(不積善) 즉 악(惡)이 쌓이고 쌓여 비롯되는 대과(大過)이다. 과이불개(過而不改)가 계속되면 급기야 대과(大過)가 되고, 그런 대과(大過)는 대죄(大罪)로 드러나 대벽(大辟)이라는 형벌(刑罰)을 면할 수 없게 된다. 악적(惡積)-대과(大過)-대죄(大罪)보다 더한 흉(凶)함이 없다. 그래서 악적(惡積)과 대죄(大罪)는 온갖 사물(事物)에 미치는 역(易)을 살피고[觀] 새겨[玩] 점(占)쳐 지변(知變)하여 지래(知來)하게 하는 통어(通語)가 된다.

註 1. 하교(何校) 멸이(滅耳) 흉(凶) '고랑을[校] 목에 찼다[何]. 귀를[耳] 잘렸다[滅]. 흉하다[凶].'

註 2. 오형(五刑) 묵(墨)-의(劓)-비(剕)-궁(宮)-대벽(大辟)을 오형(五刑)이라 한다. 얼굴의 살갗을 찢어 범한 죄(罪)를 글자로 새겨 먹물을 넣는 자자(刺字)의 형벌(刑罰)이 묵(墨)이다. 코를 베는 형벌이 의(劓)이다. 발이 잘리는 형벌이 비(剕)이다. 성범죄를 범해 불알을 까는 형벌이 궁(宮)이다. 죽임 즉 사형(死刑)이 대벽(大辟)이다.

340. 위자(危者)와 안기위자(安其位者)

危者安其位者也라. '위태함이라는[危] 것은[者] 그[其] 처지를[位] 안전하게 하는[安] 것[者]이다[也].'

이 말씀은 64괘(卦) 중에서 12번째인 비괘(否卦 : ䷋) 구오(九五)의 효사(爻辭)를 새겨[玩] 견색(見賾)하고 신사(神思)하여 개역(改繹)한 자왈(子曰)이다. 비괘(否卦) 구오(九五)의 효사(爻辭) '기망(其亡) 기망(其亡) 계우포상(繫于苞桑)'❇이 '위자(危者)'가 '안기위자(安其位者)'를 가르쳐 주어[誨] 깨닫게[曉] 되었음을 밝히는 말씀이 '위자안기위자야(危者安其位者也)'이다. 위태한 것[危

者]을 위자(危者)로만 알고[知] 만다면 부지위자(不知危者)이고, 위태로운[危] 것[者]을 알고[知] 따라서 안자(安者)를 깨우쳐[悟] 위태한 것[危者]을 안전한 것[安者]으로 변화(變化)하게 해야 함을 안다면, 그가 곧 지위자(知危者) 즉 위태한[危] 것[者]을 아는[知] 사람[者]이다. 지위자(知危者)는 위자(危者)로 말미암아 안자(安者)를 깨닫는다[曉]. 이는 곧 유만물지정(類萬物之情)의 '유(類)' 즉 온갖 것의[萬物之] 참뜻[情]을 비교(比較)하고 품별(品別)하여 새로운 뜻을 스스로 찾아내[改繹] 완점(玩占)하는 지래자(知來者)임을 말해 준다. 위자(危者)를 새겨[玩] 그 위자(危者)를 변화(變化)하게 할 앞일[來事]을 부점(不占) 즉 미리 묻지 않는다[不占]면 위태한 것[危者]을 안자(安者) 즉 안전한 것[安者]으로 변화(變化)하게 할 수 없는 것이다. 그러므로 온갖 것의[萬物之] 참뜻[情]을 비교(比較)하고 품별(品別)하여 스스로 새기[玩]면 헤아릴 수 있고[可擬], 따라서 따져 볼 수 있어서[可議] 스스로 가늠할 수 있다[可斷]. 그러면 비괘(否卦) 구오(九五)의 효사(爻辭) '기망(其亡) 기망(其亡) 계우포상(繫于苞桑)'을 완사(玩辭)하여 '위자(危者)'가 '안기위자(安其位者)'로 깨우치게[曉] 되는 것이다. 그래서 위자(危者)와 안기위자(安其位者)는 온갖 사물(事物)에 미치는 역(易)을 살피고[觀] 새겨[玩] 점(占)쳐 지변(知變)하여 지래(知來)하게 하는 통어(通語)가 된다.

註 기망(其亡) 기망(其亡) 계우포상(繫于苞桑) '그것은[其] 망하리라[亡], 그것은[其] 망하리라[亡]. 무리 지어 있는[苞] 뽕나무[桑]에[于] 매어 둔다[繫].'

341. 망자(亡者)와 보기존자(保其存者)

亡者保其存者也라. '멸망이라는[亡] 것은[者] 그[其] 존재를[存] 보전하게 하는[保] 것[者]이다[也].'

이 말씀도 64괘(卦) 중에서 12번째인 비괘(否卦 : ䷋) 구오(九五)의 효사(爻辭)를 새겨[玩] 견색(見賾)하고 신사(神思)하여 개역(改繹)한 자왈(子曰)이다. 비괘(否卦) 구오(九五)의 효사(爻辭) '기망(其亡) 기망(其亡) 계우포상(繫于苞桑)'이 '망자(亡者)가 보기존자(保其存者)'를 가르쳐 주어[誨] 깨닫게[曉] 되었음을 밝히는 말씀이 '망자보기존자야(亡者保其存者也)'이다. 멸망할 것[亡者]을 망자(亡者)로만 알고[知] 만다면 부지망자(不知亡者)이고, 멸망할[亡] 것[者]을 알고[知] 따라서 보자(保者)를 깨우쳐[悟] 멸망할 것[亡者]을 보전할 것[保者]으로 변화(變化)하게 해야 함을 안다면 그가 곧 지망자(知亡者) 즉 멸망할[亡] 것[者]을 아는[知] 사람[者]이다. 지망자(知亡者)는 망자(亡者)로 말미암아 보자(保者)를 깨닫는다[曉]. 이는 곧 온갖 것의[萬物之] 참뜻[情]을 비교(比較)하고 품별(品別)하여 새로운 뜻을 스스로 찾아내[改繹] 완점(玩占)하는 지래자(知來者)임을 말해 준다. 망자(亡者)를 새겨[玩] 그 망자(亡者)를 변화(變化)하게 할 앞일[來事]을 부점(不占) 즉 미리 묻지 않는다[不占]면 멸망할 것[亡者]을 보자(保者) 즉 보존할 것[保者]으로 변화(變化)하게 할 수 없는 것이다. 그러므로 온갖 것의[萬物之] 참뜻[情]을 비교(比較)하고 품별(品別)하여 스스로 새기[玩]면 헤아릴 수 있고[可擬] 따라서 따져 볼 수 있어서[可議] 스스로 가늠할 수 있다[可斷]. 그러면 비괘(否卦) 구오(九五)의 효사(爻辭) '기망(其亡) 기망(其亡) 계우포상(繫于苞桑)'을 완사(玩辭)하여 '위자(危者)'가 '안기위자(安其位者)'로 깨우치고[曉] '망자(亡者)가 보기존자(保其存者)'로 효(曉)되는 것이다. 그래서 망자(亡者)와 보기존자(保其存者)는 온갖 사물(事物)에 미치는 역(易)을 살피고[觀] 새겨[玩] 점(占)쳐 지변(知變)하여 지래(知來)하게 하는 통어(通語)가 된다.

註 기망(其亡) 기망(其亡) 계우포상(繫于苞桑) '그것은[其] 망하리라[亡], 그것은[其] 망하리라[亡]. 무리 지어 있는[苞] 뽕나무[桑]에[于] 매어 둔다[繫].'

342. 난자(亂者)와 유기치자(有其治者)

亂者有其治者也라. '혼란이라는[亂] 것은[者] 그[其] 다스림을[治] 갖추는[有] 것[者]이다[也].'

이 말씀 역시 64괘(卦) 중에서 12번째인 비괘(否卦 : ☷) 구오(九五)의 효사(爻辭)를 새겨[玩] 견색(見賾)하고 신사(神思)하여 개역(改繹)한 자왈(子曰)이다. 비괘(否卦) 구오(九五)의 효사(爻辭) '기망(其亡) 기망(其亡) 계우포상(繫于苞桑)'이 '난자(亂者)가 유기치자(有其治者)'를 가르쳐 주어[誨] 깨닫게[曉] 되었음을 밝히는 말씀이 '난자유기치자야(亂者有其治者也)'이다. 혼란할 것[亂者]을 난자(亂者)로만 알고[知] 만다면 부지란자(不知亂者)이고, 혼란할[亂] 것[者]을 알고[知] 따라서 치자(治者)를 깨우쳐[悟] 혼란할 것[亂者]을 다스릴 것[治者]으로 변화(變化)하게 해야 함을 안다면 그가 곧 지치자(知治者) 즉 다스릴[治] 것[者]을 아는[知] 사람[者]이다. 지치자(知治者)는 난자(亂者)로 말미암아 치자(治者)를 깨우침[曉]은 곧 유만물지정(類萬物之情)의 '유(類)' 즉 온갖 것의[萬物之] 참뜻[情]을 비교(比較)하고 품별(品別)하여 새로운 뜻을 스스로 찾아내[改繹] 완점(玩占)해야 하는 것이다. 난자(亂者)를 새겨[玩] 그 난자(亂者)를 변화(變化)하게 할 앞일[來事]을 부점(不占) 즉 미리 묻지 않는다[不占]면 혼란한 것[亂者]을 치자(治者) 즉 다스릴 것[治者]으로 변화(變化)하게 할 수 없는 것이다. 그러므로 온갖 것의[萬物之] 참뜻[情]을 비교(比較)하고 품별(品別)하여 스스로 새기[玩]면 헤아릴 수 있고[可擬] 따라서 따져 볼 수 있어서[可議] 스스로 가늠할 수 있다[可斷]. 그러면 비괘(否卦) 구오(九五)의 효사(爻辭) '기망(其亡) 기망(其亡) 계우포상(繫于苞桑)'을 완사(玩辭)하여 '난자(亂者)가 유기치자(有其治者)'로 효(曉)되는 것이다. 그래서 난자(亂者)와 유기치자(有其治者)는 온갖 사물(事物)에 미치는 역(易)을 살피고[觀] 새겨[玩] 점(占)쳐 지변(知變)하여 지래(知來)하게 하는 통어(通語)가 된다.

343. 지기(知幾)와 기신(其神)

知幾其神乎라. '기미를[幾] 아는[知] 그것이[其] 신묘(神妙)하구나[乎]!'
이 말씀은 64괘(卦) 중에서 16번째인 예괘(豫卦 : ䷏) 육이(六二)의 효사(爻辭) '개우석(介于石) 부종일(不終日) 정길(貞吉)'을 새겨[玩] 견색(見賾)하고 신사(神思)하여 개역(改繹)한 자왈(子曰)이다. 지기(知幾)의 '기(幾)'는 '유리이무형(有理而无形)' 즉 이치는 있지만[有理而] 모습이 드러남이[形] 없어[無] 찾아내기[見] 어려운 은밀(隱密)한 것[賾] 즉 '색(賾)'을 뜻한다. 그래서 '기(幾)'를 '미(微)'라 하여 '기미(幾微)하다'라고 한다. 여기서 지기(知幾)는 곧 지신(知神)으로 통함을 알 수 있다. 기미를[幾] 아는 것[知]은 곧 신묘함[神]을 앎[知]이다. 신묘(神妙)-신기(神奇)-신통(神通) 즉 '신(神)'이란 '자연[天地]이 변화(變化)하게 하는 짓'을 뜻한다. 지기기신(知幾其神)의 '지기(知幾)'는 '궁신(窮神)하라'라고 함이다. '신(神)을 더없이 궁구(窮究)함'이 곧 지기(知幾)이다. 지기(知幾)는 지신(知神)함인 것이다. 변화(變化)의 이치-가르침[道]을 깊이[深] 앎[知]이 곧 지기(知幾)이다. 지기(知幾)-지신(知神)은 지변(知變)-지화(知化)로 이어져 지래(知來)함이다. 지기(知幾)하면 다가옴[來]을 앎[知]이니 그것[其]은 신기(神奇)하고 신묘(神妙)하고 신통(神通)한 앎[知]이다. 그래서 '지기기신(知幾其神)'이라고 밝힌 것이다. 여기서 지기(知幾)-지신(知神)은 곧 지래(知來)임을 알 수 있다. 미래를[來] 알아차리고[知] 있기에 '군자지기(君子知幾)'라고 한다. 왜 군자(君子)를 치자(治者)라고 할 수 있는가? 군자(君子)는 곧 지래자(知來者)인 까닭이다. 그래서 지기(知幾)와 기신(其神)은 온갖 사물(事物)에 미치는 역(易)을 살피고[觀] 새겨[玩] 점(占)쳐 지변(知變)하여 지래(知來)하게 하는 통어(通語)가 된다.

註 개우석(介于石) 부종일(不終日) 정길(貞吉) '확고하기가[介] 돌과[石] 같다[于]. 하루를[日] 보내지 않는다[不終]. 마음이 곧고 바르다[貞]. 길하리라[吉].'

344. 기자(幾者)와 동지미(動之微)

幾者動之微 吉之先見者也라. '기미라는[幾] 것은[者] 변동[動]의[之] 낌새이고[微], 길함[吉]이[之] 미리[先] 드러나는[見] 것[者]이다[也].'

이 말씀 또한 64괘(卦) 중에서 16번째인 예괘(豫卦 : ䷏) 육이(六二)의 효사(爻辭) '개우석(介于石) 부종일(不終日) 정길(貞吉)'을 새겨[玩] 견색(見賾)하고 신사(神思)하여 개역(改繹)한 자왈(子曰)이다. 기자동지미(幾者動之微)는 '기자(幾者)'를 '동지미(動之微)'라고 밝힌 것이다. 이는 '천수상(天垂象)'의 '상(象)'을 상기(想起)한다면 '동지미(動之微)'를 더 잘 헤아릴 수 있고, 동시에 '짓[象]'이란 '변동하는[動之] 낌새[微]'가 드러난[形] 것임을 알 수 있다. 동지미(動之微)의 '동(動)'은 '변할 변(變)'과 같고, '미(微)'는 '유리이무형(有理而无形)' 즉 '있기는 있되[有理而] 몸이 없음[無形]'이다. 다스림이[理] 있지만[有而] 몸이[形] 없음[无]이 기자(幾者)-미자(微者)-상자(象者)이다. 변동(變動)의 낌새[微]인 기자(幾者)는 미묘(微妙)해서 찾아내기가[見] 어렵다[難]. 군자(君子)에게 '기자(幾者)'는 길함[吉]이[之] 미리[先] 드러나는[見] 것[者]으로 다가온다. 그래서 군자(君子)는 그 기미(幾微)를 알아차리고 나면 서슴없이 작정하고, 머뭇거리지 않고 행동으로 옮겨도 흉(凶)하지 않고 길(吉)하다고 확신한다. 왜냐하면 그 '기자(幾者)'는 '길지선현자(吉之先見者)'로서 마음 가는 바[志]를 화신(化神)으로 이끌어 주기 때문이다. '신(神)이 된다[化]'라고 함은 마음 가는 바 즉 지(志)가 무사(無思)-무위(無爲)하여 지래(知來)할 수 있음을 뜻한다. 견색(見賾)하라 함은 곧 '기자(幾者)'를 살펴 찾아내라[見]고 함이다. 그래서 군자(君子)는 견기(見幾)하면 곧장 머뭇거림 없이 작업(作業)을 단행한다. 이를 '견기이작(見機而作) 불사종일(不俟終日)'이라 한다. 여기서 『중용(中庸)』에 나오는 '막현호은(莫見乎隱) 막현호미(莫顯乎微) 고(故) 군자신기독야(君子愼其獨也)'라는 말씀을 환기(喚起)하여 '군자(君子)의 신기독(愼其獨)'을 새삼 음미(吟味)하게 된다. 왜 군자(君子)는 신기독(愼其獨)하는 것인가? 불가수유이도(不可須臾離道) 즉 잠시라도[須臾] 도를[道] 떠날[離] 수 없기[不可] 때문이고, 도(道)와 함께 한다면 마음 가는 바 즉 지(志)가 무사(無思)-무위(無爲)하여 화신(化神)하기 때문이다. 화신(化神)의 심안(心眼)이라야 '막현호은(莫見乎隱)하고 막현호미(莫顯乎微)함'을 살펴볼 수 있어[可見] 견기(見幾)하는 것이다. '견기이작(見機而作) 불일종일(不佚終日)'이라는 자왈(子曰)이 군자(君子)의 신기독(愼其獨)이란 '견기(見幾)하여 지래자(知來者)가 되고자 함임을 새겨[玩] 헤아리고[擬] 따져[議] 가늠하게[斷] 하는 것이다. 그래서 기자(幾者)와 동지미(動之微)는 온갖 사물(事物)에 미치는 역(易)을 살피고[觀] 새겨[玩] 점(占)쳐 지변(知變)하여 지래(知來)하게 하는 통어(通語)가 된다.

註 1. 개우석(介于石) 부종일(不終日) 정길(貞吉) '확고하기가[介] 돌과[石] 같다[于]. 하루를[日] 보내지 않는다[不終]. 마음이 곧고 바르다[貞]. 길하리라[吉].'

註 2. 막현호은(莫見乎隱) 막현호미(莫顯乎微) 고(故) 군자신기독야(君子愼其獨也) '은밀함[隱]보다 더 잘[乎] 드러남은[見] 없고[莫], 미세함[微]보다 더 잘[乎] 드러남은[顯] 없다[莫]. 그래서[故] 군자는[君子] 자신을[其獨] 삼가는 것[愼]이다[也].'

345. 지미(知微)와 지창(知彰)

君子知微知彰 知柔知剛이라. '군자는[君子] 드러나지 않는 것도[微] 알고[知] 드러나는 것도[彰] 알며[知] 부드러움도[柔] 알고[知] 군건함도[剛] 안다[知].'

이 말씀은 64괘(卦) 중에서 16번째인 예괘(豫卦 : ䷏) 육이(六二)의 효사(爻辭) '개우석(介于石) 부종일(不終日) 정길(貞吉)'을 완사(玩辭)하고 신사(神思)하여 개역(改繹)한 자왈(子曰)이다. 지미지창(知微知彰)은 지변(知變)과 지화(知

化)를 상기(想起)시킨다. 지미(知微)의 '미(微)'는 왕자(往者)와 내자(來者)가 함께하는 '변(變)'을 상기(想起)시키고, 지창(知彰)의 '창(彰)'은 갈 것[往者]이 물러가고[退] 올 것[來者]이 드러나는[顯] '화(化)'를 상기(想起)시키므로 '지미지창(知微知彰)'은 '지변지화(知變知化)'를 새겨[玩] 헤아리고[擬] 따져[議] 가늠하게[斷] 하는 것이다. 여기서 군자(君子)의 단호(斷乎)한 '견기(見幾)의 작(作)'이란 그 자신이 '변화지도자(變化之道者)'로 거듭나기임을 알 수 있다. 지미지창(知微知彰)의 '지미(知微)'도 변화지도(變化之道) 즉 역(易)의 생생(生生)을 앎[知]이고, 지창(知彰) 또한 그 생생(生生)의 지(知)이다. 그러므로 군자(君子)의 지미지창(知微知彰)은 '지유지강(知柔知剛)'으로 통하게 마련이다. 생생(生生)의 앎[知]이란 지음(知陰)-지양(知陽)을 떠날 수 없기 때문이다. 지유지강(知柔知剛)에서 지유(知柔)의 '유(柔)'는 음(陰)-의(義)로 통하고, 지강(知剛)의 '강(剛)'은 양(陽)-인(仁)으로 통하므로 지음지양(知陰知陽)-지의지인(知義知仁)을 상기(想起)해야 군자(君子)의 지유지강(知柔知剛)을 새겨[玩] 헤아리고[擬] 따져[議] 가늠할[斷] 수 있게 된다. 군자(君子)는 지미지창(知微知彰)하고 지유지강(知柔知剛)하기 때문에 견기자(見幾者)가 되어 지기자(知幾者)가 되고, 지변자(知變者)가 된다. 지변자(知變者)가 되어 지화자(知化者)가 되고, 지래자(知來者)가 되는 것이다. 군자지미지창(君子知微知彰) 역시 군자(君子)가 지래자(知來者)임을 밝혀 주고 있다. 그래서 지미(知微)와 지창(知彰)은 온갖 사물(事物)에 미치는 역(易)을 살피고[觀] 새겨[玩] 점(占)쳐 지변(知變)하여 지래(知來)하게 하는 통어(通語)가 된다.

註 개우석(介于石) 부종일(不終日) 정길(貞吉) '확고하기가[介] 돌과[石] 같다[于]. 하루를[日] 보내지 않는다[不終]. 마음이 곧고 바르다[貞]. 길하리라[吉].'

346. 천지(天地)의 인온(絪縕)

天地絪縕萬物化醇이라. '천지가[天地] 기운덩이를 교밀하여[絪縕] 온갖 것이[萬物] 변화하여[化] 순일하다[醇].'

이 말씀은 64괘(卦) 중에서 41번째인 손괘(損卦:䷨) 육삼(六三)의 효사(爻辭) '삼인행즉손일인(三人行則損一人) 일인행즉득기우(一人行則得其友)'를 완사(玩辭)하고 신사(神思)하여 개역(改繹)한 자왈(子曰)이다. 천지인온(天地絪縕)은 천기(天氣)와 지기(地氣)가 서로 부착(附著)함 즉 서로 딱 붙어 버려[附著] 하나를 얻어 냄[得一]이다. 천지(天地)가 교밀(交密)하는 모양[狀]이 천지인온(天地絪縕)이고, 그 인온(絪縕)으로 말미암아[由] 온갖 것[萬物]이 화순(化醇)된다. 이러한 천지인온(天地絪縕)의 만물화순(萬物化醇)은 『노자(老子)』 42장(章) '도생일(道生一) 일생이(一生二) 이생삼(二生三) 삼생만물(三生萬物) 만물부음이포양(萬物負陰而抱陽) 충기이위화(沖氣以爲和)'를 상기(想起)한다면 '천지인온(天地絪縕)'은 '이생삼(二生三)'으로 살펴 새길 수 있다. 천지인온(天地絪縕)의 '인온(絪縕)'은 이생삼(二生三)의 '삼(三)'이다. 그 '삼(三)'이 곧 음기(陰氣)와 양기(陽氣)가 교밀(交密)하여 만물(萬物)을 낳음[生]이다. 그러므로 '만물화순(萬物化醇)'의 '화순(化醇)'은 삼생만물(三生萬物)의 '생(生)'과 같은 것이다. 그리고 천지(天地)의 인온(絪縕)이 화순(和順)함 즉 낳은[生] 만물(萬物)이란 '부음이포양자(負陰而抱陽者)'이다. 음기를[陰] 지고[負] 양기를[陽] 안은[抱] 것[者]이 곧 온갖 것[萬物]이다. 이러한 만물(萬物)을 일러 '충기이위화(沖氣以爲和)'라고 한다. 삼생만물(三生萬物)의 '삼(三)'은 '충기(沖氣)'이고, '만물(萬物)이란 음양(陰陽)의 위화(爲和)'이기 때문이다. 음양(陰陽)의 어림되기[爲和]를 절묘하게 밝힌 말이 곧 '인온(絪縕)'인 셈이다. 인온(絪縕)이란 둘[二]이 서로 딱 붙어 버림 즉 '상부착(相附著)'을 뜻해 준다. 천지인온(天地絪縕)에서 인(絪)은 마루(麻縷)이고 온(縕)은 면서(綿絮)로, 인온(絪縕)은 친밀(親密)한 화

합(和合) 즉 교밀(交密)의 상(象)을 비유(譬喩)한 낱말이다. 암수(雌雄)가 교미(交尾)하여 낳은[生] 새끼[子]가 곧 음양(陰陽)이라는 기운덩이[元氣]의 어림[絪縕]인 셈이다. 천지(天地)의 원기(元氣)가 친밀히 교합(交合)하여 만물(萬物)이 생김을 '만물화순(萬物化醇)'이라 한다. 그러니 천지인온(天地絪縕)-만물화순(萬物化醇)은 결국 일음일양(一陰一陽)의 생생(生生)을 달리 말한 것이다. 암수(雌雄)가 교미(交尾)함이 곧 인온(絪縕)이요 구정(構精)이며, 삼생만물(三生萬物)이요 부음포양(負陰抱陽)이다. 그래서 천지(天地)의 인온(絪縕)은 온갖 사물(事物)에 미치는 역(易)을 살피고[觀] 새겨[玩] 점(占)쳐 지변(知變)하여 지래(知來)하게 하는 통어(通語)가 된다.

註 삼인행즉손일인(三人行則損一人) 일인행즉득기우(一人行則得其友) '세[三] 사람이[人] 가면[行] 곧[則] 한[一] 사람을[人] 던다[損]. 한[一] 사람이[人] 가면[行] 곧[則] 제[其] 짝을[友] 얻는다[得].'

347. 안기신(安其身)과 동민(動民)

君子安其身而後動이라. '그 자신의[其] 몸을[身] 편안히 한[安] 뒤에야[而後] (백성을) 움직인다[動].'

이 말씀은 64괘(卦) 중에서 42번째인 익괘(益卦 : ䷩) 상구(上九)의 효사(爻辭) '막익지(莫益之) 혹격지(或擊之) 입심물항(立心勿恒) 흉(凶)'을 완사(玩辭)하고 신사(神思)하여 개역(改繹)한 자왈(子曰)이다. 군자안기신이후동(君子安其身而後動)에서 군자(君子)는 치자(治者)를 말한다. '안기신(安其身)'은 『대학(大學)』에 나오는 '신수이후가제(身修而后家齊)'를 상기(想起)한다면 새겨[玩] 헤아릴[擬] 수 있다. 수신(修身)-수기(修己)란 곧 안신(安身)함이요, 안신(安身)함이란 숭덕(崇德)함이다. 자연[天地]에 두루 통하는 덕(德)을 받들고[崇] 살수록 모든 삶이 편안할 뿐이니 수신(修身)이란 곧 숭덕(崇德)-성덕(盛德)으로 통하는 것이다. 수신(修身)이란 사천(事天)-사천(師天)-지명(知命)^{2}을 떠나서는 이루어질 수 없기 때문에 수신(修身)-안신(安身)-숭덕(崇德)은 하나이다. 자신이[身] 닦인[修] 뒤에[而后] 집안이[家] 가다듬어진다[齊]. 수신(修身)하여 제가(齊家)한 다음에야 군자(君子)는 동민(動民)하는 것이다. 동민(動民)은 곧 치인(治人)하여 치세(治世)함이다. 남[人]을 다스림[治]이란 곧 세상[世]을 다스림[治]이다. 남[人]을 다스리기[治] 전에 수신(修身)-제가(齊家)를 다함이 곧 군자(君子)의 '안기신(安其身)'이다. 이러한 '안기신(安其身)'이란 오로지 숭덕(崇德) 즉 일신성덕(日新盛德)으로 통하기 때문에 유익(有益)할 뿐이므로 상민지사(傷民之事) 즉 백성을[民] 해치는[傷之] 일[事]과 같은 흉(凶)함이 닥칠[至] 리 없다. 그래서 안기신(安其身)과 동민(動民)은 온갖 사물(事物)에 미치는 역(易)을 살피고[觀] 새겨[玩] 점(占)쳐 지변(知變)하여 지래(知來)하게 하는 통어(通語)가 된다.

註 1. 막익지(莫益之) 혹격지(或擊之) 입심물항(立心勿恒) 흉(凶) '그것을[之] 유익하게[益] 말라[莫]. 그것을[之] 혹시[或] 칠지 모른다[擊]. 마음을[心] 세우되[立] 함심하지[恒] 말라[勿]. 흉하리라[凶].'

註 2. 사천(事天) '자연을[天] 섬긴다[事]' 사천(師天) '자연을[天] 스승으로 삼는다[師]. 지명(知命) '자연의 시킴과 가르침을[命] 안다[知].'

348. 이기심(易其心)과 어민(語民)

易其心而後語라. '그 자신의[其] 마음을[心] 쉽게 한[易] 뒤에야[而後] 백성에게 말해 준다[語].'

이 말씀 역시 64괘(卦) 중에서 42번째인 익괘(益卦 : ䷩) 상구(上九)의 효사(爻辭) '막익지(莫益之) 혹격지(或擊之) 입심물항(立心勿恒) 흉(凶)'을 완사(玩

485

辭)하고 신사(神思)하여 개역(改繹)한 자왈(子曰)이다. 이기심이후어(易其心而
後語)에서 '이기심(易其心)'은 『대학(大學)』에 나오는 '의성이후심정(意誠而后心
正)'을 상기(想起)한다면 새겨[玩] 헤아릴[擬] 수 있다. 뜻이[意] 정성된[誠] 뒤
에[而后] 마음이[心] 발라진다[正]. 의성(意誠)이란 천명(天命) 즉 자연의[天地]
시킴-가르침[命]을 좇는 마음 가는 바[志]이다. 거기서 마음은 거짓 없어
맑고 밝아 곧고 바름이 곧 심정(心正)이다. 이러한 심정(心正)으로써 어민
(語民)하는 것이다. 여기서 어민(語民)이란 백성[民]에게 치세(治世)의 뜻[志]
을 밝힘을 말한다. 그러므로 어민(語民) 또한 치인(治人)하여 치세(治世)함
이다. 남[人]에게 말해 주기[語] 전에 의성(意誠)-심정(心正)을 다함이 곧 군
자(君子)의 '이기심(易其心)'이다. 이러한 '이기심(易其心)' 또한 오로지 선덕
(善德)으로 통하기 때문에 유익(有益)할 뿐이므로 상민지사(傷民之事)와 같은
흉(凶)함이 닥칠[至] 리 없다. 그래서 이기심(易其心)과 어민(語民)은 온갖 사
물(事物)에 미치는 역(易)을 살피고[觀] 새겨[玩] 점(占)쳐 지변(知變)하여 지
래(知來)하게 하는 통어(通語)가 된다.

349. 정기교(定其交)와 구민(求民)

定其交而後求라. '그 자신이[其] 백성과 사귐을[交] 결정한[定] 뒤에
야[而後] 구한다[求].'

이 말씀 또한 64괘(卦) 중에서 42번째인 익괘(益卦 : ䷩) 상구(上九)의 효
사(爻辭) '막익지(莫益之) 혹격지(或擊之) 입심물항(立心勿恒) 흉(凶)'을 완사(玩
辭)하고 신사(神思)하여 개역(改繹)한 자왈(子曰)이다. 정기교이후구(定其交而
後求)는 『대학(大學)』에 나오는 '십목소시(十目所視) 십수소지(十手所指) 기엄호
(其嚴乎)'를 상기(想起)한다면 새겨[玩] 헤아릴[擬] 수 있다. 열 눈이[十目] 보

는[視] 바[所]이고 열 손이[十手] 가리키는[指] 바[所]이니 그[其] 엄격함[嚴]이
여[乎]! '정기교(定其交)'란 '필성기의(必誠其意)'를 떠나서는 결정될 수 없음
이다. 자신의[其] 뜻[意]을 반드시[必] 정성되게[誠] 하고서야 군자(君子)는
치자(治者)로서 백성과 사귀는[交] 것이다. 왜 성의(誠意)는 곧 '무자기(无自
欺)'라고 하는 것인지 살펴보게 함이 곧 정기교(定其交)이다. 스스로[自] 속
임[欺] 없이[無] 백성[民]과 사귀어야 하는 것이 치자(治者)의 정기교(定其交)
이다. 오로지 심정(心正)으로 사귐[交]이 정기교(定其交)의 '정(定)'인 셈이다.
이러한 심정(心正)으로 백성[民]을 대하고 사귄다면 유익(有益)할 뿐이라 상
민지사(傷民之事)가 닥칠[至] 리 없다. 그래서 정기교(定其交)와 구민(求民)은
온갖 사물(事物)에 미치는 역(易)을 살피고[觀] 새겨[玩] 점(占)쳐 지변(知變)
하여 지래(知來)하게 하는 통어(通語)가 된다.

350. 건(乾)의 양물(陽物)

乾陽物也라. '건은[乾] 양기라는[陽] 것[物]이다[也].'
양물(陽物)은 양기지신물(陽氣之神物)의 줄임이다. 신물(神物)은 변화(變化)
하게 하는 짓[神]의 것[物] 즉 변화(變化)하게 하는 물건(物件)을 말한다. 그
러니 신물(神物)은 일상(日常)에서 도구(道具)로 상용(常用)하는 물건(物件) 즉
용도(用途)가 고정(固定)된 기물(器物)이 아니다. 그러니 양물(陽物)이란 '건괘
(乾卦)는 양기(陽氣)의[之] 신물[物]이다[也]'라고 새기면[玩] 된다. 건양물(乾陽
物)은 『노자(老子)』 28장(章)에 나오는 '지기웅(知其雄) 수기자(守其雌) 위천하
계(爲天下谿)'를 상기(想起)시킨다. 건(乾)-양기(陽氣)-강(剛)을 일컬어 수컷[雄]
이라 했다. 그래서 지기웅(知其雄)하라 했다. 그[其] 수컷을[雄] 알라[知]. 기
웅(其雄)의 '기(其)'란 '건지(乾之)-양기지(陽氣之)-강지(剛之)'를 나타내는 셈

이다. 건을[乾] 알라[知]-양기(陽氣)를 알라[知]-강을[剛] 알라[知]. 나아가 인(仁)을 알라[知]. 이를 알지 못한다[不知]면 천지변화(天地變化)를 짓하는[象] 역(易)을 알 수 없다. 그래서 건(乾)의 양물(陽物)은 온갖 사물(事物)에 미치는 역(易)을 살피고[觀] 새겨[玩] 점(占)쳐 지변(知變)하여 지래(知來)하게 하는 통어(通語)가 된다.

351. 곤(坤)의 음물(陰物)

坤陰物也라. '곤은[坤] 음기라는[陰] 것[物]이다[也].'
　곤음물야
　음물(陰物)은 음기지신물(陰氣之神物)의 줄임이다. 신물(神物)은 변화(變化)하게 하는 짓[神]의 물건(物件)을 말한다. 그러니 신물(神物)은 일상(日常)에서 도구(道具)로 상용(常用)하는 물건(物件) 즉 용도(用途)가 고정(固定)된 기물(器物)이 아니다. 곤음물야(坤陰物也)는 '곤괘(坤卦)는 음기(陰氣)의[之] 신물[物]이다[也]'라고 새기면[玩] 된다. 곤음물(坤陰物) 또한 『노자(老子)』 28장(章)에 나오는 '지기웅(知其雄) 수기자(守其雌) 위천하계(爲天下谿)'를 상기(想起)시킨다. 곤(坤)-음기(陰氣)-유(柔)-의(義)를 일컬어 암컷[雌]이라 했다. 그래서 수기자(守其雌)하라 했다. 그[其] 암컷을[雌] 지켜라[守]. 기자(其雌)의 '기(其)'란 '곤지(坤之)-음기지(陰氣之)-유지(柔之)-의지(義之)'를 나타내는 셈이다. 곤을[乾] 지켜라[守]-음기(陰氣)를 지켜라[守]-유를[柔] 지켜라[守]-의(義)를 지켜라[守]. 이를 지키지 못한다[不守]면 천지변화(天地變化)를 짓하는[象] 역(易)을 알 수 없다. 그래서 음(陰)의 음물(陰物)은 온갖 사물(事物)에 미치는 역(易)을 살피고[觀] 새겨[玩] 점(占)쳐 지변(知變)하여 지래(知來)하게 하는 통어(通語)가 된다.

352. 음양(陰陽)의 합덕(合德)

陰陽合德이라. '음과[陰] 양이[陽] 덕을[德] 합친다[合].'
음양합덕

이는 음양(陰陽)이 함께 천지(天地)에 두루 통(通)함이다. 음양합덕(陰陽合德)은 천지인온(天地絪縕)-남녀구정(男女構精)과 다름 아니다. 그러므로 음양합덕(陰陽合德)의 '합덕(合德)'은 곧 천지인온(天地絪縕)의 '인온(絪縕)'을 상기(想起)한다면 새겨[玩] 헤아릴[擬] 수 있다. 천지(天地)가 서로의 기운덩이[元氣]를 교밀(交密)하듯이 즉 인온(絪縕)하듯이 음양(陰陽)이 서로의 덕(德) 즉 음기(陰氣)와 양기(陽氣)가 서로 통하게 같이함[合]을 음양합덕(陰陽合德)이라고 밝힌 것이다. 덕(德)이란 통어천지자(通於天地者)이니 이는 통어음양자(通於陰陽者)가 곧 '덕(德)'임을 말해 준다. 음양합덕(陰陽合德)은 '양구음(陽具陰) 음구양(陰具陽)'이요 '부음포양(負陰抱陽)'인 것이다. 양기(陽氣)는 음기(陰氣)를 갖추고[具] 음기(陰氣)는 양기(陽氣)를 갖춘다[具]. '음기를[陰] 지고[負] 양기를[陽] 안는다[抱].' 양(陽)의[之] 덕은[德] 음(陰)의[之] 덕과[德] 합동하고[合], 음(陰)의[之] 덕은[德] 양(陽)의[之] 덕과[德] 합(合)함'이 곧 '음양합덕(陰陽合德)'이다. 양지덕(陽之德)은 천덕(天德)을 말하고 음지덕(陰之德)은 지덕(地德)을 말한다. 합덕(合德)의 '합(合)'이란 음양(陰陽)의 덕(德)을 어울려[和] 하나로 함[同]이다. 음양합덕(陰陽合德)의 '합(合)'은 여기서는 '화동(和同)'과 같으니 음양합덕(陰陽合德)을 '역생생(易生生)'으로 여겨도 된다. 역은[易] 생생한다[生生]. 합덕(合德)은 생만물(生萬物)을 뜻하며 성교(性交)하여 새끼[子]를 낳음과 같다. 암수(雌雄)가 교미하여 새끼를 낳는 것[生] 또한 음양합덕(陰陽合德)과 다름 아니다. 그래서 음양(陰陽)의 합덕(合德)은 온갖 사물(事物)에 미치는 역(易)을 살피고[觀] 새겨[玩] 점(占)쳐 지변(知變)하여 지래(知來)하게 하는 통어(通語)가 된다.

353. 강유(剛柔)의 유체(有體)

剛柔有體라. '강과[剛] 유에[柔] 형상이[體] 있다[有].'
_{강 유 유 체}

음양합덕(陰陽合德)을 달리 밝힌 것이다. 역무체(易無體) 즉 음양무체(陰陽無體)의 음양(陰陽)을 유체(有體)로써 밝힘이 곧 강유(剛柔)이다. 그러니 강유유체(剛柔有體)는 만물화순(萬物化醇)-만물화생(萬物化生)을 연상(聯想)시킨다. 강유유체(剛柔有體)의 '강유(剛柔)'는 만물(萬物)로 그 모습[形狀]을 드러내고[形], '유체(有體)'는 '화순(化醇)-화생(化生)'으로 드러나기[形] 때문이다. 음양(陰陽)은 원기(元氣)를 형이상(形而上)으로 밝힘이고, 강유(剛柔)는 그 기운덩이[元氣]를 형이하(形而下)로 밝힘이라고 새겨[玩] 헤아릴[擬] 수 있는 것이다. 물론 강유유체(剛柔有體)의 '강(剛)'은 '양(陽)'을 말하고 '유(柔)'는 '음(陰)'을 말하므로, 강유(剛柔)는 양음(陽陰)을 달리 말함이다. 기운덩이[元氣]를 천지도(天之道) 즉 하늘의[天] 이치[道]로 밝히면 '음양(陰陽)'이라 하고 지지도(地之道) 즉 땅의[地之] 이치[道]로 밝히면 '강유(剛柔)'라 하며 인지도(人之道) 즉 사람의[人之] 이치[道]로 밝히면 인의(仁義)라 함을 상기(想起)한다면 음양(陰陽)-강유(剛柔)-인의(仁義)가 모두 한 결로 다름이 아님을 완의(玩擬)할 수 있다. 그러니 양(陽)-강(剛)-인(仁)도 천(天)-지(地)-인(人) 삼재(三才) 즉 삼극(三極)이고 음(陰)-유(柔)-의(義) 또한 삼극(三極)이니 한 결이다. 이러한 천지(天地)를 인간의 이치[道]로 밝힌다면 천(天)-양(陽)-강(剛)은 인(仁)이고 지(地)-음(陰)-유(柔)는 의(義)이다. 그러므로 강유유체(剛柔有體)의 '체(體)'는 음양합덕(陰陽合德)의 드러남[形狀]이다. 그래서 강유(剛柔)의 유체(有體)는 온갖 사물(事物)에 미치는 역(易)을 살피고[觀] 새겨[玩] 점(占)쳐 지변(知變)하여 지래(知來)하게 하는 통어(通語)가 된다.

354. 천지(天地)의 찬(撰)

以體天地之撰이라. '강유를(剛柔) 써[以] 자연[天地]의[之] 일을[撰] 형상한다[體].'
_{이 체 천 지 지 찬}

음양합덕(陰陽合德)을 다시 풀이한 것이다. 역무체(易無體) 즉 역에는[易] 체가[體] 없음[無]이니 강유(剛柔)를 이용하여[以] 자연의[天地之] 일[撰]을 드러나게[形] 함을 밝힘이 곧 이체천지지찬(以體天地之撰)이다. 천지지찬(天地之撰)의 '찬(撰)'이란 천지(天地)가 하는 일[事]을 뜻한다. 그 일[撰]이란 만물(萬物)이 화순(化醇)-화생(化生)하게 하는 일[事]이다. 음양(陰陽)의 변화(變化)인 일음일양(一陰一陽)-생생(生生)에는 눈[目]으로 보고[視] 귀[耳]로 듣고[聽] 손[手]으로 만져[觸] 찾아낼[見] 수 있는 형상(形狀)이라는 것[物]이 없다[無]. 말하자면 역(易)에는 형이하(形而下)의 물체(物體)가 없음이다. 강유(剛柔)란 형이상(形而上) 즉 무체(無體)의 음양(陰陽)을 형이하(形而下)의 유체(有體)로 밝힘임을 상기(想起)한다면 온갖 것[萬物]이란 강유유체(剛柔有體)임을 새겨[玩] 헤아릴[擬] 수 있는 것이다. 만물(萬物)이란 음양(陰陽)이 강유(剛柔)로 드러난[形] 몸[體]인 것[物]이다. 그래서 천지(天地)의 찬(撰)은 온갖 사물(事物)에 미치는 역(易)을 살피고[觀] 새겨[玩] 점(占)쳐 지변(知變)하여 지래(知來)하게 하는 통어(通語)가 된다.

355. 신명(神明)의 덕(德)

以通神明之德이라. '강유를[剛柔] 써[以] 음양(陰陽)은 자연이 변화하게 하는 짓을[神] 밝히는[明之] 덕과[德] 통한다[通].'
_{이 통 신 명 지 덕}

신명(神明) 즉 명신(明神)에서 '신(神)'이란 무체(無體)의 역(易)을 말한다.

491

천지(天地)가 변화(變化)하게 하는 짓[神]이란 곧 음양(陰陽)의 역(易)이기 때문이다. 천수상(天垂象)하는 괘(卦)를 신물(神物)이라 함 역시 역(易)은 곧 명신(明神)임을 뜻함이다. 그러므로 신명지덕(神明之德)은 무체(無體)의 역(易)과 다름 아니다. 즉 역에는[易] 체가[體] 없음[無]이니 강유(剛柔)를 이용하여[以] 자연[天地]이 변화하게 하는 짓[神]을 밝히는[明] 덕(德)과 통하게[通] 함이 곧 이통신명지덕(以通神明之德)이다. 신명(神明) 즉 명신(明神)이란 덕(德)을 말한다. 신명(神明)난다고 함은 덕(德)을 즐겨[說] 누림[遊]이다. 음양(陰陽)은 강유(剛柔)를 이용하여[以] 형이상(形而上)의 신명지덕(神明之德)을 형이하(形而下)의 것[物]으로 통하게 함이 곧 이통신명지덕(以通神明之德)이다. 이 또한 만물(萬物)의 승천(承天)과 통함이요 천지(天地)의 품명(稟命)과 통함이다. 그래서 신명(神明)의 덕(德)은 온갖 사물(事物)에 미치는 역(易)을 살피고[觀] 새겨[玩] 점(占)쳐 지변(知變)하여 지래(知來)하게 하는 통어(通語)가 된다.

356. 역(易)의 창왕(彰往)-찰래(察來)

夫易彰往而察來라. '무릇[夫] 역이란[易] 갈 것이[往] 나타나게 하면서[彰而] 올 것을[來] 살피게 한다[察].'

역(易) 즉 64괘(卦)의 요체(要諦)를 풀이해 주는 자왈(子曰)이다. 무릇[夫] 역(易)이란 64괘(卦)를 묶어 말한 것이다. 역(易)의 64괘(卦)는 갈 것[往者]을 밝히는[彰] 것이 아니라 왕자(往者)가 밝혀지게[彰] 하는 것이다. 그래서 '부역창왕(夫易彰往)'을 '부역사왕자창(夫易使往者彰)'으로 여겨서 '부역창왕(夫易彰往)'의 문맥을 잡아야 마땅한 문의(文意)를 건져 살펴[觀] 새기고[玩] 헤아려[擬] 따져[議] 단(斷)할 수 있다. 물론 '찰래(察來)' 역시 '부역사래자찰(夫易使來者察)'로 여기고 '찰래(察來)'의 문맥을 잡아야 마땅한 문의(文意)를 건져 관완(觀玩)하고 의의(擬議)하여 가늠할[斷] 수 있는 것이다. 그리고 역(易)의 창왕(彰往)-찰래(察來)는 여섯 효(爻)의 누천(屢遷)을 상기(想起)시킨다. 초효(初爻)가 찰래(察來)의 '내(來)' 즉 올 것[來者]을 짓한다[象]면 상효(上爻)는 창왕(彰往)의 '왕(往)' 즉 갈 것[往者]을 짓한다[象]. 그래서 여섯 효(爻)의 자리[位]에 따라 효상(爻象)을 관상(觀象)하여 즉 왕래(往來)의 짓[象]을 살펴보라[觀] 함이 '부역창왕이찰래(夫易彰往而察來)'이다. 부역(夫易) 즉 역(易)의 64괘(卦)는 괘효(卦爻)의 상(象)과 괘효(卦爻)의 사(辭)를 마주하는 자(者)로 하여금[使] 지변(知變)하게 하고 지화(知化)하게 하여 지래자(知來者) 즉 미래를[來] 아는[知] 사람[者]이 되게 하는 역(易)의 체(體)임을 여기서 간파(看破)할 수 있다. 그래서 역(易)의 창왕(彰往)-찰래(察來)는 온갖 사물(事物)에 미치는 역(易)을 살피고[觀] 새겨[玩] 점(占)쳐 지변(知變)하여 지래(知來)하게 하는 통어(通語)가 된다.

357. 역(易)의 미현(微顯)-천유(闡幽)

微顯闡幽라. '미묘한 것이[微] 밝혀지게 하고[顯] 깊숙한 것이[幽] 밝혀지게 한다[闡].'
_{미 현 천 유}

이는 '천수상(天垂象)'을 환기(喚起)시킨다. 미현천유(微顯闡幽)의 '현(顯)-천(闡)'은 천수상(天垂象)의 '수(垂)'를 새겨[玩] 헤아리게[擬] 하고, '미(微)-유(幽)'는 천수상(天垂象)의 '상(象)'을 완의(玩擬)하게 하는 까닭이다. '미현(微顯)'은 '현미(顯微)'를 도치(倒置)한 말투이다. 현미(顯微)-천유(闡幽)는 같은 것이다. 현(顯)-천(闡)은 다 은자(隱者) 즉 숨은[隱] 것[者]을 밝혀냄[明]을 뜻하고, '미(微)-유(幽)'는 다 '은자(隱者)'를 나타낸다. 여기서 미유(微幽) 즉 은자(隱者)란 무엇인가? 이는 곧 창왕찰래(彰往察來)의 '왕(往)-래(來)'를 말하

는 것이다. 창왕(彰往)의 왕(往)도 미유(微幽)하고 찰래(察來)의 '내(來)'도 미유(微幽)하다. 이러한 '왕(往)-래(來)'의 짓[象]이란 '유리이무형(有理而无形)'이어서 드러나되[彰] 살펴보기[察]가 어렵다. 그래서 지성(至誠)으로 견색(見賾)하라고 하는 것이다. 다스림은[理] 있지만[有而] 형체[形]가 없음[无]이 창왕(彰往)의 '왕(往)' 즉 왕자(往者)이고 찰래(察來)의 '내(來)' 즉 내자(來者)이다. 말하자면 왕자(往者)-내자(來者) 즉 왕래(往來)함이란 지극히 미유(微幽)하다. 본래 변화(變化)함이란 '미자(微者)'요 '유자(幽者)'이다. 숨은[隱] 왕자(往者)를 드러내게[彰] 하고, 숨은[隱] 내자(來者)를 살피게[察] 하는 것이 부역(夫易) 즉 64괘(卦)임을 밝힌 것이 곧 '미현천유(微顯闡幽)'이다. 그래서 역(易)의 미현(微顯)-천유(闡幽)는 온갖 사물(事物)에 미치는 역(易)을 살피고[觀] 새겨[玩] 점(占)쳐 지변(知變)하여 지래(知來)하게 하는 통어(通語)가 된다.

358. 역(易)의 변물(辨物)

辨物의 '물(物)'은 '효(爻)'라는 것을 말하고, '변(辨)'은 효위(爻位)를 변별(辨別)함을 뜻한다. 절괘(節卦 : ䷻)로 예를 든다면 그 '당명(當名)'은 '수뢰둔(水雷屯)'이고, 그 변물(辨物)은 아래[下]로부터 첫 효(爻)는 초효(初爻)로서 양효(陽爻)이므로 초구(初九)로 변별(辨別)하고, 둘째 효(爻)는 양효(陽爻)이므로 구이(九二)로 변별(辨別)하며, 셋째 효(爻)는 음효(陰爻)이므로 육삼(六三)으로 변별(辨別)하고, 넷째 효(爻)는 음효(陰爻)이므로 육사(六四)로 변별(辨別)하고, 다섯째 효(爻)는 양효(陽爻)이므로 구오(九五)로 변별(辨別)하며, 맨 위[上]의 효(爻)는 상효(上爻)로서 음효(陰爻)이므로 상륙(上六)으로 변별(辨別)함을 '변물(辨物)'이라고 밝힌 것이다. 물론 괘효상(卦爻象)을 변별(辨別)함 또한 여기서 밝힌 '변물(辨物)'에 속한다. 대성괘(大成卦)에서 여섯 효(爻)들은 저마다의 자리[位]를 따라 '중(中)-정(正)-중정(中正)-정응(正應)-불응(不應)-비(比)' 등등의 관계를 서로 갖는다. 이러한 관계를 변별(辨別)하는 것역시 '변물(辨物)'에 든다. 그래서 역(易)의 변물(辨物)은 온갖 사물(事物)에미치는 역(易)을 살피고[觀] 새겨[玩] 점(占)쳐 지변(知變)하여 지래(知來)하게하는 통어(通語)가 된다.

> **註** 효상(爻象)은 여섯 효[六爻]의 자리[位]를 살펴[觀] 서로의 관계를 가늠해야[斷] 한다. 효상(爻象)은 대성괘(大成卦)에서 여섯 효(爻)의 자리[位]를 따라 '중(中)-정(正)-중정(中正)-정응(正應)-불응(不應)-비(比)' 등등의 관계를 서로 갖는다. 이러한 관계들을 살펴[觀] 새기고[玩] 헤아리고[擬] 따져[議] 가늠하게[斷] 된다. 대성괘(大成卦)에서 하괘(下卦) 이효(二爻)의 자리[位]와 상괘(上卦) 오효(五爻)의 위(位)를 '중(中)'이라 한다. 대성괘(大成卦)에서 효(爻)의 위(位) 초(初)-삼(三)-오(五) 즉 홀수[奇]의 자리[位]는 양효(陽爻)의 위(位)이고, 이(二)-사(四)-상(上) 즉 짝수[偶]의 위(位)는 음효(陰爻)의 자리[位]이다. 대성괘(大成卦)에서 일(一)의 자리[位]를 '초(初)'라 하고, 여섯째[六]의 자리[位]를 '상(上)'이라 한다. 음(陰)-양(陽)의 효(爻)가 제자리[位]에 있으면 '정(正)'이라 하고, 특히 중효(中爻)인 이효(二爻)가 음효(陰爻)이고, 오효(五爻)가 양효(陽爻)이면 '중정(中正)'이라 한다. 초효(初爻)와 사효(四爻)-이효(二爻)와 오효(五爻)-삼효(三爻)와 상효(上爻)가 서로 음(陰)=양(陽)의 효(爻)이면 '정응(正應)'이라 하고, 그렇지 않으면 '불응(不應)'이라 한다. 초효(初爻)와 이효(二爻)-이효(二爻)와 삼효(三爻)-삼효(三爻)와 사효(四爻)-사효(四爻)와 오효(五爻)-오효(五爻)와 상효(上爻)가 음(陰)-양(陽)의 효(爻)로 이웃하고 있으면 '비(比)'라 한다.

359. 역(易)의 정언(正言)

正言의 '언(言)'은 괘효사(卦爻辭)의 '사(辭)'가 논란(論難)의 어지(語之) 즉 시비(是非)-정오(正誤)-진위(眞僞)를 논란(論難)하여 말 나누기[語之]가 아니라 내가 나에게 말하기[言之]를 뜻한다. 정언(正言)은 곧 직언(直言)이다. 직언(直言)이란 논란(論難)하지 않고 마음 가는 바[志]를 스스로 밝힘이다. 그래서 정언(正言)은 '나[吾]'로 하여금 시비(是非)-정오(正誤)-진위(眞僞) 등을 떠나 회린(悔吝) 즉 뉘우치고[悔] 부끄럽게[吝] 하는 것이다. 그러므로 '정어(正語)'라 하지 않고 '정언(正言)'이라고 밝히고 있음을 간과(看過)한다면, 괘효사(卦爻辭)가 진술(陳述)의 어구(語句)가 아니라 시구(詩句)와 같은 사구(辭句)임을 간파(看破)할 수 없는 것이다. 그래서 역(易)의 정언(正言)은 온갖 사물(事物)에 미치는 역(易)을 살피고[觀] 새겨[玩] 점(占)쳐 지변(知變)하여 지래(知來)하게 하는 통어(通語)가 된다.

360. 역(易)의 단사(斷辭)

斷辭의 '사(辭)'는 괘효사(卦爻辭) 즉 괘사(卦辭)와 효사(爻辭)를 말한다. 괘효사(卦爻辭)의 '사(辭)'는 '정언(正言)하라'는 말씀[辭]이지 '논란(論難)하라'는 사(辭)가 아님을 늘 명심(銘心)해야 단사(斷辭)의 '단(斷)'을 새겨[玩] 헤아릴[擬] 수 있다. 귀동냥해서 판단하지[斷] 말라 함이 곧 단사(斷辭)의 '단(斷)'인 것이다. 지변(知變)하고 싶다면 그 '변(變)'을 스스로 알아차려야 하고, 지화(知化)하고 싶다면 또한 그 '화(化)'를 스스로 알아차려야 한다. 역(易)이 왕자(往者)를 밝히게 하고 내자(來者)를 살피게 한다면, 그 왕자(往者)와 내자(來者)의 짓[象]을 스스로 관상(觀象)해야 자신이 지래자(知來者)가 될 수 있음이다. 스스로 지변(知變)하지 못한다면 지화자(知化者)가 될 수 없고, 지화자(知化者)가 될 수 없다면 결코 지변자(知變者)가 될 수 없음이 '단사(斷辭)'라는 밝힘에 스며 있다. 그래서 단사(斷辭)의 '사(辭)'는 논란(論難)하라는 어지(語志)의 말씀[辭]이 아니라 직언(直言)하라는 언지(言志)의 말씀[辭]이다. 그래서 단사(斷辭)는 괘효사(卦爻辭)를 스스로 가늠함[斷]을 뜻한다. 괘효사(卦爻辭)를 스스로 가늠해야 괘효상(卦爻象)과 괘효사(卦爻辭)를 마주하고 스스로 관상(觀象)하여 스스로 완사(玩辭)하고 스스로 관변(觀變)하여 스스로 완점(玩占)하여 지변(知變)-지화(知化)하여 지래자(知來者)가 스스로 될 수 있는 것이다. 이로써 무릇 역(易)의 괘효(卦爻)가 구비(具備)된다. 이를 밝혀 '비의(備矣)'라 한 것이다. 그래서 역(易)의 단사(彖辭)는 온갖 사물(事物)에 미치는 역(易)을 살피고[觀] 새겨[玩] 점(占)쳐 지변(知變)하여 지래(知來)하게 하는 통어(通語)가 된다.

361. 역(易)의 칭명(稱名)

其稱名也小라. '괘의[其] 이름을[名] 일컫기[稱]란[也] 작다[小].'
_{기 칭 명 야 소}

괘명(卦名)이 단소(短小)함을 밝힌 것이다. 괘명(卦名)은 외 자(字)이거나 두 자(字)를 넘지 않는다. 예를 들자면 습감괘(習坎卦)처럼 두 글자로 된 괘명도 있지만 건괘(乾卦)처럼 대부분 외 자(字)로 칭명(稱名)한다. 괘명(卦名)의 풀이[繹]도 넉 자(字)를 넘지 않는다. 곤괘(坤卦)를 풀이하여 '곤위지(坤爲地)'라 하여 석 자(字)이고, 괘명(卦名)이 서합괘(噬嗑卦)처럼 두 자(字)일 경우 수뢰서합(水雷噬嗑)이라 하여 그 풀이가 넉 자(字)일 뿐이다. 그래서 괘(卦)의 칭명(稱名)은 소(小) 즉 짧다[小]고 밝힌 것이다. 그래서 역(易)의 칭명(稱名)은 온갖 사물(事物)에 미치는 역(易)을 살피고[觀] 새겨[玩] 점(占)쳐 지변(知變)하여 지래(知來)하게 하는 통어(通語)가 된다.

362. 역(易)의 취류(取類)

其取類也大라. '그 괘명이[其] 여러 가지를[類] 간직함[取]이[也] 크다[大].'
_{기 취 류 야 대}

짧은 괘명(卦名)일지라도 함유(含有)하고 있는 뜻[意]은 다대(多大)함을 밝힌 것이다. 취류(取類)란 중의(衆義)를 품고[含] 있음을 뜻한다. 중의(衆義)란 어떤 한 가지 의미(意味)로 단정(斷定)되거나 정리(整理)될 수 없음이다. 괘명(卦名)은 괘효사(卦爻辭)의 길잡이[指南]로서 괘명(卦名)이 괘효상(卦爻象)과 더불어 괘효사(卦爻辭)를 수취(受取)하고 있음을 '취류(取類)'가 밝히고 있는 것이다. 취류(取類)는 취군(取羣)이니 여럿[類]을 취함[取]이다. 그 여럿[類]이란 곧 중의(衆義) 즉 여러[衆] 뜻[義]을 취하여 알리는[告] 취류(取類)이다. 괘효(卦爻)는 짓[象]으로 취류(取類)하고 이에 따라서 성인(聖人)이 붙인[繫] 말씀[辭]이 괘효사(卦爻辭)이다. 물론 성인(聖人)의 계사(繫辭) 또한 취류(取類)하게 하는 말씀[辭]이다. 요즈음은 '취류(取類)'라는 낱말은 잊히고 '표현(表現)'이라는 말이 쓰인다. 표현(表現)은 'expression'을 역(譯)한 일식조어(日式造語)이다. 성인(聖人)의 계사(繫辭)는 '취류(取類)하지' 결코 '진술(陳述)하지' 않는다. '기취류야대(其取類也大)'라 하지 않고 '기표현야대(其表現也大)'라고 하면 낯설지 않을 터이다. 괘효(卦爻)에 붙인[繫] 성인(聖人)의 말씀[辭]은 '취류(取類)의 언지(言之)'이다. 그래서 '기취류(其取類)는 크다[大]'라고 밝힌 것이다. 그래서 역(易)의 취류(取類)는 온갖 사물(事物)에 미치는 역(易)을 살피고[觀] 새겨[玩] 점(占)쳐 지변(知變)하여 지래(知來)하게 하는 통어(通語)가 된다.

363. 역(易)의 지원(旨遠)

其旨遠이라. '그[其] 뜻은[旨] 심원하다[遠].'
　기지원
　기지원(其旨遠)의 기지(其旨)' 즉 '괘지지(卦之旨)'란 하늘[天]의 이치-가르침[道]으로 보면 음양(陰陽)의 지(旨)이고, 땅[地]의 이치-가르침[道]으로 보면 강유(剛柔)의 지(旨)이며, 사람[人]의 이치-가르침[道]으로 보면 인의(仁義)의 지(旨)이다. 이러한 삼극(三極) 즉 천지인(天地人)의 뜻[旨]을 아우르고 있는 괘지지(卦之旨) 즉 괘의[卦之] 뜻[旨]이기 때문에 깊고 멀다[遠]. 왜 괘(卦)의 지(旨)는 심원(深遠)한가? 자연[天地]의 시킴[命]과 가르침[命]을 본받는[法] 성인(聖人)의 지(旨) 즉 의지(意志)가 간직돼 있기 때문이다. 나아가 지원(旨遠)의 '원(遠)'은 성인(聖人)의 뜻하는 바[所志]가 진술(陳述)되지 않음을 나타낸다. 지원(旨遠)의 '원(遠)'은 취류(取類)의 '류(類)' 즉 '중의(衆義)'를 취(取)함이 정(定)해져 있지 않음을 암시(暗示)하기도 한다. 그러므로 기지원(其旨遠)은 괘사(卦辭)를 완사(玩辭)하고 효사(爻辭)를 완사(玩辭)하는 이의 마음 가는 바[志]를 스스로 이끌게 한다. 그래서 역(易)의 지원(旨遠)은 온갖 사물(事物)에 미치는 역(易)을 살피고[觀] 새겨[玩] 점(占)쳐 지변(知變)하여 지래(知來)하게 하는 통어(通語)가 된다.

364. 역(易)의 사문(辭文)

其辭文이라. '그[其] 말씀은[辭] 아름답다[文].'
　기사문(其辭文)의 '사(辭)'는 심원(深遠)한 뜻[旨]을 말하게[言之] 하는 말씀[辭]이지 무엇을 말해 주는[語之] 사(辭)가 아니다. 어떤 지식을 알려 주거나 전달해 주는 말씀(語辭)이 아니라 '나[吾]'로 하여금 마음 가는 바[志]를 밝히게 하는 말씀(言辭)이다. 스스로 말하게 하는 언사(言辭)가 '아름답다[文]'라고 밝힌 것이 '기사문(其辭文)'이다. 문(文)이 사(辭)를 결정하지 않고 다만 문(文)은 사(辭)를 다듬어 꾸며 주기 때문에 '기사문(其辭文)'이다. 『맹자(孟子)』「만장상(萬章上)」에 '불이문해사(不以文害辭)'라는 말씀을 환기(喚起)한다면 '기사문(其辭文)'의 사(辭)와 문(文)의 상관(相關)을 살펴 헤아릴 수 있

499

다. 글자[文]로[以] 말을[辭] 해치지 않는다[不害]. 말[言]이[之] 글로 되는데[成文] 글[文字]이 말하기[言]를 해쳐서는[害] 안 되는 것이 글[文]의 아름다움[美]이다. 괘(卦)의 뜻[旨]을 말함[辭]이 아름답다[文]고 함은 합덕(合德)의 말씀[辭]을 해(害)치지 않기 때문이다. 교언(巧言)의 사(辭)는 오로지 비문(非文) 즉 아름다움[文]이 아닌 것[非]이다. 그래서 역(易)의 사문(辭文)은 온갖 사물(事物)에 미치는 역(易)을 살피고[觀] 새겨[玩] 점(占)쳐 지변(知變)하여 지래(知來)하게 하는 통어(通語)가 된다.

365. 역(易)의 언곡중(言曲中)

其言曲而中이라. '그[其] 말함은[言] 막막해도[曲而] 적중한다[中].'
기언곡이중(其言曲而中)은 기사문(其辭文)의 '사(辭)'를 한 번 더 강조한 것이다. 여기서 기언(其言) 즉 괘의[卦之] 말[言]이란 괘효(卦爻)의 사(辭) 즉 괘사(卦辭)와 효사(爻辭)를 말한다. 그 괘효사(卦爻辭)의 '사(辭)'가 '힐굴(詰屈)의 언(言)'임을 '곡(曲)' 한 자(字)로 밝힌 것이다. 마음 가는 바[志]를 어렵게 하여 새기기[玩]가 매우 어렵고 거북한 말[辭]이 곧 괘효사(卦爻辭)이다. 일반적인 글을 대하듯이 괘효(卦爻)의 사구(辭句)를 마주해서는 그만 사색(辭塞) 즉 말[辭]이 막히고[塞] 만다. 그래서 '언곡(言曲)함'이 흘(吃)하다고 하는 것이다. 즉 언곡(言曲)의 말[辭]은 말 더듬게 한다[吃]는 것이다. 그래서 기언곡(其言曲)의 '곡(曲)'은 괘효사(卦爻辭)를 마주할 때 치힐(致詰) 즉 더없이 구문(究問)하게 하는 것이다. 묻기를[詰] 끝없이 하게[致] 하는 말[言]이 괘효(卦爻)에 성인(聖人)이 매어 준[繫] 말씀[辭]이다. 참으로 괘효사(卦爻辭)는 힐굴언(詰屈言) 즉 말 속[言中]에 여러 다른 뜻들이 간직돼 있어 굴절(屈折)이 무상(無常)한 말[詰屈言]이 곧 괘효사(卦爻辭)인 셈이다. 언중(言中)을 스스로 묻고 물어서[究問] 캐내지 않으면 사색(辭塞)되고 마는 말씀[辭]이 괘효사(卦爻辭)이기 때문에 괘의[卦之] 말은[言] 곡진하다[曲]는 것이다. 괘사(卦辭)도 굴곡(詘曲)하여 흘(吃)하게 하고, 효사(爻辭)도 굴곡(詘曲)해 말하기를 더듬게[吃] 한다. 그런데 그런 괘효사(卦爻辭)가 적중(的中)한다는 것이다. 말하자면 괘효사(卦爻辭)에는 연사(衍辭) 즉 군더더기[衍] 말[辭] 하나 없이 짧지만 오로지 정언(正言)할 뿐이라 괘효사(卦爻辭)는 오로지 정언(正言)하여 적중(的中)함을 일컬어 '기언곡이중(其言曲而中)'이라고 밝힌 것이다. 그래서 역(易)의 언곡중(言曲中)은 온갖 사물(事物)에 미치는 역(易)을 살피고[觀] 새겨[玩] 점(占)쳐 지변(知變)하여 지래(知來)하게 하는 통어(通語)가 된다.

366. 역(易)의 사사은(事肆隱)

其事肆而隱이라. '그[其] 일은[事] 펼쳐져도[肆而] 은밀하다[隱].'
기 사 사 이 은

기사사이은(其事肆而隱)의 '기사(其事)'는 괘지사(卦之事)이다. 괘(卦)에서 일[事]을 말하고 있는 것[物]이 괘효사(卦爻辭)이다. 괘효사(卦爻辭)는 일[事]을 곡진(曲盡)하게 말하고[言之] 적중(的中)하게 언지(言之)한다. 괘효사(卦爻辭)가 일[事]을 어떻게 언지(言之)하는 것인가? 일[事]을 '사(肆)하게' 말하고[言之] '은(隱)하게' 언지(言之)한다는 것이다. '사(肆)'는 '펼쳐냄[陳]'이니 드러남이고, '은(隱)'은 '숨김[蔽]'이니 드러나지 않음이다. 그러니 괘효사(卦爻辭)가 '사(事)를 언지(言之)함'이란 드러낼 것은 드러내 말함[言之]이 기사사이은(其事肆而隱)의 '사(肆)'이고, 숨길 것은 숨겨 언지(言之)함이 기사사이은(其事肆而隱)의 '은(隱)'이다. 괘효사(卦爻辭)에는 사상(事象)만 드러나 있지 사지본말(事之本末)-사지종시(事之終始)-사지연유(事之緣由) 등은 나타나지 않는다. 그러니 괘효사(卦爻辭)는 일의[事之] 짓[象]은 펼치되[肆] 일의[事之] 본말(本末)-종시(終始)-연유(緣由)는 펼치지 않는[不肆] 것이다. 짓[象]이란 조짐[兆]이니 펼쳐[肆] 드러날[形]지라도 숨김[隱]이 있다. 이러한 사상(事象)을 말하는[言之] 괘효사(卦爻辭)이므로 그 말씀[辭]이 힐굴언(詰屈言)이 되어 괘효사(卦爻辭)를 마주할 때 흘(吃)하면서 치힐(致詰)하게 하는 것이다. 숨긴[隱] 일[事]을 찾아냄[見]이 곧 견색(見賾)이다. 견색(見賾)하자면 펼쳐 준[肆] 일[事]의 짓[象]을 끝까지 묻고 물어[致詰] 완사(玩辭)하고 완점(玩占)해야 일[事]이 숨기고[隱] 있는 변(變)-화(化)를 찾아내[見] 지변(知變)하여 지화(知化)할 수 있는 것이다. 왜 통변지위사(通變之謂事)라고 하는 것인가? 일[事]이란 변(變)을 통(通)해 새로 됨[化]인 것[物]이다. 사물(事物)이란 모두 통변지화(通變之化) 즉 내자(來者)이다. 변통(變通)하는 일[事]은 숨어[隱] 있지 펼쳐[肆] 있지 않는다. 그렇기 때문에 견색(見賾)하라-찰래(察來)하라는 것이다. 그래야 지래(知來)할 수 있음을 밝혀 '기사사이은(其事肆而隱)'이라고 밝힌 것이다. 그래서 역(易)의 사사은(事肆隱)은 온갖 사물(事物)에 미치는 역(易)을 살피고[觀] 새겨[玩] 점(占)쳐 지변(知變)하여 지래(知來)하게 하는 통어(通語)가 된다.

367. 역(易)의 제민행(濟民行)

以濟民行이라. '역(易)으로[以] 백성의[民] 행위를[行] 구제한다[濟].'
이는 괘효사(卦爻辭)의 '사(辭)'가 정언(正言)-단사(斷辭)의 말씀[辭]임을 상기(想起)시킨다. 일[事]을 두고 의심함[貳]을 이용하여[以] 의심하지 않게[不貳] 함을 '제민행(濟民行)'이라고 밝힌 것이다. 제민행(濟民行)의 '민행(民行)'은 '민지이사지행(民之貳事之行)'을 뜻한다. 사람들이[民之] 일을[事] 의심하는[貳之] 행위[行]를 괘효사(卦爻辭)가 구제해 준다[濟] 함이 '제민행(濟民行)'이다. 이 점을 간파(看破)한다면 제민행(濟民行)의 '제(濟)'를 저마다 나름대로 새겨[玩] 헤아릴[擬] 수 있게 된다. 괘효사(卦爻辭)가 '나[吾]'로 하여금[使] 정언(正言)하게 하고 단사(斷辭)하게 하여 일[事]을 의심하는[貳] 행위[行]를 의심하지 않는[不貳] 행위[行]로 개선(改善)해 줌이 곧 제민행(濟民行)의 '제(濟)'임을 알아차릴 수 있게 된다. 그러므로 제민행(濟民行)의 '제(濟)'는 괘효사(卦爻辭)가 '나[吾]'로 하여금[使] 회린(悔吝)하게 함을 깨우쳐 주는 것이다. 그리하여 통변지위사(通變之謂事) 즉 '변함[變]을 열어 줌[通]이 일[事]'임을 의심하지 않게[不貳] 함이 곧 '괘(卦)의 제민행(濟民行)'인 것이다. 그래서 역(易)의 제민행(濟民行)은 온갖 사물(事物)에 미치는 역(易)을 살피고[觀] 새겨[玩] 점(占)쳐 지변(知變)하여 지래(知來)하게 하는 통어(通語)가 된다.

368. 역(易)의 명(明)

以明得失之報라. '역(易)으로[以] 얻고[得] 잃음[失]의[之] 갚음을[報] 밝혀 준다[明].'

이는 이제민행(以濟民行)을 거듭해 풀이함이다. 괘효사(卦爻辭)가 일을 의심하는 사람들의 행위[行]를 어떻게 구제해 주는[濟] 것인가? 득실지보(得失之報)가 바로 그 해답이다. 매사(每事)에는 득실(得失)이 있게 마련이다. 이 득(利得)의 일[事]과 손실(損失)의 일[事]이 별개(別個)로 있는 것은 아니다. 만사(萬事)는 모두 득실(得失)을 함께 지니고 있을 뿐이다. 그래서 '손유부(損有孚)'라고 하는 것이다. 왜-어떻게 손(損)이 해(害)가 되지 않고 오히려 익(益)이 됨을 일컬어 '손유부(損有孚)'라고 한다. 손유부(損有孚)의 '부(孚)'는 '신(信)'을 뜻한다. 가정(可貞)하여 맞게 되는 '손(損)'이란 오히려 '익(益)'

이 되는 것임을 손유부(損有孚)의 '부(孚)'가 말해 주고 있는 것이다. 잃어도[失] 신실하다[孚]면 무구(無垢)하다. 더러움[咎]이 없음[無]이란 무욕(無欲)함이다. 무욕(無欲)해서 손실(損失)을 보았다면 그 손실(損失)이 이득(利得)이 되어 갚아 옴[報]이 길(吉)함이고, 탐욕(貪欲)으로 이득(利得)을 보았다면 그 이득(利得)이 손해(損害)가 되어 갚아 옴[報]이 흉(凶)함이다. 이러한 길흉(吉凶)이 곧 '명득실지보(明得失之報)'인 것이다. 그러므로 이사(貳事) 즉 일[事]의 의심[貳]을 이용하여[以] 득실(得失)의 보답(報答)을 밝힘[明]이란 '통변지위사(通變之謂事)'임을 의심하지 않게[不貳] 괘효사(卦爻辭)가 밝혀 줌[明]이다. 무욕(無欲)하다면 실(失)이 득(得)으로 보답(報答)하고, 탐욕(貪欲)하다면 득(得)이 실(失)로 보답(報答)함을 괘(卦)가 밝혀 줌[明]이 곧 '이명득실지보(以明得失之報)'이다. 그래서 역(易)의 명(明)은 온갖 사물(事物)에 미치는 역(易)을 살피고[觀] 새겨[玩] 점(占)쳐 지변(知變)하여 지래(知來)하게 하는 통어(通語)가 된다.

369. 역(易)의 흥(興)

易之興也其於中古乎라. '역의[易之] 만들어짐[興]이라는[也] 그것은[其] 중고(中古) 때에[於]이리라[乎]!'
_{역 지 흥 야 기 어 중 고 호}

이는 역(易)이 중고(中古) 때에 흥했음[興]을 밝히고 있다. 또한 이는 중고(中古) 이전에는 역(易)이 쇠미(衰微)했음을 짐작케도 한다. 여기서 중고(中古)란 역력삼고(易歷三古)의 중고(中古)를 말한다. '복희위상고(伏羲爲上古) 문왕위중고(文王爲中古) 공자위하고(孔子爲下古)'를 일러 역력삼고(易曆三古)라 한다. 역(易)의 역사(歷史)를 본다면 복희씨(伏羲氏)가 상고(上古)이고[爲], 문왕(文王)이 중고(中古)이며[爲], 공자(孔子)가 하고(下古)인 셈이다. 복희씨(伏羲

氏)가 팔괘(八卦)를 짓고[作] 문왕(文王)이 64괘(卦)를 짓고[作] 공자(孔子)가 십익(十翼)을 지었음[作]을 뜻하는 것이다. 이로 미루어 '중고(中古)에[於] 역이[易] 흥했다[興]'라고 함은 '주(周) 문왕(文王) 때에[於] 역(易)이 부흥(復興)하게 되었다'라고 새겨[玩] 헤아릴[擬] 수 있다. 상(商)나라 말기(末期) 주왕(紂王)의 난세(亂世)에 이르기까지 역(易)이 쇠미(衰微)해져 왔었는데 문왕(文王)이 상고(上古)부터 내려오던 역(易)을 보완(補完)하여 다시[復] 흥(興)하게 하였음을 밝힌 자왈(子曰)이 '역지흥야기어중고호(易之興也其於中古乎)'이다. 물론 『주례(周禮)』「춘관(春官) 태복(太卜)」에 '일왈연산(一曰連山) 이왈귀장(二曰歸藏) 삼왈주역(三曰周易)'이라는 말로 미루어 '삼역(三易)'을 생각하게 된다. 그러나 지금 우리가 볼 수 있는 '역(易)'이란 『주역(周易)』뿐이다. 그래서 역(易)의 흥(興)은 온갖 사물(事物)에 미치는 역(易)을 살피고[觀] 새겨[玩] 점(占)쳐 지변(知變)하여 지래(知來)하게 하는 통어(通語)가 된다.

370. 작역자(作易者)와 우환(憂患)

作易者有憂患乎라. '역을[易] 지었던[作] 분[者], 그분께는[其] 근심과
_{작 역 자 유 우 환 호}
[憂] 걱정이[患] 있었을 것[有]이리라[乎]!'

이는 역(易)을 만든[作] 성인(聖人)이 작역(作易)한 까닭을 분명(分明)하게 해 준다. 여기서 우환(憂患)을 다스리기[濟] 위해 작역(作易)했음을 간파(看破)할 수 있다. 그리고 여기서 '작역자(作易者)'란 '주(周) 문왕(文王)'을 지칭(指稱)하고 있음을 알아챌[看破] 수도 있다. 나아가 작역자유우환(作易者有憂患)의 '우환(憂患)'이란 자신의 우환(憂患)이 아니라 난세(亂世)를 빚어 내게 하는 우환(憂患)을 말하는 것이다. 물론 주(周) 문왕(文王)이 당했던 '우환(憂患)'이라고 생각할 수도 있다. 왜냐하면 문왕(文王)이 구속(拘束)당해

서 단사(彖辭)를 지어[作] 괘(卦)에 매어 두게[繫] 되어 쇠미(衰微)해졌던 역(易)이 다시 흥(興)하게 되었다는 설(說)이 있기 때문이다. 단사(彖辭)란 괘상(卦象)을 가늠하게 하는[彖] 말씀[辭]이다. 단사(彖辭)의 '단(彖)'은 '가늠할 단(斷)'과 같다. 단사(彖辭)를 단사(斷辭)로 여기고 새기면 된다. 여기서 우환(憂患)이란 분명 여민동환(與民同患)의 것을 말한다. 백성[民]과 더불어[與] 난세(亂世)를 같이[同] 근심했던[患] 심심(深心) 즉 깊은[深] 마음[心]이라고 작역자유우환(作易者有憂患)의 '우환(憂患)'을 완의(玩擬)하여 의단(擬斷)하면 될 것이다. 그래서 작역자(作易者)와 우환(憂患)은 온갖 사물(事物)에 미치는 역(易)을 살피고[觀] 새겨[玩] 점(占)쳐 지변(知變)하여 지래(知來)하게 하는 통어(通語)가 된다.

註 작역(作易)한 사람[者]이 누구일까? 이에 대하여 고인(古人)들은 성인(聖人)이 지었다[作]고 밝힘으로써 만족했다. 하지만 오늘날 사람들은 그 성인(聖人)이 누구인지 따져 밝히려고 해 설(說)이 분분하다. 역(易)의 팔괘(八卦)와 육십사괘(六十四卦)를 복희씨(伏羲氏)가 지었다는 왕필(王弼)의 설(說), 복희씨(伏羲氏)가 팔괘(八卦)를 작(作)하고 주(周) 문왕(文王)이 육십사괘(六十四卦)와 괘효사(卦爻辭)를 지었다(작)는 사마천(司馬遷)의 설(說), 괘사(卦辭)는 문왕(文王)이 짓고 효사(爻辭)는 주공(周公)이 짓고 십익(十翼)은 공자(孔子)가 지었다는 마융(馬融)의 설(說) 등등이 있을 뿐 딱 떨어지는 정설(定說)은 없다. 다만 주(周) 문왕(文王)이 작역자(作易者)에 속한다는 생각을 갖게 한다. 그러나 주 문왕(文王)이 괘효사(卦爻辭)를 지었다고 해도 그 이전부터 전해 오던 것을 보완(補完)하여 완성(完成)했다고 생각하는 편이 타당할 것이다. 주(周) 문왕(文王)이 중국(中國) 고대(古代)의 성인(聖人)으로 추앙(推仰)되었기에 작역(作易)의 공(功)을 문왕(文王)에게 돌렸을 수 있는 일이다.

371. 덕(德)의 기(基)

履德之基也라. '이괘는[履] 덕(德)의[之] 바탕[基]이다[也].'
이덕지기야

이는 곧 이괘(履卦)의 괘사(卦辭)를 '덕지기(德之基)' 즉 '덕의[德之] 바탕

[基]'이라고 개역(改繹)한 것이다.

이괘(履卦)는 64괘(卦)에서 열 번째 태하건상(兌下乾上 : ䷉)의 대성괘(大成卦)로 '천택이(天澤履)'라고 불린다. '하늘[天]-못[澤] 이괘(履卦)'의 괘사(卦辭)는 아래와 같이 삼행(三行)의 사구(辭句)이다.

이호미(履虎尾) 부질인(不咥人) 형(亨). '호랑이의[虎] 꼬리를[尾] 밟는다[履]. 사람을[人] 물지[咥] 않는다[不]. 통하리라[亨].'

이와 같은 괘사(卦辭)의 말씀[辭句]을 중심으로 다시 공자(孔子)가 완사(玩辭)하여 개역(改繹)해 말한 것[言之]이 '이덕지기(履德之基)'이다. 꼬리를 밟힌 호랑이[虎]가 꼬리를 밟은 사람[人]을 물지 않았다[不咥]. 부질(不咥)의 '질(咥)'은 '씹어 물 서(噬)'와 같다. 이러한 이괘(履卦)의 괘사(卦辭)를 '덕지기(德之基)'라고 개역(改繹)한 것이다. '꼬리를 밟아도 물지 않는[不咥] 호랑이[虎]가 통한다[亨]'라고 함이 왜 '덕의[德之] 바탕[基]'이라고 개역(改繹)할 수 있는 것인가? 바탕[基]이란 맨 처음[始]을 말한다. 덕지기(德之基)란 역이곤상기(易以坤象基)를 뜻하는 것이다. '역은[易] 곤괘를[坤] 가지고[以] 바탕을[基] 짓한다[象].' 역(易) 즉 생생(生生)의 바탕[基]이 곤괘(坤卦)라는 말이다. 이괘(履卦 : ䷉)의 하괘(下卦)인 태(兌 : ☱)를 보라. 곤(坤 : ☷)이 양효(陽爻) 둘을 받아들여 변화(變化)가 생긴[生] 것이 곧 태(兌 : ☱)이다. 곤(坤 : ☷)에서 변화(變化)하여 덕(德)이 시생(始生)한 것이다. 천지(天地) 음양(陰陽)이 짓는 변화(變化), 그것을 한 글자로 덕(德)이라 한다. 그래서 덕(德)을 시생(始生)이니 통어천지자(通於天地者)라 한다. 이괘(履卦 : ䷉)는 하나의 음효(陰爻)가 다섯의 양효(陽爻)와 변화(變化)를 시작(始作)함을 일깨워 주는 괘상(卦象)이고, 이 괘상(卦象)을 본받은[法] 괘사(卦辭)를 마주하는 '나[吾]'로 하여금[使] 지성(至誠)으로 자문(自問)하여 완사(玩辭)해 보라 함이 곧 '이덕지기(履德之基)'인 개역(改繹)이다. 그래서 덕(德)의 기(基)는 온갖 사물(事物)에 미치는 역(易)을 살피고[觀] 새겨[玩] 점(占)쳐 지변(知變)하여 지래(知來)하게 하는 통어(通語)가 된다.

🈷 천지(天地) 음양(陰陽)이 짓는 변화(變化), 그것을 한 글자로 덕(德)이라 한다. 그래서 덕(德)을 시생(始生)이니 통어천지자(通於天地者)라 한다.

372. 덕(德)의 병(柄)

謙德之柄也라. '겸괘는[謙] 덕(德)의[之] 자루[柄]이다[也].'
겸 덕 지 병 야
　이는 곧 겸괘(謙卦)의 괘사(卦辭)를 '덕지병(德之柄)' 즉 '덕의[德之] 자루[柄]'라고 개역(改繹)한 것이다. 겸괘(謙卦)는 64괘(卦)에서 15번째 간하곤상(艮下坤上 : ䷎)의 대성괘(大成卦)로 '지산겸(地山謙)'이라 불린다. '땅[地]-뫼[山] 겸괘(謙卦)'의 괘사(卦辭)는 아래와 같이 이행(二行)의 사구(辭句)로 되어 있다.
　겸형(謙亨) 군자유종(君子有終). '겸허하면[謙] 통한다[亨]. 군자한테는[君子] 끝냄이[終] 있다[有].'
　이와 같은 괘사(卦辭)의 말씀[辭句]을 중심으로 다시 공자(孔子)가 완사(玩辭)하여 개역(改繹)한 것이 '겸덕지병(謙德之柄)'이다. 겸손(謙遜)함보다 덕(德)을 더 잘 활용할 수 없다. 겸손(謙遜) 그것은 덕(德)의 자루[柄] 즉 권병(權柄)이요 근간(根幹)이다. 그래서 겸괘(謙卦)를 덕(德)의[之] 자루[柄]라고 개역(改繹)한 것이다. 덕지병(德之柄)의 '병(柄)'은 '병본(柄本)'의 줄임말이다. 겸(謙)이란 자비(自卑)-하심(下心)으로부터 비롯된다. 이러한 덕지병(德之柄)은 『중용(中庸)』에 나오는 '의금상경(衣錦尙絅) 오기문지저야(惡其文之著也)'를 상기(想起)시킨다. 겸손(謙遜)을 떠난 자비(自卑)란 없고 자비(自卑)를 떠난 덕행(德行)이란 없다. 자신을[自] 낮추어야[卑] 겸허(謙虛)하고 공손(恭遜)해야 덕(德)을 행(行)할 수 있음이다. 자비존인(自卑尊人)하는 군자(君子)가 곧 덕지병(德之柄)의 상(象)인 것이다. 자신을[自] 낮추고[卑] 남을[人] 높여[存] 덕(德)을 행(行)하는 군자(君子)는 덕(德)의[之] 자루[柄]와 같다. 그래서 덕(德)의 병(柄)은 온갖 사물(事物)에 미치는 역(易)을 살피고[觀] 새겨[玩] 점(占)쳐 지변(知變)하여 지래(知來)하게 하는 통어(通語)가 된다.

> 註 의금상경(衣錦尙絅) 오기문지저야(惡其文之著也) '비단옷을[錦] 입고[衣] 겉옷을[絅] 덧입는다[尙]. 비단옷의[其] 무늬[文]가[之] 드러남을[著] 싫어하는 것[惡]이다[也].'

373. 덕(德)의 본(本)

復德之本也라. '복괘는[復] 덕(德)의[之] 근본[本]이다[也].'
 복 덕 지 본 야

이는 곧 복괘(復卦)의 괘사(卦辭)를 '덕지본(德之本)' 즉 '덕의[德之] 근본[本]'이라고 개역(改繹)한 것이다. 복괘(復卦)는 64괘(卦)에서 24번째 진하곤상(震下坤上 : ䷗)의 대성괘(大成卦)로 '지뢰복(地雷復)'이라 불린다. '땅[地]-우레[雷] 복괘(復卦)'의 괘사(卦辭)는 아래와 같이 육행(六行)의 사구(辭句)로 되어 있다.

복형(復亨) 출입무질(出入无疾) 붕래무구(朋來无咎) 반복기도(反復其道) 칠일래복(七日來復) 이유유왕(利有攸往). '되돌아오니[復] 통한다[亨]. 나고[出] 들어도[入] 질주란[疾] 없다[无]. 벗이[朋] 와도[來] 허물이[咎] 없다[无]. 그[其] 도를[道] 되풀이한다[反復]. 이레에[七日] 되돌아온다[來復]. 갈[往] 데가[攸] 있다면[有] 이롭다[利].'

복괘(復卦)의 괘상(卦象)을 관상(觀象)하여 작역자(作易者)가 '되풀이하면[復] 통해[亨] 왕래해도[往來] 질주가[疾] 없다[无]'라고 괘사(卦辭)한 것이다. '되풀이[復]의 짓[象]'은 곧 '생생(生生)'을 말한다. 복괘(復卦)의 초구(初九)가

한 줄기 작은 미광(微光) 같아 다섯 음기[陰氣]의 매암(昧暗) 즉 어둠[昧暗]이 변화(變化)하기 시작한다. 작역자(作易者)가 괘상(卦象)을 드러낸[形] 괘사(卦辭)의 말씀[辭句]을 다시 공자(孔子)가 완사(玩辭)하여 개역(改繹)한 것이 '복덕지본(復德之本)'이다. 되풀이되는[復] 왕래(往來) 즉 쉼 없는 변화(變化)야말로 더없는 덕(德)의 기본[本]이다. 그래서 복괘(復卦)를 덕(德)의[之] 기본[本]이라고 개역(改繹)한 것이다. 덕지본(德之本)이라는 개역(改繹)은 『논어(論語)』「위정(爲政)」에 나오는 '위정이덕(爲政以德) 비여북신(譬如北辰) 거기소이중성공지(居其所而衆星共之)'[주1]를 상기(想起)시킨다. 이덕(以德)이란 '이통어천지자(以通於天地者)'와 같다. 자연[天地]에[於] 통하는[通] 것을[者] 이용함[以]이 곧 이덕(以德)이다. 덕지본(德之本)이란 '변화(變化)의 근본[基本]이고, 그 근본[基本]이란 시생(始生) 즉 변화(變化)의 시원(始原)'을 새겨[玩] 헤아려[擬] 가늠하게[斷] 하는 것이다. 나아가 변화(變化)의 실마리는 무리 진[衆] 큰 것[巨]에서 보다 작은 것[微]에 숨어[隱] 있음을 복괘(復卦)의 괘상(卦象)이 드러내고 있다. 군자(君子)는 복괘(復卦)의 괘상(卦象)을 관상(觀象)하고 관변(觀變)하여 매사(每事)에 숨은 길흉(吉凶)을 견색(見賾) 즉 숨은 꼬투리[賾]를 찾아낸다[見]. 그렇기 때문에 '복덕지본(復德之本)'은 『중용(中庸)』에 나오는 '치곡(致曲) 곡능유성(曲能有誠)'[주2]을 상기(想起)시킨다. 그래서 덕(德)의 본(本)은 온갖 사물(事物)에 미치는 역(易)을 살피고[觀] 새겨[玩] 점(占)쳐 지변(知變)하여 지래(知來)하게 하는 통어(通語)가 된다.

註 1. 위정이덕(爲政以德) 비여북신(譬如北辰) 거기소이중성공지(居其所而衆星共之) '덕(德)으로써[以] 다스림을[政] 행함은[爲] 마치[譬] 북극성이[北辰] 제[其] 자리에[所] 있어도[居而] 뭇 별들이[衆星] 북극성을[之] 받들어 좇음과[共] 같다[如].' 위정이덕(爲政以德)의 '덕(德)'은 자연[天地]의 변화(變化)를 본받음[法]을 뜻한다. 중성공지(衆星共之)의 '중성(衆星)'은 북신(北辰) 즉 북극성[北辰] 주변에 있는 별들을 말하고, '공(共)'은 여기서는 '두 손 모아 절할 공(拱)'으로 새기지만 '향할 향(向)'으로 새기기도 하며, '지(之)'는 북신(北辰)을 나타낸다.

註 2. 치곡(致曲) 곡능유성(曲能有誠) '작은 것을[曲] 지극히 하라[致]. 작은 것에도

[曲] 자연의 이치가[誠] 능히[能] 있다[有].' 치곡(致曲)의 '곡(曲)'은 '작을 미(微)-세(細)'등과 같고, 곡능유성(曲能有誠)의 '성(誠)'은 천지도(天之道) 즉 자연의[天之] 이치[道]를 뜻한다.

374. 덕(德)의 고(固)

恒德之固也라. '항괘는[恒] 덕(德)의[之] 확고함[固]이다[也].'
  항덕지고야

이는 항괘(恒卦)의 괘사(卦辭)를 '덕지고(德之固)' 즉 '덕의[德之] 확고함[固]'이라고 개역(改繹)한 것이다. 항괘(恒卦)는 64괘(卦)에서 32번째 손하진상(巽下震上 : ䷟)의 대성괘(大成卦)로 '뇌풍항(雷風恒)'이라 불린다. '우레[雷]-바람[風] 항괘(恒卦)'의 괘사(卦辭)는 아래와 같이 사행(四行)의 사구(辭句)로 되어 있다.

항형(恒亨) 무구(无咎) 이정(利貞) 이유유왕(利有攸往). '한결같아[恒] 통한다[亨]. 허물이[咎] 없다[无]. 마음이 곧고 바르면[貞] 이롭다[利]. 갈(往) 데가[攸] 있다면[有] 이롭다[利].'

항괘(恒卦 : ䷟)의 여섯 효(爻)의 자리[位]로 보면 흉(凶)하지만, 전체의 괘상(卦象)으로 보면 여섯 효(爻)들이 모두 호응(互應)하고 있어서 항괘(恒卦 : ䷟)는 길(吉)한 괘상(卦象)을 간직하고 있다. 이러한 항괘(恒卦)의 괘상(卦象)이 보여 주는 '호응(互應)'의 길상(吉象)을 관상(觀象)하여 작역자(作易者)는 한결같아[恒] 통해[亨] 허물[咎]이 없다[无]고 괘사(卦辭)한 것이다. 작역자(作易者)가 괘상(卦象)을 드러낸[形] 괘사(卦辭)의 말씀[辭句]을 다시 공자(孔子)가 완사(玩辭)하여 개역(改繹)한 것이 '항덕지고(恒德之固)'이다. 한결같음[恒] 즉 안정되고 확고한 통함[亨]보다 덕(德)을 더 한결같이 누릴 수 없다. 그래서 항괘(恒卦)를 덕(德)의[之] 확고함[固]이라고 개역(改繹)한 것이다. 덕(德)의 확고(確固)함이란『논어(論語)』「위령공(衛靈公)」에 나오는 '군자정이불량

511

(君子貞而不諒)'〔註〕1을 환기한다면 완고(頑固)함을 뜻하는 것이 아님을 간파(看破)할 수 있다. 불량(不諒)의 확고(確固)함은 맹신(盲信)하지 않는 확신(確信)이기 때문이다. 덕지고(德之固)라는 개역(改繹)은 『논어(論語)』「위정(爲政)」에 나오는 '도지이정(道之以政) 제지이형(齊之以刑) 민면이무치(民免而無恥) 도지이덕(道之以德) 제지이례(齊之以禮) 유치차격(有恥且格)'〔註〕2을 상기(想起)시킨다. 덕지고(德之固)란 '변화(變化)의 여일(如一)이고 항상(恒常)이며 안정(安定)'을 새겨[玩] 헤아려[擬] 가늠하게[斷] 하는 것이다. 물론 여기서도 군자(君子)는 덕지고(德之固)의 상(象)인 것이다. 변화(變化)의 안정(安定) 즉 덕지고(德之固)를 저버린 군자(君子)란 없기 때문에 군자(君子)는 늘 '항형(恒亨) 무구(無咎)'와 통하고 '이정(利貞)'과 통한다. 그래서 덕(德)의 고(固)는 온갖 사물(事物)에 미치는 역(易)을 살피고[觀] 새겨[玩] 점(占)쳐 지변(知變)하여 지래(知來)하게 하는 통어(通語)가 된다.

〔註〕1. **군자정이불량(君子貞而不諒)** '군자는[君子] 마음이 곧고 바르되[貞而] 고집스레 믿지는 않는다[不諒].' '양(諒)'은 고집스러운[頑固] 맹신(盲信)을 뜻한다. '정(貞)'이란 의지여차(義之與此)의 믿음[信]으로 곧고[直] 바른[正] 마음 가기[志]이다. 이러한 '정(貞)'이 곧 덕(德)의 확고함[固]이다. '정(貞)'은 '정(正)-직(直)-신(信)-성(誠)-당(當)-정(定)-일(一)' 등을 한 자(字)로 묶음이요 덕지고(德之固)의 '고(固)'는 이러한 '정(貞)'을 떠나지 않는다. 그래서 항괘(恒卦)의 괘사(卦辭)인 '무구(無咎)-이정(利貞)'이 '덕지고(德之固)'라고 개역(改繹)되는 것이다.

〔註〕2. **도지이정(道之以政) 제지이형(齊之以刑) 민면이무치(民免而無恥) 도지이덕(道之以德) 제지이례(齊之以禮) 유치차격(有恥且格)** '법(政)으로[以] 이끌고[道之] 형벌[刑]로[以] 다지면[齊之] 백성은[民] 모면만 하면서[免而] 부끄러움이[恥] 없다[無]. 덕(德)으로[以] 이끌고[道之] 예(禮)로[以] 다지면[齊之] (백성한테) 부끄러움이[恥] 생기면서[有而] 선해진다[格].' 도지이정(道之以政)의 '도(道)'는 여기선 '이끌 도(導)'와 같고, '지(之)'는 '민(民)'을 나타내는 지시어(指示語)이고, '정(政)'은 '법 법(法)'과 같다. 제지이형(齊之以刑)의 '제(齊)'는 '다질 균(均)'과 같고, 균제(均齊)의 줄임말로 여기면 된다. 유치차격(有恥且格)의 '격(格)'은 '이를 지(至)'와 같고, '격선(格善)'의 줄임으로 '선에[善] 이른다[格]'라고 새기면 문의(文意)가 잡힌다.

375. 덕(德)의 수(修)

損德之修也라. '손괘는[損] 덕(德)의[之] 다스림[修]이다[也].'
損德之修也

이는 손괘(損卦)의 괘사(卦辭)를 '덕지수(德之修)' 즉 '덕의[德之] 닦음[修]'이라고 개역(改繹)한 것이다. 손괘(損卦)는 64괘(卦)에서 41번째 태하간상(兌下艮上 : ䷨)의 대성괘(大成卦)로 '산택손(山澤損)'이라 불린다. '뫼[山]-못[澤] 손괘(損卦)'의 괘사(卦辭)는 아래와 같이 칠행(七行)의 사구(辭句)로 되어 있다.

손유부(損有孚) 원길(元吉) 무구(无咎) 가정(可貞) 이유유왕(利有攸往) 갈지용(曷之用) 이개하용향(二簋可用享). '손해에[損] 믿음이[孚] 있어[有] 크게[元] 길하다[吉]. 허물이[咎] 없다[无]. 마음이 곧고 발라[貞] 좋다[可]. 갈[往] 데가[攸] 있다면[有] 이롭다[利]. 어떻게[曷] 그것을[之] 쓸까[用]? 두 개의[二] 제기를[簋] 제사에[享] 써도[用] 좋다[可].'

손괘(損卦)의 괘상(卦象)은 성변화(成變化)의 길상(吉象)을 띠고 있다. 이러한 손괘(損卦)의 괘상(卦象)이 보여 주는 '호응(互應)'의 길상(吉象)을 관상(觀象)하여 작역자(作易者)는 덜어 내도[損] 믿음이[孚] 있어[有] 크게[元] 길하다[吉]고 괘사(卦辭)한 것이다. 작역자(作易者)가 괘상(卦象)을 '손유부(損有孚)'라고 드러낸[形] 괘사(卦辭)의 말씀[辭句]을 다시 공자(孔子)가 완사(玩辭)하여 개역(改繹)한 것이 '손덕지수(損德之修)'이다. 덕지수(德之修) 즉 덕의[德之] 닦음[修]이란 '손유부(損有孚)'를 헤아려[擬] 가늠할[斷] 수 있다. '손(損)'은 '감(減)' 즉 '줄임[減]'이다. '줄임[損]에도 부(孚)가 있다[有]'면 그 '손(損)'은 '덕지수(德之修)'라고 개역(改繹)한 것이다. '손(損)'을 덕의[德之] 닦음[修]이 되게 하는 '부(孚)'를 터득하자면 『시경(詩經)』「대아(大雅) 하무(下武)」의 '성왕지부(成王之孚)'를 상기(想起)해 손유부(損有孚)의 '부(孚)'가 '믿을 신(信)'과 같음을 간파(看破)할 수 있다. 그러면 '손유부(損有孚)'를 '잃어도[損] 믿음이[信] 있다[有]'라고 새길[玩] 수 있다. 나아가 '믿음[孚]이 있는[有] 손(損)'이 덕지수(德之修) 즉 '덕(德)의[之] 닦음[修]'이라는 자왈(子曰)의 풀이[繹]가 『노자(老子)』 48장(章)에 나오는 '위학일익(爲學日益) 위도일손(爲道日損) 손지우손(損之又損) 이지어무위(以至於無爲)'를 떠올린다면, 오히려 왜 '손유부(損有孚)'를 '덕지수(德之修)'라고 개역(改繹)한 것인지 헤아려 가늠할 수 있다. '무위(無爲)'에[於] 이르는[至] 손(損)'이란 곧 '덕(德)의 닦음[修]' 바로 그것일 수 있다. 왜냐하면 '무위(無爲)'란 '상덕(尙德)'으로 이어지기 때문이다. 상덕(尙德) 즉 '덕(德)을 더해 감[尙]'이 곧 '덕(德)의 닦음[修]'이며 '덕(德)의 수습(修習)'이다. 이러한 덕지수(德之修)를 행하자면 먼저 믿음[孚]이 앞서야 한다. 덕(德)을 믿음[信]이 없다면 덕(德)의 닦음[修]은 이루어지지 않는다. 그래서 덕(德)의 수(修)는 온갖 사물(事物)에 미치는 역(易)을 살피고[觀] 새겨[玩] 점(占)쳐 지변(知變)하여 지래(知來)하게 하는 통어(通語)가 된다.

🈷 위학일익(爲學日益) 위도일손(爲道日損) 손지우손(損之又損) 이지어무위(以至於無爲)' '배움을[學] 위하면[爲] 날마다[日] 불어나지만[益] 도를[道] 위하면[爲] 날마다[日] 줄어든다[損]. 그것을[之] 줄이고[損] 또[又] 줄인다[損]. 그리하여[以] 무위(無爲)에[於] 이른다[至].' 공자(孔子)도 '무위(無爲)'를 상덕(常德)으로 인정하고 있음을 『논어(論語)』「위령공(衛靈公)」에 나오는 '무위이치자(無爲而治者) 기순야여(其舜也與)'라는 자왈(子曰)을 미루어 알 수 있다. '함이[爲] 없이도[無而] 다스린[治] 사람[者], 그분이[其] 순임금[舜]이로다[也與]!'

🈷 영언배명(永言配命) 성왕지부(成王之孚)' '영원토록[永言] 천명에[命] 맞춰[配] 임금님의[王之] 믿음을[孚] 이루소서[成]!'

376. 덕(德)의 유(裕)

益德之裕也라. '익괘는[益] 덕(德)의[之] 넉넉함[裕]이다[也].'
　이는 익괘(益卦)의 괘사(卦辭)를 '덕지유(德之裕)' 즉 '덕의[德之] 넉넉함[裕]'이라고 개역(改繹)한 것이다. 익괘(益卦)는 64괘(卦)에서 42번째 진하손상

(震下巽上 : ䷩)의 대성괘(大成卦)로 '풍뢰익(風雷益)'이라 불린다. '바람[風]-우레[雷] 익괘(益卦)'의 괘사(卦辭)는 아래와 같이 삼행(三行)의 사구(辭句)로 되어 있다.

익(益) 이유유왕(利有攸往) 이섭대천(利涉大川). '유익하다[益]. 갈[往] 데가[攸] 있다면[有] 이롭다[利]. 큰[大] 내를[川] 건너도[涉] 이롭다[利].'

익괘(益卦)의 괘상(卦象)을 관상(觀象)하여 작역자(作易者)는 '유익하다[益]. 갈[往] 데가[攸] 있다면[有] 이롭고[利] 큰[大] 내를[川] 건너도[涉] 이롭다[利]'라고 괘사(卦辭)한 것이다. 작역자(作易者)가 괘상(卦象)을 '익(益)'이라고 드러낸[形] 괘사(卦辭)의 말씀[辭句]을 다시 공자(孔子)가 완사(玩辭)하여 개역(改繹)한 것이 '익덕지유(益德之裕)'이다. 유익함[益]이니 그보다 더 덕(德)이 넉넉할[裕] 수 없는 것이다. 그래서 익괘(益卦)를 덕(德)의[之] 넉넉함[裕]이라고 개역(改繹)한 것이다. 덕지유(德之裕) 즉 덕(德)의[之] 넉넉함[裕]이란 '이섭대천(利涉大川)'을 헤아려[擬] 가늠할[斷] 수 있다. 교량(橋梁)이 없던 시절에 '섭대천(涉大川)'은 위험하고 어려운 일이었다. 그 어려운 일이 이롭다[利] 함은 난사(難事)를 감행하여 이롭게 되었음이니 유익(有益)함이 더욱 넉넉해져[裕] 이롭고 길(吉)한 것이다. 이러한 '덕지유(德之裕)'는 『중용(中庸)』에 나오는 '관유이교(寬柔以敎)'를 떠올린다면 저마다 나름대로 새겨[玩] 헤아려[擬] 가늠해[斷] 볼 수 있다. 관유(寬柔)로써 삶을 본받기[敎] 해야 후덕(厚德)해질 수 있는 까닭이다. 일신성덕(日新盛德)하여 덕(德)이 나날이 도탑다면 매사(每事)가 궁색(窮塞)할 리 없다. 곤궁하여[窮] 막힘[塞]이란 부덕(不德)함이요 박덕(薄德)함이다. 그래서 덕(德)의 유(裕)는 온갖 사물(事物)에 미치는 역(易)을 살피고[觀] 새겨[玩] 점(占)쳐 지변(知變)하여 지래(知來)하게 하는 통어(通語)가 된다.

🈩 관유이교(寬柔以敎) '너그럽고[寬] 부드러움[柔]으로[以] 본받는다[敎].' 관유이교(寬柔以敎)의 '교(敎)'는 여기선 '본받을 효(效)'와 같다고 여겨 새기면 된다.

515

377. 덕(德)의 변(辨)

困德之辨也라. '곤괘는[困] 덕(德)의[之] 변별[辨]이다[也].'
곤 덕 지 변 야

이는 곤괘(困卦)의 괘사(卦辭)를 '덕지변(德之辨)' 즉 '덕의[德之] 변별[辨]'이라고 개역(改繹)한 것이다. 곤괘(困卦)는 64괘(卦)에서 47번째 감하태상(坎下兌上 : ䷮)의 대성괘(大成卦)로 '택수곤(澤水困)'이라 불린다. '못[澤]-물[水] 곤괘(困卦)'의 괘사(卦辭)는 아래와 같이 오행(五行)의 사구(辭句)이다.

곤형(困亨) 정대인길(貞 大人吉) 무구(无咎) 유언불신(有言不信). '곤괘는[困] 통한다[亨]. 마음이 곧고 바르다[貞]. 대인은[大人] 길하다[吉]. 허물이[咎] 없다[无]. 말이[言] 있으면[有] 믿지 못한다[不信].'

곤괘(困卦)의 흉상(凶象)을 관상(觀象)하여 작역자(作易者)는 '곤궁하면[困] 통하고[亨], 마음이 곧고 바른[貞] 대인은[大人] 길하며[吉], 허물이[咎] 없고[无] 말이[言] 있으면[有] 믿지 못한다[不信]'라고 형상(形象)한 것이 곤괘(困卦)의 괘사(卦辭)이다. 작역자(作易者)가 괘상(卦象)을 드러낸[形] 괘사(卦辭)의 말씀[辭句]을 다시 공자(孔子)가 완사(玩辭)하여 개역(改繹)한 것이 '덕지변(德之辨)'이다. 덕지변(德之辨)이라는 개역(改繹)은 『논어(論語)』 「위령공(衛靈公)」에 나오는 '군자고궁(君子固窮) 소인궁사람의(小人窮斯濫矣)'를 상기(想起)시킨다. 군자고궁(君子固窮)의 '고궁(固窮)'이 덕지변(德之辨)의 '변(辨)'을 새기고[玩] 헤아려 보게[擬] 한다. 덕지변(德之辨)의 '변(辨)'은 덕(德)-비덕(非德)을 분변(分辨)하게 한다. 덕(德)이 아닌 것[非]이면 아무리 곤궁(困窮)해도 군자(君子)는 탐(貪)하지 않는다. 그래서 군자(君子)는 곤(困)해도 매사(每事)가 통하여[亨] 길(吉)하다. 그러나 소인(小人)은 곤(困)하면 비덕(非德)을 탐(貪)하고 만다. 군자(君子)는 덕(德)-비덕(非德)을 분변(分辨)하고 소인(小人)은 그렇게 하지 않는다. 이는 군자(君子)는 변덕(辨德)하고 소인(小人)은 덕(德)을 분변하지[辨] 않음을 말한다. 그러므로 곤괘(困卦)로써[以] 덕(德)을 분변(分辨)함

은 군자(君子)의 신독(愼獨)과도 통하는 것이다. 그래서 덕(德)의 변(辨)은 온
갖 사물(事物)에 미치는 역(易)을 살피고[觀] 새겨[玩] 점(占)쳐 지변(知變)하
여 지래(知來)하게 하는 통어(通語)가 된다.

註 재진절량(在陳絶糧) 종자병(從者病) 막능흥(莫能興) 자로온(子路慍) 견왈(見曰) 군
자역유궁호(君子亦有窮乎) 자왈(子曰) 군자고궁(君子固窮) 소인궁사람의(小人窮斯
濫矣) '진나라에[陳] 있을 때[在] 식량이[糧] 떨어졌고[絶] 따라나섰던[從] 사람들은
[者] 병들어[病] 일어날[興] 수도 없었다[莫能]. 자로가[子路] 화가 나서[慍] 공자를 뵙
고[見] 군자한테[君子]도[亦] 곤궁함이[窮] 있는 것[有]이냐고[乎] 아뢰었다[曰]. 공
자가[子] 말해 주었다[曰]. 군자는[君子] 곤궁하게[窮] 마련이다[固]. 소인은[小人] 곤
궁하면[窮] 곧장[斯] 넘쳐 버리는 것[濫]이다[矣].' '흥(興)'은 여기서는 '일어날 기
(起)'와 같고, '온(慍)'은 '성날 노(怒)'와 같고, 종자(從者)는 제자(弟子)를 뜻하고, '남
(濫)'은 '넘칠 일(溢)'과 같아 남일(濫溢)의 줄임말로 여기면 되고, 남일(濫溢)은 위례
(違禮) 즉 예(禮)를 어겨[違] 비리(非理)를 범함을 말한다.

378. 덕(德)의 지(地)

井德之地也라. '정괘는[井] 덕(德)의[之] 곳[地]이다[也].'
정 덕 지 지 야

이는 정괘(井卦)의 괘사(卦辭)를 '덕지지(德之地)' 즉 '덕의[德之] 곳[地]'이라
고 개역(改繹)한 것이다. 정괘(井卦)는 64괘(卦)에서 48번째 손하감상(巽下坎
上 : ䷯)의 대성괘(大成卦)로 '수풍정(水風井)'이라 불린다. '물[水]-바람[風] 정
괘(井卦)'의 괘사(卦辭)는 아래와 같이 팔행(八行)의 사구(辭句)로 비교적 긴
괘사(卦辭)이다.

정개읍(井改邑) 불개정(不改井) 무상무득(无喪无得) 왕래정정(往來井井) 흘지
(汔至) 역미을정(亦未繘井) 이기병(羸其瓶) 흉凶. '정괘는[井] 읍을[邑] 바꾸지
[改] 우물을[井] 바꾸지 않는다[不改]. 잃을 것도[喪] 없고[无], 얻을 것도[得]
없다[无]. 가고[往] 오나[來] 우물은[井] 우물이다[井]. 거의[汔] 이르러도[至]
우물에서[井] 물을 긷지 못한다[未繘]. 그[其] 두레박을[瓶] 약하게 동여맸다

[臝]. 흉하다[凶].'

작역자(作易者)가 괘상(卦象)을 드러낸[形] 괘사(卦辭)의 말씀[辭句]을 다시 공자(孔子)가 완사(玩辭)하여 개역(改繹)한 것이 '덕지지(德之地)'이다. 개읍(改邑)의 '읍(邑)'이란 사람의 것이니 개변(改變)될 수 있지만, 불개정(不改井)의 '정(井)'은 천지(天地) 자연(自然)의 것이라 사람 뜻대로 개변(改變)될 수 없다. 땅에 있는 '우물[井]'은 물[水]의 원천(源泉)으로 마르지 않음[不渴]이 그 의리(義理)이다. 사람의 것들[邑]이 왕래(往來)해도 즉 생멸(生滅)해도 자연[天地]의 것인 우물[井]은 '정정(井井)'이다. 우물은[井] 늘 우물로 쓴다[井]. 여기서 '정(井)'이 지상(地象) 즉 땅[地]의 짓[象]임을 알아차릴 수 있고, '정정(井井)'이 곧 역(易)의 '생생(生生)'으로 통함을 간파(看破)할 수 있다는 말이다. 지상(地象)의 '정정(井井)'이야말로 도덕(道德)의 실재(實在)를 짓해 준다[象]. 만물에 두루 미침[行]이 도(道)이고, 천지(天地)에 두루 통(通)함이 덕(德)이니 '정정(井井)'에서 연원(淵源)하는 물[水]이야말로 도덕(道德)의 비유(譬喩)가 된다. 우물물을 긷게 하는 두레박[缾]은 길한 것이고, 긷지 못하게 하는 병(缾)은 흉(凶)한 것이다. 정괘(井卦)의 괘사(卦辭)가 '이기병(臝其缾) 흉(凶)'이라고 그치고 있으니 이기병(臝其缾)의 '이(臝)'는 구리(鉤臝)하여 즉 갈고리[鉤]에 나약하게 매인[臝] 두레박[缾]이 엎질러졌음[覆]을 암시해 주고 있다. 이를 새기고[玩] 헤아려[擬] 가늠한다면[斷] 이기병(臝其缾)은 덕지지(德之地)를 어기는 인간의 짓[象]을 일깨워 주고 있음을 알아차릴 수 있고, 따라서 정괘(井卦)의 괘사(卦辭)가 '이기병(臝其缾)이니 흉(凶)하다'라고 한 까닭을 살펴 새길 수 있는 것이다. 그래서 덕(德)의 정(井)은 온갖 사물(事物)에 미치는 역(易)을 살피고[觀] 새겨[玩] 점(占)쳐 지변(知變)하여 지래(知來)하게 하는 통어(通語)가 된다.

🈺 이기병(臝其缾)의 '이(臝)'는 여기서는 '동여맬 누(累)'와 같아 누리(累臝)의 줄임말로 여기고 새기면 된다. 여기서 이기병(臝其缾)은 두레박[缾]을 갈고리[鉤]에 약하게 동여매[累] 두레박이 곤두박질쳐서[覆] 길어 올려야 할 물을 쏟아 버렸음을 뜻한다.

379. 덕(德)의 제(制)

巽德之制也라. '손괘는[巽] 덕(德)의[之] 마름질[制]이다[也].'
_{손 덕 지 제 야}

이는 손괘(巽卦)의 괘사(卦辭)를 '덕지제(德之制)' 즉 '덕의[德之] 마름질[制]'이라고 개역(改繹)한 것이다. 손괘(巽卦)는 64괘(卦)에서 57번째 손하손상(巽下巽上 : ䷸)의 대성괘(大成卦)로 '손위풍(巽爲風)'이라 불린다. '바람[風]-바람[風] 손괘(巽卦)'의 괘사(卦辭)는 아래와 같이 삼행(三行)의 사구(辭句)이다.

송소형(巽小亨) 이유유왕(利有攸往) 이견대인(利見大人). '손괘는[巽] 조금[小] 통한다[亨]. 갈[往] 곳이[攸] 있으면[有] 이롭다[利]. 대인을[大人] 만나 봄이[見] 이롭다[利].'

손괘(巽卦)의 괘상(卦象)을 관상(觀象)하여 작역자(作易者)는 '손소형(巽小亨) 이유유왕(利有攸往) 이견대인(利見大人)'이라고 형상(形象)한 것이 손괘(巽卦)의 괘사(卦辭)이다. 작역자(作易者)가 괘상(卦象)을 드러낸[形] 괘사(卦辭)의 말씀[辭句]을 다시 공자(孔子)가 완사(玩辭)하여 개역(改繹)한 것이 '덕지제(德之制)'이다. 손소형(巽小亨)의 '손(巽)'은 『서경(書經)』「우서(虞書)」'요전(堯典)'에 나오는 '여능용명(汝能庸命) 손짐위(巽朕位)'를 상기(想起)시킨다. 손소형(巽小亨)의 '손(巽)' 역시 '겸손히 넘겨 줄 양(讓)'과 같다. 물론 여기서 '손(巽)'은 '낮추어[卑] 따르는[順] 손(遜)'과도 같다. 그래서 손괘(巽卦)의 상(象)을 일러 나무[木]요 바람[風]이라 이른다. 쉽사리 사람을 포용(抱容)할 수 있어서 들지 못할 곳이 없는 바람[風]과 같이, 태어난 자리를 따라 자라는 나무[木] 같이 비순(卑順)하고 공손(恭遜)하다면 무엇이든 포용(抱容)할 수 있다. 이러한 포용(抱容)이란 덕(德)을 걸림 없이 마름할[制] 수 있는 것이다. 그래서 작역자(作易者)가 '이견대인(利見大人)'이라고 괘사(卦辭)한 것이다. 덕(德)을 제재(制裁)할 수 있는 이는 대인(大人)밖에 없다. 성인(聖人)-대인(大人)은 같은 말씀이다. 대인(大人)은 화신(化神)하여 성변화(成變化)하는 분이

519

므로 덕(德)을 마름질할[制] 수 있다. 대인(大人)이야말로 '손(巽)의 상(象)'이다. 대인(大人)은 공손(恭遜)하고 유순(柔順)할 뿐이다. 불공(不恭)-불순(不順)해서는 덕(德)을 마름할[制] 수 없다. 견대인(見大人)이란 대인(大人)을 만나보는 것[見]으로만 그침이 아니다. 대인(大人)을 만나서[見] 그 대인(大人)을 본받음[法]이 견대인(見大人)이다. 따라서 '손소형(巽小亨)'이라 한 것이다. 원형(元亨)은 모름지기 두루 통하지만 소형(小亨)은 통할 수도 막힐 수도 있음이다. 말하자면 '견대인(見大人)'은 이롭지만 '견소인(見小人)'이면 이롭지 않음이니 '소형(小亨)'인 셈이다. 그러므로 '손소형(巽小亨)'이라는 사구(辭句)가 '원형(元亨)과 소형(小亨)'을 나누어 새겨[玩] 헤아려[擬] 가늠하게[斷] 한다. 그래서 덕(德)의 정(井)은 온갖 사물(事物)에 미치는 역(易)을 살피고[觀] 새겨[玩] 점(占)쳐 지변(知變)하여 지래(知來)하게 하는 통어(通語)가 된다.

註 여능용명(汝能庸命) 손짐위(巽朕位) '너는[汝] 명을[命] 잘[能] 받들었으니[庸] 임금의 자리를[朕位] 물려준다[巽].'

380. 이괘(履卦)의 지화(至和)

履和而至라. '이괘는[履] 어울림을[和而] 지극하게 한다[至].'
　　이　화　이　지
화이지(和而至)는 '지화(至和)의 화(和)'를 강조하려고 '화(和)'를 전치(前置)한 말투이다. 이괘(履卦)를 '덕지기(德之基)'라고 주역(紬繹)한 까닭을 풀이하고[紬繹] 있다. 왜 이괘(履卦)는 '덕(德)의[之] 바탕[基]'인가? 이괘(履卦)가 이괘(履卦)를 관상(觀象)-완사(玩辭)-관변(觀變)-완점(玩占)하는 사람[人]으로 하여금[使] '화이지(和而至)하게 하기' 때문이다. 그러므로 이괘(履卦)가 덕(德)의[之] 바탕[基]이 되는 것은 사람으로 하여금 '화이지(和而至)하게 하기 때문'임을 여기서 알 수 있다. 이괘(履卦)의 '이(履)'는 '신을 신고 밟다'라는 뜻이다. 답보(踏步)를 생각함이 아니라 밟기[踏步]를 실천(實踐)함이 '이(履)'이다. 그래서 '이(履)'는 '예(禮)'와 서로 통하고 '예(禮)'는 또 '다스릴 이(理)'와 서로 통한다. 삶을 인의(仁義)에 어긋남 없이 즉 마땅히[當] 삶을 다스림[理]이니 '이(履)'는 곧 예(禮)의 실행(實行)으로 통한다. 예(禮)는 오로지 '지화(至和)'를 누리기 위하여 극기(克己)하라 한다.『논어(論語)』「안연(顏淵)」에서 안연(顏淵)이 문인(問仁) 즉 인(仁)을 묻자[問] '극기복례위인(克己復禮爲仁)'이라고 공자(孔子)가 답해 주었음을 상기(想起)한다면, 이덕지기(履德之基)의 '기(基)'를 '화이지(和而至)'라고 풀이한 까닭을 헤아려[擬] 가늠해 볼[斷] 수 있다. 그래서 이괘(履卦)의 지화(至和)는 온갖 사물(事物)에 미치는 역(易)을 살피고[觀] 새겨[玩] 점(占)쳐 지변(知變)하여 지래(知來)하게 하는 통어(通語)가 된다.

註 극기복례위인(克己復禮爲仁) '자기를[己] 이겨 내[克] 예로[禮] 돌아감이[復] 어짊[仁]이다[爲].' 극기(克己)는 공평무사(公平無私)한 자기(自己)를 성취(成就)하여 지화(至和)를 누림이다. 지화(至和)는『노자(老子)』55장(章)의 '화지지(和之至)' 즉 '치화(致和)'와 같고 화신(化神)과 같다. 복례(復禮)는 의지여차(義之與此) 즉 의(義)만을 좇아 따름[此]을 뜻하며 의지여차(義之與此)면 곧 위인(爲仁) 즉 인(仁)이다.

381. 겸괘(謙卦)의 광존(光尊)

謙尊而光이라. '겸괘는[謙] 존귀함을[尊而] 빛나게 한다[光].'
　　겸　존　이　광

존이광(尊而光)은 '광존(光尊)의 존(尊)'을 강조하려고 '존(尊)'을 전치(前置)한 말투이다. 겸괘(謙卦)를 '덕지병(德之柄)'이라고 주역(紬繹)한 까닭을 풀이하고[紬繹] 있다. 왜 겸괘(謙卦)는 '덕(德)의[之] 자루[柄]'인가? 겸괘(謙卦)가 겸괘(謙卦)를 관상(觀象)-완사(玩辭)-관변(觀變)-완점(玩占)하는 사람[人]으로

521

하여금[使] '존이광(尊而光)하게 하기' 때문이다. 그러므로 겸괘(謙卦)가 덕(德)의[之] 자루[柄] 즉 덕(德)의 근간(根幹)이 되는 것은 사람으로 하여금 '존이광(尊而光)하게 하기 때문'임을 여기서 알 수 있다. 겸괘(謙卦)의 '겸(謙)'은 '자신을 낮춤'을 뜻한다. 자비(自卑)-공손(恭遜)함이 '겸(謙)'이다. 그래서 '겸(謙)' 또한 '예(禮)'와 '이(理)' 즉 '다스림[理]'으로 통한다. 자비(自卑)하여 하심(下心)하기란 스스로 자신을 다스려야[理] 이루어지고, 따라서 남들[人]이 자비(自卑)-하심(下心)하는 '나[吾]'를 존귀(尊貴)하게 대한다. '겸(謙)' 역시 삶을 인의(仁義)에 어긋남 없이 즉 마땅히[當] 삶을 다스림[理]이니 '겸(謙)' 또한 예(禮)의 실행(實行)으로 통한다. 예(禮)의 '겸(謙)'은 자신을 비루(鄙陋)하게 하려고 자비(自卑)함이 아니라 자신을 광존(光尊)하게 함이다. 여기서 광존(光尊)함이란 남들로부터 존경(尊敬)받는 광영(光榮)을 말한다. 그래서 '겸존이광(謙尊而光)'은 『중용(中庸)』에 나오는 '정기이불구어인(正己而不求於人)'을 상기(想起)하게 한다. 그래서 겸괘(謙卦)의 광존(光尊)은 온갖 사물(事物)에 미치는 역(易)을 살피고[觀] 새겨[玩] 점(占)쳐 지변(知變)하여 지래(知來)하게 하는 통어(通語)가 된다.

註 정기이불구어인(正己而不求於人) '자신을[己] 바르게 하면서[正而] 남[人]에게[於] 구하지 않는다[不求].'

382. 복괘(復卦)의 변소어물(辨小於物)

復小而辨於物이라. '복괘는[復] 사물[物]에서[於] 작은 것을[小而] 가름하게 한다[辨].'

소이변어물(小而辨於物)은 '변소어물(辨小於物)의 소(小)'를 강조하려고 '소(小)'를 전치(前置)한 말투이다. 복괘(復卦)를 '덕지본(德之本)'이라고 주역(紬

繹)한 까닭을 주역(紬繹)하고 있다. 왜 복괘(復卦)는 '덕(德)의[之] 기본[本]'인가? 복괘(復卦)가 복괘(復卦)를 관상(觀象)-완사(玩辭)-관변(觀變)-완점(玩占)하는 사람[시]으로 하여금[使] '소이변어물(小而辨於物)하게 하기' 때문이다. 그러므로 복괘(復卦)가 덕(德)의[之] 근본[本] 즉 본덕(本德)하게 하는 것은 사람으로 하여금 '소이변어물(小而辨於物)하게 하기 때문'임을 여기서 알 수 있다. 복괘(復卦)의 '복(復)'은 '돌아옴[歸]' 즉 복귀(復歸)를 뜻한다. 복괘(復卦):☷)를 관상(觀象)한다면 양기(陽氣) 하나가 곤괘(坤卦:☷)로 돌아오는 상(象)을 마주할 수 있다. 여기서 소이변어물(小而辨於物)의 '소(小)와 물(物)'을 구체적으로 새겨 볼 수 있게 된다. 복괘(復卦)의 음효(陰爻) 다섯에 비해서 양효(陽爻) 하나는 작은 것[小]이다. 소이변어물(小而辨於物)의 '소(小)'는 복괘(復卦:☷)의 '초구(初九)'를 나타내고, '물(物)'은 복괘(復卦)를 나타내고 있음을 알아차릴 수 있다. 복괘(復卦)에는 음효(陰爻)가 다섯[五]이고 양효(陽爻)는 하나[一]이니 초구(初九)인 양효(陽爻)는 작은 것[小]이고 미미하다[微]. 비록 하나의 양기(陽氣)가 미소(微小)하지만 다섯의 음기(陰氣)가 하나의 양기(陽氣)를 엄폐(掩蔽) 즉 감출 수 없다. 복괘(復卦)의 초구(初九) 일양(一陽)은 마치 암흑(暗黑) 속 미광(微光)이요 각미반정(覺迷反正)의 미명(微明) 같다. 어리석음[迷]을 깨닫고[覺] 올바름으로[正] 되돌아오게[反] 하는 새벽의 작은[微] 밝음[明]은 암흑(暗黑)에 쌓였던 온갖 것[萬物]을 밝혀 주니 이것은 곧 덕(德)이다. 이처럼 복괘(復卦)는 온갖 사물(事物)에서 미소(微小)한 것들이 간직한 이치(理致)를 분변(分辨)하게 하는 것이다. 이를 '소이변어물(小而辨於物)'이라고 밝힌 것이다. '소이변어물(小而辨於物)'은 『중용(中庸)』에 나오는 '치곡(致曲) 곡능유성(曲能有誠)'을 떠올리게 한다. 그래서 복괘(復卦)의 변소어물(辨小於物)은 온갖 사물(事物)에 미치는 역(易)을 살피고[觀] 새겨[玩] 점(占)쳐 지변(知變)하여 지래(知來)하게 하는 통어(通語)가 된다.

🈩 치곡(致曲) 곡능유성(曲能有誠) '작은 것을[曲] 지극히 하라[致]. 작은 것에도[曲]

자연의 이치가[誠] 능히[能] 있다[有].' 치곡(致曲)의 '곡(曲)'은 '작을 미(微)-세(細)' 등과 같고, 곡능유성(曲能有誠)의 '성(誠)'은 천지도(天之道) 즉 자연의[天之] 이치[道]를 뜻한다.

383. 항괘(恒卦)의 불염잡(不厭雜)

恒雜而不厭이라. '항괘는[恒] 번잡함을[雜而] 싫지 않게 한다[不厭].'
_{항 잡 이 불 염}
잡이불염(雜而不厭)은 '불염잡(不厭雜)의 잡(雜)'을 강조하려고 '잡(雜)'을 전치(前置)한 말투이다. 항괘(恒卦)를 '덕지고(德之固)'라고 주역(紬繹)한 까닭을 풀이하고[紬繹] 있다. 왜 항괘(恒卦)는 '덕(德)의[之] 확고함[固]'인가? 항괘(恒卦)가 항괘(恒卦)를 관상(觀象)-완사(玩辭)-관변(觀變)-완점(玩占)하는 사람[人]으로 하여금[使] '잡이불염(雜而不厭)하게 하기' 때문이다. 그러므로 항괘(恒卦)가 덕(德)의[之] 확고함[固] 즉 항덕(恒德)하게 하는 것은 사람으로 하여금 '잡이불염(雜而不厭)하게 하기 때문'임을 여기서 알 수 있다. 항괘(恒卦)의 '항(恒)'은 '한결같음[常]' 즉 항상(恒常)-항구(恒久)를 뜻한다. 항괘(恒卦 : ䷟)를 관상(觀象)한다면 음양(陰陽)이 착거(錯居) 즉 섞여[錯] 있는[居] 상(象)을 마주할 수 있다. 항괘(恒卦)에서 음양(陰陽)이 착거(錯居) 즉 섞여[錯] 있지만[居] 서로 응(應)하고 있는 괘상(卦象)은 온갖 것[萬物]이 분잡(紛雜)해도 저마다 변화(變化)를 호응(互應)하지 않는 것이 하나도 없어 효(爻)마다 기변(機變) 즉 임기응변(臨機應變)함을 관상(觀象)하게 한다. 만물(萬物)이 저마다의 변화(變化)를 호응(互應)함을 잡이불염(雜而不厭)이라고 밝힌 것이다. 분잡하되[雜] 저마다 변화(變化)를 호응(互應)하므로 만물은 따라서 변화(變化)를 싫어하지 않는 것[不厭]임을 관변(觀變)하게 된다. 그러므로 잡이불염(雜而不厭)의 '불염(不厭)'은 덕지고(德之固)의 '고(固)'를 개역(改繹)한 것이다. 이러한 항괘(恒卦)가 잡이불염(雜而不厭)하게 함은 『중용(中庸)』에 나오는

'군자무입이부자득언(君子無入而不自得焉)'을 떠올리게 한다. 그래서 항괘(恒卦)의 불염잡(不厭雜)은 온갖 사물(事物)에 미치는 역(易)을 살피고[觀] 새겨[玩] 점(占)쳐 지변(知變)하여 지래(知來)하게 하는 통어(通語)가 된다.

註 군자무입이부자득언(君子無入而不自得焉) '군자에게는[君子] 들어가서[入而] 스스로[自] 얻지 못할 것이란[不得] 없는 것[無]이다[焉].' 군자(君子)의 마음[心]은 항덕(恒德)하여 언제 어디서든 자득(自得)하므로 군자(君子)에겐 싫어함[厭]이 없다[無]. 여기서 '입이(入而)'를 '어떠한 상황(狀況)에 처해서도'라고 새기면 된다.

384. 손괘(損卦)의 선난이후이(先難而後易)

損先難而後易라. '손괘는(損) 처음엔(先) 어렵지만(難而) 뒤에는(後) 쉽게 한다(易).'

손괘(損卦)를 '덕지수(德之修)'라고 주역(紬繹)한 까닭을 풀이하고[紬繹] 있다. 왜 손괘(損卦)는 '덕(德)의[之] 닦음[修]'인가? 손괘(損卦)가 손괘(損卦)를 관상(觀象)-완사(玩辭)-관변(觀變)-완점(玩占)하는 사람[人]으로 하여금[使] '선난이후이(先難而後易)하게 하기' 때문이다. 그러므로 손괘(損卦)가 덕(德)의[之] 닦음[修] 즉 수덕(修德)하게 하는 것은 사람으로 하여금 '선난이후이(先難而後易)하게 하기 때문'임을 여기서 알 수 있게 된다. 손괘(損卦)의 '손(損)'은 '줄임(減)' 즉 감손(減損)-감소(減少)를 뜻한다. 손괘(損卦 : ䷨)를 관상(觀象)한다면 여섯 효(爻)가 서로 호응(互應)하여 산(山)이 못[澤]을 품고 있는 상(象)을 마주할 수 있다. 택(澤)이 넓어지고 깊어질수록 산(山)이 자리를 내주어야 하니 산(山) 쪽에서 손(損)이 앞서야[先] 못[澤]에 익(益)이 생기는 짓[象]을 손괘(損卦)의 괘사(卦辭)가 '손유부(損有孚)'라고 말한다. 손(損)이 익(益)으로 돌아옴을 믿는 것[孚]이야말로 덕(德)을 닦는[修] 짓[象]이다. 수덕(修德)하는 짓[象]은 처음[先]에는 어렵다[難]. 과욕(過欲)을 버리고[去] 과욕(寡欲)하기란 처음에는 어렵기 때문이다. 넘치는[過] 사욕(私欲)을 줄이기[寡]란 오랜 동안 극기(克己)하여 제압(制壓)해야 가능하다. 이를 선난이후이(先難而後易)라고 밝힌 셈이고, 따라서 『논어(論語)』「이인(里人)」에 나오는 '군자유어의(君子喩於義) 소인유어리(小人喩於利)'[1]라는 말씀이 상기(想起)되고 『노자(老子)』 19장(章)에 나오는 '소사과욕(少私寡欲)'[2]마저도 환기(喚起)된다. 덕(德)을 닦음[修]이란 유어의(喩於義)-소사과욕(少私寡欲)을 벗어날 수 없는 것이다. 유어의(喩於義)하기도 처음에는[先] 어렵고[難] 소사(少私)-과욕(寡欲)하기도 처음에는 어렵다. 그러나 그 어려움을 극복(克復)하고 나면 그런 뒤로는 쉽게[易] 유어의(喩於義)할 수 있고, 소사(少私)할 수 있으며, 따라서 과욕(寡欲)할 수 있기 때문에 손괘(損卦)를 관상(觀象)하여 덕지수(德之修)가 선난이후이(先難而後易)함을 풀이하여 밝힌 것이다. 그래서 손괘(損卦)의 선난이후이(先難而後易)는 온갖 사물(事物)에 미치는 역(易)을 살피고[觀] 새겨[玩] 점(占)쳐 지변(知變)하여 지래(知來)하게 하는 통어(通語)가 된다.

註 1. 군자유어의(君子喩於義) 소인유어리(小人喩於利) '군자는[君子] 의리(義)를[於] 밝히고[喩] 소인은[小人] 이득[利]을[於] 밝힌다[喩].' 유어의(喩於義)의 '유(喩)'는 '밝혀 알 효(曉)'와 같고, '어(於)'는 목적격 토씨 노릇을 하는 허사(虛詞)이고, '의(義)'는 의리(義理)의 줄임으로 여기면 되고, 대의(大義)-정의(正義)로 새기면 된다. 유어리(喩於利)의 '이(利)'는 '사리(私利)'의 줄임말로 여기고 새기면 된다.

註 2. 소사과욕(少私寡欲) '내 몫을[私] 줄이고[少] 사욕을[欲] 줄인다[寡].'

385. 익괘(益卦)의 불설장유(不設長裕)

益長裕而不設이라. '익괘는[益] 길이길이[長] 넉넉하게 함을[裕而] 늘 어놓지 않게 한다[不設].'

장유이불설(長裕而不設)은 '불설장유(不設長裕)의 장유(長裕)'를 강조하려고

'장유(長裕)'를 전치(前置)한 말투이다. 익괘(益卦)를 '덕지유(德之裕)'라고 주역(紬繹)한 까닭을 풀이하고[紬繹] 있다. 왜 익괘(益卦)는 '덕(德)의[之] 넉넉함[裕]'인가? 익괘(益卦)가 익괘(益卦)를 관상(觀象)-완사(玩辭)-관변(觀變)-완점(玩占)하는 사람[人]으로 하여금[使] '장유이불설(長裕而不設)하게 하기' 때문이다. 그러므로 익괘(益卦)가 덕(德)의[之] 넉넉함[裕] 즉 유덕(裕德)하게 하는 것은 사람으로 하여금 '장유이불설(長裕而不設)하게 하기 때문'임을 여기서 알 수 있다. 익괘(益卦)의 '익(益)'은 '더할 가(加)-증(增)' 즉 증가(增加)-홍유(弘裕)를 뜻한다. 익괘(益卦:)를 관상(觀象)한다면 여섯 효(爻)가 호응(互應)하여 우레[雷]와 바람[風]이 서로 돕는 상(象)을 마주할 수 있다. 이러한 상(象)을 본받아 군자(君子)는 선(善)을 보면 선(善)으로 옮기고 허물[過]이 있으면 곧장 개선(改善)한다. 개과천선(改過遷善)보다 더 유익(有益)함이란 없음이 곧 장유(長裕)이다. 길이길이[長] 넉넉함[裕]을 늘어놓지 않음[不設]이란 과시하는 개과천선(改過遷善)이란 없기 때문이다. 허물[過]을 고쳐서[改而] 선(善)으로 옮겼다[遷]고 진설(陳設)한다면 그런 짓은 거짓부렁일 뿐이다. 그러므로 장유이불설(長裕而不設)이란 덕지유(德之裕) 즉 덕의[德之] 넉넉함[裕]을 풀이하여 밝힌 것이다. 그래서 익괘(益卦)의 불설장유(不設長裕)는 온갖 사물(事物)에 미치는 역(易)을 살피고[觀] 새겨[玩] 점(占)쳐 지변(知變)하여 지래(知來)하게 하는 통어(通語)가 된다.

386. 곤괘(困卦)의 통궁(通窮)

困窮而通이라. '곤괘는[困] 막힘을[窮而] 통하게 한다[通].'
　　곤궁이통
　궁이통(窮而通)은 '통궁(通窮)의 궁(窮)'을 강조하려고 '궁(窮)'을 전치(前置)한 말투이다. 곤괘(困卦)를 '덕지변(德之辨)'이라고 주역(紬繹)한 까닭을 풀이하고[紬繹] 있다. 왜 곤괘(困卦)는 '덕(德)의[之] 변별[辨]'인가? 곤괘(困卦)가 곤괘(困卦)를 관상(觀象)-완사(玩辭)-관변(觀變)-완점(玩占)하는 사람[人]으로 하여금[使] '궁이통(窮而通)하게 하기' 때문이다. 그러므로 곤괘(困卦)가 덕(德)의[之] 변별[辨] 즉 변덕(辨德)하게 하는 것은 사람으로 하여금 '통궁(通窮)하게 하기 때문'임을 여기서 알 수 있다. 곤괘(困卦)의 '곤(困)'은 '궁색할 궁(窮)' 즉 곤궁(困窮)-궁색(窮塞)을 뜻한다. 곤괘(困卦 : ䷮)를 관상(觀象)한다면 여섯 효(爻) 중에서 오구(五九)만 정위(正位)를 갖출 뿐 다 제자리[位]를 벗어났고, 초륙(初六)과 삼구(三九)만이 호응(互應)하고 있을 뿐 다 불응(不應)하여 쪼들리는 상(象)을 마주할 수 있다. 이러한 상(象)을 두고 '택무수(澤無水)'라 한다. 연못에서 물이 다 아래로 흘러 빠져 버려 연못(澤)에 물[水]이 없는[無] 상(象)이니 곤궁(困窮)하다. 곤궁(困窮)할수록 덕(德)과 부덕(不德)을 분변(分辨)하라 함이 곤괘(困卦)의 괘사(卦辭)인 '곤형(困亨) 정(貞)'이다. '곤괘는[困] 통한다[亨]. 마음이 곧고 바르다[貞].' 이는 '정(貞)하다면 곤궁(困窮)해도 통(通)한다'는 말씀이다. 그래서 곤궁이통(困窮而通)의 '궁이통(窮而通)'은 『논어(論語)』 「위령공(衛靈公)」에 나오는 '군자고궁(君子固窮) 소인궁사람의(小人窮斯濫矣)'䷮를 상기(想起)시킨다. 이는 군자(君子)가 궁(窮)함을 고집한다는 것이 아니라 궁(窮)함을 피하지 않고 통(通)하게 함을 뜻한다. 그러나 소인(小人)은 궁(窮)하면 그 궁(窮)함을 피하려고 험(險)한 짓을 마다하지 않아 다시 궁(窮)해지고 만다. 소인(小人)은 변덕(辨德)하지 못하기 때문이다. 그러므로 '궁이통(窮而通)'이란 덕지변(德之辨)을 한 번 더 풀이한 것이다. 궁(窮)하면 왜 부덕(不德)한지 분변(分辨)하여 다시금 회덕(懷德)한다면 막혀도[困] 통(通)하는 것이다. 그래서 곤괘(困卦)의 통궁(通窮)은 온갖 사물(事物)에 미치는 역(易)을 살피고[觀] 새겨[玩] 점(占)쳐 지변(知變)하여 지래(知來)하게 하는 통어(通語)가 된다.

註 군자고궁(君子固窮) 소인궁사람의(小人窮斯濫矣) '군자는[君子] 궁하게[窮] 마련이

고[固] 소인은[小人] 궁하면[窮] 곧[斯] 넘쳐나는 것[濫]이다[矣].'

387. 정괘(井卦)의 거(居)-천(遷)

井居其所而遷이라. '정괘는[井] 제[其] 곳에[所] 있게 하되[居而] 옮기게 한다[遷].'
_{정 거 기 소 이 천}

정괘(井卦)를 '덕지지(德之地)'라고 주역(紬繹)한 까닭을 풀이하고[紬繹] 있다. 왜 정괘(井卦)는 '덕(德)의[之] 곳[地]'인가? 정괘(井卦)가 정괘(井卦)를 관상(觀象)-완사(玩辭)-관변(觀變)-완점(玩占)하는 사람[人]으로 하여금[使] '거기소이천(居其所而遷)하게 하기' 때문이다. 그러므로 정괘(井卦)가 덕(德)의[之] 곳[地]인 것은 사람으로 하여금 '거기소이천(居其所而遷)하게 하기 때문'임을 여기서 알 수 있다. 정괘(井卦)의 '정(井)'은 '유상지상(有常之象)'을 뜻한다. 한결같음[常]이 있는[有之] 짓[象]이란 곧 상덕(常德)을 말한다. 늘 물이 샘솟는 샘[井]은 곧 상덕(常德)의 짓[象]이다. 정괘(井卦 : ䷯)를 관상(觀象)한다면 삼구(三九)와 상륙(上六)이 호응(互應)할 뿐 손하감상(巽下坎上)이라 물[水] 아래서 바람[風]이 솟구쳐 물이 샘솟는 상(象)을 마주할 수 있다. 이러한 상(象)은 고정된 땅에 활수(活水)가 흐를지라도 땅과 물은 서로 잃음[喪]도 얻음[得]도 없이[無] 샘솟음을 새겨 헤아리게 하는 우물[井]의 짓[象]을 마주하게 한다. 물을 길어 써도 마르지 않는 우물[井]이야 말로 덕(德)이 샘솟는 곳[地]이다. 이렇기 때문에 덕지지(德之地)의 '지(地)'를 다시 '거기소이천(居其所而遷)'이라고 풀이한 것이다. 그[其] 곳에[所] 있는 것[居]은 우물[井] 터이고 옮겨 가는 것[遷]은 우물 터로 살러 오는 사람일 뿐이다. 덕(德)의 곳[地]이란 '정(井)'은 상덕(常德)의 상(象)이니 이리저리 옮겨질[遷] 리 없다. 그래서 정괘(井卦)의 거(居)-천(遷)은 온갖 사물(事物)에 미치는 역(易)을 살피고[觀] 새

겨[玩] 점(占)쳐 지변(知變)하여 지래(知來)하게 하는 통어(通語)가 된다.

388. 손괘이(巽卦而) 칭이은(稱而隱)

巽稱而隱이라. '손괘는[巽] 칭찬하게 하면서도[稱而] 은밀히 하게 한
_{손 칭 이 은}
다[隱].'

    손괘(巽卦)를 '덕지제(德之制)'라고 주역(紬繹)한 까닭을 풀이하고[紬繹] 있다. 왜 손괘(巽卦)는 '덕(德)의[之] 마름질[制]'인가? 손괘(巽卦)가 손괘(巽卦)를 관상(觀象)-완사(玩辭)-관변(觀變)-완점(玩占)하는 사람[人]으로 하여금[使] '칭이은(稱而隱)하게 하기' 때문이다. 그러므로 손괘(巽卦)가 덕(德)의[之] 마름질[制]인 것은 사람으로 하여금 '칭이은(稱而隱)하게 하기 때문'임을 여기서 알 수 있게 된다. 손괘(巽卦)의 '손(巽)'은 '손순(遜順)'을 뜻한다. 스스로 낮추어[遜] 따름[順]이 곧 덕(德)의 제(制)이다. 칭이은(稱而隱)은 『논어(論語)』「이인(里人)」에 나오는 '군자회덕(君子懷德)'을 떠올리게 한다. 회덕(懷德)함이란 덕(德)을 과시하지 않음이다. 덕(德)을 마름질하여 절제하고 드러내지 않는 덕(德)이 곧 은덕(隱德)이다. 칭덕(稱德)이란 미소(微笑)로써 충분하다. 손괘(巽卦 : ☴)를 관상(觀象)한다면 상하(上下)로 바람이 부딪쳐 부는 상(象)을 마주할 수 있다. 서로 호응(互應)하지는 못하지만 두 양기(陽氣) 밑에 음기(陰氣)가 있어서 크게 부딪치지는 않고 솔솔 부는 바람의 상(象)을 살핀[觀]다면 '칭(稱)과 은(隱)'을 새겨[玩] 헤아릴[擬] 수 있다. 따라서 회덕(懷德)이란 은덕(隱德)임을 가늠한다[斷]면 '칭이은(稱而隱)'을 살펴 헤아릴 수 있다. 솔솔 부는 바람처럼 은덕(隱德)은 부드럽게 사람과 사람 사이를 걸림 없이 왕래(往來)하게 마련이다. 그래서 손괘(巽卦)의 칭이은(稱而隱)은 온갖 사물(事物)에 미치는 역(易)을 살피고[觀] 새겨[玩] 점(占)쳐 지변(知變)

하여 지래(知來)하게 하는 통어(通語)가 된다.

註 군자회덕(君子懷德) 소인회토(小人懷土) '군자는[君子] 덕을[德] 품고[懷] 소인은[小人] 땅을[土] 품는다[懷].' 소인회토(小人懷土)의 '토(土)'는 재물을 탐하는 사욕(私欲)을 비유(譬喩)한다고 여기면 된다.

389. 이이(以履)의 화행(和行)

履以和行이라. '이괘[履]로써[以] 행동을[行] 화합한다[和].'
  이 이 화 행

이괘(履卦)를 이용하면[以] '행동[行]을 화합(和合)한다'는 것이다. '이이(履以) 즉 이이(以履)'는 이괘(履卦)를 이용함[以]이니 이는 곧 이역(以易) 즉 역(易)의 이용[以]을 말한다. 이괘(履卦)는 덕지기(德之基) 즉 덕(德)의[之] 바탕[基]이므로 이이화행(履以和行)의 '이이(履以)'란 곧 '덕지기(德之基)의 활용(活用)'을 뜻한다. 그리고 이이(履以)의 '이(以)'는 '역유성인지도사(易有聖人之道四)'로서 '관상(觀象)-완사(玩辭)-관변(觀變)-완점(玩占)' 등의 활용(活用)임을 반드시 숙지(熟知)해 두어야 한다. 물론 이이(履以) 즉 이괘(履卦)의 씀[以] 역시 예외(例外)가 아니다. 이괘(履卦)를 씀[以]이란 '덕(德)의[之] 바탕[基]'을 활용하라 함이다. 이괘(履卦)의 '이(履)'가 '예(禮)'와 통한다고 하는 것은 이괘(履卦)가 덕지기(德之基)인 까닭이고 예(禮) 역시 덕(德)의 바탕[基]이기 때문이다. '수사합경(殊事合敬)' 즉 하는 바를[事] 달리해도[殊] 다 '경(敬)'과 합(合)함이 예(禮)이고, 이런 예(禮)를 실천(實踐)함이 곧 이괘(履卦)의 '이(履)'가 뜻하는 것이다. 그래서 이괘(履卦)가 '어울림을[和而] 지극하게 한다[至]'라고 풀이된 것이다. 이괘(履卦)의 화이지(和而至) 즉 지화(至和)의 '화(和)'가 '무엇을 어울리게 함[和]'인지 이이화행(履以和行)의 '화행(和行)'이 밝혀 주고 있다. 여기서 이괘(履卦)를 이용하여[以] 행동[行]의 어울림[和]을 지극하

게 함[至]을 알 수 있다. 그러므로 이이(以履) 즉 이괘(履卦)의 쓰임[以]이란
'화행(和行) 즉 행동[行]의 어울림[和]을 지극하게 하는 것'임을 또한 알 수
있다. 화행(和行)을 일러 '경(敬)-공(恭)-순(順)' 등으로 밝히는 것이다. 이는
곧 진실로 자비(自卑)하여 존인(尊人)하는 행동을 이괘(履卦)로써[以] 이룰
수 있음을 말한다. 나를 낮추고[卑] 상대[人]를 높여 준다[尊]면 나[自]-너
[人] 사이의 화목(和睦)이 지극함[至]을 이이화행(履以和行)이 뜻해 주고, 따
라서 이괘(履卦)의 덕지기(德之基)로 말미암은 '화이지(和而至)'를 새겨[玩] 헤
아리고[擬] 가늠할[斷] 수 있게 된다. 그래서 이이(以履)의 화행(和行)은 온갖
사물(事物)에 미치는 역(易)을 살피고[觀] 새겨[玩] 점(占)쳐 지변(知變)하여
지래(知來)하게 하는 통어(通語)가 된다.

註 역(易)을 이용할 때는 '역유성인지도사(易有聖人之道四)'를 반드시 환기하고, 그 네
가지[四]를 숙지(熟知)하면서 성심(誠心)을 다해야 한다. 역(易)에는 성인의(聖人之)
가르침[道]이 넷[四]이 있음[有]을 무시하고 이역(以易)한다면 『주역(周易)』과 사귈
수 없는 것이다. 그 성인지도사(聖人之道四)는 「계사전(繫辭傳) 상(上) 17단락(段
落)에 다음과 같이 밝혀져 있다.
이언자상기사(以言者尙其辭) '역(易) 즉 변화지도(變化之道)를 써서[以] 말하는[言]
사람은[者] 괘효의[其] 말씀을[辭] 받든다[尙].' 이를 줄여 완사(玩辭)라 한다. **이동
자상기변(以動者尙其變)** '역(易) 즉 변화지도(變化之道)를 써서[以] 행동하는[動] 사
람은[者] 괘효의[其] 변화를[變] 받든다[尙].' 이를 줄여 관변(觀變)이라 한다. **이제
기자상기상(以制器者尙其象)** '역(易) 즉 변화지도(變化之道)를 써서[以] 기물을[器]
만드는[制] 사람은[者] 괘효의[其] 짓을[象] 받든다[尙].' 이를 줄여 관상(觀象)이라
한다. **이복서자상기점(以卜筮者尙其占)** '역(易) 즉 변화지도(變化之道)를 써서[以]
점치는[卜筮] 사람은[者] 괘효의[其] 점을[占] 받든다[尙].' 이를 줄여 완점(玩占)이
라 한다.
'관상(觀象)'은 대성괘(大成卦)의 여섯 효(爻) 사이의 관계를 밝혀 주는 중(中)-정
(正)-응(應)-비(比)를 따 괘효상(卦爻象)의 길흉(吉凶)을 살펴봄[觀]이고, '완사(玩
辭)'는 대성괘(大成卦)의 괘사(卦辭)와 효사(爻辭)를 논란(論難)을 떠난 사구(辭句)로
여기고 새김[玩]이며, '관변(觀變)'은 중(中)-정(正)-응(應)-비(比)를 헤아려[擬]
여섯 효(爻)가 거치는 누천(屢遷)의 변(變)과 화(化)를 가늠해[斷] 길흉(吉凶)을 살
펴봄[觀]이고, '완점(玩占)'은 괘효상(卦爻象)과 괘효사(卦爻辭)와 여섯 효(爻)가 거
치는 누천(屢遷)의 변화(變化)를 새김하여[玩] 스스로 복문(卜問) 즉 다가올 것[卜]
을 물어서[問] 스스로 지래(知來)함이다.

390. 이겸(以謙)의 제례(制禮)

謙以制禮라. '겸괘(謙)로써[以] 예를[禮] 마름질한다[制].'
겸 이 제 례

겸괘(謙卦)를 이용하면[以] '예(禮)를 마름질한다[制]'는 것이다. '겸이(謙以) 즉 이겸(以謙)'은 겸괘(謙卦)를 이용함[以]이니 이는 곧 이역(以易) 즉 역(易)의 이용[以]을 말한다. 겸괘(謙卦)는 덕지병(德之柄) 즉 덕(德)의[之] 자루[柄]이므로 겸이제례(謙以制禮)의 '겸이(謙以)'란 곧 '덕지병(德之柄)의 활용(活用)'을 뜻한다. 그리고 겸이(謙以)의 '이(以)'는 '역유성인지도사(易有聖人之道四)'로서 '관상(觀象)-완사(玩辭)-관변(觀變)-완점(玩占)' 등의 활용(活用)임을 반드시 숙지(熟知)해 두어야 한다. 물론 겸이(謙以) 즉 겸괘(謙卦)의 씀[以] 역시 예외(例外)가 아니다. 겸괘(謙卦)를 씀[以]이란 '덕(德)의[之] 자루[柄]'를 활용하라 함이다. 겸괘(謙卦)의 '겸(謙)' 역시 '예(禮)'와 통한다고 하는 것은 겸괘(謙卦)가 덕지병(德之柄)인 까닭이고, 예(禮) 역시 덕(德)의 자루[柄]이기 때문이다. 도끼도 자루[柄]가 없다면 쓸 수 없는 것이다. '수사합경(殊事合敬)' 즉 하는 바를[事] 달리해도[殊] 다 '경(敬)'과 합(合)함이 예(禮)이고, 이런 예(禮)를 실천(實踐)함이 곧 겸괘(謙卦)의 '겸(謙)'이 뜻하는 것이다. 그래서 겸괘(謙卦)가 '존귀함을[尊而] 빛나게 한다[光]'라고 풀이된 것이다. 겸괘(謙卦)의 존이광(尊而光) 즉 광존(光尊)의 '존(尊)'이 '무엇을 존경하게 함(尊)'인지 겸이제례(謙以制禮)의 '제례(制禮)'가 밝혀 주고 있다. 예(禮)를 올바로 갖춤이 곧 제례(制禮)이고, 그런 예의(禮義)는 존경(尊敬)을 불러온다. 여기서 겸괘(謙卦)를 이용하여[以] 예(禮)를 마름질함[制]을 알 수 있다. 그러므로 이겸(以謙) 즉 겸괘(謙卦)의 쓰임[以]이란 '제례(制禮) 즉 예(禮)의 마름질[制]'임을 또한 알 수 있다. 제례(制禮)를 일러 '동절(同節)'이라고 밝히는 것이다. 절제(節制)를 같이함[同]으로써 나[自]-너[人] 사이에서 예(禮)가 마름질되는 것이고, 따라서 겸괘(謙卦)의 덕지병(德之柄)으로 말미암은 '제례(制

禮)'를 새겨[玩] 헤아리고[擬] 가늠할[斷] 수 있게 된다. 그래서 이겸(以謙)의 제례(制禮)는 온갖 사물(事物)에 미치는 역(易)을 살피고[觀] 새겨[玩] 점(占)쳐 지변(知變)하여 지래(知來)하게 하는 통어(通語)가 된다.

391. 이복(以復)의 자지(自知)

復以自知라. '복괘(復)로써[以] 스스로[自] 알아차린다[知].'
복 이 자 지

복괘(復卦)를 이용하면[以] '스스로[自] 알아차린다[知]'는 것이다. '복이(復以) 즉 이복(以復)'은 복괘(復卦)를 이용함[以]이니 이는 곧 이역(以易) 즉 역(易)의 이용[以]을 말한다. 복괘(復卦)는 덕지본(德之本) 즉 덕(德)의[之] 근본[本]이므로 복이자지(復以自知)의 '복이(復以)'란 곧 '덕지본(德之本)의 활용(活用)'을 뜻한다. 그리고 복이(復以)의 '이(以)'는 '역유성인지도사(易有聖人之道四)'로서 '관상(觀象)-완사(玩辭)-관변(觀變)-완점(玩占)' 등의 활용(活用)임을 반드시 숙지(熟知)해 두어야 한다. 물론 복이(復以) 즉 복괘(復卦)의 씀[以] 역시 예외(例外)가 아니다. 복괘(復卦)를 씀[以]이란 '덕(德)의[之] 근본[本]'을 활용하라 함이다. 복괘(復卦)의 '복(復)'은 반복(反復)하라 함이니 덕(德)의 근본(根本)을 떨어지게 하거나 벗어나지 말라 함이 곧 복괘(復卦)의 '복(復)'이 뜻하는 것이다. 그래서 복괘(復卦)가 '물건[物]에서[於] 작은 것을[小而] 가름하게 한다[辨]'라고 풀이된 것이다. 복괘(復卦)의 소이변어물(小而辨於物) 즉 변소어물(辨小於物)에서 '소(小)를 어떻게 분변(分辨)해야 하는 것[辨]'인지 복이자지(復以自知)의 '자지(自知)'가 밝혀 주고 있다. 물론 덕(德)의 근본(根本)은 은미(隱微)하다. 은미(隱微)한 것은 스스로[自] 알아차려야[知] 하는 것이다. 그래서 덕지본(德之本)은 『중용(中庸)』에 나오는 '치곡(致曲)'[1] 을 환기(喚起)하고 '치광대이진정미(致廣大而盡精微)'[2] 를 음미(吟味)하게 한다. '치곡(致曲)'은 작디작은 것[曲]을 놓치지 말라 함이고, '치광대이진정미(致廣大而盡精微)'는 광대(廣大)한 것에서 정미(精微)한 것 즉 '곡(曲)'을 놓치지 말라 함이다. 덕(德)의 근본[本]은 곡(曲)하여 정미(精微)하다. 이러한 덕(德)의 근본(根本)은 자지(自知)해야지 남으로부터 귀동냥할 수 없는 것이다. 따라서 복괘(復卦)의 덕지본(德之本)으로 말미암은 '자지(自知)'를 새겨[玩] 헤아리고[擬] 가늠할[斷] 수 있게 된다. 그래서 이복(以復)의 자지(自知)는 온갖 사물(事物)에 미치는 역(易)을 살피고[觀] 새겨[玩] 점(占)쳐 지변(知變)하여 지래(知來)하게 하는 통어(通語)가 된다.

註 1. 치곡(致曲) '세소한 것에[曲] 이르다[致].'
註 2. 치광대이진정미(致廣大而盡精微) '광대한 것에[廣大] 이르러서[致而] 정미한 것을[精微] 극진히 한다[盡].' 여기서 '치(致)'는 '이를 지(至)'와 같다.

392. 이항(以恒)의 일덕(一德)

恒以一德이라. '항괘[恒]로써[以] 덕을[德] 한결같이 한다[一].'
　항이 일 덕
　항괘(恒卦)를 이용하면[以] '덕을[德] 한결같이 한다[一]'는 것이다. '항이(恒以) 즉 이항(以恒)'은 항괘(恒卦)를 이용함[以]이니 이는 곧 이역(以易) 즉 역(易)의 이용[以]을 말한다. 항괘(恒卦)는 덕지고(德之固) 즉 덕(德)의[之] 확고함[固]이므로 항이일덕(恒以一德)의 '항이(恒以)'란 곧 '덕지고(德之固)의 활용(活用)'을 뜻한다. 그리고 항이(恒以)의 '이(以)'는 '역유성인지도사(易有聖人之道四)'로서 '관상(觀象)-완사(玩辭)-관변(觀變)-완점(玩占)' 등의 활용(活用)임을 반드시 숙지(熟知)해 두어야 한다. 물론 항이(恒以) 즉 항괘(恒卦)의 씀[以] 역시 예외(例外)가 아니다. 항괘(恒卦)를 씀[以]이란 '덕(德)의[之] 확고함[固]'을 활용하라 함이다. 항괘(恒卦)의 '항(恒)'은 시종여일(始終如一)하라 즉 처음[始]과 끝[終]이 한결같게 하라[如一] 함이니 덕(德)의 확고함[固]을 순일(純一)하게 하라 함이 곧 항괘(恒卦)의 '항(恒)'이 뜻하는 것이다. 그래서 항괘(恒卦)가 '번잡함을[雜而] 싫지 않게 한다[不厭]'라고 풀이된 것이다. 항괘(恒卦)의 잡이불염(雜而不厭) 즉 불염잡(不厭雜)의 '잡(雜)'을 왜 싫어하지 않는 것[不厭]인지 항이일덕(恒以一德)의 '일덕(一德)'이 밝혀 주고 있다. 물론 잡이불염(雜而不厭)의 '잡(雜)'은 부덕(不德)-난덕(亂德)-무덕(無德) 등등을 환기(喚起)시켜 소인(小人)의 짓을 떠올린다. 그래서 항이일덕(恒以一德)은 『중용(中庸)』에 나오는 '군자재상위(君子在上位) 불릉하(不陵下)'를 떠올린다. '일덕(一德)'이란 덕(德)을 여일(如一)하게 행(行)함이니 일덕(一德)-상덕(常德)은 같다. 덕(德)을 한결같이 행함이 덕(德)의 일(一)이고 덕(德)의 상(常)이다. 그러므로 결코 변덕(變德)하지 않음이 항이일덕(恒以一德)의 '일덕(一德)'이다. 군자(君子)는 일덕(一德)하고 소인(小人)은 변덕(變德)한다. 따라서 항괘(恒卦)의 덕지고(德之固)로 말미암은 '일덕(一德)'을 새겨[玩] 헤아리고[擬] 가늠할[斷] 수 있게 된다. 그래서 이항(以恒)의 일덕(一德)은 온갖 사물(事物)에 미치는 역(易)을 살피고[觀] 새겨[玩] 점(占)쳐 지변(知變)하여 지래(知來)하게 하는 통어(通語)가 된다.

> 註 군자재상위(君子在上位) 불릉하(不陵下) '군자는[君子] 높은[上] 자리에[位] 있어도[在] 아랫자리를[下] 능멸하지 않는다[不陵].' 불릉하(不陵下)의 '능(陵)'은 '업신여길 멸(蔑)'과 같아 능멸(陵蔑)의 줄임말로 여기고 새기면 된다.

393. 이손(以損)의 원해(遠害)

損以遠害라. '손괘(損)로써[以] 해 되는 일을[害] 멀리한다[遠].'

손괘(損卦)를 이용하면[以] '해 될 일을[害] 멀리 한다[遠]'는 것이다. '손이(損以) 즉 이손(以損)'은 손괘(損卦)를 이용함[以]이니 이는 곧 이역(以易) 즉 역(易)의 이용[以]을 말한다. 손괘(損卦)는 덕지수(德之修) 즉 덕(德)의[之] 닦음[修]이므로 손이원해(損以遠害)의 '손이(損以)'란 곧 '덕지수(德之修)의 활용(活用)'을 뜻한다. 그리고 손이(損以)의 '이(以)'는 '역유성인지도사(易有聖人之道四)'로서 '관상(觀象)-완사(玩辭)-관변(觀變)-완점(玩占)' 등의 활용(活用)임을 반드시 숙지(熟知)해 두어야 한다. 물론 손이(損以) 즉 손괘(損卦)의 씀[以] 역시 예외(例外)가 아니다. 손괘(損卦)를 씀[以]이란 '덕(德)의[之] 닦음[修]'을 활용하라 함이다. 손괘(損卦)의 '손(損)'은 소사과욕(少私寡欲)하라 즉 사욕(私欲)을 줄이고[少] 줄여라[寡] 함이니 덕(德)의 닦음[修]이 뜻하는 바를 알 수 있고, 사욕(私欲)을 덜어 내라[損] 함이 곧 손괘(損卦)의 '손(損)'이 뜻함을 알 수도 있다. 그래서 손괘(損卦)가 '처음에는[先] 어렵지만[難而] 뒤에는[後] 쉽게 한다[易]'라고 풀이된 것이다. 손괘(損卦)의 선난이후이(先難而後易)가 처음[先]엔 사욕(私欲)을 줄여[少] 덜어 내기[損]가 어렵지만[難] 소사(少私)하여 과욕(寡欲)하기를 닦고 닦는다[修]면 쉬워져[易] 해롭고 미움 살 일들[害]을 멀리하게[遠] 됨을 손이원해(損以遠害)의 '원해(遠害)'가 밝혀 주고 있는 것이다. 물론 원해(遠害)의 '해(害)'는 부덕(不德)-난덕(亂德)-무덕(無德)으로 말미암는 불상사(不祥事)를 환기(喚起)시켜 소인(小人)의 짓을 떠올린다. 그래서 손이원해(損以遠害)는 『중용(中庸)』에 나오는 '군자의호중용(君子依乎中庸) 둔세불견지이불회(遯世不見知而不悔) 유성자능지(唯聖者能之)'라는 말씀을 음미(吟味)하게 한다. 왜냐하면 덕지수(德之修)란 수기(修己)의 근원(根源)이고, 이는 곧 성자(聖者)의 흠모(欽慕)로 이어지기 때문이고, 그로 말미암은 '원해(遠害)'란 '중용(中庸)에[乎] 의지해야[依]'만 이루어지기 때문이다. 그러므로 소사과욕(少私寡欲)을 떠난 수덕(修德)은 없는 것이다. 따라서 손괘(損卦)의 덕지수(德之修)로 말미암은 '원해(遠害)'를 새겨[玩] 헤아리고[擬] 가늠할[斷] 수 있게 된다. 그래서 이손(以損)의 원해(遠害)는 온갖 사물(事物)에 미치

537

는 역(易)을 살피고[觀] 새겨[玩] 점(占)쳐 지변(知變)하여 지래(知來)하게 하는 통어(通語)가 된다.

註 군자의호중용(君子依乎中庸) 둔세불견지이불회(遯世不見知而不悔) 유성자능지(唯聖者能之) '군자는[君子] 중용(中庸)에만[乎] 의지하고[依] 세상을[世] 피해[遯] 알려지지 않아도[不見知而] 후회하지 않는다[不悔]. 오로지[唯] 성인이[聖者] 그렇게 할 수 있다[能之].' 견지(見知)는 수동(受動)으로 '알려진다[見知]'라고 옮기면[譯] 된다.

394. 이익(以益)의 흥리(興利)

益以興利라. '익괘(益)로써[以] 이로운 일을[利] 흥하게 한다[興].'
익괘(益卦)를 이용하면[以] '이로운 일을[利] 흥하게 한다[興]'는 것이다. '익이(益以) 즉 이익(以益)'은 익괘(益卦)를 이용함[以]이니 이는 곧 이역(以易) 즉 역(易)의 이용[以]을 말한다. 익괘(益卦)는 덕지유(德之裕) 즉 덕(德)의 [之] 넉넉함[裕]이므로 익이흥리(益以興利)의 '익이(益以)'란 곧 '덕지유(德之裕)의 활용(活用)'을 뜻한다. 그리고 익이(益以)의 '이(以)'는 '역유성인지도사(易有聖人之道四)'로서 '관상(觀象)-완사(玩辭)-관변(觀變)-완점(玩占)' 등의 활용(活用)임을 반드시 숙지(熟知)해 두어야 한다. 물론 익이(益以) 즉 익괘(益卦)의 씀[以] 역시 예외(例外)가 아니다. 익괘(益卦)를 씀[以]이란 '덕(德)의[之] 넉넉함[裕]'을 활용하라 함이다. 익괘(益卦)의 '익(益)'은 더욱 더 소사과욕(少私寡欲)하여 즉 사욕(私欲)의 줄이고[少] 줄임[寡]을 더할수록 덕(德)의 넉넉함[裕]이 이루어짐을 알 수 있고, 사욕(私欲)을 덜어 냄[損]이 곧 익괘(益卦)의 '익(益)'이 됨도 알 수 있다. 그래서 익괘(益卦)가 '길이길이[長] 넉넉하게 하면서[裕而] 늘어놓지 않게 한다[不設]'라고 풀이된 것이다. 소사과욕(少私寡欲)함을 남에게 드러내 과시한다면 그것은 위선(僞善)이지 결코 상선(常善)일 수는 없다. 그래서 덕지유(德之裕)의 흥리(興利)는 『논어(論語)』「이인

(里人)」에 나오는 '군자회덕(君子懷德) 소인회토(小人懷土)'[1] 라는 말씀을 떠올려 준다. 회덕(懷德)이란 덕(德)을 드러내지 않고[不設] 시덕(施德) 즉 덕(德)을 베풂[施]이다. 그래서 덕지유(德之裕)의 흥리(興利)가 『논어(論語)』「이인(里人)」에 나오는 '군자지덕풍(君子之德風) 소인덕초(小人之德草) 초상지풍필언(草尙之風必偃)'[2] 이라는 말씀을 상기(想起)시켜 주는 것이다. 상지풍(尙之風) 즉 바람이[風之] 더해짐[尙]이야말로 덕지유(德之裕)의 흥리(興利)를 새기고[玩] 헤아려[擬] 음미(吟味)하게 비유해 준다. 물론 손괘(損卦)가 가르쳐 주는 덕지수(德之修) 없이는 덕지유(德之裕)가 이루어질 수 없다. 소사(少私)하여 과욕(寡欲)하기를 닦을수록[修] 절로 덕(德)은 따라서 넉넉해지기[裕] 때문이다. 손괘(損卦)의 '원해(遠害)'는 익괘(益卦)의 '흥리(興利)'로 통함을 새겨 두어야 하는 것이다. 그러므로 소사과욕(少私寡欲)을 떠난 유덕(裕德)도 없는 것이다. 따라서 익괘(益卦)의 덕지유(德之裕)로 말미암은 '흥리(興利)'를 새겨[玩] 헤아리고[擬] 가늠할[斷] 수 있게 된다. 그래서 이익(以益)의 흥리(興利)는 온갖 사물(事物)에 미치는 역(易)을 살피고[觀] 새겨[玩] 점(占)쳐 지변(知變)하여 지래(知來)하게 하는 통어(通語)가 된다.

註 1. 군자회덕(君子懷德) 소인회토(小人懷土) '군자는[君子] 덕을[德] 품고[懷] 소인은[小人] 땅을[土] 품는다[懷].'

註 2. 군자지덕풍(君子之德風) 소인덕초(小人之德草) 초상지풍필언(草尙之風必偃) '군자의[君子之] 덕은[德]은 바람 같고[風] 소인의[小人之] 덕은[德] 풀 같다[草]. 풀은[草] 더해지는[尙之] 바람에[風] 숙여 따른다[偃].'

395. 이곤(以困)의 과원(寡怨)

困以寡怨이라. '곤괘(困)로써[以] 원망할 일을[怨] 줄인다[寡].'
곤 이 과 원
곤괘(困卦)를 이용하면[以] '원망할 일을[怨] 줄인다[寡]'는 것이다. '곤이

(困以) 즉 '이곤(以困)'은 곤괘(困卦)를 이용함[以]이니 이는 곧 이역(以易) 즉 역(易)의 이용[以]을 말한다. 곤괘(坤卦)는 덕지변(德之辨) 즉 덕(德)의[之] 분변함[裕]이므로 곤이과원(困以寡怨)의 '곤이(困以)'란 곧 '덕지변(德之辨)의 활용(活用)'을 뜻한다. 그리고 곤이(困以)의 '이(以)'는 '역유성인지도사(易有聖人之道四)'로서 '관상(觀象)-완사(玩辭)-관변(觀變)-완점(玩占)' 등의 활용(活用)임을 반드시 숙지(熟知)해 두어야 한다. 물론 곤이(困以) 즉 곤괘(困卦)의 씀[以] 역시 예외(例外)가 아니다. 곤괘(困卦)를 씀[以]이란 '덕(德)의[之] 분변함[辨]'을 활용하라 함이다. 곤괘(困卦)의 '곤(困)'은 곤궁(困窮)할수록 덕(德)과 부덕(不德)을 분변(分辨)하여 부덕(不德)을 범하지 말라는 것임을 알 수 있다. 그래서 곤괘(困卦)가 '막히면[窮而] 통하게 한다[通]'라고 풀이된 것이다. '궁(窮)함'이란 '막힘[塞]'이니 불통(不通) 즉 통하지 못함[不通]이다. 곤괘(困卦)의 '곤(困)'은 불통(不通)을 통(通)하게 하라는 것이다. 그래서 곤괘(困卦)를 일러 '궁이통(窮而通)'이라 한 것이다. '궁(窮)'은 부덕(不德)이고 '통(通)'은 곧 '덕(德)'이다. 덕(德)이란 통어천지자(通於天地者) 즉 자연[天地]에[於] 두루 통함[通]이 덕(德)이기 때문이다. 곤괘(困卦)의 '곤(困)'을 '궁이통(窮而通)'이라고 개역(改繹)한 것은 곧 '부덕(不德)함'을 떠나 '덕(德)'으로 돌아옴을 말한다. 부덕(不德)함은 원한(怨恨)을 더하고[加] 후덕(厚德)함은 원한(怨恨)을 줄인다[寡]. 이 또한 소사과욕(少私寡欲)함을 떠나서 곤괘(坤卦)의 '곤(困)'을 생각할 수 없음을 알 수 있다. 덕지수(德之修)의 '원해(遠害)'와 덕지유(德之裕)의 '흥리(興利)'도 '덕지변(德之辨)'의 '과원(寡怨)'과 맞물려 통하기 때문이다. 그러므로 소사과욕(少私寡欲)을 떠난 '과원(寡怨)'도 없는 것이다. 따라서 곤괘(困卦)의 덕지변(德之辨)으로 말미암은 '과원(寡怨)'을 새겨[玩] 헤아리고[擬] 가늠할[斷] 수 있게 된다. 그래서 이곤(以困)의 과원(寡怨)은 온갖 사물(事物)에 미치는 역(易)을 살피고[觀] 새겨[玩] 점(占)쳐 지변(知變)하여 지래(知來)하게 하는 통어(通語)가 된다.

396. 이정(以井)의 변의(辨義)

井以辨義라. '정괘(井)로써[以] 올바름을[義] 밝힌다[辨].'
정이변의
 정괘(井卦)를 이용하면[以] '정의를[義] 밝힌다[辨]'는 것이다. '정이(井以) 즉 이정(以井)'은 정괘(井卦)를 이용함[以]이니 이는 곧 이역(以易) 즉 역(易)의 이용[以]을 말한다. 정괘(井卦)는 덕지지(德之地) 즉 덕(德)의[之] 땅[地]이므로 정이변의(井以辨義)의 '정이(井以)'란 곧 '덕지지(德之地)의 활용(活用)'을 뜻한다. 그리고 정이(井以)의 '이(以)'는 '역유성인지도사(易有聖人之道四)'로서 '관상(觀象)-완사(玩辭)-관변(觀變)-완점(玩占)' 등의 활용(活用)임을 반드시 숙지(熟知)해 두어야 한다. 물론 정이(井以) 즉 정괘(井卦)의 씀[以] 역시 예외(例外)가 아니다. 정괘(井卦)를 씀[以]이란 '덕(德)의[之] 곳[地]'을 활용하라 함이다. 정괘(井卦)의 '정(井)'은 덕지시생(德之始生)을 새겨[玩] 헤아리게[擬] 한다. 샘[井]이란 물[水]이 샘솟는 곳[地]이다. 그래서 정괘(井卦)가 '제[其] 곳에[所] 있게 하되[居而] 옮기게 한다[遷]'라고 풀이된 것이다. 기소거이천(其所居而遷)에서 '기소거(其所居)'란 우물이 있는 곳이다. 여기서 거기소거이천(居其所居而遷)의 '천(遷)'이 '인천어정지소거(人遷於井之所居)'를 줄인 것으로 완의(玩擬)할 수 있다. 정지소거(井之所居) 즉 우물이[井之] 있는[居] 곳[所]을 사람이[人之] 사는[居] 곳[所]으로 삼는 것이 곧 '변의(辨義)'인 것임도 간파할 수 있다. 물이 샘솟는 우물[井]을 버리고 사람의 거처(居處)를 옮겨 가[遷] 천정(穿井) 즉 우물[井] 파기[穿]를 하지 말라 함이다. 샘솟는 우물자리[井之所居]로 인지소거(人之所居)를 옮겨 감[遷]이 마땅함[義]을 밝혀[辨] 깨우친다면, 그런 깨우침이 정이(井以)의 '이(以)' 즉 정괘(井卦)의 쓰임[以]이다. 그러므로 '손이(損以)의 원해(遠害)-익이(益以)의 흥리(興利)-곤이(困以)의 과원(寡怨)' 등도 정이(井以)의 '변의(辨義)'와 이어지게 마련이다. 따라서 정괘(井卦)의 덕지지(德之地)로 말미암은 '변의(辨義)'를 새겨[玩] 헤아리고[擬] 가늠할[斷] 수 있게 된다. 그래서 이정(以井)의 변의(辨義)는 온갖 사물(事物)에 미치는 역(易)을 살피고[觀] 새겨[玩] 점(占)쳐 지변(知變)하여 지래(知來)하게 하는 통어(通語)가 된다.

397. 이손(以巽)의 행권(行權)

巽以行權이라. '손괘(巽)로써[以] 권변을[權] 실행한다[行].'
손이행권

손괘(巽卦)를 이용하면[以] '권변을[權] 시행한다[行]'는 것이다. '손이(巽以) 즉 이손(以巽)'은 손괘(巽卦)를 이용함[以]이니 이는 곧 이역(以易) 즉 역(易)의 이용[以]을 말한다. 손괘(巽卦)는 덕지제(德之制) 즉 덕(德)의[之] 마름질[制]이므로 손이행권(巽以行權)의 '손이(巽以)'란 곧 '덕지제(德之制)의 당용(當用)'을 뜻한다. 덕지제(德之制)의 '제(制)'는 손이행권(巽以行權)의 '행권(行權)'을 마땅하게[當] 시행하게[行] 함을 뜻하고 있음이다. 물론 손이(巽以)의 '이(以)' 역시 '역유성인지도사(易有聖人之道四)'로서 '관상(觀象)-완사(玩辭)-관변(觀變)-완점(玩占)' 등의 활용(活用)임을 반드시 숙지(熟知)해 두어야 한다. 손괘(巽卦)를 씀[以]이란 '덕(德)의[之] 마름질[制]'을 활용하라 함이다. 손괘(巽卦:☴)를 보면 위아래[上下]로 바람[風]이 부는 괘상(卦象)이고, 여섯 효(爻)끼리는 전혀 호응(互應)하지 못하는 상(象)이다. 이는 질풍(疾風)-돌풍(突風)-태풍(颱風) 등을 두려워해야 할 상(象)일 수 있다. 이러한 상(象)을 덕(德)으로 마름질하지[制] 못한다면 흉(凶)할 상(象)임을 짚을 수 있다. 그래서 '손소형(巽小亨)'이라고 괘사(卦辭)가 시작된다. 이는 '바람[風]이 작다면[小] 통한다[亨]'는 말씀[辭]이다. 미풍(微風)-순풍(淳風)-순풍(順風)이면 통한다[亨]는 말씀[辭]이다. 여기서 손이행권(巽以行權)의 '행권(行權)'을 새겨[玩] 헤아릴[擬] 수 있는 것이다. 권세(權勢)-권력(權力)의 세력(勢力)을 덕(德)

이 제재(制裁)한다면 질풍(疾風)-돌풍(突風)-태풍(颱風)의 권세(權勢)-권력(權力)일지라도 미풍(微風)-순풍(淳風)-순풍(順風)의 권세(權勢)-권력(權力)으로 변통(變通)될 수 있는 것이다. 그래서 손이행권(巽以行權)은 『맹자(孟子)』「진심장구(盡心章句) 하(下)」에 나오는 '군자반경이이의(君子反經而已矣) 경정즉서민흥(經正則庶民興) 서민흥사무사특의(庶民興斯無邪慝矣)'를 상기(想起)시킨다. 군자(君子)는 '서민흥(庶民興)'을 칭(稱)하되 자신의 '반경(反經)'은 숨기기 때문에 군자(君子)의 덕풍(德風)이 민초(民草)를 설복(說服)시키는 것이다. 여기서 손괘(巽卦)가 '칭찬하게 하면서도[稱而] 은밀히 하게 한다[隱]'라고 풀이된 연유가 간파(看破)된다. 손이행권(巽以行權)의 '권(權)'이란 '반어경연후유선자(反於經然後有善者)'일 뿐이다. '반어경(反於經)'을 버린 '권(權)'이란 유악자(有惡者)로 돌변(突變)하는 것이다. 반어경(反於經) 즉 반경(反經)의 '경(經)'은 여기서 '상덕(常德)-상도(常道)'를 뜻한다. 경(經)으로[於] 돌아옴[反]이란 상덕(常德)으로 돌아옴이고 상도(常道)로 돌아옴이다. 유선자(有善者)의 권(權) 즉 선함이[善] 있는[有] 권(權)이란 반경(反經)의 권(權)이고, 그 '권(權)'은 곧 '인의예지신(仁義禮智信)으로 반환(返還)하는 권(權)'이다. 그러므로 손괘(巽卦)의 '덕지제(德之制)'는 손이행권(巽以行權)의 '권(權)'을 '반경(反經)의 권(權)'으로 마름함[制]이다. 따라서 손괘(巽卦)의 덕지제(德之制)로 말미암은 '행권(行權)'을 새겨[玩] 헤아리고[擬] 가능할[斷] 수 있게 된다. 그래서 이손(以巽)의 행권(行權)은 온갖 사물(事物)에 미치는 역(易)을 살피고[觀] 새겨[玩] 점(占)쳐 지변(知變)하여 지래(知來)하게 하는 통어(通語)가 된다.

註 군자반경이이의(君子反經而已矣) 경정즉서민흥(經正則庶民興) 서민흥사무사특의(庶民興斯無邪慝矣) '군자는[君子] 상도(常道)로[經] 돌아올[反] 뿐이다[而已矣]. 상도(常道)가[經] 바로잡히면[正] 곧[則] 서민이[庶民] 선(善)함을 일으키고[興] 서민이[庶民] 선(善)함을 일으키면[興] 곧[斯] 사악함이[邪慝] 없어지는 것[無]이다[矣].' 반경(反經)의 '반(反)'은 '돌아올 반(返)'과 같고, '경(經)'은 상도(常道)-상덕(常德)을 나타내고 또한 인의예지신(仁義禮智信)을 포일(抱一)하고 있는 자(字)이며, 서민흥(庶民興)은 '서민흥선(庶民興善)'으로 여기고 새기면 되고, '흥(興)'은 '일으킬 기

(起)'와 같고 흥기(興起)의 줄임말로 여기면 되고, 사특(邪慝)의 '특(慝)'은 '악할 악(惡)'과 같아 사특(邪慝)은 사악(邪惡)과 같다.

398. 구괘(九卦)의 덕(德)

『서경(書經)』「고요모(皐陶謨)」에 구덕(九德)이 있는 것처럼『주역(周易)』「계사전(繫辭傳) 하(下)」에는 덕(德)을 살펴[觀] 새기고[玩] 헤아리게[擬] 하는 구괘(九卦)가 있다. 덕지기(德之基)의 이괘(履卦), 덕지병(德之柄)의 겸괘(謙卦), 덕지본(德之本)의 복괘(復卦), 덕지고(德之固)의 항괘(恒卦), 덕지수(德之修)의 손괘(損卦), 덕지유(德之裕)의 익괘(益卦), 덕지변(德之辨)의 곤괘(困卦), 덕지지(德之地)의 정괘(井卦), 덕지제(德之制)의 손괘(巽卦)가 바로 그 구괘(九卦)이다. 덕지기(德之基)의 이괘(履卦)로써[以] '화이지(和而至)'를 살펴[觀] 새길[玩] 수 있고, 덕지병(德之柄)의 겸괘(謙卦)로써[以] '존이광(尊而光)'을 살펴[觀] 새길[玩] 수 있고, 덕지본(德之本)의 복괘(復卦)로써[以] '소이변어물(小而辨於物)'을 살펴[觀] 새길[玩] 수 있고, 덕지고(德之固)의 항괘(恒卦)로써[以] '잡이불염(雜而不厭)'을 살펴[觀] 새길[玩] 수 있고, 덕지수(德之修)의 손괘(損卦)로써[以] '선난이후이(先難而後易)'를 살펴[觀] 새길[玩] 수 있고, 덕지유(德之裕)의 익괘(益卦)로써[以] '장유이불설(長裕而不設)'을 살펴[觀] 새길[玩] 수 있고, 덕지변(德之辨)의 곤괘(困卦)로써[以] '궁이통(窮而通)'을 살펴[觀] 새길[玩] 수 있고, 덕지지(德之地)의 정괘(井卦)로써[以] '거기소이천(居其所而遷)'을 살펴[觀] 새길[玩] 수 있고, 덕지제(德之制)의 손괘(巽卦)로써[以] '칭이은(稱而隱)'을 살펴[觀] 새길[玩] 수 있다. 그래서 구괘(九卦)의 덕(德)은 온갖 사물(事物)에 미치는 역(易)을 살피고[觀] 새겨[玩] 점(占)쳐 지변(知變)하여 지래(知來)하게 하는 통어(通語)가 된다.

399. 역(易)의 서(書)

易之爲書也不可遠이라. '역(易)이[之] 글로[書] 됨[爲]이란[也] 멀리할 수 없음이다(不可遠).'

이는 곧 '역(易)'을 글[書]로써 즉 괘효(卦爻)에 말씀[辭]을 매어 둔[繫] 까닭을 밝힌 것이다. 그러므로 역지위서(易之爲書)의 '역(易)'은 대성괘(大成卦)의 괘효사(卦爻辭)로써[以] 드러난다고 여겨도 된다. 역(易)의 서(書) 즉 글[書]이라 함은 괘효(卦爻)의 사(辭)를 뜻하기 때문이다. 역(易) 즉 대성괘(大成卦)의 괘효(卦爻)란 '불가원(不可遠)'의 신물(神物) 즉 변화지용(變化之用)의 물건(神物)이다. 여기서 불가원(不可遠)의 '원(遠)'은 『중용(中庸)』에 나오는 '도야자불가수유이야(道也者不可須臾離也)'를 상기(想起)한다면 역지위서야불가원(易之爲書也不可遠)의 '원(遠)'을 새기고[玩] 헤아려[擬] 가능할[斷] 수 있다. '불가이(不可離)'의 '이(離)'와 '불가원(不可遠)'의 '원(遠)'은 여기서 같은 뜻으로 새길 수 있기 때문이다. '역지위서(易之爲書)'는 '역(易)이[之] 글자로[書] 기록되어 있음[爲]'을 뜻한다. 이는 많은 사람들이 '역(易)'과 소원(疎遠)하지 않고 친근(親近)하게 하기 위함임을 역지위서야불가원(易之爲書也不可遠)이 밝히고 있는 것이다. 그래서 역(易)의 서(書)는 온갖 사물(事物)에 미치는 역(易)을 살피고[觀] 새겨[玩] 점(占)쳐 지변(知變)하여 지래(知來)하게 하는 통어(通語)가 된다.

400. 역(易)의 서(書)

爲道也屢遷이라. '대성괘(大成卦)의 매효(每爻)가 도가[道] 됨[爲]이란[也] 늘 언제나[屢] 바뀜이다[遷].'

545

이는 곧 대성괘(大成卦)의 매효(每爻) 즉 여섯[六] 효(爻)들이 '누천(屢遷)함'을 밝히고 있다. 그러므로 위도야루천(爲道也屢遷)은 '육효지도야누천(六爻之道也屢遷)'을 말한다. 물론 역지도(易之道)의 '도(道)'는 '이치 이(理)-가르칠 교(敎)-이끌 도(導)-방도(方道) 방(方)-말할 언(言)' 등등을 묶고 있는 자(字)이다. 역지도(易之道) 즉 육효(六爻)의 '도(道)'는 '누천(屢遷)의 이(理)'를 상여사(象與辭)로써 개역(改繹)하라 하고, '누천(屢遷)의 교(敎)'를 상여사(象與辭)로써 개역(改繹)하라 하며, '누천(屢遷)의 도(導)'를 상여사(象與辭)로써 개역(改繹)하라 하고, '누천(屢遷)의 방(方)'을 상여사(象與辭)로써 개역(改繹)하라 하며, '누천(屢遷)의 언(言)'을 상여사(象與辭)로써 새로 다시[改] 경청(傾聽)하게 하여 새 뜻으로 새겨[繹] 경청(傾聽)하라 한다. 이처럼 육효(六爻)의 도(道)는 '늘 언제나[屢] 바뀜[遷]'을 다스리고[理]-가르치고[敎]-이끌고[導]-방도하고[方]-말함[言]을 묶고 있는 '도(道)'임을 명심(銘心)해야 한다. 역지위도(易之爲道)의 '도(道)'란 '누천(屢遷)의 이(理)-교(敎)-도(導)-방(方)-언(言)' 등등을 한 자(字)로 묶고 있는 것임을 늘 명심(銘心)하고 천착(穿鑿)해야 저마다 나름대로 이역(以易) 즉 역(易)을 이용하여[以] 지변(知變)하여 지래(知來)할 수 있는 것이다.

401. 매효(每爻)의 변동(變動)

變動不居라. '대성괘(大成卦)의 매효(每爻)는 변화하고[變] 이동하여[動] 머물지 않는다[不居].'
_{변동불거}

이는 곧 역지도(易之道) 즉 '매효(每爻)의 도(道 : 理-敎-導-方-言)'를 풀이한 '누천(屢遷)'을 다시 구체적으로 풀이하고 있다. 역(易)의 도(道)는 '매양[屢] 바뀜[遷]'이다. 역(易)의 도(道)가 어떻게 '누천(屢遷)하는 것'인가? 이에 대

한 주역(紬繹)이 곧 '변동(變動)'이며 '불거(不居)'인 것이다. 변동불거(變動不居)의 '변동(變動)'이란 '변이동(變而動)'의 줄임이다. '변해서[變而] 움직인다[動].' 무엇이 변(變)하는 것인가? 궁(窮)한 것이 변(變)하게 하는 것이다. 그러므로 변이동(變而動)은 '시어궁(始於窮)' 즉 '궁(窮)에서[於] 비롯한다[始].' 그렇기 때문에 '궁즉변(窮則變)'이라 하고, '막히면[窮] 곧[則] 변한다(變)'라고 한다. 여기서 변이동(變而動)의 '동(動)' 즉 '움직임[動]'이란 갈 것이 물러가고[退] 올 것이 드러남[顯]을 뜻하는 것임을 간파(看破)할 수 있다. 이는 곧 내자시어왕자(來者始於往者) 즉 갈 것[往者]에서[於] 올 것이[來者] 비롯함[始]이다. 그래서 변동(變動) 즉 변이동(變而動)의 '동(動)'은 '옮길 이(移)'와 같아 이동(移動)함이 곧 '화(化)' 즉 '새로 됨[化]'임을 새겨[玩] 헤아려[擬] 가늠할[斷] 수 있고, 따라서 변동(變動)이란 곧 '변화(變化)'를 풀이하고 있음을 간파(看破)할 수 있다. 나아가 변동불거(變動不居)의 '불거(不居)'란 곧 변동(變動)을 풀이함이고, 동시에 변화(變化)를 풀이하고 있음을 알아챌[看破] 수 있다. 여기서 역지위도(易之爲道) 즉 육효(六爻)가 도(道)가 됨[爲]이란 '누천(屢遷)-변동(變動)-불거(不居)'로 주역(紬繹)되는 것임을 알 수 있다. 그래서 매효(每爻)의 변동(變動)은 온갖 사물(事物)에 미치는 역(易)을 살피고[觀] 새겨[玩] 점(占)쳐 지변(知變)하여 지래(知來)하게 하는 통어(通語)가 된다.

402. 매효(每爻)의 주류(周流)

周流六虛라. '대성괘(大成卦)의 매효(每爻)는 육허를[六虛] 두루두루[周] 유행한다[流].'
주류육허

역(易) 즉 매효(每爻)의 변동(變動)-불거(不居)를 대성괘(大成卦)로 풀이하여[紬繹] 밝힌 것이다. 즉 주류륙허(周流六虛)의 '주류(周流)'는 대성괘(大成卦)

의 육효(六爻)가 상괘(上卦)와 하괘(下卦)를 두루[周] 유행함[流]을 밝힌 것이다. '주류(周流)'의 '주(周)'는 누천(屢遷)의 '누(屢)'를 달리 말함이고, '유(流)'는 누천(屢遷)의 '천(遷)'을 달리 말함이다. 그리하여 '주류(周流)'로써 역지위도(易之爲道)의 변동(變動)-불거(不居)를 거듭해 풀이하고 있음이다. '육허(六虛)'란 상하좌우전후(上下左右前後)를 뜻하고 태허(太虛) 즉 우주(宇宙)를 뜻한다. 여기서 대성괘(大成卦)를 하나의 변동(變動)하는 우주(宇宙)로 삼고 있음을 간파(看破)할 수 있다. 그래서 대성괘(大成卦)의 육효(六爻)가 변동(變動)-불거(不居)-주류(周流)함이다. 이를 무시하고 대성괘(大成卦)를 관상(觀象)-완사(玩辭)-관변(觀變)-완점(玩占)할 수 없다. 대성괘(大成卦) 육효(六爻)의 누천(屢遷)이란 효(爻)마다 아래에서[下] 위로[上] 변동(變動)-불거(不居)-주류(周流)함을 뜻함을 명심(銘心)해야 한다. 이처럼 대성괘(大成卦)의 육효(六爻)도 하(下)에서 상(上)으로 변동(變動)-불거(不居)-주류(周流)하면서 즉 변이화(變而化)하다가 상효(上爻)가 되면 변화(變化)가 다하여[窮] 갈 것[往者]이 되고, 초효(初爻)는 둘째 자리[位]로 누천(屢遷)하고, 초효(初爻)의 위(位)에는 새것[來]의 효(爻)가 등장함이 변화(變化)의 '화(化)'이다. 하나의 대성괘(大成卦)도 육허(六虛)를 주류(周流)하는 신물(神物)이요 우주(宇宙)이다. 그래서 매효(每爻)의 주류(周流)는 온갖 사물(事物)에 미치는 역(易)을 살피고[觀] 새겨[玩] 점(占)쳐 지변(知變)하여 지래(知來)하게 하는 통어(通語)가 된다.

403. 매효(每爻)의 무상(无常)

上下无常이라. '대성괘(大成卦)의 매효(每爻)에는 위[上] 아래에[下] 상주함이[常] 없다[无].'

이는 대성괘(大成卦)에서 상하무상(上下无常)의 '상(常)'은 항구(恒久)-불변

(不變)을 뜻해 '상하무불천(上下無不遷)'임을 나타내고 있다. 이는 곧 대성괘(大成卦)에는 불천(不遷)-부동(不動)-불변(不變)하는 효(爻)란 없음[無]을 통해 역지위도(易之爲道)가 무상(无常)함을 밝히고 있다. 상하무상(上下无常)의 '상하(上下)'는 대성괘(大成卦)의 상괘(上卦)인 외괘(外卦)와 하괘(下卦)인 내괘(內卦)를 나타낸다. 물론 대성괘(大成卦) 매효(每爻) 즉 여섯 개 효(爻)의 자리[位]가 변동(變動)-불거(不居)하는 '누천(屢遷)의 위(位)'이지 '상주(常住)하는 자리[位]'가 아님을 '상하무상(上下无常)'이라고 밝힌 것이다. 이를 무시하고 대성괘(大成卦)를 관상(觀象)-완사(玩辭)-관변(觀變)-완점(玩占)할 수 없다. 대성괘(大成卦) 매효(每爻)의 누천(屢遷)이란 효(爻)마다 아래에서[下] 위로[上] 변동(變動)-불거(不居)-무상(无常)함을 뜻하는 것이다. 이처럼 대성괘(大成卦)의 육효(六爻)도 하(下)에서 상(上)으로 변동(變動)-불거(不居)-무상(无常)하면서 즉 변이화(變而化)하다가 상효(上爻)가 되면 변화(變化)가 다하여[窮] 갈 것[往者]이 되고, 초효(初爻)는 둘째 자리[位]로 누천(屢遷)하고, 초효(初爻)의 위(位)에는 새것[來者]의 효(爻)가 등장(登場)함이 '화(化)'이다. 하나의 대성괘(大成卦)가 곧 육허(六虛)로서 무상(无常)하는 신물(神物)인 것이다. 그래서 매효(每爻)의 무상(无常)은 온갖 사물(事物)에 미치는 역(易)을 살피고[觀] 새겨[玩] 점(占)쳐 지변(知變)하여 지래(知來)하게 하는 통어(通語)가 된다.

404. 매효(每爻)의 상역(相易)

剛柔相易이라. '대성괘(大成卦)의 매효(每爻)에는 굳셈과[剛] 부드러움이[柔] 서로[相] 바뀐다[易].'
강 유 상 역

이는 대성괘(大成卦)의 매효(每爻) 즉 여섯 개의 효(爻)가 서로[相] 바뀜[易]을 밝힌 것이다. 강유상역(剛柔相易)의 '강(剛)'은 양효(陽爻)의 이칭(異稱)

549

이고, '유(柔)'는 음효(陰爻)의 이칭(異稱)이다. 물론 강유상역(剛柔相易)은 일음일양(一陰一陽)-생생(生生)을 풀이하고 있는 셈이다. 강유상역(剛柔相易)의 '강유(剛柔)'는 『주역(周易)』 「설괘전(說卦傳)」에 다음과 같이 풀이되어[紬繹] 있다. '석자성인지작역야(昔者聖人之作易也) 장이순성명지리(將以順性命之理) 시이립천지도왈음여양(是以立天之道曰陰與陽) 입지지도왈유여강(立地之道曰柔與剛) 입인지도왈인여의(立人之道曰仁與義) 겸삼재이양지(兼三才而兩之)' 천도(天道)를 정립(定立)하여 성립(成立)함이 음과[陰與] 양(陽)이고, 지도(地道)를 정립(定立)하여 성립(成立)함이 유와[柔與] 강(剛)이며, 인도(人道)를 정립(定立)하여 성립(成立)함이 인과[仁與] 의(義)임을 상기(想起)한다면, 역지위도(易之爲道)의 누천(屢遷)-변동(變動)-불거(不居)-주류(周流)-무상(无常)은 강유상역(剛柔相易)-음양상역(陰陽相易)-인의상역(仁義相易)을 살펴[觀] 새기고[玩] 헤아려[擬] 가늠하게[斷] 하는 것이다. 음양(陰陽)이 둘[二]이되 따로 있을 수 없고, 강유(剛柔)가 둘[二]이되 따로 있을 수 없으며, 인의(仁義)가 둘[二]이되 따로 있을 수 없음이 곧 '상역(相易)'임을 또한 살펴[觀] 새기고[玩] 헤아려[擬] 가늠하게[斷] 한다. 물론 매효(每爻)가 변동(變動)-불거(不居)-주류(周流)-무상(无常)하다 함이 곧 '상역(相易)'이다. 이를 무시하고 대성괘(大成卦)를 관상(觀象)-완사(玩辭)-관변(觀變)-완점(玩占)할 수 없다. 그래서 매효(每爻)의 상역(相易)은 온갖 사물(事物)에 미치는 역(易)을 살피고[觀] 새겨[玩] 점(占)쳐 지변(知變)하여 지래(知來)하게 하는 통어(通語)가 된다.

註 석자성인지작역야(昔者聖人之作易也) 장이순성명지리(將以順性命之理) 시이립천지도왈음여양(是以立天之道曰陰與陽) 입지지도왈유여강(立地之道曰柔與剛) 입인지도왈인여의(立人之道曰仁與義) 겸삼재이양지(兼三才而兩之) 고(故) 역육획이성괘(易六劃而成卦) 분음분양(分陰分陽) 질용유강(迭用柔剛) 고(故) 역륙위이성장(易六位而成章) '옛날[昔者] 성인이[聖人之] 역을[易] 지은 것[作]이란[也] 장차[將] 역(易)을 이용하여[以] 성명의[性命之] 이치를[理] 순응함이었다[順]. 이[是]로써[以] 천도를[天之道] 세워[立] 음과[陰與] 양이라[陽] 하였고[曰], 지도를[地之道] 세워[立] 유와[柔與] 강이라[剛] 하였고[曰], 인도를[人之道] 세워[立] 인과[仁與] 의라[義] 하였다[曰]. 천지인을[三才] 겸해서[兼而] 그것을[之] 곱하였다[兩]. 그러므로[故] 역은

[易] 획을[劃] 여섯으로 해서[六而] 괘를[卦] 이루었고[成], 음효로[陰] 나누고[分] 양효로[陽] 나누어[分] 유와[柔] 강을[剛] 서로[迭] 썼다[用]. 그러므로[故] 자리를 [位] 여섯으로 해서[六而] 문리를[章] 이루었다[成].'

405. 매효(每爻)와 전요(典要)

不可爲典要라. '대성괘(大成卦)의 매효(每爻)는 법칙의[典] 모음이[要] 될
불 가 위 전 요
[爲] 수 없다[不可].'

'전요(典要)'는 '전상요회(典常要會)'의 줄임말로, 정준(定準) 즉 정(定)해진 준칙(準則)들의 모음[要]을 뜻한다. 여기서 전요(典要)의 '전(典)'은 정법(定法)과 통하고, '요(要)'는 '모을 회(會)'와 같아 전집(全集)을 뜻하는 셈이다. 말하자면 역(易)의 64괘(卦)의 괘효상(卦爻象)과 괘효사(卦爻辭)는 '전요(典要)'가 아니라는 것이다. 역(易)의 도(道)란 정해진 준칙(準則)의 도(道)일 수 없음을 밝힌 것이 '불가위전요(不可爲典要)'이다. 역(易)의 도(道)란 정(定)해진 도(道)가 아니며 정법(定法)의 도(道)도 아니다. 나아가 대성괘(大成卦)에서 '한 효(爻)의 상(象)과 사(辭)'로써 대성괘(大成卦) 전체를 살필[觀] 수도 새길[玩] 수도 없기 때문에 '효불가위전요(爻不可爲典要)'인 것이다. 역지도(易之道)란 누천(屢遷)의 도(道)이며, 변동(變動)의 도(道)이며, 불거(不居)의 도(道)이고, 주류(周流)의 도(道)이며, 무상(無常)의 도(道)이고, 음양(陰陽)이 상역(相易)하는 도(道)일 뿐이다. 역(易)에는 전상(典常)의 요회(要會)란 없고 오로지 누천(屢遷)의 생생(生生)일 뿐이다. 왜냐하면 전요(典要)의 '전(典)'이란 '비생생(非生生)'이기 때문이다. 육허(六虛) 즉 이 우주(宇宙)에 '생생(生生)이 아닌 것[非]'이란 없음을 일러 '무상(無常)'이라고 한다. 그래서 매효(每爻)와 전요(典要)는 온갖 사물(事物)에 미치는 역(易)을 살피고[觀] 새겨[玩] 점(占)쳐 지변(知變)하여 지래(知來)하게 하는 통어(通語)가 된다.

406. 매효(每爻)의 유변소적(唯變所適)

唯變所適이라. '대성괘(大成卦)의 매효(每爻)는 오로지[唯] 마땅해지는[適] 바의[所] 변함이다[變].'

역지도(易之道)를 살펴[觀] 새기게[玩] 하는 효(爻)란 '전요(典要)'가 아니라 '유변소적(唯變所適)' 즉 '오로지[唯] 마땅해지는[適] 바의[所] 변함[變]'일 뿐임을 밝히고 있다. 역(易)의 64괘(卦)에는 '정해진 준칙(準則)의 전(典)'이란 결코 있을 수 없음[不可]을 '유변(唯變)'이 증거(證據)하고 있다. 여기서 왜 괘효(卦爻)의 상(象)을 꼴[像]이 아니라 짓[象]으로 관상(觀象)하고, 괘효(卦爻)의 사(辭)를 논란(論難)의 진술(陳述)이 아니라 직언(直言)의 사구(辭句)로 완사(玩辭)해야 하는 까닭을 간파(看破)할 수 있다. 이렇기 때문에 유변소적(唯變所適)이 『논어(論語)』「자한(子罕)」에 나오는 '열이불역(說而不繹) 종이불개(從而不改) 오미여지하야이의(吾未如之何也已矣)'를 상기(想起)시킨다. 역지도(易之道)는 유변(唯變)을 다스리고[理]-유변(唯變)을 가르쳐 주고[敎]-유변(唯變)으로 이끌어 주고[導]-유변(唯變)의 방도[方]를 밝히고-유변(唯變)을 말할[言] 뿐이지 변함[變]을 정리(定理)-정의(定義)하여 진술(陳述)하지 않음을 유변소적(唯變所適)이 밝히고 있는 것이다. 그러므로 유변소적(唯變所適)의 '유변(唯變)'은 역지도(易之道)의 누천(屢遷) 즉 변동(變動)-불거(不居)-주류(周流)-무상(无常)-상역(相易) 등을 포괄(包括)하고 있다. 그래서 매효(每爻)의 유변소적(唯變所適)은 온갖 사물(事物)에 미치는 역(易)을 살피고[觀] 새겨[玩] 점(占)쳐 지변(知變)하여 지래(知來)하게 하는 통어(通語)가 된다.

註 열이불역(說而不繹) 종이불개(從而不改) 오미여지하야이의(吾未如之何也已矣) '즐기기만 하고서[說而] 새 뜻을 찾지 않고[不繹], 좇기만 하고서[從而] 고치지 않는다면[不改], 나도[吾] 어쩌지[如之何] 못하는 것[未]일[也] 뿐이다[已矣].' '오(吾)'는 '공자(孔子)'이다.

407. 대성괘(大成卦)의 도(度)

其出入以度라. '대성괘(大成卦)는 그[其] 나감과[出] 듦을[入] 이용하여[以] 누천(屢遷)을 꾀한다[度].'
기 출 입 이 도

하나의 대성괘(大成卦)에서 매효(每爻)가 어떻게 '누천(屢遷)-변동(變動)-불거(不居)-주류(周流)-무상(无常)' 등을 꾀하는지[度] '이기출입(以其出入)'을 들어 밝히고 있다. 대성괘(大成卦)에서 내괘(內卦)로 말미암아서[由而] 외괘(外卦)는 출괘(出卦)가 된다[爲]. 나가는[出] 한 효(爻)가 외괘(外卦)의 상효(上爻)이다. 그리고 대성괘(大成卦)에서 외괘(外卦)로 말미암아서[由而] 내괘(內卦)는 입괘(入卦)가 된다[爲]. 들어오는[入] 한 효(爻)가 내괘(內卦)의 초효(初爻)인 것이다. 상효(上爻)가 나가고[出] 초효(初爻)가 들어와[入] 나머지 네[四] 효(爻)들도 하위(下位)에서 상위(上位)로 따라서 옮겨 간다[遷]. 이를 대성괘(大成卦) 여섯[六] 효(爻)들의 누천(屢遷)이라 하고, 그 누천(屢遷)을 풀이해 주는[紬繹] '변동(變動)-불거(不居)-주류(周流)-무상(无常)' 등을 기출입이도(其出入以度)의 '도(度)' 즉 '꾀한다[度]'라고 밝힌 셈이다. 이처럼 대성괘(大成卦)에서 효(爻)와 효(爻)가 상관(相關)함을 일러 '중(中)-정(正)-응(應)-비(比)'라 하는데, 이는 곧 매효(每爻)가 서로[相] 나고[出] 듦[入]을 밝힘이다. 효(爻)가 출입(出入)을 꾀함[度]은 난천(亂遷) 즉 혼란한[亂] 옮김[遷]이 아니고 하(下)에 상(上)으로 순차(順次)로 늘 언제나[屢] 옮겨[遷] 변동(變動)하며 불거(不居)하고 주류(周流)하며 무상(无常)하기 때문에 '기출입이도(其出入以度)'라고 밝힌 것이다. 그래서 대성괘(大成卦)의 도(度)는 온갖 사물(事物)에 미치는 역(易)을 살피고[觀] 새겨[玩] 점(占)쳐 지변(知變)하여 지래(知來)하게 하는 통어(通語)가 된다.

408. 대성괘(大成卦)의 지구(知懼)

外內使知懼라. '대성괘(大成卦)는 외괘와[外] 내괘[內]로써 사람들로 하
외 내 사 지 구
여금[使] 두려움을[懼] 알게 한다[知].'

하나의 대성괘(大成卦)에서 매효(每爻)가 왜 '누천(屢遷)-변동(變動)-불거
(不居)-주류(周流)-무상(无常)' 등을 꾀하는[度] 것인지 그 까닭을 살펴[觀] 새
기고[玩] 헤아려[擬] 가늠하게[斷] 한다. 외내사지구(外內使知懼)에서 '외내(外
內)'는 '외괘여내괘(外卦與內卦)'를 뜻하고, 나아가 '출입(出入)'을 말한다. 외
출내입(外出內入)을 줄인 말씀으로 완의(玩擬)하여 의단(議斷)하면 된다. 물
론 외출내입(外出內入)이라는 대성괘(大成卦) 여섯[六] 효(爻)들이 짓는[象之]
'누천(屢遷)' 즉 '변동(變動)-불거(不居)-주류(周流)-무상(无常)'을 견색(見賾)하
게 하는 신물(神物)임을 밝히고 있는 것이다. 말하자면 다가오는[來] 매사
(每事)도 누천(屢遷)함을 대성괘(大成卦)의 매효(每爻)들이 깨우쳐 주는 것이
다. 대성괘(大成卦)의 '내외(內外)' 즉 '매효(每爻)의 누천(屢遷)'을 이용한다[以]
면 매사(每事)가 누천(屢遷)함을 어떻게 깨우친다는 것인가? 그 해답이 곧
외내사지구(外內使知懼)의 '지구(知懼) 즉 두려움[懼]을 알게[知] 함'이다. 그
래서 '외내사지구(外內使知懼)'가 『논어(論語)』「술이(述而)」에 나오는 '필야임
사이구(必也臨事而懼) 호모이성사자야(好謀而成事者也)'를 상기(想起)시킨다.
여기서 지구(知懼)의 '구(懼)'는 조심하려고[戒] 두려워함[懼]이고 삼가려는
[愼] 두려워함[懼]이지 무서워함[恐]이 아니다. 변화(變化)를 정성스럽게 순
응(順應)해 감이 계신(戒愼)의 구(懼)에서 비롯된다. 대성괘(大成卦) 외내(外內)
의 누천(屢遷)을 지성(至誠)으로 관상(觀象)한다면 지구(知懼)하게 되어 지변
(知變)할 수 있고, 따라서 지래(知來)하게 되는 것이다. 그래서 지구(知懼)함
은 곧 '이정(利貞)'으로 이어진다. 두려워함[懼]을 안다[知]면 복문(卜問)하여
지래(知來)하게 된다. 미래(未來)를 묻는 마음이란 곧고[直] 바른[正] 심지(心

志)여야 한다. 이렇기 때문에 복문(卜問) 즉 다가옴[卜]을 묻는[問] 마음 가기[志]를 일러 '정(貞)'이라 한다. 그래서 대성괘(大成卦)의 지구(知懼)는 온갖 사물(事物)에 미치는 역(易)을 살피고[觀] 새겨[玩] 점(占)쳐 지변(知變)하여 지래(知來)하게 하는 통어(通語)가 된다.

註 포호풍하(暴虎馮河) 사이무회자(死而無悔者) 오불여야(吾不與也) 필야임사이구(必也臨事而懼) 호모이성사자야(好謀而成事者也) '맨손으로 범을 치고[暴虎], 말을 탄 채로 강을 건너고[馮河], 죽어도[死而] 뉘우침이[悔] 없는[無] 사람과[者] 나는[吾] 함께 하지 않는 것[不與]이다[也]. 내가 함께할 자(者)는 반드시[必也] 일을[事] 마주하면[臨而] 두려워하고[懼], 잘[好] 다루어서[謀而] 일을 이루어 내는[成] 사람[者]이다[也].'

409. 대성괘(大成卦)의 명(明)

又明於憂患與故라. '대성괘(大成卦)는 또[又] 일[故]에[於] 미칠[與] 우환
우 명 어 우 환 여 고
(憂患)을 분변하게 한다[明].'

대성괘(大成卦)의 내외괘(內外卦)가 외출내입(外出內入)하는 누천(屢遷) 즉 '변동(變動)-불거(不居)-주류(周流)-무상(无常)'을 관상(觀象)하여 여섯[六] 효(爻)들의 '정(正)-중(中)-응(應)-비(比)'의 상관(相關)을 지성(至誠)으로 관완(觀玩)-의단(擬斷)하게 된다면, 일[故]에 미칠[與] 우환(憂患) 즉 우려(憂慮)와 환란(患亂)을 밝힐[明] 수 있음을 밝히고 있다. 역(易)이 지구(知懼)하게 함은 일[事]을 겁내 피하라 함이 아니라 임사(臨事) 즉 일[事]을 마주할[臨] 때는 만용(蠻勇)을 부리지 말라 함이다. 포호풍하(暴虎馮河)하는 멸구(蔑懼) 즉 두려움[懼]을 업신여기는[蔑] 만용(蠻勇)을 부린다면 '우환여고(憂患與故)'를 명변(明辨)하지 못한다. 그러면 지변(知變)할 수 없다. 지변(知變)할 수 없다면 지래(知來)할 수 없다. 왜 역(易)은 우리로 하여금 지구(知懼)하게 하여 우환여고(憂患與故)를 명변(明辨)하게 하는가? 우리로 하여금 지변(知變)하게 하

여 지래(知來)하게 하기 위함이다. 마주하는[臨] 일[事]의 변화(變化)를 안다[知]면 그 일의 앞[前]을 예견(豫見)할 수 있다. 그러면 우환여고(憂患與故) 즉 일[故]에 미칠[與] 우환(憂患)의 흉(凶)을 미리 밝혀[明] 방환(防患)의 방도(方道)를 찾아낼 수 있음이다. 이를 지변(知變)하여 지래(知來)하는 명변(明辨)이라고 한다. 그래서 대성괘(大成卦)의 명(明)은 온갖 사물(事物)에 미치는 역(易)을 살피고[觀] 새겨[玩] 점(占)쳐 지변(知變)하여 지래(知來)하게 하는 통어(通語)가 된다.

410. 대성괘(大成卦)와 여임부모(如臨父母)

无有師保 如臨父母라. '대성괘(大成卦)에는 스승의[師] 보살핌이[保] 있지[有] 않고[无] 대성괘(大成卦)는 어버이를[父母] 뵙는 것과[臨] 같다[如].'

대성괘(大成卦)의 역지위도(易之爲道)를 절실하고 절절하게 밝히고 있다. 왜냐하면 중부괘(中孚卦) 구이(九二)의 효사(爻辭) '명학재음(鳴鶴在陰) 기자화지(其子和之)'를 환기(喚起)시켜 주기 때문이다. 역지도(易之道)의 '도(道)'란 '여임부모(如臨父母)'와 같은 다스림[理]이고 가르침[敎]이며, 이끌어 줌[導]이고 방도이고[方]이고, 말씀[言]이라는 것이다. 역지도(易之道)란 '유사보(有師保)'로 견색(見賾)되는 것이 아니라 '여임부모(如臨父母)' 같아야 '찾아지는[見] 깊고 그윽한 것[賾]'임을 '무유사보(无有師保) 여임부모(如臨父母)'가 밝히고 있다. 대성괘(大成卦)가 효(爻)들의 외출내입(外出內入)으로써[以] 지구(知懼)하게 하고 명변(明辨)하게 함은 사보(師保) 즉 스승의[師] 보살핌[保]으로는 만족되지 않는다. 임부모(臨父母) 같아야[如] 즉 부모를 뵙는 것[臨]과 같아야 지변(知變)하여 지래(知來)할 수 있게 하는 것이 곧 역(易)의 도(道)이다. '임부모(臨父母)'라는 것을 거듭거듭 천착(穿鑿)하게 한다. 이는 이

역(以易) 즉 역(易)을 활용함[以]이란 괘효상(卦爻象)을 살펴[觀] 새기고[玩] 헤아려[擬] 따져[議] 가늠하여[斷] 터득되는 '지변(知變)-지래(知來)'가 성심(誠心)을 떠나서는 이루어지지 못함이다. 이는 곧 스승[師]을 뵙[臨]듯이 관상(觀象)-완사(玩辭)-관변(觀變)-완점(玩占)하지 말라 함이다. 괘효상(卦爻象)을 살피고[觀] 괘효사(卦爻辭)를 새기고[玩], 대성괘(大成卦) 외내(外內)의 누천(屢遷) 즉 변함[變]을 살펴[觀] 복문하기[占]를 어버이[父母]를 뵙[臨]듯이 지성(至誠)으로 다하라 함이다. 그래서 대성괘(大成卦)의 여임부모(如臨父母)는 온갖 사물(事物)에 미치는 역(易)을 살피고[觀] 새겨[玩] 점(占)쳐 지변(知變)하여 지래(知來)하게 하는 통어(通語)가 된다.

411. 솔사(率辭)와 규방(揆方)

初率其辭而揆其方이라. '처음[初] 괘효(卦爻)의[其] 말씀을[辭] 좇아서[率而] 괘효(卦爻)의[其] 방도를[方] 헤아린다[揆].'

솔기사(率其辭)의 '솔(率)'은 스스로 새김질하여[玩] 괘효사(卦爻辭)를 스스로 순(循)-효(效)-종(從)하라 함이다. 그러나 괘효사(卦爻辭)만을 솔(率)하라는 것은 아니다. 왜냐하면 괘효상(卦爻象)을 헤아리면서[揆] 괘효(卦爻)의 말씀[辭]을 좇아[循]-본받고[效]-따라야[從] 하기 때문이다. 괘효상(卦爻象)을 헤아리면서[揆] 괘효사(卦爻辭)를 솔(率)하는 방도(方道)를 스스로 새김할 수 있음이 솔기사(率其辭)의 '솔(率)'이 뜻해 주는 것이다. 그렇기 때문에 관상(觀象)을 떠나서 완사(玩辭)하지 말라 함이 곧 '규기방(揆其方)'이다. 규기방(揆其方)의 '기방(其方)' 즉 '괘효(卦爻)의 방도(方道)'란 대성괘(大成卦)를 이루는 여섯[六] 효(爻)들의 누천(屢遷)을 상기(想起)한다면 그 방도(方道)를 스스로 헤아려[揆] 스스로 마땅하게 가늠해[斷] 볼 수 있다. 대성괘(大成卦)에

557

서 매효(每爻)들의 누천(屢遷) 즉 '여섯 효(爻)들이 늘 언제나[屢] 옮겨 감[遷]'
을 헤아린다[揆]면 곧 대성괘(大成卦)의 상(象)을 살피는[觀] 방도(方道)가 되
어 주는 '중(中)-정(正)-응(應)-비(比)'를 따라서 스스로 가늠해 볼[斷] 수 있
는 것이다. 그러므로 괘효사(卦爻辭)를 완사(玩辭)할 때는 반드시 괘효상(卦
爻象)을 관상(觀象)하면서 성인(聖人)의 말씀[辭]인 괘효사(卦爻辭)를 좇아[循]-
본받고[效]-따라야[從] 한다. 그래서 솔사(率辭)와 규방(揆方)은 온갖 사물(事
物)에 미치는 역(易)을 살피고[觀] 새겨[玩] 점(占)쳐 지변(知變)하여 지래(知
來)하게 하는 통어(通語)가 된다.

412. 전상(典常)의 유(有)

既有典常이라. '관상(觀象)하여 완사(玩辭)하는 사람은 그 사이에[既] 법의
[典] 일정함을[常] 취한다[有].'

괘효상(卦爻象)을 헤아리면서[揆] 괘효사(卦爻辭)를 스스로 '좇아 본받고
따라가다[率]' 보면 스스로 효사(爻辭)와 효상(爻象)을 상관(相關)시켜 '유전
상(有典常)' 즉 '전상(典常)을 취하게[有] 된다는 것'이다. 전상(典常)이란 상전
(常典) 즉 상법(常法)이다. 비록 역(易)이 천변만화(千變萬化)의 생생(生生)인지
라 전요(典要) 즉 정법집(定法集)일 수는 없어도 완사(玩辭)함으로써 매사(每
事)의 시(始)와 종(終)은 '유변(唯變)' 즉 오로지[唯] 변(變)함임을 알아차릴 수
있다. 효상(爻象)을 관상(觀象)하고 효사(爻辭)를 완사(玩辭)하게 되면 그 효
상(爻象)과 효사(爻辭)에서 '변소적(變所適)' 즉 '마땅한[所適] 변함[變]'을 살펴
[觀] 새길[玩] 수 있게 함이 '전상(典常)'이다. '전상(典常)'이란 대성괘(大成卦)
에서 여섯 효(爻)들이 상관(相關)하여 짓는[象] 누천(屢遷)-변동(變動)-불거
(不居)-주류(周流)-무상(无常)'을 뜻한다고 여기면 된다. 대성괘(大成卦)에서

'한 효상(爻象)과 효사(爻辭)'만으로는 대성괘(大成卦) 전체를 살필[觀] 수도 새길[玩] 수도 없다. 다만 매효(每爻)에서 유변소적(唯變所適)의 누천(屢遷)을 스스로 살펴[觀] 새김하게[玩] 함이 '전상(典常)'이다. 그러므로 대성괘(大成卦)의 매효(每爻)를 지성(至誠)으로 관상(觀象)하여 그 짓[象]을 헤아리고[揆], 매효(每爻)를 지성(至誠)으로 완사(玩辭)하여 그 말씀[辭]을 좇아-본받고-따른다[率]면, 누구나 저마다 나름대로 그 효(爻)에서 변화(變化)의 전상(典常)을 취하여[有] 스스로 지변(知變)하여 지래(知來)할 수 있는 '지변화지도자(知變化之道者)'가 될 수 있는 것이다. 그래서 전상(典常)의 유(有)는 온갖 사물(事物)에 미치는 역(易)을 살피고[觀] 새겨[玩] 점(占)쳐 지변(知變)하여 지래(知來)하게 하는 통어(通語)가 된다.

413. 역(易)의 불허행(不虛行)

  苟非其人 道不虛行이라. '진실로[苟] 이미 전상(典常)을 취한[其] 사
  구 비 기 인   도 불 허 행
람이[人] 아니라도[非] 그에게 역(易)의 도는[道] 헛되이[虛] 되지 않는다[不行]'.

  '구비기인(苟非其人)'은 지성(至誠)으로 관상(觀象)하고 완사(玩辭)하지 않아 효상(爻象)을 살피고[觀] 효사(爻辭)를 새겨 볼[玩]지라도 전상(典常)을 취하지 못하는 사람의 경우를 말한다. 대성괘(大成卦)에서 매효(每爻)가 유변소적(唯變所適) 즉 '오로지[唯] 마땅해지는[適] 바의[所] 변함[變]'이라고 함은 누천(屢遷)의 전상(典常)을 말하고, 그 전상(典常)을 대성괘(大成卦)의 매효(每爻)가 은닉(隱匿)하고 있기 때문에 효(爻)의 상(象)과 사(辭)를 견색(見賾)의 '색(賾)'으로 여기고 지성(至誠)으로 살피고[觀] 새겨야[玩] 매효(每爻)가 은닉(隱匿)하고 있는 '전상(典常)의 유변소적(唯變所適)'을 찾아낼[見] 수 있는 것

이다. 그윽하고[幽] 깊숙한[深] 것[賾]은 어떤 정식(定式)이나 정형(定型)을 갖지도 않아 좀처럼 드러나지[顯] 않는 법이다. 그렇기 때문에 『중용(中庸)』에 '치곡(致曲) 곡능유성(曲能有誠)'[1] 이라는 말씀이 나온다. 매효(每爻)가 짓는[象之] 누천(屢遷)은 치곡(致曲)하지 않고서는 견색(見賾)되지 않는다. 그러므로 구비기인(苟非其人)의 '비(非)'란 효상(爻象)과 효사(爻辭)를 치곡(致曲)하여 견색(見賾)하지 않는 사람을 뜻한다. 도불허행(道不虛行)은 효상(爻象)을 살피고서도[觀] 그 상(象)이 숨기고 있는 색(賾)을 찾지[見] 못하고, 효사(爻辭)를 새기면서도[玩] 그 말씀[辭]이 숨기고 있는 색(賾)을 좇지[循] 못하고 본받지[效] 못해 따르지[從] 못하는 사람에게도 역(易)은 행(行)해지고 있음을 말하는 것이다. 역(易)이란 자연[天地]에 두루 미치는 도(道)인 동시에 만물(萬物)에 두루 통하는 '덕(德)'이기 때문이다. 그렇기 때문에 '도불허행(道不虛行)의 도(道)'는 『중용(中庸)』이 밝히고 있는 '도야자불가수유이야(道也者不可須臾離也)[2]의 도(道)'를 환기(喚起)시킨다. 중용지도(中庸之道)가 불가이(不可離)의 도(道)인 것은 중용(中庸)의 도(道) 역시 역지도(易之道)를 따르기 때문이다. 따라서 역지도(易之道)야말로 한 순간[須臾]도 떠날 수 없는[不可離] 도(道)이고 덕(德)인 것이다. 비록 지성(至誠)으로 관상(觀象)하여 완사(玩辭)하지 않아 '불유전상(不有典常)' 즉 '전상(典常)을 취하지 못한[不有]' 사람에게도 역지도(易之道)는 그에게 헛되지 않는 이치[理]이고 가르침[敎]이며, 이끌어 감[導]이고 방책[方]이며, 말씀[言]인 것이다. 왜냐하면 역지도(易之道)야말로 누구든 인간으로 하여금[使] 지변화지도자(知變化之道者)가 되게하는 신물(神物)이기 때문이다. 그래서 역(易)의 불허행(不虛行)은 온갖 사물(事物)에 미치는 역(易)을 살피고[觀] 새겨[玩] 점(占)쳐 지변(知變)하여 지래(知來)하게 하는 통어(通語)가 된다.

註 1. 치곡(致曲) 곡능유성(曲能有誠) '미세한 것에[曲] 이르게 한다[致]. 미세한 것에도[曲] 정성이[誠] 있다[有].' '곡(曲)'은 여기선 세소(細小)한 개개(箇箇)의 사물(事物)을 뜻하고, '성(誠)'은 '천지도(天之道)'를 한 자(字)로 밝힘이며 정성(精誠)의 줄임말이고, 정성(精誠)을 다하라 함은 사천(事天)-순명(順命)하라 함이다. 하늘을[天] 받들고[事] 천명을[命] 따른다[順].

註 2. **도야자불가수유리야(道也者不可須臾離也)** '도(道)라는[也] 것은[者] 잠시라도[須臾] 떨어질 수 없는 것[不可離]이다[也].'

414. 원시(原始)와 요종(要終)

原始要終이라. '시초를[始] 살펴[原] 마침을[終] 살핀다[要].'
_{원 시 요 종}

성인(聖人)이 작역(作易)한 까닭의 본질(本質)이 '원시요종(原始要終)'으로 밝혀진 것이다. 원시요종(原始要終)은 대성괘(大成卦) 매효(每爻)의 '누천(屢遷)'을 주역(紬繹)해 주고 있다. 그리고 원시요종(原始要終)은 원시반종(原始反終)과 같은 말씀이다. 원시요종(原始要終)-원시반종(原始反終)이란 격물(格物)하여 치지(致知)하는 요체(要諦)이다. 무엇을 살펴 생각하고 헤아려 터득해 깨치자면 원찰시초(原察始初) 즉 그 무엇의 시초(始初)를 지극하게 살펴야 하고, 그 살핌을 돌이켜 요종(要終) 즉 그 끝[終]을 고찰(考察)하여 추리(推理)하라 함이다. 그렇게 하지 않고서는 사물(事物)을 격물(格物)할 수 없다. 어떤 것[物]이든 남김 없이 탐구해야[格] 치지(致知) 즉 지극한 앎[知]에 이를[致] 수 있음을 '원시요종(原始要終)'이 밝히고 있다. 특히 원시요종(原始要終)은 대성괘(大成卦) 매효(每爻)의 '누천(屢遷)'을 관상(觀象)-완사(玩辭)-관변(觀變)-완점(玩占)해 가는 상도(常道)이다. 원시요종(原始要終)은 대성괘(大成卦) 매효(每爻)가 은닉(隱匿)한 누천(屢遷)-변동(變動)-불거(不居)-주류(周流)-무상(無常) 등의 이치(理)를 생각하게 하고, 그 가르침[敎]을 생각하게 하며, 그 이끌어 줌[導]을 생각하게 하고, 그 방도(方道)를 생각하게 하며, 그 말씀[言]을 생각하게 하기 때문이다. 그래서 원시(原始)와 요종(要終)은 온갖 사물(事物)에 미치는 역(易)을 살피고[觀] 새겨[玩] 점(占)쳐 지변(知變)하여 지

래(知來)하게 하는 통어(通語)가 된다.

415. 육효(六爻)의 상잡(相雜)

六爻相雜唯其時物也라. '여섯[六] 효가[爻] 서로[相] 섞임은[雜] 오
로지[唯] 그[其] 때의[時] 일[物]이다[也].'

육효(六爻)의 누천(屢遷)이 지닌 본질(本質)을 육효(六爻)가 '상잡(相雜)하
는 당시(當時)의 일[物]에서 누천(屢遷)의 시초(始初)를 살피고[原], 그 살핌[原]
을 추리(推理)하여, 그로 말미암을 끝[終] 즉 종국(終局)을 살펴[要] 지변(知變)
하여 지래(知來)할 수 있음을 밝혀 주고 있다. 육효상잡(六爻相雜)의 '상잡(相
雜)'은 육효(六爻)가 한 자리에 멈춰있지 않고 '늘 언제나[屢] 변천해 감[遷]'
을 살펴 새기고 헤아려 가늠하게 한다. 육효상잡(六爻相雜)의 '상잡(相雜)'이
란 하나의 대성괘(大成卦) 안에서 육효(六爻)가 '중(中)-정(正)-응(應)-비(比)'
로써 쉼 없이 상관(相關)되고 있음을 뜻한다. 그러므로 늘 육효(六爻)의 상
관(相關)과 더불어 괘효(卦爻)의 상(象)을 살피고[觀] 사(辭)를 새겨[玩] 원시(原
始)하고 요종(要終)해야 지래(知來)하여 지변(知變)할 수 있는 것이다. 그래서
육효(六爻)의 상잡(相雜)은 온갖 사물(事物)에 미치는 역(易)을 살피고[觀] 새
겨[玩] 점(占)쳐 지변(知變)하여 지래(知來)하게 하는 통어(通語)가 된다.

416. 시물지초(時物之初)의 난지(難知)

其初難知라. '그[其] 처음은[初] 알기[知] 어렵다[難].'

이는 원시요종(原始要終)의 '원시(原始)'를 주역(紬繹)하고 있다. 기초난지

(其初難知)에서 '기초(其初)'는 '시물지초(時物之初)'를 줄임이다. 시물(時物)은 시사(時事)이다. 시사(時事)란 때에 일어나는[時] 일[事]이다. 이러한 시물지초(時物之初)는 『대학(大學)』에 나오는 '물유본말(物有本末) 사유종시(事有終始) 지소선후(知所先後) 즉근도의(則近道矣)'^註를 상기(想起)시킨다. 대성괘(大成卦)로 말한다면 시물지초(時物之初)는 주로 초효(初爻)의 상잡(相雜)을 뜻하게 된다. 초효(初爻)가 짓는[象] 상잡(相雜)은 시물(時物)의 초(初)이기 때문에 난지(難知) 즉 알기[知] 어렵다[難]. '상잡(相雜)의 초(初)'란 '창왕이찰래(彰往而察來)'의 '내(來)'를 뜻하는 까닭이다. 초효(初爻)의 상잡(相雜)이란 올 것[來者]이기 때문에 은밀(隱密)하고 세미(細微)하여 알아내기[知] 어렵다[難]. 그렇기 때문에 원시(原始) 즉 처음[始]을 살핌[原]이란 난지(難知)로 통(通)한다. 그래서 시물지초(時物之初)의 난지(難知)는 온갖 사물(事物)에 미치는 역(易)을 살피고[觀] 새겨[玩] 점(占)쳐 지변(知變)하여 지래(知來)하게 하는 통어(通語)가 된다.

註 물유본말(物有本末) 사유종시(事有終始) 지소선후(知所先後) 즉근도의(則近道矣) '일에는[物] 근본과[本] 말단이[末] 있고[有], 일에는[事] 끝과[終] 처음이[始] 있다[有]. 먼저 하고[先] 뒤에 할[後] 바를[所] 안다면[知] 곧[則] 도에[道] 가까운 것[近]이다[矣].' 일[事物]이란 통변(通變)의 처음[始]을 근본[本]으로 삼고 끝[終]을 말단(末)으로 삼는다. 시종(始終)-본말(本末)-선후(先後)-변화(變化)-생사(生死)-왕래(往來) 등등은 역(易)을 밝힘이다.

417. 시물지상(時物之上)의 이지(易知)

其上易知라. '그[其] 위는[初] 알기[知] 어렵다[難].'
　기 상 이 지
이는 원시요종(原始要終)의 '요종(要終)'을 주역(紬繹)하고 있다. 기상이지(其上易知)에서 '기상(其上)'은 '시물지상(時物之上)'을 줄임이다. 시물지상(時物之上) 역시 『대학(大學)』에 나오는 '물유본말(物有本末) 사유종시(事有終始) 지소선후(知所先後) 즉근도의(則近道矣)'를 상기(想起)시킨다. 대성괘(大成卦)로 말한다면 시물지상(時物之上)은 주로 상효(上爻)의 상잡(相雜)을 뜻하게 된다. 상효(上爻)가 짓는[象] 상잡(相雜)은 시물(時物)의 종(終)이기 때문에 이지(易知) 즉 알기[知] 쉽다[易]. '상잡(相雜)의 상(上) 즉 종(終)'이란 '창왕이찰래(彰往而察來)'의 '왕(往)'을 뜻하는 까닭이다. 상효(上爻)의 상잡(相雜)이란 갈 것[往者]이므로 드러나기[彰] 때문에 알아내기[知] 쉽다[易]. 그렇기 때문에 요종(要終) 즉 끝[終]을 살핌[要]이란 이지(易知)로 통(通)한다. 그래서 시물지상(時物之上)의 이지(易知)는 온갖 사물(事物)에 미치는 역(易)을 살피고[觀] 새겨[玩] 점(占)쳐 지변(知變)하여 지래(知來)하게 하는 통어(通語)가 된다.

418. 초효(初爻)의 완사(玩辭)

初辭擬之라. '처음에는[初] 괘효(卦爻)의 말씀[辭] 그것을[之] 헤아린다[擬].'
<small>초 사 의 지</small>

이는 대성괘(大成卦)에서 육효(六爻)가 상잡(相雜)하는 누천(屢遷)의 상(象) 즉 짓[象]을 살피자면 초효(初爻)의 사(辭)를 초의(初擬) 즉 먼저[初] 살펴 헤아려야[擬] 함을 나타낸다. 대성괘(大成卦)에서 초효(初爻)는 상잡(相雜)하는 누천(屢遷)의 시작(始作)이므로 초효(爻)의 효사(爻辭)는 곧 '원시지사(原始之辭)' 즉 '시초를[始] 지극하게 살펴야 하는[原之] 말씀[辭]'이다. 그리고 초효(初爻)의 효사(爻辭)는 찰래(察來) 즉 다가올 것[來]을 살피게[原] 하는 말씀[辭]이기 때문에 헤아려[擬] 알기[知]가 어려움[難]을 깨닫고 있어야 초효(初爻)의 말씀[玩辭]을 지성(至誠)으로 새겨[玩] 헤아릴[擬] 수 있는 것이다. 그래서 초효(初爻)의 완사(玩辭)는 온갖 사물(事物)에 미치는 역(易)을 살피고[觀] 새겨[玩] 점(占)쳐 지변(知變)하여 지래(知來)하게 하는 통어(通語)가 된다.

419. 상효(上爻)의 완사(玩辭)

　　卒成之終이라. '마침내[卒] 그[之] 종결을[終] 완성한다[成].'
　　졸 성 지 종

　이는 대성괘(大成卦)에서 육효(六爻)가 상잡(相雜)하는 누천(屢遷)의 상(象) 즉 짓[象]을 살펴 마감하자면 상효(上爻)의 사(辭)를 졸의(卒擬) 즉 끝으로[卒] 살펴 헤아림[擬]을 마무리해야[終] 함을 나타낸다. 대성괘(大成卦)에서 상효(上爻)는 상잡(相雜)하는 누천(屢遷)의 종말(終末)이므로 상효(上爻)의 효사(爻辭)는 곧 '요종지사(要終之辭)' 즉 '끝냄[終]을 지극하게 살펴야 할[要之] 말씀[辭]'이다. 그리고 상효(上爻)의 효사(爻辭)는 창왕(彰往) 즉 갈 것[往]을 드러내는[彰] 말씀[辭]이기 때문에 헤아려[擬] 알기[知]가 쉽다는 것[易]이다. 그러나 상효(上爻)의 말씀[辭]을 지성(至誠)으로 반종(反終) 즉 끝내기[終]를 돌이켜 되짚어야[反] 이역(以易)하여 지래(知來)할 수 있는 것이다. 그래서 상효(上爻)의 완사(玩辭)는 온갖 사물(事物)에 미치는 역(易)을 살피고[觀] 새겨[玩] 점(占)쳐 지변(知變)하여 지래(知來)하게 하는 통어(通語)가 된다.

420. 대성괘(大成卦)의 잡물(雜物)

　　大成卦雜物이라. '대성괘(大成卦)는 물건을[物] 펼친다[雜].'
　　대 성 괘 잡 물

　'잡물(雜物)함'이란 '물(物)을 펼침[雜]'이다. '잡물(雜物)함'이란 '각진물건(各陳物件)' 즉 물건(物件)을 여러 가지로[各] 펼침[陳]이다. 대성괘(大成卦)가 물건(物件)을 여러 가지로[各] 펼친다[陳]고 할 때의 그 물건(物件)이란 육효(六爻)를 뜻해 '잡물(雜物)'은 곧 '잡신물(雜神物)'을 뜻하게 된다. 왜냐하면 대성괘(大成卦)를 이루는 육효(六爻)는 신물(神物) 즉 변화하게 하는[神] 누

565

천(屢遷)의 물건(物件)이기 때문이다. 그러므로 '부대성괘잡물(夫大成卦雜物)'
이란 '대성괘사인잡물이육효(大成卦使人雜物以六爻)'로 이어지는 것이다. 무
릇 대성괘(大成卦)는 잡물(雜物)하여 그 대성괘(大成卦)를 관상(觀象)하여 완
사(玩辭)하는 사람으로[人] 하여금[使] 육효(六爻)를 이용해[以] 온갖 일[物]을
펼쳐 보게[雜] 하는 것이다. 대성괘(大成卦)가 잡물(雜物)하여 관상(觀象)하고
완사(玩辭)하는 사람으로 하여금 잡물(雜物)하게 함은 대성괘(大成卦)를 이
루는 육효(六爻)를 모두 이용하게 하는 것이다. 즉 육효(六爻)의 상관(相關)
을 따라 괘효(卦爻)의 상(象)을 살피고[觀], 괘효(卦爻)의 사(辭)를 새겨[玩] 온
갖 사건(事件)을 펼칠[雜] 수 있는 것이다. 그래서 대성괘(大成卦)의 잡물(雜
物)은 온갖 사물(事物)에 미치는 역(易)을 살피고[觀] 새겨[玩] 점(占)쳐 지변
(知變)하여 지래(知來)하게 하는 통어(通語)가 된다.

421. 대성괘(大成卦)의 찬덕(撰德)

大成卦撰德이라. '대성괘는[大成卦] 덕을[德] 헤아려 갖춘다[撰].'
대성괘(大成卦)는 찬덕(撰德)한다. '찬덕(撰德)함'이란 덕(德)을 헤아려 갖
추게 함[撰]'이다. '찬덕(撰德)함'이란 '수강유지덕(數剛柔之德)' 즉 강유의[剛
柔之] 덕(德)을 헤아림[數]이다. 대성괘(大成卦)가 덕(德)을 갖춘다[撰]고 할 때
의 그 찬덕(撰德)이란 육효(六爻)의 누천(屢遷)을 본받게[效] 됨을 뜻한다. 왜
냐하면 대성괘(大成卦)를 이루는 육효(六爻)는 신물(神物) 즉 변화하게 하는
[神] 누천(屢遷)의 물건(物件)이기 때문에 덕(德)을 짓게도[撰] 하고 갖추게도
[撰] 하며, 헤아리게도[撰] 하기 때문이다. 그러므로 '대성괘찬덕(大成卦撰
德)'이란 '대성괘사인찬덕이육효(大成卦使人撰德以六爻)'로 이어지는 것이다.
무릇 대성괘(大成卦)는 찬덕(撰德)하여 그 대성괘(大成卦)를 관상(觀象)하여 완

사(玩辭)하는 사람으로[人] 하여금[使] 특히 중효(中爻)들을 이용하여[以] 덕(德)을 찬하게 하는 것이다. 그래서 대성괘(大成卦)의 찬덕(撰德)은 온갖 사물(事物)에 미치는 역(易)을 살피고[觀] 새겨[玩] 점(占)쳐 지변(知變)하여 지래(知來)하게 하는 통어(通語)가 된다.

422. 대성괘(大成卦)의 변시비(辨是非)

大成卦辨是與非라. '대성괘는[大成卦] 시와[是與] 비를[非] 분변한다[辨].'

'변시여비(辨是與非)함'이란 '시(是)와[與] 비(非)를 변별함[辨]'이다. 이는 '옳음[是]과[與] 그름을[非] 가려냄[辨]'이다. 대성괘(大成卦)가 시(是)와 비(非)를 가린다[辨]고 할 때의 그 시여비(是與非)란 육효(六爻)의 누천(屢遷)을 본받게[效] 됨을 뜻한다. 왜냐하면 대성괘(大成卦)를 이루는 육효(六爻)는 신물(神物) 즉 변화하게 하는[神] 누천(屢遷)의 물건(物件)이므로 시(是)와 비(非)를 변별(辨別)하게 하기 때문이다. 그러므로 '대성괘변시여비(大成卦辨是與非)'란 '대성괘사인변시여비이육효(大成卦使人辨是與非以六爻)'로 이어지는 것이다. 무릇 대성괘(大成卦)는 변시여비(辨是與非)하여 그 대성괘(大成卦)를 관상(觀象)하여 완사(玩辭)하는 사람으로[人] 하여금[使] 중효(中爻)를 이용하여[以] 시(是)와[與] 비(非)를 변별하게[辨] 하는 것이다. 그래서 대성괘(大成卦)의 변시비(辨是非)는 온갖 사물(事物)에 미치는 역(易)을 살피고[觀] 새겨[玩] 점(占)쳐 지변(知變)하여 지래(知來)하게 하는 통어(通語)가 된다.

423. 이여사(二與四)의 동공(同功)-이위(異位)

二與四同功而異位라. '둘째 효[二]와[與] 넷째 효는[四] 음위(陰位)의 일을[功] 같이하지만[同而] 원근(遠近)의 자리를[位] 달리한다[異].'

이여사동공이이위(二與四同功而異位)'의 '이여사(二與四)'는 대성괘(大成卦)의 중효(中爻)로 두 음효(陰爻)를 말한다. '동공(同功)의 공(功)'은 이효(二爻)-사효(四爻)의 일[事]을 말한다. 이효(二爻)-사효(四爻)는 음효(陰爻)로서 짓는[象] 생생지사(生生之事)가 곧 동공(同功)의 '공(功)'이다. 그 '일[功]이 같다[同]'라고 함은 이효(二爻)-사효(四爻)가 다 중효(中爻)의 음효(陰爻)이기 때문이다. 음효(陰爻)의 공(功)이란 유(柔)의 생생(生生)이요 의(義)를 위주(爲主)로 하는 생생(生生)이다. 왜냐하면 음기(陰氣)의 공(功)은 의롭되[義] 유한[柔] 생생(生生) 즉 변화(變化)의 일[事]이기 때문이다. 그러나 이효(二爻)-사효(四爻)의 일[功]이 다 같이 유(柔)-의(義)하되 이효(二爻)가 하는 일[功]의 유(柔)-의(義)와 사효(四爻)가 하는 일[功]의 유(柔)-의(義)는 같지 않다. 이효(二爻)와 사효(四爻)가 대성괘(大成卦)에서 서로 다른[異] 자리[位]에 있는 중효(中爻)이기 때문이다. '이위(異位)의 이(異)'는 대성괘(大成卦)의 중효(中爻)로서 아래로부터 둘째 자리[二位]와 넷째 자리[四位]이기 때문에 '자리[位]를 달리한다[異]'라고 한 것이다. 이 때문에 '이여사이위(二與四異位)' 즉 이효(二爻)와[與] 사효(四爻)가 자리[位]를 달리한다[異]고 밝힌 것이다. 그래서 이여사(二與四)의 동공(同功)-이위(異位)는 온갖 사물(事物)에 미치는 역(易)을 살피고[觀] 새겨[玩] 점(占)쳐 지변(知變)하여 지래(知來)하게 하는 통어(通語)가 된다.

㊟ 이여사동공이이위(二與四同功而異位)에서 '이여사(二與四)'는 대성괘(大成卦)의 중효(中爻)로서 이효(二爻)와 사효(四爻)를 말하고, 이는 곧 음효(陰爻)의 중효(中爻)들을 밝힘이지 육효(六爻) 즉 대성괘(大成卦) 여섯[六] 효(爻)의 자리[位]를 나타내는 둘째 넷째의 효(爻)를 말하는 것은 아니다. 대성괘(大成卦)에서 중효(中爻)는 이

효(二爻)-삼효(三爻)-사효(四爻)-오효(五爻)로 나타내고, 그 이삼사오(二三四五)의 수(數)에서 짝수 즉 우수(偶數)인 '이(二)-사(四)'는 음효(陰爻)의 중효(中爻)임을 말하고 홀수 즉 기수(奇數)인 '삼(三)-오(五)'는 양효(陽爻)의 중효(中爻)임을 말한다. 그래서 대성괘(大成卦)에서 여섯 효(爻)의 자리(位)로 말할 때는 혼동(混同)하지 않기 위하여 둘째 효(二爻)가 음효(陰爻)이면 육이(六二)로, 양효(陽爻)이면 구이(九二)라 하여 효(爻)의 순위(順位)를 표시하게 된다. 음양(陰陽)을 수로 표기할 때는 '육(六)'을 음수(陰數)로 하고, '구(九)'를 양수(陽數)로 친다.

424. 이여사(二與四)의 기선부동(其善不同)

二與四之善不同이라. '이효와[二與] 사효의[四之] 선은[善] 같지 않다[不動].'
<small>이 여 사 지 선 부 동</small>

이는 대성괘(大成卦)에서 이효(二爻)-사효(四爻)가 음효(陰爻)로서 이위(異位)의 중효(中爻)이기 때문에 저마다 생생(生生)의 공(功)이 상이(相異) 즉 서로[相] 다름[異]을 밝힌 것이다. 여기서 '기선(其善)의 선(善)'이란 '일음일양지위도(一陰一陽之謂道) 계지자선(繼之者善)'을 상기(想起)하면 된다. 그러면 대성괘(大成卦)에서 중효(中爻)로서 이효(二爻)가 일음일양(一陰一陽)의 도(道)를 잇는[繼] 일[功]과, 중효(中爻)로서 사효(四爻)가 일음일양(一陰一陽)의 도(道)를 잇는[繼] 일[功]이 '부동(不同)'함을 헤아려[擬] 가늠할[斷] 수 있다. 효지선(爻之善) 즉 효(爻)의 선(善)이란 일음일양(一陰一陽)의 도(道) 즉 역지도(易之道)를 계승(繼承)함을 뜻한다는 것을 늘 명심(銘心)해야 한다. 물론 효(爻)의 불선(不善)이란 없다. 역(易)의 도(道) 즉 일음일양(一陰一陽)의 도(道)를 이어감[繼]이 곧 생생(生生)인 까닭이며, 생생(生生)하지 않는 효(爻)란 없기 때문이다. 그러므로 효(爻)의 불선(不善)이란 없다. 다만 대성괘(大成卦)의 중효(中爻)들은 초효(初爻)와 상효(上爻)와의 원근(遠近)에 따라 역지도(易之道)의 계승(繼承)이 성쇠(盛衰)하므로 중효(中爻)들의 자리[位]에 따라 '선(善)함'

이 같지 않다[不同]. 이를 일러 '기선부동(其善不同)'이라고 밝힌 것이다. 그래서 이여사(二與四)의 기선부동(其善不同)은 온갖 사물(事物)에 미치는 역(易)을 살피고[觀] 새겨[玩] 점(占)쳐 지변(知變)하여 지래(知來)하게 하는 통어(通語)가 된다.

425. 유지위도(柔之爲道)와 원자(遠者)

柔之爲道不利遠者라. '부드러움[柔]이[之] 도가[道] 됨은[爲] 먼[遠] 것을[者] 이롭게 못 한다[不利].'
_{유지위도불리원자}

이는 음효(陰爻)로서 중효(中爻)의 도(道)를 밝히고 있다. 유지위도(柔之爲道)는 여기서 '음지위도(陰之爲道)'로 새겨도 된다.『주역(周易)』「설괘전(說卦傳)」에 나오는 '시이입천지도왈음여양(是以立天之道曰陰與陽) 입지지도왈유여강(立地之道曰柔與剛) 입인지도왈인여의(立人之道曰仁與義)'를 상기(想起)한다면, 유지위도(柔之爲道)의 '유(柔)'가 '유여강(柔與剛)의 유(柔)'로 가늠할 수 있고, 따라서 '음여양(陰與陽)의 음(陰)과 인여의(仁與義)의 의(義)'로 새겨 헤아릴 수 있는 까닭이고, 나아가 '음취기정(陰取其靜)의 유(柔)'로 새길 수 있기 때문이다. 음기(陰氣)가 고요[靜]를 취함[取]을 일러 '유(柔)'라고 한다. 그러므로 부드러움[柔]이 도(道)가 된다[爲]는 것은 유(柔)로써 성명(性命)의 이치[理]를 순종(順從)함을 밝히는 것이다. 그런데 유지위도(柔之爲道)가 불리원자(不利遠者)라고 함은 유지위도(柔之爲道)의 '유(柔)'가 '이근자(利近者)'임을 헤아려 가늠하게 하는 것이다. 음효(陰爻)의 선공(善功)이 먼 것[遠者]에는 불리(不利)할지라도 가까운 것[近者]에는 이롭다[利]는 것을 '불리원자(不利遠者)'가 새겨 헤아리고 가늠하게 하기 때문이다. 부드러움[柔]이란 인자(仁慈)하고 온화(溫和)하며, 평안(平安)하고 유연(柔軟)하며, 친밀(親密)함에서

비롯한다. 이렇기 때문에 유지위도(柔之爲道)를 '이근자(利近者)'이나 '불리
원자(不利遠者)'라고 밝힌 것이다. 그래서 유지위도(柔之爲道)와 원자(遠者)는
온갖 사물(事物)에 미치는 역(易)을 살피고[觀] 새겨[玩] 점(占)쳐 지변(知變)
하여 지래(知來)하게 하는 통어(通語)가 된다.

426. 유지위도(柔之爲道)와 유중(柔中)

柔之爲道要无咎라. '유지위도(柔之爲道)가 무구(无咎)를 바란다[要].'
유지위도(柔之爲道)는 무구(无咎)하다는 것이다. 허물을 탓하지 않음이
무구(无咎)이고, 재앙(災殃)을 없앰이 무구(无咎)이며, 우환(憂患)을 없앰이 무
구(无咎)이고, 책망(責望)하지 않음이 또한 무구(无咎)이다. 왜 유지위도(柔之
爲道)는 무구(无咎)함을 바라는 것[要]인가? 그 해답이 곧 '기용유중(其用柔
中)'이다. 유지위도(柔之爲道)가 '유중(柔中)을 쓰기[用]' 때문에 무구(无咎)함
을 바라는 것[要]이다. 기용유중(其用柔中)의 '유중(柔中)'은 '중심화명(中心和
明)' 즉 '속마음[中心]이 어울려[和] 밝음[明]'이다. 속마음[中心]이 화명(和明)
하다 함은 무자기(无自欺) 즉 자신[自]을 속임[欺]이 없음[無]이다. 그래서 유
중(柔中)은 충신(忠信)과 통하는 것이다. 여기서 '이다예(二多譽)의 예(譽)'와
'사다구(四多懼)의 구(懼)'를 새기고 헤아려 가늠할 수 있게 된다. '유중(柔
中)의 공(功)'이라면 예찬(譽讚)할 일[功]이고, '유중(柔中)의 공(功)'이 아니라
면 공구(恐懼)할 일[功]이다. 여기서 유지위도(柔之爲道) 즉 음효지위도(陰爻之
爲道)가 '용유중(用柔中)'으로써 밝혀진다. 유(柔) 즉 음효(陰爻)가 도(道)가 됨
[爲]은 유중(柔中)의 용(用)에 있음을 알 수 있게 되는 것이다. 그래서 유지
위도(柔之爲道)와 유중(柔中)은 온갖 사물(事物)에 미치는 역(易)을 살피고[觀]
새겨[玩] 점(占)쳐 지변(知變)하여 지래(知來)하게 하는 통어(通語)가 된다.

427. 삼여오(三與五)의 동공(同功)-이위(異位)

三與五同功而異位라. '셋째 효[三]와[與] 다섯째 효는[五] (양위(陽位)
의) 일을[功] 같이하지만[同而] 원근(遠近)의 자리를[位] 달리한다[異].'

삼여오동공이이위(三與五同功而異位)의 '삼여오(三與五)'는 대성괘(大成卦)의 중효(中爻)로 두 양효(陽爻)를 말한다. '동공(同功)의 공(功)'은 삼효(三爻)-오효(五爻)의 일[事]을 말한다. 삼효(三爻)-오효(五爻)는 양효(陽爻)로서 짓는[象] 생생지사(生生之事)가 곧 동공(同功)의 '공(功)'이다. 그 '일[功]이 같다[同]'라고 함은 다 중효(中爻)의 양효(陽爻)이기 때문이다. 양효(陽爻)의 공(功)이란 강(剛)의 생생(生生)이요 인(仁)을 위주(爲主)로 하는 생생(生生)이다. 왜냐하면 양기(陽氣)의 공(功)은 어질되[仁] 강한[剛] 생생(生生) 즉 변화(變化)의 일[事]이기 때문이다. 그러나 삼효(三爻)-오효(五爻)의 일[功]이 다 같이 강(剛)-인(仁)하되 삼효(三爻)가 하는 일[功]의 강(剛)-인(仁)과 오효(五爻)가 하는 일[功]의 강(剛)-인(仁)은 같지 않다. 삼효(三爻)와 오효(五爻)가 대성괘(大成卦)에서 서로 다른[異] 자리[位]에 있는 중효(中爻)이기 때문이다. '이위(異位)의 이(異)'는 대성괘(大成卦)의 중효(中爻)로서 아래로부터 셋째 자리[三位]와 다섯째 자리[五位]이기 때문에 '자리[位]를 달리한다[異]'라고 한 것이다. 그래서 삼여오(三與五)의 동공(同功)-이위(異位)는 온갖 사물(事物)에 미치는 역(易)을 살피고[觀] 새겨[玩] 점(占)쳐 지변(知變)하여 지래(知來)하게 하는 통어(通語)가 된다.

428. 삼다흉(三多凶)과 오다공(五多功)

三多凶五多功이라. '셋째 효에는[三] 흉함이[凶] 많고[多] 다섯째 효

에는[五] 보람이[功] 많다[多].'

 '삼다흉(三多凶)'은 삼효(三爻)가 하는 일[功] 즉 생생(生生)의 짓[象]에는 길(吉)함이 적음(少)을 나타내고, '오다공(五多功)'은 오효(五爻)가 하는 생생(生生)의 짓[象]에는 흉(凶)함이 소(少)함을 나타낸다. 다흉(多凶)이란 공효(功效) 즉 일한[功] 끝[終]이 흉(凶)함이 많음[多]이고, 다공(多功)이란 끝[終]이 길(吉)함이 많음[多]이다. 이러한 까닭은 삼효(三爻)와 오효(五爻)가 대성괘(大成卦)에서 중효(中爻)로서 처(處)한 자리[位] 때문이다. 대성괘(大成卦)에서 중효(中爻)로서 삼효(三爻)의 위(位)는 비록 양효(陽爻)의 자리[位]이지만, 하괘(下卦)에서 상괘(上卦)로 누천(屢遷)해야 하기 때문에 강(剛)해야 함에도 이효(二爻)-사효(四爻) 음효(陰爻)의 틈바구니여서 강(剛)해지기 어려운 자리[位]가 삼효(三爻)의 위(位)이다. 양효(陽爻)의 일[功]이 강건(剛健)치 못하고 나약(懦弱)해지면 매사(每事)의 통변(通變)이 궁색(窮塞)해진다. 어떤 일[功]이든 궁색(窮塞)해지면 그것은 흉(凶)하기 때문에 '삼다흉(三多凶)이라고 밝힌 것이다. 대성괘(大成卦)에서 중효(中爻)로서 오효(五爻)의 위(位)는 양효(陽爻)의 자리[位]이면서, 상괘(上卦)의 중효(中爻)로 하괘(下卦)의 중효(中爻)인 이효(二爻)와 중정(中正)의 사이를 이루어 비록 상효(上爻)와 비(比) 즉 이웃하고[比] 있지만 오효(五爻)의 위(位)는 생생(生生)의 짓[象]을 강건(剛健)히 마무리할 수 있어 매사(每事)의 통변(通變)이 활발한 자리[位]이다. 어떤 일[功]에서든 통변(通變)이 활발(活潑)하면 그것은 길(吉)하기 때문에 '오다공(五多功)'이라고 밝힌 것이다. 그래서 삼다흉(三多凶)과 오다공(五多功)은 온갖 사물(事物)에 미치는 역(易)을 살피고[觀] 새겨[玩] 점(占)쳐 지변(知變)하여 지래(知來)하게 하는 통어(通語)가 된다.

429. 귀천(貴賤)의 등(等)

貴賤之等이라. '귀함과[貴] 천함[賤]의[之] 등분이다[等].'
이는 효위(爻位) 즉 효(爻)의 자리[位]에 따라 귀(貴)-천(賤)의 등분(等分)이 있음이지 대성괘(大成卦)에서 귀(貴)한 효(爻)가 있고 천(賤)한 효(爻)가 있다는 것은 아니다. 여기서 '귀(貴)'는 '길(吉)함'이고, '천(賤)'은 '흉(凶)함'을 뜻한다고 여겨도 된다. 말하자면 중효(中爻)로서 오효(五爻)의 자리[位]는 '귀(貴)'하고, 삼효(三爻)의 위(位)는 '천(賤)'하다고 하는 것은 오효(五爻)의 위(位)는 '다공(多功)의 자리'이고, 삼효(三爻)의 위(位)는 '다흉(多凶)의 자리'인 까닭이다. 오효(五爻)가 누리는 중정(中正)의 위(位)는 귀(貴)한 등분(等分)의 자리이고, 삼효(三爻)가 처한 궁색(窮塞)한 위(位)는 천(賤)한 등분(等分)의 자리[位]이다. 이처럼 누천(屢遷)하는 중효(中爻)들은 그 자리[位]에 따라 귀천(貴賤)의 등분(等分)이 뒤따라 누천(屢遷) 즉 늘 언제나[屢] 옮겨지는[遷] 생생(生生)의 공(功)이 길흉(吉凶)을 달리한다[異]. '귀천지등(貴賤之等)'은 대성괘(大成卦)에서 중효(中爻)로서 삼효(三爻)와 오효(五爻)의 위(位)가 육효(六爻)의 상관(相關) 즉 중(中)-정(正)-응(應)-비(比) 등을 살펴 효위(爻位)에 따라 등분(等分)이 있음을 풀이한[紬繹] 것이다. 그래서 귀천(貴賤)의 등(等)은 온갖 사물(事物)에 미치는 역(易)을 살피고[觀] 새겨[玩] 점(占)쳐 지변(知變)하여 지래(知來)하게 하는 통어(通語)가 된다.

430. 역서(易書)의 실비(悉備)

易之爲書也廣大悉備라. '역(易)이[之] 괘효로[書] 만들어짐[爲]은[也] 넓고[廣] 커서[大] 모두 다[悉] 갖추었다[備].'

'역지위서(易之爲書)'는 역(易)이[之] 육효(六爻)로 기재(記載)된[爲書] 64괘(卦)의 괘효상(卦爻象)과 괘효사(卦爻辭)를 밝히고 있는 것이다. 그래서 「설괘전(說卦傳)」이 '역륙획이성괘(易六畫而成卦) 분음분양(分陰分陽) 질용유강(迭用柔剛) 고(故) 역륙위이성장(易六位而成章)'이라고 밝히고 있다. 그 '서(書)'가 넓고[廣] 커서[大] 모두 다 갖춘다[悉備]라고 함은 대성괘(大成卦)를 이루는 육효(六爻)가 역(易)의 일음일양(一陰一陽)-생생(生生)을 관상(觀象)하게 하고 완사(玩辭)하게 하며 관변(觀變)하게 하여 완점(玩占)하게 남김없이 다하기 때문이다. 말하자면 대성괘(大成卦)의 육효(六爻)가 '신지소위(神之所爲)' 즉 자연(天地)이 변화(變化)하게 하는 짓[神]이 하는[爲] 바[所]를 살피게[觀] 하고 새기게[玩] 하고 헤아리게[擬] 하고 따져 보게[議] 하여 가늠하게[斷] 대성괘(大成卦)는 광대(廣大)하게 실비(悉備)하는 '서(書)'인 것이다. 그래서 역서(易書)의 실비(悉備)는 온갖 사물(事物)에 미치는 역(易)을 살피고[觀] 새겨[玩] 점(占)쳐 지변(知變)하여 지래(知來)하게 하는 통어(通語)가 된다.

註 역륙획이성괘(易六畫而成卦) 분음분양(分陰分陽) 질용유강(迭用柔剛) 고(故) 역륙위이성장(易六位而成章) '역은[易] 여섯[六] 획이 그어져서[畫而] 괘를[卦] 이루며[成], 음효와[陰] 양효로[陽] 나뉘어[分] 부드러움과[柔] 굳셈을[剛] 갈마들어[迭] 쓴다[用]. 그러므로[故] 역은[易] 여섯[六] 자리가 되어서[位而] 문리를[章] 이룬다[成].' 육위이성장(六位而成章)에서 성장(成章)의 '장(章)'은 '문리(文理)' 즉 '나타냄의[文] 이치[理]'를 뜻한다.

431. 역서(易書)와 천도(天道)

有天道焉이라. '역서(易書)에는[焉] 하늘의[天] 도가[道] 있다[有].'
유 천 도 언
대성괘(大成卦)의 육효(六爻)마다 천도(天道)가 있음을 말한다. 천도(天道)는 「설괘전(說卦傳)」에 나오는 '석자성인지작역야(昔者聖人之作易也) 장이순성

575

명지리(將以順性命之理) 시이립천지도(是以立天之道) 왈음여양(曰陰與陽)'❋을 상기(想起)한다면 저마다 새겨 헤아릴 수 있다. 육효(六爻)에는 모두 천도(天道)가 있음[有]이다. 이는 양효(陽爻)는 양기(陽氣)로서의 변화(變化)만을 짓[象]하고, 음효(陰爻)는 음기(陰氣)로서의 변화(變化)만을 짓[象]하는 것이 아님을 뜻한다. 효상(爻象) 즉 효(爻)의 짓[象]이란 곧 일음일양(一陰一陽)의 상잡(相雜)이기 때문이다. 그러므로 음효(陰爻)이든 양효(陽爻)이든 천도(天道)의 이치[理]-천도(天道)의 가르침[敎]-천도(天道)의 이끎[導]-천도(天道)의 방편[方]-천도(天道)의 말씀[言] 등을 본받아[法] 변화(變化)를 짓[象]한다. 그래서 역서(易書)와 천도(天道)는 온갖 사물(事物)에 미치는 역(易)을 살피고[觀] 새겨[玩] 점(占)쳐 지변(知變)하여 지래(知來)하게 하는 통어(通語)가 된다.

註 석자성인지작역야(昔者聖人之作易也) 장이순성명지리(將以順性命之理) 시이립천지도(是以立天之道) 왈음여양(曰陰與陽) '옛날에[昔者] 성인이[聖人之] 역을[易] 지은 것[作]은[也] 역(易)으로써[以] 장차[將] 성명의[性命之] 이치를[理] 따름이었다[順]. 이렇기[是] 때문에[以] 하늘의[天之] 도를[道] 세워[立] 음과[陰與] 양이라[陽] 했다[曰].'

432. 역서(易書)와 지도(地道)

有地道焉이라. '역서(易書)에는[焉] 땅의[地] 도가[道] 있다[有].'
유 지 도 언

대성괘(大成卦)의 육효(六爻)마다 지도(地道)가 있음을 말한다. 지도(地道)는 「설괘전(說卦傳)」에 나오는 '석자성인지작역야(昔者聖人之作易也) 장이순성명지리(將以順性命之理) 시이립천지도왈음여양(是以立天之道曰陰與陽) 입지지도왈유여강(立地之道曰柔與剛)'❋을 상기(想起)한다면 저마다 새겨 헤아릴 수 있다. 대성괘(大成卦)를 이루는 육효(六爻)에는 모두 지도(地道)가 있다[有]. 이는 양효(陽爻)는 강(剛)으로서의 변화(變化)만을 짓[象]하고, 음효(陰爻)는 유(柔)로서의 변화(變化)만을 짓[象]하는 것이 아님을 뜻한다. 효상(爻象) 즉 효(爻)의 짓[象]이란 곧 일음일양(一陰一陽)의 상잡(相雜)이기 때문이다. 그러므로 음효(陰爻)이든 양효(陽爻)이든 지도(地道)의 이치[理]-지도(地道)의 가르침[敎]-지도(地道)의 이끎[導]-지도(地道)의 방편[方]-지도(地道)의 말씀[言] 등을 본받아[法] 변화(變化)를 짓[象]한다. 그래서 역서(易書)와 지도(地道)는 온갖 사물(事物)에 미치는 역(易)을 살피고[觀] 새겨[玩] 점(占)쳐 지변(知變)하여 지래(知來)하게 하는 통어(通語)가 된다.

註 석자성인지작역야(昔者聖人之作易也) 장이순성명지리(將以順性命之理) 시이립천지도왈음여양(是以立天之道曰陰與陽) 입지지도왈유여강(立地之道曰柔與剛) '옛날[昔者] 성인(聖人)께서[之] 역을[易] 지은 것[作]은[也] 장차[將] 역(易)을 이용하여[以] 성명의[性命之] 이치를[理] 따르게 함이다[順]. 이렇기[是] 때문에[以] 하늘의[天之] 도를[道] 세워[立] 음과[陰與] 양이라[陽] 했고[曰], 땅의[地之] 도를[道] 세워[立] 유와[柔與] 강이라[剛] 했다[曰].'

433. 역서(易書)와 인도(人道)

有人道焉이라. '역서(易書)에는[焉] 사람의[人] 도가[道] 있다[有].'
유 인 도 언

대성괘(大成卦)의 육효(六爻)마다 인도(人道)가 있음을 말한다. 인도(人道)는 「설괘전(說卦傳)」에 나오는 '석자성인지작역야(昔者聖人之作易也) 장이순성명지리(將以順性命之理) 시이립천지도왈음여양(是以立天之道曰陰與陽) 입지지도왈유여강(立地之道曰柔與剛) 입인지도왈인여의(立人之道曰仁與義)'를 상기(想起)한다면 저마다 새겨 헤아릴 수 있다. 대성괘(大成卦)를 이루는 육효(六爻)에는 모두 인도(人道)가 있다[有]. 이는 양효(陽爻)는 인(仁)으로서의 변화(變化)만을 짓[象]하고, 음효(陰爻)는 의(義)로서의 변화(變化)만을 짓[象]하는 것이 아님을 뜻한다. 효상(爻象) 즉 효(爻)의 짓[象]이란 곧 일음일양(一陰一陽)의 상잡(相

雜)이기 때문이다. 그러므로 음효(陰爻)이든 양효(陽爻)이든 인도(人道)의 이치[理]-인도(人道)의 가르침[敎]-인도(人道)의 이끎[導]-인도(人道)의 방편[方]-인도(人道)의 말씀[言] 등을 본받아[法] 변화(變化)를 짓[象]한다. 그래서 역서(易書)와 인도(人道)는 온갖 사물(事物)에 미치는 역(易)을 살피고[觀] 새겨[玩] 점(占)쳐 지변(知變)하여 지래(知來)하게 하는 통어(通語)가 된다.

註 석자성인지작역야(昔者聖人之作易也) 장이순성명지리(將以順性命之理) 시이립천지도왈음여양(是以立天之道曰陰與陽) 입지지도왈유여강(立地之道曰柔與剛) 입인지도왈인여의(立人之道曰仁與義) '옛날[昔者] 성인(聖人)께서[之] 역을[易] 지은 것[作]은[也] 장차[將] 역(易)을 이용하여[以] 성명의[性命之] 이치를[理] 따르게 함이다[順]. 이렇기[是] 때문에[以] 하늘의[天之] 도를[道] 세워[立] 음과[陰與] 양이라[陽] 했고[曰], 땅의[地之] 도를[道] 세워[立] 유와[柔與] 강이라[剛] 했고[曰], 사람의[人之] 도를[道] 세워[立] 인과[仁與] 의라[義] 했다[曰].'

434. 역서(易書)와 삼재(三才)

兼三才而兩之라. '대성괘(大成卦)는 삼재를(三才)를 겸했으며[兼], 그리고[而] 그 삼재를[之] 곱했다[兩].'

이는 성인(聖人)이 대성괘(大成卦) 하나를 어떻게 만든 것[作]인지 밝히고 있다. 겸삼재(兼三才)의 '겸(兼)'은 대성괘(大成卦)의 매효(每爻)에 삼재(三才) 즉 천도(天道)-지도(地道)-인도(人道)가 따로따로 나뉘어 있는 것[有]이 아니라 효(爻)마다에 삼재(三才)의 도(道)가 있음[有]을 뜻한다. 나아가 그 삼재(三才)를 '양지(兩之)함'이란 소성괘(小成卦) 둘[二]을 이용하여[以] 대성괘(大成卦) 하나[一]를 지었음[作]을 뜻한다. 그렇기 때문에 대성괘(大成卦)에서 육효(六爻)가 중(中)-정(正)-응(應)-비(比)로 상관(相關)하면서 누천(屢遷)한다. 그리고 '육효(六爻)의 누천(屢遷)'은 삼재(三才)를 겸(兼)하고서 늘 언제나[屢] 자리[位]를 옮겨 감[遷]을 뜻한다. 그러므로 효상(爻象)을 살피고[觀] 효사(爻

辭)를 새겨[玩] 관변(觀變)하고 완점(玩占)할 때 삼재(三才)의 이치[理]-가르침[敎]-이끎[導]-방편[方]-말씀[言] 등을 떠나서 육효(六爻)로써[以] 길(吉)-흉(凶)을 헤아려[擬] 가늠할[斷] 수 없는 것이다. 그래서 역서(易書)와 삼재(三才)는 온갖 사물(事物)에 미치는 역(易)을 살피고[觀] 새겨[玩] 점(占)쳐 지변(知變)하여 지래(知來)하게 하는 통어(通語)가 된다.

435. 육효(六爻)의 삼재지도(三才之道)

六者非他也 三才之道也라. '대성괘(大成卦)의 육효라는[六] 것은[者]
  육 자 비 타 야   삼 지 지 도 야
다른 것이[他] 아닌 것[非]이고[也] 육효라는[六] 것[者]은 삼재(三才)의[之] 도(道)이다[也].'

 이로써 다시금 '일음일양지위도(一陰一陽之謂道) 계지자선야(繼之者善也) 성지자성야(成之者性也)'라는 말씀이 '일유일강지위도(一柔一剛之謂道) 계지자선야(繼之者善也) 성지자성야(成之者性也)'와 '일인일의지위도(一仁一義之謂道) 계지자선야(繼之者善也) 성지자성야(成之者性也)'를 겸(兼)하고 있음을 일깨워 준다. 따라서 대성괘(大成卦)의 육효(六爻)로써[以] 삼재지도(三才之道)를 살펴[觀] 새기고[玩] 헤아려[擬] 가늠하라[斷]는 이치[理]-가르침[敎]-이끎[導]-방편[方]-말씀[言]임을 여기서 구체적으로 깨우치게 되는 것이다. 대성괘(大成卦)에서 육효(六爻)의 누천(屢遷)을 어떻게 관상(觀象)하고 완사(玩辭)하여 관변(觀變)하고 완점(玩占)할 것인가? 이에 대한 해답이 곧 '육자비타야(六者非他也) 삼재지도야(三才之道也)이다. 그래서 육효(六爻)의 삼재지도(三才之道)는 온갖 사물(事物)에 미치는 역(易)을 살피고[觀] 새겨[玩] 점(占)쳐 지변(知變)하여 지래(知來)하게 하는 통어(通語)가 된다.

436. 효(爻)의 변동(變動)

道有變動 故 曰爻는 '효(爻)', 바로 이 한 자(字)가 '도유변동(道有變動)'을 뜻함을 밝힌 것이다.

'효(爻)'란 바로 '교(交)' 즉 '사귐[交]'이다. 이제 '효(爻)'이 한 자(字)가 '일음일양지위도(一陰一陽之謂道)'와 '생생지위역(生生之謂易)'을 환기(喚起)시키고, '원시요종(原始要終)'을 떠올리게 한다. 그러면 효상(爻象)과 효사(爻辭)가 '도유변동(道有變動)'의 '변동(變動)'을 효상(爻象) 즉 효(爻)의 짓[象]으로써[以] 살피게[觀] 하고 효사(爻辭) 즉 효(爻)의 말씀[辭]으로써[以] 새겨[玩] 효(爻)의 누천(屢遷) 즉 늘 언제나[屢] 옮김[遷]으로 삼재지도(三才之道)를 짓함[象之]이 효(爻)라는 것을 여기서 알 수 있다. 도유변동(道有變動)의 '변동(變動)'이란 '변이동(變而動)'이고, 변이동(變而動)의 '동(動)'이란 곧 '화(化)' 즉 '새로 됨[化]'이다. 바로 이 '화(化)로써[以]' 찰래(察來)할 수 있는 것이다. 이러한 삼재지도(三才之道)의 변동(變動)을 관상(觀象)-완사(玩辭)-관변(觀變)-완점(玩占)하게 하는 것이 '효(爻)'임을 '왈효(曰爻)' 즉 변동(變動)과의 사귐[交]을 '효(爻)'라고 밝힌 것이다. 그래서 효(爻)의 변동(變動)은 온갖 사물(事物)에 미치는 역(易)을 살피고[觀] 새겨[玩] 점(占)쳐 지변(知變)하여 지래(知來)하게 하는 통어(通語)가 된다.

437. 상잡(相雜)의 문(文)

物相雜 故 曰文이라. '일은[物] 서로[相] 섞인다[雜]. 그래서[故] 문이라[文] 한다[曰].'

물상잡(物相雜)은 효(爻)의 상(象)을 풀이해 주고[紬繹] 있다. 물상잡(物相

雜)의 '물(物)'을 '물변(物變)'이라는 말로 새겨도 되고, '상잡(相雜)'을 '상교(相交) 즉 서로[相] 사귐[交]'이라고 새기면 된다. 물상잡(物相雜)의 '물(物)'은 신물(神物)인 효(爻)가 하는 일[物]을 말하고, '상잡(相雜)'은 그 일[物]을 풀이하여 효(爻)의 누천(屢遷)을 뜻한다. 늘 변화하게 하는[神] 일[物]이 곧 물상잡(物相雜)의 '물(物)'이다. 일[物]이란 왜 서로[相] 섞이는 것[雜]인가? '이물변무궁(而物變無窮)'이라는 말을 상기(想起)한다면 저마다 나름대로 헤아려[擬] 가늠해 볼[斷] 수 있는 것이다. 나아가 일[物]이란 시처인(時處人)에 따라 변통(變通)한다는 말을 상기해도 육효(六爻)가 상잡(相雜)하는 일[物]이란 한 가지로 정의(定義)될 수 없는 것이다. 육효(六爻)가 누천(屢遷)으로 짓하는[象] 물상잡(物相雜)을 환기(喚起)한다면 매사(每事)를 지성(至誠)으로 임(臨)하게 된다. 이러한 물상잡(物相雜)을 두려워한다[畏]면 그 일[物]이 길(吉)하게 될 것이고, 업신여긴다[狎]면 흉(凶)하게 될 것이다. 이러한 일[物]의 상잡(相雜)은 통변(通變)으로 드러난다. 그래서 '물상잡(物相雜) 고(故) 왈문(曰文)'이라고 밝힌 것이다. 왈문(曰文)의 '문(文)'은 '물상잡(物相雜)'을 한 자(字)로 밝힌 것이다. 여기서 '문(文)'은 '착획(錯劃) 즉 섞이게[錯] 그었음[劃]'을 뜻한다. 그러므로 여기서 '문(文)'은 '대성괘(大成卦)의 모양(模樣 : ䷀)'을 말하는 것이다. 그래서 상잡(相雜)의 문(文)은 온갖 사물(事物)에 미치는 역(易)을 살피고[觀] 새겨[玩] 점(占)쳐 지변(知變)하여 지래(知來)하게 하는 통어(通語)가 된다.

註 인지소지자천(人之所知者淺) 이물변무궁(而物變無窮) '인간이[人之] 아는[知] 바의[所] 것이란[者] 얕다[淺]. 그러나[而] 사물의[物] 변화에는[變] 다함이[窮] 없다[無].' 『회남자(淮南子)』「태족훈(泰族訓)」에 나오는 말씀이다.

438. 문(文)의 부당(不當)

文不當 故 吉凶生焉이라. '문은[文] 고정되지 않는다[不當]. 그래서[故] 길흉이[吉凶] 생기는 것[生]이다[焉].'

문부당(文不當)은 대성괘(大成卦)에서 육효(六爻)가 정위(定位) 즉 자리[位]를 고정(固定)하고 있지 않음[不]을 뜻한다. 물론 문부당(文不當)의 '문(文)'은 '물상잡(物相雜)'을 한 글자로 나타낸 것이고, 동시에 육효(六爻)가 아래[下]에서 위[上]로 착획(錯劃)되고 있는 모양(模樣)을 말한다. 그 육효(六爻)의 착획(錯劃)이 고정된 자리[位]를 뜻하지 않음을 밝혀 '부당(不當)하다' 즉 '부정(不定)하다'라고 한 것이다. 대성괘(大成卦)의 효(爻)는 초효(初爻)에서 상효(上爻)로 누천(屢遷)하기 때문에 효(爻)의 자리[位]가 정(定)해져 있는 것이 아니다. 이를 '부당(不當)하다'라고 한 것이다. 효(爻)는 쉼 없이 변동(變動)하면서도 그 변동(變動)을 정(定)하지 않음이 문부당(文不當)하기 때문[故]에 '길흉생언(吉凶生焉)'이라고 밝힌 것이다. 효(爻)가 길(吉)이냐 흉(凶)이냐를 기필(期必)하지도 않고 결정(決定)하지도 않음이라 곧 문부당(文不當)하다고 하는 것이다. 여기서 『논어(論語)』「위령공(衛靈公)」에 나오는 '군자구저기(君子求諸己) 소인구제인(小人求諸人)'이라는 말씀의 뜻을 새겨 헤아릴 수 있게 된다. 일[物]이 길흉(吉凶)을 정(定)하는 것이 아니라 임사(臨事)하는 인간에 따라 길흉(吉凶)이 생겨남[生]을 깨달아 뉘우칠 수 있다. 역(易)이 길흉(吉凶)을 결정(決定)하는 것이 아니라 길흉(吉凶)을 짓할[象] 뿐이다. 여기서 왜 '생생지위역(生生之謂易)'이라고 하는 것인지 헤아려[擬] 가늠할 수 있게 된다. 그래서 문(文)의 부당(不當)은 온갖 사물(事物)에 미치는 역(易)을 살피고[觀] 새겨[玩] 점(占)쳐 지변(知變)하여 지래(知來)하게 하는 통어(通語)가 된다.

🈷 군자구저기(君子求諸己) 소인구저인(小人求諸人) '군자는[君子] 자신[己]에게서 잘못을[諸] 찾고[求], 소인은[小人] 남[人]한테서 잘못을[諸] 찾는다[求].' 여기서 '저(諸)'는 '지어(之於)'의 축약(縮約)이다.

439. 역지사(易之辭)의 위(危)

其辭危라. '그[其] 말씀은[辭] 준엄하다[危].'
기 사 위

이는 길흉(吉凶)의 생(生)이란 오로지 당연할 뿐임을 환기(喚起)시켜 주는 괘효사(卦爻辭)가 위구(危懼)함을 밝히고 있다. 길흉(吉凶)의 생(生)을 살펴[觀] 새기고[玩] 헤아려[擬] 가늠하게[斷] 하는 대성괘(大成卦) 괘효(卦爻)의 말씀[辭]이란 오로지 '위(危)하다'는 것이다. 기사위(其辭危)의 '위(危)'는 『논어(論語)』「헌문(憲問)」에 나오는 '방유도(邦有道) 위언위행(危言危行) 방무도(邦無道) 위행언손(危行言孫)'[주1]을 상기(想起)시킨다. 성인(聖人)의 말[言]이므로 괘효사(卦爻辭)는 오로지 고답(高踏)하고 준엄(峻嚴)하다. 『논어(論語)』「계씨(季氏)」에 '공자왈(孔子曰) 외성인지언(畏聖人之言)'[주2]이라는 말씀이 나온다. 특히 『논어(論語)』에서 '자왈(子曰)'이 아니라 '공자왈(孔子曰)'이면 더욱 더 삼가 경청(敬聽)해야 하는 말씀[語]이다. 성인의[聖人之] 말씀[言]은 오로지 화신(化神)하고 신명(神明)하기 때문에 '성인지언(聖人之言)을 두려워하라[畏]'라고 하는 것이다. 괘효사(卦爻辭)야말로 성인지언(聖人之言)이다. 괘효사(卦爻辭)에는 한 점 '사욕(私欲)'이란 없으니 오로지 '무사(無私)함' 바로 그것일 뿐이므로 괘효사(卦爻辭)는 유위(唯危) 즉 오로지[唯] 준엄하다[危]. 그래서 역지사(易之辭)의 위(危)는 온갖 사물(事物)에 미치는 역(易)을 살피고[觀] 새겨[玩] 점(占)쳐 지변(知變)하여 지래(知來)하게 하는 통어(通語)가 된다.

주1. 방유도(邦有道) 위언위행(危言危行) 방무도(邦無道)위행언손(危行言孫) '나라에[邦] 도가[道] 있다면[有] 말을[言] 준엄히 하고[危] 행실도(行) 준엄히 한다[危]. 나라에[邦] 도가[道] 없다면[無] 행실을[行] 준엄히 하되[危] 말은[言] 겸손해야 한다[孫].'

주2. 공자왈(孔子曰) 군자유삼외(君子有三畏) 외천명(畏天命) 외대인(畏大人) 외성인지언(畏聖人之言) '공자께서[孔子] 말했다[曰]. 군자에게는[君子] 세 가지[三] 두려움이[畏] 있다[有]. 천명을[天命] 두려워하고[畏], 대인을[大人] 두려워하며[畏], 성인의[聖人之] 말씀을[言] 두려워한다[畏].'

440. 위자(危者)의 평(平)

危者使平이라. '두려워하는[危] 사람은[者] 평안해진다[使平].'
　여기서 '위자(危者)'는 성인(聖人)이 대성괘(大成卦) 괘효(卦爻)에 매어 둔[繫] 말씀[辭]을 두렵게[懼] 새기고[玩] 헤아려[擬] 가늠해 가는[斷] 사람[者]이다. 괘효(卦爻)에 매인[繫] 사구(辭句) 하나하나가 오로지 구하무사(句下無私)한 말씀[言]임을 깨닫고, 두려움[懼]으로[以] 완사(玩辭)하여 관변(觀變)하고 완점(玩占)하는 사람을 여기서 위자(危者)라고 밝힌 것이다. 이러한 위자(危者)는 성인(聖人)의 말씀[言]을 두려워하는[懼] 군자(君子)를 본받아[效] 성인(聖人)의 말씀[言]인 괘효사(卦爻辭)를 경청(敬聽)하여 즉 받들어[敬] 귀담아듣는다[聽]. 그렇게 하여 지래(知來)하고자 성의(誠意)하여 즉 정성껏[誠] 생각하기[意]를 다한다. 그러므로 여기서 위자(危者)는 '구사자(懼辭者)'이다. 괘효사(卦爻辭)를 성인지언(聖人之言)으로 받들어[尊] 두려워하고[懼] 준엄(峻嚴)한 말씀[辭]으로 경청(敬聽)하는 사람은 매사(每事)의 기미(機微)를 살펴[觀] 새기기[玩] 때문에 평안(平安)해질 수 있음을 일러 '위자사평(危者使平)'이라고 밝힌 것이다. 그래서 위자(危者)의 평(平)은 온갖 사물(事物)에 미치는 역(易)을 살피고[觀] 새겨[玩] 점(占)쳐 지변(知變)하여 지래(知來)하게 하는 통어(通語)가 된다.

441. 이자(易者)의 경(傾)

易者使傾이라. '얕보는[易] 사람은[者] 넘어진다[使傾].'
　여기서 '이자(易者)'는 성인(聖人)이 대성괘(大成卦) 괘효(卦爻)에 매어 둔[繫] 말씀[辭]을 얕보기[狎] 때문에 계사(繫辭)를 경멸(輕蔑)하는 사람[者]이다. 이러한 이자(易者)는 성인(聖人)의 말씀[言]을 이만(易慢) 즉 업신여기면서[易慢] 자벌(自伐)하고, 서슴없이 행험(行險)하며 요행(徼倖)하기를 일삼는 소인배(小人輩)를 말한다. 이러한 이자(易者)는 곧 『논어(論語)』「계씨(季氏)」에 나오는 '소인부지천명이불외(小人不知天命而不畏) 압대인(狎大人) 모성인지언(侮聖人之言)'의 소인(小人)일 뿐이다. 소인(小人)이란 무사(無私)-무욕(無欲)을 혐오(嫌惡)하기 때문에 성인(聖人)의 말씀[言] 따위는 서슴없이 팽개쳐 버린다. 그러므로 여기서 이자(易者)는 '이사자(易辭者)'이다. 괘효사(卦爻辭)를 업신여기는[易] 사람은 매사(每事)의 기미(機微)를 살펴[觀] 새기기[玩]를 마다하기 때문에 무너질 수밖에 없음을 일러 '이자사경(易者使傾)'이라고 밝힌 것이다. 그래서 이자(易者)의 경(傾)은 온갖 사물(事物)에 미치는 역(易)을 살피고[觀] 새겨[玩] 점(占)쳐 지변(知變)하여 지래(知來)하게 하는 통어(通語)가 된다.

註 공자왈(孔子曰) 소인부지천명이불외(小人不知天命而不畏) 압대인(狎大人) 모성인지언(侮聖人之言) '공자께서[孔子] 말했다[曰]. 소인은[小人] 천명을[天命] 몰라서[不知而] 두려워하지 않고[不畏], 대인을[大人] 업신여기고[狎], 성인의[聖人之] 말씀을[言] 얕본다[侮].'

442. 역지도(易之道)의 대(大)

其道甚大라. '그[其] 도는[道] 몹시[甚] 광대하다[大].'
　기　도　심　대

역지도(易之道)에서 '도(道)'란 '이치[理]-가르침[教]-이끌어 감[導]-방편[方]-말씀[言]' 등을 하나로 묶어 밝힘이다. 그러므로 '역지도(易之道)가 심대(甚大)하다'라고 함은 일음일양(一陰一陽)-생생(生生)의 이치[理]가 심대(甚大)하고, 일음일양(一陰一陽)-생생(生生)의 가르침[教]이 심대(甚大)하고, 일음일양(一陰一陽)-생생(生生)의 이끌어 감[導]이 심대(甚大)하고, 일음일양(一陰一

陽)-생생(生生)의 방편[方]이 심대(甚大)하고, 일음일양(一陰一陽)-생생(生生)의 말씀[言]이 심대(甚大)함을 뜻하는 것이다. 이러한 역지도(易之道)의 변동(變動)을 떠나서 존재(存在)할 수 있는 것[物]이란 없다. 그러므로 '백물불폐(百物不廢)'라고 밝힌 것이다. '불폐(不廢)' 즉 '버리지[廢] 않음[不]'이란 곧 만물(萬物)-만사(萬事)가 역(易)을 결코 벗어날 수 없음이다. 이렇기 때문에 『중용(中庸)』에 '치곡(致曲) 곡능유성(曲能有誠)'이라는 말씀이 있다. '곡능유성(曲能有誠)'이 말씀은 바로 '백물(百物)이 역지도(易之道)를 불폐(不廢)한다'는 까닭을 말해 주는 것이다. 그래서 역지도(易之道)의 대(大)는 온갖 사물(事物)에 미치는 역(易)을 살피고[觀] 새겨[玩] 점(占)쳐 지변(知變)하여 지래(知來)하게 하는 통어(通語)가 된다.

註 치곡(致曲) 곡능유성(曲能有誠) '작은 것을[曲] 지극히 하라[致]. 작은 것에도[曲] 능히[能] 자연의 도(道)가[誠] 있다[有].' '곡(曲)'은 미세(微細)한 것을 뜻하고, '치(致)'는 여기선 '이를 지(至)'와 같고, '성(誠)'은 자연의 도[天之道]를 말한다.

443. 건괘(乾卦)의 건(健)

夫乾天下之至健也라. '무릇[夫] 건은[乾] 온 세상[天下]의[之] 지극한[至] 굳셈[健]이다[也].'
부 건 천 하 지 지 건 야

이는 천(天)의 체(體)와 그 체(體)의 성질(性質)을 풀이함[紬繹]이다. 부건(夫乾)의 '건(健)'은 하늘[天]의 체(體)이고, 지건(至健)의 '건(健)'은 '건(乾)'의 성질(性質)을 주역(紬繹)함이다. 건(乾)은 곧 천기지행(天氣之行) 즉 천행(天行)을 말한다. 그래서 『주역(周易)』「상사(象辭)」건괘(乾卦)에 '천행건(天行健) 군자자강불식(君子自彊不息)'[1]이라는 말씀이 나온다. 건(乾)이란 천(天)의 체(體)이고, 건(健)은 건(乾)의 성질(性質)을 말한다. 하늘의[天] 운동[行]이 '지건(至健)함'이니 군자(君子)는 그 '건(健)'을 본받아[法] 쉼 없이[不息] 자신[自]을 굳세게[彊]한다. '지극히[至] 굳셈[健]'이란 그 소행(所行)에 무난(無難)함을 뜻한다. 건(乾)이 운동하는[行] 바에[所] 어려움[難]이란 없다[無]. 그러나 매사(每事)에는 험난(險難)함이 있게 마련이다. 그러므로 건(乾)의 '지건(至健)'을 본받는 군자(君子) 즉 위자(危者)는 어려움[險]을 마주하면[臨] 그 어려움[險]의 평이함[易]을 이루어 내는[成] 변화(變化)를 살펴[觀] 새기고[玩] 헤아려[擬] 가늠해[斷] 난이상성(難易相成)² 함을 깨우친다. 그런 깨우침이란 강건(剛健)한 것이다. 강건(剛健)함이란 늘 자반(自反) 즉 자신[自]을 돌이켜[反] 수중(守中) 즉 중도(中道)를 지키게[守] 한다. 수중(守中)이야말로 지극히[至] 강건(剛健)함이다. 그래서 건괘(乾卦)의 건(健)은 온갖 사물(事物)에 미치는 역(易)을 살피고[觀] 새겨[玩] 점(占)쳐 지변(知變)하여 지래(知來)하게 하는 통어(通語)가 된다.

註 1. 난이상성(難易相成) '어려움과[難] 평이함은[易] 서로[相] 이룬다[成].'

註 2. 천행건(天行健) 군자자강불식(君子自彊不息) '하늘의[天] 행함은[行] 굳세다[健]. 이를 본받아 군자는[君子] 스스로를[者] 굳세게 함을[彊] 쉬지 않는다[不息].'

444. 건괘(乾卦)의 덕행(德行)

德行恒易以知險이라. '덕을[德] 실행하면[行] 항상[恒] 평이함을[易] 이용하여[以] 험난함을[險] 알아차린다[知].'

이는 천(天)의 용(用)과 그 용(用)의 성질(性質)을 풀이함[紬繹]이다. 덕행(德行)의 '덕(德)'은 하늘[天]의 용(用)이고, 이이(易以)는 '건지덕행(乾之德行)'의 성질(性質)을 주역(紬繹)함이다. 덕행항이이지험(德行恒易以知險)에서 '덕행(德行)의 덕(德)'은 '건(乾)의 지건(至健)'을 뜻하고, '덕행(德行)의 행(行)'은 '건

(乾)의 지건(至健)을 실행(實行)함을 뜻한다. 언제나 '덕행(德行)'이라는 말씀
은 『중용(中庸)』에 나오는 '군자중용(君子中庸) 소인반중용(小人反中庸)'을 환
기(喚起)시킨다. 진실로 덕행(德行)이라면 그것은 곧 늘[恒] 중용(中庸)함이
기 때문이다. 천행(天行)의 건(乾)을 몸소 실행(實行)함이란 '지건(至健)을 중
용(中庸)함'이다. 덕행항이이지험(德行恒易以知險)의 덕행(德行)이란 건도(乾道)
를 본받아[法] 지건(至健) 즉 지극히[至] 굳셈[健]을 중용(中庸)으로 실행(實行)
함이다. 지건(至健)함을 시중(時中) 즉 때에 알맞게[中] 씀[庸]이 곧 지건(至健)
의 중용(中庸)함이고, 이는 곧 건도(乾道)를 중용(中庸)하는 것이다. 이처럼
군자(君子)는 언제나 늘 시중(時中)하여 천덕(天德)을 좇아 실행(實行)함이 지
건(至健)의 덕(德)을 행(行)함이다. 그래서 건괘(乾卦)의 덕행(德行)은 온갖 사
물(事物)에 미치는 역(易)을 살피고[觀] 새겨[玩] 점(占)쳐 지변(知變)하여 지
래(知來)하게 하는 통어(通語)가 된다.

註 군자중용(君子中庸) 소인반중용(小人反中庸) '군자는[君子] 중용하고[中庸], 소인은
[小人] 중용을[中庸] 배반한다[反].'

445. 곤괘(坤卦)의 순(順)

夫坤天下之至順也라. '무릇[夫] 곤괘는[坤] 온 세상[天下]의[之] 지극
한[至] 유순함[順]이다[也].'

이는 지(地)의 체(體)와 그 체(體)의 성질(性質)을 주역(紬繹)함이다. 부곤
(夫坤)의 '곤(坤)'은 땅[地]의 체(體)이고, 지순(至順)의 '순(順)'은 '곤(坤)'의 성
질(性質)을 풀이함[紬繹]이다. 곤(坤)은 곧 지기지행(地氣之行) 즉 지행(地行)을
말한다. 그래서 『주역(周易)』「상사(象辭)」 곤괘(坤卦)에 '지세곤(地勢坤) 군자
이후덕(君子以厚德) 재물(載物)'이라는 말씀이 나온다. 곤(坤)이란 지(地)의

체(體)이고, 순(順)은 곤(坤)의 성질(性質)을 말한다. 땅의[地] 형세[勢]가 '지순(至順)함'이니 군자(君子)는 그 '순(順)'을 본받아[法] 쉼 없이[不息] 자신[自]을 유순하게[順] 한다. '지극히[至] 유순함[順]'이란 그 소행(所行)이 무난(無難)함을 뜻한다. 곤(坤)이 행하는[行] 바에[所] 어려움[難]이란 없다[無]. 그러나 매사(每事)에는 어려움[阻]이 있게 마련이다. 그러므로 곤(坤)의 '지순(至順)'을 본받는 군자(君子) 즉 위자(危者)는 어려움[阻]을 마주하면[臨] 그 어려움[阻]이 간명함[簡]을 이루어 내는[成] 변화(變化)를 살펴[觀] 새기고[玩] 헤아려[擬] 가늠해[斷] 조간상성(阻簡相成)함을 깨우친다. 이러한 깨우침이란 지세(地勢) 즉 땅[地]의 형세[勢]를 초목(草木)이 생장(生長)하듯이 군자(君子)는 '재물(載物)해야 함'을 알아차린다. 땅의 형세(形勢)를 본받아[法] 지극하게 순종(順從)하기 때문에 물품(物)을 실어도[載] 어려움 없이 군자는 늘 후덕(厚德)하다. 그래서 곤괘(坤卦)의 순(順)은 온갖 사물(事物)에 미치는 역(易)을 살피고[觀] 새겨[玩] 점(占)쳐 지변(知變)하여 지래(知來)하게 하는 통어(通語)가 된다.

註 지세곤(地勢坤) 군자이후덕(君子以厚德) 재물(載物) '땅의[地] 형세가[勢] 곤이다[坤]. 군자는[君子] 그 세(勢)를 이용하여[以] 덕을[德] 두텁게 하고[厚] 물건을[物] 싣는다[載].'

446. 지건(至健)-지순(至順)의 연(硏)

能研諸慮라. '건(乾)-곤(坤)의 건(健)-순(順)을 본받는다[法]면 깊은 생각
   능 연 저 려
[慮]으로 덕행을[諸] 능히[能] 연구하게 된다[硏].'

이는 건(乾)의 지건(至健)과 곤(坤)의 지순(至順)을 본받아[法] 깊은 생각으로[於慮] 건(乾)-곤(坤)의 도(道)를 연구(硏究)할 수 있음을 풀이한 것이다.

589

능연저려(能研諸慮)의 '여(慮)'는 심사(深思)하고 숙고(熟考)함이다. 무엇을 깊이 생각해 보라 함인가? 무사(無私)-무욕(無欲)하게 탐색색은(探賾索隱)의 사려(思慮)를 다하는지 염려(念慮)함이 곧 '연저려(研諸慮)의 여(慮)'이다. 깊이[深] 생각하고[思] 골똘히[熟] 살피지[考] 않고서는 천행(天行)의 지건(至健)과 지세(地勢)의 지순(至順)의 이치와 가르침을 탐색(探索)하여 연구(研究)할 수 없음을 능연저려(能研諸慮)가 밝히고 있다. 천행(天行)의 건(乾)이 지극히[至] 굳세고[健] 지세(地勢)의 곤(坤)이 지극히[至] 유순함[順]을 탐구(探究)하자면 깊게 생각해 봄[慮]이 없이는 불가능하다. '연저려(研諸慮)'는 이미 살핀 '탐색색은(探賾索隱) 구심치원(鉤深致遠)'을 상기(想起)시켜 준다. 깊고 그윽해 찾아내기 어려운 것을[賾隱] 찾아내[探索] 깊고 먼 속내를[深遠] 터득해 감[鉤致]이 곧 '연저려(研諸慮)'이다. 건도(乾道)와 곤도(坤道)는 색은(賾隱)의 것이므로 지성으로 탐색(探索)하지 않는다면 결코 살펴 새기고 헤아릴 수 없는 이치[道]이고 가르침[道]이다. 그래서 지건(至健)-지순(至順)의 연(研)은 온갖 사물(事物)에 미치는 역(易)을 살피고[觀] 새겨[玩] 점(占)쳐 지변(知變)하여 지래(知來)하게 하는 통어(通語)가 된다.

447. 정길흉(定吉凶)의 열(說)-연(研)

定天下之吉凶이라. '열저심(說諸心)의 열(說)과 연저려(研諸慮)의 연(研)은 온 세상의[天下之] 길흉을[吉凶] 단정해 준다(定).'

이는 왜 열저심(說諸心)하고 연저려(研諸慮)하는가를 밝혀 주고 있다. 천행(天行)의 건(乾)을 본받아[法] 지건(至健) 즉 지극히[至] 굳셈[健]이란 반드시 굳셈[健]을 중용(中庸)함이고, 지세(地勢)의 곤(坤)을 본받아[法] 지순(至順) 즉 지극히[至] 유순함[順] 또한 유순함[順]의 중용(中庸)함이기 때문에 매사

(每事)에서 지건(至健)-지순(至順)을 시중(時中)하면 즉 때 맞춰 알맞게 하면서[時中] 열저심(說諸心)-연저려(硏諸慮)한다면 매사(每事)의 길(吉)과 흉(凶)을 단정(斷定)할 수 있는 것이다. 건도(乾道)를 본받는[法] 지건(至健)을 적중(的中)하게 널리 쓰고[庸], 곤도(坤道)를 본받는[法] 지순(至順)을 적중(的中)하게 널리 쓴다[庸]면 온 세상의[天下之] 가능한 일[能事]을 끝낼[畢] 수 있다. 능사(能事)를 필(畢)함이 곧 현도(顯道)하고, 신덕행(神德行)하게 되는 것이다. 그러므로 열저심(說諸心)의 열(說)이란 현도(顯道)를 즐김[說]이고, 신덕행(神德行)을 즐김[說]이다. 현도(顯道)란 역지도(易之道)의 드러남[顯]이니 변화지도(變化之道)🈯 즉 변화의[變化之] 도(道)가 드러남[顯]이고, 신덕행(神德行)이란 행덕(行德)을 신(神)함이니 덕(德)의 행(行)함을 천지(天地)와 같이 함[神]이다. 이처럼 열저심(說諸心)의 열(說)이란 현도(顯道)와 신덕행(神德行)을 누리는 즐거움[說]이고, 연저려(硏諸慮)의 연(硏)이란 현도(顯道)와 신덕행(神德行)을 탐구(探究)함이기 때문에 열저심(說諸心)의 열(說)과 연저려(硏諸慮)의 연(硏)은 온 세상의[天下之] 길흉(吉凶)을 단정(斷定)할 수 있는 즐거움[說]이요 탐구함[硏]이다. 이는 곧 지변화지도(知變化之道)로 말미암은 즐거움[說]과 연구(硏究)라야 온 세상의[天下之] 길흉(吉凶)을 단정(斷定)할 수 있음을 밝힌 말씀이 곧 '정천하지길흉(定天下之吉凶)'이다. 그래서 정길흉(定吉凶)의 열(說)-연(硏)은 온갖 사물(事物)에 미치는 역(易)을 살피고[觀] 새겨[玩] 점(占)쳐 지변(知變)하여 지래(知來)하게 하는 통어(通語)가 된다.

🈯 변화지도(變化之道)의 '도(道)'는 변화(變化)의 이치[理]-변화(變化)의 가르침[敎]-변화(變化)의 인도[導]-변화(變化)의 방편[方]-변화(變化)의 말씀[言] 등등을 한 자(字)로써 포용(抱容)하고 있다고 새기고 헤아려 가늠하면 '도(道)'를 천착(穿鑿)하면서 심사(深思)해 갈 수 있다.

591

448. 성미미(成亹亹)의 열(說)-연(研)

成天下之亹亹者라. '열저심(說諸心)의 열(說)과 연저려(研諸慮)의 연(研)은
  성 천 하 지 미 미 자
온 세상의[天下之] 지성으로 근면함을[亹亹] 이루는[成] 것이다[者].'

　이 또한 왜 열저심(說諸心)-연저려(硏諸慮)하는 것인지 밝혀 주고 있다.
열저심(說諸心)-연저려(硏諸慮)란 곧 '미미자(亹亹者)' 바로 그것임을 여기서
알 수 있다. 미미자(亹亹者)란 지성(至誠)으로 면면(勉勉)함이다. 열저심(說諸
心)의 '열(說)'도 지성(至誠)으로 열심히 누려 즐김이고, 연저려(硏諸慮)의 '연
(硏)' 또한 지성(至誠)으로 열심히 탐구(探究)함이다. 성인(聖人)이 왜 재계(齋
戒)하는 것인가? 이러한 미미자(亹亹者)를 이루고자 하기 때문이다. 무사
(無思)-무위(無爲)의 심지(心志)로 행귀신(行鬼神)하려고 함이다. 이러한 심지
(心志)를 더없이 다함이 곧 '성천하지미미자(成天下之亹亹者)'인 것이다. 이는
은밀한 것[賾]을 탐색(探索)함을 게을리하지 말라 함이요 무사(無思)-무위
(無爲)의 심지(心志)를 잃지 말라 함이다. 그래서 성미미자(成亹亹者)는 시귀
(蓍龜)와 통하는 것이다. 자연[天地]의 이치와 가르침[道]을 찾아[索] 좇음[成]
에 스스로 온 정성을 다하라 함이 '성미미자(成亹亹者)'이다. 이는 행귀신
(行鬼神)의 좇아 따름[順]이 미미자(亹亹者)이다. 매사(每事)에 길(吉)하고 싶은
가? 그렇다면 행귀신(行鬼神)하여 성변화(成變化)하기를 지성(至誠)으로 다
하라 함이 곧 '성미미자(成亹亹者)'이다. 마음 가기[志]가 무사(無思)-무위(無
爲)하다면 그 지(志)가 곧 '귀신(鬼神)을 행함[行]'이다. 귀신(鬼神)의 귀(鬼)란
변화하게 하는 지기(地氣)를 말함이고, 신(神)이란 변화하게 하는 천기(天
氣)를 말함이다. 그러니 행귀신(行鬼神)은 지순(至順)과 지건(至健)을 중용(中
庸)으로 본받아[法] 행(行)하라 함이다. 그러므로 '성미미자(成亹亹者)'란 '행
귀신(行鬼神)하기를 부지런히 하라' 함이다. 귀신(鬼神) 즉 천지(天地)의 기
운[鬼神]이란 자연[天地]에 그윽이 깊게 숨어 있는 변화지도(變化之道)를 일

컬음이고, 그 변화(變化)의 도(道)를 정성껏 행(行)함이 성미미자(成亹亹者)이다. 이렇기 때문에 열저심(說諸心)의 '심(心)의 열(說)'과 연제려(研諸慮)의 '연(研)의 려(慮)'는 성미미자(成亹亹者)를 떠나서는 이루어질 수 없음을 나타낸 말씀이 곧 성미미자(成亹亹者)이다. 그래서 성미미(成亹亹)의 열(說)-연(研)은 온갖 사물(事物)에 미치는 역(易)을 살피고[觀] 새겨[玩] 점(占)쳐 지변(知變)하여 지래(知來)하게 하는 통어(通語)가 된다.

449. 길사(吉事)의 상(祥)

吉事有祥이라. '좋은[吉] 일에도[事] 길흉(吉凶)의 기미가[祥] 있다[有].'
<small>길 사 유 상</small>
이는 길사(吉事) 즉 좋은[吉] 일[事]과 궂은[凶] 일[事]에는 화복(禍福)-선악(善惡)이 함께하는 이교(理敎) 즉 이치[理]와 가르침[敎]을 밝히고 있다. 그 이치와 가르침을 간파(看破)하자면 길사유상(吉事有祥)의 '상(祥)'을 상심(詳審) 즉 세밀하게[詳] 살펴[審] 천착(穿鑿)해 숙지(熟知)해야 한다. 왜냐하면 유상(有祥)의 '상(祥)'이란 '길흉지선조(吉凶之先兆)-길흉지징(吉凶之徵)'을 뜻하기 때문이다. 길흉이[吉凶之] 낌새[徵]를 선현(先見) 즉 먼저[先] 드러냄[見]을 '상(祥)'이라 한다. 이러한 '상(祥)'을 복(福)-선(善)의 길조(吉兆)라고 함은 길흉(吉凶)의 선조(先兆)를 살펴[觀] 새기고[玩] 헤아려[擬] 가늠했음[斷]이고, 화(禍)-악(惡)의 흉조(凶兆)라고 함은 그 또한 길흉이[吉凶之] 먼저[先] 보이는 낌새[兆]를 살펴[觀] 새기고[玩] 헤아려[擬] 가늠했음[斷]이다. 따라서 길흉지선현자(吉凶之先見者)를 모두 일컬어 '상(祥)' 또는 '생상(眚祥)'이라고 밝히는 것이다. 그래서 매사(每事)를 임(臨)할 때는 상(祥)과 생(眚)을 늘 지성(至誠)으로 살펴야 한다. '생(眚)'은 자내(自內) 즉 안[內]으로부터[自] 생기는 길흉(吉凶)의 낌새[象兆]이고, '상(祥)'은 자외(自外) 즉 밖[外]으로부터[自] 생

기는 길흉(吉凶)의 상조(象兆)이다. 물론 자내(自內)의 '내(內)'는 마음속[心中]을 뜻하고, 자외(自外)의 '외(外)'는 마음 밖의 것들 즉 온갖 일[萬事]을 말한다. 이렇기 때문에 상(祥)과 생(眚)을 선악지징(善惡之徵)이라고 하는 것이다. 선악지징(善惡之徵)-길흉지징(吉凶之徵)-화복지징(禍福之徵) 등을 전지(前知)함을 밝힌 말씀이 '길사유상(吉事有祥)'이다. 그래서 길사(吉事)의 상(祥)은 온갖 사물(事物)에 미치는 역(易)을 살피고[觀] 새겨[玩] 점(占)쳐 지변(知變)하여 지래(知來)하게 하는 통어(通語)가 된다.

450. 상사(象事)와 지기(知器)

象事知器라. '사물을[事] 살피면[象] 기물을[器] 안다[知].'
　　상사지기(象事知器)에서 '상사(象事)'는 '관사지상(觀事之象)'을 뜻함을 알아차려야 '상사(象事)'를 '사물을[事] 살핀다[象]'라고 새겨 헤아릴 수 있다. '지기(知器)'는 '지기지형(知器之形)'을 뜻함을 알아차려야 한다. 상사(象事)의 '상(象)'은 '현내위지상(見乃謂之象)'을 상기(想起)하면 되고, 상사(象事)의 '사(事)'는 '통변지위사(通變之謂事)'를 환기(喚起)하면 된다. 상사(象事)의 '상(象)'은 '드러난 현(見)'을 뜻하고, '사(事)'는 '통하여[通] 변함[變]'을 뜻하므로, '상사(象事)'는 '드러난[象] 통변(通變)을 살핌[觀]'이다. 드러나는 통변(通變)의 사물(事物)을 살핀다[觀]면, 통변(通變)이 끝나서[已] 드러나는[象] 것[物]을 알 수 있음이 곧 '지기(知器)'이다. 말하자면 지기(知器)의 '기(器)'란 '형적이저지물(形跡已著之物)' 즉 '형적(形跡)이 그쳐[已] 드러난[著] 사물[物]'을 뜻한다. 일[事]이란 통변(通變)을 시작하여[始] 그 통변(通變)을 마침[終]이니 그렇게 마친[終] 사물(事物)을 일러 '기(器)'라 한다. 상사(象事)의 '사(事)'는 통변(通變)이 진행되는 사물(事物)이고, 지기(知器)의 '기(器)'는 그 통변(通

變)의 진행이 다한[終] 사물(事物)을 뜻한다. 그러므로 사지시(事之始) 즉 일의[事之] 진행[始]을 지성(至誠)으로 살핀다[觀]면 사지종(事之終) 즉 일의[事之] 마침[終]인 '기(器)'를 알아차릴[知] 수 있음을 '상사지기(象事知器)'라고 밝힌 것이다. 그래서 상사(象事)와 지기(知器)는 온갖 사물(事物)에 미치는 역(易)을 살피고[觀] 새겨[玩] 점(占)쳐 지변(知變)하여 지래(知來)하게 하는 통어(通語)가 된다.

451. 점사(占事)와 지래(知來)

占事知來라. '사물을[事] 점친다면[占] 다가옴을[來] 안다[知].' 이는 상사지기(象事知器)하는 까닭을 밝힌 것이다.
점사 지래

왜 상사(象事)하여 지기(知器)하는 것인가? 점사(占事)하고자 그렇게 하는 것이다. 점사(占事)의 '점(占)'이란 「계사전(繫辭傳) 상(上)」 5단락(段落)에서 살핀 '극수지래지위점(極數知來之謂占)의 점(占)'을 말한다. 점(占)이란 극수(極數)하여 사지상(事之祥)을 살펴[觀] 새기고[玩] 헤아려[擬] 따져[議] 가늠함[斷]이다. 극수(極數)란 변화(變化)를 조짐해 주는[象] 괘효상(卦爻象)과 괘효사(卦爻辭)를 지성(至誠)으로 관완(觀玩)하고 의의(擬議)하여 가늠함[斷]이다. 이러한 점(占)이란 정성을 다하는 연저려(研諸慮)인 셈이고, 그러므로 점사(占事)의 '사(事)'는 상사지기(象事知器)에서 상사(象事)의 '사(事)'이다. '점(占)'이란 매사(每事)의 길흉(吉凶)-화복(禍福)-선악(善惡)을 지성(至誠)으로 살펴 내고자 함이다. 무릇[夫] 역(易) 자연[天地]이 짓는 변화지도(變化之道) 즉 변화하게 하는 도(道)를 좇아 성인(聖人)이 깊은 것을[深] 극진히 해서[極而] 기밀을[幾] 연구함[硏]을 본받음[效]이 곧 점사(占事)의 점(占)이다. 그렇기 때문에 '점치기(占)'란 성인(聖人)이 이역(以易) 즉 역(易)을 이용하여[以

595

극심(極深)하고 연기(硏幾)함을 본받음[法]이다. 물론 극심(極深)의 '심(深)'이란 '능통천하지지(能通天下之志)'를 뜻하고, 연기(硏幾)의 '기(幾)'란 '능성천하지무(能成天下之務)'를 뜻함을 늘 명심(銘心)하고 있어야 한다. 그러므로 점사(占事)의 점(占)은 무사(無私)-무욕(無欲)-무아(無我)를 반드시 지켜야 하는 것이다. 그렇지 않으면 온 세상의 뜻[天下之志]을 통할 수 있는 '깊음(深)'을 지킬 수 없고, 온 세상의 일[天下之務]을 이룰 수 있는 '기밀(幾)'을 지킬 수 없는 것이 곧 점사(占事)의 점(占)이다. 매사(每事)의 길흉지징(吉凶之徵) 즉 '상(祥)'을 무사(無私)-무욕(無欲)-무아(無我)로 점친다[占]면 매사(每事)의 미래(未來)를 전지(前知)할 수 있는 것이다. 이를 점사지래(占事知來)라고 밝힌 것이며, 극수지래(極數知來)의 극수(極數)와 신이지래(神以知來)의 신이(神以)는 곧 점사(占事)의 점(占)을 달리 밝힌 것임을 또한 명심(銘心)해 두어야 한다. 그래서 점사(占事)와 지래(知來)는 온갖 사물(事物)에 미치는 역(易)을 살피고[觀] 새겨[玩] 점(占)쳐 지변(知變)하여 지래(知來)하게 하는 통어(通語)가 된다.

註 극수지래(極數知來)에서 '극수(極數)의 수(數)'는 서죽(筮竹) 즉 점대[筮竹] 50개(箇)에서 태극(太極) 하나[一]를 뺀 나머지 49개(箇)로 천책(天策)-지책(地策)으로 나누고, 지책(地策)에서 한 개를 빼 인책(人策)으로 삼아 본서법(本筮法)인 십팔변법(十八變法)을 거쳐 얻어 낸 괘효(卦爻)를 말하는 셈이다. 십팔변법(十八變法)을 정성껏 거쳐서 얻어진 괘효(卦爻)의 '상(象)'을 지성(至誠)으로 관상(觀象)하고, 그 괘효(卦爻)의 '사(辭)'를 지성(至誠)으로 완사(玩辭)하여 관변(觀變)하고 완점(玩占)함을 일러 '극수(極數)의 극(極)'이라 한다.

신이지래(神以知來)에서 '신이(神以)의 신(神)'은 귀신(鬼神)-음양(陰陽)의 줄임이라고 여기면 된다. 신(神)은 천지기(天之氣) 즉 천기(天氣)-양기(陽氣)로서 신지기(伸之氣) 즉 위에서 아래로 뻗치는[伸] 기운(氣運)이고, 귀(鬼)는 지지기(地之氣) 즉 지기(地氣)-음기(陰氣)로서 굴지기(屈之氣) 즉 아래에서 위로 굽히는[屈] 기운(氣運)이다. 그래서 '신이(神以)의 신(神)'은 '천지지기(天地之氣)-음양지기(陰陽之氣)-굴신지기(屈伸之氣)'를 한 자(字)로 자연[天地]이 변화하게 하는 짓[象]과 힘[氣]을 동시에 나타내고 있다. 신이(神以)의 신(神)은 구미(歐美)의 'God'와는 아무런 상관이 없다.

452. 천지(天地)의 설위(設位)

天地設位천지설위()라. '천지가[天地] 자리를[位] 베풀었다[設].'

이는 '천존지비(天尊地卑)-천고지하(天高地下)'라고 주역(紬繹)되는 말씀이다. 천존지비(天尊地卑)는 천고지하(天高地下)와 같은 말씀이다. 천(天)의 자리[位]는 높고[尊], 지(地)의 위(位)는 낮다[卑] 함이 곧 천지설위(天地設位)의 '설위(設位)'이다. 이 설위(設位)로써 천기(天氣) 즉 양기(陽氣)인 '신(神)'은 위에서[上] 아래로[下] 뻗치고[伸] 지기(地氣) 즉 음기(陰氣)인 '귀(鬼)'는 하(下)에서 상(上)으로 굽힌다[屈]. 이러한 천지설위(天地設位)를 본받아[法] 성인(聖人)이 작역(作易)한 것이다. 그래서 천지(天地)의 설위(設位)는 온갖 사물(事物)에 미치는 역(易)을 살피고[觀] 새겨[玩] 점(占)쳐 지변(知變)하여 지래(知來)하게 하는 통어(通語)가 된다.

453. 성인(聖人)의 성능(成能)

聖人成能이라. '천지(天地)의 설위(設位)를 좇아 성인이[聖人] 공능을[能] 이루었다[成].'

이는 성인(聖人)의 작역(作易)을 밝힌 말씀이다. 성인(聖人)이 성능(成能)했다고 함은 천지(天地)의 설위(設位)를 본받아[法] 역(易)을 만들어 낸[作] 공능(功能)을 밝힌 것이다. 성인성능(聖人成能)에서 '성능(成能)의 능(能)'을 '작역지능사(作易之能事)'로 새겨 가늠할 수도 있고, '작역지공능(作易之功能)'으로 새겨 가늠해도 될 것이다. 왜 성인(聖人)이 역(易)을 짓는[作之] 선한[能] 일[事]을 완성(完成)했을까? 백성(百姓)으로 하여금 점사지래(占事知來)할 수 있게 하기 위함이다. 온 세상[天下]의 가능한 일[能事]을 다하기[畢] 위하여 음양(陰陽)이 촉류(觸類)하여 사상(四象)을 길러 내고[長], 사상(四象)이 촉류(觸類)하여 팔괘(八卦)를 길러 내며[長], 팔괘(八卦)가 촉류(觸類)하여 64괘(卦)를 길러 내는 것[長]이다. 어찌 8괘(卦)가 촉류(觸類)하여 64괘(卦)만 길러 냄[長]으로 그치겠는가? 64괘(卦)는 음양(陰陽)의 효(爻)를 당겨[引] 널리 길러 낼[長] 뿐이니 일음일양(一陰一陽)-생생(生生)은 무한대로 촉류(觸類)하고 신장(伸長)할 뿐이다. 이러한 능사(能事)를 천지설위(天地設位)를 본받아[法] 완성했음을 '성인성능(聖人成能)'이라고 밝힌 것이다. 그래서 성인(聖人)의 성능(成能)은 온갖 사물(事物)에 미치는 역(易)을 살피고[觀] 새겨[玩] 점(占)쳐 지변(知變)하여 지래(知來)하게 하는 통어(通語)가 된다.

454. 신모(神謀)와 귀모(鬼謀)

神謀鬼謀라. '성인(聖人)이 본받은 공능은 하늘이 변화하게 하는 짓의[神] 꾀함이고[謀], 땅이 변화하게 하는 짓의[鬼] 꾀함이다[謀].'

이는 '성인성능(聖人成能)의 능(能)'을 주역(紬繹)하고 있다. 따라서 '신모(神謀)'와 '귀모(鬼謀)'는 작역(作易)의 역(易)을 풀이하고[紬繹] 있다. 왜냐하면 '성인성능(聖人成能)의 능(能)'이란 역(易)의 괘효(卦爻)를 만들어 낸[作] 일[能]을 뜻하기 때문이다. 그러므로 신모귀모(神謀鬼謀)는 '신모귀모어괘효(神謀鬼謀於卦爻)'로써 살펴 새길 수 있는 말씀이다. 성인(聖人)은 괘효(卦爻)를 만들어 천수상(天垂象)의 상(象)이 꾀하게[謀] 하여 관상(觀象)하게 하고, 괘효(卦爻)에 사(辭)를 매어[繫] 완사(玩辭)하게 하여 관변(觀變)하고 완점(玩占)하게 함이 곧 '신모(神謀)' 즉 '양효지모(陽爻之謀)'이고 동시에 '귀모(鬼謀)' 즉 '음효지모(陰爻之謀)'이다. 여기서 '일음일양지위도(一陰一陽之謂道) 계지자선야(繼之者善也) 성지자성야(成之者性也) 인자견지위지인(仁者見之謂之仁) 지자견지위지지(知者見之謂之知)⁽注⁾를 상기(想起)해 천착(穿鑿)해야 한다. 그러면 신모귀모(神謀鬼謀)의 '모(謀)'를 살펴 헤아려 가늠할 수 있다. 그리고 부연(敷衍)해서 말해 두지만 '신모귀모(神謀鬼謀)'를 '인모귀모(人謀鬼謀)'로 판각(板刻)된 판본(板本)도 보이는데, 이는 오기(誤記)로 볼 수 있다. 성인(聖人)이 작역(作易)한 '역(易)'이란 '무사(無思)-무위(無爲)의 모(謀)'일 뿐이므로 거기에 '인모(人謀)'가 개입(介入)될 수 없음을 밝혀 둔다. 그래서 신모(神謀)와 귀모(鬼謀)는 온갖 사물(事物)에 미치는 역(易)을 살피고[觀] 새겨[玩] 점(占)쳐 지변(知變)하여 지래(知來)하게 하는 통어(通語)가 된다.

註 일음일양지위도(一陰一陽之謂道) 계지자선야(繼之者善也) 성지자성야(成之者性也) 인자견지위지인(仁者見之謂之仁) 지자견지위지지(知者見之謂之知) '음이면 양이 되고[一陰], 양이면 음이 되는[一陽] 그것을[之] (역(易)의) 도라[道] 한다[謂]. 역(易)의 도(道) 그것을[之] 이어 가는[繼] 것이[者] 선(善)이다[也]. 역(易)의 도(道)인 그것을[之] 이룬[成] 것이[者] 본성[性]이다[也]. 어진[仁] 사람은[者] 역(易)의 도(道)인 그것을[之] 살펴[見] 그것을[之] 어짊이라[仁] 한다[謂]. 역지도(易之道)를 아는[知] 사람은[者] 역(易)의 이치-가르침[道]을 좇아 그것을[之] 살펴[見] 그것을[之] 앎이라[知] 한다[謂].'

455. 백성(百姓)의 여능(與能)

百姓與能이라. '백성도[百姓] 성인(聖人)의 공능을[能] 따라 한다[與].'
백 성 여 능

이는 백성(百姓)의 이역(以易) 즉 역(易)의 이용[以]을 말한다. 성인(聖人)이 만들어 놓은 역(易)을 백성(百姓)이 이용함[以]을 '여능(與能)'이라고 밝힌 것이다. 여능(與能)의 '여(與)'는 '따를 종(從)'과 같고, '능(能)'은 성인(聖人)의 작역(作易)을 뜻하는 일[事]이므로, '여능(與能)'이란 '종사(從事)'와 같은 말씀이다. 그러므로 백성여능(百姓與能)은 '백성종성인지사(百姓從聖人之事)'를 뜻하는 말씀이다. '역유성인지도사언(易有聖人之道四焉)'⁽注⁾을 상기(想起)

한다면 백성여능(百姓與能)의 '여능(與能)'을 살펴 새기고 헤아려 가늠할 수 있다. 성인지도(聖人之道)의 네 가지[四]는 '이언자상기사(以言者尙其辭)-이동자상기변(以動者尙其變)-이제기자상기상(以制器者尙其象)-이복서자상기점(以卜筮者尙其占)'이다. 이와 같은 사도(四道)를 살펴 헤아려 따져 본다면 백성여능(百姓與能)의 '여능(與能)'이 풀이된다. 역(易)에 간직돼 있는 이 사도(四道)를 좇아 백성(百姓)도 역(易)의 64괘(卦)를 이용하여[以] 관상(觀象)하고 완사(玩辭)하며, 관변(觀變)하고 완점(玩占)하여 매사(每事)의 상생(祥眚) 즉 길흉지징(吉凶之徵)을 깊은 생각[慮]으로 궁구(窮究)할 수 있음이 곧 백성여능(百姓與能)의 '여능(與能)'인 것이다. 이러한 '여능(與能)'으로써 백성(百姓)도 성인(聖人)을 본받아[效] '수지래물자(遂知來物者)' 즉 드디어[遂] 백성(百姓)도 다가올[來] 일을[物] 알아차리는[知] 자(者)가 될 수 있음을 나타낸 말씀이 '백성여능(百姓與能)'이다. 그래서 백성(百姓)의 여능(與能)은 온갖 사물(事物)에 미치는 역(易)을 살피고[觀] 새겨[玩] 점(占)쳐 지변(知變)하여 지래(知來)하게 하는 통어(通語)가 된다.

註 역유성인지도사언(易有聖人之道四焉) 이언자상기사(以言者尙其辭) 이동자상기변(以動者尙其變) 이제기자상기상(以制器者尙其象) 이복서자상기점(以卜筮者尙其占) 시이(是以) 군자장유위야(君子將有爲也) 장유행야(將有行也) '변화의 이치를 아는 데[焉] 성인(聖人)의[之] 도가[道] 주역에[易] 네 가지가[四] 있다[有]. 역(易) 즉 변화지도(變化之道)를 써서[以] 말하는[言] 사람은[者] 괘효의[其] 말씀을[辭] 받든다[尙]. 역(易) 즉 변화지도(變化之道)를 써서[以] 행동하는[動] 사람은[者] 괘효의[其] 변화를[變] 받든다[尙]. 역(易) 즉 변화지도(變化之道)를 써서[以] 기물을[器] 만드는[制] 사람은[者] 괘효의[其] 짓을[象] 받든다[尙]. 역(易) 즉 변화지도(變化之道)를 써서[以] 점치는[卜筮] 사람은[者] 괘효의[其] 점을[占] 받든다[尙]. 성인(聖人)의 도(道) 네 가지를[是] 받들어 써[以] 군자는[君子] 나아가[將] 할 일을[爲] 취하는 것[有]이다[也]. 성인(聖人)의 도(道) 네 가지를[是] 받들어 써[以] 군자는[君子] 나아가[將] 행동을[行] 취하는 것[有]이다[也].'

456. 팔괘(八卦)의 고(告)

八卦以象告라. '팔괘는[八卦] 천수상(天垂象)의 짓을[象] 이용하여[以] 신
  팔 괘 이 상 고
모귀모(神謀鬼謀)를 알린다[告].'

여기서 팔괘(八卦)는 소성괘(小成卦)를 말하고, 이상(以象)의 '상(象)'은 소성괘(小成卦)를 이루는 괘획(卦畫) 즉 삼재(三才)의 효(爻) 즉 '삼효(三爻)'를 말한다. 소성괘(小成卦)의 삼효(三爻)는 삼재(三才) 즉 천지인(天地人)의 상(象)이다. 삼재(三才)의 짓[象]을 이용하여[以] 신모귀모(神謀鬼謀)를 팔괘(八卦)가 알려 준다[告]. 그러나 팔괘이상고(八卦以象告)의 '고(告)'는 결코 경고(警告)하지 않음을 명심(銘心)하게 한다. 왜냐하면 이상고(以象告)의 '고(告)'란 오로지 유상(有祥)의 고(告)이기 때문이다. 유상(有祥)의 '상(祥)'은 '길흉지징(吉凶之徵)' 즉 길흉(吉凶)의 낌새[徵]이지 결코 진술(陳述)하지 않는다. 그러므로 유상(有祥)의 고(告)는 진술(陳述)하여 말해 주지[語之] 않고, 오로지 낌새[徵]를 말할[言之] 뿐이다. 어지(語之)는 진술(陳述)하여 알려 주는 말[辭]이지만, 언지(言之)는 스스로 생각해 보라는 사(辭)이다. 여기서 이상(以象) 즉 '짓[象]을 이용함[以]'이란 오로지 스스로 관상(觀象)하라 함이다. 이는 스스로 자연[天地]의 짓[象]을 살펴보라[觀] 함이지 남이 해 놓은 관찰(觀察)을 흉내 짓하지 말라 함이다. '관상(觀象)하라-관효(觀爻)하라-관변(觀變)하라' 함을 스스로 하지 않고서는 팔괘이상고(八卦以象告)의 '고(告)'를 경청(傾聽)할 수 없는 것이다. 여기서 팔괘이상고(八卦以象告)의 '고(告)'가 '문언이이언기수명야(問焉而以言其受命也) 여향(如嚮)'과 같은 알림[告]임을 간파할 수 있다. 팔괘이상고(八卦以象告)의 '고(告)'는 오로지 '여향(如嚮)의 고(告)'인 것이다. 역(易)이 일방적으로 길흉(吉凶)을 고(告)해 주지 않고, 역(易)의 이상(以象) 즉 상(象)을 이용함[以]이란 향응(嚮應)과 같음[如]을 살펴 헤아려 가늠해야 스스로 경청(傾聽)할 수 있다는 말씀이 '팔괘이상고(八卦以象告)의

고(告)'이다. 그래서 팔괘(八卦)의 고(告)는 온갖 사물(事物)에 미치는 역(易)
을 살피고[觀] 새겨[玩] 점(占)쳐 지변(知變)하여 지래(知來)하게 하는 통어(通
語)가 된다.

🈯 문언이이언기수명야(問焉而以言其受命也) 여향(如嚮) 무유원근유심(無有遠近幽深)
수지래물(遂知來物) '괘(卦)의 말씀[辭]과 짓[象]과 변(變)과 점(占)을[焉] 묻고서
[問而], 그 물음을 이용하여[以] 군자가 나아가[將] 취할[有] 일[爲]과 행동[行]을 말하
는[言] 그것은[其] 괘(卦)의 가르침을[命] 수용하는 것[受]이다[也]. 그 수명(受命)은
마주하는 향응과[嚮] 같아[如] 군자(君子)의 수명(受命)에는 원근과[遠近] 유심을[幽
深] 취함이[有] 없어서[無] 군자(君子)는 마침내[遂] 다가올[來] 일들을[物] 알아차
린다[知].'

457. 효단(爻彖)의 언(言)

爻彖以情言이라. '효의[爻] 단은[彖] 실정[情]으로[以] 말한다[言].'
이는 대성괘(大成卦)의 효사(爻辭)를 밝히고 있다. 왜냐하면 이정언(以情
言)은 괘효사(卦爻辭)를 뜻하므로 대성괘(大成卦)를 일컫기 때문이다. 팔괘
(八卦)는 천지지상(天地之象)을 이용하여[以] 이정(以情)의 짓[象]을 고(告)할 뿐
팔괘(八卦)에는 이정(以情)의 말[言] 즉 괘효사(卦爻辭)가 없다. 그러나 대성
괘(大成卦)에는 이상(以象)의 고(告)와 더불어 이정(以情)의 언(言)도 갖추어
져 있다. 여기서 이정(以情)의 '정(情)'은 '사지진상(事之眞相)' 즉 '일의[事之]
참모습[眞相]'을 뜻한다. 대성괘(大成卦)가 갖추고 있는 이정(以情)의 언(言)
이 곧 성인(聖人)이 매어 둔[繫] 괘효사(卦爻辭)이다. 괘효사(卦爻辭)가 진술(陳
述)의 어지(語之)가 아니라 여향(如嚮)의 언지(言之)라고 함은 대성괘(大成卦)
의 괘효사(卦爻辭)가 '이정(以情)의 언(言)'이기 때문이다. 성인(聖人)이 매어
둔[繫] 괘효사(卦爻辭)란 사지진상(事之眞相)을 써서[以] 말할[言] 뿐이다. 이
렇기 때문에 괘효사(卦爻辭)를 청사(聽辭)하라고 하지 않고, 완사(玩辭)하라

고 하는 것이다. 말씀[辭]을 귀로 듣지[聽] 말고, 사려(思慮)로 말씀[辭]을 새김하라[玩]는 뜻을 살펴 헤아리고 따져 가늠해야 한다. 새김질[玩]은 스스로 해야지 남이 해 주지 못하는 법이다. 괘효사(卦爻辭)를 귀동냥하지 말라 함이 완사(玩辭)하라 함이다. 왜냐하면 괘효사(卦爻辭)는 실정(實情)을 이용하여[以] 말하는[言之] 말씀[辭]이기 때문이다. 이정언(以情言)의 '정(情)'은 '참 실(實)'과 같고, '언(言)'은 여향(如嚮)의 말하기[言之]와 같다. '효사(爻辭)와 나[吾]' 사이에 아무런 개입 없이 괘효사(卦爻辭)와 내[吾]가 밀담(密談)을 해야 통화(通話)가 이루어지는 말[辭]이 이정언(以情言)의 '언(言)'이다. 그리고 이정언(以情言)의 '정(情)'이 '참 실(實)'과 같다고 함은 '역무사야(易无思也) 무위야(无爲也) 적연부동(寂然不動) 감이수통천하지고(感而遂通天下之故) 비천하지지신(非天下之至神) 기숙능여어차(其孰能與於此)'〈註〉를 음미(吟味)해 보면 살펴 새기고 헤아려 따져 가늠할 수 있다. '이정언(以情言)'은 무위(無爲)-무사(無思)의 뜻[情]이므로 무사(無私)-무욕(無欲)-무아(無我)의 마음 가기[志]이고, 따라서 그 '뜻 정(情)'은 천하지지신(天下之至神) 즉 온 세상을[天下] 너 없이[至] 변화하게 하는 짓[神]을 이용하여[以] 말함[言]이 곧 효단(爻彖)임을 '효단이정언(爻彖以情言)'이 밝히고 있다. 그래서 효단(爻彖)의 언(言)은 온갖 사물(事物)에 미치는 역(易)을 살피고[觀] 새겨[玩] 점(占)쳐 지변(知變)하여 지래(知來)하게 하는 통어(通語)가 된다.

註 역무사야(易无思也) 무위야(无爲也) 적연부동(寂然不動) 감이수통천하지고(感而遂通天下之故) 비천하지지신(非天下之至神) 기숙능여어차(其孰能與於此) '역에는[易] 생각하여 꾀하고 걱정함이란[思] 없는 것[无]이고[也], 역(易)에는 작위가[爲] 없는 것[无]이다[也]. 역(易)은 고요해[寂然] 동요하지[動] 않고[不], 역(易)은 온 세상[天下]의[之] 일을[故] 느끼면서[感而] 모름지기[遂] 통한다[通]. 역(易)이 온 세상[天下]의[之] 지극한[至] 신통함이[神] 아닌 것이라면[非] 그[其] 무엇이[孰] 이[此]와[於] 함께할 수 있겠는가[能與]?'

603

458. 강유(剛柔)의 잡거(雜居)

剛柔雜居라. '괘(卦)에는 굳셈과[剛] 부드러움이[柔] 섞여[雜] 있다[居].'
강유잡거
이는 '육효상잡(六爻相雜)'을 상기(想起)시킨다. 물론 여기선 팔괘(八卦)의
강유잡거(剛柔雜居)와 대성괘(大成卦)의 강유잡거(剛柔雜居)를 밝히고 있으므
로, 삼효상잡(三爻相雜)과 육효상잡(六爻相雜)을 아울러 뜻하는 편이다. 소성
괘(小成卦)에는 삼효(三爻)가 잡거(雜居)하지만, 대성괘(大成卦)에는 육효(六爻)
가 잡거(雜居)한다. 소성괘(小成卦) 즉 팔괘(八卦)의 삼효(三爻)는 삼재(三才)를
밝히고, 대성괘(大成卦)의 육효(六爻) 또한 삼재(三才) 즉 천지인(天地人)을 밝
힌다. 역(易)에서 그 삼재(三才)가 천도(天道)의 음양(陰陽)-지도(地道)의 강유
(剛柔)-인도(人道)의 인의(仁義)이다. 강유잡거(剛柔雜居)라 함은 음양잡거(陰
陽雜居)를 암시(暗示)하고, 또한 인의잡거(仁義雜居)를 포함(包含)하는 말씀임
을 명심(銘心)해야 한다. 강유잡거(剛柔雜居)의 '잡거(雜居)'는 상주(常住)하는
잡거(雜居)가 아니라 누천(屢遷)하는 잡거(雜居)임을 상기(想起)한다면, 강유
잡거(剛柔雜居)란 일음일양(一陰一陽)-생생(生生)을 뜻함을 간파(看破)할 수 있
고, 대성괘(大成卦)에서 육효(六爻)가 중(中)-정(正)-응(應)-비(比)로써 상관
(相關)하고 있는 것이다. 강유잡거(剛柔雜居)의 '잡거(雜居)'로써 괘효(卦爻)의
'상(象)과 사(辭)'가 온 세상[天下] 뜻[志]의 깊이[深]를 살펴[觀] 새기고[玩] 헤
아려[擬] 가늠하게[斷] 하고[占], 온 세상 변화[變]의 기밀[幾]을 관완(觀玩)-
의단(擬斷)하게 하며[占], 자연[天地]이 변화(變化)하게 하는 짓[神]을 점쳐[占]
지래(知來) 즉 다가옴[來]을 알아차리게[知] 하는 것이다. 그래서 강유(剛柔)
의 잡거(雜居)는 온갖 사물(事物)에 미치는 역(易)을 살피고[觀] 새겨[玩] 점
(占)쳐 지변(知變)하여 지래(知來)하게 하는 통어(通語)가 된다.

459. 길흉(吉凶)의 견(見)

吉凶可見矣라. '그 잡거(雜居)에서 길흉이[吉凶] 살펴질 수 있는 것[可見]
길 흉 하 견 의
이다[矣].'

　이는 대성괘(大成卦)의 잡거(雜居)하는 괘효상(卦爻象)을 관상(觀象)하고, 따라서 괘효사(卦爻辭)를 완사(玩辭)한다면 길흉지사(吉凶之事)를 살펴 찾아낼 수 있음을 밝히고 있다. 길흉가견(吉凶可見)의 '견(見)'은 '변길흉자존호사(辯吉凶者存乎辭)'㊟를 상기(想起)한다면 변길흉(辯吉凶)의 '변(辯)'이며, 동시에 존호사(存乎辭)의 '존(存)'을 함께 뜻함을 간파(看破)할 수 있다. 길흉(吉凶)이란 득실지상(得失之象) 즉 얻거나[得] 잃는[失之] 짓[象]이므로, 그 득실(得失)을 밝힘[辯]은 성인(聖人)이 괘효(卦爻)에 매어 둔[繫] 사(辭)에 있음[存]을 살펴 찾아냄이 곧 길흉가견(吉凶可見)의 '견(見)'이다. 물론 길흉가견(吉凶可見)의 '견(見)'은 무사(無私)-무욕(無欲)-무아(無我)의 관상(觀象)과 완사(玩辭)로써만 변길흉(辯吉凶)할 수 있다. 무사(無私)-무욕(無欲)-무아(無我)의 '살핌[見]'이 아니라면 존호사(存乎辭) 즉 괘효사(卦爻辭)에[乎] 있는[存] 길흉(吉凶)을 찾아낼 수 없기 때문에 견색(見賾)하라고 하는 것이다. 견색(見賾)의 '색(賾)'이란 무사(無思)-무위(無爲)의 심지(心志)라야 찾아낼 수 있는 은밀(隱密)한 것을 말한다. 존호사(存乎辭)에 길흉(吉凶)이 살펴질 수 있다[可見]해도 그 길흉(吉凶)은 견색(見賾)의 '색(賾)'이기 때문에 무사(無私)-무욕(無欲)-무아(無我)의 심지(心志)로써만 살필 수 있음을 '길흉가견의(吉凶可見矣)'라고 밝힌 것이다. 그래서 길흉(吉凶)의 견(見)은 온갖 사물(事物)에 미치는 역(易)을 살피고[觀] 새겨[玩] 점(占)쳐 지변(知變)하여 지래(知來)하게 하는 통어(通語)가 된다.

註 변길흉자존호사(辯吉凶者存乎辭) 좋음과[吉] 나쁨을[凶] 밝혀 주는[辯] 것은[者] 말씀[辭]에[乎] 있다[存].

460. 변동(變動)의 언(言)

變動以利言이라. '변동은[變動] 의로움의 어울림을[利] 이용하여[以] 말한다[言].'

이는 괘효사(卦爻辭)가 길흉(吉凶)을 어떻게 말하고 있는지 밝히고 있다. 여기서 괘효사(卦爻辭)가 이리(以利) 즉 '이(利)를 이용하여[以]' 변길흉(辯吉凶) 즉 길흉(吉凶)을 밝혀 줌[辯]을 새겨 헤아려볼 수 있게 한다. 변동이리언(變動以利言)에서 이리(以利)의 '이(利)'는 「문언전(文言傳)」 '건괘문언(乾卦文言)'에 나오는 '이자의지화야(利者義之和也) (……) 이물족이화의(利物足以和義)'를 상기(想起)시킨다. 여기서 이리(以利)의 '이(利)' 즉 '이로움[利]'이 무사(無私)-무욕(無欲)-무아(無我)의 사려(思慮)라면, 괘효사(卦爻辭)가 말하는[言] 변동(變動)을 완사(玩辭)하여 지래(知來)할 수 있음이고, 그렇지 않고 행험(行險)-요행(徼倖)의 모사(謀事)라면 괘효사(卦爻辭)가 말하는[言] 변동(變動)을 완사(玩辭)할 수 없어서 지래(知來)할 수 없음을 뜻한다. 매사(每事)에 길흉(吉凶)의 득실(得失)은 언제나 공평(公平)하고 무사(無私)하게 드러남이 이리(以利)의 '이(利)' 즉 의지화(義之和)'이기 때문이다. 이를 '변동이리언(變動以利言)'이라고 밝힌 것이다. 그래서 변동(變動)의 언(言)은 온갖 사물(事物)에 미치는 역(易)을 살피고[觀] 새겨[玩] 점(占)쳐 지변(知變)하여 지래(知來)하게 하는 통어(通語)가 된다.

註 이자의지화야(利者義之和也) (……) 이물족이화의(利物足以和義) '이로움이라는 [利] 것은[者] 옳음을[義之] 조화함[和]이다[也]. (중략) 사물의[物] 이로움을[利] 이용하여[以] 옳음을[義] 조화할[和] 수 있다[足].'

461. 길흉(吉凶)의 천(遷)

　　吉凶以情遷이라. '길흉은[吉凶] 역(易)의 참뜻을[情] 이용하여[以] 옮겨진다[遷].'

　　이는 '팔괘정길흉(八卦定吉凶) 길흉생대업(吉凶生大業)'을 환기(喚起)한다면 대성괘(大成卦)가 길흉(吉凶)을 밝히고 있음을 뜻하는 말씀이다. 길흉이정천(吉凶以情遷)에서 이정(以情)의 '정(情)'은 '역지정(易之情)' 즉 '역(易)의 참뜻[情]'을 말함이다. 그리고 길흉이정천(吉凶以情遷)의 '이정(以情)'을 살펴 새긴다면, '길흉(吉凶)의 옮김[遷]'에는 결코 인간의 사정(私情)이 깃들 수 없음을 간파(看破)할 수 있다. 사(事) 그 자체에서 길흉(吉凶)이 생기는 것이 아니라 사람의 '사욕(私欲)' 탓으로 매사(每事)에서 길흉(吉凶)이 생길 뿐이다. 그렇게 생기는 길흉(吉凶)은 인간의 소욕(所欲)대로 조정(調整)될 수 없고 조작(造作)될 수도 없음을 '팔괘정길흉(八卦定吉凶)'으로써 밝혔다. 이렇기 때문에 '팔괘정길흉(八卦定吉凶)의 정(定)'을 저마다 스스로 새겨 헤아리고 가늠해야 하는 것이다. '팔괘(八卦)가 길흉(吉凶)을 정(定)한다'라고 함은 '팔괘(八卦)가 인간에게 길흉(吉凶)을 정해 준다'는 것이 아니라 '인간이 팔괘(八卦)의 도(道)를 좇아 따르면[順] 길(吉)이 정(定)해지고, 외면하고 어기면[逆] 흉(凶)이 정(定)해진다'는 말씀이다. 이렇게 가늠하고 '팔괘정길흉(八卦定吉凶) 길흉생대업(吉凶生大業)'을 환기(喚起)한다면 길흉이정천(吉凶以情遷)에서 이정(以情)의 '정(情)'을 새겨 헤아려 가늠할 수 있게 된다. 팔괘정길흉(八卦定吉凶)이란 팔괘(八卦)가 길흉(吉凶)을 판시(判示)해 줌을 말한다. 팔괘(八卦) 즉 소성괘(小成卦)의 삼효(三爻)는 누천(屢遷)하지 않고 정위(定位)하고 있기 때문에 따라서 길흉(吉凶)도 정(定)해져 있다. 그러나 대성괘(大成卦)에서는 육효(六爻)가 누천(屢遷)하면서 중정응비(中正應比)로써 상관(相關)하기 때문에 길흉(吉凶)도 따라서 옮겨진다[遷]. 이러한 대성괘(大成卦)에서 육효(六爻)의 누천(屢遷)은 이정(以情)의 누천(屢遷)임을 명심해야 한다. 대성괘(大成卦)에서 육효(六爻)의 이어지는[屢] 옮김[遷]이란 사람의 바람[欲]대로 될 수 없음을 밝혀 길흉이정천(吉凶以情遷)이라고 밝힌 것이다. 그래서 길흉(吉凶)의 천(遷)은 온갖 사물(事物)에 미치는 역(易)을 살피고[觀] 새겨[玩] 점(占)쳐 지변(知變)하여 지래(知來)하게 하는 통어(通語)가 된다.

註 팔괘정길흉(八卦定吉凶) 길흉생대업(吉凶生大業) '팔괘는[八卦] 길흉을[吉凶] 정하고[定], 길흉이[吉凶] 대업을[大業] 낳는다[生].'

462. 애오(愛惡)의 상공(相攻)

愛惡相攻이라. '좋아함과[愛] 싫어함이[惡] 서로[相] 부딪친다[攻].'

이는 마음속[心中]에서 생기는[生] 길흉지사(吉凶之事)를 밝힌 것이다. 애오(愛惡)는 늘 심중(心中)에서 상공(相攻)한다. 그 '상공(相攻)'은 '상마(相摩)-상충(相衝)' 등과 같다. 좋아함[愛]과 싫어함[惡]이 서로[相] 부딪침[攻]이란 심중(心中)의 갈등(葛藤)을 말하는 것이다. 이러한 애오상공(愛惡相攻)을 살펴 터득하자면 군자지도(君子之道)와 소인지도(小人之道)를 견주어 상찰(詳察)해 애오상공(愛惡相攻)이 '길흉생(吉凶生)'으로 이어지는 연유(緣由)를 새겨 헤아려 가늠할 수 있다. 『중용(中庸)』에 나오는 '군자지도암연이일장(君子之道闇然而日章) 소인지도적연이일망(小人之道的然而日亡)'[1]을 상기(想起)한다면, 군자(君子)는 늘 신독(愼獨)하여 애오상공(愛惡相攻)을 진압(鎭壓)하고자 하고, 소인(小人)은 그 상공(相攻)을 치열(熾烈)하게 자초(自招)함을 알아차릴 수 있다. 군자(君子)는 늘 성인(聖人)의 삶을 본받아[效] 무욕(無欲)-무사(無私)-무아(無我)'[2]의 삶을 좇아 대명(待命)하여 '애오상공(愛惡相攻)'을 벗어나고자 한다. 성인(聖人)의 삶은 『노자(老子)』 29장(章)에 나오는 '거심(去

甚) 거사(去奢) 거태(去泰)'[註3]의 삶이고, 이런 성인(聖人)의 삶을 본받는[法] 삶이란『노자(老子)』67장(章)에 나오는 '검(儉) 자(慈) 불감위천하선(不敢爲天下先)'이라는 삼보(三寶)의 삶이다. 이러한 성인(聖人)의 삶을 본받아[效] 일구어 가는 삶을 일러 '거이(居易)'라 한다. 편안한 마음으로 산다[居易] 함은 애오상공(愛惡相攻)을 벗어난 삶이고, 그런 삶에서는 길흉지사(吉凶之事)가 생기지 않는다. 일망(日亡)의 삶에 길흉(吉凶)이 생기지만 일장(日章)의 삶이란 '길흉생(吉凶生)'을 벗어난 평정(平靜)한 삶이다. 군자(君子)의 삶이 평정(平靜)함은 애오상공(愛惡相攻)하면 길흉생(吉凶生)함을 깨우쳤기 때문이다. 이 또한 변화지도(變化之道)를 알아서[知] 누리는 '지래(知來)의 삶'이다. 그래서 애오(愛惡)의 상공(相攻)은 온갖 사물(事物)에 미치는 역(易)을 살피고[觀] 새겨[玩] 점(占)쳐 지변(知變)하여 지래(知來)하게 하는 통어(通語)가 된다.

註 1. 군자지도암연이일장(君子之道闇然而日章) 소인지도적연이일망(小人之道的然而日亡) '군자(君子)의[之] 도는[道] 어둑해도[闇然而] 날로[日] 밝아지고[章], 소인(小人)의[之] 도는[道] 뚜렷해도[的然而] 날로[日] 어둡다[亡].'

註 2. 자절사(子絶四) 무의(毋意) 무필(毋必) 무고(毋固) 무아(無我) '공자께서는[子] 네 가지를[四] 끊었다[絶]. 자의가[意] 없고[毋], 기필함이[必] 없으며[毋], 고집함이[固] 없고[毋], 독존이[我] 없다[毋].'

註 3. 천하신기(天下神器) 불가위야(不可爲也) 불가집야(不可執也) 위자패지(爲者敗之) 집자실지(執者失之) 범물혹행혹수(凡物或行或隨) 혹허혹취(或歔或吹) 혹강혹약(或强或弱) 혹재혹휴(或載或隳) 시이(是以) 성인거심(聖人去甚) 거사(去奢) 거태(去泰) '세상은[天下] 쉼 없이 변화하는[神] 그릇이라[器] 다룰[爲] 수 없는 것[不可]이다[也]. 다루려는[爲] 사람은[者] 실패하고[敗之], 잡으려는[執] 사람은[者] 실패한다[失之]. 무릇[凡] 사물은[物] 나아가기도 하고[或行] 따라가기도 하며[或隨], 들이쉬기도 하고[或歔] 내쉬기도 하며[或吹], 강하기도 하고[或强] 약하기도 하며[或弱], 위에 실리기도 하고[或載] 아래로 떨어지기도 한다[或隳]. 이렇기[是] 때문에[以] 성인은[聖人] 격심함을[甚] 버리고[去] 사치함을[奢] 버리고[去] 교만함을[泰] 버린다[去].'

463. 원근(遠近)의 상취(相取)

遠近相取라. '먼 것과[遠] 가까운 것이[近] 서로[相] 취해진다[取].'
이는 마음속[心中]에서 생기는[生] 회린지사(悔吝之事)이고 '회린생(悔吝生)'은 흉사(凶事)를 깨우침으로 말미암음이다. 원사(遠事) 즉 멀리할[遠] 일[事]과 근사(近事) 즉 가까이할[近] 일[事]을 변별(辨別)하지 못했음을 깨우치고 회린(悔吝)함은 과이불개(過而不改)의 허물을 벗어날 수 있음을 말한다. 멀리할 것[遠者]을 멀리하고[遠] 가까이할 것[近者]을 가까이한다[近]고 하면 원근(遠近)의 것들이 상취(相取)할 리 없다. 멀리 할 것을 멀리 하고 가까이 할 것을 가까이 한다면 원근상리(遠近相離)일 터이지 원근상취(遠近相取)일 리 없기 때문이다. 원자(遠者)를 가까이했고[近] 근자(近者)를 멀리했기[遠]에 원근(遠近)이 서로[相] 취(取)해 회린지사(悔吝之事)가 생기는 것이다. 원자(遠者)를 원(遠)하고 근자(近者)를 근(近)했다면 뉘우치고[悔] 한스러워하지[吝] 않아도 된다. 원(遠)해야 할 것을 가까이하고[近] 근(近)해야 할 것을 멀리했기[遠]에 회린(悔吝)하는 일이 빚어진다. 원근(遠近)을 변별(辨別)하여 원자(遠者)를 멀리하고[遠] 근자(近者)를 가까이[近]한다면 회자(悔者)가 생길 리 없다. 다만 무엇이 원자(遠者)이고 무엇이 근자(近者)인지 아느냐[知] 모르느냐[不知]에 달려 있을 뿐이다. 분명한 것은 순역(順易)을 근자(近者)로 삼고 배역(背易)을 원자(遠者)로 삼아 역(易)을 따름[順]을 좋아하고[愛], 역(易)을 어김[背]을 싫어한다[惡]면 회자(悔者)가 생길 리 없다. 뉘우칠 일[悔者]이 없다면 인자(吝者) 즉 한스러워할[吝] 것[者]도 없다. 그러나 회린(悔吝)이 생긴다[生]면 멀리할 것[遠者]인 배역(背易)을 가까이했음[近]이고, 가까이할 것[近者]인 순역(順易)을 멀리했음[遠]이다. 여기서 원근상취(遠近相取)의 '상취(相取)'란 미혹(迷惑) 바로 그것임을 간파(看破)할 수 있으며, 이를 원근상취(遠近相取)라고 밝힌 것이다. 그래서 원근(遠近)의 상취(相取)는 온갖 사물(事物)에 미치는 역(易)을 살피고[觀] 새겨[玩] 점(占)쳐 지변(知變)하여 지래(知來)하게 하는 통어(通語)가 된다.

464. 정위(情僞)의 상감(相感)

情僞相感이라. '참과[情] 거짓이[僞] 서로[相] 느껴진다[感].'
　정위상감

이는 원근상취(遠近相取)를 풀이한[紬繹] 말씀이다. 정위상감(情僞相感)은 원근상취(遠近相取)의 '원근(遠近)'을 '정위(情僞)'로 헤아려 살펴보게 하기 때문이다. 정위상감(情僞相感)의 상감(相感)은 원근상취(遠近相取)의 상취(相取)를 거듭 분명하게 풀이해 주고 있다. 서로 취함[相取]이란 서로 느낌[相感]인 것이다. 이러한 상취(相取)-상감(相感)이란 인간의 마음속[心中]에서 생기지[生] 일[事] 자체에서 생기는 것은 아니다. 나아가 원근상취(遠近相取)로 말미암은 회린생(悔吝生)이 정위상감(情僞相感)으로 말미암은 이해생(利害生)을 이용하여[以] 보다 분명하게 주역(紬繹)되고 있다. 그러므로 정위상감(情僞相感)은 일[事]의 길흉(吉凶)이 회린(悔吝)으로 드러나면 무엇이 참뜻[情]이고 무엇이 거짓[僞]인지 터득하게 해 준다. 멀리해야 할 것[遠者]을 원자(遠者)로 느끼고[感], 가까이해야 할 것[近者]을 근자(近者)로 느낀다[感]면 그런 감(感)은 참뜻[情]을 느낌[感]이다. 그러나 원자(遠者)를 근자(近者)로 느끼고[感], 근자(近者)를 원자(遠者)로 느낀다[感]면 그런 감(感)은 거짓[僞]이다. 참뜻[情]을 가까이하고[近] 거짓[僞]을 멀리해야[遠] 한다는 것은 누구나 다 한다. 그러나 인간이 '정(情)'을 '위(僞)'로 여기고, '위(僞)'를 '정(情)'으로 여기는 미혹(迷惑)이 생겨나는 것은 인간의 사욕(私欲)이 '애오상공(愛惡相攻)-원근상취(遠近相取)하게 하기' 때문임을 정위상감(情僞相感)이라고 밝힌 것이다. 그래서 정위(情僞)의 상감(相感)은 온갖 사물(事物)에 미치는 역(易)을 살피고[觀] 새겨[玩] 점(占)쳐 지변(知變)하여 지래(知來)하게 하는 통어(通語)가 된다.

465. 역(易)의 정(情)

凡易之情近而不得 則凶이라. '무릇[凡] 역(易)의[之] 참을[情] 가까이하지를[近而] 못한다면[不得] 곧장[則] 흉해진다[凶].'

이는 '길흉생(吉凶生)'의 까닭을 주역(紬繹)해 주고 있다. '범역지정근이부득(凡易之情近而不得) 즉흉(則凶)'은 곧 '득근범역지정(得近凡易之情) 즉길(則吉)'을 살펴 헤아려 가늠하게 하기 때문이다. 범역지정근이부득(凡易之情近而不得)에서 '부득(不得)'은 '획득하고자 노력하지 않음'을 뜻한다. 역지정(易之情)을 가까이하기를 애쓰지 않는다면 매사(每事)에서 흉(凶)함이 생기고 만다. 역지정(易之情)의 '정(情)' 즉 '역(易)의 참뜻[情]'은 '일음일양지위도(一陰一陽之謂道) 계지자선야(繼之者善也) 성지자성야(成之者性也)'[1]를 상기(想起)하고 '역무사야(易无思也) 무위야(无爲也)'[2]를 떠올린다[想起]면 살펴[觀] 새기고[玩] 헤아려[擬] 가늠할[斷] 수 있다. 성(性)-선(善)-무사(无思)-무위(无爲) 이 네 말씀은 역지정(易之情) 즉 '역의[易之] 참뜻[情]'을 밝힌 말씀이다. 물론 역지정(易之情)이란 애써 얻지 않으면 획득되지 않는다. 그 정(情)이란 선(善)-성(性)-무사(无思)-무위(无爲)인 까닭이다. 그래서 자연[天地]은 역지정(易之情)을 쉽사리 드러내지 않고 덮어 둔다[冒]. '부역개물성무(夫易開物成務) 모천하지도(冒天下之道)'[3]라는 말씀을 상기(想起)한다면 '역지정(易之情)을 애써 획득(獲得)해야 하는 까닭'을 간파할 수 있다. 나아가 천하지도(天下之道)를 성인(聖人)이 견색(見賾)해 온 세상의 뜻[天下之志]을 통하게 하고, 온 세상의 일[天下之業]을 정하고, 온 세상의 의심[天下之疑]을 판단하게

하는 역(易)을 지었음[作] 또한 '역지정(易之情)'을 애써 획득(獲得)하게 함이
다. 그래서 역(易)의 정(情)은 온갖 사물(事物)에 미치는 역(易)을 살피고[觀]
새겨[玩] 점(占)쳐 지변(知變)하여 지래(知來)하게 하는 통어(通語)가 된다.

註 1. 일음일양지위도(一陰一陽之謂道) 계지자선야(繼之者善也) 성지자성야(成之者性
也) '한 번은 음이고[一陰] 한 번은 양인 것[一陽], 그것을[之] 역(易)의 도라고[道]
한다[謂]. 역(易)의 도(道)를[之] 계승하는[繼] 것이[者] 선(善)이고[也], 역(易)의
도(道)를[之] 이루는[成] 것이[者] 성(性)이다[也].'

註 2. 역무사야(易无思也) 무위야(无爲也) '역에는[易] 사욕(私欲)을 생각함이[思] 없는
것[无]이고[也], 사욕(私欲)을 위함이[爲] 없는 것[无]이다[也].'

註 3. 부역개물성무(夫易開物成務) 모천하지도(冒天下之道) '무릇[夫] 역은[易] 온갖 것
을[物] 개통하여[開] 일을[務] 이루고[成], 온 세상[天下]의[之] 이치를[道] 역(易)
이 덮어 둔다(冒).'

466. 역지정(易之情)

或害之 悔且吝이라. '어떤 이라도[或] 역(易)의 참뜻[情]을[之] 해치면
혹 해 지 회 차 린
[害] 곧 뉘우치고[悔] 또[且] 한스럽게 된다[吝].'

　이는 애오상공(愛惡相攻)의 '상공(相攻)'과 원근상취(遠近相取)의 '상취(相
取)', 그리고 정위상감(情僞相感)의 '상감(相感)'등이 결국 '득근역지정(得近易
之情)'을 해(害)함을 헤아려 가늠하게 한 말씀이다. 왜 애오(愛惡)가 서로[相]
공격하면[攻] 길흉(吉凶)이 생겨[生] 뉘우치고[悔] 또[且] 한스럽게 되는[吝]
것인가? 원근(遠近)이 서로[相] 취하면[取] 그 또한 뉘우치고[悔] 또[且] 한스
럽게 되는[吝] 것인가? 정위(情僞)가 서로[相] 느끼면[感] 그 역시 뉘우치고
[悔] 또[且] 한스럽게 되는[吝] 것인가? 그 까닭을 밝혀 '혹해지(或害之)'라고
밝힌 것이다. 누구든 역지정(易之情) 즉 역(易)의 참뜻[情]을 해(害)하면 매사
(每事)에서 회차린(悔且吝) 즉 후회(後悔)하고[悔] 또[且] 한스럽게 되는[吝] 까

613

닭을 군자(君子)는 사무쳐 알기[知] 때문에 외성인지언(畏聖人之言) 즉 성인
의 말씀[聖人之言]을 두려워하고[畏] 거이(居易)하며 대명(待命) 즉 천명(天命)
을 받잡는다[待]. 그러나 소인(小人)은 역지정(易之情)을 해(害)하면 매사(每
事)에서 후회(後悔)하고[悔] 또[且] 한스럽게 되는[吝] 까닭을 모르기[不知] 때
문에 압성인지언(狎聖人之言) 즉 성인의 말씀[聖人之言]을 업신여기고[狎] 행
험(行險)하며 요행(徼倖) 즉 요행(僥倖)을 바란다[徼]. 이를 '혹해지(或害之) 회
차린(悔且吝)'이라고 밝힌 것이다. 그래서 역지정(易之情)과 회차린(悔且吝)은
온갖 사물(事物)에 미치는 역(易)을 살피고[觀] 새겨[玩] 점(占)쳐 지변(知變)
하여 지래(知來)하게 하는 통어(通語)가 된다.

467. 장반자(將叛者)의 사(辭)

將叛者其辭慙이라. '역지정(易之情)을 배반하려는[將叛] 사람[者], 그런
자의[其] 말은[辭] 구차스럽다[慙].' 장반자(將叛者)는 장반역지정자(將叛易之
情者)를 말한다. 역(易)의 참뜻[情]을 배반하는 자(者)란 불선(不善)-부덕(不
德)하여 본성(本性)을 지키지[守] 못하는 자(者)이다. 역지정(易之情)을 배반
하려는[將叛] 사람[者]은 애오상공(愛惡相攻)-원근상취(遠近相取)-정위상감(情
僞相感)하여 역(易)의 참뜻[情]을 가까이할[近] 줄 모르는[不知] 소인(小人)이
다. 불선(不善)하고 부덕(不德)하기 때문에 배역(背易)하면서도 그런 줄 모르
고 거짓말[詐]을 일삼아 장반자(將叛者)의 말[辭]은 성인(聖人)의 말씀[言]을
얕보고[侮] 무기탄(無忌憚) 즉 거리낌[忌憚] 없이[無] 거짓부렁[僞]을 일삼는
다. 이를 두고 '소인반중용(小人反中庸)'이라고 한다. 소인(小人)은 중용(中庸)
을 어긴다[反]. 왜냐하면 장반자(將叛者) 같은 소인(小人)은 선(善)하고 후덕
(厚德)함이 곧 궁즉변(窮則變)-변즉통(變則通)-통즉구(通則久)가 되게 하는 역

지정(易之情)임을 알지 못하기 때문이다. 그래서 역지정(易之情)을 어기려는[將叛] 장반자(將叛者)의 말[辭]은 불선(不善)하고 부덕(不德)하여 구차스럽다[慙]. '참(慙)'이란 언제나 흉(凶)하다. 그래서 장반자(將叛者)의 사(辭)는 온갖 사물(事物)에 미치는 역(易)을 살피고[觀] 새겨[玩] 점(占)쳐 지변(知變)하여 지래(知來)하게 하는 통어(通語)가 된다.

468. 중심의자(中心疑者)의 사(辭)

中心疑者其辭枝라. '마음속으로[中心] 역지정(易之情)을 의심하는[疑] 사람[者], 그런 자의[其] 말은[辭] 구구하다[枝].'

중심의자(中心疑者)는 역지정(易之情)을 의심하는 사람이다. 역지정(易之情)을 의심하는[疑] 사람[者]은 선(善)-성(性)을 의혹(疑惑)하여 천명(天命)을 모압(侮狎)하기를 마다하지 않는다. 이런 중심의자(中心疑者) 역시 장반자(將叛者)와 같이 애오상공(愛惡相攻)-원근상취(遠近相取)-정위상감(情僞相感)하여 역(易)의 참뜻[情]을 가까이할[近] 줄 모르는[不知] 소인(小人)이다. 선(善)-성(性)을 불신(不信)하기 때문에 불선(不善)-부덕(不德)을 망설이지 않으면서 이래저래 변덕을 일삼는다. 궁즉변(窮則變)-변즉통(變則通)-통즉구(通則久)가 되게 하는 역지정(易之情)임을 의혹(疑惑)하는 사람은 궁색(窮塞)함과 통변(通變)함을 나누어 생각할 줄 모른다. 그래서 중심의자(中心疑者) 역시 거리낌 없이 반중용(反中庸)을 범하면서 배역(背易)을 일삼으면서 자기(自欺)를 부끄러워할 줄 모른다. 이 핑계 저 핑계 대면서 모면하기를 일삼고, 하늘이 무서운 줄 모르는 중심의자(中心疑者)는 스스로 자신[自]을 속이고[欺] 사는 줄 몰라 늘 말[辭]이 흩어져[散] 줄기를 잡지 못해 자신을 흉(凶)하게 한다. 그래서 중심의자(中心疑者)의 사(辭)는 온갖 사물(事物)에 미치는 역(易)을 살피고[觀] 새겨[玩] 점(占)쳐 지변(知變)하여 지래(知來)하게 하는 통어(通語)가 된다.

469. 길인(吉人)의 사(辭)

吉人之辭寡라. '길한[吉] 사람[人]의[之] 말은[辭] 적다[寡].'
길인지사과(吉人之辭寡)에서 '길인(吉人)'은 '득근역지정자(得近易之情者)' 즉 역의(易之) 참뜻을[情] 가까이할 수 있는[得近] 사람[者]이다. 길인(吉人)은 곧 선인(善人)이고, 따라서 군자(君子)이다. 이런 길인(吉人)은 천명(天命)을 두려워하고[畏] 대인(大人)을 외(畏)하여 성인(聖人)의 말씀[言]을 두려워해야[畏] 하는 까닭을 안다. 그래서 길인지사(吉人之辭)의 '과(寡)'는『논어(論語)』「이인(里仁)」에 나오는 '군자욕눌어언(君子欲訥於言)'^{彫1}과「계씨(季氏)」에 나오는 '언사충(言思忠)'^{彫2}을 상기(想起)시키고,『노자(老子)』56장(章)의 '지자불언(知者不言) 언자부지(言者不知)'^{彫3}를 일깨워 준다[想起]. 길인(吉人)일수록 말수가 적다[寡]. 길인(吉人)은 늘 역(易)의 참뜻[情]을 가까이하기[近] 때문에 길사(吉事)가 뒤따르고 세상의 마음을 얻는다. 왜냐하면 길인(吉人)은 길사유상(吉事有祥)의 참뜻[情]을 사무치고 있기 때문이다. 좋은 일[吉事]에도 상(祥) 즉 길흉지징(吉凶之徵)이 있음[有]을 길인(吉人)은 늘 알고 매사(每事)를 연저려[硏諸慮] 즉 깊은 생각[慮]으로 길흉의 깸새[吉凶之徵]를 연구하기[硏]를 게을리 하지 않아 늘 길인(吉人)의 무거운 입을 '과(寡)'라 한다. 길인(吉人)의 '과(寡)'는 늘 길(吉)하다. 그래서 길인(吉人)의 사(辭)는 온갖 사물(事物)에 미치는 역(易)을 살피고[觀] 새겨[玩] 점(占)쳐 지변(知變)하여 지래(知來)하게 하는 통어(通語)가 된다.

註 1. 군자욕눌어언(君子欲訥於言) '군자는[君子]는 말하기[言]에[於] 어눌하기를[訥] 바

란다[欲].'

註 2. 언사충(言思忠) '말할 때는[言] 성실함을[忠] 생각한다[思].'

註 3. 지자불언(知者不言) 언자부지(言者不知) 도(道)를 아는[知] 사람은[者] 도(道)를 말하지 않고[不言] 도(道)를 모르는[不知] 사람이[者] 도(道)를 말한다[言].'

470. 조인(躁人)의 사(辭)

躁人之辭多라. '조급한[躁] 사람[人]의[之] 말은[辭] 많다[多].'
조인지사다(躁人之辭多)에서 '조인(躁人)'은 '부득근역지정자(不得近易之情者)' 즉 역의[易之] 참뜻을[情] 가까이하지 못하는[不得近] 사람[者]이다. 조인(躁人)은 곧 소인(小人)이다. 이런 조인(躁人)은 천명(天命)을 얕보고[侮] 대인(大人)을 모(侮)하여 성인(聖人)의 말씀[言]을 두려워해야[畏] 하는 까닭을 몰라 그 입이 경박(輕薄)하다. 그래서 조인지사(躁人之辭)의 '다(多)'는 『논어(論)』「계씨(季氏)」에 나오는 '언미급지이언위지조(言未及之而言謂之躁)'를 상기(想起)시킨다. 조인(躁人)은 경박(輕薄)해 말수가 많다[多]. 조인(躁人)은 늘 조급(躁急)해 역(易)의 참뜻[情]을 가까이하지[近] 못해 길사유상(吉事有祥)의 참뜻[情]을 사무치지 못해 입이 늘 가볍다. 좋은 일[吉事]에도 상(祥) 즉 길흉지징(吉凶之徵)이 있음[有]을 조인(躁人)은 알지 못해 매사(每事)를 연저려(硏諸慮) 즉 깊은 생각[慮]으로 길흉의 깸새[吉凶之徵]를 연구하기[硏]를 게을리하기는커녕 그런 생각조차 낼 줄 몰라 가볍게 입놀림이 자자해 조인(躁人)의 가벼운 입을 '다(多)'라 한다. 조인(躁人)의 '다(多)'는 흉(凶)하다. 그래서 조인(躁人)의 사(辭)는 온갖 사물(事物)에 미치는 역(易)을 살피고[觀] 새겨[玩] 점(占)쳐 지변(知變)하여 지래(知來)하게 하는 통어(通語)가 된다.

註 공자왈(孔子曰) 대어군자유삼건(待於君子有三愆) 언미급지이언위지조(言未及之而

言謂之躁) 언급지이불언위지은(言及之而不言謂之隱) 미견안색이언위지고(未見顔色而言謂之瞽) '공자께서[孔子] 말했다[曰]. 윗사람[君子]을[於] 모시는 데[待] 세 가지[三] 허물이[愆] 있다[有]. 윗사람의 말이[言] 자기에게[之] 미치지도 않았는데[未及而] 입을 여는[言] 그것을[之] 조급함이라[躁] 하고[謂], 윗사람의 말이[言] 자기에게[之] 미쳤는데도[及而] 대꾸하지 않는[不言] 그것을[之] 속을 감춤이라[隱] 하며[謂], 윗사람의 안색을[顔色] 살피지도 않고서[未見而] 대꾸하는[言] 그것을[之] 눈뜬 봉사라[瞽] 한다[謂].'

471. 무선지인(誣善之人)의 사(辭)

誣善之人其辭游라. '선을[善] 속이는[誣之] 사람[人] 그런 자의[其] 말은[辭] 부질없이 뜬다[游].'

무선지인기사유(誣善之人其辭游)에서 '무선지인(誣善之人)'은 '부득근역지정자(不得近易之情者)' 즉 역의[易之] 참뜻을[情] 가까이하지 않는[不得近] 사람[者]이다. 무선지인(誣善之人)은 사악(邪惡)한 소인(小人)이다. 무선지인(誣善之人)이란 선(善)을 속이는[誣之] 인간이니 천명(天命)을 속이고[誣], 대인(大人)을 속이며[誣], 성인(聖人)의 말씀[言]을 욕(辱)되게 하면서 역지도(易之道)를 속이는[誣] 사악(邪惡)한 인간이다. 그래서 무선지인(誣善之人)의 말[辭]이란 세 치 혀가 난세(亂世)의 화근(禍根)이 되게 하기 마련이다. 왜냐하면 무선(誣善)이란 궁색(窮塞)함을 변통(變通)함이라고 속이고, 부덕(不德)을 후덕(厚德)이라 속이고, 불선(不善)을 선(善)이라고 속임수를 범하기 때문이다. 이런 무선지인(誣善之人)을 일러 불성지인(不誠之人)이라 한다. 그래서 무선지인(誣善之人)은 『중용(中庸)』에 나오는 '성자(誠者) (……) 종용중도(從容中道) 성인야(聖人也) 성지자(誠之者) 택선이고집지자야(擇善而固執之者也)'라는 말씀을 비웃고 얕본다. 무선(誣善)이란 기선(棄善) 즉 선(善)을 버리면서[棄] 선(善)을 택(擇)한다고 속이고[誣], 지극히 불성(不誠)하면서 지성(至誠)하다고

속임(誣)이니 무선지인(誣善之人)이란 세상을 도둑질하는 사악(邪惡)한 소인
(小人)이다. 이런 무선지인(誣善之人)의 말[辭]을 '유(游)'라고 한다. 그래서 무
선지인(誣善之人)의 사(辭)는 온갖 사물(事物)에 미치는 역(易)을 살피고[觀]
새겨[玩] 점(占)쳐 지변(知變)하여 지래(知來)하게 하는 통어(通語)가 된다.

註 성자(誠者) (……) 종용중도(從容中道) 성인야(聖人也) 성지자(誠之者) 택선이고집
지자야(擇善而固執之者也) '정성이라는[誠] 것은[者] (중략) 절로[從容] 도와[道] 맞
아[中] 성인(聖人)이고[也], 정성됨이라는[誠之] 것은[者] 선을[善] 택하면서[擇而]
선을[之] 한사코[固] 놓치지 않는[執] 것[者]이다[也].'

472. 실기수자(失其守者)의 사(辭)

失其守者其辭屈이라. '역지정(易之情)인 그것을[其] 지키지[守] 못한
_{실 기 수 자 기 사 굴}
[失] 사람[者], 그런 자의[其] 말은[辭] 너절하다[屈].'

실기수자기사굴(失其守者其辭屈)에서 '실기수자(失其守者)'는 '부득근역지정
자(不得近易之情者)' 즉 역의[易之] 참뜻을[情] 가까이하려고[近] 애쓰지 않는[不
得] '장반자(將叛者)-중심의자(中心疑者)-조인(躁人)-무선지인(誣善之人)' 등등과
같이 배역(背易)하려는 모든 부류(部類)의 인간상(人間像)을 묶어서 밝힌 것
이다. 장반자(將叛者)의 참사(慙辭)도 사욕(私欲)에 굴복(屈伏)한 굴사(屈辭) 즉
비굴(卑屈)한 말[辭]이고, 중심의자(中心疑者)의 지사(枝辭)도 사욕(私欲)에 굴복
(屈伏)한 굴사(屈辭)이며, 조인(躁人)의 다사(多辭)도 사욕(私欲)에 굴복(屈伏)한
비굴(卑屈)한 말[辭]이고, 무선지인(誣善之人)의 유사(游辭)도 사욕(私欲)에 굴
복(屈伏)한 굴사(屈辭)이다. 실기수자기사굴(失其守者其辭屈)은 『맹자(孟子)』「이
루장구(離婁章句) 하(下)」에 나오는 '인유불위야(人有不爲也) 이후가이유위(而後
可以有爲)'라는 말씀을 상기(想起)시킨다. 물론 인유불위야(人有不爲也)의 '불
위(不爲)'는 불인(不仁)-불의(不義)를 범하는 부당(不當)한 일[事]을 말하고, '위

(爲)'는 인의(仁義)를 행하는 정당(正當)한 일[事]을 말한다. 인의(仁義)란 삼재지도(三才之道)이기 때문에 인의(仁義)를 행(行)함은 순역(順易)함이고, 불인(不仁)-불의(不義)를 범함은 배역(背易)함이다. 역지정(易之情)을 실수(失守) 즉 지키지[守] 못함[失]이란 선(善)-성(性)을 실수(失守)함이고, 따라서 인(仁)과 의(義)를 실수(失守)함이다. 불인(不仁)-불의(義)도 사욕(私欲) 탓이고, 역지정(易之情)을 어김[背]도 사욕(私欲) 때문이다. 무사(無思)-무위(無爲)의 말[辭]이라야 언제 어디서나 정대(正大)하여 당당(當當)할 뿐 사욕(私欲)의 말[辭]이란 언제 어디서나 비굴(卑屈)하다. 비굴(卑屈)해진 인간은 택선(擇善)하지 못한다. 선하기[善]를 택하지 못하면[不擇] 불선(不善)을 택(擇)하는 사욕(私欲)을 좇게 된다. 불선(不善)의 사욕(私欲)이 곧 역지정(易之情)을 어김이고, 따라서 배역(背易)함이다. 배역(背易)의 말[辭]이란 모두 비굴(卑屈)하다. 이를 묶어 '실기수자기사굴(失其守者其辭屈)'이라고 밝힌 것이다. 그래서 실기수자(失其守者)의 사(辭)는 온갖 사물(事物)에 미치는 역(易)을 살피고[觀] 새겨[玩] 점(占)쳐 지변(知變)하여 지래(知來)하게 하는 통어(通語)가 된다.

註 인유불위야(人有不爲也) 이후가이유위(而後可以有爲) '사람한테는[人] 하지 않아야 할 것이[不爲] 있는 것[有]이다[也]. 그런 뒤에야[而後] 그로써[以] 할 것이[爲] 있을 수 있다[可有].'

473. 위무위(爲無爲)의 천(天)

無爲爲之之謂天이라. '무위를[無爲] 행함을[爲] 천이라[天] 한다[謂].'
무 위 위 지 지 위 천

『장자(莊子)』「천지(天地)」2단락(段落)에 나온다. 천(天)은 천지(天地)의 줄임말이다. 그 천(天)을 자연(自然)이라 한다. 자연(自然)을 달리 말해 무위(無

爲)라 한다. 무위(無爲)-자연(自然)의 천(天)을 도(道)라 하여 천도(天道) 즉 '천(天)은 도(道)'이다. 무위(無爲)의 '위(爲)'를 '위유아(爲唯我)-위인욕(爲人欲)' 등등의 줄임으로 여기고 혜아려 가늠하면 무위(無爲)의 뜻을 살펴 나름대로 가늠할 수 있다. 천무위유아(天無爲唯我)-천무위인욕(天無爲人欲) 등을 줄여 '무위(無爲)'라고 일컫는 셈이다. '자연에는[天] 나만을[唯我] 위함이[爲] 없고[無]-자연에는[天] 사람의 욕심을[人欲] 위함이[爲] 없음[無]'을 일러 '무위(無爲)-자연(自然)-천(天)'이라 한다. 그래서 무위(無爲)의 천(天)은 온갖 사물(事物)에 미치는 역(易)을 살피고[觀] 새겨[玩] 점(占)쳐 지변(知變)하여 지래(知來)하게 하는 통어(通語)가 된다.

註 무위위지지위천(無爲爲之之謂天)에서 '위지(爲之)의 지(之)'는 '무위(無爲)'를 강조하고자 전치(前置)했음을 나타내는 아무런 뜻이 없는 허사(虛詞)이고, '지위(之謂)'는 '위지(謂之)의 지(之)'를 도치(倒置)해 어세(語勢)를 더하는 것일 뿐 뜻의 차이는 없는 말투이다. 그러므로 '무위위지지위천(無爲爲之之謂天)'을 '위무위위지천(爲無爲謂之天)'으로 환원(還元)해 보면, '위무위위지천(爲無爲謂之天)의 지(之)' 또한 '위무위(爲無爲)'를 전치(前置)하고 허사(虛詞) '지(之)'를 삽입한 말투임이 간파(看破)되어, 다시 '무위위지지위천(無爲爲之之謂天)'을 '위위무위천(謂爲無爲天)'으로 여기고 문맥을 잡으면 문의(文意)가 쉽게 잡힌다. '무위를[無爲] 행함을[爲] 천이라[天] 한다[謂].'

474. 언무위(言無爲)의 덕(德)

無爲言之之謂德이라. '무위를[無爲] 말함을[言] 덕이라[德] 한다[謂].'
　무 위 언 지 지 위 덕

『장자(莊子)』「천지(天地)」2단락(段落)에 나온다. 덕(德)이란 무위(無爲)의 천(天)을 풀이한 낱말이다. 이에 덕(德)을 일컬어 '통어천지자(通於天地者)'라고 하는 것이다. 덕(德)이란 무엇인가? 자연에[於天地] 두루 통하는[通] 것[者]이다. 이런 덕(德)을 새긴다[玩]면 '언무위(言無爲)'가 곧 '언통어천지자

(言通於天地者)'임을 알아차릴 수 있다. 이러한 '덕(德)'이야말로 늘 천도(天道)를 본받아[法] 길(吉)하다. 덕(德)은 자연에[於天地] 두루 통하는[通] 것[者]을 밝힘이다. 이를 간파(看破)한다면 64괘(卦)에 성인(聖人)이 매어 둔[繫] 괘효사(卦爻辭)를 두고 역무위(易無爲)의 말씀[辭]이라고 하는지 알아차릴 수 있다. 일[事]이 불통(不通)하는 것은 인간 탓이다. 만사(萬事)가 통변(通變)하자면 언무위(言無爲)의 덕(德)이어야 한다. 그래서 언무위(言無爲)의 덕(德)은 온갖 사물(事物)에 미치는 역(易)을 살피고[觀] 새겨[玩] 점(占)쳐 지변(知變)하여 지래(知來)하게 하는 통어(通語)가 된다.

> 註 무위언지지위덕(無爲言之之謂德)에서 '언지(言之)의 지(之)'는 '무위(無爲)'를 강조하고자 전치(前置)했음을 나타내는 아무런 뜻이 없는 허사(虛詞)이다. 그러므로 '무위언지지위덕(無爲言之之謂德)'을 '언무위위지덕(言無爲謂之德)'으로 여기고 잡으면 문의(文意)가 쉽게 잡힌다. '무위를[無爲] 말함을[言] 덕이라[德] 한다[謂].'

475. 동부동(同不同)의 대(大)

不同同之之謂大라. '같지 않음을[不同] 같게 함을[同] 크나큼이라[大] 한다[謂].'

이 말씀도 『장자(莊子)』「천지(天地)」 2단락(段落)에 나온다. 동부동(同不同)의 대(大)는 『노자(老子)』 56장(章)에 나오는 '천하귀(天下貴)'와 같은 '대동(大同)'을 말한다. 이러한 '대(大)'야말로 늘 천도(天道)를 본받아[法] 길(吉)하다. 천하에서 귀(貴)한 것이란 이것저것 차별해 변별(辨別)함이 아니라 이것저것 서로 다른 것들을 하나 되게 함이다. 유별나게 친히 할 것[親]도 없고, 유별나게 멀리할 것[疎]도 없으며, 유별나게 이롭게 해 줄 것[利]도 없고, 유별나게 해롭게 해 줄 것[害]도 없고, 유별나게 귀하게 해 줄 것[貴]도 없고, 유별나게 천하게 해 줄 것[賤]도 없음이 곧 동부동(同不同)의 대

(大)이며, 동시에 천하귀(天下貴)의 현동(玄同)인 것이다. 이 또한 역무사(易無思)-역무위(易無爲)의 대(大)이다. 그래서 동부동(同不同)의 대(大)는 온갖 사물(事物)에 미치는 역(易)을 살피고[觀] 새겨[玩] 점(占)쳐 지변(知變)하여 지래(知來)하게 하는 통어(通語)가 된다.

註 불가득이친(不可得而親) 불가득이소(不可得而疎) 불가득이리(不可得而利) 불가득이해(不可得而害) 불가득이귀(不可得而貴) 불가득이천(不可得而賤) 고(故) 현동(玄同) 위천하귀(爲天下貴) '꼭 친해야 함도[可得而親] 없고[不], 꼭 멀리해야 함도[可得而疎] 없고[不], 꼭 이롭게 해야 함도[可得而利] 없고[不], 꼭 해롭게 해야 함도[可得而害] 없고[不], 꼭 귀하게 해야 함도[可得而貴] 없고[不], 꼭 천하게 해야 함도[可得而賤] 없다[不]. 그래서[故] 현동은[玄同] 온 세상에서[天下] 소중한 것[貴]이다[爲].'

476. 불이행(不異行)의 관(寬)

行不崖異之謂寬이라. '행동을[行] 어그러지게[崖] 달리하지 않음을[不異] 관용이라[寬] 한다[謂].'

이 말씀도 『장자(莊子)』「천지(天地)」 2단락(段落)에 나온다. 불이행(不異行)의 관(寬)은 지상용(知常容)으로 말미암아 비롯되는 관용(寬容)이다. 한결같이[常] 포용할[寬] 줄 알아야[知] 그 행동이 관대하여 포용할 수 있다. 이러한 '관(寬)'이야말로 늘 천도(天道)를 본받아[法] 길(吉)하다. 애이행(崖異行)이란 행동거지[行]를 남들과 유별나게[崖] 달리함[異]이다. 애이(崖異)의 '애(崖)'는 여기선 '어그러질 괴(乖)-려(戾)' 등과 같다. 남달리 사납게 모난 행동을 '애이지행(崖異之行)'이라 한다. 이런 행동이란 자신만 아는 소인배(小人輩)의 짓이다. 무위(無爲)의 천도(天道)를 본받고자[法] 정성을 다하는 사람은 애이지행(崖異之行)을 결코 범하지 않는다. 그는 『노자(老子)』 4장(章)에 나오는 '도(道)는 좌기예(挫其銳) 해기분(解其紛) 화기광(和其光) 동기진(同其

塵)'[㊖]이라는 말씀을 지성(至誠)으로 순종(順從)하는 행동(行動)은 늘 크고 너 그럽다[寬]. 그래서 불이행(不異行)의 관(寬)은 온갖 사물(事物)에 미치는 역(易)을 살피고[觀] 새겨[玩] 점(占)쳐 지변(知變)하여 지래(知來)하게 하는 통어(通語)가 된다.

> 註 좌기예(挫其銳) 해기분(解其粉) 화기광(和其光) 동기진(同其塵) 도(道)는 그[其] 예리함을[銳] 무디게 하고[挫], 그[其] 어지러움을[粉] 풀어 주고[解], 그[其] 눈부신 빛을[光] 부드럽게 해 주고[和], 그[其] 티끌과도[塵] 함께한다[同].' 여기서 '기예(其銳)-기분(其粉)-기광(其光)-기진(其塵)' 등등은 애이지행(崖異之行)을 은유(隱喩)하고 있음이다.

477. 유만부동(有萬不同)의 부(富)

有萬不同之謂富라. '전혀[萬] 갖지 않는 것을[不同] 간직함을[有] 부라[富] 한다[謂].'
_{유 만 불 동 지 위 부}

이 말씀도 『장자(莊子)』 「천지(天地)」 2단락(段落)에 나온다. 유만부동(有萬不同)에서 '유(有)'는 '가질 보(保)'와 같아 보유(保有)의 줄임말로 여기면 된다. 만부동(萬不同)을 간직한[有] '부(富)'란 『노자(老子)』 33장(章)에 나오는 '지족자부(知足者富)의 부(富)'를 말한다. 인욕무궁(人欲無窮) 즉 사람의 욕심에는[人欲] 한도 끝도[窮] 없기[無] 때문에 만족할 수 없는 것이다. 그러므로 지족자(知足者)의 '부(富)'란 탐욕(貪欲)을 추구하는 소인(小人)에게는 '빈(貧)'일 뿐이다. 왜냐하면 지족(知足)의 '부(富)'란 무사(無思)-무위(無爲)-무욕(無欲)-무아(無我)로부터 비롯되는 '마음[心]의 부(富)'이기 때문이다. 이러한 지족(知足)의 부(富)는 선(善)-덕(德)으로 통해 늘 길(吉)하다. 이러한 '지족(知足)의 부(富)'야말로 늘 천도(天道)를 본받기[法] 때문이다. 그러나 인간의 탐욕(貪欲)이 갈망하는 '부(富)'란 부지족(不知足)의 것으로 '재화(財

貨)의 부(富)'일 뿐이다. 무욕(無欲)-무위(無爲)의 부(富)인 지족(知足)의 부(富)
는 유욕(有欲)-유위(有爲)로 말미암은 부지족(不知足)의 부(富)와는 만부동(萬
不同)한 '부(富)'이다. 그래서 유만부동(有萬不同)의 부(富)는 온갖 사물(事物)
에 미치는 역(易)을 살피고[觀] 새겨[玩] 점(占)쳐 지변(知變)하여 지래(知來)
하게 하는 통어(通語)가 된다.

478. 집덕(執德)의 기(紀)

執德之謂紀라. '덕을[德] 지킴을[執] 오로지 올바른 다스림이라[紀]
  집 덕 지 위 기
한다[謂].'

이 말씀도 『장자(莊子)』「천지(天地)」 2단락(段落)에 나온다. 집덕지위기
(執德之謂紀)에서 '집(執)'은 '지킬 수(守)'와 같아 집수(執守)의 줄임말이고,
'기(紀)'는 '일어날 기(起)'의 차자(借字)로 읽힌다. 집덕(執德) 즉 수덕(守德)해
야 수신(守身)하여 누구나 자신을 흥기(興起) 즉 일어나게 할[起] 수 있기 때
문에 집덕지위기(執德之謂紀)의 '기(紀)'를 '일어날 기(起)'로 새겨 헤아리는
것이다. 이러한 '집덕(執德)'은 『노자(老子)』 52장(章)에 나오는 '습상(襲
常)'의 상(常)'을 상기(想起)시킨다. '집덕(執德)의 덕(德)'은 『장자(莊子)』「제
물론(齊物論)」 19단락(段落)에 나오는 '팔덕(八德)의 덕(德)'이 아니라 '견
소왈명(見小曰明) 수유왈강(守柔曰强) 용기광(用其光) 복귀기명(復歸其明) 무유
신앙(無遺身殃)의 상덕(常德)'이다. 여기서 집덕(執德)은 집상덕(執常德)-습명
(襲明)-습상(襲常) 등과 같은 말씀이다. 누구나 상덕(常德)을 지킨다[執]면 자
신의 삶을 '휴(隳)' 즉 무너지게 할[隳] 리 없고 오로지 '기(紀)' 즉 일어나게
할[紀] 뿐이다. 그래서 집덕(執德)의 기(紀)는 온갖 사물(事物)에 미치는 역
(易)을 살피고[觀] 새겨[玩] 점(占)쳐 지변(知變)하여 지래(知來)하게 하는 통

어(通語)가 된다.

註 1. 유가(儒家)의 집덕(執德)이라면 집덕(執德)의 덕(德)은 인의예지신(仁義禮智信)이다. 『맹자(孟子)』「고자장구(告子章句) 상(上)」에 나오는 '인의예지(仁義禮智) 비유외삭아야(非由外鑠我也) 아고유지야(我固有之也) 불사이의(弗思耳矣) 고왈(故曰) 구즉득지(求則得之) 사즉실지(舍則失之)' 역시 집덕(執德)을 밝힘이다. '인의예지는[仁義禮智] 밖[外]으로부터[由] 나를[我] 녹여 옴이[鑠] 아닌 것[非]이고[也], 내가[我] 본래[固] 인의예지를[之] 간직하고 있는 것[有]이며[也], 그 인의예지(仁義禮智)를 늘 생각하지 않는 것[弗思]뿐이다[耳矣]. 그래서[故] 구하면[求] 곧[則] 그것을[之] 얻고[得], 버리면[舍] 곧[則] 그것을[之] 잃는다고[失] 말한다[曰].'

註 2. 견소왈명(見小曰明) 수유왈강(守柔曰強) 용기광(用其光) 복귀기명(復歸其明) 무유신앙(無遺身殃) 시위습상(是謂襲常) '현미(玄微)한 것을[小] 살펴봄을[見] 밝음이라[明] 하고[曰], 부드러움을[柔] 지킴을[守] 강함이라[強] 하며[曰], 제[其] 광채를[光] 이용하여[用] 제[其] 밝음으로[明] 되돌아간다면[復歸] 자신의[身] 재앙을[殃] 남겨 주는 일이[遺] 없다[無]. 이를[是] 상덕을[常] 물려받음이라[襲] 한다[謂].' 견소왈명(見小曰明)에서 견소(見小)의 '소(小)'는 저마다 자신에게 감추어져 있는 현묘한 자연[天地]의 도(道)인 무위(無爲)-무사(無思)-무욕(無欲) 등등을 묶어서 말함이고, '명(明)'은 마음속을 밝히는 밝음[曉明]이고, '광(光)'은 남에게 과시하려고 밖을 비추는 광채(光彩)를 말한다.'

註 3. 부도미시유봉(夫道未始有封) 언미시유상(言未始有常) 위시이유진야(爲是而有畛也) 청언기진(請言其畛) 유좌유우(有左有右) 유륜유의(有倫有義) 유분유변(有分有辯) 유경유쟁(有競有爭) 차지위팔덕(此之謂八德) '무릇[夫] 도에는[道] 시초부터[始] 경계가[封] 없고[未有], 말에는[言] 처음부터[始] 한결같음이[常] 없다[未有]. 말을[是] 하게 되면[爲而] 두렁이[畛] 생기는 것[有]이다[也]. 그런[其] 두렁을[畛] 말해 보자[請言]. 사물에는 좌가[左] 있으면[有] 우가[右] 있고[有], (글에는) 대강이[倫] 있으면[有] 조목이[義] 있으며[有], 생각에는 분석(分析)함이[分] 있으면[有] 변별(辯別)이[辯] 있고[有], 앞다툼이[競] 있으면[有] 맞다툼이[爭] 있다[有]. 이를[此之] 팔덕이라[八德] 한다[謂].' 유륜유의(有倫有義)는 유론유의(有論有議)와 같다고 여기면 된다. 윤(倫)=논(論)은 대강(大綱)이고, 의(義)=의(議)는 상세히 밝힘이다.

479. 성덕(成德)의 입(立)

德成之謂立이라. '덕이[德] 이루어짐을[成] 확립이라[立] 한다[謂].'
덕 성 지 위 립

이 말씀도 『장자(莊子)』 「천지(天地)」 2단락(段落)에 나온다. '덕성(德成)의 입(立)'은 '집덕(執德)의 기(紀)'로 말미암음이다. 집덕(執德) 없이 덕성(德成)은 이루어질 수 없다. 기립(起立)의 입(立)이란 오로지 유기(由起) 즉 일어남[起]으로 말미암아[由] 섬[立]이다. 그래서 기립(起立)이라 하지 입기(立起)라 하지 않는다. 덕(德)을 지켜야[執] 덕(德)이 이루어져[成] 덕(德)이 쌓인다[盛]. 그렇기 때문에 집덕(執德)은 덕성(德成)이고, 덕성(德成)은 곧 성덕(盛德)이며, 성덕(盛德)이 일신(日新)이라 하는 것이다. 왜 덕성(德成)이 매일[日] 새로움[新]으로 이어지는 것인가? 덕(德)이란 통어천지자(通於天地者) 즉 자연[天地]에[於] 두루 통하는[通] 것[者]이기 때문이다. 통어천지자(通於天地者)의 '통(通)'을 새기고[玩] 헤아려[擬] 나름대로 가늠해 보아야[斷] 덕성(德成)의 입(立)을 나름대로 완의(玩擬)하여 판단(判斷)해 볼 수 있게 된다. '통(通)'이란 통변(通變)이고 변(變)은 변화(變化)이다. 통하면[通] 변하고[變] 변하면[變] 새로 된다[化]. 누구나 삶에서 통(通)-변(變)-화(化)를 확립(確立)해 가야 일신(日新)의 삶을 누릴 수 있다. 여기서 덕성(德性)의 입(立)을 천착(穿鑿)할 수 있는 실마리를 얻어 낼 수 있다. 그래서 덕성(德成)의 입(立)은 온갖 사물(事物)에 미치는 역(易)을 살피고[觀] 새겨[玩] 점(占)쳐 지변(知變)하여 지래(知來)하게 하는 통어(通語)가 된다.

480. 순어도(循於道)의 비(備)

循於道之謂備라. '도(道)를[於] 좇음을[循] 갖춤이라[備] 한다[謂].'
 이 말씀 역시 『장자(莊子)』 「천지(天地)」 2단락(段落)에 나온다. 왜 집덕(執德)하고 덕성(德成)해야 하는가? 이 물음에 대한 해답이 순어도(循於道)의 비(備)이다. 집덕(執德)하지 않고 덕성(德成)할 수 없고, 덕성(德成)하지 않고 수성(修性)할 수 없으며, 수성(修性)하지 않고 순어도(循於道) 할 수 없기 때문에 도(道)를 좇음[循]이란 곧 집덕(執德)-덕성(德成)의 수성(修性)을 완비(完備)했음을 말한다. 좌망(坐忘)-사기(舍己)-수기(修己)-수신(守身) 등등의 낱말들은 모두 수성(修性)함이고, 자연[天地]의 본성[性]을 닦아야[修] 반덕(反德) 즉 덕(德)으로 돌아오고[反], 덕(德)으로 돌아와야[反] 사천(事天)-종천(從天)-응천(應天)하여 순어도(循於道) 할 수 있음을 '비(備)'한 자(字)로 밝히고 있다. 그래서 순어도(循於道)의 비(備)는 온갖 사물(事物)에 미치는 역(易)을 살피고[觀] 새겨[玩] 점(占)쳐 지변(知變)하여 지래(知來)하게 하는 통어(通語)가 된다.

481. 불이물좌지(不以物挫志)의 정(定)

不以物挫志之謂定이라. '바깥 것[物]으로[以] 뜻을[志] 꺾지 않음을 [不挫] 정이라[定] 한다[謂].'

이 말씀 또한 『장자(莊子)』「천지(天地)」 2단락(段落)에 나온다. 불이물좌지(不以物挫志)의 정(定)은 『장자(莊子)』「천지(天地)」 12단락(段落)에 나오는 '망기지인(忘己之人) 입어천(入於天)'이라는 말씀을 상기(想起)시킨다. 자기[己]를 잊어버린[忘之] 사람[人]이라야 자연으로[於天] 들어간다[入]는 말씀을 스스로 깊이깊이 새기고 헤아려 가늠해 보아야 불이물좌지(不以物挫志)의 정(定)을 새기고 헤아려 가늠해 볼 수 있다. 입정(入定)은 입어천(入於天)과 같고 망기(忘己)와 같아 오상아(吾喪我)를 뜻한다. 내가[吾] 나를[我] 잃어버린다[喪]. 이를 한 글자로 '정(定)'이라 한다. 더없는 무기(無己)-무공(無功)-무명(無名)이 곧 오상아(吾喪我)의 정(定)이다. 성인(聖人)을 두고 망기지인(忘己之人)이라고 칭송(稱頌)함도 오상아(吾喪我)의 정(定)을 누리기 때문이다. 나를 잃어버린 내가 그 무엇에 끌릴 것인가? 내 몸[己]-공적[功]-명성[名] 등등의 것들[物]로 뜻이 꺾임[挫]은 '오고아(吾固我)' 때문이다. 내가 나를 고집하기[固] 때문에 온갖 외물(外物)에 내 뜻[志]이 꺾여 버린다[挫]. 그리하여 나는 탐욕(貪欲)의 노예(奴隷)가 되고 만다. 온갖 탐욕(貪欲)으로부터 완전히 벗어나 신명(神明)을 하염없이 누림이 불이물좌지(不以物挫志)의 '정(定)'이다. 그래서 불이물좌지(不以物挫志)의 정(定)은 온갖 사물(事物)에 미치는 역(易)을 살피고[觀] 새겨[玩] 점(占)쳐 지변(知變)하여 지래(知來)하게 하는 통어(通語)가 된다.

註 유치재인(有治在人) 망호물(忘乎物) 망호천(忘乎天) 기명위망기(其名爲忘己) 망기지인(忘己之人) 시지위입어천(是之謂入於天) '다스림이[治] 있음은[有] 인간에게[人] 있다[在]. 온갖 것[物]을[乎] 잊고[忘] 자연[天]마저도[乎] 잊음[忘], 그것을[其] 밝혀[名] 망기라[忘己] 한다[爲]. 자기를[己] 잊어버린[忘之] 사람[人], 이를[是] 자연[天]으로[於] 들어감이라[入] 한다[謂].'

482. 태초(太初)의 무(無)

泰初有无 无有无名 一之所起라. '맨 처음에[太初] 없음이[無] 있었고[有], 있음도[有] 없었고[無] 이름도[名] 없었으며[無], 하나가[一之] 일어난[起] 일어난 것[所].'

이 말씀은 『장자(莊子)』 「천지(天地)」 9단락(段落)에 나온다. '태초유무(泰初有无)'는 『노자(老子)』 42장(章)에 나오는 '도생일(道生一)'을 상기(想起)시킨다. 태초유무(泰初有无)의 '무(无)'는 도생일(道生一)의 '도(道)'인 셈이다. 그러므로 '일지소기(一之所起)'는 '일기어무(一起於无)' 즉 하나가[一] 무(无)에서[於] 생겼음[起]'을 말하고 있는 것이다. 그리고 무유무명(无有无名)은 『노자(老子)』 42장(章)에 나오는 '유물혼성(有物混成)'을 환기(喚起)시킨다. 있는 것

629

[有]도 없고[无] 이름[名]도 없음[无]이니 물혼성(物混成) 즉 혼성지물(混成之物)을 밝힘이 무유무명(无有无名)이다. 그 물혼성(物混成) 즉 무(无)에서 일어난[起] 바[所]가 '일(一)'이라고 함은 곧 음여양(陰與陽)이 나온 태극(太極)을 일컬음이다. 이처럼 성인(聖人)의 작역(作易)은 태초유무(泰初有无)의 '무(无)'를 두고 연저려(硏諸慮)하였음을 알 수 있다. 깊은 생각[慮]으로 무(无)를[諸] 연구하여[硏] 성인(聖人)이 작역(作易)했음을 태초유무(泰初有无)의 '무(无)'가 일깨워 준다. 그래서 태초(太初)의 무(无)는 온갖 사물(事物)에 미치는 역(易)을 살피고[觀] 새겨[玩] 점(占)쳐 지변(知變)하여 지래(知來)하게 하는 통어(通語)가 된다.

483. 득일(得一)의 덕(德)

有一而未形 物得以生謂之德이라. '하나가[一] 생겼으나[有而] 그 하나에는 몸은[形] 아직 없었지만[未] 그 하나를 얻음[得]으로[以] 만물이[物] 생겨[生] 이를[之] 덕이라[德] 한다[謂].'

이 말씀도 『장자(莊子)』「천지(天地)」9단락(段落)에 나온다. 덕(德)을 통어천지자(通於天地者)라고 한다. 덕(德)이 자연[天地]에[於] 통하는[通] 것[者]이라고 할 때 그 통함[通]이란 '득일(得一)'을 뜻함을 여기서 알 수 있다. 덕지통(德之通) 즉 덕통(德通)이란 득일(得一)을 뜻함이다. 나아가 하나[一]를 얻음[得]이란 곧 순성명지리(順性命之理)로 통(通)하는 것임도 깨우칠 수 있다. 사람[人]만 성(性)-명(命)의 이치[理]를 따름[順]이 아니라 자연[天地]에 있는 것[有]이면 무엇이든 다 성(性)-명(命)의 이(理)를 순응(順應)한다. 이러한 덕통(德通) 때문에 『노자(老子)』5장(章)에 '천지불인(天地不仁)'이라는 말씀이 나온다. '자연은[天地] 편애하지 않는다[不仁]'라고 함은 천지(天地)에는 귀천(貴賤)이 없다는 말씀이다. 그러므로 득일(得一)의 덕(德)은 제물(齊物)로 통하는 것이다. 만물[物]을 같게 함[齊]이 곧 득일(得一)의 덕(德)이다. 그래서 득일(得一)의 덕(德)은 온갖 사물(事物)에 미치는 역(易)을 살피고[觀] 새겨[玩] 점(占)쳐 지변(知變)하여 지래(知來)하게 하는 통어(通語)가 된다.

註 천지불인(天地不仁) 이만물위추구(以萬物爲芻狗) 성인불인(聖人不仁) 이백성위추구(以百姓爲芻狗) '자연은[天地] 편애하지 않아[不仁] 만물을[萬物] 가지고[以] 풀강아지로[芻狗] 삼는다[爲]. 성인도[聖人] 편애하지 않아[不仁] 백성을[百姓] 가지고[以] 풀강아지로[芻狗] 삼는다[爲].' '추구(芻狗)'는 풀로 강아지를 만들어 제사(祭祀)에 쓰는 물건이다. 제사에 쓰기 전에는 소중히 모시다가 제사가 끝나면 아무렇게나 버려지는 추구(芻狗)를 들어 귀천(貴賤)이 없는 만물(萬物)을 비유한 것이다.

484. 위일(爲一)의 도(道)

道通爲一 其分也成也 其成也毁也 凡物無成與毁 復通爲一
도통위일 기분야성야 기성야훼야 범물무성여훼 복통위일

이라. '도에서는[道] 온갖 것[萬物]이 통하여[通] 하나가[一] 된다[爲]. 그[其] 나눔[分]이라는[也] 이룸[成]이고[也], 그[其] 이룸[成]이라는[也] 깨짐[毁]이다[也]. 만물에는[凡物] 이룸[成]과[與] 깨짐이[毁] 따로 없다[無]. 이룸과 깨짐은 다시[復] 통하여[通] 하나가[一] 된다[爲].'

이 말씀은 『장자(莊子)』「제물론(齊物論)」 12단락(段落)에 나온다. 도(道)를 '행어만물자(行於萬物者)'라고 한다. 도(道)가 만물(萬物)에[於] 미치는[行] 것[者]이라고 할 때 그 미침[行]이란 '통위일(通爲一)'을 뜻함을 여기서 알 수 있다. 도지행(道之行) 즉 도행(道行)이란 '통하여[通] 하나가[一] 됨[爲]'을 뜻함이다. 나아가 '통위일(通爲一)'이란 곧 순성명지리(順性命之理)로 통(通)하는 것임도 깨우칠 수 있다. 사람[人]만 성(性)-명(命)의 이치[理]를 따름[順]이 아니라 자연[天地]에 있는 것[有]이면 무엇이든 다 성(性)-명(命)의 이(理)

를 순응(順應)한다. 이러한 통위일(通爲一) 때문에 『노자(老子)』 5장(章)에 '천지불인(天地不仁)'이라는 말씀이 나온다. '자연은[天地] 편애하지 않는다[不仁]'라고 함은 천지(天地)에는 귀천(貴賤)이 없다는 말씀이다. 그러므로 위일(爲一)의 도(道) 역시 제물(齊物)로 통하는 것이다. 만물[物]을 같게 함[齊]이 곧 위일(爲一)의 도(道)이다. 그래서 위일(爲一)의 도(道)는 온갖 사물(事物)에 미치는 역(易)을 살피고[觀] 새겨[玩] 점(占)쳐 지변(知變)하여 지래(知來)하게 하는 통어(通語)가 된다.

485. 성인(聖人)의 유(遊)

聖人有所遊 而知爲孼 約爲膠 德爲接 工爲商이라. '성인께
성 인 유 소 유   이 지 위 얼   약 위 교   덕 위 접   공 위 상
는[聖人] 노니는[遊] 바가[所] 있다[有]. 그래서[而] 성인(聖人)은 인지를[知] 화근(禍根)으로[孼] 여기고[爲], 규약(規約)을[約] 갖풀로[膠] 여기며[爲], 인덕을[德] 교제의 수단으로[接] 여기고[爲], 기교를[工] 장삿속으로[商] 여긴다[爲].'

이 말씀은 『장자(莊子)』 「덕충부(德充符)」 19단락(段落)에 나온다. 이 말씀은 성인(聖人)이 인지(人知)-인약(人約)-인덕(人德)-인공(人工)을 떠나서 자연[天地]을 본받아[法] 무사(無思)-무위(無爲)를 순종(順從)하는 깊은 뜻을 밝히고 있다. 이 말씀을 늘 천착(穿鑿)해야 역무사(易无思)-무위(無爲) 즉 역(易)에는 생각함[思]이 없고[無] 위함도[爲] 없다는[無] 말씀을 누구나 나름대로 새기고 헤아려 가늠할 수 있는 것이다. 성인(聖人)께는 무엇을 생각함[思]이 없음[無]인가? 성인(聖人)께는 기(己)-공(功)-명(名)을 생각함[思]이 없다[無]는 말씀이다. 성인(聖人)께는 무엇을 위함[爲]이 없음[無]인가? 성인(聖人)께는 기(己)-공(功)-명(名)을 위함[爲]이 없다[無]는 말씀이다. 자연[天地]

에는 제 몫[己]-공치사[功]-명성[名]이란 없다[無]. 그것들은 오로지 인간의 것일 뿐이다. 작역(作易)한 성인(聖人)은 천지(天地)의 짓을 본받아[法] 인간사(人間事)의 길흉(吉凶)을 밝혀 두고자 했다. 이러한 성인(聖人)의 도(道)는 곧 성인(聖人)의 소유(所遊)와 이어져 있다. 성인(聖人)의 노닐음[遊]은 인간의 탐욕(貪欲)에 걸림 없이 오로지 자유로울 뿐이다. 이처럼 성인(聖人)이 누리는 노닐음[遊]을 잘 새기고 헤아려 가늠할 수 있어야 역(易)의 괘효(卦爻)를 관상(觀象)하고 완사(玩辭)하여 관변(觀變)할 수 있고 완점(玩占)할 수 있는 것이다. 그래서 성인(聖人)의 유(遊)는 온갖 사물(事物)에 미치는 역(易)을 살피고[觀] 새겨[玩] 점(占)쳐 지변(知變)하여 지래(知來)하게 하는 통어(通語)가 된다.

註 지위얼(知爲孼)의 '지(知)'는 인지(人知) 즉 인간의 지식(知識)을 뜻하고, 약위교(約爲膠)의 '약(約)'은 인약(人約) 즉 인간이 정하는 규약(規約)-예의(禮儀)-범절(凡節) 등을 뜻하며, 덕위접(德爲接)의 '덕(德)'은 인덕(人德)을 뜻하고, 공위상(工爲商)의 '공(工)'은 인교(人巧) 즉 인간의 기교(技巧)를 뜻한다. 지위얼(知爲孼)의 '얼(孼)'은 여기선 '화근(禍根)'을 뜻하고, 약위교(約爲膠)의 '교(膠)'는 갖풀로 접착시키는 짓으로 구속(拘束)을 뜻하고, 덕위접(德爲接)의 '접(接)'은 이익을 바라고 사귀려는 교접(交接)을 뜻하며, 공위상(工爲商)의 '상(商)'은 이익을 내려는 상술(商術)을 뜻한다.

486. 성인(聖人)의 천륙(天鬻)

聖人不謀 惡用知 不斲 惡用膠 無喪 惡用德 不貨 惡用商
성인불모 오용지 불착 오용교 무상 오용덕 불화 오용상
四者天鬻也라. '성인은[聖人] 꾀하지 않는다[不謀]. 이런 성인(聖人)이 어찌
사 자 천 륙 야
[惡] 지식을[知] 쓸 것인가[用]. 성인(聖人)은 깎고 다듬지 않는다[不斲]. 어찌
[惡] 갖풀을[膠] 쓸 것인가[用]. 성인(聖人)께는 잃을 것이[喪] 없다[無]. 어찌[惡]
인덕(人德)을[德] 쓸 것인가[用]. 성인(聖人)은 재화를 다루지 않는다[不貨]. 어
찌[惡] 상술(商術)을[商] 쓸 것인가[用]. 불모(不謀)-불착(不斲)-무상(無喪)-불화(不

貨)라는 네 가지는[四者] 자연의[天] 양육[鬻]이다[也].'

　이 말씀도『장자(莊子)』「덕충부(德充符)」19단락(段落)에 나온다. 성인(聖人)이 자연[天地]을 어떻게 본받는[法]지 깨닫자면 무엇보다 먼저 '천륙(天鬻)'이라는 말씀을 천착(穿鑿)해 두어야 한다. 그래야 성인(聖人)이 만든[作] 역(易)의 무사(無思)-무위(無爲)를 새길[玩] 수 있고 헤아릴[擬] 수 있으며, 나아가 가늠하여[斷] 괘효(卦爻)의 상(象)을 무사(無思)-무위(無爲)로 살필[觀] 수 있고, 괘효(卦爻)의 사(辭)를 새길[玩] 수 있다. 괘효(卦爻)의 상(象)-사(辭)를 무사(無思)-무위(無爲)로 관상(觀象)하고 완사(玩辭)할 수 있어야 괘효(卦爻)의 상(象)-사(辭)로써[以] 저마다 나름대로 변함[變]을 살필[觀] 수 있고 점쳐[占] 새길[玩] 수 있다. 성인(聖人)은 자연[天地]을 본받아[法] 불모(不謀)-불착(不斲)-무상(無喪)-불화(不貨)의 천륙(天鬻)으로써 만사(萬事)를 마주한다[臨]. 현자(賢者)는 성인(聖人)을 본받아[效] 성인지언(聖人之言)을 두려워하고[畏], 범인(凡人)은 성인(聖人)을 본받지[效] 않아 성인의[聖人之] 말씀[言]을 업신여기고[侮], 성인(聖人)의 천륙(天鬻)을 모멸(侮蔑)하고 탐욕(貪欲)으로[以] 행험(行險)한다. 현자(賢者)는 성인(聖人)의 천륙(天鬻)을 삼가 두려워하고[畏] 받들기[事] 때문에 신이지래(神以知來)할 수 있고, 범인(凡人)은 신이지래(神以知來)를 거짓말로 여기고 요행(徼倖)을 일삼는다. 자연[天地]이 변화하게 하는 짓[神]을 이용하여[以] 현자(賢者)는 미래를[來] 알아차린다[知]. 그러나 범인(凡人)은 요행(僥倖)을 바라고[徼] 모험을[險] 감행할[行] 뿐이고 인간은 지래(知來)할 수 없다고 호언한다. 천륙(天鬻)은 만사(萬事)를 길(吉)하게 하고, 탐욕(貪欲)은 만사(萬事)를 흉(凶)하게 함을 의심하지 말라 함이 역무사(易无思)-무위(无爲)임을 현자(賢者)는 사무치고, 소인(小人)은 비웃는다. 그래서 성인(聖人)의 천륙(天鬻)은 온갖 사물(事物)에 미치는 역(易)을 살피고[觀] 새겨[玩] 점(占)쳐 지변(知變)하여 지래(知來)하게 하는 통어(通語)가 된다.

487. 무위(無爲)의 평(平)-지(至)

夫 虛靜 恬淡 寂寞 无爲者 天地之平 而道德之至라. '무심하
  부 허정 염담 적막 무위자 천지지평 이 도덕지지
여[虛] 고요하고[靜] 조용하여[恬] 담박해[淡] 고요하고[寂] 고요해[寞] 작위
라고는[爲] 없는[无] 것이[者] 자연의[天地之] 평준이며[平準], 그리고[而] 도덕
의[道德之] 지극함이다[至].'

이 말씀은 『장자(莊子)』 「천도(天道)」 2단락(段落)에 나온다. 허정(虛靜)-
염담(恬淡)-적막(寂寞)은 무위(無爲)를 풀이하는 말씀이다. 낱말은 셋이지만
그 뜻하는 바는 모두 무위(無爲) 바로 그것이다. 허정(虛靜)-염담(恬淡)-적
막(寂寞)을 누리는 마음 가기[志]가 아니라면 괘효(卦爻)의 상(象)을 살필[觀]
수 없고, 괘효(卦爻)의 사(辭)를 새길[玩] 수 없음을 현자(賢者) 즉 현명한 사
람은 사무치며 산다. 그러므로 무위(無爲)를 천지지평(天地之平)-도덕지지
(道德之至)라 일컫는 것이다. 천지지평(天地之平)의 '평(平)'은 '화(和)의 기준(基
準)'을 뜻해 무위(無爲)란 천지의 기준(基準)임을 뜻한다. 도덕지지(道德之至)
의 '지(至)'는 '참 실(實)-바탕 질(質)'과 같아 무위(無爲)란 도덕(道德)의 본질
(本質)임을 뜻한다. 그러므로 무위(無爲)를 떠나서 천지(天地)의 기준(基準)을
가늠할 수 없고, 도덕(道德)의 본질(本質)을 가늠할 수 없는 것이다. 그래서
무위(無爲)의 평(平)-지(至)는 온갖 사물(事物)에 미치는 역(易)을 살피고[觀]
새겨[玩] 점(占)쳐 지변(知變)하여 지래(知來)하게 하는 통어(通語)가 된다.

註 허정(虛靜)의 '허(虛)'는 무심(無心)함이고, 무심(無心)이란 무욕(無欲)-무사(無私)-
무아(無我)-무기(無己)-무공(無功)-무명(無名) 등을 묶어서 말함이고, 이러한 '허
(虛)'의 모습을 일러 '고요 정(靜)'이라 한다. 염담(恬淡)은 다시 '정(靜)'을 풀이한
말이다. 고요하니 편안함[安]이 '염(恬)'이다. 정념(靜恬)을 다시 한 자(字)로 담(淡)
이라 한다. 그냥 맹물의 맛 그런 것이 담(淡)이다. 고요 정(靜)-고요 염(恬)-고요
적(寂)-고요 막(寂寞)을 묶어서 그냥 '텅 빈 허(虛)'라 하고, 담박하다[淡]고 한다.
허정(虛靜)-염담(恬淡)-적막(寂寞)은 무위지심(無爲之心) 즉 무위의[無爲之] 마음
[心]을 풀이한 말씀이다.

488. 휴허(休虛)-실(實)의 윤(倫)

休則虛 虛則實 實者倫矣라. '쉬면[休] 곧[則] 텅 비고[虛], 텅 비면 [虛] 곧[則] 충실하다[實]. 충실하면[實] 곧[者] 다스려지는 것[倫]이다[矣].'

이 말씀도 『장자(莊子)』「천도(天道)」2단락(段落)에 나온다. 휴즉허(休則虛)는 '그칠 지(止)-그만둘 식(息)'과 같다. 휴욕(休欲)-지욕(止欲)-식욕(息欲)이면 곧 허심(虛心) 즉 텅 빈[虛] 마음[心]이 된다. 그러므로 분별(分別)-호오(好惡)-선악(善惡)을 불러오는 기공명(己功名)을 버린 마음을 일러 휴즉허(休則虛)라 하고, 이 또한 무위지심(無爲之心)을 말한다. 허즉실(虛則實)은 분별(分別)-호오(好惡)-선악(善惡)을 불러오는 기공명(己功名)의 욕(欲)을 비워 버린다[虛]면, 마음이 온갖 것을 있는 그대로 포용(抱容)하여 하나[一]로 안기[抱] 때문에 마음이 충실(充實)해짐을 허즉실(虛則實)이라 하고, 이 또한 무위지심(無爲之心)을 말한다. 실자륜(實者倫)의 '윤(倫)'은 여기선 '다스릴 치(治)'와 같고, '자(者)'는 '즉(則)'의 오기(誤記)로 보는 것이 통설(通說)이다. 그러니 실자륜(實者倫)은 실즉륜(實則倫)으로 읽는다. 마음이 허즉실(虛則實)하면 온갖 것을 분별(分別)-호오(好惡)-선악(善惡) 등을 떠나 천지지평(天地之平)-도덕지지(道德之至)로써 만물(萬物)-만사(萬事)를 포용(抱容)하여 다스릴[治] 수 있음을 일러 실즉륜(實則倫)이라 한다. 이 또한 무위지심(無爲之心)의 다스림이다. 그래서 휴허(休虛)-실(實)의 윤(倫)은 온갖 사물(事物)에 미치는 역(易)을 살피고[觀] 새겨[玩] 점(占)쳐 지변(知變)하여 지래(知來)하게 하는 통어(通語)가 된다.

489. 허정(虛靜)-동(動)의 득(得)

虛則靜 靜則動 動則得矣라. '비면[虛] 곧[則] 고요하고[靜], 고요하면[靜] 곧[則] 움직이고[動], 움직이면[動] 곧[則] 얻는 것[得]이다[矣].'

이 말씀도『장자(莊子)』「천도(天道)」2단락(段落)에 나온다. 허즉정(虛則靜)은 휴즉허(休則虛)와 같은 말씀이다. 분별(分別)-호오(好惡)-선악(善惡)을 불러오는 기공명(己功名)의 욕(欲)을 비워 버린다[虛]면 마음은 곧장 고요[靜]를 누린다. 이러한 누림을 일러 '허즉정(虛則靜)'이라 한다. 이러한 '고요정(靜)'을 일러 귀근(歸根)이라 한다. 여기서 귀근(歸根)이란 천지지평(天地之平)의 평(平)으로 돌아감[歸]이요 도덕지지(道德之至)의 지(至)로 돌아감[歸]이다. 이는 마음이 곧 자연(自然) 그것이 되어 삼라만상(森羅萬象)을 걸림 없이 포용(抱容)하니, 이를 두고 '정즉동(靜則動)'이라 한다. 정즉동(靜則動)의 '동(動)'이란 온갖 것[萬物]과 어울림[化]을 뜻하는 중화지동(中和之動)을 뜻한다. 이러한 정즉동(靜則動)의 마음이야말로 천지의[天地之]의 기준(基準)인 '평(平)'과 도덕의[道德之] 본질(本質)인 '지(至)'를 얻는다[得]. 이를 '동즉득(動則得)'이라고 밝힌 것이다. 그래서 허정(虛靜)-동(動)의 득(得)은 온갖 사물(事物)에 미치는 역(易)을 살피고[觀] 새겨[玩] 점(占)쳐 지변(知變)하여 지래(知來)하게 하는 통어(通語)가 된다.

490. 임사자(任事者)의 책(責)

靜則無爲 无爲也 則任事者責矣라. '고요하면[靜] 곧[則] 작위가[爲] 없고[無], 작위가[爲] 없다면[無也] 곧[則] 일을[事] 맡은[任] 자가[者] 책임을 다하는 것[責]이다[矣].'

이 말씀도 『장자(莊子)』 「천도(天道)」 2단락(段落)에 나온다. 정즉무위(靜
則無爲)의 '정(靜)'은 물론 분별(分別)-호오(好惡)-선악(善惡)을 불러오는 기공
명(己功名)의 욕(欲)을 비워 버린[虛] 마음의 고요[靜]를 말하고, 그 고요[靜]
란 곧 무위(無爲) 바로 그것이다. 임사자(任事者)의 마음 가기[志]가 탐욕(貪
欲)스럽다면 기책(棄責) 즉 책임(責)을 저버림[棄]이다. 매사(每事)는 의욕(意
欲)으로 이루어지는 것이 아니다. 왜 일[事]을 통변(通變)이라고 하는가? 일
이란 시처인(時處人)으로 통하여 변하는 까닭이다. 이 시처인(時處人) 중에
서 인간[人]이 무위지심(無爲之心)으로 지성(至誠)껏 일해야 시처(時處)의 운
수(運數)가 흉(凶)을 벗어나 길(吉)로 드러나게 돼 임사(任事)의 책(責)이 완
수(完遂)된다. 그러므로 일[事]을 맡은[任] 사람[者]은 무엇보다 무위지심(無
爲之心)의 정(靜)으로 맡은[任] 일[事]을 마주하고[臨] 있는지 늘 자문(自問)할
줄 알아야 책임(責)을 다한다. 그래서 임사자(任事者)의 책(責)은 온갖 사물
(事物)에 미치는 역(易)을 살피고[觀] 새겨[玩] 점(占)쳐 지변(知變)하여 지래
(知來)하게 하는 통어(通語)가 된다.

491. 지(智)와 명(明)

知人者智 自知者明이라. '남을[人] 아는[知] 것은[者] 슬기이고[智],
자신을[自] 아는[知] 것은[者] 밝음이다[明].'

이 말씀은 『노자(老子)』 33장(章)에 나온다. 바깥 사물(事物)을 분별하여
앎[知]을 '지(智)'라 하고, 스스로 자신을 앎[知]을 '명(明)'이라 한다. 지지지
(智之知) 즉 지지(智知)만 앞서고 명지지(明之知) 즉 명지(明知)가 없다면 무위
지심(無爲之心)을 누리지 못해 변화(變化)의 기미(機微)를 살피고 가려 찾아
내지 못한다. 변화(變化)의 기미(機微)는 지식(知識) 즉 지(智)로써는 찾아내

지 못하고 명지(明知)가 앞서야 변화(變化)의 낌새[機微]를 살펴 찾아낸다. 이를 견색(見賾)이라 한다. 견색(見賾)은 지지(智知)로써는 안 된다. 오로지 명지(明知)로써 견색(見賾)할 수 있다. 그렇기 때문에 성인(聖人)은 세심(洗心)하고 불모(不謀)하면서 명신(明神)하는 것이다. 자연이 변화하게 하는 짓[神]을 밝힘[明]이란 무엇보다 먼저 자신[自]을 아는[知] 밝음[明]이 앞서야 한다. 자신이 무욕(無欲)한지 아니면 유욕(有欲)하고 탐욕(貪欲)한지 알아야[知] 기공명(己功名)의 욕(欲)을 다스릴 수 있다. 명지(明知)라야 귀근(歸根)의 고요[靜]를 누려 변화(變化)를 전지(前知) 즉 미리[前] 알아차린다[知]. 명지(明知)를 떠나서는 무위지심(無爲之心)을 누릴 수 없고, 무위지심(無爲之心)을 떠나서는 역(易)의 생생(生生) 즉 쉼 없는 변화(變化)를 알아차릴 수 없다. 왜 역(易)이 열저심(說諸心)하여 연저려(硏諸慮)하라고 하는가? 마음[心]으로 그것을[諸] 즐기고[說], 깊은 생각[慮]으로 그것을[諸] 탐구하라[硏]고 할 때 그것이란 무엇이겠는가? 그것이란 곧 명지(明知)인 것이다. 그래서 지(智)와 명(明)은 온갖 사물(事物)에 미치는 역(易)을 살피고[觀] 새겨[玩] 점(占)쳐 지변(知變)하여 지래(知來)하게 하는 통어(通語)가 된다.

492. 강(强)과 역(力)

勝人者有力 自勝者强이라. '남을[人] 이기는[勝] 것은[者] 역(力)이고[有], 자신을[自] 이기는[勝] 것은[者] 강이다[强].'

이 말씀도 『노자(老子)』 33장(章)에 나온다. 강력(强力)은 두 갈래의 힘을 말한다. 내가 나를 이겨 내는 극기(克己)의 힘[氣運]을 '강(强)'이라 하고, 내가 남을 이겨 내는 정인(征人)의 기운(氣運)을 '역(力)'이라 한다. 현자(賢者)는 강(强)의 힘으로 자신을 지키고, 소인(小人)은 역(力)의 힘으로 남[人]

을 정복(征服)하려고 하다가 자신을 잃는다. 강(强)은 패(敗)가 없는 힘이고, 역(力)은 패(敗)를 불러오는 힘이다. 승패(勝敗)란 역(力)의 다툼일 뿐이다. 왜 성인(聖人)을 본받는[效] 현자(賢者)는 부쟁(不爭)하는가? 현자(賢者)는 오로지 강(强)할 뿐이기 때문이다. 강자(强者)는 명지(明知)로써 자신을 지키고, 역자(力者)는 지지(智知)로써 남들과 겨루어 승자(勝者)가 되고자 하기 때문에 결국 패자(敗者)가 되고 마는 것이다. 매사(每事)에서 역(力)은 흉(凶)하게 드러나기 쉽고, 강(强)은 길(吉)하게 드러나기 마련이다. 왜 역(易)이 열저심(說諸心)하여 연저려(硏諸慮)하라는 것인가? 마음[心]으로 그것을[諸] 즐기고[說], 깊은 생각[慮]으로 그것을[諸] 탐구하라[硏]고 할 때 그것이란 무엇이겠는가? 그것이란 곧 강자(强者)인 것이다. 그래서 강(强)과 역(力)은 온갖 사물(事物)에 미치는 역(易)을 살피고[觀] 새겨[玩] 점(占)쳐 지변(知變)하여 지래(知來)하게 하는 통어(通語)가 된다.

493. 생시(生蓍)의 시(蓍)

幽贊於神明而生蓍라. '자연이 변화하게 하는 짓을[神] 밝힘[明]을
유찬어신명이생시
[於] 그윽이[幽] 돕고자[贊而] 시초를[蓍] 내었다[生].'

이 말씀은 『주역(周易)』 「설괘전(說卦傳)」 첫 단락(段落)에 나오는 말씀이다. 성인(聖人)이 작역(作易) 즉 역(易)을 지었을 때 온 세상 사람들도 역(易)을 지어 관상(觀象)하고 관변(觀變)하여 완점(玩占)할 수 있게 하고자 시초(蓍草)를 심어 길렀음을 일러 '생시(生蓍)'라 한다. 생시(生蓍)의 '시(蓍)'는 높이가 2~3척(尺)에 이르고 잎은 길고 갈라진 모습이며, 꽃은 백(白)-홍(紅)으로 국화(菊花)와 비슷하고 한 그루에 50여(餘) 본(本)씩 나온다. 시(蓍)의 풀대를 점대로 삼았다. 한 그루가 50여(餘) 본(本)의 풀대를 내주는 시초

(蓍草)는 완전한 천수(天數) 삼십(三十)과 완전한 지수(地數) 이십(二十)을 내주고 있는 셈이어서 성인(聖人)이 생시(生蓍)하여 자연[天地]이 내린 신물(神物)로 삼게 했던 것이다. 그래서 생시(生蓍)의 시(蓍)는 온갖 사물(事物)에 미치는 역(易)을 살피고[觀] 새겨[玩] 점(占)쳐 지변(知變)하여 지래(知來)하게 하는 통어(通語)가 된다.

494. 천지(天地)의 수(數)

三天兩地而倚數라. '삼을[三] 천수로[天] 이를[二] 지수로[地] 수를[數] 세웠다[倚].'
삼 천 양 지 이 의 수

이 말씀도 『주역(周易)』「설괘전(說卦傳)」첫 단락(段落)에 나오는 말씀이다. 천수(天數) 즉 양수(陽數)를 삼(三)으로 세우고[倚] 지수(地數) 즉 음수(陰數)를 이(二)로 세움[倚]은 천(天)은 원이고[圓], 땅[地]은 네모[四方]로 보았기 때문이다. 원(圓)은 지름이 일(一)이면 원둘레가 삼(三)이므로 삼(三)을 천수(天數)로 세웠고[倚], 사방(四方)은 좌우(左右)-상하(上下) 각각 이변(二邊)이니까 지수(地數)를 이(二)로 세웠다[倚]. 이를 의수(倚數)라 한다. 의수(倚數)는 의수(依數)이고 또한 입수(立數)이다. 의수(倚數)의 '의(倚)'는 '의지할 의(依)-세울 입(立)' 등과 같다. 의수(倚數)란 곧 역수(易數) 즉 생생지수(生生之數)의 기본(基本)을 천삼(天三)-지이(地二)로 세워[倚] 사상(四象)-팔괘(八卦)의 수(數)를 세움[倚]을 뜻한다. 음양(陰陽)을 수(數)로 밝힌다면 음(陰 : --)은 '이(二)'이고, 양(陽 : ─)은 '삼(三)'이고, 음양(陰陽)의 역수(易數)는 이(二)와 삼(三)이다. 팔괘(八卦)를 수(數)로 밝힌다면 음효(陰爻)만 셋인 곤(坤 : ☷)의 수(數)는 '육(六)'이고, 이 '육(六)'의 수(數)를 태음(太陰)이라 하고, 양효(陽爻)만 셋인 건(乾 : ☰)의 수(數)는 '구(九)'가 되고, 이 '구(九)'의 수(數)를 태양(太陽)이라 한다. 음효(陰爻)가 둘이고 양효(陽爻)가 하나인 간(艮:☶)-감(坎(坎:☵)-진(震:☳) 등의 수(數)는 '칠(七)'이니 소양(少陽)이 되고, 양효(陽爻)가 둘이고 음효(陰爻)가 하나인 손(巽:☴)-이(離:☲)-태(兌:☱) 등의 수(數)는 '팔(八)'이니 소음(少陰)이 된다. 그러므로 팔괘(八卦)의 역수(易數)는 '육(六)-칠(七)-팔(八)-구(九)'가 된다. 이처럼 삼천양지이의수(三天兩地而倚數)에서 의수(倚數)란 역수(易數)의 입수(立數) 즉 역수(易數)의 세움[立]을 뜻한다. 그래서 천지(天地)의 수(數)는 온갖 사물(事物)에 미치는 역(易)을 살피고[觀] 새겨[玩] 점(占)쳐 지변(知變)하여 지래(知來)하게 하는 통어(通語)가 된다.

495. 괘(卦)의 입(立)

觀於陰陽而立卦라. '음양(陰陽)에서[於] 변화(變化)를 살펴서[觀而] 괘를[卦] 세웠다[立].'

이 말씀도 『주역(周易)』 「설괘전(說卦傳)」 첫 단락(段落)에 나오는 말씀이다. 관어음양(觀於陰陽) 즉 음양(陰陽)에서[於] 살폈다[觀] 함은 음(陰)과 양(陽)에서 사상(四象)-팔괘(八卦)가 생(生)함을 성인(聖人)이 살폈음[觀]을 말해 준다. 음(陰:--)에서 노음(老陰:⚏)과 소양(小陽:⚎)이 나오고, 양(陽:—)에서 소음(少陰:⚍)과 노양(老陽:⚌)이 나옴[生]을 살핀[觀] 다음 다시 노음(老陰:⚏)에서 곤(坤:☷)과 간(艮:☶)이 생(生)기고, 소양(少陽:⚎)에서 감(坎:☵)과 손(巽:☴)이 생김을 살폈고[觀], 소음(少陰:⚍)에서 진(震:☳)과 이(離:☲)가 생기고, 노양(老陽:⚌)에서 태(兌:☱)와 건(乾:☰)이 생김을 살펴[觀] 입괘(立卦) 즉 괘(卦)를 설립(設立)하였음을 밝힌 말씀이 '관어음양(觀於陰陽)'이다. 그래서 괘(卦)의 입(立)은 온갖 사물(事物)에 미치는 역(易)을 살피고[觀] 새겨[玩] 점(占)쳐 지변(知變)하여 지래(知來)하게 하는 통어(通語)가 된다.

496. 효(爻)의 생(生)

發揮於强柔而生爻라. '강유(剛柔)에서[於] 발휘해서[發揮而] 효를[爻] 낸다[生].'
발휘어강유이생효

이 말씀도 『주역(周易)』「설괘전(說卦傳)」첫 단락(段落)에 나오는 말씀이다. 발휘어강유이생효(發揮於强柔而生爻)에서 '발휘(發揮)'는 『주역(周易)』「문언전(文言傳)」에 나오는 '육효발휘방통정야(六爻發揮旁通情也)'를 환기(喚起)하면 새겨 헤아려 가늠할 수 있다. 발휘(發揮)는 발동휘산(發動揮散)의 줄임말이다. 그러니 발휘(發揮)함은 곧 발산(發散)함이다. 강유(剛柔)에서[於] 변화(變化)를 발산(發散)함을 밝힘이 곧 '발휘어강유(發揮於强柔)'이다. 물론 '발휘어강유(發揮於强柔)'는 '발휘어음양(發揮於陰陽)'과 같다. 음양(陰陽)-강유(剛柔)-인의(仁義)란 곧 삼재지도(三才之道)로서 한 말씀이기 때문이다. 여기서 발휘어강유(發揮於强柔)가 역(易)은 강유(剛柔)에서[於] 변자(變者)를 발휘(發揮)함을 뜻하고 있음을 간파(看破)할 수 있고, 발휘(發揮)를 일음일양(一陰一陽)-생생(生生)이라고 새기고 헤아려 가늠할 수 있게 되고, 나아가 발휘어강유(發揮於强柔)가 곧 생효(生爻)를 일컬음도 알아차릴 수 있다. 왜냐하면 '효자언호변자야(爻者言乎變者也)'이기 때문이다. 효(爻)한 것은[者] 변하는[變] 것을[者乎] 말하는 것[言]이다[也]. 그러므로 생효(生爻)란 변자(變者)를 내고[生], 변자(變者)의 생(生)은 강유(剛柔) 즉 음양(陰陽)에서[於] 발휘(發揮)되는 것이다. 그래서 효(爻)의 생(生)은 온갖 사물(事物)에 미치는 역(易)을 살피고[觀] 새겨[玩] 점(占)쳐 지변(知變)하여 지래(知來)하게 하는 통어(通語)가 된다.

註 육효발휘방통정야(六爻發揮旁通情也) '육효가[六爻] 발휘함은[發揮] 역(易)의 참뜻을[情] 두루[旁] 통함[通]이다[也].'

497. 성명(性命)의 순(順)

　　昔者聖人作易也將以順性命之理라. '옛날[昔者] 성인이[聖人] 역을[易] 만들었던 것[作]은[也] 그렇게 하여[以] 성명의[性命之] 이치에[理] 따르려 했다[將順].'

　　이 말씀도 『주역(周易)』「설괘전(說卦傳)」둘째 단락(段落)에 나오는 말씀이다. 성명지리(性命之理)란 성지리(性之理) 즉 성리(性理)와 명지리(命之理) 즉 명리(命理)를 합쳐 밝힌 말씀이다. 이역(以易) 즉 역(易)을 이용하여[以] 성(性)의 이치[理]와 명(命)의 이치[理]를 순응(順應)하려 함이 곧 성인(聖人)이 작역(作易)한 까닭이다. 성(性)이란 천생지질(天生之質) 즉 자연[天]이 낳아준[生之] 바탕[質]이고, 명(命)이란 인지소품수(人之所稟受) 즉 자연[天地]이 주어[稟] 인간이[人之] 받은[受] 것[所]이다. 이러한 성명(性命) 때문에 이역(以易)하여 사천(事天)하고 순천(順天)하며 종천(從天)하는 것이다. 그래서 성명(性命)의 순(順)은 온갖 사물(事物)에 미치는 역(易)을 살피고[觀] 새겨[玩] 점(占)쳐 지변(知變)하여 지래(知來)하게 하는 통어(通語)가 된다.

498. 천지인(天地人)의 도(道)

　　立天之道曰陰與陽 立地之道曰强與柔 立人之道曰仁與義라. '성인(聖人)이 하늘의[天之] 도를[道] 세워[立] 음(陰)과[與] 양이라[陽] 하고[曰], 땅의[地之] 도를[道] 세워[立] 강(强)과[與] 유라[柔] 하고[曰], 사람의[人之] 도를[道] 세워[立] 인(仁)과[與] 의라[義] 했다[曰].'

　　이 말씀도 『주역(周易)』「설괘전(說卦傳)」둘째 단락(段落)에 나오는 말씀이다. 음여양(陰與陽) 즉 음양(陰陽)도 성명(性命)을 따름[順]이고, 강여유(强與

柔) 즉 강유(剛柔)도 성명(性命)을 따름[順]이며, 인여의(仁與義) 즉 인의(仁義)
도 성명(性命)을 따름[順]이라 음양(陰陽)-강유(剛柔)-인의(仁義)는 모두 이역
(以易) 즉 역(易)을 이용하여[以] 자연이 낳은 바탕[性]과 자연이 내려 받은
것[命]을 따르라[順]는 한 말씀으로 통한다. 그러므로 음양(陰陽)-강유(剛
柔)-인의(仁義)는 천지인(天地人) 즉 삼재(三才)의 도(道)를 일컬음이다. 이 삼
재(三才)를 겸(兼)하여 이것을 곱하여 육획(六劃)으로 하여 괘(卦)를 이루었
다. 이를 '육획이성괘(六劃而成卦)'라 한다. 여기서 대성괘(大成卦)가 음양(陰
陽)-강유(剛柔)-인의(仁義)의 도(道) 즉 천지인(天地人)의 도(道)를 담고 있음
을 알 수 있다. 그래서 천지인(天地人)의 도(道)는 온갖 사물(事物)에 미치는
역(易)을 살피고[觀] 새겨[玩] 점(占)쳐 지변(知變)하여 지래(知來)하게 하는
통어(通語)가 된다.

499. 팔괘(八卦)의 상착(相錯)

天地定位 山澤通氣 雷風相薄 水火不相射 八卦相錯이라.
_{천 지 정 위 산 택 통 기 뇌 풍 상 박 수 화 불 상 사 팔 괘 상 착}
'천지가[天地] 자리를[位] 정하고[定], 산과[山] 못이[澤] 기운을[氣] 통하고
[通], 우레와[雷] 바람이[風] 서로[相] 부딪치고[薄], 물과[水] 불이[火] 서로[相]
해치지 않아[不射] 팔괘가[八卦] 서로[相] 섞인다[錯].'

이 말씀은 『주역(周易)』 「설괘전(說卦傳)」 셋째 단락(段落)에 나오는 말씀
이다.

천지정위(天地定位)에서 '천(天)'은 건(乾 : ☰)-'지(地)'는 곤(坤 : ☷)을 말하
고 '정위(定位)'는 천고지하(天高地下)를 말한다. 여기서 천고(天高)는 '남(南)'
을 말하고 지하(地下)는 '북(北)'을 말한다.

산택통기(山澤通氣)에서 '산(山)'은 간(艮 : ☶)-'택(澤)'은 태(兌 : ☱)를 말하

고, '통기(通氣)'란 서북(西北)의 간방(間方)에 있는 간(艮 : ☶)의 산(山)과 동남(東南)의 간방(間方)에 있는 태(兌 : ☱)의 못[澤]이 통함을 말한다.

뇌풍상박(雷風相薄)에서 '뇌(雷)'는 진(震 : ☳)-'풍(風)'은 손(巽 : ☴)을 말하고, '상박(相薄)'이란 동북(東北)의 간방(間方)에 있는 진(震 : ☳)의 우레[雷]와 서남(西南)의 간방(間方)에 있는 손(巽 : ☴)의 바람[風]이 서로 부딪침을 말한다.

수화불상사(水火不相射)에서 '수(水)'는 감(坎 : ☵)-'화(火)'는 이(離 : ☲)를 말하고, 서(西)에 있는 감(坎 : ☵)의 물[水]과 동(東)에 있는 이(離 : ☲)의 불[火]은 서로[相] 해치지 않아[不射] 물[水]이 불 때문에 마르지도 않고, 불[火]이 물 때문에 꺼지지도 않음을 말한다.

건남(乾南)-곤북(坤北)-이동(離東)-감서(坎西)-태동남(兌東南)-진동북(震東北)-손서남(巽書南)-간서북(艮西北)으로 팔괘(八卦)의 자리[位]가 이루어진다. 그 자리[位]의 순서(順序)는 건일(乾一)-태이(兌二)-이삼(離三)-진사(震四)-손오(巽五)-감륙(坎六)-간칠(艮七)-곤팔(坤八)로 정해진다. 남(南)의 건위(乾位)는 동남(東南)의 태이(兌二)와 서남(西南)의 진오(震五) 사이에 있고, 북(北)의 곤위(坤位)는 동북(東北)의 진사(震四)와 서북(西北)의 간칠(艮七) 사이에 있다. 양기(陽氣)가 진사(震四)에서 출발하여 이삼(離三)-태이(兌二)를 거쳐 건일(乾一)에 다다름을 순수(順數)라 하고, 음기(陰氣)가 진오(震五)에서 출발하여 감륙(坎六)-간칠(艮七)을 거쳐 곤팔(坤八)에 다다름을 역수(逆數)라 한다. 팔괘(八卦)의 방위(方位)와 아울러 양기(陽氣)가 건(乾)에 이르고[至], 음기(陰氣)가 곤(坤)에 이름[至]을 묶어 '팔괘상착(八卦相錯)'이라고 한다. 그래서 팔괘(八卦)의 상착(相錯)은 온갖 사물(事物)에 미치는 역(易)을 살피고[觀] 새겨[玩] 점(占)쳐 지변(知變)하여 지래(知來)하게 하는 통어(通語)가 된다.

500. 역(易)의 역수(逆數)

數往者順 知來者逆 是故 易逆數也라. '가는[往] 것을[者] 셈함은[數] 따름이고[順], 오는[來] 것을[者] 알아냄은[知] 거스름이다[逆]. 이[是] 때문에[故] 역은[易] 거슬러[逆] 셈함[數]이다[也].'

이 말씀도 『주역(周易)』「설괘전(說卦傳)」셋째 단락(段落)에 나오는 말씀이다. 역(易)이란 왕자(往者)를 알고자[知] 함이 아니라 내자(來者)를 알고자[知] 함이다. 왕자(往者)는 거사(去事)를 말한다. 지난[去] 일[事]이란 순차(順次)를 따라 살펴 가면 쉽사리 알 수 있다. 그러나 내자(來者)는 내사(來事)를 말한다. 다가올[來] 일[事]이란 순차(順次)를 따라 살펴 갈 수 없고, 오로지 일[事] 그 자체를 살펴 변화(變化)해 가는 기미(幾微)를 찾아내야 하기 때문에 내사(來事)를 지성(至誠)으로 견색(見賾)하라고 하는 것이다. 견색(見賾)의 '색(賾)'은 찾아내기가 매우 어려운 것을 말한다. 무사(無私)-무욕(無欲)-무아(無我)로써만 찾아낼 수 있는 것이 '색(賾)'이다. 이렇기 때문에 견색(見賾)의 '색(賾)'은 찾아내기가 매우 어려운 것을 말한다. 역(易)을 일러 거슬러[逆] 셈함[數]이라고 함은 역무사(易無思)-무위(無爲)를 뜻함을 명심해야 한다. 매사(每事)를 사욕(私欲)으로 마주하면 매사(每事)의 미래(未來)가 드러낼 길흉(吉凶)을 전지(前知)할 수 없음을 일러 '역역수(易逆數)'라 하는 것이다. 그래서 역(易)의 역수(逆數)는 온갖 사물(事物)에 미치는 역(易)을 살피고[觀] 새겨[玩] 점(占)쳐 지변(知變)하여 지래(知來)하게 하는 통어(通語)가 된다.

색인(索引)

간이(簡易)와 덕(德) / 144
강(强)과 역(力) / 639
강유(剛柔)의 단(斷) / 58
강유(剛柔)의 변(變) / 384
강유(剛柔)의 유체(有體) / 490
강유(剛柔)의 입본(立本) / 389
강유(剛柔)의 잡거(雜居) / 604
건(乾)의 동(動) / 136
건(乾)의 성상(成象) / 120
건(乾)의 양물(陽物) / 487
건(乾)의 정(靜) / 135
건(乾)의 확(確) / 397
건곤(乾坤)과 역립(易立) / 357
건곤(乾坤)의 역지온(易之蘊) / 357
건곤(乾坤)의 원(元) / 50
건곤(乾坤)의 이(利) / 53
건곤(乾坤)의 이간(易簡) / 63
건곤(乾坤)의 정(貞) / 54
건곤(乾坤)의 정(定) / 57
건곤(乾坤)의 형(亨) / 51
건곤(乾坤)의 훼(毀) / 358
건괘(乾卦)의 건(健) / 586
건괘(乾卦)의 덕행(德行) / 587
건괘(乾卦)의 책수(策數) / 228
겸괘(謙卦)의 광존(光尊) / 521
계사(繫辭)의 사(辭) / 64
계사(繫辭)의 효(爻) / 372
계사언(繫辭焉)과 성인(聖人)의 고(告) / 342
계사언(繫辭焉)과 진기언(盡其言) / 353
계사언(繫辭焉)과 진신(盡神) / 356
계사언(繫辭焉)의 명(命) / 387
곤(坤)-건(乾)의 합(闔)-벽(闢) / 310
곤(坤)의 음물(陰物) / 488

곤(坤)의 정(靜) / 138
곤(坤)의 효법(效法) / 121
곤(坤卦)의 퇴(隤) / 399
곤괘(坤卦)의 순(順) / 588
곤괘(坤卦)의 책수(策數) / 229
곤괘(困卦)의 통궁(通窮) / 527
곤우석(困于石)의 곤(困) / 468
공업(功業)과 변(變) / 408
관변(觀變)과 완점(玩占) / 47
관상(觀象)과 완사(玩辭) / 45
관상(觀象)의 상(象) / 64
광(廣)의 생(生) / 140
괘(卦)의 기(奇)와 우(耦) / 445
괘(卦)의 덕(德) / 290
괘(卦)의 입(立) / 642
괘사(卦辭)와 효사(爻辭) / 44
괘효(卦爻)의 사(辭) / 165
괘효(卦爻)의 상(象) / 159
괘효(卦爻)의 수작(酬酌) / 238
괘효(卦爻)의 수작(酬酌)-우신(祐神) / 240
괘효사(卦爻辭)의 추요(樞要) / 49
구괘(九卦)의 덕(德) / 544
군자(君子)와 언어(言語) / 201
군자(君子)의 고만물(鼓萬物) / 116
군자(君子)의 언(言) / 253
군자(君子)의 유위(有爲) / 251
군자(君子)의 하인(下人) / 190
군자지도(君子之道)의 장(藏) / 114
군자지도(君子之道)의 현(顯) / 113
굴(屈)과 신(信) / 461
굴신(屈伸)의 이생(利生) / 451
궁신(窮神)과 지화(知化) (1) / 459
궁신(窮神)과 지화(知化) (2) / 466

귀기(歸奇)의 상윤(象閏) / 224
귀신(鬼神)의 불과(不過) / 93
귀신(鬼神)의 불류(不流) / 94
귀신(鬼神)의 불위(不違) / 92
귀신(鬼神)의 정상(情狀) / 90
귀천(貴賤)의 등(等) / 574
극기수(極其數)의 정(定) / 262
극기수(極其數)의 지변(至變) / 264
극색(極賾)의 괘(卦) / 373
극수지래(極數知來)의 점(占) / 123
근취(近取)와 원취(遠取) / 424
기인(其人)의 명신(明神) / 378
기자(幾者)와 동지미(動之微) / 480
길사(吉事)의 상(祥) / 593
길인(吉人)의 사(辭) / 616
길흉(吉凶)과 대업(大業) / 325
길흉(吉凶)과 외(外) / 406
길흉(吉凶)과 회린(悔吝) / 442
길흉(吉凶)의 견(見) / 605
길흉(吉凶)의 단(斷) / 167
길흉(吉凶)의 단(斷) / 371
길흉(吉凶)의 명(明) / 65
길흉(吉凶)의 생(生) / 59
길흉(吉凶)의 정(定)-단(斷) / 343
길흉(吉凶)의 정승(貞勝) / 392
길흉(吉凶)의 천(遷) / 607
길흉회린(吉凶悔吝)의 동(動) / 387
난(亂)과 언어(言語) / 199
난자(亂者)와 유기치자(有其治者) / 478
노겸(勞謙)의 겸(謙) / 192
노겸(勞謙)의 길(吉) / 186
노겸(勞謙)의 덕(德) / 191
노겸(勞謙)의 지(至) / 188
단자(彖者) : 언호상자(言乎象者) / 72
단자(彖者)의 재(材) / 439
대성괘(大成卦)와 여임부모(如臨父母) / 556
대성괘(大成卦)의 내외괘(內外卦) / 33

대성괘(大成卦)의 도(度) / 553
대성괘(大成卦)의 명(明) / 555
대성괘(大成卦)의 변시비(辨是非) / 567
대성괘(大成卦)의 비(比) / 36
대성괘(大成卦)의 잡물(雜物) / 565
대성괘(大成卦)의 지구(知懼) / 554
대성괘(大成卦)의 찬덕(撰德) / 566
대성괘(大成卦)의 효(爻) / 383
대성괘(大成卦)의 효순(爻順) / 34
대시(大始)와 성물(成物) / 61
대연지수(大衍之數)와 상사시(象四時) / 223
대연지수(大衍之數)와 상삼(象三) / 222
대연지수(大衍之數)와 상양(象兩) / 220
대연지수(大衍之數)의 오십(五十) / 219
덕(德)의 고(固) / 511
덕(德)의 기(基) / 506
덕(德)의 변(辨) / 516
덕(德)의 병(柄) / 508
덕(德)의 본(本) / 509
덕(德)의 수(修) / 513
덕(德)의 유(裕) / 514
덕(德)의 제(制) / 519
덕(德)의 지(地) / 517
도의(道義)의 문(門) / 152
동(同)과 수(殊) / 448
동(同)과 수도(殊途) / 460
동부동(同不同)의 대(大) / 622
동자(動者)의 상기변(尙其變) / 244
동정(動靜)의 상(常) / 58
득일(得一)의 덕(德) / 630
망자(亡者)와 보기존자(保其存者) / 476
매효(每爻)와 전요(典要) / 551
매효(每爻)의 무상(无常) / 548
매효(每爻)의 변동(變動) / 546
매효(每爻)의 상역(相易) / 549
매효(每爻)의 유변소적(唯變所適) / 552
매효(每爻)의 주류(周流) / 547

무구자(無咎者): 선보과(善補過) / 75
무선지인(誣善之人)의 사(辭) / 618
무위(無爲)의 평(平)-지(至) / 635
문(文)의 부당(不當) / 582
물(物)의 용(用) / 185
물의(物宜)의 상(象) / 157
민용(民用)의 신물(神物) / 306
민함용(民咸用)의 신(神) / 318
백모(白茅)의 용(用) / 181
백성(百姓)의 부지(不知) / 111
백성(百姓)의 여능(與能) / 599
벌지(伐之)의 도(盜) / 210
변(變)의 재화(裁化) / 361
변길흉자(辯吉凶者): 존호사(存乎辭) / 78
변동(變動)의 언(言) / 606
변통(變痛)과 사시(四時) / 142
변통(變通)과 사시(四時) / 328
변통(變通)의 상(象) / 314
변통(變通)의 취시(趣時) / 391
변화(變化)와 성인(聖人) / 338
변화(變化)의 생(生) / 66
변화(變化)의 성(成) / 177
변화(變化)의 현(見) / 60
변효(變爻)와 지괘(之卦) / 42
복괘(復卦)의 변소어물(辨小於物) / 522
복서자(卜筮者)의 상기점(尙其占) / 249
부적선(不積善)과 불성명(不成名) / 471
부적악(不積惡)과 불멸신(不滅身) / 472
부지(俯地)와 관법(觀法) / 423
부차승(負且乘)의 부(負) / 206
부차승(負且乘)의 승(乘) / 207
부차승(負且乘)의 치구(致寇) / 204
불궁(不窮)의 통(通) / 312
불이물좌지(不以物挫志)의 정(定) / 628
불이행(不異行)의 관(寬) / 623
불출(不出)의 무구(无咎) / 198
비(卑)의 법지(法地) / 150

사(辭)와 기소지(其所之) / 82
사상(四象)과 성인(聖人)의 시(示) / 341
사상(四象)과 팔괘(八卦) / 30
사상(四象)과 팔괘(八卦) / 322
사영(四營)의 성역(成易) / 233
삼다흉(三多凶)과 오다공(五多功) / 572
삼여오(三與五)의 동공(同功)-이위(異位) / 572
삼재(三才)의 도(道) / 385
삼천(參天)과 양지(兩地) / 139
상사(象事)와 지기(知器) / 594
상윤(象閏)과 음력(陰曆) / 230
상자(象者)의 상(像) / 438
상잡(相雜)의 문(文) / 580
상형(象形)의 기(器) / 315
상효(上爻)의 완사(玩辭) / 565
생생(生生)의 역(易) / 119
생시(生蓍)의 시(蓍) / 640
서(筮)의 덕(德) / 288
설괘(設卦)와 진정위(盡情僞) / 352
설괘(設卦)의 상(象) / 367
성(性)의 성(成) / 150
성덕(盛德)의 대업(大業) / 116
성덕(成德)의 입(立) / 626
성명(性命)의 순(順) / 644
성묵(成黙)의 덕행(德行) / 380
성미미(成亹亹)의 열(說)-연(硏) / 592
성인(聖人)과 비물(備物) / 330
성인(聖人)의 견동(見動) / 160
성인(聖人)의 견동(見動) / 368
성인(聖人)의 견색(見賾) / 153
성인(聖人)의 능애(能愛) / 97
성인(聖人)의 단의(斷疑) / 286
성인(聖人)의 도사(道四) / 242
성인(聖人)의 도사(道四) / 278
성인(聖人)의 동환(同患) / 296
성인(聖人)의 명찰(明察) / 303
성인(聖人)의 물의(物宜) / 366

성인(聖人)의 불과(不過)-불유(不遺) / 99
성인(聖人)의 불우(不憂) / 95
성인(聖人)의 성능(成能) / 597
성인(聖人)의 세심(洗心) / 293
성인(聖人)의 신명(神明) / 308
성인(聖人)의 신무(神武) / 302
성인(聖人)의 연기(研幾) / 272
성인(聖人)의 예지(睿知) / 301
성인(聖人)의 유(遊) / 632
성인(聖人)의 의(意) / 347
성인(聖人)의 의색(擬賾) / 155
성인(聖人)의 의색(擬賾) / 364
성인(聖人)의 의지(擬之) / 174
성인(聖人)의 의지(議之) / 175
성인(聖人)의 이역(以易) / 145
성인(聖人)의 이역(以易) / 270
성인(聖人)의 장왕(藏往) / 298
성인(聖人)의 재계(齋戒) / 307
성인(聖人)의 전례(典禮) / 369
성인(聖人)의 정업(定業) / 285
성인(聖人)의 지래(知來) / 297
성인(聖人)의 천독(天鷲) / 633
성인(聖人)의 총명(聰明) / 300
성인(聖人)의 통이지(通而知) / 102
성인(聖人)의 통지(通志) / 284
성인(聖人)의 퇴장(退藏) / 294
성인지대보(聖人之大寶)와 위(位) / 413
성인지정(聖人之情)과 사(辭) / 409
소인(小人)과 소악(小惡) / 473
소징(小懲)과 대계(大誡) / 469
손괘(損卦)의 선난이후이(先難而後易) / 525
손괘이(巽卦而) 칭이은(稱而隱) / 530
솔사(率辭)와 규방(揆方) / 557
수(數)의 착종(錯綜) / 259
수명(受命)의 언(言) / 254
수위(守位)의 인(仁) / 414
순(順)의 조(助)와 신(信)의 조(助) / 346

순어도(循於道)의 비(備) / 627
숭(崇)의 효천(效天) / 149
숭고(崇高)와 부귀(富貴) / 329
시물지상(時物之上)의 이지(易知) / 563
시물지초(時物之初)의 난지(難知) / 562
신(慎)의 지(至) / 183
신명(神明)의 덕(德) / 491
신모(神謀)와 귀모(鬼謀) / 598
신물(神物)과 성인(聖人) / 334
신물(神物)의 흥작(興作) / 305
신의(神意)의 상(象)-사(辭) / 196
실기수자(失其守者)의 사(辭) / 619
실득(失得)의 상(象) : 길흉자(吉凶者) / 66
십팔변(十八變)의 성괘(成卦) / 233
악적(惡積)과 대죄(大罪) / 474
안기신(安其身)과 동민(動民) / 484
안신(安身)과 숭덕(崇德) / 465
앙천(仰天)과 관상(觀象) / 421
애오(愛惡)의 상공(相攻) / 608
양괘(陽卦)와 음괘(陰卦) / 444
양의(兩儀)와 사상(四象) / 321
언무위(言無爲)의 덕(德) / 621
언자(言者)의 상기사(尙其辭) / 243
언행(言行)의 추기(樞機) / 180
역(易)과 원(遠) / 130
역(易)과 이(邇) / 132
역(易)과 지리(地理) / 86
역(易)과 천문(天文) / 85
역(易)의 감통(感通) / 268
역(易)의 개물(開物) / 280
역(易)의 광(廣)-대(大) / 129
역(易)의 궁즉변(窮則變) / 432
역(易)의 단사(斷辭) / 496
역(易)의 도(道)와 기(器) / 359
역(易)의 명(明) / 503
역(易)의 모도(冒道) / 282
역(易)의 무사(无思) / 265

역(易)의 무위(无爲) / 267
역(易)의 미(彌)와 윤(綸) / 83
역(易)의 미현(微顯)-천유(闡幽) / 493
역(易)의 변물(辨物) / 494
역(易)의 부동(不動) / 268
역(易)의 불허행(不虛行) / 559
역(易)의 사문(辭文) / 499
역(易)의 사사은(事肆隱) / 501
역(易)의 서(序) : 군자(君子)의 거안(居安) / 71
역(易)의 서(書) / 545
역(易)의 서(書) / 545
역(易)의 성무(成務) / 281
역(易)의 언곡중(言曲中) / 500
역(易)의 역수(逆數) / 647
역(易)의 유기(唯幾) / 275
역(易)의 유신(唯神) / 276
역(易)의 유심(唯心) / 273
역(易)의 음양(陰陽) / 28
역(易)의 정(情) / 612
역(易)의 정언(正言) / 495
역(易)의 제민행(濟民行) / 502
역(易)의 지신(至神) / 269
역(易)의 지원(旨遠) / 498
역(易)의 창왕(彰往)-찰래(察來) / 492
역(易)의 취류(取類) / 497
역(易)의 칭명(稱名) / 497
역(易)의 흥(興) / 504
역서(易書)와 삼재(三才) / 578
역서(易書)와 인도(人道) / 577
역서(易書)와 지도(地道) / 576
역서(易書)와 천도(天道) / 575
역서(易書)의 실비(悉備) / 574
역자(易者)의 상(象) / 436
역지도(易之道)와 선(善) / 105
역지도(易之道)와 성(性) / 106
역지도(易之道)의 대(大) / 585
역지도(易之道)의 지자(知者) / 241

역지사(易之辭)의 위(危) / 583
역지정(易之情) / 613
열귀천자(列貴賤者) : 존호위(存乎位) / 76
예(禮)의 비(卑) / 148
오십오(五十五)의 성변화(成變化)-행귀신(行鬼神) / 218
완사(玩辭)와 숭덕(崇德) / 458
왕래(往來)의 세성(歲成) / 450
용사(龍蛇)의 칩(蟄) / 454
우려(憂慮)의 상(象) : 회린자(悔吝者) / 68
우자(祐者)와 조(助) / 345
우회린자(憂悔吝者) : 존호개(存乎介) / 79
원근(遠近)의 상취(相取) / 610
원시(原始)와 반종(反終) / 101
원시(原始)와 요종(要終) / 561
위무위(爲無爲)의 천(天) / 620
위민(爲民)의 의(義) / 418
위일(爲一)의 도(道) / 631
위자(危者)와 안기위자(安其位者) / 475
위자(危者)의 평(平) / 584
유(幽)와 명(明)의 고(故) / 86
유만부동(有萬不同)의 부(富) / 624
유지위도(柔之爲道)와 원자(遠者) / 570
유지위도(柔之爲道)와 유중(柔中) / 571
유혼(游魂)의 위변(爲變) / 89
육십사괘(六十四卦)와 능사(能事) / 235
육효(六爻)의 삼재지도(三才之道) / 579
육효(六爻)의 상(象) : 삼극(三極)의 도(道) / 70
육효(六爻)의 상잡(相雜) / 562
육효(六爻)의 의(義) / 291
음양(陰陽)과 사상(四象) / 29
음양(陰陽)과 일월(日月) / 143
음양(陰陽)의 합덕(合德) / 489
음양불측(陰陽不測)의 신(神) / 127
이겸(以謙)의 제례(制禮) / 533
이곤(以困)의 과원(寡怨) / 539
이괘(履卦)의 지화(至和) / 520

이기심(易其心)과 어민(語民) / 485
이복(以復)의 자지(自知) / 534
이상(以象)의 견색(見賾) / 363
이손(以損)의 원해(遠害) / 536
이손(以巽)의 행권(行權) / 542
이여사(二與四)의 기선부동(其善不同) / 569
이여사(二與四)의 동공(同功)-이위(異位) / 568
이용안신(利用安身)의 숭덕(崇德) / 456
이이(以履)의 화행(和行) / 531
이익(以益)의 흥리(興利) / 538
이자(易者)의 경(傾) / 584
이재(理財)의 의(義) / 417
이정(以井)의 변의(辨義) / 541
이지(易知)와 간능(簡能) / 62
이항(以恒)의 일덕(一德) / 535
익괘(益卦)의 불설장유(不設長裕) / 526
인자(仁者)의 견인(見仁) / 108
일신(日新)의 성덕(盛德) / 118
일월(日月)의 정명(貞明) / 395
일음일양(一陰一陽)의 도(道) / 104
임사자(任事者)의 책(責) / 637
입상(立象)과 진의(盡意) / 349
작역자(作易者)와 우환(憂患) / 505
장반자(將叛者)의 사(辭) / 614
재화(裁化)의 존호변(存乎變) / 376
전례(典禮)의 행(行) / 163
전상(典常)의 유(有) / 558
점사(占事)와 지래(知來) / 595
정괘(井卦)의 거(居)-천(遷) / 529
정기(精氣)의 위물(爲物) / 88
정기교(定其交)와 구민(求民) / 486
정길흉(定吉凶)과 성미미(成亹亹) / 332
정길흉(定吉凶)의 열(說)-연(硏) / 590
정사(正辭)의 의(義) / 417
정위(情僞)의 상감(相感) / 611
정응(正應)과 불응(不應) / 36
정의(情義)와 입신(入神) / 463

정의입신(精義入神)의 치용(致用) / 455
제(制)-용(用)의 법(法) / 316
제기자(制器者)의 상기상(尙其象) / 246
제소대자(齊小大者) : 존호괘(存乎卦) / 77
조인(躁人)의 사(辭) / 617
존(存)의 존(存) / 151
주야(晝夜)의 상(象) : 강유자(剛柔者) / 69
중(中)과 정(正) / 35
중부(中孚)의 부(孚) / 179
중심의자(中心疑者)의 사(辭) / 615
중효(中爻)와 호괘(互卦) / 43
지(智)와 명(明) / 638
지(知)의 숭(崇) / 147
지건(至健)-지순(至順)의 연(研) / 589
지기(知幾)와 기신(其神) / 479
지도(知盜)의 도(盜) / 202
지동(至動)의 언(言) / 172
지미(知微)와 지창(知彰) / 481
지색(至賾)의 언(言) / 170
지자(知者)의 견지(見知) / 109
지정(至精)의 언(言) / 255
진무구자(震無咎者) : 존호회(存乎悔) / 80
진퇴(進退)의 상(象) : 변화자(變化者) / 68
집덕(執德)의 기(紀) / 625
참오(參伍)의 변(變) / 257
척확(尺蠖)의 굴신(屈信) / 452
천(天)-지(地)의 수(數) / 212
천수(天數)-지수(地數)의 오(五) / 214
천수(天數)-지수(地數)의 오위(五位) / 216
천수(天數)-지수(地數)의 합(合) / 214
천수상(天垂象)과 성인(聖人) / 340
천우(天佑)와 길(吉) / 344
천우(天祐)의 길(吉) / 434
천존(天尊)과 지비(地卑) / 56
천지(天地)와 광대(廣大) / 140
천지(天地)와 법상(法象) / 327
천지(天地)의 비(備) / 134

천지(天地)의 설위(設位) / 597
천지(天地)의 수(數) / 641
천지(天地)의 인온(絪縕) / 483
천지(天地)의 찬(撰) / 491
천지인(天地人)의 도(道) / 644
천지지대덕(天地之大德)과 생(生) / 410
천지지도(天地之道)의 정관(貞觀) / 394
천지지문(天地之文)의 성(成) / 261
천하지동(天下之動)의 정일(貞一) / 396
초효(初爻)의 완사(玩辭) / 564
총효(總爻)의 책수(策數) / 231
취인(聚人)의 재(財) / 415
탈지(奪之)의 도(盜) / 209
태극(太極)과 양의(兩儀) / 320
태초(太初)의 무(無) / 629
통(通)의 행추(行推) / 362
통변(通變)과 진리(盡利) / 354
통변(通變)과 화신(化神) / 430
통변(通變)의 사(事) / 126
팔괘(八卦) 간(艮)의 지사(指事) / 41
팔괘(八卦) 감(坎)의 지사(指事) / 40
팔괘(八卦) 건(乾)의 지사(指事) / 38
팔괘(八卦) 곤(坤)의 지사(指事) / 41
팔괘(八卦) 손(巽)의 지사(指事) / 40
팔괘(八卦) 이(離)의 지사(指事) / 39
팔괘(八卦) 진(震)의 지사(指事) / 39
팔괘(八卦) 태(兌)의 지사(指事) / 38
팔괘(八卦)와 64괘(卦) / 32
팔괘(八卦)와 길흉(吉凶) / 324
팔괘(八卦)와 덕(德) / 427
팔괘(八卦)와 유(類) / 428
팔괘(八卦)의 고(告) / 601
팔괘(八卦)의 상(象) / 381

팔괘(八卦)의 상착(相錯) / 645
팔괘(八卦)의 소성(小成) / 234
팔괘(八卦)의 시작(始作) / 426
팔괘(八卦)의 지사(指事) / 37
포희씨(包犧氏)와 왕(王) / 419
합(闔)-벽(闢)의 변(變) / 311
항괘(恒卦)의 불염잡(不厭雜) / 524
항룡(亢龍)의 동(動) / 195
항룡(亢龍)의 회(悔) / 194
행추(行推)의 존호통(存乎通) / 377
허정(虛靜)-동(動)의 득(得) / 637
험(險)과 이(易) / 81
현도(顯道)와 신덕(神德) / 237
현상(縣象)과 일월(日月) / 329
회도(誨盜)와 회음(誨淫) / 211
회린자(悔吝者) : 언호기소자(言乎其小疵) / 74
회통(會通)의 관(觀) / 162
효(爻)와 괘(卦) / 31
효(爻)의 단(斷) / 168
효(爻)의 변동(變動) / 580
효(爻)의 생(生) / 643
효(爻)의 효(效) / 400
효단(爻彖)의 언(言) / 602
효사(爻辭)와 완사(玩辭) / 467
효사(爻辭)의 고(鼓) / 375
효사(爻辭)의 사(辭) / 447
효상(爻象)과 내(內) / 404
효상(爻象)의 상(像) / 403
효상(爻象)의 상(象) / 446
효자(爻者) : 언호변자(言乎變者) / 73
효자(爻者)의 효(效) / 441
휴허(休虛)-실(實)의 윤(倫) / 636